U0804084

’2004中国广告年鉴

China Advertising Yearbook

12th Edition

世界广告大会纪念版

新 华 出 版 社

HARBIN DAILY PRESS GROUP

哈尔滨日报报业集团

HARBINDAILY.COM

哈尔滨日报报业集团由原哈尔滨日报社转制组建而成，1999年12月，经中共中央宣传部同意，国家新闻出版总署批准，成为全国第一家具有企业法人身份的报业集团。

哈报集团组织构架为“一个核心板块，两个支柱体系”。即新闻出版板块、报业经济体系和实业开发体系。新闻出版板块指集团所属“五报一刊一社”：《哈尔滨日报》、《新晚报》、《都市资讯报》、《家报》、《科学发现报》、《写字楼》杂志和哈尔滨出版社。

《哈尔滨日报》创刊于1945年11月25日，是中国共产党在全国特大城市中最早公开发行的市委机关报。该报1994年改为对开8版，目前每周二到周五出12版，彩色印刷，日发行量达15万份。

《新晚报》是一份面向市民阶层的综合性报纸。面向市场，面向家庭，指导生活，以自费订阅的市民读者为主要对象。全年日均发行量超过30万份，是哈埠报业市场的“龙头”报纸。

《都市资讯报》是黑龙江省唯一的资讯类报纸，为城市市民提供政治、经济、文化等方面资讯；《家报》为休闲类周刊，面向全国发行；《科学发现报》是哈市唯一一张大众科普报纸，全国发行并率先采用24版全彩印刷。《写字楼》杂志面向成功人士、职业经理层以及白领阶层。

《哈尔滨日报》、《新晚报》

户头：哈尔滨日报报业集团有限责任公司
开户行：哈市道里区西十二办(工商行)
帐号：35000211090046001-72-1
地址：哈尔滨市道里区友谊路399号
邮政编码：150018
电话：0451-84890026 84890027 84890028 84890
外埠广告接待电话：84890019
信息接待电话：84890609 84890022

哈尔滨日报
HARBINDAILY.COM

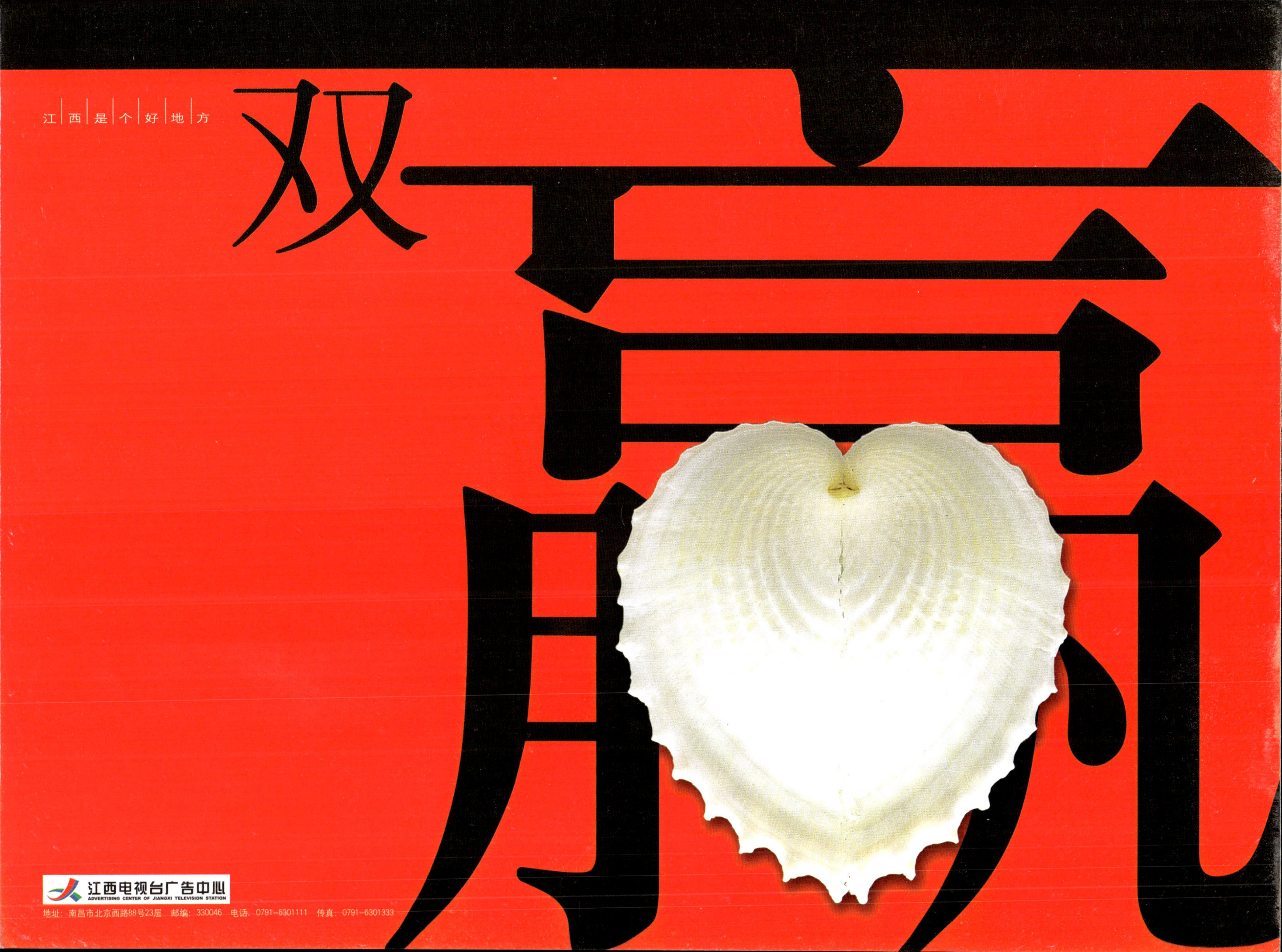
江西是个好地方
双赢
江西电视台广告中心
ADVERTISING CENTER OF JIANGXI TELEVISION STATION
地址：南昌市北京西路88号23层　邮编：330046　电话：0791-6301111　传真：0791-6301333

'2004中国广告年鉴
China Advertising Yearbook
12th Edition

图书在版编目（CIP）数据
'2004中国广告年鉴/中国广告年鉴编辑部编.
－北京：新华出版社，2004.8
ISBN 7－5011－6723－0

Ⅰ.2… Ⅱ.中… Ⅲ.广告－中国－2004－年鉴 Ⅳ.F713.8－54
中国版本图书馆CIP数据核字（2004）第065304号

中国广告年鉴编辑部编
新华出版社出版
北京同力永正图文设计事务所承制

850×1168毫米　大16开本　40印张
彩色插页176页　字数1000千字
2004年8月第一版　2004年8月北京第一次印刷
ISBN 7－5011－6723－0/Z・732
定价：220.00元

聚首共商合作
携手同谋发展

祝第卅九届世界广告大会隆重召开

王众孚

二〇〇四年六月九日

王众孚

国家工商行政管理总局　局长

第39届世界广告大会组织委员会　主席

'2004中国广告年鉴
China Advertising Yearbook
12th Edition

编辑说明

一、《中国广告年鉴》是一部图文并茂的大型资料工具书，收编了2003年与中国广告业发展有关的主要文献资料。

二、“政策法规”、“大事纪要”等，以日期为序。

三、本年鉴收集的2003年资料和数据中，未包括我国台湾省、香港特别行政区和澳门特别行政区。

四、为便于读者检索，书末附有“广告经营单位名录索引”和“广告刊户索引”。

五、限于编辑水平和所掌握的资料，缺点和错误在所难免。欢迎读者批评指正。

'2004中国广告年鉴
China Advertising Yearbook
12th Edition

INTRODUCTION

Ⅰ. *2004 China Advertising Yearbook* is a big reference book with a large number of photos and illustrations. It includes major information concerning the development of China advertising industry in 2003.

Ⅱ. Columns of "Policies, Laws & Regulations" and "Chronicle of Events" are arranged in order of date.

Ⅲ. Information of Taiwan Province, Hong Kong Special Administrative Region and Macao Special Administrative Region are not included in the yearbook.

Ⅳ. For the convenience of readers, "Index of Advertising Units" and "Index of Advertisers" are enclosed in the end of the yearbook.

Ⅴ. Due to limited information available, oversight and mistakes are inevitable. We welcome readers to comment and point out our mistakes.

'2004中国广告年鉴

China Advertising Yearbook

12th Edition

编辑委员会

顾　问： 王众孚　国家工商行政管理总局局长

杨培青　中国广告协会会长

主　任： 刘　凡　国家工商行政管理总局副局长

常　务

副主任： 屈建民　国家工商行政管理总局广告监管司司长

副主任： 时学志　中国广告协会秘书长

王晋杰　国家工商行政管理总局广告监管司副司长

王春荣　新华出版社社长

仲　辉　全中时代广告研究中心副主任

委　员： （按姓氏笔画排列）

王树军　国家工商行政管理总局广告监管司处长

叶义权　湖北省工商行政管理局商广处处长

关瑞鸿　中广协学术委员会秘书长

吴　江　中广协广播委员会秘书长

吴　敏　上海市工商行政管理局广告处处长

陈　永　中广协电视委员会秘书长

张鲁豫　西安市工商行政管理局广告处处长

李沛钧　中广协公司委员会副秘书长

欧树芳　北京市工商行政管理局广告处处长

'2004中国广告年鉴

China Advertising Yearbook

12th Edition

罗卫光　广东省工商行政管理局广告处处长

柏　群　《中国广告年鉴》编辑部主任

秦振东　中广协铁路委员会秘书长

郭明浩　福建省工商行政管理局商标广告处处长

《中国广告年鉴》编辑部人员名单

总　编　辑：王晋杰

副 总 编 辑：王树军　程庄庄　柏　群

编辑部主任：柏　群

编辑部副主任：孙　鹏

责 任 编 辑：白云覃　宋　江

编　　　辑：项希仲　周向东　郭新民

装 桢 设 计：德　春　刘锦先

督　　　印：杨　明　何　冰

央视广告

领跑电视行业广告经营

三年前，国内电视台的广告部主任们和我探讨时，几乎都是抱怨声声，抱怨经营大环境恶劣，抱怨政策与体制呆板，抱怨竞争恶性激烈，总之是一个“烂摊子”。

同样是这三年，中央电视台广告经营没有抱怨，适应市场，全面转型，提出“以客户为中心”的经营理念，提升节目品质，打造高效传播平台，全力实现客户利益。同时，创新运用和开发媒体资源，为客户提供量身定做的个性化增值服务，在与客户结成战略性合作伙伴的过程中，也打造了中央电视台广告经营值得信赖、专业科学的良好品牌形象。

三年过去，央视不仅实现了连续36个月同比持续快速增长，更难得的是，它建立起的科学营销体系和品牌化经营模式为整个电视行业找到了一条出路，它规范经营、良性竞争的强烈责任感也为行业树立了典范。

CCTV
中国中央电视台广告部

媒体品质
是最重要的传播力

作为专业的媒介研究人员，这几年我大部分时间都在和中国的各电视台打交道。我发现，绝大部分电视媒体迫于创收和竞争压力，不断延长广告时间，狂播电视剧，广告一插就是十几分钟、几十分钟。这是一种单纯追求广告资源数量的增长方式，它不但带来了观众的抱怨，也带来了高折扣、低价竞争等经营弊端，让电视行业深受其苦。

与此同时，中央电视台开辟了另一条增长路线，“频道专业化、栏目个性化、节目精品化”，实现了收视率和收视份额的稳步增长。在广告经营上讲品质、不打折，广告段时长严格控制在三分钟左右，尊重了观众，净化了广告环境，确保了企业广告投放效果。中央电视台以它的一贯行动，实践了有责任感的权威媒体这一承诺。

现在，我欣喜地看到，“媒体品质也是传播力”这一观点得到了广泛认同，新一轮频道大改版的热潮已经掀起。提升媒体品质，打造个性品牌，中国电视媒体已经走上光明大道。

CCTV
中国中央电视台广告部

www.top-result.com.cn

通成推广 | TOP RESULT

业界领先 — 作为中国大陆地区户外媒体的先行者，率先投资中国的公交媒体，最早进入中国市场并伴随这个市场成长壮大。

卓越品牌 — 第一家进入大陆的户外媒体广告公司，并于2002年在香港上市，作为唯一获奖的户外广告公司，在香港获得了首届国际著名“卓越品牌”奖。2004年被中国广告协会评为中国一级广告企业。标志着通成在户外广告界的领先地位。

缔造辉煌 — 在10多年的发展历程中，先后与超过1,000家的国内外知名企业合作，开展了卓有成效的从单一媒体展示到多个城市网络化的媒体宣传。

精诚服务 — 户外广告标准的制定者，通成广告始终如一地为那些有意在中国市场推广产品或服务的客户，提供具有国际水准的、高质量的、专业的户外广告媒体和服务。

优质媒体

通成公交 — 16个城市的户外媒体网络、10个城市的分公司及办事处

通成地铁 — 涵盖北京地铁、上海2、3号线地铁

通成动感视窗 — 独占高校网络的分众灯箱媒体

通成商亭 — 上海最大的书报亭媒体网络

网络城市

北京、上海、广州、武汉、成都、沈阳、青岛、杭州、天津、吉林、昆明、长沙、大连、福州、郑州、香港

律动数字

10个城市的分公司及办事处　16个城市的媒体网络　507名员工

22,600部公交车　28,400个地铁广告位　5,000个动感视窗媒体

1,000个通成商亭

BUS

北京 (010)65081066
上海 (021)63237766
广州 (020)87322649
武汉 (027)85551618
成都 (028)86528484
沈阳 (024)23341779
天津 (022)26288880
杭州 (0571)85155983
青岛 (0532)3822710
香港 (852)28822328

DYNAMIC SHOWCASE & KIOSK

北京 (010)65081066
上海 (021)63237766
广州 (020)87322649

METRO

北京 (010)85181515
上海 (021)52925533

FOOTE CONE & BELDING
你可以称他 父亲，如果你是广告人
由于他在广告蛮荒时代所作出的卓越贡献，人们尊称他为"现代广告之父"。
奥格威先生尊他为创造现代广告的六位巨人之一
我们同意他的看法。
（可劳德·霍普金斯、斯坦利·雷素、罗必凯、李奥贝纳、伯恩巴克是其他五位）
然而，可劳德·霍普金斯与他有分歧
在霍普金斯著的《我的广告生涯·科学的广告》中说，我和他唯一的分歧在于，他总想付给我很高的报酬。
他领导的公司经常动荡不安
他常说："我的人训练得太好了，以致我无法留住他们"。甚至一度美国九家大广告公司的老板都是他的旧同事。
"庄严，是强悍的"
他说，广告已经成为销售最得力的助手，但它不能实现一切。对于那些离了广告便无望成功的生产商来说，什么广告也不会使他成功。
当然，没有他，汽车广告也会出现
当时所有的汽车制造商都不相信广告，他出资20万美元，证明了广告在汽车销售中的作用。那是汽车领域现代广告的开端。
"不当总统，就做广告人"，总统指的是罗斯福
你知道广告人指的是……
1918年6月的一天中午，他见到正在门廊前等待他共进午餐的罗斯福。他们热情地拥抱，罗斯福说："很高兴见到你，他们告诉我你是美国最伟大的广告人。"他回答道："只要您还活着，就没有人能享有这样的名望。"后来，他接受罗斯福的邀请，主掌共和党宣传部。
他曾说，最聪明的最沉默。
按照此观点他确实够聪明
除竞争者咨询外，他从不和同行在一起，也不参加任何广告组织。他几乎没有以出版为目的写过任何东西，也不热衷于演讲，并一直拒绝美国最权威的广告杂志《广告时代》的采访。
"除了我以外，世界上再没有广告人了"
——精神不死的 阿尔伯特·拉斯克尔
（1880年5月1日—1952年5月30日）
Albert D. Lasker
他说："我不想发大财（他捐出了大部分财产做医学研究），我只想表现一下我的头脑能做些什么。"
1942年，他把一度成为世界最大的广告公司，以象征性的价格卖给公司内3位最聪明的年轻人，条件是：必须将这家不断壮大的公司更名。
这就是现在的FOOTE CONE & BELDING广告公司。
博达大桥国际广告传媒有限公司
北京市西长安街88号北京首都时代广场8层808室
邮编:100031 电话:(010)83915088 传真:(010)83915188
上海市北京东路689号东银大厦26楼
邮编:200001 电话:(021)63609298 传真:(021)63609208
广州市东山区德政北路538号达信大厦606-607室
邮编:510045 电话:(020)83276323 传真:(020)83276359
青岛市海尔路1号海尔工业园冰箱产品本部三楼
邮编:266101 电话:(0532)8939757 传真:(0532)8939758

100分

方 寸 集 纳 精 彩 成 都

成都

繁荣的商业文化催生了无数成功

成都媒体

与城市发展同步而日新月异

成都电视台

精英汇聚

实力彰显

愿与朋友分享眼前的每一个机会

严谨 诚信

眼界高远

目标锁定电视业界典范

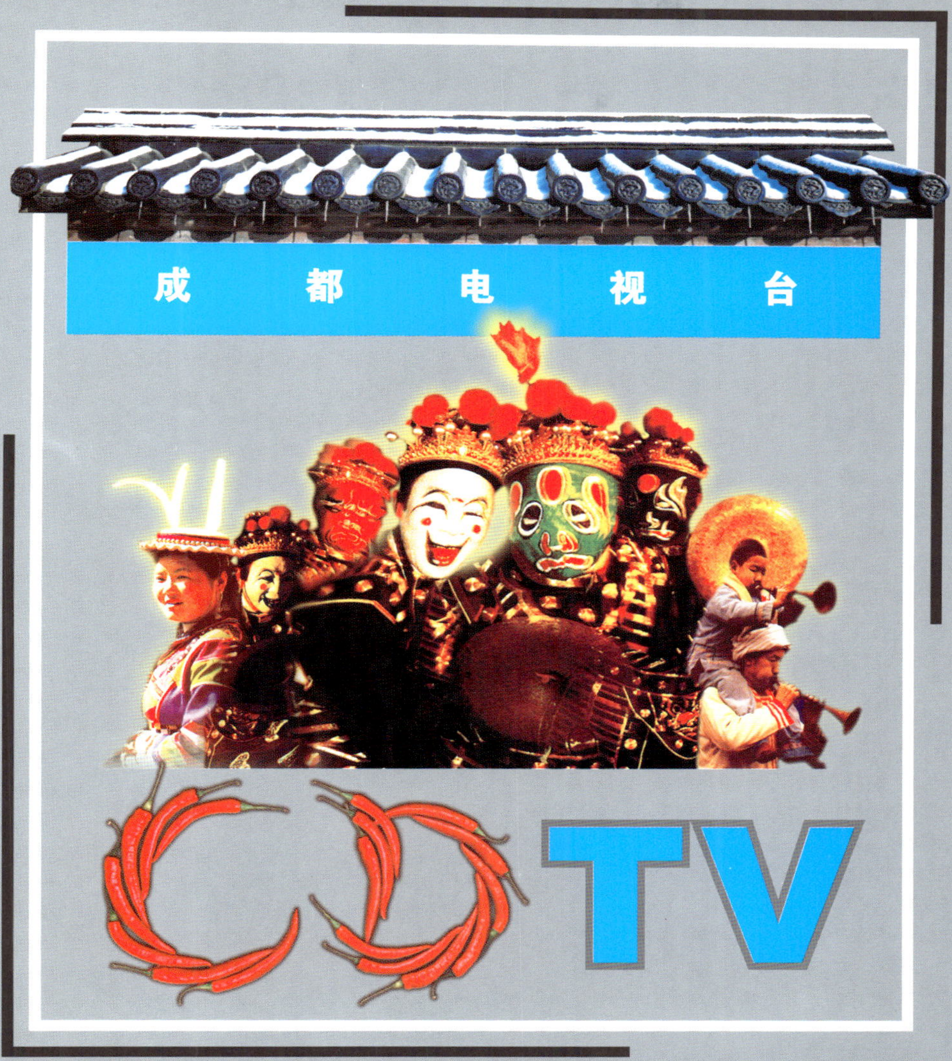

成都电视台拥有 5个电视频道，节目覆盖面积3万平方公里，收视人口3千万，基本受众为四川最具购买力的人群，收视率和收视市场份额在成都电视市场雄踞榜首。

所属各频道全天运转，制作和播出包括新闻时事、经济资讯、民生民情、影视文艺、生活新知、体育赛事等在内的各类高质量节目。观赏成都电视台节目，是信号覆盖区民众生活中不可或缺的部分。

新闻综合频道 CDTV-1
经济资讯服务频道 CDTV-2
都市生活频道 CDTV-3
影视文艺频道 CDTV-4
公共频道 CDTV-5

www.chengdutv.com　www.cdetv.com　www.cdtv3.com

成都电视台广告部　地址：中国·成都·人民中路成都体育中心体育宾馆　邮编：610015

咨询热线（028）：86623056　86741951　86613337　86762168　86753333

CHINA ADVERTISING YEARBOOK
中国广告年鉴

世界广告大会 纪念版

¥ 220.00

¥ 280.00

历时一年，首度推出...

25-Year Developmental Report of China's Advertising Industry
中国广告业廿五年发展报告

携手贡献中国广告界
贡献第39届世界广告大会

Directory of China Advertising Units
中国广告经营单位名录

收录了全国
近6万家广告经营单位
的企业基本信息

¥ 380.00

¥ 220.00

十五载积淀 倾情奉献
展现中国广告发展史

Combined Volume of 1988-2003 China Advertising Yearbooks
中国广告年鉴1988－2003合订本

垂询电话：010－68628860 68628861 68611590 68611591

'2004中国广告年鉴
China Advertising Yearbook
12th Edition

目录

十六 索引

'2004中国广告年鉴
China Advertising Yearbook
12th Edition

CONTENTS

’2004中国广告年鉴
China Advertising Yearbook
12th Edition

领导讲话

以"三个代表"重要思想为根本指针
尽职尽责加强监管执法　尽心尽力促进改革发展
——在全国工商行政管理工作会议上的讲话

（2003年12月24日）

国家工商行政管理总局局长　　王众孚

同志们：

这次全国工商行政管理工作会议的主要任务是，认真贯彻落实党的十六大、十六届三中全会和中央经济工作会议精神，总结今年工作，部署明年任务。下面，我讲几点意见。

2003年工作的基本情况

2003年，是中国人民经受严峻考验并取得重大胜利的一年。面对复杂多变的国际形势、突如其来的"非典"疫情和频繁发生的自然灾害，以胡锦涛同志为总书记的党中央，高举邓小平理论伟大旗帜，全面贯彻"三个代表"重要思想和党的十六大精神，从容应对，果断决策，团结带领全党全国人民克服艰难险阻，夺取了抗击"非典"斗争的阶段性重大胜利，保持了经济较快增长和各项事业全面发展的良好势头，巩固了奋发向上、安定团结的政治局面，改革开放和现代化建设取得显著成就。一年来，全国工商行政管理系统在党中央、国务院的坚强领导下，认真贯彻落实党的十六大精神，兴起学习贯彻"三个代表"重要思想新高潮，大力整顿和规范市场经济秩序，积极推进市场监管制度改革创新，继续狠抓队伍建设，各项工作取得了新的成绩和进步。

一、认真学习贯彻"三个代表"重要思想，在武装头脑、指导实践、推动工作上取得了明显成效

一年来，各级工商行政管理机关广泛兴起学习贯彻"三个代表"重要思想新高潮，发扬理论联系实际的学风，坚持用"三个代表"重要思想武装头脑、指导实践，取得了新的成效。

（一）抓学习，努力在认识"三个代表"重要思想的历史地位和指导意义上达到新高度。一是加强领导，统筹安排。各地把学习贯彻"三个代表"重要思想作为首

要政治任务，认真制定学习计划，健全完善学习制度，精心组织学习活动，做到了学习工作两促进、两提高。二是形式多样，力求实效。各地采取个人自学、集中研讨、举办讲座、组织参观等多种形式，丰富了学习方式和内容，确保了学习质量。三是突出重点，区分层次。主要是集中抓好领导班子和基层党员干部的学习。今年以来，总局党组组织"三个代表"重要思想集中学习10余次；先后举办4期省、市工商局局长和工商所党支部书记学习贯彻"三个代表"重要思想培训班，共有374人次参加培训；对总局机关副处级以上干部进行了脱产轮训。各地也普遍通过举办研修班、培训班等多种方式，分层次对领导干部进行轮训。通过狠抓学习，各级干部普遍加深了对"三个代表"重要思想历史地位和指导意义的理解，进一步增强了学习贯彻"三个代表"重要思想的自觉性和坚定性。

（二）抓领会，努力在把握"三个代表"重要思想的精神实质上达到新水平。一是加强对"三个代表"重要思想相关论著的系统学习，各级干部在把握"三个代表"重要思想的科学体系上有了新的提高。二是加深对"三个代表"重要思想科学内涵和基本精神的重点理解，各级干部坚持与时俱进、坚持执法为民的自觉性进一步增强。

（三）抓运用，努力在贯彻"三个代表"重要思想的实践中取得新成效。一是联系思想实际抓运用。各级干部进一步树立了正确的权力观、地位观、利益观，努力把立党为公、执政为民的要求落实到改造主观世界、加强党性修养的实践中。二是联系工作实际抓运用。各级工商行政管理机关坚持用"三个代表"重要思想统揽全局、指导工作，市场监管执法力度不断加大，监管制度改革不断迈出新步伐，队伍建设进一步加强，有力地促进了工商行政管理事业的改革和发展。

二、集中力量抗击"非典"，有力地维护了"非典"期间的市场秩序和社会稳定

今年"非典"疫情发生以来，全国工商行政管理系统高度重视，坚决贯彻落实党中央、国务院的一系列重大决策和部署，在做好干部自身防护的同时，全力以赴投入抗击"非典"的斗争。总局先后单独或与有关部门联合下发8个文件，与国家发改委等部门联合召开2次电视电话会议，及时对查处利用防治"非典"名义从事违法经营的工作做出部署。全系统把这项工作作为市场监管执法的重中之重，集中力量，严查严管，严厉打击了利用防治"非典"制假售假、发布虚假广告、无照经营、超范围经营等违法行为。4—6月，全系统共出动执法人员340余万人次，查处利用防治"非典"名义从事违法经营案件22万余起，为维护市场秩序、保障防治工作顺利进行、促进经济发展，积极发挥了职能作用。

三、突出重点，标本兼治，整顿和规范市场经济秩序工作取得新的进展

各级工商行政管理机关坚持标本兼治、重在治本的工作方针，继续深入整顿和规范市场经济秩序，取得了新的进展和成效。截止11月底，全系统共查处各类经济违法违章案件168.7万件，总案值218.76亿元，移送司法机关处理案件820件。

（一）围绕营造安全健康的消费环境，加大打击假冒伪劣、保护消费者权益的工作力度。一是以实施"食品药品放心工程"为重点，开展食品市场专项整治，严厉打击制假售假违法行为。全系统共抽查食品29.3万批次，查处各类食品违法案件1.03万件；查处制假售假案件24.24万件、商业欺诈案件5195件。二是深入开展"维权反欺诈"活动，坚持商品消费与服务消费维权并举，加大了保护消费者权益的力度。1—11月，全系统共受理消费者申诉70.66万件，查处侵害消费者权益案件15.45万件，移送司法机关处理案件90件。三是强化广告监管工作，严厉查处虚假广告。1—11月，全系统共查处广告违法案件6.88万件。四是加大商标保护力度，严厉查处商标侵权案件。改进和加强商标注册管理与商标评审工作，提高工作效率和质量。1—11月，全系统共查处商标侵权案件2.87万件，其中涉外商标案件2389件。截止11月底，我国注册商标累计总量已达196.1万件。

（二）围绕创造公平竞争的市场环境，进一步强化反不正当竞争执法工作。一是集中开展了对垄断性行业限制竞争行为和地区封锁行为的专项整治。截止11月底，全系统共查处垄断性行业限制竞争案件1136件，查处行政垄断、限制竞争案件105件。二是集中开展了"维护公平竞争秩序，打击仿冒、欺诈行为"专项执法行动。全系统共立案查处各类仿冒和虚假表示、虚假宣传案件9411件。三是继续开展纠正医药购销中不正之风工作，坚决制止药品购销中的商业贿赂等不正当竞争行为。1—11月，全系统共查处商业贿赂案件2558件。四是全面推进查处不正当竞争行为工作，加强对商业秘密、知名企业知识产权的保护力度，严厉打击合同欺诈。1—11月，全系统共查处不正当竞争案件3.46万件；查处合同违法案件1.74万件，其中合同欺诈案件3173件。

（三）围绕维护良好的市场秩序，严厉打击各种扰乱社会经济秩序的违法行为。一是严厉打击非法制售毒鼠强的违法行为。为指导和推动全系统狠抓落实，总局先后制定或参与制定下发文件18份、召开会议2次、向各地派出检查组15个。1—11月，全系统共捣毁非法制售毒鼠强窝点628个，查封剧毒鼠药29.9吨，232名涉嫌犯罪的当事人被移送司法机关追究刑事责任。二是严厉打击传销和变相传销违法活动，维护社会稳定。1—11月，全系统共查处传销和变相传销案件2253件，捣毁、取缔窝点、场所16078个，清查驱散传销人员10余万人次，移送司法机关处理案件234件、1600人。三是严厉打击走私贩私行为，取缔走私货市场。全系统共查处走私贩私案件3935件。打击走私贩私工作得到了国务院领导的肯定。四是认真贯彻落实《无照经营查处取缔办法》，积极开展无照经营查处取缔工作。1—11月，全系统共查处无照经营211万户次，其中查处无照经营案件44万件，取缔无照经营47万户，引导补办营业执照87万户。五是继续加强对重要商品和各类市场的监管。继续严厉打击非法拆解、拼装报废汽车违法行为；深入开展"扫黄"、"打非"集中清查行动；认真开展严禁违法捕猎和经营野生动物专项整治行动；切实加强对旅游黄金周市场、节日市场以及粮食、棉花、化肥、成品油、汽车等重要商品市场的监管工作。

（四）围绕规范市场主体行为，加强和改进登记注册和监管工作。各级工商行政管理机关把规范市场主体行为作为整顿规范市场秩序的治本之策，充分发挥登记监管职能作用，促进各类市场主体健康发展。一是改进管理，提高效率，积极支持国有集体企业改革发展。截止11月底，全国登记注册的内资企业达423.04万户，注册资本141813.66亿元。二是热情服务，依法监管，促进个体私营经济健康发展，引导个体私营企业吸纳下岗失业人员再就业。截止11月底，全国登记注册的私营企业达296.89万户，注册资本33469.68亿元；个体工商户2359.02万户，注册资金4133.55亿元。今年1—11月，全国共有261.57万下岗失业人员通过从事个体私营经济实现再就业。全系统认真贯彻落实再就业优惠政策，共减免工商行政管理收费5.39亿元。三是认真开展外商投资企业核准登记权确认工作，进一步改进和加强登记监管，积极鼓励、支持外商投资企业加快发展。截止11月底，全国登记注册的外商投资企业达22.72万户，注册资本6117.41亿美元。今年4—5月"非典"疫情严重时期，全国仍新增外商投资企业6551户，同比增长20.22%。与此同时，各地加大监管执法力度，认真清理不合格市场主体。全系统共查处提供虚假文件骗取登记、虚假出资、虚报出资、抽逃出资企业2.3万家，吊销违法企业营业执照15.3万家，依法关闭小煤矿1.5万家、非煤矿山3.8万家、非法排污企业7339家、"五小"企业3055家、有毒有害化学品生产经营企业4100家。

（五）围绕健全社会主义市场经济法制体系，加快立法立规步伐。在狠抓整顿规范的同时，立足治本，法制建设进一步加强。制定了《驰名商标认定和保护规定》、《马德里商标国际注册实施办法》等行政规章；开展了《企业年度检验办法》等行政规章的修订工作。适应行政审批制度改革和《行政许可法》实施的需要，对工商行政管理行政审批项目和企业登记前置审批项目进行了清理。同时，加强国际交流与合作，借鉴发达国家市场监管的有益经验，提高我国的市场监管水平。

四、积极探索实践，认真总结推广，市场监管制度改革迈出了新的步伐

在认真总结近年来实践探索成果的基础上，今年市场监管制度改革积极稳步推进，迈出了新的步伐。

（一）大力推进企业信用分类监管。今年8月，总局召开了经验交流会，对在全系统推广实施企业信用分类监管做出了部署。各地从实际出发，积极稳步推进，不同程度地实行了企业信用信息记录制度和企业信用信息披露制度，部分大中城市建立了守信企业激励机制、警示企业预警机制、失信企业惩戒机制、严重失信企业淘汰机制，以信用监管为重点，强化对市场主体的全程监管，进一步提高了监管执法效能。

（二）积极实施商品准入制度。今年8月总局对实施商品准入制度、推进商品质量监管关口前移作出部署以来，各地充分重视，积极采取措施认真落实。为沟通情况，加强指导，总局选择北京等8个大中城市作为联系单位，总结经验，及时推广，进一步推动了全系统实施商品准入制度工作的开展。工作起步较早的地方，已建立健全相关管理制度，推动此项工作向规范化发展；工作起步较晚的地方，也结合当地实际，加快了实施商品准入制度的步伐。

（三）信息化建设取得新的进展。总局以"电子政务试点示范工程"为先导，积极推进信息化工程建设。改版后的总局政府网站（红盾信息网）投入运行，初步形成了电子政务对外服务平台，进一步提高了对社会公众和企业的服务水平；完善了外资登记网，开通了消费者权益保护网，建成了中国商标网、中国广告监管网；推进了工商行政管理网、政务信息专用网的应用。各地也根据当地经济发展水平，推进了信息化建设。经济发达地区积极运用信息网络技术加强企业信用监管，积累了很好的经验。

五、坚持纠建并举，队伍整体素质有了新的提高

（一）抓班子，进一步推进干部队伍建设。一是加强了省级工商局领导班子建设，一批优秀干部走上了省级工商局领导岗位。二是推进了竞争上岗，优化了用人环境。总局先后开展了司处级干部竞争上岗和选拔配备工作，各地也普遍实行了竞争上岗制度，有力地推进了队伍建设。三是严肃人事工作纪律，健全监督制约机制，认真清理体制改革中违规进人问题，取得了一定成效。四是继续加强工商所规范化建设，进一步推进工商所的撤并整合，不断提高制度建设和内务管理规范化水平，深化监管方式改革，提升了队伍整体素质。

（二）抓培训，提高干部队伍素质。今年，全系统按照中央关于大规模培训干部的要求，进一步强化了干部培训工作。到11月上旬，总局已先后举办"三个代表"重要思想和业务培训18期，培训干部1594人次。各地也采用不同形式开展培训、轮训，进一步提高了队伍的政治素质和业务素质。

（三）抓整治，加强党风廉政建设。各地按照年初全系统党风廉政工作会议的部署，以开展"五抓"和"五项治理"为重点，进一步加强党风廉政建设，严厉惩治执法腐败，严肃查处违反干部人事纪律问题，深入治理"三乱"，坚决纠正不依法行政等不正之风，广大干部廉政意识明显增强。同时继续深化行政审批、财政管理、干部人事制度等改革，确保用好权、管好钱、选好人。

（四）抓禁令，加强行风建设。总局发布了依法行政、文明执法六项禁令，严格规范执法行为。各地积极采取措施，广泛宣传教育，做到禁令入耳、入脑、入心。同时，强化督察，严格执纪，狠抓禁令的实施，着力解决吃拿卡要、以权谋私、刁难群众等问题，工商行政管理执法形象不断改善。

回顾一年来各项工作取得的成绩，是党中央、国务院和各地党委、政府高度重视的结果，是各部门和新闻媒体大力支持的结果，是全系统广大干部勤奋工作的结果。在此，我代表总局党组，向全系统广大干部致以诚挚的问候，向所有关心、支持工商行政管理工作的同志们表示衷心的感谢。

同时，我们也深深感到，无论是工商行政管理监管执法还是自身建设，与形势和任务的要求，与党和人民的期望，还有不少差距。我们要正视不足，倍加努力工作，在新的一年里迈出新的前进步伐，开创新的工作局面。

2004年的工作安排

2004年是实现"十五"计划的关键一年，也是深化改革、扩大开放、促进发展的重要一年。做好明年的经济工作意义十分重大。根据中央的统一部署和安排，明年工商行政管理工作的总体要求是：以邓小平理论和"三个代表"重要思想为根本指针，认真贯彻党的十六大、十六届三中全会和中央经济工作会议精神，树立全面、协调、可持续的发展观继续深入整顿规范市场行为，切实维护公平竞争的市场秩序；紧紧抓好发展这个第一要务，大力营造良好的发展环境；进一步推进法制建设和制度创新，不断提高监管执法水平；始终坚持执法为民，积极打造信用工商，努力建设一支为民、务实、清廉的工商行政管理队伍。与时俱进，开拓创新，尽职尽责加强监管执法，尽心尽力促进改革发展，为完善社会主义市场经济体制、实现全面建设小康社会的奋斗目标做出新的贡献。

为确保2004年各项任务的完成，要在认清形势、统一认识的基础上，不断开拓新思路、采取新举措。

——要把思想认识统一到中央对当前形势的分析判断和对明年工作的决策部署上来。这是做好明年工作的关键和前提。一是要增强大局意识、责任意识和历史使命感，尽职尽责为保持宏观经济稳健运行营造良好的市场环境。今年我国经济社会发展保持良好的势头，是中央审时度势、正确决策的结果，是各地区、各部门共同奋斗、艰辛努力的结果。当前我国经济社会发展中还存在不少困难和问题。中央在科学判断形势的基础上，提出明年经济工作要遵循"稳定政策、适度调整，深化改革、扩大开放，把握全局、解决矛盾，统筹兼顾、协调发展"的方针，并在具体工作中强调要继续整顿和规范市场秩序。各级工商行政管理机关要按照中央的统一部署和要求，居安思危，励精图治，继续深入整顿和规范市场秩序，营造良好的发展环境，为保障宏观经济稳健运行充分发挥职能作用。二是要进一步增强推进改革的自觉性，尽心尽力为深化改革服务。改革是经济和社会发展的强大动力。党的十六届三中全会在全面分析国际国内形势的基础上，通过了《中共中央关于完善社会主义市场经济体制若干问题的决定》，这是指导我国今后一个时期经济体制改革的纲领性文件。各级工商行政管理机关要认真学习领会十六届三中全会《决定》精神，进一步提高对深化改革重要性的认识，进一步增强推进改革的自觉性，坚定不移地为推进各项改革、完善社会主义市场经济体制服务。三是要牢固树立全面、协调、可持续的发展观，一心一意促进国民经济持续快速协调健康发展和社会全面进步。十六届三中全会和中央经济工作会议强调指出，要树立全面、协调、可持续的发展观，这是经济工作必须长期坚持的重要指导思想。各级工商行政管理机关在依法规范市场主体行为、市场交易行为和市场竞争行为中，一定要牢固确立科学的发展观，严格按照"五个统筹"的要求，把是否有利于促进全面、协调、可持续发展，作为衡量我们工作是否尽职尽责的重要标准。

——要把2004年作为"三个代表"重要思想深入学习贯彻年。学习贯彻"三个代表"重要思想，是我们做好各项工作的根本保证。明年，全系统要把兴起学习贯彻"三个代表"重要思想新高潮不断引向深入，坚持把学习贯彻"三个代表"重要思想作为首要政治任务抓紧抓好，继续在武装头脑、指导实践、推动工作上狠下功夫。一是必须坚持与时俱进，不断开拓创新。经过多年的不懈努力，工商行政管理体制、机制和监管方式的改革取得了突破性进展。但实践没有止境，创新也没有止境，全面建设小康社会和完善社会主义市场经济体制的生动实践，对工商行政管理改革发展提出了新的课题和要求。我们必须认清形势，明确使命，以与时俱进的精神状态、永不懈怠地探索勇气，不断推进市场监管制度和方式方法的改革创新，使工商行政管理工作始终跟上时代前进的步伐。二是必须牢记"两个务必"，坚持执法为民。这是实践"三个代表"重要思想的本质要求。我们必须自觉牢记"两个务必"，倡导艰苦奋斗、奋发有为，反对享乐主义、不思进取；必须始终坚持执法为民，树立正确的政绩观，倡导勤政为民、求真务实，反对官僚主义、形式主义，真正做到权为民所用、情为民所系、利为民所谋。

——要把2004年作为诚信建设推进年。诚实信用是现代市场经济的基石。党的十六大和十六届三中全会强调指出，要建立健全社会信用体系。我们要认真总结近年来开展信用建设的经验，进一步采取有力措施，在市场监管执法和工商行政管理队伍中大力加强诚信建设。一是大力推进企业信用建设。要以实施企业信用分类监管为重点，促进企业信用建设，提高企业信用度，提高市场信用度，维护市场交易和消费安全。二是努力建设信用工商。加强社会信用体系建设，首先要加强政务诚信建设，充分发挥政府机关的示范带头作用。工商行政管理机关作为主管市场监管和行政执法的政府职能部门，一言一行直接影响党和政府的形象和声誉，要在规范监管对象的同时，正人先正己，切实加强信用工商建设。信用工商建设的重点是：转变队伍作风，树立良好政风。信用工商建设的目标是：增强执法的统一性、权威性和有效性，促进公正执法、廉洁执法、文明执法，提高党和政府及人民群众对工商行政管理部门的信用度，努力建设一支党和人民信赖的工商行政管理队伍。信用工商建设的主要任务是：①加强诚信教育。要把诚信教育作为法制教育、职业道德教育和思想纪律作风教育的重要内容，切实增强广大工商行政管理人员的信用意识，努力形成人人讲求诚信的良好氛围。②健全诚信制度。要在企业登记、商标注册、广告监管、执法办案等发证发照、执收执罚部门建立健全公示制、首办责任制等工作制度，增加工作透明度，完善监督制约机制，促进依法行政，规范执法行为，以讲诚信的实际行动取信于民。同时，把讲诚信作为创建文明机关、文明行业的重要内容。③惩戒失信行为。对在监管执法中不讲诚信，乱收费、乱罚款，以权谋私、徇私枉法的，要严格执纪，依法处理。

总之，要努力做到把思想和行动统一到中央的决策和部署上来，增强贯彻执行的自觉性；努力做到用"三个代表"重要思想总揽全局、指导工作；努力做到以信用工商促进监管、规范执法。

根据上述指导思想和总体要求，2004年要着力抓好五个方面的工作

一、继续整顿和规范市场行为，完善和健全市场秩序

各级工商行政管理机关要按照中央关于继续整顿和规范市场秩序的总体部署，贯彻标本兼治、重在治本的方针，突出重点，加大力度，尽职尽责加强监管执法，努力规范和维护市场秩序。

（一）严厉打击假冒伪劣等违法行为，进一步规范市场秩序。一是以实施"食品药品放心工程"为重点，严厉打击制假售假违法行为。按照抓重点地区、重点市场、重点商品的工作思路，重点抓好直接关系人民群众身体健康和生命安全的食品、药品等专项整治；以建材、农资、汽车配件三大类商品为重点，建立全国性协查联动网络，完善假冒伪劣大要案件线索通报制度，严厉查处制假售假案件，切实维护消费安全。二是以制止仿冒、误导、欺诈行为为重点，加大反不正当竞争执法力度。严厉查处仿冒知名商品特有的名称、包装、装潢及其他商业标识的行为；严厉查处对商品质量做误导性宣传、虚假打折和降价、不正当有奖销售等行为；加强商业秘密的保护，严肃查处侵犯商业秘密的违法行为；积极参与纠正医药购销中不正之风的工作，严肃查处药品购销和生产经营中的不正当竞争行为；继续推进商业贿赂等不正当竞争行为的查处工作。三是强化广告监管，严厉打击虚假违法广告。继续加大对关系人民群众生命安全、身体健康广告的整治力度，对涉及农民利益

的虚假种子、化肥、农药等农资广告要进行专项治理。进一步建立完善分级广告监测制度，逐步建立全国广告发布的预警系统和联动执法系统，形成查处违法广告的快速反应机制。四是加大商标行政执法力度，严厉打击商标侵权行为。坚持日常监管与专项整治相结合，继续强化对流通领域、生产环节和商标印制环节的全方位监管，依法严厉查处商标侵权假冒案件。

（二）严厉打击走私贩私行为，维护国家经济安全。一是以取缔私货营销为重点，继续开展专项整治。专项整治的重点地区是沿海、沿边、沿江地区及大中城市；重点商品是成品油、汽车及零配件、服装、水果、化工原料以及笔记本电脑、手机、数码摄像机等电子产品；重点部位是集中交易的电子产品市场、汽车配件市场、机场、车站、码头等。二是进一步强化市场监管，坚决打击私货交易行为。对已取缔的走私货市场要严密监管，切实防止死灰复燃；对有可能形成的新的走私货交易场所，要严加防范，把各种走私货交易活动消灭在萌芽状态；对问题较突出的市场，要组织专门力量进行检查，狠抓走私贩私大案要案的查处。

（三）严厉打击传销和变相传销违法活动，维护经济秩序和社会稳定。一是继续保持强大打击态势。以取缔传销人员聚集窝点为重点，严厉打击"拉人头"为主的各种传销和变相传销活动。广西、广东、河北、河南、山东、山西、吉林、辽宁、四川、北京等重点地区，要集中力量开展专项行动，其他地区在深入开展打击传销和变相传销工作的同时，要积极配合重点地区做好流出人员的教育疏导工作。二是狠抓大要案件的查处。对社会影响大、涉案地区广、严重危害社会稳定、破坏经济秩序的大要案件，要会同有关部门，联手进行打击。严惩传销和变相传销的组织者，构成犯罪的，移送司法机关依法追究刑事责任。对从事传销和变相传销违法活动的企业，要坚决予以取缔。三是强化对转型企业的监管。严格按照国家规定整顿规范转型企业，对违反规定从事传销及其培训等违法活动的坚决依法查处。四是加强宣传引导，强化社会监督。大力宣传国家有关规定，公开揭露传销和变相传销的危害性、欺骗性，提高广大群众的自觉抵制能力，形成全社会携手抵制、共同打击的良好态势。

（四）坚决打破行业垄断和地区封锁，促进统一开放竞争有序现代市场体系的建立。一是继续加大对密切关系人民群众生活的垄断性行业限制竞争行为的查处。查处的重点行业是供水、供电、供气等；查处的重点行为是利用垄断地位强制交易、强制服务的行为。二是开展打破地区封锁、地方保护的专项执法行动。严厉查处妨碍公平竞争、设置行政壁垒、排斥外地产品和服务的各种分割市场的行为。三是继续做好软件行业反垄断专项整治工作。积极配合有关部门开展联合执法和督察检查。

（五）进一步健全完善12315消费者申诉举报和案件查处网络，保护消费者合法权益。一是健全网络、创新机制，提高12315服务水平。健全12315"一个中心、分级执法"的纵向联动和工商行政管理机关内部各职能机构相互配合的横向联动网络；健全执法部门协作、城乡社区维权、行业协会自律、社会各方监督的外部联动网络。同时，依托12315建立消费安全预警系统，对严重危及消费安全的违法行为做到快速反应，应急处置。二是提高12315工作的整体效能。分步骤、分阶段建设由"三级数据采集点和三级数据分析中心"构成的信息网络，加强12315数据信息的分析、整合，建立消费者申诉举报信息的使用和对外披露制度。三是以"维权反欺诈"为重点，进一步加强服务消费维权工作。开展对公用企业和房屋租赁中介服务机构的监督检查，继续加强对餐饮、旅游、修理、美容美发等服务行业的监管。四是根据不同行业的特点，采用行政指导、市场预警、消费警示等手段，督促经营者自觉守法经营，提高消费者自我保护意识。

此外，要继续严厉打击非法拼（组）装汽车行为，进一步加强对粮食、棉花、化肥、成品油、汽车等重要商品市场的监管和重点大宗商品交易市场的专项检查，密切配合有关部门强化安全生产监管，深入开展"扫黄"、

"打非"、禁毒、反假币等斗争。

二、积极为市场主体服务，创造良好发展环境

各级工商行政管理机关要按照十六届三中全会关于把政府经济管理职能转到主要为市场主体服务和创造良好发展环境上来的要求，牢固树立全面、协调、可持续的发展观，创新制度，改进管理，尽心尽力为各类市场主体服务，为保护经营者、消费者合法权益服务，为促进经济持续快速协调健康发展服务。

（一）以保护产权、打击欺诈为重点，维护企业合法权益。一是加强对各类企业的产权保护。认真做好企业变更登记中的产权保护工作，切实防止国有资产流失。积极配合有关部门依法查处侵吞国有企业产权案件。二是加大商标保护力度。严厉查处商标侵权案件，加强对驰名商标的认定与管理，强化商标评审工作，依法维护商标权益。三是严厉打击各种欺诈行为。开展维权反欺诈执法行动，坚决制止商业、服务业的欺诈、误导行为。强化合同行政监管，严厉打击合同欺诈违法行为。加强对拍卖业的监管，严厉查处恶意串通等违法行为。四是严厉打击侵权盗版行为。重点查缴政治性非法出版物、淫秽出版物、盗版出版物和宣扬伪科学类出版物，摧毁非法制售窝点。加大对违规印刷、复制企业的查处力度，净化文化市场环境。

（二）改进和加强登记管理，促进国有集体企业健康发展。紧紧抓住结构调整这条主线，着眼于国民经济协调发展的全局，充分发挥登记管理职能作用，促进国有集体企业健康发展。一是加强政策引导，积极促进符合国家行业规划和产业政策的企业发展。按照国家调整和优化产业结构、促进区域经济协调发展的总体要求，大力支持高新技术产业、制约经济发展的"瓶颈"产业和第三产业的发展以及传统产业的改造，并把支持引导国有集体企业发展同落实西部大开发、东北地区等老工业基地振兴、中部地区崛起、东部地区加快发展的战略结合起来。二是严格市场准入，限制影响国民经济全面、协调、可持续发展的企业发展。对盲目扩大投资、低水平重复建设的企业，以及在环保、安全、能耗、技术、质量等方面不符合标准的企业，坚决不予登记注册；积极配合有关部门开展专项整治，依法做好清理整顿中"关停并转"企业的变更登记、注销登记和吊销营业执照工作。三是规范登记注册行为，积极支持企业改革发展。加强企业登记审查工作，严格执行法律、行政法规规定的条件和程序，把好企业登记审查关。按照建立现代产权制度的要求，积极支持国有集体企业实施规范的公司制改造，支持组建企业集团；积极支持电信、电力、民航等行业的改革重组；积极支持面向市场的应用技术研究开发机构改制为企业；积极支持农业产业化经营和企业发展电子商务、连锁经营、物流配送等流通方式。同时，认真做好经营性文化单位的登记注册和公司制改造工作，以及铁道、邮政、城市公用事业单位的脱钩改制和登记工作。四是加强企业监督管理，营造良好的市场环境。强化企业年检工作，严厉查处违法违章经营行为。加强企业经营资格特别是前置审批项目的审查工作，加大对提供虚假证明文件骗取登记等违法行为的查处力度。完善"经济户口"管理制度，加强对企业的属地监管。加强对吊销执照企业的后延监管工作，积极探索完善市场主体退出机制。

（三）在进一步扩大对外开放和落实内地与港澳建立更紧密经贸关系的《安排》中，充分发挥工商行政管理职能作用。一是改进和加强外资登记管理，进一步提高利用外资的质量和水平。认真执行国家产业政策，合理引导外资投向，把支持鼓励外商投资企业发展与调整优化产业结构、促进区域经济协调发展、维护国家经济安全结合起来；完善法规规章，规范操作规程，提高工作效率，努力营造便利外商投资的良好环境；改进监管手段，创新监管制度，强化监督管理，积极促进外商投资企业健康发展。二是认真落实内地与港澳建立更紧密经贸关系的《安排》，促进内地与港澳经济共同发展。要认真学习、宣传《安排》，充分认识落实《安排》的重大意义；要根据《安排》的内容，准确把握政策界限，及时调整相关规定，严格规范工作程序，依法做好港澳

投资者在内地兴办企业、设立广告公司、从事个体经营的登记监管工作，促进内地与港澳经济互惠互利、优势互补、共同发展。

（四）加强和改善引导、监管，积极促进个体私营经济加快发展。一是消除体制性障碍，清理和修订限制个体私营经济发展的法律法规和政策，促进个体私营经济依法平等参与市场竞争。二是放宽市场准入，积极引导个体私营经济为全面建设小康社会服务。引导和鼓励个体私营经济发展第三产业，特别是社会服务业和劳动密集型产业。引导和支持个体私营经济在国有资本有进有退、合理流动的过程中发挥积极作用。引导和支持个体私营经济与国有企业相互参股、融资，成为新型的混合所有制经济。引导和支持个体私营经济积极参与西部大开发和东北老工业基地振兴，促进区域经济协调发展。引导和支持农村个体私营经济为促进农村经济产业化、市场化进程服务。引导和支持具备条件的私营企业发展电子商务、物流配送和连锁经营等现代流通方式，进入法律法规未禁入的基础设施、公用事业等垄断行业，不断提高自身素质和发展质量。三是充分发挥工商行政管理职能作用，鼓励下岗失业人员通过创办个体私营企业实现再就业。鼓励个体私营企业吸纳下岗失业人员，发展多形式就业。认真落实下岗失业人员再就业的各项优惠政策，热情做好下岗失业人员再就业的有关服务工作。四是坚决取缔无照经营，严肃查处"三无"企业。会同有关部门，以食品加工业、娱乐服务业、互联网上网服务营业场所和城乡结合部、学校周边为重点，认真开展查处无照经营专项整治，进一步净化市场环境。

（五）以建设电子工商为重点，提高工作效率，降低办事成本。一是要以建立完善企业信用分类监管系统、商标管理自动化系统、电子政务系统为重点，加强信息化建设。各级工商行政管理机关要按照"统一规划，因地制宜，分步实施，梯度推进"的原则和五年工作目标，加强组织领导，制定工作方案，有计划分步骤地抓好"金信工程"的实施。要以"金信工程"为依托，推进全系统信息化建设，提高应用水平；加快电子政务建设，提高现代化办公水平。二是要进一步推动工商行政管理网的应用，充分发挥网络的效用。通过实施"金信工程"，建立经济户口数据库，加快工商行政管理数据中心建设，利用现代通讯手段查询企业名称、查询登记事项、查询登记结果，方便企业办理登记手续；积极创造条件，建立企业登记管理网站，逐步实现申请书格式文本网上下载、企业登记和年检网上申报和受理；加快政务信息化建设，完善政务信息直报网络，不断提高全系统政务信息工作水平。继续推进与有关部门的横向联网、信息交换，实现资源共享。

（六）坚持严格执法与优质服务相结合，正确处理监管与服务的关系。强化监管、严格执法，是工商行政管理部门履行职能的基本要求；为经营者和消费者服务、为促进改革发展服务，是工商行政管理工作的根本目的，这二者是统一的。工商行政管理部门改进管理、提高效率，是为改革发展服务；执法必严、违法必究，营造良好的市场环境，同样是为改革发展服务。正如吴仪副总理明确指出的，监管就是服务。我们要按照吴仪副总理的要求，正确认识和处理监管与服务的关系，寓服务于监管之中，通过依法监管体现服务。一方面，要坚决制止以强化监管为由，随意抬高门槛、人为设置障碍、故意刁难企业和群众；另一方面，又要切实防止在具体工作中随意突破法律法规的规定，放松或削弱监督管理，损害法律的严肃性，并由此产生不良后果。

三、大力加强法制建设，积极促进社会主义法制体系的建立

要按照深化行政体制改革、完善经济法律制度的要求，进一步加强工商行政管理法制建设，全面推进依法行政。

（一）加快立法立规步伐，进一步完善市场规则。一是进一步加强立法立规工作。继续做好制定《商事登记法》、《反垄断法》的有关工作；尽快完成《市场监管条例》的起草、论证工作；积极做好《反不正当竞争法》、《商标法》、《公司法》、《合伙企业法》、《外国企业常驻

代表机构登记管理办法》的修订工作；抓紧制定《外商投资股份有限公司登记管理暂行办法》、《外商投资企业分支机构登记管理办法》、《流通领域商品质量监督管理办法》、《对侵害消费者权益行为处罚的若干规定》等行政规章；认真开展修订《广告法》、《消费者权益保护法》的调研论证工作；积极参与直销企业管理的立法工作。二是认真做好实施《行政许可法》的准备工作。清理不符合《行政许可法》要求的规章及规范性文件，并按照《行政许可法》及国务院行政审批制度改革的要求，加强法规的立、改、废工作。

（二）加强法制宣传教育，营造良好的执法环境。一是结合工商行政管理执法实践和新出台的法律法规，积极开展法律培训，重点抓好《行政许可法》的宣传培训。二是按照全国普法办的统一部署，认真做好"四五"普法工作。三是加大基层法制建设指导力度，完善相关法制工作制度。建设工商行政管理法制网，加强立法动态、法制经验交流，促进全系统法制工作的开展。

（三）强化执法监督，促进严格执法。一是完善执法制度，强化执法监督，保障有法必依，执法必严。坚决纠正和查处有法不依、执法不严、违法不究，以及以罚代管、以罚代刑的行为。二是严格执法纪律，规范执法行为，促进公正执法、廉洁执法。坚决纠正和查处以权谋私，随意执法，收人情费、办人情案，以及乱收费、乱罚款的行为。

（四）正确行使监管权力，切实提高依法行政水平。依法行政是实施依法治国方略、提高行政管理水平的根本要求。各级工商行政管理机关要认真落实十六大、十六届三中全会和中央经济工作会议的部署，高度重视和全面推进依法行政。一是要牢固树立依法行政的法制观念，重点抓好领导干部和执法人员的法制观念建设。二是要严格依法行使权力、履行职责，经得起行政复议和行政诉讼的检验，努力实现行政程序法制化。三是要实行执法责任制和执法过错追究制，落实责任，严格执纪，从制度上保障全面推进依法行政。

（五）努力扩大国际交流与合作，积极学习、借鉴国外市场监管执法的成果和经验。适应监管日益现代化、规范化、国际化市场的需要，进一步拓展对外交流空间。认真执行已签署的双边、多边执法交流合作协议。拓宽对外交流合作渠道，加强市场监管、反不正当竞争、消费者权益保护、商标保护等领域立法和执法方面的国际交流与合作。认真做好第39届世界广告大会在北京召开的筹备、宣传等工作，确保大会圆满召开。充分利用国外智力资源和对外交流合作平台，进一步加强重点、急需人才的培养。

四、在完善社会主义市场经济体制中，大力推进市场监管体制、机制、方式的改革和创新

为了使市场监管执法工作体现时代性、把握规律性、富于创造性，要在巩固这些年来各项改革成果的基础上，始终保持与时俱进的精神状态，不断推进工商行政管理体制、机制、方式的改革和创新。

（一）大力推进企业信用建设，进一步规范市场主体行为。加强企业信用建设，是市场主体监管制度的改革和创新。各级工商行政管理机关要按照总局年中召开的经验交流会的部署，进一步提高认识，统一思想，积极行动，狠抓落实。重点抓好以下工作：一是积极完善企业信用数据库，维护市场交易安全。要在整合企业登记数据库、企业"经济户口"数据库、"守合同重信用"企业数据库等资源的基础上，建立企业信用监管数据库，全面反映企业信用状况，切实维护交易安全。二是大力推进企业信用分类监管，营造公平竞争的市场环境。要根据企业信用分类标准，相应建立守信企业激励机制、警示企业预警机制、失信企业惩戒机制、严重失信企业淘汰机制，依法实施不同的监管，努力营造诚实信用的市场环境。三是充分运用现代科技手段，提高企业信用监管效能。要加快推进"金信工程"建设，重点是完善企业信用监管信息网络，为实施有效监管提供有力的技术保障。明年要基本完成总局与东部发达地区企业信用监管系统联网应用。

（二）实施商品准入制度，强化对市场客体——商品安全的全过程监管。明年的工作目标是：以落实"食

品药品放心工程"为契机，在全国大中城市普通实施以食品安全为重点的商品准入制度，通过制度建设和创新监管方式，确保人民群众消费安全。一是严把商品市场准入关，全面加强流通领域商品质量监管。建立和完善商品质量购销查验登记制度、重要商品市场准入备案制度、重要商品协议准入制度、流通领域商品质量抽查制度、不合格商品市场退出制度、商品质量信息公示制度，严格上市商品准入条件，建立健全商品入市安全过滤机制。二是进一步加强和改进流通领域商品的监管，提高监督抽查的针对性和有效性。按照检查和抽查相结合的原则，突出重点市场和重点商品，有组织、有计划、分层次地开展商品质量监管抽查，努力实现"强化监督检查，查处违法案件，教育引导企业，规范经营行为"的目的。

（三）积极探索各类企业登记注册和监管方式的改革创新。一是从有利于促进经济发展，有利于扩大就业和再就业，有利于社区管理，有利于工商行政管理部门集中精力强化监管执法的角度出发，对从事生产、经营的个体工商户与没有资本运营从事简单修理、服务的个体劳动者，要积极研究探索实行分层登记和分类监管的模式。研究改进个体工商户登记的内容和方式，改革年检验照制度，更好地促进个体经济健康发展。二是适应实施《行政许可法》和完善社会主义市场经济体制的需要，对企业登记审核制度及受理、审查、核准程序，有步骤、有组织地进行改革。同时，依照《行政许可法》的规定，在继续清理企业登记前置审批项目的基础上，编制企业登记前置审批项目目录，进一步规范企业登记审查、核准工作。

五、学习贯彻"三个代表"重要思想，努力建设一支为民、务实、清廉的工商行政管理队伍

建设一支高素质的干部队伍，是工商行政管理事业不断改革发展的重要组织保证。各级工商行政管理机关要坚持以"三个代表"重要思想为指导，按照执法为民的要求，进一步开创队伍建设的新局面。

（一）狠抓理论学习，以"三个代表"重要思想武装头脑。"三个代表"重要思想是我们加强队伍建设的强大理论武器。各级工商行政管理机关要把"三个代表"重要思想的学习作为理论武装工作的根本任务。通过坚持不懈抓学习，使各级干部不断提高理论水平，进一步增强贯彻执行党的路线方针政策的自觉性，进一步增强同党中央保持高度一致的坚定性，为保证党中央、国务院决策部署的贯彻落实奠定坚实的思想基础。同时，要按照中央的统一部署和要求，认真开展保持共产党员先进性教育活动，充分发挥党员的先锋模范作用。

（二）狠抓领导班子建设，充分发挥核心领导和模范表率作用。把各级领导班子建设成为坚持贯彻"三个代表"重要思想的坚强领导集体，是工商行政管理事业不断开拓前进的关键。一是进一步加强总局党组班子和司局级领导班子建设。以理论武装、深入实际、密切联系群众、加强监督为重点，切实加强总局党组班子和司局级领导班子的思想建设、组织建设和作风建设，不断提高领导水平和执政能力，形成朝气蓬勃、开拓进取、团结奋斗的领导班子。二是进一步加强省、市（地）、县各级工商局领导班子建设。总局党组要认真落实中组部有关文件精神，加大对省级工商局领导班子双重管理的工作力度，主动参与干部考察，积极协助地方党委、政府把省级工商局领导班子建设好。省级工商局要严格按照有关规定和要求，大力加强市（地）、县工商局领导班子建设。要通过抓班子，充分发挥核心领导作用，不断开创工作新局面；充分发挥模范表率作用，带出好的队伍和作风。

（三）狠抓基层建设，不断提高队伍的执法能力和水平。基层队伍建设，是工商行政管理干部队伍建设的重点。一是切实加强基层党建工作。按照支部建在所里的工作思路，加强基层党组织建设，努力把基层党组织建设成为学习贯彻"三个代表"重要思想的组织者、推动者和实践者，充分发挥基层党支部的战斗堡垒作用。二是加大干部教育培训工作力度。要适应新时期强化市场监管、提高执法水平的需要，按照中组部、人事部大规模培训干部的要求，深入落实"十五"教育培训规划，

进一步强化教育培训工作，改进培训的方式方法，增强培训的针对性和有效性，提高培训质量。要继续加强干部专业技能、知识更新和综合素质培训，既全面提高广大干部履行岗位职责的能力，又重点培养一批起带头作用的执法骨干。三是不断推进基层规范化建设。根据新形势新任务的需要，抓紧制定"工商所工作规范"。按照"小局大所"的思路，进一步深化工商所机构改革，规范工商所的机构设置和事权划分，充实工商所执法力量，强化工商所执法职能。四是认真做好全系统"双先"表彰工作。明年，全系统四年一度的"双先"表彰大会将要召开，各地要努力做好"双先"表彰的各项准备工作。通过表彰先进，弘扬正气，努力在全系统形成崇尚先进、学习先进、争当先进的良好氛围，充分发挥先进典型的示范教育作用，激励全系统广大干部爱岗敬业，无私奉献，强化监管执法，勇做市场卫士。

（四）狠抓作风整顿和建设，树立党和人民信赖的工商形象。整顿纪律作风，惩治执法腐败，是坚持执法为民的根本要求，是建设信用工商的重要内容。关于明年全系统的党风廉政建设和反腐败工作，总局党组和驻总局纪检组将根据明年初召开的中纪委三次全会和国务院廉政工作会议精神，专门召开会议，进行全面部署，希望各地认真抓好落实。我在这里先讲几点意见：一是要以坚决执行"六项禁令"为契机，进一步整顿队伍作风，严格规范执法行为。要继续广泛宣传"六项禁令"，使每个工商行政管理人员自觉做到"六项禁令""入耳入脑入心，管手管嘴管身"。要加强领导，强化督查，严格执纪，确保"六项禁令"执行到位。2004年上半年，总局将对全系统执行"六项禁令"的情况进行一次检查，查找不足，促进整改，总结经验，推广典型。二是要以继续落实"五抓"、扎实推进"三项改革"为重点，进一步加强党风廉政建设。"五抓"就是抓认识、抓制度、抓自律、抓治理、抓查处，重点是整治乱收费、乱罚款，以权谋私、执法腐败和违反干部人事纪律的问题。"三项改革"就是推进行政审批制度改革，强化对权力的制约，确保用好权；推进财政管理体制改革，加强对资金的监控，确保管好钱；深化干部人事制度改革，完善对干部的监督，确保选好人。要通过整顿作风，反腐倡廉，推进信用工商建设，形成勤政为民、踏实肯干的浓厚风气，树立公正、廉洁、文明执法的良好形象。

同志们，规范和维护市场秩序，为明年经济持续快速协调健康发展营造良好的市场环境，工商行政管理部门任务艰巨，责任重大。我们要在以胡锦涛同志为总书记的党中央的坚强领导下，坚持以"三个代表"重要思想为指导，开拓进取，扎实工作，尽职尽责加强监管执法，尽心尽力促进改革发展，为完善社会主义市场经济体制、实现全面建设小康社会的宏伟目标而努力奋斗。

在全国广告监管执法培训班上的讲话

（2003年11月25日）

国家工商行政管理总局副局长　刘　凡

同志们：

这次全国广告监管执法培训班是根据总局党组确定的全系统干部培训计划而举办。培训班的主要任务是：深入学习贯彻"三个代表"重要思想，按照十六届三中全会决定中关于建立市场体系、规范市场秩序的要求，学习广告法律知识，交流广告监管工作经验，统一思想，提高认识，明确下一步整顿和规范广告市场秩序的目标和重点，为做好明年的广告监管工作奠定坚实的基础。

今年以来，全国工商行政管理系统以"三个代表"重要思想统领全局，按照党中央国务院的要求和总局党组的统一部署，认真落实"突出重点、标本兼治、重在治本"的工作方针，广告监管各项工作取得新的进展，整顿和规范广告市场秩序工作取得新的成绩。在此，我代表总局向辛勤工作在广告监管执法第一线的同志们表示诚挚的问候和崇高的敬意！

下面我就我国广告业的基本情况、广告监管执法及下一步工作，谈几点意见。

一、我国广告业的基本情况

（一）广告业的现状

广告业是国民经济的重要组成部分，它的发展与国民经济的发展有着密切的联系。改革开放20多年来，特别是党的十四大确立社会主义市场经济体制的改革目标后，随着国民经济的快速发展，我国广告业也取得了长足的进步。这主要表现在：

1. 广告业规模不断扩大，发展潜力举世瞩目

1992—2002年，全国广告经营单位、广告从业人员、广告经营额的年平均增长率分别是20.26%、16.39%和32.68%。截止2002年底，全国共有广告经营单位89552户，广告从业人员75.64万人，广告经营额903.15亿元，占全国GDP的0.903%，人均广告费68.42元，分别是1992年的5.37倍、4.10倍、14.29倍、4.01倍和11.45倍。目前，我国（包括香港地区）已经成为世界五大广告市场之一，我国广告业的发展速度和发展潜力举世瞩目。

2. 广告行业结构趋于合理，广告促销体系和信息传播体系初步形成

广告公司专业化程度不断增强，已从单一的广告设计制作代理向为企业提供营销战略策划等综合性服务转化，服务领域和能力不断扩大。媒介网络覆盖广泛，除电视、报纸、广播、杂志四种大众传播媒介仍是中国广告的传统四大媒介外，其他形式如户外广告、印刷品广告和90年代兴起的网络广告，也为中国广告业发展注入了新的活力。中外广告界的交流，世界知名广告企业通过合资、合作的方式在中国投资、拓展业务，使中国广告企业不断向国际先进水平迈进。目前，中国广告业已形成以具备全面综合服务能力的广告公司为主干，以高效畅通的媒介传播网络为支撑，能够为企业提供全方位、多层次、高质量、高效益服务的广告促销体系和信息传播体系。

3. 企业广告意识不断增强，广告投放呈现地域中心化

随着现代企业制度的建立，企业产权的明晰，企业的广告意识不断增强，广告投放大幅度递增，广告支出更加理性化。企业已由初期的产品促销战略转向品牌战略，整合营销、品牌的建立维护、促进品牌高速成长和向外推进已成为企业广告活动的核心内容。

随着我国区域经济中心的形成，广告业已从地域上形成几个大的广告中心地带。到2002年，已形成以北京、上海、广东、江苏、浙江五省市为中心的格局，五省市的广告经营额达554.76亿元，占全国总营业额的61.42%。

（二）广告业的作用

改革开放以来，特别是十四届三中全会以来，社会主义市场经济体制的确立，一方面为我国广告业发展奠定了坚实的制度基础，提供了良好的宏观经济环境；另一方面，广告业的繁荣，也有力地促进了国民经济的快速发展。应该说，在社会主义市场经济体制下，广告业的发展，其意义已经远远地超越了广告业发展自身。

江泽民同志指出："党能不能解决好发展问题，直接关系到人心向背，事业兴衰。发展是硬道理，硬就硬在这里。"今年十月份，我在南京第十届中国广告节的开幕式上，讲了这么一段话："中国广告节是中国广告人的节日，是世界广告人值得庆贺的节日，也是中国广告业专业层次最高、权威性最强，最具凝聚力的盛会。广告节到今年已经整整十届。它真实地记录了中国广告业发展的足迹。我们完全有理由自豪地说中国广告业是改革开放以来发展最快的行业之一，它和其他行业互动而发展，同时也以自身发展推动其他行业乃至整个社会

经济的发展。今天广告已经涉及大部分经济领域和部分社会领域，一些新兴的产业更是呈现出与广告业共进退的趋势。"可见广告业的发展是多么重要。

广告不仅具有促进生产和消费的作用，而且还具有文化传播、教育引导等社会化功能，对人们的思想道德观念、社会经济行为有着潜移默化的影响。可以说，广告业目前已成为国民经济发展的晴雨表，社会主义精神文明建设的风向标和社会主义市场经济体制完善的度量计。在完善社会主义市场经济体制、建设社会主义精神文明的进程 中，广告将发挥越来越重要的作用。所以说，在国民经济发展中，应赋予广告业优先发展地位；在社会主义精神文明建设中，应赋予广告业意识导向地位；在营造市场公平竞争环境中，应赋予广告业重点监管地位。2004年，我们将在北京承办第39届世界广告大会，世界广告业的同仁们将欢聚北京，这不仅会有力地推动中国广告业参与国际交流与合作，而且会有力促进中国广告业尽快融入国际广告市场，与世界广告业共同发展。

（三）广告业存在的主要问题

我国广告业取得的成绩有目共睹，但也面临新的问题。

1．广告业总体规模有待扩展，运作水平有待提高

我国广告业虽然发展较快，但毕竟起步晚、基础弱，广告业整体规模同国外相比仍有很大的差距。2002年我国广告经营额903.15亿元，约为108亿美元，不及美国一家大的媒介的经营额。如果按人均广告费计算，世界排名就更加靠后。虽然我国广告业的设计制作水平、创意理念同过去相比有了较大提高，但与发达国家相比还有相当大的差距。我国广告企业的现代经营理念、与广告主的合作模式还有待于提高和改进，广告主在广告投放上的科学化和理性化，特别是在合理利用广告开拓市场、树立品牌等方面都需要进一步增强。

2．广告业区域发展不均衡，东西部差距不断扩大

随着我国西部大开发战略的实施，中西部地区的广告业有了更快的发展，但同北京、上海、广东、江苏、浙江等经济发达地区相比，其间的差距不仅没有缩小，反而有扩大的趋势。2002年北京、上海、广东、江苏、浙江五省市的广告经营额占全国总营业额的61.42%，而西部11省市的广告经营额仅占全国总额的8.7%。加快西部地区广告业的发展，促进西部地区经济发展步伐，仍需我们继续做出不懈的努力。

3．广告法制体系初具规模，但仍有待进一步完善

改革开放以来，我们在加强广告法制建设方面做了大量工作，到目前为止，我国已初步形成具有中国特色的以《广告法》为主干、《广告管理条例》为支撑、一系列部门规章为补充的多层次、多方位、多角度的相对完整的广告法制体系。但是随着广告业的发展，新情况、新问题不断出现，现行的法律法规已明显不适应监管工作的需要。如现行的广告法律法规处罚力度不足、可操作性差，对广告业出现的新情况、新问题难以进行有效规范，致使广告诚信问题突出，守信者未得到有效保护，失信者未受到严厉制裁，"劣币驱逐良币"现象时有发生。

二、关于广告监管执法工作

近十年来，工商行政管理工作牢牢抓住三次大的发展机遇，适时地进行市场办管脱钩工作，实现了职能转变；以"省以下垂直"、"小局大所"、"总局升格"等为主要内容，进行了体制改革；目前，以建立企业信用分类监管和商品准入监管为重点，正在进行机制或者说是制度上的创新。广告监管执法也是一样，不断与时俱进。尤其是近一年来，各级工商行政管理机关紧紧围绕总局的工作部署和要求，以"三个代表"重要思想为指导，认真研究广告业发展的新趋势，并根据广告业出现的新情况、新问题，在实践中不断探索与广告业发展相适应的监管方式方法，大胆开拓，勇于创新，力求实现广告监管职能到位。

（一）广告监管执法工作取得的成绩

今年，我们经历了"非典"这场突如其来的严重疫情的考验，全国工商系统在党中央、国务院的正确领导下，根据总局党组的统一部署，用"三个代表"重要思想统揽全局，坚定不移地贯彻两手抓方针，认真履行监

管广告市场的职责，在防治"非典"期间充分发挥广告监管职能作用，取得了很大成绩，其他各方面工作也取得了明显成效。

1．整顿广告市场秩序，支持抗击"非典"斗争

抗击"非典"是上半年全国人民工作的重中之重，各级广告监管部门从自身职责出发，切实加强"非典"时期广告市场监管工作，严厉打击利用防治"非典"名义发布虚假违法广告的行为。一是会同卫生、药监部门及时发布涉及"非典"商品或服务广告的规范意见。意见明确了广告发布标准，禁止利用广告宣传引发社会不安情绪，哄抬预防"非典"药品、商品价格，误导公众的违法行为。二是从重从快查处了一批利用防治"非典"名义进行虚假宣传的大要案件。4月至5月全国工商行政管理系统共查处利用防治"非典"名义进行虚假宣传的广告案件3735件。三是及时公布了28个典型案例。这不仅震慑广告违法分子，同时提高了广大消费者的自我保护意识，维护了抗击"非典"时期的广告市场秩序。

2．集中整治虚假违法广告，保护消费者合法权益

人民群众对广告的要求越来越高，对虚假广告造成的恶劣影响深恶痛绝。今年以来，我们对医疗、药品和食品广告进行了重点治理整顿。

一是整顿医疗广告。与卫生部门密切配合，采取果断措施，对虚假违法问题突出的八种疾病的医疗广告暂停发布，遏制了虚假医疗广告蔓延的势头。同时对发布医疗广告的医院、药店、商场等场所进行经常性检查，收缴违法医疗广告印刷品，对违法医疗机构予以查处。加强对广告发布媒介的监管，督促其完善制度，严格审查。对违法率居高不下的广告媒介，核减其医疗广告的经营范围。

二是强化药品广告的监管。为加大执法力度，切实保证"禁止发布处方药广告规定"的落实，根据群众投诉举报、日常监测及政府有关部门的情况通报，在全国部署了对814条违法药品广告的查处工作。

三是对违法保健食品广告定期公告。联合卫生部门对违法保健食品广告进行检查并定期公告，建立了违法食品广告曝光制度。

3．开展广告监测工作，强化对广告发布的监管力度

今年以来，总局先后组织了对35种省级报纸、1490种期刊和六大区重点广告的监测，共监测广告112690条，公开曝光32条，并部署重点查处。各省市也有重点地对本辖区主要媒介开展监测，部署了对教育中介、声讯服务广告的专项检查。

4．组织开展公益广告活动，服务于社会主义精神文明建设

一是"非典"期间，各级工商行政管理机关积极组织广告界策划、制作了一大批抗击"非典"公益广告，通过广播、电视、报纸、户外发布，讴歌白衣天使的奉献精神，极大地鼓舞了广大人民群众万众一心战胜"非典"的斗志。二是与中央文明办等单位联合组织公益广告选评工作，向媒介推荐了优秀公益广告作品73件。同时，与国防动员办组织开展了"国防教育神州行"主题公益广告活动。

与此同时，各级广告监管机关与时俱进，不断创新广告监管方式方法，各项制度建设与创新取得了新的进展。如有的省市建立了医疗广告综合评估制度和信息披露制度，有的地区研究探索广告企业信用体系，建立了广告企业信用制度。通过实行对违法媒介的扣分、提示、公示、警示制度，加强对广告发布活动的监管。一些省市在广告监管系统内合理划分监管事权，通过执法办案协调工作，实现异地办案执法联动，提高广告监管整体效能。

（二）广告监管执法工作中存在的问题

尽管广告监管执法工作在各级广告监管机关的共同努力下取得了较大成绩，但我们要清醒地认识当前广告监管执法工作中存在的问题，也要认真地研究解决这些问题。

这些问题的主要表现：一是广告监管队伍素质与广告监管任务之间的矛盾；二是事后监管为主的模式与及时纠正违法广告的要求之间的矛盾；三是虚假违法广告认定标准与人民群众要求之间的矛盾；四是广告监管的难点问题与广告法律法规急需完善之间的矛盾。这些矛

盾反映在具体工作中，将成为我们不得不面对和解决的问题。这里我只谈几个突出的问题。

1．广告监管法律法规问题

我国部分现行法规已明显滞后，难以适应广告业的发展形势的需要，这已成为广告界的共识。比如对虚假广告、误导广告的认定标准，比较广告的准则，特殊商品广告的发布标准，"有偿新闻"与"新闻广告"法定界限，以及在广告中使用他人名义证明或推荐商品，在广告中如何保护妇女儿童的合法权益等，都存在标准模糊、可操作性差的问题。如何解决这些问题，就需要我们各级工商行政管理机关不断思考，不断研究，不断实践，拿出切实可行的解决办法，为完善现行广告法规奠定良好的理论基础和实践基础。

2．关于加强对媒介单位的监管问题

媒介单位在广告活动中处于特殊的关键环节。违法广告最后能否出台，媒介是否严格把关至关重要。目前，广告发布者即媒介单位为追求部门经济利益而不严格依法审查广告，是广告监管中存在的最为突出的问题。如何加强对媒介单位广告发布活动的监管，切实维护媒介作为党的喉舌在人民心目中的威信，是摆在各级工商行政管理机关面前的一个大课题。各级工商行政管理机关必须改变传统的监管思路，既要克服畏难情绪，更要避免"针锋相对"，要讲究广告监管的艺术，要加强与宣传、新闻出版等部门的汇报和沟通，认真研究新形势下媒介广告监管的方式方法，探索一条行之有效的媒介广告监管新路子。

3．网络广告监管问题

随着现代信息科技的发展、互联网的普及，网络广告已成为广告业发展的新趋势，同时也带来了一系列网络广告监管问题。如网络广告、网络广告经营者、网络广告发布者的界定，网络广告的监测、网络广告的管辖，违法网络广告的取证、查处等，都需要我们认真研究解决。

三、关于下一步的工作

今年8月，总局召开了"兴起学习贯彻‘三个代表’重要思想新高潮，规范市场秩序，推进信用建设经验交流会"，对工商系统"兴起一个高潮，推进两项改革"的工作做了进一步部署。吴仪副总理和王众孚局长在会议上作了重要讲话。吴仪副总理指出：要强化广告监管，严厉打击虚假违法广告行为。众孚局长强调：深入整顿和规范市场经济秩序，严厉查处虚假广告违法行为，支持企业正确运用广告战略，倡导公益广告活动，促进先进文化的发展和社会良好道德风尚的形成。广告监管工作要以"三个代表"重要思想为指导，认真贯彻党的十六大、十六届三中全会精神，贯彻落实吴仪副总理的指示和众孚同志的要求，全力以赴整顿和规范广告市场秩序，坚持综合治理，实行标本兼治，积极推进广告企业诚信体系建设，严厉打击虚假违法广告行为，为广告业和国民经济持续健康发展创造良好的环境。结合工作实际，我想着重强调以下几点：

（一）提高认识，转变观念

工商部门要从促进社会经济持续健康发展，从维护社会稳定的高度来认识广告监管工作的重要意义，进一步提高认识，转变观念。

1．树立与时俱进的观念

坚持与时俱进是贯彻"三个代表"重要思想的关键，也是广告监管工作始终跟上时代前进步伐的不竭动力。时，就是时代，就是实践；进，就是发展，就是创新。与时俱进，就是要体现时代性，把握规律性，富于创造性。过去我们是在封闭的市场条件下，现在是在开放的市场，而且是在经济全球化、国内市场和国际市场连结的条件下监管。广告监管内容也是与时俱进的，过去是对传统大众媒介的监管，现在有了网络广告等新的广告形式。所以，我们要时时转变观念，不断调整和改革广告监管法规、制度、方式方法，适应新形势的发展要求。近年来，各级广告监管机关为适应广告业的变化，在不同方面、不同层次，从解决实际问题出发，在执法实践中积极探索，改革监管模式，摸索出一些规律，取得了初步的可喜成绩。各级广告监管机关要进一步拓宽思路，加大改革力度，走出一条以监管市场主体、规范广告内容为基础，以强化市场主体行为监管为重点，综合运用各项监管职能的统一指挥、上下协调、多角度、全方位监管的新路子。

2．树立发展是第一要务的观念

胡锦涛总书记在"七一"讲话中指出："在我国社会主义初级阶段，我们党作为执政党的根本任务就是发展生产力，发展是我们党执政兴国的第一要务。"广告监管工作必须坚持以经济建设为中心，紧紧抓住发展这个第一要务，正确处理监管与发展的关系。工商行政管理机关有指导行业发展的职能，但我们的主要任务是广告监管，要把主要精力投入到监管工作中去。通过监管执法，为促进广告业和国民经济健康发展营造良好的外部环境。

3．树立执政为民的观念

"三个代表"的本质是立党为公，执政为民，广告监管的各项工作不论是广告内容的监管还是广告经营活动的监管，不论是规范商业广告还是组织公益广告活动，不论是查处虚假广告还是办理广告举报投诉，都涉及到保护最广大人民群众的根本利益。因此，我们要认真践行"三个代表"重要思想，按照执政为民、执法为民的要求，时刻把工商形象、人民政府的形象、社会主义形象放在心头，努力地为广大消费者、经营者服务。

4．树立依法行政的观念

依法行政是现代文明社会的一个显著标志，也是对行政执法部门的基本要求。依法行政关键是要做到执法必严，违法必究。各级广告监管机关要不断强化法制观念，严格执行法律、法规。依法行政的同时，也要求各级工商行政管理机关在执法中必须合理运用自由裁量权，坚持"过罚相当"原则，不得以罚款为目的进行执法。要坚决制止和杜绝在执法中存在的野蛮执法、行政处罚畸轻畸重、执法不到位、执法标准尺度不统一等不规范执法行为。当前要以贯彻实施《行政许可法》为契机，进一步加强广告法制建设，简化行政审批，强化后续监管，进一步实现政府职能转变。

5．树立大局观念

监管社会主义统一大市场，维护全国统一开放、竞争有序的市场秩序，维护改革、发展、稳定的大局，以广告监管工作实际践行"三个代表"重要思想，这就是大局观念。各级广告监管干部必须站在维护改革、发展、稳定大局的高度，针对广告具有促销功能、传播功能、社会化功能的特点，把政治意识、大局意识、服务意识融入广告监管工作的各个环节，维护广告市场秩序，切实履行广告监管职能。

（二）明确目标，突出重点

具体来说，就是要明确一个目标，突出两个重点，抓好三个环节，建立完善四项制度

1．明确一个目标

这个目标就是净化广告市场环境。我们要采取有力措施，将整顿和规范广告市场秩序深入持久地开展下去，确保广告违法率明显降低，恶性虚假广告初步得到杜绝，让人民群众满意，让党和政府满意。

2．突出两个重点

一个重点是将关系人民群众生命安全和身体健康的违法广告品种作为打击重点，针对不同时期违法广告的突出问题，组织专项整治，严厉查处。另一个重点是把清理含有政治性错误和不良文化内容的广告作为监管重点，确保广告符合社会主义精神文明建设要求，符合先进文化的发展方向。

3．抓好三个环节

第一个环节是防范。实现广告监管"关口前移"的具体措施，一是广泛开展广告法制宣传教育活动，提高广告活动主体遵纪守法意识；二是加强对广告行业组织的指导，引导行业自律，强化自我约束；三是强化广告发布单位的内控机制，将违法广告堵在发布之前；四是充分利用新闻媒体及时向社会发布违法广告的趋势和特点，建立预警机制。

第二个环节是检查与查处。一是把专项整治和经常性检查结合起来，将现场检查和非现场检查结合起来，将广告经营单位自查和互查结合起来，建立长效监管机制，实现对广告市场准入与退出全方位的监管。二是要加大违法案件的查处力度。特别是对大案要案的查处，要综合运用《广告法》赋予的处罚措施，对于屡次违法的广告经营单位，不但要没收非法所得和罚款，还要核

减广告经营项目或停止广告发布，情节严重触犯刑律的要移交司法机关追究刑事责任。

第三个环节是曝光。近两年的工作实践表明，将典型违法案件社会曝光是个好方法。这个方法的实质是动员社会力量对广告市场实行监督。对在检查和监测中发现的典型案件，违法严重的广告主、广告经营者、广告发布者要在媒体进行曝光，震慑广告违法分子，加大公示力度，扩大教育面。

4．建立完善四项制度

一是监测制度。广告监测工作是广告监管的重要环节。要进一步加强对广告监测工作的指导，完善广告监测制度。推动有条件的省（市）建立广告监测机构，逐步实现对全国主要媒体广告的监测，提高监测权威性。要尽快统一广告监测标准和广告监测软件。在深入调研的基础上，国家工商总局建立广告监测信息数据库，实现与全国各省、市广告监测信息数据的信息互联，资源共享，并逐步建立全国广告发布情况预警系统和联动执法系统，形成查处违法广告的快速反应机制。

二是信用监管制度。积极参与探索广告主、广告经营单位信用体系的建设，制定广告经营单位信用等级评定方法，核定广告经营单位信用等级，逐步建立起所管辖广告经营单位的信用档案。要根据广告经营单位信用等级情况，重新核定其经营范围，实现对其经营范围的动态监管。大力配合支持企业信用体系建设工作，要将广告活动主体的违法情况及时通报给相关部门。

三是广告审查制度。进一步完善广告审查员制度，充分发挥广告审查人员对违法广告发布的防范作用。各地要定期开展对广告审查人员的培训工作，建立广告审查人员档案。加强对广告审查机关的指导，加强信息沟通，共同做好对特殊商品（服务）广告的监督。

四是执法办案协调制度。建立执法办案协调制度是加大广告执法力度的重要手段，要深入研究探索异地执法办案协调问题，建立异地广告违法案件查处、协调、督办的执法联动的机制，确保全国广告执法标准尺度统一，促进广告监管职能到位。

（三）加强广告监管执法队伍建设

1．加强学习，努力提高政治、业务素质

广告业属知识、技术、人才密集的高新技术产业。建设高素质的广告监管队伍，是提升广告监管水平的关键，也是当务之急。提高队伍素质，首要的是加强政治理论学习。广告监管干部要以胡锦涛总书记"七一"重要讲话精神为指导，认真践行"三个代表"重要思想，在工作中主动、自觉地站在全局高度、战略高度，着眼长远，自觉维护国家和人民的利益，主动、自觉认识大局、把握大局，要增强政治敏锐性和鉴别力，始终保持清醒头脑，要增强责任意识，做到守土有责。其次要学习法律知识和市场经济行政管理、现代科技知识，提高法律素养和依法行政的能力。各级工商机关要大力强化教育培训，认真组织引导干部学习法律知识、市场经济知识、现代管理知识和现代科技知识，熟悉 WTO 规则，不断提高业务素质，增强科学判断形势的能力、驾驭市场经济的能力、应对复杂局面的能力、依法执政的能力和总揽全局的能力。

2．加强廉政建设，树立良好的执法形象

抓好党风廉政和反腐败制度建设是社会主义政治文明建设的重要内容，是发展社会主义市场经济的客观需要，是反腐倡廉工作发展的内在要求。广告监管是面向社会的窗口，一言一行关乎工商行政管理机关的形象，关系政府的形象，每一名广告执法人员都要牢记执法的权力是人民赋予的，只能用来为人民服务，决不能以权谋私，贪赃枉法。广告监管的廉政建设要按照中纪委和总局党组的要求，加强教育，强化对重点部位，重点岗位的权力制约，加强创新和工作制度建设，从源头上堵塞漏洞。各级广告监管部门要坚决执行总局发布的《依法行政、文明执法六项禁令》，进一步严格规范执法行为，严明纪律，真正做到忠于职守、勇于负责、清正廉洁、执法如山。

同志们，我国正处在一个继往开来的伟大时代，面对当前形势发展的需要，广大广告监管干部要坚定信念，在党中央、国务院的正确领导下，按照总局党组的部署，继续深入开展整顿和规范广告市场秩序工作，努力为国民经济健康发展营造良好的广告市场环境，为我国广告业的健康发展，为全面建设小康社会做出应有的贡献。

中国广告市场竞争格局与行业发展趋势
——在2003年"中国民营广告企业发展战略论坛"上的演讲

中国广告协会会长　　杨培青

一、中国广告业的发展现状

据统计，2002年年底全国共有广告经营单位8万9千多户，比上年增长了14.31%，从业人员超过75万人，增长了6.68%；广告营业额达到903亿元人民币，比上年增长了13.6%，约占国民生产总值的0.89%。数字表明，整个广告市场的发展空间依然广阔。这种增长，一是来源于产业结构的调整，二是来源于国民消费模式的结构性突破。

总的情况是：

（一）广告公司仍然快速发展

到2002年底，广告公司达到5万7千多家，占广告经营单位总数的64%；从业人员超过50万人，占总人数的67%；广告公司营业额达395.65亿元，增长了6.65%。广告公司在广告业的主体地位业已确立。但是广告公司平均营业额不到70万元，说明我国广告公司的突出特点依然是数量多、规模小、竞争力较弱。

（二）大众媒介经营全面增长

2002年，电视广告营业额达到231亿元，增长28.8%，占营业总额的25.58%；报纸广告营业额达188.48亿元，增长幅度9.52%，占营业总额的20.87%；广播广告营业额达21.9亿元，增长19.8%，占营业总额的2.42%；杂志广告营业额达15.21亿元，增长率8.25%，占营业总额的1.68%。户外广告和网络广告的增长也较为突出。2002年户外广告经营额达到99.8亿元。

（三）广告投放，房地产广告领先

2002年，房地产广告跃居首位，达到101.39亿元，占广告总投放的11.23%；汽车广告年投放达到40.49亿元，增长幅度达到77.12%；药品广告、医疗器械和医疗服务，仍是广告投放的大户，另外金融保险业、旅游业将会有长足的发展。

（四）广告业地区发展不平衡的现象仍然较为明显

东部和南部地区，包括北京、天津、河北、辽宁、上海、江苏、浙江、福建、山东、广东、广西、国家局直属单位，广告营业额占全国广告营业总额的79.93%；居前十位的北京、上海、广东、江苏、浙江、山东、天津、辽宁、四川、福建，广告营业额之和占总营业额的78.4%，而西部地区广告营业额之和只占到总额的9.29%，差距依然明显。

与国际广告业相比较，世界最大的广告主通用汽车2002年的广告投放为303亿元人民币；宝洁公司2002年的广告投放为222亿元人民币；世界最大广告机构OMNICOM集团2002年全球广告收入为625亿元人民币；世界最大单一广告公司日本电通广告公司2002年全球广告收入为170亿元人民币。

2001年，我国已经进入全球广告业排名第10位的广告大国之列；但是广告占GDP的比例还较小；人均广告投入在世界的排名还很靠后。随着我国全面建设小康社会的步伐，我国的广告市场还将会有大的发展空间，广告对于建设社会主义物质文明和精神文明的作用还会进一步发挥出来。

二、中国广告业竞争格局

按照中国加入WTO承诺的时间表，我们将在今年12月10日之后，允许外资控股广告公司；2005年12月10日后，允许外商广告独资经营。在此之前，我国广告业将面临一个迅速调整适应、重新洗牌的大势。其中，两个方面的竞争，值得关注：

1.广告公司之间的竞争主要表现为：跨国公司与本土公司之间的竞争。

2.不同类媒体广告业之间的竞争，和同类媒体之间广告经营的竞争。

三、中国广告业发展趋势

全球化：加入WTO以后，中国市场是国际市场的重要地区，中国广告业必须具备国际化竞争的能力，才有持续发展的后劲。

集团化：一是中国的强势媒体或者大企业集团，可能会投资打造本土的广告航母；二是本土广告企业通过上市融资，进行集团化运作；三是跨国广告集团兼并大量本土优势企业。

专业化：运用现代化的专业知识、服务理念、管理和科学技术手段提升广告行业的整体服务水平。所有广告公司必须在专业化、特色化经营上下功夫，必须结合自身优势与市场竞争环境，准确定位，明确发展方向与目标。本土中小广告企业，如果缺乏整合应对的条件，现实的选择是，力求在某一专业领域或某个环节上做得最好，以便成为大公司的合作伙伴。

跨行业集约化整合：与管理咨询业、营销策划业、公关业、调查业、媒体传播业的相互渗透和资源整合。优势的广告企业将在优化资源配置、知识创新和资本运营等方面进行战略拓展。

四、私营广告业的发展优势和发展前景

1．对民营企业概念的解析（略）

2．私营广告业发展的历史轨迹和现状

中国广告业20年的发展历程显示，我国私营广告业的发展，经历了一个从无到有、缓慢发展与大发展的过程。私营广告企业从1988年就有，到1991年已达到242户，从业人员1973人，广告营业额848万元，但经营范围被限制在只能从事设计、制作方面，不能从事广告经营，故发展缓慢。1992年邓小平南巡讲话之后，深化改革、扩大开放、解放思想，中国广告突破"总量控制"的观念，并配套采取"限制、引导、管理"三原则，制定了"资质标准"等，以使广告业在放开的同时，保证质量、健康起步。凡是符合条件者均允许经营广告，允许各类广告企业进入市场实行公开、合法、平等的竞争，改变了只有国营、集体广告经营单位的单一格局，促进了广告业的大发展。至1994年底，个体、私营企业达到0.48万户，4.06万广告从业人员，营业额达到6.28亿元。随后，我国私营广告业获得了长足发展，2002年，我国个体、私营广告经营单位达到近4万7千家，从业人员37万多人，广告经营额达到193亿元。其中私营广告公司达3万3千多家，从业人员33万多人，广告经营额达169亿元以上。

3．私营广告业的发展优势与发展前景

鉴于上述情况，私营广告业的发展面临难得机遇和挑战，如何运用自身机制的灵活优势，尽快改革经营模式和方式，在新的发展阶段高起点、高水平地定位，是面临的大课题。

在全国广告监管执法培训班上的讲话

（2003年11月28日）

国家工商行政管理总局广告监管司司长　　屈建民

同志们：

本期全国广告执法培训班今天进入了最后一天。开班的第一天，国家工商行政管理总局刘凡副局长作了重要讲话。他在讲话中以"三个代表"重要思想和党的十六届三中全会精神为指导，分析了全国广告业发展的现状，总结了两年多来广告监管工作，特别是整顿和规范广告市场秩序的基本经验，并对今后一个时期的工作进行了部署。

刘凡副局长的讲话很重要，同志们回去后要认真学习、传达和贯彻。最近中央要召开经济工作会议，国家工商行政管理总局也要召开全国局长会议，所以同志们在学习传达刘凡副局长的讲话时，要注意同党中央国务院关于明年工作的总体精神结合起来，要按照全国局长会议对明年的工作安排，随时调整我们工作的具体部署。

培训期间，我们请了北大陈刚教授、人民大学黄泰岩教授、国家工商行政管理总局法规司王学政司长讲课。课后听大家的反映，普遍是满意的。通过这种较高层次的授课，大家对党的十六届三中全会决定、对当前宏观经济中的一些热点问题有了了解，初步掌握了国际广告行业发展的动态和趋势，这对我们做好广告监管工作非常有帮助。王学政司长讲了有关《行政许可法》执行中的问题，也有助于我们更好地依法行政。总之，大家反映：这期培训班授课质量比较高，内容也比较丰富，进一步开阔了我们广告监管工作的思路。

培训班上，司里的三位同志分别就当前大家关心的广告监管中的一些问题作了指导性发言，应该说，这些发言也有很强的针对性。

培训中间还印发了十三个省市的经验，看了这些经验，让人很振奋。这些材料从不同的侧面、不同的视角，总结了两年多来整顿和规范广告市场秩序的基本经验，揭示或者可以说初步揭示了整顿和规范市场经济秩序工作中的一些内在规律，很有特点。这些经验是全国工商系统广告监管战线的同志们多年工作心血的结晶。我们要珍惜这些经验，认真总结、推广这些经验，使得这些经验在全国开花结果。当然经验不只是这些，其他省、市也有很多好的经验。回去以后我们要把这些经验进一步修改，然后汇编成册，发给大家。

自从去年九月份成都培训班上分别，我同在座的多数同志已有一年零三个月没有见面了。在这一年零三个月中，我们在不同的地方，为了一个共同的目标扎实工作，努力奋斗。特别是在"非典"期间，我们深深地感到了全国工商队伍团结向上的精神风貌，勇于战胜困难的传统，感受到了全国广告监管战线同志们对我们的关心。今年四月份到六月份，北京"非典"最紧张的三个月中，你们打来的每一个电话，每一句问候，都是对我们全司同志的极大鼓舞。在这里请允许我代表全司同志，向在座的同志们，并通过你们向全国广告监管战线的同志们致以深深的谢意和崇高的敬意。

这期培训班和由于受"非典"的影响，开班时间稍微拖了一点，正逢年终总结工作，研究和部署明年工作。中央召开的经济工作会议精神还没有传达，国家工商行政管理总局的年终局长会还没有召开，但大家相聚是一次十分难得的机会，所以把有关明年工作的初步想法和大家做了交流，这些想法主要贯穿在刘凡副局长的讲话之中。今天，我想就这个工作思路的形成过程和贯彻这个工作思路中应注意的几个问题谈点想法，供大家在学习贯彻刘凡副局长讲话时参考。

一、工作思路形成的过程

整顿和规范广告市场秩序的工作已经开展两年半了，应该说，全国工商系统广告监管战线的同志们做了大量的工作，成绩应充分肯定。但是我想大家有一个共同的感觉，我们尽管克服了很多困难，做了很多的工作，但同党和政府的要求，同人民群众的希望，特别是以"三个代表"的标准来衡量，还有很大的差距。究竟如何全面推进我们的工作，在整顿和规范广告市场秩序两年来取得成绩的基础上，进一步扩大和巩固战果，一直是我们思考的问题。这个工作思路的形成有三个依据：

1．温家宝总理在今年初全国整顿和规范市场秩序工作会议上的讲话。温总理在讲话中全面总结了两年多来全国整顿和规范市场经济秩序工作的基本经验：一是突出重点，明确阶段性目标，不断开展专项整治；二是标本兼治，坚持一手抓集中整治，一手抓制度建设；三是与时俱进，积极运用现代信息技术等市场监管手段；四是加强监督，构建群众积极参与的社会监督体系；五是各地联动，形成统筹协调的工作格局。温家宝总理的讲话虽然是对于全国整顿和规范市场秩序两年多工作经验的总结，但我们感到，这个讲话为科学、全面地总结两年多来整顿和规范广告市场秩序工作的基本经验指明了方向。

2．去年底，特别是今年八月底在北京召开的全国局长会议上推出的一系列工商监管改革措施。在贯彻总局的各项工作部署，推进工商行政管理体制改革的过程中，如何及时总结具有广告监管特色的经验。

3．整顿和规范广告市场秩序工作开展以来，从总局到各省、市、自治区，地级市，县，工商所5级广告监管部门都在努力摸索新的工作方法，也在实践中逐步形成了一整套的监管经验。广告监管司的一项主要工作就是要及时地总结和推广这些经验。

刘凡副局长上任后，非常深入实际，听取了司里处长、司长的工作汇报。6月17日刘凡副局长向王众孚局长作了汇报。王众孚局长在同刘凡副局长讲话中提出，要加大广告监管方法改革的力度，完善深化广告监管措施，积极探索一整套广告市场监管办法。刘凡副局长传达了王众孚局长的指示，这为我们考虑下一步工作指明了方向。

为了贯彻王众孚局长的指示，9月24日我们召集了有部分省、市处长参加的工作座谈会。座谈会上，大家深入、全面地总结了两年多来整顿和规范广告市场秩序工作的基本经验，讨论了面临的问题和下一步的工作措施。特别是比较细致地讨论了几项制度基本框架。座谈会后，我们书面向刘凡副局长作了汇报，刘凡副局长表示非常同意。同时我们又召开了司务会，全面部署了起草四项制度的工作。

二、下一步整顿和规范广告市场秩序应把握的几个问题

1．树立长期作战的思想

经过20多年的努力，我国已初步建立了社会主义市场经济体制。长期以来，我们把市场主体的多元化、价格的大部分放开、资源配置基本市场化等作为衡量市场经济的主要标准。但现在看，市场经济还应有一个非常重要的标准，即诚信标准。这是因为，我们常讲市场经济的实质是法制经济，是契约经济，而法制经济、契约经济的基础是诚信机制的建立。所以，朱镕基总理2002年11月中旬在世界会计师大会上指出，诚信是市场经济的基石。在市场经济条件下，一个人失去信用，就无人与之交往；一个企业失去信用，便无法在市场中生存；一个国家失去信用，则会扰乱整个经济秩序，甚至影响社会稳定和政治安定。诚信体制的建立是一项长期任务，不是一朝一夕就可以完成的，这就决定了整顿和规范市场经济秩序的长期性。

2．坚持综合治理的思路

二年半整顿和规范广告市场秩序的工作实践说明，工商行政管理部门虽然是国务院规定的广告监管部门，但在实际工作中，要有大局意识、全局观念，坚持综合治理的工作思路。首先，要争取地方党政领导的支持。最近，北京市委宣传部蔡福朝同志在有18家北京媒体参加的"治理虚假广告座谈会"上讲了三点意见：一是，无论媒体的广告经营方式如何变化，广告的终审权必须在报社，不能交由广告公司代理。广告违法由工商部门处罚，负有责任的人由我们处理。二是，总编、责编对广告版要同新闻版一样负责。三是，出现违法广告，不但要追究当事人的责任，还要追究法定代表人的责任并

2003年中国广告业发展统计表

项　　目	数　额	年增长率
营业额（万元）	10786846	19.44%
经营单位（户）	101786	13.66%
从业人员（人）	871366	15.20%

2003年全国广告经营单位发展统计表

项　　目	户　数	年增长率	占总户数比率	营业额	年增长率	占总额比率
广告公司	66353	15.53%	65.19%	444.84亿元	12.43%	41.24%
兼营广告企业	13543	17.75%	13.31%	54.64亿元	63.01%	5.07%
电 视 台	2924	0.79%	2.87%	255.04亿元	10.39%	23.64%
电　　台	658	-7.32%	0.65%	25.57亿元	16.76%	2.37%
报　　社	2225	-0.45%	2.19%	243.01亿元	28.93%	22.53%
杂 志 社	4009	3.48%	3.94%	24.38亿元	60.29%	2.26%
有线广播	281	11.51%	0.28%	2.78亿元	251.90%	0.26%
其　　他	11793	10.78%	11.59%	28.43亿元	71.68%	2.64%
合　　计	101786	13.66%	100.00%	1078.68亿元	19.44%	100.00%

2003年全国广告费投放统计表

类别	投放额	年增长率	占总额比率
房地产	159.15亿元	56.97%	14.75%
药品	127.48亿元	34.16%	11.82%
食品	100.37亿元	8.45%	9.30%
家用电器	88.00亿元	11.76%	8.16%
化妆品	73.01亿元	10.27%	6.77%
医疗服务	52.54亿元	7.29%	4.87%
汽车	47.33亿元	16.89%	4.39%
服装服饰	44.23亿元	79.50%	4.10%
酒类	44.01亿元	27.09%	4.08%
医疗器械	31.86亿元	0.03%	2.95%
旅游	20.10亿元	3.13%	1.86%
烟草	13.23亿元	43.96%	1.23%
其他	277.37亿元	6.68%	25.71%
合计	1078.68亿元	19.44%	100.00%

2003年全国各种经济成分广告经营单位发展统计表

项　目	单位数	年增长率	经营额	年增长率	占总额比率
国有企业	7026	−7.64%	1581207.79万元	41.14%	14.66%
国有事业	9745	−0.01%	4416059.08万元	7.98%	40.94%
集体企业	5704	−12.19%	560016.46万元	29.28%	5.19%
集体事业	1017	3.78%	104930.69万元	8.40%	0.97%
个体私营企业	61372	30.59%	2470002.22万元	27.40%	22.90%
外商投资企业	401	4.16%	856392.81万元	41.60%	7.94%
联营企业	1220	22.49%	63452.69万元	54.97%	0.59%
其　他	15301	−6.40%	734783.65万元	3.95%	6.81%
合　计	101786	13.66%	10786846.12万元	19.44%	100.00%

2003年各省、自治区、直辖市广告经营额统计表

地　区	营业额	年增长率	占总额比率	营业额排序
北京市	2289881.68万元	36.67%	21.23%	1
上海市	1606269.00万元	10.35%	14.89%	3
天津市	374120.96万元	26.94%	3.47%	7
重庆市	218083.96万元	24.28%	2.02%	11
河北省	89454.79万元	-4.10%	0.83%	23
山西省	66980.42万元	9.98%	0.62%	24
内蒙古自治区	36353.00万元	55.39%	0.34%	27
辽宁省	284845.00万元	8.73%	2.64%	8
吉林省	107543.00万元	13.15%	1.00%	21
黑龙江省	153071.49万元	6.07%	1.42%	15
山东省	499013.00万元	3.41%	4.63%	6

江苏省	715109.60 万元	20.57%	6.63%	4
安徽省	192387.41 万元	11.59%	1.78%	13
浙江省	680086.00 万元	15.40%	6.30%	5
江西省	113248.00 万元	17.49%	1.05%	20
福建省	272105.16 万元	12.07%	2.52%	10
河南省	150883.84 万元	21.95%	1.40%	16
湖北省	189998.95 万元	42.79%	1.76%	14
湖南省	132929.50 万元	7.92%	1.23%	17
广东省	1658946.68 万元	15.86%	15.38%	2
广西壮族自治区	101614.12 万元	25.73%	0.94%	22
海南省	20063.00 万元	11.14%	0.19%	28
四川省	284840.20 万元	13.41%	2.64%	9
云南省	114370.00 万元	22.80%	1.06%	18
贵州省	47723.54 万元	-4.73%	0.44%	25

西藏自治区	2209.72万元	5.00%	0.02%	31
陕西省	199044.04万元	33.82%	1.85%	12
甘肃省	40546.00万元	28.40%	0.38%	26
宁夏回族自治区	20037.78万元	149.17%	0.19%	29
青海省	10200.00万元	10.87%	0.09%	30
新疆维吾尔自治区	113986.39万元	62.72%	1.06%	19
合　计	10786846.12万元	19.44%	100.00%	

'2004中国广告年鉴
China Advertising Yearbook
12th Edition

全国广告行业
文 明 单 位

选介专栏

文明单位

广告行业文明单位评选获奖名单

此排名不分先后

人民日报社广告部
经济日报社广告部
光明日报社广告部
中央电视台广告部
中央人民广播电台广告部
北京电视台广告部
北京人民广播电台广告部
北京歌华阳光广告有限公司
北京始创国际企划公司
北京未来广告公司
北京桑夏广告有限公司
《时尚》杂志社广告部
中国计算机世界出版服务公司
北京地下铁道广告公司
盛世长城国际广告有限公司
中国轻工业出版社广告部
北京格威特广告公司
北京市通州区广播电视中心广告部
中国汽车报社广告部
经济参考报社广告部
北京英事达文化传播有限公司
中国税务报社广告部
北京晚报广告部
北京青年报社广告处
北京路路明广告有限公司
中国电力信息中心广告服务部
中国机电广告公司
中国质量报社广告部
北京伊人广告有限公司
北京新浪网信息技术有限公司
广电总局电影卫星频道节目制作中心广告部
北京国联视讯广告有限公司
中国教育报刊社广告部
中国计算机报社广告部
北京市平谷金鼎广告公司
中国信息报社广告部
北京华康广告公司
北京国安广告总公司
北京房地产广告有限公司
北京国电广告有限公司
中航公关广告公司
上海东湖广告装饰有限公司
上海西南广告有限公司
上海东艺广告公司
上海国际机场股份有限公司广告分公司
上海影视广告有限公司
上海邮政广告有限公司
上海新亚霓虹灯广告有限公司
上海强生广告有限公司
上海大众广告公司
上海圣峰广告有限公司
上海中艺美术合作公司
上海申浦广告装潢有限公司
上海光明广告有限公司
上海东亚广告装潢有限公司
上海白丽广告影视有限公司
上海中视新思维传播有限公司
解放日报报业集团广告中心
上海文广新闻传媒集团广告经营中心
上海旭通广告有限公司
上海广告有限公司
上海美术设计公司
上海影城公关广告部
上海巍珂庆余广告有限公司
上海广播电视报业经营有限公司
上海中润广告有限公司
上海资深国际广告有限公司
上海伊斯顿广告有限公司
上海创想企业发展有限公司
上海影剧人传播有限公司
天津广告有限公司
天津日报社广告处
天津市天野广告企划有限公司
天津市盛世文化广告有限公司
天津开发区世纪座标广告有限公司
天津市盛华国际广告发展公司
天津市北岛广告发展有限公司
今晚报社广告部
天津电视台广告部
天津市双木广告策划传播有限公司

文明单位

重庆日报社广告部
万州日报广告经营管理中心
《客车技术与研究》编辑部
重庆电视台广告部
重庆正宗广告有限公司
重庆写真广告有限公司
重庆金朝广告有限公司
重庆正点广告有限公司
河北电视台广告信息中心
保定电视台广告经济信息中心
石家庄市冀都公交广告有限公司
沧州市狮城霓虹广告有限公司
唐山市国际广告公司
石家庄电视台广告信息中心
山西日报社广告处
太原日报社广告管理中心
山西电视台广告部
太原好运达国际广告有限公司
内蒙古自治区电话号簿公司
辽宁日报社广告部
沈阳电视台广告部
沈阳创源广告有限公司
锦州人民广播电台广告部
辽宁鑫光光明传媒产业有限公司
大连铁广传媒广告有限公司
大连报业广告中心
丹东电视台广告传播中心
鞍山市金虎广告有限公司
辽宁铁道融信广告有限公司
长春日报广告交易中心
长春电视台广告信息中心
吉林市电视台广告部
吉林省天成龙行广告有限公司
吉林省大禹广告有限责任公司
吉林省龙风文化艺术有限公司
吉林省长城广告有限公司
黑龙江日报社广告部
哈尔滨海润国际广告传播（集团）有限公司
哈尔滨电视台经济信息部
绥化日报社广告中心
鸡西日报社广告部
牡丹江新时代广告艺术有限公司
哈尔滨潜龙广告有限公司
青岛日报报业集团广告中心
烟台日报社广告部
临沂报业广告公司
泰安市报业广告实业总公司
牡丹晚报社广告部
胜利油田电视台广告经济部
淄博电视台广告中心
山东东方天健广告有限公司
山东省五洲广告有限公司
威海缘也广告有限责任公司
山东省国际广告公司
青岛天马广告有限公司
山东济南铁路天龙广告有限公司
江苏省广播电视总台电视广告中心
南京市广告公司
南京市银都广告商务有限责任公司
南京电视台广告中心
徐州华荧广告传播中心
盐阜大众报社广告部
苏州报业广告公司
无锡市巴士广告公司
镇江邮政开发总公司邮政广告分公司
常州三有广告有限公司
南京雷迪欧广告公司
南京大贺户外传媒股份有限公司
南京艾立河广告公司
江苏华星广告有限公司
安徽日报社广告处
安徽人民广播电台广告部
安徽电视台广告中心
金鹃国际广告有限公司
安徽不夜城广告公司
安徽金太阳广告有限公司
钱江晚报社广告中心
杭州日报报业集团广告中心
宁波日报报业集团广告中心
温州都市报社广告部
绍兴日报社广告部
浙江电视台（卫星频道）广告部
浙江省国际广告有限责任公司
台州市汇宝广告装潢有限公司
杭州公交广告公司
宁波嘉和公交广告有限公司
江西日报社广告部
江西星际广告有限公司
江西铁龙广告装璜公司
江西益民广告有限公司
赣州华信广告有限公司
庐山东方艺术广告公司
厦门日报广告中心
福州广播电视集团广告中心
福建电广东南卫视广告有限公司
福建省广告公司
福建奥华广告有限公司
福建新恒基广告有限公司
厦门博美联合广告有限公司
福建指南针广告有限公司
福建省新动力广告有限公司
莆田市新思维营销企划有限公司
福建铁路广告公司

文明单位

大河报社广告部
河南日报社广告部
河南人民广播电台广告部
河南天明广告有限公司
武汉晚报广告发展公司
湖北电视台广告部
湖北电视经济频道广告部
《知音》杂志广告部
武汉电视台广告部
武汉光明广告有限公司
湖北中兴广告装饰有限责任公司
荆视传媒有限公司
黄石金点广告装饰有限公司
襄樊金犁策划有限公司
湖南电广传媒股份有限公司
广东省广告有限公司
广州铁路集团文化广告总公司
广州白云国际广告有限公司
广东旭日东升广告传播有限公司
广州市新广美霓虹灯广告有限公司
广州日报社广告处
广州交易会广告有限公司
深圳市机场广告有限公司
深圳市蓝太阳广告有限公司
深圳报业集团广告中心
深圳市公交广告公司
珠海市北合广告制作有限公司
汕头市广播电视台广告部
江门市电视广告公司
湛江市广告装璜有限公司
茂名市正凌广告有限公司
顺德天行广告有限公司
汕尾市红蓝广告有限公司
东莞日报社广告部
广东艺精广告装饰工程有限公司
中山市红叶庆典广告有限公司
惠州市南粤广告装饰工程有限公司
梅县电视台广告部
潮州电视台广告部
韶关市凌翔广告策划有限公司
韶关市粤北广告策划有限公司
云浮日报社广告中心
揭阳市广告有限公司
河源日报社广告部
高要报社广告部
柳州电视台广告部
广西南宁金岛广告有限公司
桂林梅高广告策划有限责任公司
海南中视广告有限公司
海口晚报社广告部
四川西南国际广告公司
四川省巴蜀形象广告传媒股份有限公司
四川电视台广告部
四川西南航空广告策划有限公司
成都国际机场广告有限公司
成都市公共交通公司广告装饰分公司
宜宾雪松广告装饰有限公司
华西都市报广告部
成都商报广告部
昆明风驰传媒有限公司
云南白马广告有限公司
云南女性大世界杂志社
贵州日报社广告处
贵州人民广播电台广告部
贵州天马广告公司
贵阳金马广告艺术有限公司
西藏商报社广告部
渭南日报社广告部
陕西电视台广告中心
汉中电视台广告部
西安美灵广告有限责任公司
陕西理想艾科广告装饰有限责任公司
西安沙龙广告装饰有限公司
西安市振兴公交广告有限责任公司
《读者》杂志社广告经营部
甘肃日报社广告处
兰州邮政广告有限责任公司
甘肃人民广播电台广告部
宁夏日报社广告处
银川宏强广告有限公司
宁夏电视台广告部
青海电视台广告部
青海人民广播电台广告部
新疆日报广告处
新疆人民广播电台广告信息部
新疆航空广告公司
新疆普拉纳广告有限公司
新疆昌吉日报社广告部

可 信 赖 的 投 资 顾 问

调查方法

调查对象：36个城市15岁以上的本地（常住）城市居民。
抽样方法：采用概率与规模成比例(PPS)的抽样方法。
调查城市：北京、成都、广州、上海、济南、杭州、大连、天津、西安、沈阳、武汉、南京、重庆、福州、深圳等。
抽样控制：由中心统一控制的、非访问员控制的抽样，确保抽样的精度和对被访户的有效接触，保证较高的问卷回收率。
样 本 量：本次调查36个城市半年样本为39，681人。
调查方法：入户访问。
示卡方法：为避免读者在选择阅读报刊时的序位偏差，报头卡的排列按全国性报刊、地方性报刊以及拼音字母顺序轮换。

数据复核：100%卷面复核、20%电话复核、5%实地复核的多级复核制度。
调查控制：全国统一标准，四级管理模式。

数据处理

推及总体：36个城市15岁以上本地（常住）城市居民，共计87，843，876人。
加　　权：按照36个城市不同性别、年龄的人口数和家庭户规模加权。

基本概念说明

平均每期阅读率：在发行出版周期内阅读过某报刊的读者在居民总体中所占到的比例。

上述资料及数据来源：
央视市场研究股份有限公司“全国读者调查2003”2003年1月–6月数据。

报社地址：北京市宣武门西大街甲97号 邮政编码：100031 广告部电话：(010)63077307 63077308 63077312 广告部传真：(010)63071029 63072603

Think of the
brands that mean
more than brands to you.
These can be products, musicians
sports teams, buildings, landscape
parks, pubs, countries, gallerie
restaurants, artists, holida
destinations, opera companie
anything or anyone you can'
imagine the world without

Lovemarks are super-evolved brands that inspire loyalty beyond reaso
Where brands are owned by corporations, people own Lovemar
People and Lovemarks come together in relationships. In yo
own life you'll have brands and you'll have Lovemar
... and you'll know which ones are which. If y
are ready to take your brand to the next lev
give us a call. Charles Sampson: +86
6510 2255 (BJ), Peter So
+86 21 5466 9898 (SH
Pully Chau: +86
3879 12
(G

想一想，

有哪些品牌对你来说

不仅仅是品牌。它们也许是

商品、乐队、足球队、建筑、山水风景、

公园、酒吧、国家、画廊、艺术家、

茶楼、假日胜地、戏剧团……总之，世界

没有这些人和事物，是无法想像的：

的标志是超级进化的品牌，它能激发出人们近乎疯狂的热
。品牌是属于企业的，爱的标志则是属于每个人的，是他
生命中不可替代的一部分。在你的生活中，有些品牌
是品牌而已，而有些，则是爱的标志……哪一个
哪一个，你心里有数。如果也打算让你的品
达到另一个高度，请拨个电话给我们。
尔斯：+86 10 6510 2255
北京） 苏秋平：+86 21
466 9898（上海）
佩莲：+86 20
379 1228
广州）

SAATCHI & SAATCHI CHINA

100分

方 寸 集 纳 精 彩 成 都

成都

繁荣的商业文化催生了无数成功

成都媒体

与城市发展同步而日新月异

成都电视台

精英汇聚

实力彰显

愿与朋友分享眼前的每一个机会

严谨 诚信

眼界高远

目标锁定电视业界典范

成都电视台拥有 5个电视频道，节目覆盖面积3万平方公里，收视人口3千万，基本受众为四川最具购买力的人群，收视率和收视市场份额在成都电视市场雄踞榜首。

所属各频道全天运转，制作和播出包括新闻时事、经济资讯、民生民情、影视文艺、生活新知、体育赛事等在内的各类高质量节目。观赏成都电视台节目，是信号覆盖区民众生活中不可或缺的部分。

新闻综合频道 CDTV-1
经济资讯服务频道 CDTV-2
都市生活频道 CDTV-3
影视文艺频道 CDTV-4
公共频道 CDTV-5

www.chengdutv.com　www.cdetv.com　www.cdtv3.com

成都电视台广告部　地址：中国 · 成都 · 人民中路成都体育中心体育宾馆　邮编：610015

咨询热线（028）：86623056　86741951　86613337　86762168　86753333

哈尔滨电视台

[振兴东北老工业基地的前沿]

哈尔滨电视台目前已实现全面的频道资源整合，即新闻综合、影视、娱乐、生活频道和全新精彩推出的最具成长力的频道-都市资讯，是国内具有广泛影响力的副省级城市电视媒体，频道群有效覆盖哈尔滨市(周边十一市县)近一千万人口，是哈尔滨地区最强势的优质媒体。

哈尔滨是沟通东北亚、欧洲和太平洋的重要连接点，是北方中外文化融合的冰雪名城，是黑龙江省政治、经济、文化中心。哈尔滨市拥有人口990万，市区人口450万，具有城市人口消费集中、追求生活质量、购买力旺盛等特点。哈尔滨国际冰雪节、哈尔滨之夏音乐会、哈尔滨国际经贸洽谈会等都拥有广泛的国际影响。

哈尔滨电视台有线电视网络采用当今先进的光缆信号传输网络，拥有哈尔滨地区网络用户100万，此外还建立了宽带IP网络数据业务平台，是黑龙江最大的有线电视网，

走进新千年，哈尔滨电视台广告部全体同仁以与时俱进、不断进取的创新开拓精神，秉承“以客户为中心，追求共同发展，分享成功！”的经营理念，为您提供最优质的广告服务，开创多赢、共同发展。

[经济发展潜力巨大 充满都市活力的消费型城市]
沟通+协作+努力
济频道
市资讯
娱乐频道
生活频道
HRBTV
哈尔滨电视台广告部
地址：哈尔滨市南岗区满洲里街33号 邮编：150006 电话：(0451)53638085 55607318 网址：www.HRBTV.com

柳州电视台广告部

（一）柳州概况

柳州—俗称“龙城”，位于广西中部，建城已有2100多年，是广西第二大城市，下辖柳城、柳江、鹿寨、融安、融水、三江六个县和城中、柳北、柳南、鱼峰四个城区，总面积为18690平方公里，总人口352万人。

2003年，柳州市完成经济总量500.19亿元，全社会固定资产投资完成109.36亿元。社会消费品零售总额114.28亿元，城市居民人均可支配收入8370元。

柳州是中国西南地区的工业重镇，工业总产值占广西工业总量的四分之一强。全市现有工业企业1500多家，有4家进入全国500强大型工业企业行列，上汽通用五菱、东风汽车、柳工机械、两面针牙膏、金嗓子喉宝、花红药业等一批企业和产品享誉国内外。

柳州素有“桂中商埠”之称，是中国中西南地区的重要商品集散地，背靠大西南，面向东南亚和东部沿海地区的独特地理优势以及作为泛珠三角经济圈蓝图框架内的重要成员，让柳州成为中国——东盟自由贸易区的桥头堡和中转基地。按照规划，到2007年，柳州经济总量将超过1000亿，伴之产生的广阔、健康的市场也给各行业带来无限商机。

（二）柳州电视台

柳州电视台成立于1987年，目前拥有新闻综合、经济生活、影视公共和资讯科教四个频道，通过空中信号向广西中部的11个市（县）输送电视节目，传输受众超过800万人，城市有线网络接入户数22万户。

柳州电视台四个频道无线发射功率均为10千瓦，发射天线置于海拔532米的古亭山上，最远点可达160公里以上。单个频道每天向观众提供17小时的精彩节目，其中自办节目2小时以上。根据中国境内专业调查公司“央视·索福瑞媒介研究”提供的收视调查显示，柳州电视台的主要栏目《柳州新闻》、《新播报》、《关注》在2003年的平均收视率分别达到7.8%、12%和8.3%。其他一批自办栏目《今日红绿灯》、《娱乐在线》、《资讯·生活》、《楼市漫步》、《健康人生》、《警视风云》等形式多样，内容丰富，深受当地观众喜爱。此外，柳州电视台三大剧场中的《龙城剧场》黄金时段最高收视率曾达到33.5%，2003年，平均收视率为13.99%。《生活剧场》和《缤纷剧场》经过准确定位、精心包装，收视率也在节节攀升。2003年及2004年1至4月，调查显示柳州电视台当地收视市场占有份额达18.6%。

（三）柳州电视台广告部

作为广西境内收视份额大、广告竞争力强、影响力广的城市电视台，柳州电视台年广告收入超过3000万。广告部拥有一批充满活力、高素质的广告从业人员，努力为客户提供高质量、全过程、个性化的媒介增值服务。历年来，广告部多次荣获国家级、省级表彰，1999年，荣获中央精神文明指导委员会、国家工商局联合颁发的全国公益广告活动先进单位荣誉称号。2003年，荣获广西广告行业精神文明先进单位称号，同年，被中国广告协会命名为全国广告行业文明单位。

深谙市场，追求更高目标。柳州电视台广告部依托强势媒体的传播优势，致力于打造公平、公正、合理的竞争环境，为客户提供更专业、更优质的服务。

携手合作，迈向成功。电视台广告部全体同仁将尽己所能，竭诚帮助具有远见卓识的商家在柳州市场大展鸿图。

我们的团队：

广告部主任	杨　彤	13707728938
副主任	陈永忠	13707725758
副主任	谢　雄	13807728897
业务主管	谭嘉建	13607729758
业务主管	苏锦龙	13877266863
业务主管	石　溪	13977228609
《资讯生活》制片人	季　杰	13807727517
《楼市漫步》制片人	桂　敏	13978066879
《健康人生》制片人	尹继军	13807720866

地　　址：广西壮族自治区柳州市桂中大道1号
邮政编码：545006
联系电话：+86-0772-2695333　0772-2695177
传　　真：0772-2695123
网站地址：www.gxlztv.com
电子信箱：ggb@gxlztv.com

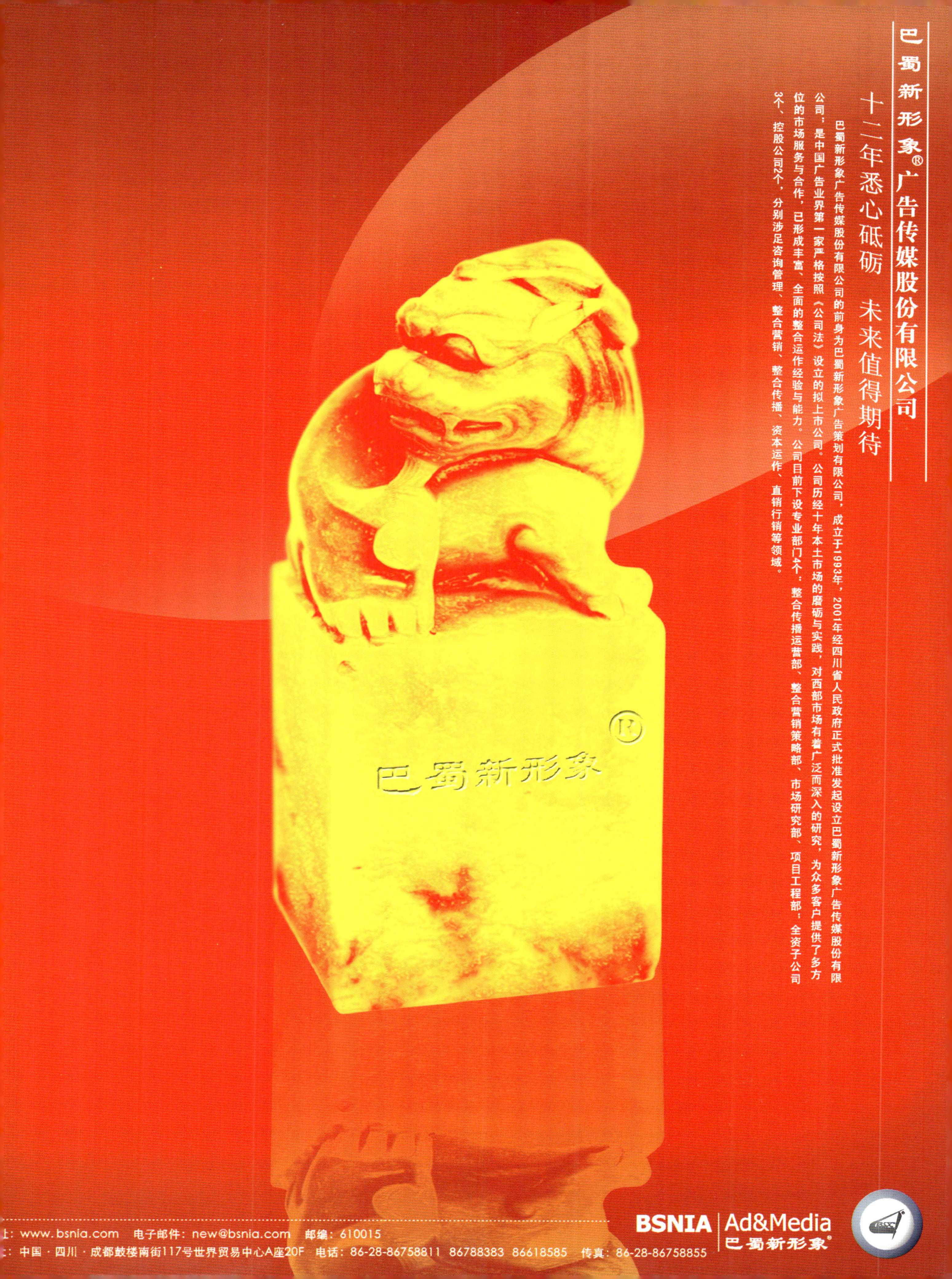
巴蜀新形象®广告传媒股份有限公司
十二年悉心砥砺 未来值得期待
巴蜀新形象广告传媒股份有限公司的前身为巴蜀新形象广告策划有限公司，成立于1993年，2001年经四川省人民政府正式批准发起设立巴蜀新形象广告传媒股份有限公司，是中国广告业界第一家严格按照《公司法》设立的拟上市公司。公司历经十年本土市场的磨砺与实践，对西部市场有着广泛而深入的研究，为众多客户提供了多方位的市场服务与合作，已形成丰富、全面的整合运作经验与能力。公司目前下设专业部门4个：整合传播运营部、整合营销策略部、市场研究部、项目工程部；全资子公司3个、控股公司2个，分别涉足咨询管理、整合营销、整合传播、资本运作、直销行销等领域。
巴蜀新形象
: www.bsnia.com 电子邮件: new@bsnia.com 邮编: 610015
: 中国·四川·成都鼓楼南街117号世界贸易中心A座20F 电话: 86-28-86758811 86788383 86618585 传真: 86-28-86758855
BSNIA Ad&Media
巴蜀新形象®

SAC 深圳市机场广告有限公司
SHENZHEN AIRPORT AD.CO.,LTD.

业务咨询:(0755)25879688
策划设计:(0755)25879621
办公业务:(0755)25879620

特区的窗口
企业的舞台

深圳宝安国际机场位于珠江口东岸、宝安区福永镇、广深高速公路西侧一片滨海平原上，距深圳市区32公里，是中国南方最具开放特色的大型国际机场，已与国内外60多个城市通航。深圳机场旅客吞吐量连续几年都以百分之二十几增长，2003年已突破千万人次大关。

深圳机场是海陆空交通一体化的现代化国际空港，除空中航线外，机场水陆交通也极为方便，机场东侧有繁忙的广深107国道和广深高速公路直通机场，机场北侧的客运码头，距香港尖沙咀码头37海里，现有飞翼船每日十多个班次往返香港、澳门，年旅客流量达100多万人次以上，另外每日有4万多辆小车进出机场。

由于深圳国际机场特殊的地理位置和日益广泛的影响，其广告影响力已被越来越多的中外客商所瞩目，现已有一百多家客商在机场发布了企业形象和品牌广告，大部分是一些国内外著名企业和著名品牌。机场这块广告宝地，将越来越显示出其独特的经济窗口的魅力。

深圳市机场广告有限公司是深圳机场集团属下、从事机场广告策划设计和发布的专业广告公司，经过十二年的快速发展已成为深圳市最具规模和影响力的综合广告公司之一，管理和经营深圳机场所有广告资源，其中有：户外路牌、立柱、龙门架、室内灯箱、实物展位、登机牌、手推车、闭路电视系统等。2003年度公司经营收入名列全国百家广告公司第43位，并连续多年荣获全国广告行业文明单位。

www.szairport-ad.com
E-mail:airport-ad@vip.sina.com

拓展　创新　前卫

大連鐵廣

DALIAN RAILWAY ADVERTISING CULTURE MEDIA CO.,LTD.

公司简介

大连铁广文化传媒有限公司是一家综合性大型广告公司，为客户提供市场调查、形象设计、广告策划创意、影视制作、媒介代理、品牌推广等整合营销传播服务。主要客户有：三洋、松下、佳能、诺基亚、冰山、华录、大显、芙蓉王、珍奥核酸、利群、中国电信、移动通讯、联通、酒鬼酒、CCTV等国内众多知名品牌和企业。

公司是中国广告协会、铁道广告协会、大连市广告协会会员单位，是大连市广告一级企业，连续六年被大连市评为“守合同、重信誉”单位，连续三年被评为“全国广告行业文明单位”。

公司独家拥有大连火车站及辽南铁路诸多车站、列车冠名、电子客票、站台票、列车DM、列车广播等各类铁路媒介，同时具有较强的影视、报纸、网络广告和全国铁路媒体代理能力。大连铁广文化传媒公司遵循“拓展、创新、前卫”的企业精神，恪守“谦和、诚信、共赢”的经营理念，真诚地为社会各界提供专业化的优质服务。

大連鐵廣文化傳媒有限公司

DALIAN RAILWAY ADVERTISING CULTURE MEDIA CO.,LTD.

總經理：由勝日

地址：大連市中山區七七街10號　郵編：116001

電話：(0411)82833547　傳真：(0411)82643289

H_2O

智者乐 水 到渠成

新整合 新形象

完美组合为您在大连提供全程推广平台

广告垂询：86-411-82560591 82560895

H
大连地区惟一党报
大連日報
新锐都市报
新商报
NEW BUSINESS
O
H
足球城专业媒体
足球周报

鼎盛 广告有限公司
TOPSTAR ADVERTISING
专注户外媒体追求完美主义

地址:广州五羊新城寺右南二街三巷3-4号二楼 邮编:510600 电话:(020)87365511 87365512 传真:(020)87370029 电子邮箱:topstars@public.guangzhou.gd.

西南航空广告策划有限公司是四川地区成立较早、实力较强的专业性广告公司，2002—2003年度全国广告行业文明单位，全权代理中国国际航空西南分公司、重庆分公司、贵州分公司、西藏分公司的航空广告媒体。业务项目有：营销策划、广告代理、影视制作、展览、展示咨询、广告创意、专业摄影、平面设计、三维设计、网页设计。服务客户涉及航空、房地产、贸易、金融、文化、饮食、保险、通讯、服装、网络、汽车等多个领域。

2003年7月，中国航空传媒广告公司在北京成立。西南航空广告策划有限公司正在改制成为中国航空传媒广告公司西南分公司。改制后的广告公司除继续保持西南地区原有的航空媒体广告资源外，还将依托中国航空集团和中国国际航空公司更广阔的媒体资源，以及更强大的航线网络，为广大客户提供高品质的航空广告服务。

西南航空广告策划有限公司
CSWA Advertising & Creative Co., Ltd.

地址：中国四川省成都市人民南路四段领事馆路1号（南谊大厦七楼）
电话TEL：028-85210992 85224388
传真FAX：028-85210985
http//:www.cswaad.com
E-mail：cswaad@mail.sc.cninfo.net

西部畅销品牌 华西都市报 全国百强媒体

广告走势

2003 4.3亿

2002 3.48亿

2001 2.5亿

2000 2.1亿

影响创造价值

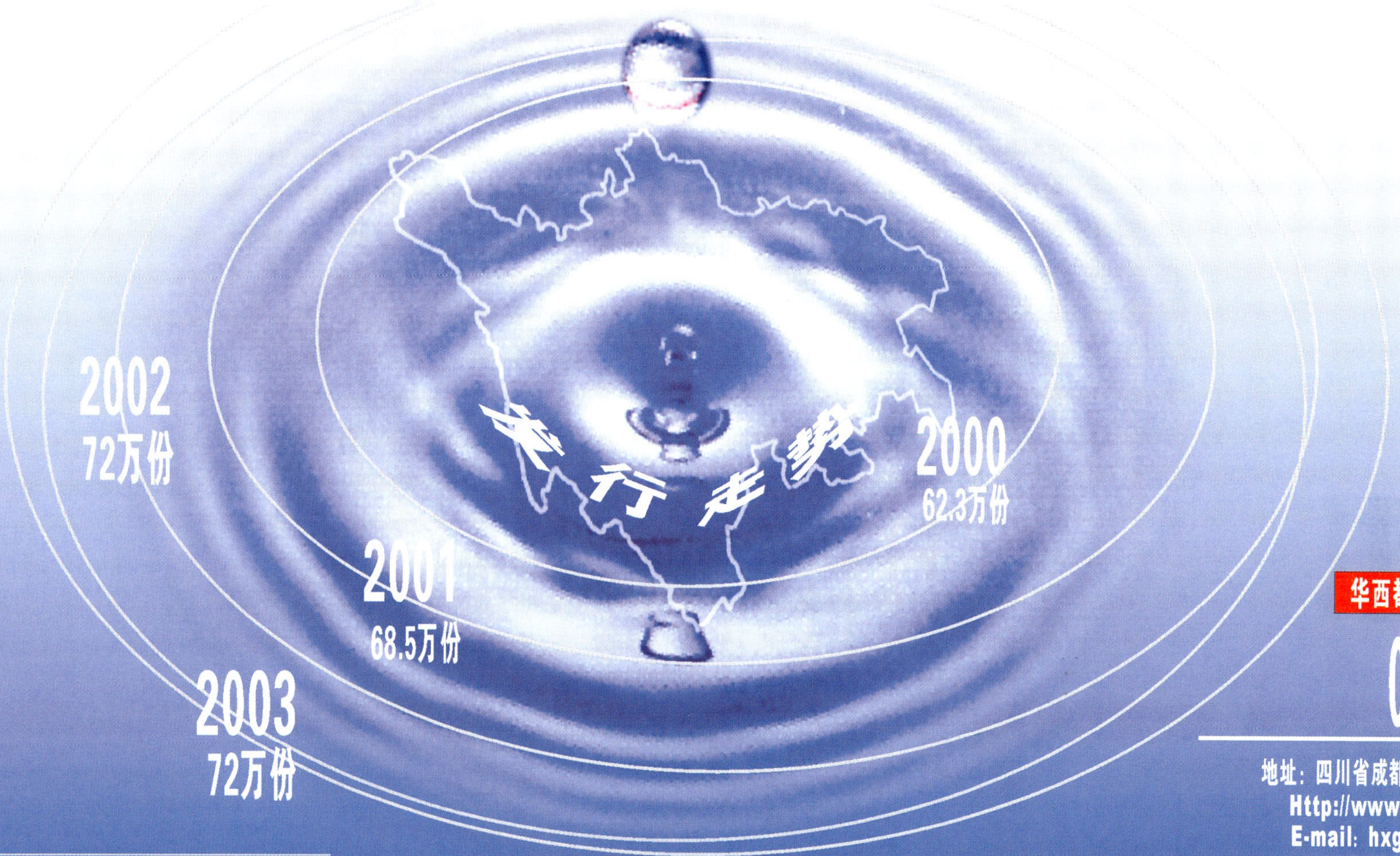

华西都市报广告部电话

028 86969256 86969257 86969260

地址：四川省成都市红星中路二段70号
Http://www.wccdaily.com.cn
E-mail: hxggb@saiwen.net
广州办事处垂询电话：020—38802499
上海办事处垂询电话：021-62416170
北京办事处垂询电话：010-67663418

《华西都市报》创刊9年，广告收入突飞猛进，从1995年的1000万迅速攀升至2003年的4.3亿，被中国广告协会评为全国“百强媒体”，成为西部广告收入最大的媒体之一。

我们的广告收入年年攀升，离不开“西部大开发”战略的实施。这些年，西部建设飞速发展，城市概念日新月异，以成都为中心，四通八达的高速公路已将整个四川盆地的大中小城市紧紧相连。西部发行量最大、发行结构最优的《华西都市报》，当然成为众多商家进军西部的首选合作媒体。

我们的广告收入年年攀升，离不开发行市场的扩张。72万的发行量，228万强力消费群读者，构建了西部报媒传播最佳的平台。随着西部大开发的加快，四川城市经济的繁荣，《华西都市报》拥有3000万城市人口，1000多亿消费能力的市场潜力将更加巨大。

甘肃日報报业集团

GANSU DAILY NEWSPAPER GROUP

《甘肃日报》是中共甘肃省委机关报，创刊1949年9月1日，对开八版，日发行量为18万份。

甘肃日报报业集团成立于2002年10月26日，是以党报为核心的企业化管理的事业单位，是西北传媒业中首家报业集团。

报业集团主报为《甘肃日报》，所属子报有：《甘肃农民报》、《少年文摘报》、《兰州晨报》、《西部商报》等13家报纸和《每日甘肃》网站。，有印务中心、广告中心、物业管理中心，新闻实业公司、新闻广告公司、新闻大厦等实体。印务中心日印刷能力达到250万对开张，并成功取得了ISO9000质量体系认证，使企业向科学化管理迈出坚实的步伐。

报业集团总资产5.4亿元（其中无形资产1.5亿元）。1984年起全额自收自支，自负盈亏。年总收入1.8亿元，年广告总收入突破亿元大关。

集团各报读者群涵盖社会各阶层和各个行业，覆盖面广泛；以《甘肃日报》为主导形象，权威性高、信誉度高。在广告经营方面，坚持“受众本位”的经营思想，以客户服务为中心，以市场调研、形象策划、创意设计、全面代理为业务职能，及时、准确、高效地为广告客户服务。

甘肃日報

甘肃农民报

少年文摘报

蘭州晨報

西部商報

广告业务电话：甘肃日报（0931）8158717　　甘肃农民报（0931）8159728　　少年文摘报（0931）81554

兰州晨报（0931）8158538　　西部商报（0931）8159339

地　　址：中国·兰州市白银路47号　　网址：http://www.gansudaily.com.cn

BDTV
用我们智慧和资源
铸造您的成功
只有您的成功
才是我们的成功
我们 一个激荡智慧的团队
我们 一个打造精彩的团队
我们 一个崇尚成功的团队
保定电视台副台长
都市频道总监制 黄利强
广告经济信息中心主任
都市频道总制片 卢小平
携全体员工愿与您一起——
开拓新视野 传播新感受
纪录新生活 创造新文化
保定——广阔市场
中国城市综合经济实力50强，中国城市社会发展水平20强。闻名全国的纺织之乡高阳、安国药材市场等区域特色经济与古城保定传统的消费区域，构成城乡呼应的消费体系，极其成熟的消费人群，强劲的市场辐射和消费能力，使得保定成为华北地区目前最具市场开发潜力和消费潜力的中等城市。保定市场可直接辐射北京、天津两大城市及河北省北部、山东、山西部分区域多达1.2亿人口。
保定电视台——强势权威媒体
保定电视台是华北腹地最具权威的电视媒体之一。保定电视台一套新闻综合频道、二套都市频道（公共频道），均采用开路闭路同时播出。可覆盖保定及北京、天津、山西、沧州、廊坊、衡水、石家庄等毗邻地区，覆盖收视人口近2000多万人。
保定电视台广告经济信息中心——诚信服务
1991年以来连续12年荣获河北省“重合同守信誉先进单位”1997年以来连续8年荣获“全国广告行业先进单位”等殊荣，负责我台两个频道所有广告业务的承揽管理，并承办都市（公共）频道。依托凸现亲和力的节目的市场影响力带动广告的生产和销售，以全方位、多元化、立体化、个性化的广告产品服务于广告品牌与消费群体，充分体现“深层服务受众，诚信服务客户”的经营理念。
地址：保定市东风中路41号金色演播厅 邮编：071051
电话：0312-3025710 3032449 传真：0312-3032449 网址：www.bdtv.com.cn E-mail:tvmaster@bdtv.com.cn

'2004 Directory of China Advertising Units
中国广告经营单位名录
既好，和氏之璧，
毋须数载蒙尘。一册名动天下。
北京40—200信箱 电话：010—68611590 68611591 传真：010—68635808 E—mail:ad@minglu200.com

CHINA ADVERTISING YEARBOOK
中 国 广 告 年 鉴

世界广告大会 纪念版

¥ 220.00

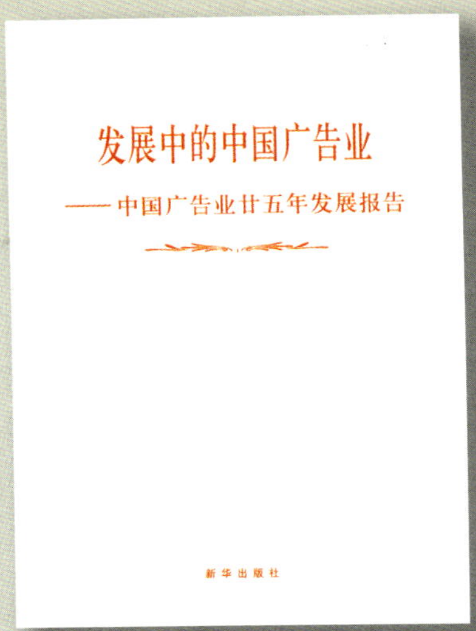

¥ 280.00

历时一年，首度推出…

25-Year Developmental Report of China's Advertising Industry
中国广告业廿五年发展报告

携手贡献中国广告界
贡献第39届世界广告大会

Directory of China Advertising Units
中国广告经营单位名录

收录了全国
近6万家广告经营单位
的企业基本信息

¥ 380.00

¥ 220.00

十五载积淀 倾情奉献
展现中国广告发展史

Combined Volume of 1988-2003 China Advertising Yearbooks
中国广告年鉴1988—2003合订本

垂询电话：010—68628860 68628861 68611590 68611591

'2004中国广告年鉴

China Advertising Yearbook

12th Edition

政策、法规

关于规范医疗广告活动加强医疗广告监管的通知

工商广字[2003]第7号

各省、自治区、直辖市及计划单列市工商行政管理局、卫生厅（局）、中医（药）管理局：

当前，日益严重的虚假违法医疗广告，严重扰乱了正常的医疗市场和广告市场秩序，损害了广大患者的合法权益，已成为社会一大公害。为从根本上制止虚假违法医疗广告，净化医疗广告市场，根据《广告法》和《医疗广告管理办法》的有关规定，现就有关问题通知如下：

一、未取得《医疗机构执业许可证》的，不得发布医疗广告。

禁止以解放军和武警部队名义（包括军队单位、军队个人和冠以与军队相关的任何称谓）、医疗机构内部科室名义发布医疗广告。

二、医疗机构自行或者委托他人发布医疗广告，必须具有省、自治区、直辖市及计划单列市卫生行政部门、中医药管理部门核发的《医疗广告证明》，方可进行广告宣传。

广告经营者、广告发布者必须严格审查《医疗广告证明》并按照核定的内容发布。对《医疗广告证明》中核定的内容，广告主、广告经营者、广告发布者不得进行任何改动。

三、医疗机构发布含有义诊内容的广告，必须按照卫生部《关于组织义诊活动实行备案管理的通知》（卫医发[2001]365号）的要求进行备案后，方可申请办理《医疗广告证明》手续。

四、省级及计划单列市卫生行政部门、中医药管理部门要依据《广告法》、《医疗广告管理办法》、有关广告、医疗卫生法律法规和本通知的规定，依法核定广告内容，并遵守下列规定：

1．认真履行职责，严格按照医疗卫生法律法规、广告法律法规、《医疗广告管理办法》以及本通知要求，对医疗广告出具证明文件；

2．及时将《医疗广告证明》向同级工商行政管理机关备案，同时有条件的地区应当对《医疗广告证明》通过政府网站或者其他方式向社会公示；

3．对出证过程中遇到的技术性问题，可以组织专家审定；

4．对医疗机构未能提供诊疗方法的技术资料、医师资格证明及医师注册证明等资料的以及广告内容与其实际服务提供能力和服务水平不相符的，卫生行政部门、中医药管理部门不得为医疗机构出具《医疗广告证明》。

违反有关法律法规及本通知规定出具的《医疗广告证明》无效。

五、暂停就下列疾病发布医疗广告：尖锐湿疣、梅毒、淋病、软下疳等性病；牛皮癣（银屑病）；艾滋病；癌症（恶性肿瘤）；癫痫；乙型肝炎；白癜风；红斑狼疮。

六、禁止以新闻报道形式发布广告。有关医疗机构的人物专访、专题报道等文章中不得出现有关医疗机构地址、电话、联系办法等广告宣传内容；在发表有关文章的同时，不得在同一媒介同一时间或者版面发布有关该医疗服务及其医疗机构的广告。以上述形式发布广告，发布者声称未收取费用的，也应认定为利用新闻报道形式发布医疗广告。

七、医疗广告中禁止出现下列内容：

1．与《医疗机构执业许可证》、营业执照中核定的医疗机构名称不符的、或者使用其他不规范名称的；

2．与药品相关的内容，包括药品名称、制剂以及医疗机构自制的中药配方药品、中药汤剂等；

3．涉及推销医疗器械的内容；

4．从业医师技术职称，包括"××博士"、"××专家"等非医学专业技术职称用语；

5．使用未经过临床验证、评定的诊疗方法，或者不确定、不规范的诊疗方法的；

6．诊疗科目、诊疗方法等宣传内容超出卫生行政理部门核准范围的；

7．违反《医疗广告管理办法》第七条规定的；

8．其他违反广告法律法规、医疗卫生法律法规规定的内容。

八、广播电台、电视台中的空中门诊、电视门诊等专题性栏目符合医疗广告特征的，应当按本通知规定予以规范。

九、工商行政管理机关对发布虚假医疗广告，欺骗和误导患者的，依据《广告法》第三十七条规定予以处罚；对伪造、变造、提供虚假医疗广告证明文件的，依据《广告法》第四十四条规定予以处罚；对以新闻报道形式发布广告的，依据《广告法》第四十条规定予以处罚；对违反本通知规定利用医疗广告宣传药品、推销医疗器械，未经药品监督管理部门审查批准的，依据《广告法》第四十三条规定予以处罚；对广告中含有本通知禁止性规定的内容以及超出《医疗广告证明》范围发布广告的，应认定为未取得证明文件发布医疗广告的行业，依据《医疗广告管理办法》第十五条规定予以处罚。

违反《医疗机构管理条例》、《中华人民共和国执业医师法》规定从事医疗活动，对其发布的医疗广告，由工商行政管理机关按照《广告法》第三十九条规定予以处罚。

其他违法行为，依据《广告法》有关规定予以处罚，《广告法》无相关规定条款的，依据《医疗广告管理办法》有关规定予以处罚。

对发布违法医疗广告的广告发布者，可视具体情节，依据《广告法》第三十七条、第三十九条规定，责令其停止发布医疗广告。

十、各地应建立违法医疗广告公告制度。对多次发布违法医疗广告的广告主、广告经营者、广告发布者、工商行政管理机关查处的典型虚假违法医疗广告案件以及卫生行政部门、中医药管理部门发现的情节严重、性质恶劣的涉嫌虚假违法医疗广告，由国家工商行政管理总局单独或者会同卫生部、国家中医药管理局予以公告。

省级工商行政管理机关应当将查处的典型虚假违法医疗广告案件的行政处罚决定书、违法广告样件，在每季度末上报国家工商行政管理总局；省级卫生行政部门、中医药管理部门应当将涉嫌虚假违法广告样件，在每季度末分别上报卫生部、国家中医药管理局。

十一、工商行政管理机关在查处虚假医疗广告过程中，发现其违法事实涉及金额、违法事实情节、违法事实造成的后果等，符合最高人民检察院、公安部《关于经济犯罪案件追诉标准的规定》，涉嫌构成发布虚假广告罪的，必须依据《行政执法机关移送涉嫌犯罪案件的规定》向公安机关移送。

自本通知发布之日起，《关于实行医疗广告发布内容格式化的通知》（工商广字[1998]第249号）、《关于进一步加强医疗广告管理的通知》（工商广字[2001]第32号）停止执行。

附件：关于虚假广告罪的追诉标准

国家工商行政管理总局

卫生部

国家中医药管理局

二〇〇三年一月十五日

附件：

最高人民检察院　公安部
《关于经济犯罪案件追诉标准的规定》（节选）

（2001年4月18日发布实施）

六十七、虚假广告案（刑法第222条）广告主、广告经营者、广告发布者违反国家规定，利用广告对商品或者服务作虚假宣传，涉嫌下列情形之一的，应予追诉：

1．违法所得数额在十万元以上的；

2．给消费者造成的直接经济损失数额在五十万元以上的；

3．虽未达到上述数额标准，但因利用广告作虚假宣传，受过行政处罚二次以上，又利用广告作虚假宣传的；

4．造成人身伤残或者其他严重后果的。

七十八、附则

1．本规定中"追诉"是指公安机关立案侦查、检察机关审查批捕、审查起诉活动；

2．本规定中"在……以上"包括本数；

3．本规定中"虽未达到上述数额标准"是指接近上述数额标准且已达到该数额的百分之八十以上的；

4．本规定中"货币"包括人民币、外币和流通纪念币，凡是没有标明货币名称的都是人民币。

关于禁止以注册商标企业名称等形式变相发布处方药广告的通知

工商广字[2003]第58号

各省、自治区、直辖市及计划单列市工商行政管理局、药品监督管理局：

根据《中华人民共和国药品管理法》的有关规定，处方药不得在大众传播媒介发布广告或者以其他方式进行以公众为对象的广告宣传。近一时期一些药品生产、经营企业以宣传注册商标、企业名称（字号）形式，变相在大众传播媒介发布处方药广告的现象严重，为及时制止此种行为，现将就有关问题通知如下：

一、药品生产、经营企业在广告中宣传的企业名称中含有处方药通用名称或者商品名称，或者是广告中含有以处方药商品名称注册的商标内容的，属于药品广告的一种表现形式，必须经过药品广告审查机关审查批准。

二、药品生产、经营企业在注册商标与处方药的商品名称（包括曾用名，下同）相同，企业字号与处方药通用名称或者商品名称相同时，不得使用该注册商标、企业字号在指定的医学、药学专业刊物之外进行广告宣传。

三、以处方药通用名称或者商品名称、处方药的注册商标作为企业字号成立的各种咨询服务机构或者医疗服务机构，不得在大众传播媒介发布广告。

四、自本通知发布之日起，对违反本通知规定继续在大众传播媒介变相发布处方药广告的，应认定为违反《广告法》第七条第二款第九项规定，由工商行政管理机关依据《广告法》第三十九条规定予以处罚。

国家工商行政管理总局

国家食品药品监督管理局

二〇〇三年五月六日

关于制止在公众聚集场所进行裸体的人体彩绘表演活动的通知

文政法发[2003]42号

各省、自治区、直辖市文化厅（局）、公安厅（局）、工商行政管理局：

近年来，一些生产厂家、商店、娱乐场所和个人为了吸引公众的注意力，促销产品，提高知名度，或以"人体彩绘"为广告手段，或以"人体彩绘"为经营内容，纷纷在商场、广场、公园、展览会、展销会等公众聚集场所，打着"人体彩绘艺术"的幌子，公然组织裸体的人体彩绘活动。这种行为不仅完全与艺术相背离，而且亵渎人性尊严，败坏社会公德，扰乱社会秩序，已造成恶劣的社会影响。为制止此类行为的蔓延，特作如下通知：

一、禁止任何单位和个人在商场、广场、公园、展览会、展销会、娱乐演出场所、公共文化设施等公共场所进行裸体的人体彩绘活动，违者依法查处。

二、严禁利用未成年人进行裸体的人体彩绘活动。违者依照有关法律、法规从重处罚。

三、在娱乐演出场所，或者在影剧院、美术院、文化馆、图书馆、博物馆等公共文化设施内组织裸体的人体彩绘活动的，由文化行政部门予以制止，并依法予以处罚。

四、严禁任何单位和个人以裸体、半裸体、三点着装等形式的人体为媒介发布广告。违者由工商行政管理部门予以制止，并依法予以处罚。

五、以"人体彩绘"为名，组织淫秽表演的，由公安机关依法查处。

拒绝、阻碍文化、工商等行政主管部门依法执行职务的，由公安机关依法予以处罚；构成犯罪的，依法追究其刑事责任。

六、文化行政部门和新闻单位要引导公众提高对艺术的鉴别能力和欣赏能力，自觉抵制以所谓"人体彩绘艺术"的名义进行的违法行为。

文化部

公安部

国家工商行政管理总局

二〇〇三年九月三十日

关于印发全国无烟草广告城市认定实施办法的通知

卫基妇发[2003]45号

各省、自治区、直辖市卫生厅局、计划单列市卫生局，工商行政管理局：

根据《中华人民共和国广告法》和《烟草广告管理暂行办法》等有关法律和规章，为推动全国无烟草广告城市活动的深入开展，逐步减少和清除城市烟草广告，进一步消除烟草制品对社会公众，特别是对青少年的误导和影响，保护与增进人民身体健康，在各地创建无烟草广告城市活动的基础上，特制定全国无烟草广告城市认定实施办法。现印发给你们，请参照执行。

附件：全国无烟草广告城市认定实施办法

卫生部

国家工商行政管理总局

二〇〇三年二月二十一日

附件：

全国无烟草广告城市认定实施办法

根据《中华人民共和国广告法》和国家工商行政管理总局有关烟草广告监督管理等法律和规章，为推进全国无烟草广告城市活动的深入开展，逐步减少和消除烟草广告对社会公众的误导和影响，保护和增进人民身体健康，在县以上建制市继续开展全国无烟草广告城市活动，特制定本办法。

一、全国无烟草广告城市组织认定机构

为加强全国无烟草广告城市认定、管理及协调工作，卫生部、国家工商行政管理总局委托中国吸烟与健康协会负责具体工作。

二、全国无烟草广告城市认定条件及监测指标

1． 市人大、市政府贯彻落实《中华人民共和国广告法》和《烟草广告管理暂行办法》，并制定有关无烟草广告城市的地方法规、规章或规定及切实可行的烟草广告管理措施，有专门机构负责监督执法。

2．在广播、电影、电视、报纸、期刊等宣传媒体上无烟草广告及变相烟草广告。各类等候室、影剧院、会议厅堂、体育比赛场馆等公共场所不设置烟草广告。

3．在城市行政辖区内无任何形式的烟草广告，即在街道、广场、机场、车站、码头及其公共设施，交通沿线两侧等地的建筑物，以及路牌、霓虹灯、电子显示牌、橱窗、灯箱、墙壁和遮阳伞等无烟草广告。

4．不利用车、船、飞机等交通工具及行李、运货车等移动设施设置、绘制、张贴烟草广告。

5．不利用互联网、音像制品和印刷品（如登机牌、车船票、站台票、门票等 ）发布以及派发、促销各类烟草广告品。

6．不运用烟草赞助的形式开展文化、体育等活动，不在文体活动中发布烟草广告、进行烟草促销活动。

三、全国无烟草广告城市申报与认定管理程序

1．根据《中华人民共和国广告法》、国家工商行政管理总局《烟草广告管理暂行办法》及《全国无烟草广告城市认定条件及监测指标》，本着自查、自评、自愿申报的原则，由市卫生行政部门、工商行政管理部门等主管部门共同组织。

2．申报前，应在当地报纸和广播、电视等媒体公示一个月，接受群众和舆论监督，并对发现的问题及时加以整改。

3．省级主管部门应对申报城市进行督导、复核及认定。获省级无烟草广告城市一年以上，由省级主管部门复核，推荐上报。

4．中国吸烟与健康协会负责对各申报城市材料进行核定、汇总并报卫生部、国家工商行政管理总局会签审定。

5．申报材料主要包括：经市政府主管领导核签的申报书、自查自评材料、媒体监督资料及省级主管部门签署意见等。

四、表彰与处罚

1．符合《全国无烟草广告城市认定条件及监测指标》的申报城市，由卫生部、国家工商行政管理总局授

予"全国无烟草广告城市"称号。每年在全国主要新闻媒体公布一次，以示表彰。

2．全国无烟草广告城市应依法继续加强对本市控烟及无烟草广告工作的领导和监督执法，不定期组织抽查，发现问题限期整改。如违反《中华人民共和国广告法》、国家工商行政管理总局《烟草广告管理暂行办法》和《全国无烟草广告城市认定条件及监测指标》要求，取消"全国无烟草广告城市"的称号。

中国吸烟与健康协会

地址：北京市朝阳区安慧东里16号楼907房间

邮编：100101

电话：010－64983905、010－64892695

传真：010－64983805

电子邮件地址：cash@mx.cei.gov.cn

国家广播电影电视总局第17号令

国家广播电影电视总局令(第17号)：

《广播电视广告播放管理暂行办法》经2003年8月18日局务会议通过，现予发布，自2004年1月1日起施行。

局长：徐光春

二〇〇三年九月十五日

广播电视广告播放管理暂行办法

第一条　为保证广播电视广告的正确导向，规范广播电视广告播放行为，加强广播电视广告管理，根据《中华人民共和国广告法》、《广播电视管理条例》等有关法律、法规，制定本办法。

第二条　广播电台、电视台（含广播电视台）从事广告播放等活动，适用本办法。

第三条　国家广播电影电视总局负责对全国广播电视广告播放活动的管理。

县级以上地方广播电视行政部门负责对本辖区内的广播电视广告播放活动的管理。

第四条　广播电视广告应当真实合法，不得含有虚假内容，不得误导消费者。

第五条　广播电视广告应当符合社会主义精神文明建设的要求，应当遵守社会公德和职业道德，有利于人民群众的身心健康。

第六条　广播电视广告应当维护国家尊严和利益，尊重祖国传统文化，不得含有危害国家统一、主权和领土完整的内容。

商业广告中不得出现国旗、国徽、国歌及国家领导人的形象和声音。不得利用或篡改领袖人物名言作为商业广告用语。

第七条 广播电视广告应当维护民族团结，遵守国家民族、宗教政策，不得含有宣扬民族分裂、亵渎民族风俗习惯的内容。

第八条 广播电视广告应当维护社会公共秩序，树立社会主义道德风尚，不得含有乱扔废弃物、践踏绿地、毁坏花草树木等破坏环境，以及不利于自然生态、珍稀野生动物保护等内容。

第九条 广播电视广告应当有利于青少年儿童的身心健康，不得含有可能引发青少年儿童不文明举止、不良行为或不利于父母、长辈对青少年儿童进行正确教育的内容。

第十条 广播电视广告应当尊重妇女、残疾人，不得歧视、侮辱妇女、残疾人，不得出现不文明的人物形象。

第十一条 广播电视广告应当健康文明，不得播放含有色情或性暗示等内容的广告，不得播放治疗性病的广告。广播电视广告不得播放含有宣扬赌博、暴力或者教唆犯罪内容的广告。

第十二条 广播电视广告应当尊重科学，不得含有宣扬迷信、邪教、伪科学的内容。

第十三条 广播电视广告应当使用规范的语言文字，不得故意使用错别字或用谐音乱改成语。除注册商标及企业名称外，不得使用繁体字。

第十四条 禁止广播电台、电视台播放烟草制品广告及麻醉药品、精神药品、毒性药品、放射性药品等特殊药品广告。

第十五条 广播电视广告应当与其他广播电视节目有明显区分，不得以新闻报道形式播放或变相播放广告。时政新闻节目及时政新闻类栏目不得以企业或产品名称冠名。有关人物专访、企业专题报道等节目中不得含有地址、电话、联系办法等广告宣传内容。

第十六条 广播电台、电视台每套节目中每天播放公益广告的数量不得少于广告总播出量的3%。

第十七条 广播电台、电视台每套节目每天播放广播电视广告的比例，不得超过该套节目每天播出总量的20%。其中，广播电台在11：00至13：00之间、电视台在19：00至21：00之间，其每套节目中每小时的广告播出总量不得超过节目播出总量的15%，即9分钟。

第十八条 播放广播电视广告应当保持广播电视节目的完整性，除在节目自然段的间歇外，不得随意插播广告。除19：00至21：00以外，电视台播放一集影视剧（一般为45分钟左右）中，可以插播一次广告，插播时间不得超过2.5分钟。

第十九条 播放广播电视广告应当尊重大众生活习惯，不得在6：30至7：30、11：30至12：30以及18：30至20：00之间人们用餐时播放容易引起受众反感的广告，如治疗痔疮、脚气等类药品及卫生巾等卫生用品的广告。

第二十条 广播电台、电视台应当严格按照国家有关规定控制酒类广告的播出。每套电视节目每日播放的酒类广告不超过12条，其中19：00至21：00间不超过2条；每套广播节目每小时播放的酒类广告，不得超过2条。

第二十一条 发射台、转播台（包括差转台、收转台）、有线广播电视传输网络机构在转播和传输广播电视节目时，应当保证被转播和传输节目的完整性。不得以任何形式插播自行组织的广告，不得随意切换原广告，不得以游动字幕、叠加字幕等形式播放广告。

第二十二条 电视台播放广告时不得隐匿本台（频道）标志。播放以企业或产品冠名的节目、栏目时，企业或产品的标志只能出现在屏幕的右下方，数量不得超过1个，标志画面不得大于本台（频道）标志，不得遮盖正常节目的字幕。

第二十三条 禁止广播电视广告主、广告经营者干预广播电视节目的播放。

第二十四条 广播电台、电视台从事广告经营活动的机构应取得国家规定的资质，非广告经营部门不得从事广播电视广告经营活动，记者不得借采访名义承揽广告业务。

第二十五条 广播电台、电视台应当建立健全广告经营播出管理制度，加强对广告业务承接登记、审核、档案保存的管理。

广播电台、电视台应当健全广告审查员制度，对拟播放的广播电视广告内容、企业资质等进行审查，未经广告审查员签字的广告不得发布。

第二十六条 县级以上广播电视行政部门应当建立对广播电视广告的监听监看制度，对发现的问题及时进行处理。

第二十七条 县级以上广播电视行政部门及广播电台、电视台应当建立公众投诉机制，对受众提出批评性意见的广播电视广告及时检查，并将结果答复投诉者。

第二十八条 违反本办法的，依据《中华人民共和国广告法》和《广播电视管理条例》予以处罚。

第二十九条 违反本办法第十七、十八、十九、二十、二十一条规定，情节轻微的，由县级以上广播电视行政部门予以警告、责令限期改正，并可处以2万元以下罚款。拒不改正或60日内3次出现违规行为的，由省级以上广播电视行政部门做出暂停播放广告、暂停相关频道（频率）播出的处理决定。情节严重的，由原批准机关吊销许可证，同时对直接责任人和主要负责人追究相关责任。

第三十条 本办法自2004年1月1日起施行。

'2004中国广告年鉴
China Advertising Yearbook
12th Edition

广告监管

全国主要广告监管机构名录

国家工商行政管理总局广告监管司
地　址:北京市西城区三里河东路 8 号
电　话:010-68023005
邮　编:100820

北京市工商行政管理局广告监管处
地　址:北京市海淀区倒座庙 9 号甲
电　话:010-82691110
邮　编:100080

上海市工商行政管理局广告处
地　址:上海市肇嘉浜路 301 号 1009 室
电　话:021-54236886
邮　编:200032

天津市工商行政管理局广告处
地　址:天津市河北区民主道 38 号
电　话:022-24030232
邮　编:300010

重庆市工商行政管理局广告处
地　址:重庆市渝中区沧白路 73 号
电　话:023-63711246
邮　编:400011

内蒙古自治区工商行政管理局广告处
地　址:呼和浩特市锡林北路 52 号
电　话:0471-6967127
邮　编:010020

山西省工商行政管理局广告监管处
地　址:太原市开化寺街 135 号
电　话:0351-4032686
邮　编:030002

河北省工商行政管理局商广处
地　址:石家庄市体育南大街 316 号
电　话:0311-8636579
邮　编:050021

辽宁省工商行政管理局商标广告处
地　址:沈阳市皇姑区崇山中路 55 号
电　话:024-86841118
邮　编:110031

沈阳市工商行政管理局广告处
地　址:沈阳市沈河区南关路 118 号
电　话:024-24011100
邮　编:110001

大连市工商行政管理局商广处
地　址:大连市沙河口区中山路 381 号
电　话:0411-4358507
邮　编:116021

吉林省工商行政管理局广告监管处
地　址:长春市东南湖大路 599 号
电　话:0431-5279107
邮　编:130022

长春市工商行政管理局商标广告处

地　　址:长春市西安大路 84 号
电　　话:0431-8543910-6424
邮　　编:130061

黑龙江省工商行政管理局广告处

地　　址:哈尔滨市道里区高谊街 65 号
电　话:0451-84616114
邮　编:150010

哈尔滨市工商行政管理局广告处

地　址:哈尔滨市道里区防洪胡同 14 号
电　话:0451-84695394
邮　编:150010

江苏省工商行政管理局广告处

地　址:南京市北京西路 30 号宁海大厦
电　话:025-83317634
邮　编:210024

南京市工商行政管理局广告处

地　址:南京市解放路 46 号
电　话:025-84599182
邮　编:210016

安徽省工商行政管理局广告处

地　址:合肥市宁国路 112 号
电　话:0551-4675046
邮　编:230001

山东省工商行政管理局广告处

地　址:济南市燕子山路 43 号
电　话:0531-8527350
邮　编:250014

济南市工商局商标广告处

地　址:济南市经七纬一路 305 号
电　话:0531-2051260
邮　编:250001

青岛市工商行政管理局广告处

地　址:青岛市福州南路 85 号
电　话:0532-5730846
邮　编:266071

烟台市工商行政管理局商标广告科

地　址:烟台市毓璜顶东路 53 号
电　话:0535-6240809
邮　编:264000

浙江省工商行政管理局广告处

地　址:杭州市莫干山路 77 号
电　话:0571-88385202
邮　编:310005

杭州市工商行政管理局商广处

地　址:杭州市江干区凤起东路 109 号市工商大楼
电　话:0571-87916745
邮　编:310003

宁波市工商行政管理局商广处

地　址:宁波市长春路 40 号
电　话:0574-87324525
邮　编:315010

江西省工商行政管理局商标广告处

地　址:南昌市省工商局大楼
电　话:0791-6350202
邮　编:330046

福建省工商行政管理局广告处

地　址:福州市五四北路 358 号

电　话:0591-7712246
邮　编:350003

厦门市工商行政管理局广告处

地　址:厦门市湖滨南路43号
电　话:0592-2205923
邮　编:361004

湖南省工商行政管理局商标广告处

地　址:长沙市枫林路9号
电　话:0731-8839099
邮　编:410006

湖北省工商行政管理局商广处

地　址:武汉市东湖路309号
电　话:027-86788239
邮　编:430077

武汉市工商行政管理局广告处

地　址:武汉市江汉区香港路259号
电　话:027-85633092
邮　编:430015

河南省工商行政管理局广告处

地　址:郑州市郑花路10号
电　话:0371-6779307
邮　编:450008

广东省工商行政管理局广告处

地　址:广州市天河体育西路1号
电　话:020-85587197
邮　编:510620

广州市工商行政管理局广告管理处

地　址:广州市天河路112号
电　话:020-85591878
邮　编:510620

汕头市工商行政管理局广告科

地　址:汕头市龙眼南路18号
电　话:0754-85632244
邮　编:515041

深圳市工商行政管理局广告处

地　址:深圳市深南大道7068号工商物价大厦
电　话:0755-83070135
邮　编:518040

珠海市工商行政管理局广告科

地　址:珠海市香洲区人民东路125号
电　话:0756-2220487
邮　编:519000

广西壮族自治区工商行政管理局商标广告处

地　址:南宁市琅东开发区怡宾路1号
电　话:0771-5531205
邮　编:530028

贵州省工商行政管理局广告处

地　址:贵阳市八鸽岩路11号
电　话:0851-6827324
邮　编:550004

海南省工商行政管理局商标广告监督管理处

地　址:海口市兰天路4号特区工商大厦
电　话:0898-66767732
邮　编:570206

海口市工商行政管理局商标广告监督管理科

地　址:海口市滨海新村495号
电　话:0898-6775701
邮　编:570105

四川省工商行政管理局广告处

地　址:成都市新华东路 118 号

电　话:028-86616631

邮　编:610017

成都市工商行政管理局广告监管处

地　址:成都市鼓楼北三街 1 号

电　话:028-85394272

邮　编:610061

云南省工商行政管理局广告处

地　址:昆明市新闻路 226 号

电　话:0871-4161833

邮　编:650032

陕西省工商行政管理局商标广告处

地　址:西安市新城省政府大楼十一层

电　话:029-87294423

邮　编:710006

西安市工商行政管理局广告监管处

地　址:西安市友谊东路 298 号

电　话:029-87823047

邮　编:710054

甘肃省工商行政管理局商广处

地　址:兰州市金昌南路 279 号

电　话:0931-8533219

邮　编:730030

宁夏回族自治区工商行政管理局商标广告处

地　址:银川市利民街 205 号

电　话:0951-4115152

邮　编:750001

银川市工商行政管理局商标广告处

地　址:银川市民乐西街 16 号

电　话:0951-5013647

邮　编:750001

青海省工商行政管理局广告处

地　址:西宁市北大街 3 号

电　话:0971-8247821

邮　编:810000

西宁市工商行政管理局广告处

地　址:西宁市长江路 4 号

电　话:0971-6130862

邮　编:810000

新疆维吾尔自治区工商行政管理局商标广告处

地　址:乌鲁木齐市人民路 56 号

电　话:0991-2813524

邮　编:830002

乌鲁木齐市工商行政管理局商标广告科

地　址:乌鲁木齐市中山路 122 号

电　话:0991-2817198

邮　编:830002

西藏自治区工商行政管理局公平交易处

地　址:拉萨市宇拓路 28 号

电　话:0891-6336166

邮　编:850000

’2004中国广告年鉴
China Advertising Yearbook
12th Edition

大事记

2003年中国广告业大事记

1月1日，23家省级电视台将在每天全国新闻联播前后的65秒时间里进行广告联播。

1月4日，"LIAA—伦敦国际广告奖"获奖影片首次在中国展映。

1月5日，中国广告协会《会员通讯》第一期发布中国广告协会2003年工作安排，提出认真贯彻十六大报告精神和"三个代表"重要思想，积极落实全国工商行政管理工作会议精神，联系广告行业的实际，紧紧围绕整顿市场经济秩序，推进诚信体系建设开展工作，努力促进行业的建设与发展，力争在多方面的重点工作中有新的突破。

1月15日，国家工商行政管理总局与卫生部、国家中医药管理局联合下发《关于规范医疗广告活动,加强医疗广告监管的通知》。通知明确规定：未取得《医疗机构执业许可证》者，不得发布医疗广告。禁止以解放军和武警部队名义（包括军队单位、军队个人和冠以任何与军队相关称谓）、医疗机构内部科室名义发布医疗广告。禁止以新闻报道形式发布广告。

1月15日，湖北省广告协会召开第二届全省广告行业先进单位及优秀广告个人表彰大会。

1月17日，19家在2002年违法发布药品广告的药品生产企业，被国家药品监督管理局市场监督司召集到北京对话。

1月17日，国家工商行政管理总局、卫生部、国家中医药管理局发布《关于规范医疗广告活动，加强医疗广告监管的通知》。通知规定，禁止以新闻报道形式发布11种性病和皮肤病医疗广告。

2月11日，国家工商行政管理总局与卫生部联合下发《关于印发全国无烟草广告城市认定实施办法的通知》。

2月25日，北京广告协会第3届第9次理事会议召开。参加会议的有广告监管部门、广告经营单位和广告发布单位70余名北京广告协会的理事。

2月25日，中国广告协会网址对外公布并开通，并为中国广告协会所属综合事务部等11个部门开设工作邮箱。

2月27日，2003年度全国广告协会秘书长会议在吉林省长春市召开。来自全国43个省、自治区、直辖市、计划单列市、副省级市广告协会的会长、秘书长近90人参加了会议。国家工商行政管理总局副局长韩新民、中国广告协会会长杨培青、中国广告协会秘书长时学志、吉林省工商行政管理局局长王宪林及中国广告协会副秘书长孙英才出席此次会议。韩新民副局长发表了题为《如何做好新形势下广告协会工作》的重要讲话；时学志秘书长发表了《认真学习贯彻十六大精神、努力推动广告协会工作的创新与发展》的讲话，提出了2003年六项工作任务。

3月13日，由湖北省广告协会主办、湖北中部展览公司承办的第七届湖北国际广告与传媒展览在武汉国际会展中心展出。

3月中旬，广州市广告协会和佛山市广告协会联合主办的第四届广告4A年轻人公益广告创意竞赛揭晓。

3月中旬，中国广告协会印发一号文件：《中国广告协会会员接纳与管理暂行条例》。

3月19日，第四届"金手指"网络广告大赛大陆地区研讨会在北京举行。

3月20日，中国广告协会派团参加在泰国芭堤雅举行的第六届亚太广告节。本次广告节有50多个会员国组团参加。时学志秘书长和IAA中国分会秘书长张泽满参加了本届广告节的各项活动，并向各国代表宣传2004年将在北京召开的第39届世界广告大会。

3月22日，中国广告协会报纸委员会五届一次全会在北京召开。会议以无记名投票方式进行了改选，并通过《全国报纸广告工作自律守则》，有75家报社近100人参加了此次会议。

4月1日，经国家工商行政管理总局领导批准，由全国广告协会秘书长会议讨论通过的《中国广告业企业资质认定暂行办法》开始实行。

4月2日，国家工商行政管理总局下发《关于对部分报纸广告发布情况进行检查的通报》。主要是对省级报业集团或报社主办的3 5种广告量较大的报纸2003年2月19日—21日发布的药品、医疗器械、农药、兽药、食品、酒类、化妆品、医疗服务、房地产、汽车及服务、金融投资及服务、娱乐休闲、家用电器、计算机及服务、通讯及服务、美容等类别的所有商业广告进行了检查。共检查广告20019条（其中含分类广告12401条），发现违法或者涉嫌违法广告1451条，违法（涉嫌违法）率为19.05%（不含分类广告）。

4月2日，由广东省广告协会主办，香港广告牌制作协会、《专业广告》杂志、广东广告网、中国广告网协办，信亚展览服务有限公司承办的广东国际广告展在广州新体育馆举行。本届展览会共有来自全国各省市、港澳及美、日、德等国的151家广告企业参加。

4月5日，由中国广告协会主办的第39届世界广告大会的网址，确定为http：/www.iaa.congress－china.org。此次世界广告大会核心广告展将由广告界著名的民营展览公司科创展览公司承办。

4月7日，中国广告协会户外专业委员会筹备组第二次会议在北京召开，会议围绕"中国广告协会户外委员会章程"、"户外委员会工作计划"、"组织户外委员筹备大会"、"全国户外广告企业摸底调查"等多项议程展开讨论。

4月16—21日，全国城市电台经济信息交流会在西安召开。本次大会由西安人民广播电台主办，全国60多家电台的110多位代表与会。会议的讨论重点是"西部广播广告的发展"。

4月17日，由中国广告协会、株式会社电通及北京市广告协会、深圳市广告协会共同主办的"中日企业广告交流研讨会——2003年品牌与传播国际论坛"分别在北京、深圳召开。本次论坛旨在促进中国产业界的市场营销及传播的发展，为企业提供专业性的帮助，并探讨相关课题的解决方法，促进中日企业界之间、企业界与学术界间的交流，参加本次论坛的业内相关人士逾千人。

4月20日，全国首届大学生网络广告大赛在武汉启动。此次大赛旨在推动"网络广告"这一新的广告形式的发展，发现中国高校的优秀网络广告设计人才。

4月21日，盛世长城（国际）广告公司与中华环保基金会及全国环境警示教育办公室的战略性合作在北京正式签约。这标志着广告公司积极参与中国的环境保护与宣传活动，形成企业发展和环保事业建设的互动。

4月24日，中央文明办与国家工商行政管理总局联合下发《关于2001—2002年度公益广告活动获奖情况的通报》。全国各地上报作品529件，其中影视公益广告作品173件，平面公益广告作品249件，广播公益广告作品107件。共有73件优秀公益广告作品（影视广告30件、平面广告27件、广播广告16件）荣获全国奖。其中金奖3件、银奖6件、铜奖18件，优秀奖46件。有99家单位、81名个人分别被评为公益广告活动先进单位和先进个人。12家单位获得公益广告活动组织奖。

4月30日 国家工商行政管理总局公布利用防治"非典"名义发布虚假违法广告案例10件。

5月1日，国家药品监督管理局停止保护期内的新药、境外生产的药品及利用重点媒介发布的药品广告的审查工作。对已受理的广告申请将继续严格按规定审查，合格、合法的药品广告批准文号超过一年有效期后自然作废。

5月6日，国家工商行政管理总局与国家食品药品监督管理局联合下发《关于禁止以注册商标企业名称等形式变相发布处方药广告的通知》。通知明确规定：1、药品生产、经营企业在广告中宣传的企业名称中含有处方药通用名称或者商品名称，或者是广告中含有以处方药商品名称注册的商标内容的，属于药品广告的一种表现形式，必须经过药品广告审查机关审查批准。2、药品生产、经营企业的注册商标与处方药的商品名称（包括曾用名，下同）相同，企业字号与处方药通用名称或者商品名称相同时，不得使用该注册商标、企业字号在指定的医学、药学专业刊物之外进行广告宣传。3、以处方药通用名称或者商品名称、处方药的注册商标作为企业字号成立的各种咨询服务机构或者医疗服务机构，不得在大众传播媒介发布广告。

5月上旬，国家环保总局主办的首次"全国环境保护公益广告大赛"开幕。

5月14日，上海鑫海雀广告有限公司与中国石油天然气股份有限公司华东销售分公司签署了《加油站户外媒体广告网合作开发议定书》。鑫海雀集团公司将包揽中石油旗下3.5万座加油站的广告牌资源，成为中国首个具备全国性连锁效应的户外广告网。

6月3日，国家工商行政管理总局公布利用防治"非典"名义发布保健品虚假违法广告行为案例4件。

6月6—8日，中国广告协会户外委员会在四川成都成立并举行"户外广告高峰论坛"。

6月15日，嘎纳国际广告节开幕。40个国家的约8000多名广告人齐聚法国海滨城市嘎纳，参加一年一度为期6天的嘎纳国际广告节。

6月25日，首届中国网络广告大赛开幕。国家工商行政管理总局广告司司长屈建民和中国广告协会副秘书长孙英才共同为这一赛事揭幕。

7月中旬，中国广告协会根据市场化运作要求，按照"公开"、"公正"、"公平"的原则对第十届中国广告节所有室内项目公开招标，确定江苏国际广告有限公司等11家单位成为第十届中国广告节分项目实施单位。

8月5日，由中国广告协会监督指导、《现代广告》杂志主办的2003年《中国广告业年度人物评选》启动。此次活动将评选出中国广告业2003年度十大经理人、十大创意总监、十大客户总监、十大媒介总监、十大媒介广告经理人、优秀广告学人，并从中选出2003年中国广告业年度人物10名，以及中国广告业年度封面人物1名，活动结束时将制作成刊随《现代广告》对外发布。

8月9日，由中国广告协会主办，江苏省广播电视总台、南京大学承办的一年一度的"2003中国大学生广告艺术节及中国广告协会学院奖"拉开帷幕。

8月12日，由中国对外经济贸易广告协会和中国电子国际展览广告有限责任公司举办的"第十届国际广告新媒体、新技术、新设备、新材料展示交易会"在北京中国国际展览中心举行。

8月18日，2003年省级电视台广告协作会在青海省西宁市举行。

8月20日，中国民航协会广告委员会2003年度工作会议及中国广告协会民航委员会成立大会在成都举行，秘书长李保生同志主持会议。中国广告协会副秘书长孙英才到会并讲话，来自民航局系统的56家单位共80多名代表参加了会议。

8月20日，中国家电龙头企业海尔集团的霓虹广告塔在日本东京银座点灯亮相。

9月1日，2002年"广州日报杯"全国报纸优秀广告奖评选颁奖典礼在亚洲最大的邮轮"狮子星号"上举行。本届评选活动由中华全国新闻工作协会与广州日报报业集团共同主办；颁发了1个全场大奖，11个类别的金、银、铜奖，及优秀奖共118个奖项。

9月9—11日，第十届广告节的重要活动之一"中国广告大奖"和"中国艾菲实效广告奖"的评选在南京举办。27名评委组成的评审团从3516件报送作品中评出入围作品689件。

9月13日，第十届广告节的重要活动之一"全国广告摄影优秀作品展暨全国十佳年度广告摄影师评选"活动在北京举行。

9月15日，国家广播电影电视总局颁布《广播电视广告播放管理暂行办法》2004年1月1日起实施。这是广电总局第一次以总局令的形式对广播电视广告的内容、播放总量、广告插播、播放监管等进行全面的规范。该办法的宗旨是为保证广播电视广告的正确导向，规范广播电视广告播放行为，加强广播电视管理。

9月18日，来自全国各地民营广告界的100多位人士聚集乌鲁木齐，以发展战略论坛的形式，探索新形势下民营广告发展之路。此次论坛由中国广告协会与中华工商时报、新疆维吾尔自治区广告协会联合举办。

9月22日，由中国广告协会主办，《现代广告》杂志和中华广告网承办，网易和国内许多网站共同协办的首届中国网络广告发展与合作高峰会在北京举行。会议探讨了如何实现深层次的合作，并就网络发展趋势、网络营销等专题进行了交流。

9月23日，由中国广告协会主办、贵阳市广告协会承办的"2003中国广告协会学术论坛（贵阳）"在贵阳市举办。

9月23日，由亚太网印及制像协会、中国印刷技术协会、中国网印及制像协会主办的2003年亚太网印及制像展/2003中国国际网印及广告牌业展在上海国际展览中心举行。

9月24日，国家工商行政管理总局广告监管司在大连召开部分省市广告监管工作座谈会。会议主题是：研究当前监管工作中亟需解决的问题，明确下一步工作思路。

9月30日，国家工商行政管理总局与文化部、公安部联合下发《关于制止在公众聚集场所进行裸体的人体彩绘表演活动的通知》。通知明确规定禁止任何单位和个人在商场、广场、公园、展览会、展销会、娱乐演出场所、公共文化设施等公共场所进行裸体的人体彩绘活动，违者将依法查处。通知强调，任何单位和个人以裸体、半裸体、三点着装等形式的人体为媒介发布广告，由工商行政管理部门予以制止和处罚。通知要求新闻单位要引导公众提高对艺术的鉴别能力和欣赏能力，自觉抵制以所谓的人体彩绘艺术名义进行的违法行为。

10月10日，"2003中国大学生广告艺术节大学生广告（电视）辩论赛"举办，厦门大学队获得冠军。

10月17日，由全国32家省级电视台联合主办的"2004年度全国省级电视台广告策略研讨暨广告推广会"在郑州举行。

10月21日，"2004江苏广播电视总台广告年会及广告人中国广告论坛"在南京开幕。此次年会密切了全国广告界、媒体界与江苏广播电视总台的联系。

10月23日，第十届中国广告节在南京召开，全国广告界精英云集六朝古都金陵。国内媒体、广告界和企业界共约5000人参加了开幕式。国家工商行政管理总局副局长刘凡、中国广告协会会长杨培青、江苏省人民政府副省长吴瑞莲、中国广告协会秘书长时学志、中国广告协会副秘书长孙英才出席此次开幕式。经过专家团的严格评审，从689件入围作品中评选出中国广告大奖赛全场大奖一件，金奖14件，银奖16件，铜奖196件，以及入围奖432件。同时，从艾菲实效广告奖中国参评的广告案例61件中，评出金奖1件，银奖8件，铜奖13件，评出第四届青年人广告现场命题创作大赛金奖1件，银奖2件和铜奖3件。

10月24日，中国广告协会户外广告委员会主办了主题为"中国户外广告业的现状与发展方向"的首届中国户外广告研究会，探讨中国户外广告业的发展。

10月31日，由中国广告协会主办，《南方都市报》承办的以"中国广告业生存及发展模式研究"为主题的广告学术年会在广州召开。中国广告协会副秘书长武高汉、南方报业集团副总编王春芙和中国广告协会学术委员会主任丁俊杰，以及70余位学术委员会委员出席了大会。会议为期3天，举办了四场外国学者的讲座，30位委员发表演讲。

11月1日，由《北京晚报》主办的"饕餮之夜2003版"在北京工人体育馆隆重上演，4个小时近千条经典广告令近万名广告迷大饱眼福。

11月4日，中国广告协会发布声明，指出近期发现有些企业盗用中国广告协会的名义给企业发函和组织活动，希望广告企业提高警惕，有疑问时请咨询、举报到中国广告协会，对盗用中国广告协会名义的个人，中国广告协会将追究其法律责任。

11月6日，实力传播主办的首场户外广告调研说明会在上海举行。

11月10日，中国常驻联合国代表王光亚在纽约签署了《烟草控制框架公约》，自2004年起，我国将全面禁止烟草广告和促销活动。

11月13日，南京大贺公司在香港创业版块挂牌上市，以配售和公开发售形式发售2.5亿股原始股、集资约1.7亿港币。

11月15日，由通信产业报社承办的通信产业媒介新闻与广告战略论坛在北京举办。

11月18日，2003年度中央电视台黄金段位广告招标会在北京梅地亚中心举行，通讯、食品和饮料行业成为今年的竞标大户。

11月20日，"第二届全国报刊媒体广告价值发布会"在北京举行。会议就报刊虚报发行量的话题对媒体进行了全面解析。

11月23日，以"前瞻性、务实性、多样性"为特点的"2003中国传媒广告先锋论坛——电视广告经营研讨会"在上海展览中心举行。

11月25—29日，国家工商行政管理总局广告监管司在广西北海市举办全国广告监管执法培训班。参加人员是：各省、自治区、直辖市及计划单列市、副省级市工商行政管理局广告（商广）处处长、广告监管工作基层点负责人。培训主要内容是：学习"三个代表"重要思想和十六届三中全会精神，广告与宏观经济，国外广告业与广告法制，广告发布活动监管，广告业信用监管，广告监管信息化，《行政许可法》等。

11月26日，北京大学、人民大学、北京广播学院、清华大学美术学院、复旦大学、上海大学、中国广告协会与日本（株）电通公司八方共同启动"促进中国广告人才培养共同项目"签字仪式在北京喜来登长城饭店举行。该项目目的在于建立一所以北京为市场的新教育机构——广告传播学院。

11月26日，为宣传预防艾滋病，一个关于安全套的公益广告首次登上中央电视台。

11月27日，网易宣布引入全球领先的供应商双击公司中广告营销技术方案，借此进一步提高其广告的经济效益和效率。

12月13日，由国家工商行政管理总局和经济日报主办的"CAV丽声音响杯首届中国平面媒体公益广告大奖赛"揭晓。共有23件作品获奖。

12月20日，2003年全国省会电视台广告招商会暨省会台广告经营论坛在沈阳召开。

12月27日，国家工商行政管理总局广告监管司在北京召开"固定形式印刷品广告座谈会"。广告监管司副司长王晋杰和新闻出版署报刊司的有关领导、国家工商行政管理总局批准从事固定形式印刷品广告经营的广告经营者参加了座谈会。会议通报了我国固定形式印刷品广告的发展情况、最近进行的固定形式印刷品广告抽样监测结果。对64家的固定形式印刷品广告进行抽样监测结果显示，合格率为90.7%，有9.3%的单位存在违规问题，被认定为不合格。固定形式印刷品广告主要存在问题是：广告与非广告信息相混杂，编排版式有的与报纸、期刊相混淆。

12月27日，相关官员及北京、香港、深圳等地的专家和学者对《2003—2010年深圳广告业发展规划》进行评审。这是我国第一份城市广告业发展规划。

12月29日，国家食品药品监督管理局印发《关于变更医疗器械广告受理单位以及做好医疗器械广告备案工作的通知》，自明年1月1日起，境外生产的医疗器械以及在重点媒体发布的医疗器械广告的受理工作，由国家食品药品监督管理局广告审查监督办公室负责。

12月31日，台湾当局不允许大陆物品、劳务、服务等产品在台湾从事广告活动的禁令正式解除。

’2004中国广告年鉴

China Advertising Yearbook

12th Edition

中国广告协会

中国广告协会的职能任务

中广协的职能

在国家工商行政管理总局的领导下，承担着抓自律、促发展，指导、协调、服务、监督的基本职能。

中广协的主要任务

制定行业自律规定，规范经营行为，开展争创文明先进单位活动，促进广告市场健康有序的发展；

开展企业资质评审活动，扶植优势企业发展，促进产业结构的优化调整；

抓好行业培训工作，确保从业人员的上岗资质，努力提高从业人员的业务素质，与教育部门联合共同进行广告专业大专班、本科班、研究生班的招生教学工作；

加强广告学术理论研究，积极开展中外广告学术理论交流，促进和引导中国广告思想理论的发展；

开展国际交流与合作，与世界各国广告协会建立联系，代表中国广告界参加世界广告组织和活动，组织中国广告界参加国际性的广告赛事；

开展广告发布前咨询工作，为广告主、广告公司、媒介广告部提供法律援助；

开发信息资源，建立信息网络，为行业提供信息服务；

举办好中国广告节等会展活动，评选创意制作精良、广告效果好的优秀广告作品，推举新人，树立广告界的良好形象，促进广告业的发展；

积极参与广告业的立法立规工作，向政府有关部门反映会员单位的意见和要求，提出合理建议；

办好《现代广告》杂志，及时传递行业管理信息，发布行业统计数据，促进广告思想理论的发展和经营秩序的规范。

中国广告协会组织机构图

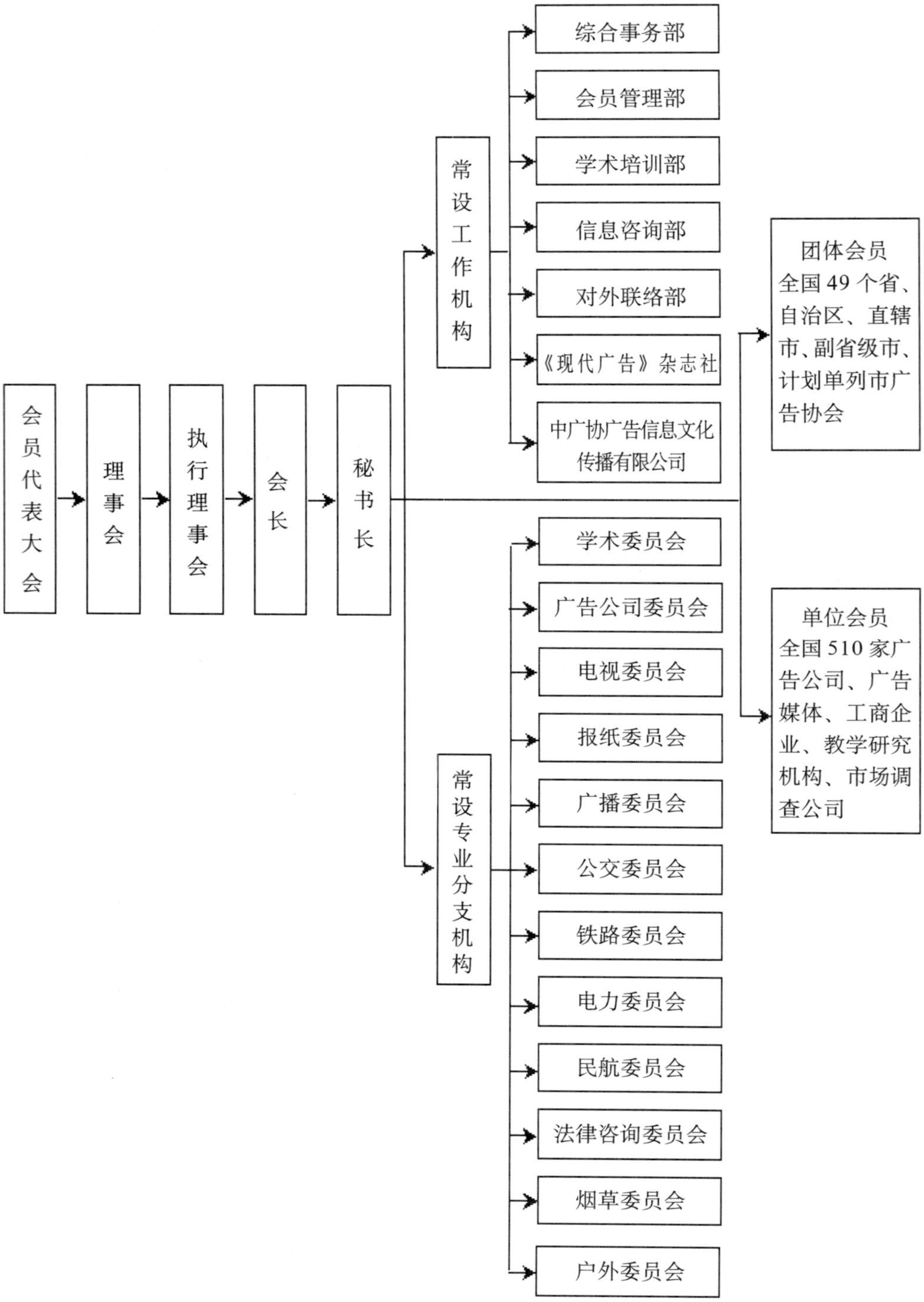

2003年中国广告协会会员名录

团体会员

中国对外经济贸易广告协会
地址：北京台基厂头条10号
邮编：100005
会长：袁学友
秘书长：刘立宾
传真：010－65283415

北京广告协会
地址：北京市丰台区菜户营东街乙360号
邮编：100054
会长：王正在
秘书长：郭素友
传真：010－63400804

上海市广告协会
地址：上海市长安路1001号长安大厦1号楼512、513、4室
邮编：200070
会长：甘忠泽
秘书长：张大镇
传真：021－63177525

天津市广告协会
地址：天津市和平区桂林路进德里7号
邮编：300050
会长：周英余
秘书长：杨庆华
传真：022－23311004

重庆市广告协会
地址：重庆市渝中区沧白路73号工商大厦12层
邮编：400011
会长：廖伶
秘书长：刘清明
传真：023－63833605

河北省广告协会
地址：石家庄市体育南大街316号
邮编：050021
会长：李亚平
秘书长：吴冀鲁
传真：0311－5876156

山西省广告协会
地址：太原市开化寺街135号
邮编：030002
会长：曹森林
秘书长：盛火星
传真：0351－4043490

内蒙古自治区广告协会
地址：呼和浩特市新城艺术厅南街一号
邮编：010020
会长：马　麟
秘书长：李中和
传真：0471－6968585

辽宁省广告协会
地址：沈阳市皇姑区崇山中路55号
邮编：110031
会长：李铁民
秘书长：刘卫东
传真：024－86849545

吉林省广告协会

地址：长春市南湖大路599号

邮编：130022

会长：李　彦

秘书长：冯长春

传真：0431-5882764

黑龙江省广告协会

地址：哈尔滨市道里区高谊街65号

邮编：150010

秘书长：郭雅杰

传真：0451-84651260

山东省广告协会

地址：济南市燕子山路43号

邮编：250014

会长：孙凤山

秘书长：杨泽科

传真：0531-8527351

江苏省广告协会

地址：南京市北京西路30号宁海大厦0904房间

邮编：210024

会长：李全寿

秘书长：孙衷群

传真：025-83317634

安徽省广告协会

地址：合肥市邮局中投128053号（永红路西菜市2号楼202、302室）

邮编：230061

会长：李国鹏

秘书长：张昌源

传真：0551-3642660

浙江省广告协会

地址：杭州市莫干山路77号省工商局金汇大厦北门

邮编：310005

会长：吴干冰

秘书长：吕俊杰

传真：0571-88385234

江西省广告协会

地址：南昌市省政府大院内省工商大楼12楼

邮编：330046

会长：沈庆中

秘书长：赖传金

传真：0791-6350329

福建省广告协会

地址：福州市五四北路358号工商局大楼6层

邮编：350003

会长：黄应寿

秘书长：江晓岚

传真：0591-7715166

河南省广告协会

地址：郑州市郑花路10号

邮编：450008

会长：岳同声

秘书长：王永贵

传真：0371-5713721

湖北省广告协会

地址：武汉市武昌区东湖路145号

邮编：430071

会长：郭跃进

秘书长：张锦妙

传真：027-86770785

湖南省广告协会

地址：长沙市枫林路9号

邮编：410006

会长：阎子法

秘书长：黄旭东

传真：0731－8883439

广东省广告协会

地址：广州市天河体育西路57号省工商大厦23楼

邮编：510620

会长：乐朝沛

秘书长：吕汉

传真：020－8553683

广西壮族自治区广告协会

地址：南宁市怡宾路1号（区工商大厦）

邮编：530028

会长：江建伟

秘书长：喻元元

传真：0771－5532119

海南省广告协会

地址：海口市机场西路4号特区工商大厦十三楼1305室

邮编：570602

会长：敖力勇

秘书长：敖力勇

传真：0898－66768029

四川省广告协会

地址：成都市新华大道玉沙路118号四川工商大厦9楼

邮编：610017

会长：刘遂明

秘书长：肖扬

传真：028－86781070

云南省广告协会

地址：昆明市新闻路226号

邮编：650032

会长：赵健

秘书长：郑立新

传真：0871－4153260

贵州省广告协会

地址：贵阳市八鸽岩路11号

邮编：550004

会长：刘祖刚

秘书长：王岭杨

传真：0851－6821801

西藏自治区广告协会

地址：拉萨市宇拓路13号

邮编：850000

会长：降边恩珠

秘书长：阿布

传真：0891－6334091

陕西省广告协会

地址：西安市建设西路1号(西藏办事处院内)

邮编：710054

会长：张高计

秘书长：王平

传真：029－87886361

甘肃省广告协会

地址：兰州市皋兰路100号（统办一号楼）13楼

邮编：730000

会长：王庭德

秘书长：张克丽

传真：0931－8884324

宁夏回族自治区广告协会

地址：银川市利民南街91号

邮编：750001

会长：尤兆中

秘书长：任晓丽

传真：0951－4115114

青海省广告协会

地址：西宁市北大街 3 号
邮编：810001
会长：马明忠
秘书长：胡文耀
传真：0971-8248508

新疆维吾尔自治区广告协会
地址：乌鲁木齐市人民路 56 号
邮编：830002
会长：吴同江
秘书长：吴孟彬
传真：0991-2811527

沈阳市广告协会
地址：沈阳市沈河区南关路 118 号
邮编：110016
会长：黄立
秘书长：蔡学群
传真：024-24011161

大连市广告协会
地址：大连市沙河口区中山路 381
邮编：116021
会长：于喜寿
秘书长：丛长良
传真：0411-4358505

长春市广告协会
地址：长春市西安大路 84 号
邮编：130061
会长：胡达仁
秘书长：郑文德
传真：0431-8540769

哈尔滨市广告协会
地址：哈尔滨市道里区新阳路 61 号 1210 室
邮编：150010
会长：马力实
秘书长：魏振铎
传真：0451-84887529

济南市广告协会
地址：济南市经七路纬一路 305 号
邮编：250001
会长：马洪泉
秘书长：王继言
传真：0531-2051252

青岛市广告协会
地址：青岛市福州路 85 号
邮编：266071
会长：贾丹
秘书长：汪传旗
传真：0532-5730949

南京市广告协会
地址：南京市成贤街 43 号
邮编：210018
会长：卓兆澎
秘书长：赵玉宝
传真：025-83611592

杭州市广告协会
地址：杭州市江干区凤起东路 109 号杭州市工商局大楼 719 室
邮编：310016
会长：郑川
秘书长：蒋平
传真：0571-86438435

宁波市广告协会
地址：宁波市长春路 40 号
邮编：315000
会长：吕国湘
秘书长：王建平
传真：0574-87311359

厦门市广告协会

地址：厦门市镇邦路24号三楼

邮编：361001

会长：章肇益

秘书长：郑良华

传真：0592–2052923

武汉市广告协会

地址：武汉市江汉区香港路259号

邮编：430015

会长：李友华

秘书长：彭琳

传真：027–85633093

广州市广告协会

地址：广州市天河路112号12楼

邮编：510620

会长：王晓玲

秘书长：孔国强

传真：020–85523557

深圳市广告协会

地址：深圳市福田区深南大道7068号工商物价大厦12楼1214房

邮编：518040

会长：彭署曦

传真：0755–83070134

珠海市广告协会

地址：珠海市香洲人民东路125号工商大厦十楼

邮编：519000

会长：廖惠兰

传真：0756–2622282

汕头市广告协会

地址：汕头市龙眼南路工商大厦

邮编：515041

会长：王书昌

秘书长：姚继文

传真：0754–8563224

成都市广告协会

地址：成都市鼓楼北三街1号

邮编：610017

会长：周云辉

秘书长：李枫

传真：028–85394271

西安市广告协会

地址：西安市友谊东路298号507室

邮编：710054

会长：任军号

秘书长：张崇海

传真：029–87823079

报纸类会员

人民日报社广告部

地址：北京市朝阳区金台西路2号

邮编：100733

社主管领导：朱新民

广告部主任：李宏伟

传真：010–65368788

经济日报社广告部

地址：北京市宣武区白纸坊东街2号

邮编：100054

社主管领导：罗开富

广告部主任：刘海法

传真：010–63539411

光明日报社广告部

地址：北京市永安路106号

邮编：100050

社主管领导：王　晨

广告部主任：左　海
传真：010-63016716

工人日报社广告部

地址：北京市东城安德路甲61号
邮编：100718
社主管领导：张玉玺
广告部主任：于飞
传真：010-64219759

中国青年报社广告部

地址：北京市东直门内海运仓2号
邮编：100702
社主管领导：徐祝庆
广告部主任：沈克
传真：010-64015018

法制日报社广告部

地址：北京市朝阳区花家地甲1号
邮编：100102
社主管领导：李建贵
广告部主任：司家豪
传真：010-64728092

健康报社广告部

地址：北京市东直门外小街甲6号
邮编：100027
社主管领导：郅忠喜
广告部主任：郑经国
传真：010-64672427

解放军报社广告部

地址：北京市阜外大街34号1号楼
邮编：100832
社主管领导：戴云鹏
广告部主任：高东海
传真：010-68577796

参考消息报社广告部

地址：北京市宣武门西大街甲97号521室
邮编：100031
社主管领导：姜占国
广告部主任：李征
传真：010-63073889

科技日报社广告部

地址：北京市复兴路15号
邮编：100038
社主管领导：刘澍林
广告部主任：王代同
传真：010-68538364

中国日报社广告部

地址：北京市朝阳区惠新东街15号
邮编：100029
社主管领导：李冀川
广告部主任：詹维克
传真：010-64918637

中国工商报社广告部

地址：北京市丰台花乡纪家庙
邮编：100070
社主管领导：刘　峰
广告部主任：张卉琳
传真：010-63789637

《半月谈》杂志社

地址：北京市宣武门西大街57号
邮编：100803
社主管领导：方正辉
广告部主任：来江铭
传真：010-63072188

《中国妇女报》CI设计中心

地址：北京市地安门西大街103号
邮编：100009

社主管领导：卢小飞
广告部主任：代柳梅
传真：010–66163013

人民日报海外版广告部
地址：北京市朝阳区金台西路2号
邮编：100733
社主管领导：王行增
广告部主任：李　丹
传真：010–85991765

经济参考报社广告部
地址：北京市宣武门西大街57号
邮编：100803
社主管领导：王海征
广告部主任：吕丽虹
传真：010–63071930

人民邮电报社广告部
地址：北京市朝阳区安苑路11号
邮编：100029
社主管领导：周家奎
广告部主任：李学文
传真：010–64963001

中国证券报社广告部
地址：北京市宣武门西大街甲97号
邮编：100031
社主管领导：陈乃进
广告部主任：戴小兵
传真：010–63071028

北京日报社广告部
地址：北京市东城区东单三条8–16东方广场东配楼四层
邮编：100005
社主管领导：杨永安
广告部主任：吴向忠
传真：010–65593400

北京青年报社广告处
地址：北京市朝阳区白家庄东里23号院建宏大厦
邮编：100026
社主管领导：李世恒
广告部主任：于大公
传真：010–65902061

北京晚报广告部
地址：北京市建国门内大街20号
邮编：100734
社主管领导：倪宝忠
广告部主任：曹　芳
传真：010–65595231

北京晨报广告部
地址：北京市东城区东中街东环广场A座3层
邮编：100027
社主管领导：何宁
广告部主任：左健
传真：010–64185015

中华新闻报社广告中心
地址：北京市西交民巷50号
邮编：100031
社主管领导：武家奉
广告部主任：梁勤俭
传真：010–66082230

中国青年杂志社广告部
地址：北京市西城区官园育强胡同22号
邮编：100034
社主管领导：袁晓华
广告部主任：李蕾
传真：010–66162405

中国消费者报社

地址：北京市海淀区阜成路北三街8号
邮编：100037
社主管领导：李学寅
广告部主任：孙建

通信产业报社广告部
地址：北京市海淀区紫竹院路66号赛迪大厦7层
邮编：100044
社主管领导：许金寿
广告部主任：郑秋蕾
传真：010-88558700

《中国期刊年鉴》编辑部
地址：北京市阜成门北大街17号
邮编：100037
社主管领导：田胜立
广告部主任：劳雅路

解放日报报业集团广告中心
地址：上海市汉口路309号309室
邮编：200001
社主管领导：黄京芝
广告部主任：张耀伟
传真：021-63609100

文汇新民报业联合集团广告中心
地址：上海市延安中路839号
邮编：200040
社主管领导：王仲伟
广告部主任：王健生
传真：021-62896957

中国广告杂志社经营活动部
地址：上海市宁海东路200号申鑫大厦1805室
邮编：200021
社主管领导：姚能珍
广告部主任：黄淘
传真：021-63294224

天津日报广告处
地址：天津市河西区大沽南路873号
邮编：300211
社主管领导：王敬
广告部主任：朱霖
传真：022-28201158

今晚报社广告处
地址：天津市南开区南京路385号
邮编：300100
社主管领导：王全来
广告部主任：王克
传真：022-27500175

重庆日报社广告部
地址：重庆市渝中区解放西路66号
邮编：630012
社主管领导：张福华
广告部主任：李耕
传真：023-63836473

重庆晚报社广告部
地址：重庆市渝中区解放西路66号
邮编：630012
社主管领导：李华年
广告部主任：蓝晓莉
传真：023-63812350

河北日报报业集团广告中心
地址：石家庄市裕华东路210号
邮编：050013
社主管领导：李玉柯
广告部主任：郭增培
传真：0311-8631118

山西日报广告处

地址：太原市双塔东街124号
邮编：030012
社主管领导：曲补旺
广告部主任：冯爱民
传真：0351－4298121

内蒙古日报社广告部
地址：呼和浩特市新城西街25号
邮编：010016
社主管领导：张玉岭
广告部主任：党林
传真：0471－6964914

辽宁日报广告部
地址：沈阳市沈河区中山路339号
邮编：110014
社主管领导：徐少达
广告部主任：刘鹏鸣
传真：024－22829872

沈阳日报报业集团广告中心
地址：沈阳市沈河区北三经街67号
邮编：110001
社主管领导：于秉堂
广告部主任：段孔凡
传真：024－22846147

大连日报社广告中心
地址：大连市中山区世纪街76号
邮编：116001
社主管领导：丁学忱
广告部主任：熊资佐
传真：0411－2824782

吉林日报社广告部
地址：长春市斯大林大街68号
邮编：130051
社主管领导：张天彪
广告部主任：冯彦
传真：0431－8911804

黑龙江日报报业集团广告中心
地址：哈尔滨市道里区地段街1号
邮编：150010
社主管领导：胡建平
广告部主任：刘野石
传真：0451－84692164

青岛日报广告经营中心
地址：青岛市太平路33号
邮编：266001
社主管领导：刘力群
广告部主任：陶进
传真：0532－8454358

齐鲁晚报广告部
地址：济南市经十路46号
邮编：250014
社主管领导：张瑞云
广告部主任：王军
传真：0531－2616676

新华日报报业集团广告管理中心
地址：南京市管家桥69号
邮编：210092
社主管领导：刘向东
广告部主任：切菊娣
电话：025－84713590

无锡日报社广告部
地址：无锡市学前东路1号新闻大楼
邮编：214001
社主管领导：杨逸萍
广告部主任：郑明亮
传真：0510－2721608

安徽日报广告处

地址：合肥市金寨路206号

邮编：230061

社主管领导：张望梅

广告部主任：王　芬

传真：0551-2827984

浙江日报社广告中心

地址：杭州市体育场路178号

邮编：310039

社主管领导：

广告部主任：季阳

传真：0571-85151999

杭州日报报业集团广告中心

地址：杭州市体育场路218号

邮编：310041

社主管领导：曹迪民

广告部主任：孙卫平

传真：0571-85106157

江西日报社广告处

地址：南昌市阳明路190号

邮编：330006

社主管领导：彭春兰

广告部主任：陶国芳

传真：0791-6849868

福建日报社广告处

地址：福州市华林路84号

邮编：350003

社主管领导：周昌仁

广告部主任：陈兆伟

传真：0591-7820601

厦门日报社广告部

地址：厦门市深田路46号

邮编：361003

社主管领导：陈炳琳

广告部主任：章肇益

传真：0592-2023436

河南日报社广告部

地址：郑州市农业路28号

邮编：450008

社主管领导：杨永德

广告部主任：韩嘉俊

传真：0371-5796121

湖北日报报业集团楚天广告总公司

地址：武汉市武昌黄鹂路65号

邮编：430077

社主管领导：杨步国

广告部主任：张勤耘

传真：027-86791716

长江日报社广告部

地址：武汉市汉口长江日报路

邮编：430015

社主管领导：曾培新

广告部主任：任学清

传真：027-85762853

广州日报社广告部

地址：广州市人民中路同乐路10号

邮编：510121

社主管领导：张德安

广告部主任：巫穗生

传真：020-81849622

南方日报社广告部

地址：广州市广州大道中289号南方日报社

邮编：510601

社主管领导：李迪生

广告部主任：李迪生

传真：020-87375401

羊城晚报报业集团羊城晚报广告公司

地址：广州东风东路733号

邮编：510085

社主管领导：夏晓军

广告部主任：刘升

传真：020—88211211

深圳报业集团广告中心

地址：深圳市深南大道6008号

邮编：518009

社主管领导：但平

广告部主任：叶兆平

传真：0755—83515403

珠海特区报社广告中心

地址：深圳特区报业大厦珠海市香洲银桦路566号

邮编：519000

社主管领导：邓伟群

广告部主任：曾会康

传真：0756—26399898

汕头日报社广告部

地址：汕头市金新北路

邮编：515041

广告部主任：王永如

传真：0754—8635880

广西日报社广告部

地址：南宁市民主路21号

邮编：530026

社主管领导：吴昌敬

广告部主任：梁慧萍

传真：0771—5690176

海南日报社广告部

地址：海口市金盘路30号

邮编：570216

社主管领导：潘正文

广告部主任：秦增约

传真：0898—66810111

成都晚报广告部

地址：成都市庆云南街19号

邮编：610017

社主管领导：伍进一

广告部主任：杜蓉成

传真：028—6745997

云南日报社广告部

地址：昆明市新闻路51号

邮编：650032

社主管领导：孙官生

广告部主任：方学东

传真：0871—4149461

贵州日报社广告发行处

地址：贵阳市外环城东路360号

邮编：550001

社主管领导：尹鲁筑

广告部主任：郑文灿

传真：0851—6772287

陕西日报广告处

地址：西安市东大街334号

邮编：710001

社主管领导：尹维祖

广告部主任：刘玉林

传真：029—87215262

西安晚报社广告部

地址：西安市南四府街9号

邮编：710002

社主管领导：王长安

广告部主任：张浩然

传真：029—87620616

华商报社广告部

地址：西安市含光北路156号
邮编：710068
社主管领导：李大灿
传真：029-88429201

宁夏日报社广告部

地址：银川市中山南街109号
邮编：750004
社主管领导：薛海滨
广告部主任：刘淑娟
传真：0951-6032148

青海日报社广告部

地址：西宁市长江路5号
邮编：810000
社主管领导：赵得录
广告部主任：陈军
传真：0971-8224358

甘肃日报社广告处

地址：兰州市白银路47号
邮编：730030
社主管领导：石星光
广告部主任：周诚

广播类会员

中央人民广播电台广告部

地址：北京市复兴门外大街2号
邮编：100866
广告部主任：赵小林

北京人民广播电台广告部

地址：北京市建外大街14号
邮编：100022
台主管领导：王　秋
广告部主任：张树荣
传真：010-65159720

上海文广新闻传媒集团广告经营中心（广播）

地址：上海市虹桥路1376号广播大厦
邮编：200051
台主管领导：黎瑞刚
传真：021-62788177-2302

天津人民广告电台广告部

地址：天津市和平区卫津路143号
邮编：300070
台主管领导：刘京琴
广告部主任：韩光敏
传真：022-23531130

沈阳人民广播电台广告部

地址：沈阳市和平区南三好大街89号
邮编：110003
台主管领导：董晓平
广告部主任：范吉平
传真：024-83891302

黑龙江人民广播电台广告部

地址：哈尔滨市南岗区中山路181号
邮编： 150001
台主管领导：刘玉平
广告部主任：杜玉泉
传真：0451-82605689

江苏人民广播电台行政中心

地址：南京市中山东路132号三楼
邮编：210002
台主管领导：李少成
广告部主任：韩文根
传真：025-84451967

南京人民广播电台广告部

地址：南京市白夏路358号广电大厦18楼
邮编：210001
台主管领导：周天江
广告部主任：王强华
传真：025–84694002

温州人民广播电台广告信息中心
地址：温州市新城大道广电中心171室
邮编：325027
台主管领导：黄晓虹
广告部主任：贺素艳
传真：0577–88920158

江西人民广播电台经济信息部
地址：南昌市北京西路20号
邮编：330046
广告部主任：曾庆洪
传真：0791–6236443

广东人民广播电台广告部
地址：广州市人民北路686号广播大厦
邮编：510012
台主管领导：陈大海
广告部主任：周小新
传真：020–36236295

广州人民广播电台广告信息部
地址：广州市环市中路231号
邮编：510010
台主管领导：叶小帆
广告部主任：迟明秀
传真：020–86191185

深圳广播电台广告信息部
地址：深圳市深南大道6007号创展中心21层
邮编：518040
台主管领导：刘堤洪
广告部主任：林小戈
传真：0755–83867138

云南人民广播电台广告部
地址：昆明市人民西路182号
邮编：650031
台主管领导：刀承锦
广告部主任：夏家齐

贵州人民广播电台广告部
地址：贵阳市青云路259号
邮编： 550002
台主管领导：蒋经林
广告部主任：姚世权
传真：0851–5984899

陕西人民广播电台广告中心
地址：西安市长安南路76号
邮编： 710061
台主管领导：刘卫星
广告部主任：杨利
传真：029–85256790

新疆人民广播电台广告管理部
地址：乌鲁木齐市团结路84号
邮编：830044
台主管领导：史林杰
广告部主任：王春
传真：0991–2560584

电视类会员

中央电视台广告部
地址：北京市复兴路11号
邮编：100859
台主管领导：罗明
广告部主任：郭振玺
传真：010–68511134

广电总局电影卫星频道节目制作中心广告部

地址：北京市西土城路2号
邮编：100088
台主管领导：石丽萍
广告部主任：韩光林
传真：010-82044734

中国农业电影电视中心广告部
地址：北京市海淀区中关村南大街10号
邮编：100081
台主管领导：詹新华
广告部主任：肖克昕
传真：010-62150899

中国教育电视台广告部
地址：北京市复兴门内大街160号221室
邮编：100031
台主管领导：宋成栋
广告部主任：常建平
传真：010-66084299

北京电视台广告部
地址：北京市海淀区西三环北路苏州街3号
邮编：100089
台主管领导：吉天旭
广告部主任：罗影
传真：010-68429120

上海文广新闻传媒集团广告经营中心（电视）
地址：上海市南京西路651号广电大厦11楼
邮编：200041
台主管领导：黎瑞刚
广告部主任：白利君
传真：021-62678022

天津电视台广告部
地址：天津市和平区卫津路143号
邮编：300070
台主管领导：刘红春
广告部主任：杨晓冬
传真：022-23344657

河北电视台广告信息中心
地址：石家庄市建华南大街100号
邮编：050031
台主管领导：马来顺
广告部主任：马来顺
传真：0311-5083587

山西电视台广告经理部
地址：太原市迎泽大街318号
邮编：030001
台主管领导：郇二田
广告部主任：孟小勇
传真：0351-4049644

内蒙古电视台广告部
地址：呼和浩特市新华大街19号
邮编：010058
台主管领导：陈绍业
广告部主任：韩民强
传真：0471-6931022

辽宁电视台广告传播中心
地址：沈阳市和平区文化路79号
邮编：110004
台主管领导：刘凤岐
广告部主任：赵　颖
传真：024-23186018

沈阳电视台广告部
地址：沈阳市牛口主区青年大街296号
邮编：110032
台主管领导：李依群
广告部主任：吴秀娥
传真：024-23909801

大连电视台经济信息部
地址：大连市沙河口区东北路99号
邮编：116021
台主管领导：杨　军
广告部主任：戚小东
传真：0411–4549987

黑龙江电视台广告信息部
地址：哈尔滨市南岗区巴陵街131号
邮编：150001
台主管领导：韩任宏
广告部主任：贾占林
传真：0451–82629922

山东电视台广告部
地址：济南市经十路81号
邮编：250062
台主管领导：魏　民
广告部主任：张晶辉
传真：0531–2951384

胜利电视台广告部
地址：东营市影视街12号
邮编：257000
台主管领导：邵黄功
广告部主任：杨传成
传真：0546–8223577

江苏电视台广告信息部
地址：南京市中山路348号中信大厦26楼
邮编：210008
台主管领导：苏子龙
广告部主任：马嘉益
传真：025–57713203

苏州电视台广告部
地址：江苏苏州市竹辉路100号
邮编：215006
台主管领导：朱志春
广告部主任：华　悟
传真：0512–65103526

浙江电视台广告部
地址：杭州市延安路546号杭州大酒店12楼
邮编：310006
台主管领导：施泉明
广告部主任：乐和建
传真：0571–85054155

江西电视台广告部
地址：南昌市北京西路88号江信国际大厦23层
邮编：330046
台主管领导：黄鹤林
广告部主任：张晓建
传真：0791–6301333

厦门电视台广告部
地址：厦门市湖滨北路123号广电中心
邮编：361012
台主管领导：林平峰
广告部主任：朱华夏
传真：0592–5301988

河南电视台广告部
地址：郑州市郑花路北段18号
邮编：450008
台主管领导：刘宝和
传真：0371–5725308

湖北电视台广告经济部
地址：武汉市武昌区粮道街紫金村特1号
邮编：430071
台主管领导：唐源涛
广告部主任：王强
传真：027–87839004

湖南电广传媒股份有限公司广告分公司

地址：长沙市芙蓉中路60号平安大厦10楼

邮编：410005

广告部主任：易干良

广东电视台广告部

地址：广州市环市东路331号

邮编：510066

台主管领导：何日丹

广告部主任：尹景云

传真：020-83310686

深圳电视台广告部

地址：深圳市华强北路圣廷苑酒店B座8楼

邮编：518028

台主管领导：李箭

广告部主任：吴程

传真：0755-83784188

汕头市广播电视台广告经营办公室

地址：汕头市潮汕路广播电视中心

邮编：515021

台主管领导：林贵炎

广告部主任：陈丹旭

传真：0754-8204304

海南电视台广告部

地址：海口市海秀路1号

邮编：570206

台主管领导：王发禄

广告部主任：丘海明

传真：0898-6719072

四川电视台广告部

地址：成都市西安中路42号

邮编：610072

台主管领导：郭剑新

广告部主任：罗贵生

传真：028-87763131

云南电视台广告部

地址：昆明市人民西路182号

邮编：650031

台主管领导：李发升

广告部主任：彭焕国

传真：0871-5310427

贵州电视台广告部

地址：贵阳市神奇路27号

邮编：550002

台主管领导：白芳芹

广告部主任：毛晓明

传真：0851-5981345

西藏电视台广告部

地址：拉萨市北京中路149号

邮编：850000

台主管领导：洛桑次仁

广告部主任：王文隆

传真：0891-6834768

陕西电视台广告中心

地址：西安市长安南路493号航天大厦2A层

邮编：710061

台主管领导：徐见

广告部主任：金卫红

传真：029-5220077

甘肃电视台广告中心

地址：兰州市东岗西路226号

邮编：730000

台主管领导：乔国平

广告部主任：刘兴平

传真：0931-8262009

卫星电视有限公司（天山企业北京代表处）
地址：北京市东城区东长安街1号东方广场东3办公楼908室
邮编：100738
台主管领导：JamesMurdoch
广告部主任：张淼
传真：010-85298667

广告公司会员

中国广告联合总公司
地址：北京市宣武门西大街甲97号8层
邮编：100031
联络人：李沛钧
传真：010-63074227

中国国际广告公司
地址：北京市建国门外大街12号五层
邮编：100022
董事长总经理：吴子华
联络人：王岩
传真：010-65683327

中国机电广告公司
地址：北京市海淀区甘家口185号新新商务楼
邮编：100037
董事长总经理：刘桂伟
联络人：高恒俊
传真：010-68326295

中航公关广告公司
地址：北京市建朝阳区东三环南路2号恋日国际大厦5、6层
邮编：100022
董事长总经理：周世忠
联络人：黄廷标
传真：010-65684311

中体广告公司
地址：北京市崇文区龙坛路甲三号
邮编：100061
董事长总经理：王奇
传真：010-67156311

中国邮政广告公司市场部
地址：北京市西城区北礼士路甲8号
邮编：100044
董事长总经理：李高照
联络人：孙亚方
传真：010-88380915

中国电子国际展览广告有限责任公司
地址：北京市复兴路甲23号电子大楼
邮编：100036
董事长总经理：薛婷婷
联络人：王颖
传真：010-68288219

长城国际广告有限公司
地址：北京市复兴门内大街158号远洋大厦4层
邮编：100031
董事长总经理：李润杰
联络人：刘荣
传真：010-66412469

北方展览广告公司
地址：北京市宣武区广安门南街甲12号
邮编：100053
董事长总经理：林立
联络人：陈双平
传真：010-63547597

北京广告公司
地址：北京市东长安街大华路2号华诚大厦302室
邮编：100005
董事长总经理：胡纪平
联络人：廖颖

传真：010–65283988

电扬广告有限公司

地址：北京朝阳区建国路118号招商局大厦90A

邮编：100022

董事长总经理：王欣

联络人：王欣

传真：010–65660188

北京国安广告总公司

地址：北京市朝阳区农光南里1号龙辉大厦1栋七层

邮编：100021

董事长总经理：鄢钢

联络人：范立华

传真：010–87380015

北京新世纪恒美广告有限公司

地址：北京市朝外大街22号泛利大厦5层507

邮编：100020

董事长总经理：郝亚宁

联络人：包方

传真：010–65883180

盛世长城国际广告有限公司

地址：北京市建国门内大街7号光华长安大厦

邮编：100005

董事长总经理：张新强

联络人：张宇

传真：010–65102256

天联广告有限公司（北京）

地址：北京市东城区新中街18号阳光都市4号楼1908

邮编：100027

董事长总经理：黄慧琼

联络人：蒋先生

传真：010–84473321

凤凰国际广告有限公司

地址：北京市西城区阜内大街宫门口二条19号

邮编：100034

董事长总经理：王民生

联络人：马英

传真：010–66130668

北京电通广告有限公司

地址：北京市东城区长阳门北大街8号

邮编：100027

董事长总经理：井上佑介

传真：010–65542098

北京北奥广告有限公司

地址：北京市朝阳区东土城路8号林达大厦A座20层

邮编：100013

董事长总经理：陈少云

联络人：王迎

传真：010–64294579

博达大桥国际广告传媒有限公司

地址：北京市西城区长安街88号北京首都时代广场8层808室

邮编：100031

董事长总经理：伍穗平

联络人：冯帆

传真：010–83915188

麦肯光明广告公司

地址：北京朝阳区建国门外南郎家园1号楼6层

邮编：100022

董事长总经理：牛爱国

联络人：申红艺

传真：010–65687555

北京捷先广告公司

地址：北京市朝阳区马甸裕民东路12号华展国际公寓A座604

邮编：100029

董事长总经理：周明
传真：010-62073145-39

精信广告有限公司

地址：北京东城区东长安街1号东方广场东方经贸城W3座办公楼607室
邮编：100005
联络人：李建红
传真：010-85185500

三星影视交流中心

地址：北京海淀区什坊院6号京都信苑饭店10层
邮编：100036
董事长总经理：李新光
传真：63901016

智威汤逊－中乔广告有限公司

地址：北京市朝阳区光华路甲8号和乔大厦428室
邮编：100026
董事长总经理：唐锐涛
联络人：马艳静
传真：010-65810070

北京未来广告公司

地址：北京市海淀区复兴路乙11号梅地亚中心写字楼六层
邮编：100038
董事长总经理：黄艳荣
传真：010-68514364

北京华闻旭通国际广告有限公司

地址：北京朝阳区亮马桥路32号高斓大厦1801
邮编：100016
董事长总经理：朱新民
联络人：张广君
传真：010-64643889

北京市西京广告中心

地址：北京市建国路88号现代城C座801号
邮编：100022
董事长总经理：叶茂西
传真：010-85800486

北京市伊人广告公司

地址：北京市朝阳区麦子店街37号盛福大厦2050室
邮编：100026
董事长总经理：伊梦
联络人：张婷
传真：010-85275810

北京太阳圣火广告有限公司

地址：北京市朝阳区建国路88号SOHO现代城A2307、2309
邮编：100022
董事长总经理：童年
联络人：张东强
传真：85800007

北京科嘉艺广告有限公司

地址：北京安外大街208号三利大厦5012室
邮编：100710
董事长总经理：肖开宁
联络人：林静
传真：010-84094125

达彼思（达华）广告有限公司北京分公司

地址：北京市呼家楼京广中心3208室
邮编：100020
董事长总经理：梁桂泉
联络人：王秋泓
传真：010-65978559

北京刘是影视广告工作室

地址：北京市朝阳区瞩光西里甲5号凤凰城A2座3706
邮编：100028
董事长总经理：刘是

联络人：安雅兰
传真：010-84405006

北京中视新思维广告有限公司
地址：北京市朝阳区建外永安里东街甲25号建外写字楼
邮编：100022
董事长总经理：解玉珍
联络人：舒展福
传真：010-2645666

北京中影联广告有限责任公司
地址：北京市西城区北三环中路甲29号尊邸603号
邮编：100029
董事长总经理：张彩虹
联络人：刘度鹤
传真：82076095-20

北京市万方广告影视公司
地址：北京市东城区王府井大街99号世纪大厦A806
邮编：100006
董事长总经理：王荣波
联络人：孟春华
传真：010-65599228

北京中烟集成广告有限公司
地址：北京市宣武区虎坊路11号
邮编：100052
董事长总经理：张东升
联络人：关蕊
传真：010-63516701

大广太平洋国际广告有限公司
地址：北京市朝阳区朝外大街22号泛利大厦407室
邮编：100020
董事长总经理：久保正一
联络人：李通庄
传真：010-84600568

北京杰威广告公司
地址：北京市亚运村安慧里四区16楼11层
邮编：100723
董事长总经理：贺玉强
联络人：文爱心
传真：010-84885033

北京聚友人广告公司
地址：北京西城区南礼士路66号建威大厦1902室
邮编：100045
董事长总经理：王少勇
联络人：王锐
传真：010-68059919

北京凯普九歌广告有限公司
地址：北京市海淀区中关村南大街2号数码大厦A座2010室
邮编：100086
董事长总经理：郭伟君
联络人：肖婷
传真：010-82513999

北京泛太平洋国际广告公司
地址：北京市朝阳区北三环东路6号中国国际展览中心7号馆3层
邮编：100028
董事长总经理：李跃义
联络人：李跃义
传真：010-84600593

北京东方日海广告有限公司
地址：北京市朝阳区光华路7号汉威大厦3A6
邮编：100004
董事长总经理：藤岛行
联络人：董英杰
传真：010-65611920

北京国风广告有限公司

地址：北京朝阳区农展南路朝阳网球俱乐部3层

邮编：100026

董事长总经理：欧阳旭

联络人：王会云

传真：65087300

北京鹰之杰广告有限公司

地址：北京西城区北三环中路甲29号华尊大厦B座1403室

邮编：100029

董事长总经理：孙横

联络人：佟孟男

传真：010-82025394

北京视澜广告有限公司

地址：北京复兴路乙11号梅地亚中心560

邮编：100038

董事长总经理：贾晓佳

联络人：丁娜娜

传真：010-68574212

索贝国际广告（北京）有限公司

地址：北京中关村东路123号都市网景A座505

邮编：100086

董事长总经理：张旭东

联络人：邓娜

传真：010-62148878

北京筑诚伟业天地广告有限公司

地址：北京市北三环中路77号北京电影制片厂内

邮编：100088

董事长总经理：李建国

联络人：饶毓勤

传真：010-82043729

北京华审辉煌广告有限责任公司

地址：北京海淀区德胜门西大街15号远洋风景9号楼4单元3层

邮编：100088

董事长总经理：姜金和

联络人：徐蓓菁

传真：010-82290713

北京中网电互动广告有限公司

地址：北京市朝阳区朝外大街22号泛利大厦1503室

邮编：100020

董事长总经理：马建校

联络人：马骁

传真：010-65882537

美格广告公司北京办事处

地址：北京市朝阳区呼家楼京广中心商务楼808室

邮编：100020

联络人：涂京红

传真：010-65978782

中视金桥国际广告有限公司

地址：北京市海淀区阜成路58号新洲商务大厦606

邮编：100036

董事长总经理：刘金兰

联络人：徐晶

传真：010-88130505

北京新浪信息技术有限公司

地址：北京市万泉庄甲一号

邮编：100089

董事长总经理：曹国伟

联络人：苗颖

传真：010-85801740

上海广告有限公司

地址：上海市华山路868号

邮编：200050

董事长总经理：郭丽娟

联络人：毕秘书

传真：021－63668318

上海市广告装潢有限公司

地址：上海市巨鹿路417号3楼

邮编：200020

董事长总经理：王建萍

联络人：秦建东

传真：021－62713651

上海美术设计公司

地址：上海市漕溪路258弄23号

邮编：200235

董事长总经理：王濂洪

联络人：杨新生

传真：021－64849530

上海东艺广告公司

地址：上海市闸北区宝通路202号

邮编：200071

董事长总经理：沈百康

传真：021－56974620

上海奥美广告有限公司

地址：上海市南京西路1038号31楼梅龙镇商厦31楼

邮编：200041

董事长总经理：宋秩铭

联络人：屠玉华

传真：021－62184199

上海伊斯顿广告有限公司

地址：上海市虹桥路1440号8号楼

邮编：200336

董事长总经理：李雷

联络人：黄德明

传真：010－62556615

上海龙天广告有限公司

地址：上海市万航渡路1561号

邮编：200042

董事长总经理：常雅珍

联络人：衡小姐

传真：010－62517354

上海申洋广告有限公司

地址：上海市中山西路189号1号楼103室

邮编：200051

董事长总经理：王国荣

联络人：王国荣

传真：021－62341156

上海东派广告有限公司

地址：上海市漕溪北路18号32楼

邮编：200030

董事长总经理：黄枫

联络人：帅俐敏

传真：021－64272467

天津广告有限公司

地址：天津市河西区绍兴道21号

邮编：300203

董事长总经理：张若苏

联络人：靳亦春

传真：022－23247045

天津市美术广告公司

地址：天津市和平区曲阜道1号

邮编：300042

董事长总经理：邹冬

传真：022－23308386

天津市双木策划传播有限公司

地址：天津市河西区马场道188号干部俱乐部内燕园别墅1号

邮编：300074

董事长总经理：陈树林

联络人：霍佳

传真：022－23528202

重庆正宗广告有限公司
地址：重庆市石桥浦渝州路33号西亚商务大厦13楼
邮编：400039
董事长总经理：付文俊
联络人：刘洁
传真：023－68633134

重庆天地广告有限公司
地址：重庆市渝中区健康路花园大厦B栋6楼
邮编：400014
董事长总经理：陈友仁
联络人：汪玉珠
传真：023－63865854

石家庄市广告总公司
地址：石家庄市平安北大街副17号
邮编：050011
董事长总经理：刘振华
传真：0311－6033709

廊坊美格广告有限公司
地址：廊坊市爱民东道73号
邮编：102800
董事长总经理：本杰明
传真：0316－2082290

哈尔滨海润国际广告有限公司
地址：哈尔滨市南岗区昆仑商城天顺街22号
邮编：150090
董事长总经理：潘洋
联络人：樊金江
传真：0451－82342013

山东省国际广告公司
地址：济南市纬一路71号
邮编：250001
董事长总经理：李国平
传真：0531－6911372

青岛广告公司
地址：青岛市延安三路109号
邮编：266071
董事长总经理：隋伟
联络人：张培金
传真：0532－6683690

齐鲁广告公司
地址：青岛市福州路10号爱尊客商务酒店7层
邮编：266071
董事长总经理：张进
传真：0532－6018084

山东北斗广告集团
地址：济南市大纬二路37号四楼
邮编：250001
董事长总经理：王令华
联络人：郑伟
传真：0531－6051773

南京市广告公司
地址：南京市洪武北路116号
邮编：210018
董事长总经理：潘祥生
联络人：蒋明
传真：025－86641741

南京卓越形象创意公司
地址：南京市长江路190号苏美达商务中心七楼
邮编：210029
董事长总经理：贾丽军
传真：025－86649489

无锡市富润广告有限公司
地址：无锡市人民中路163号5楼

邮编：214001
董事长总经理：荆国鹏
联络人：王敬容
传真：0510–2302054

江苏美嘉广告有限公司
地址：无锡市圆通路28号圆通大厦11楼
邮编：214002
董事长总经理：吴晓萍
联络人：陆湘桐
传真：0510–2706585

江苏华星广告有限公司
地址：常熟市河东胜街42号
邮编：215500
董事长总经理：殷淑英
联络人：王建华
传真：0512–5271189–8003

南通市广告美术有限公司
地址：南通市姚港路九号
邮编：226006
董事长总经理：王国民
联络人：韩雪玲
传真：0513–5524010

常州三有广告有限公司
地址：常州市常面路9号
邮编：213001
董事长总经理：吴萍
联络人：刘文英
传真：0519–8103982

安徽省金鹃国际广告有限公司
地址：合肥市濉溪路251号
邮编：230041
董事长总经理：吴钟谟
联络人：胡伟
传真：0551–5611100

安徽不夜城广告公司
地址：合肥市六安路65号
邮编：230061
董事长总经理：祁守俊
联络人：黄江宝
传真：0551–2214007

安徽金太阳广告有限公司
地址：宁国市津河东路47号
邮编：242300
董事长总经理：胡是文
传真：0563–4031488

合肥新方舟广告有限责任公司
地址：合肥市宣城路105号
邮编：230001
董事长总经理：袁彬
联络人：林麟

浙江省国际广告有限责任公司公司
地址：杭州体育场路596号
邮编：310007
董事长总经理：韩旺东
联络人：陈鹭流
传真：0571–85150444

江西益民广告有限公司
地址：南昌市建设路61号
邮编：330001
董事长总经理：王益民
联络人：胡美兰
传真：0791–5220901

江西方圆广告有限公司
地址：南昌市省府大院西二路监察大楼九楼
邮编：330046

董事长总经理：杭云龙
联络人：罗赣红
传真：0791-6258289

福建省广告公司
地址：福州市五四路75号外贸中心展览厅
邮编：350001
董事长总经理：方金尧
传真：0591-7524238

福视广告有限公司
地址：福州市古田路7号东升楼十层
邮编：350005
董事长总经理：吴志明
传真：0591-3353168

厦门市兴商业广告公司
地址：厦门市水仙路33号海光大厦公寓楼28E
邮编：361001
董事长总经理：黄启勇
联络人：郑清梅
传真：0592-2033803

厦门市广告公司
地址：厦门市思明西路天一楼一号
邮编：361001
董事长总经理：林立坚
联络人：白珀
传真：0592-2017463

福建省万通广告有限公司
地址：泉州市少林路万通大厦
邮编：362000
董事长总经理：吴建全
传真：0595-2795399

福州国文行销企划有限公司
地址：福州市鼓楼区五四路158号环球广场1005室
邮编：350003
董事长总经理：陈锡文
联络人：王霞
传真：0591-7833548

福建新奥光明传媒广告有限公司
地址：福州市鼓楼区五四路158号环球广场19层
邮编：350003
董事长总经理：郭晓阳
联络人：严琴
传真：0591-7800728

郑州市广告公司
地址：郑州市交通路73号
邮编：450052
董事长总经理：景修凯
联络人：张慧敏
传真：0371-6968188

河南省浩源广告有限公司
地址：郑州市南阳路10号协和大厦511室
邮编：450053
董事长总经理：张荣华
传真：0371-3822068

湖北中兴广告装饰有限责任公司
地址：武汉市汉口邬家墩115号金贸中心C区七楼
邮编：430023
董事长总经理：周汉章
联络人：周汉庭
传真：027-85880428

武汉市南山广告有限公司
地址：武汉市汉口中山大道1056号金源世界中心A座6楼
邮编：430017
董事长总经理：余伯洋
联络人：张莉

传真：027−82789183

武汉光明广告有限公司

地址：武汉市江汉区万松园路 53 号

邮编：430022

董事长总经理：杨迪安

联络人：张焰

传真：027−85772919

湖南金果广告有限公司

地址：长沙市天心区劳动路 229 号

邮编：410007

董事长总经理：喻应龙

联络人：程宇宁

传真：0731−5157168

广东省广告有限公司

地址：广州市东风东路 745 号之二金广大厦

邮编：510080

董事长总经理：温卫平

联络人：沙宗义

传真：020−87766503

广州市广告公司

地址：广州市大南路 49 号 −57 号

邮编：510115

董事长总经理：连达

联络人：丘惠玲

传真：020−83330246

广州市天艺广告有限公司

地址：广州市中山二路 56 号汇隆大厦 1202−1205 室

邮编：510080

董事长总经理：韩小鹰

联络人：蔡艳霓

传真：020−87314808

广州交易会广告有限公司

地址：广州市流花路 117 号五层南侧

邮编：510014

董事长总经理：傅郁芬

联络人：朱兰萍

传真：020−86666937

广东平成广告有限公司

地址：广州市二沙岛花城苑海棠阁三座七楼

邮编：510105

董事长总经理：吴晓波

联络人：邓洪娟

传真：020−87362630

达美高广告有限公司

地址：广州市先烈中路 69 号东山广场 1007−1009 室

邮编：510095

董事长总经理：傅郁芬

传真：020−87321777

广东艺一广告有限公司

地址：广州市东风中路 268 号广州交易广场 1201−1202 室

邮编：510030

董事长总经理：李旭

传真：020−83511230

广东广旭广告有限公司

地址：广州市东风东路 836 号东峻广场 4 座 18 楼

邮编：510080

董事长总经理：稻垣正夫

联络人：徐思聪

传真：020−87617445

广州市红日广告有限公司

地址：广州市番禺区大石洛溪大桥侧观光楼

邮编：511431

董事长总经理：陈成浩

联络人：陈成浩

传真：020－84502597

广州思源广告有限公司
地址：广州市水荫路2号华信大厦西座1508房
邮编：510075
董事长总经理：何健群
联络人：杨颖莹
传真：020－37601515

广州市美术公司
地址：广州市水荫四横路46号
邮编：510075
董事长总经理：陈金荣
联络人：杨德华
传真：020－87049507

广州喜马拉雅广告有限公司
地址：广州市环市东路474号东环大厦西门四楼
邮编：510075
董事长总经理：赵辉
联络人：郑欣茹
传真：020－87601990

深圳市旅游广告公司
地址：深圳市红岭中路南国大厦1栋17楼B座
邮编：518028
董事长总经理：邹旭
联络人：邹伟洪
传真：0755－82422218

深圳蓝太阳广告有限公司
地址：深圳市福田区福华一路国际商会大厦B座24楼
邮编：518048
董事长总经理：黄长城
联络人：李颖
传真：0755－83709999

深圳市参天广告有限公司
地址：深圳市福田区香梅路1018号东方玫瑰园9栋102
邮编：518034
董事长总经理：蒋士灏
联络人：蒲冬梅
电话：0755－82923002
传真：0755－82923034

深圳市力创广告有限公司
地址：深圳市人民南路深房广场A座1902
邮编：518005
董事长总经理：周焰
联络人：杨霞
传真：0755－82353929

汕头市艺术广告公司
地址：汕头市大华路6号
邮编：515041
董事长总经理：萧梅清
传真：0754－8982979

潮州市宏泽万晖广告策划有限公司
地址：潮州市潮州大道南段金湖办公楼C幢5楼
邮编：521000
董事长总经理：杨丽虹
联络人：肖海兰
传真：07682399029

汕头新天华广告有限公司
地址：汕头市龙眼南路金信园31座
邮编：515041
董事长总经理：杨海生
联络人：王芳
传真：0754－8562189

顺德市雅典广告装饰有限公司
地址：顺德市大良镇锦龙路聚富楼139号一座2号
邮编：528300
董事长总经理：梁志明

联络人：刘宇琼
传真：0765－2333811

东莞市点石广告有限公司
地址：东莞市红荔路康俊楼二楼
邮编：523108
董事长总经理：张长辉
联络人：刘文辉
传真：0769－2616198

湛江市世方广告有限公司
地址：湛江市霞山人民大道南114号
邮编：524000
董事长总经理：谭建有
联络人：谢国荣
传真：0759－2231098

梅高广告策划有限公司
地址：桂林市龙隐路18号大院49栋
邮编：541004
董事长总经理：高峻
联络人：连漪
传真：0773－5812833

成都市美术广告有限责任公司
地址：成都市华兴正街9号王府井商城C座18楼B2
邮编：610016
董事长总经理：王世明
联络人：李悦
传真：028－86758512

四川省巴蜀新形象广告传媒股份有限公司
地址：成都市鼓楼南街117号世界贸易中心A座
邮编：610016
董事长总经理：孟兴中
联络人：张翔
传真：028－86758855

四川省五州广告有限公司
地址：成都市一环路南四段9号
邮编：610041
董事长总经理：谭兴政
传真：028－5594397

四川西南国际广告公司
地址：成都市太升北路58号江信大厦24层
邮编：610017
董事长总经理：萧景勋
联络人：黄艳红
传真：028－86911588

昆明市广告公司
地址：昆明市青年路小花园工艺美术大楼4楼
邮编：650021
董事长总经理：陆林珍
联络人：王敏
传真：0871－3121134

贵阳市美术广告公司
地址：贵阳市中华中路44号
邮编：550001
董事长总经理：齐荫清
联络人：邓家焕
传真：0851－5815940

陕西正远广告公司
地址：西安市南二环金叶家园B座402－108信箱
邮编：710065
董事长总经理：韩武广
联络人：赵爱霞
传真：88376096

西安市美术广告总公司
地址：西安市雁塔中路19号
邮编：710054
联络人：林安令

传真：85521670

西安元中广告有限公司
地址：西安市环城南路西段 29 号
邮编：710068
董事长总经理：王威

陕西雄狮广告有限公司
地址：西安市南大街粉巷 18 号 B 座 504 室
邮编：710000
董事长总经理：王维超
联络人：王焱
传真：029–87240836

西安高新技术产业开发区艾特广告公司
地址：西安市高新技术开发区西区高新路 16 号创业大厦十一层
邮编：710075
董事长总经理：刘兵
联络人：李郁
传真：029–88225049

新疆普拉纳广告有限公司
地址：乌鲁木齐市人民路 139 号
邮编：830002
董事长总经理：谷文通
联络人：陈玉蓉
传真：0991–8623336

铁路类会员

北京京铁广告艺术公司
地址：北京市前门铁路售票处三楼
邮编：100051
董事长总经理：李杰锋
联络人：张木英
传真：010–67011993

上海铁路局美术广告有限公司
地址：上海市天目东路 220 号
邮编：200070
董事长总经理：陆永革
传真：021–63567450

天津市天龙广告公司
地址：天津市河北区新纬路 1 号
邮编：300010
董事长总经理：唐杰
联络人：邵宪章
传真：022–24305193

河北冀铁广告有限公司
地址：石家庄市青年街 23 号
邮编：050000
董事长总经理：赵建民
联络人：吕广华
传真：0311–7027745

大连铁广文化传媒有限公司
地址：大连市中山区七七街 10 号
邮编：116001
董事长总经理：由胜日
联络人：吴娟
传真：0411–2643289

青岛铁路广告公司
地址：青岛市市南区栖霞路 20 号
邮编：266001
董事长总经理：孙跃进
传真：0532–2616644

福建铁路广告有限责任公司
地址：福州市五四路 323 号安华苑五楼
邮编：350003
董事长总经理：陈漠武
传真：0591–7735618

武汉铁路中力广告装饰有限公司

地址：武汉市武昌区中山路武南三村6号

邮编：430064

董事长总经理：戴文军

联络人：易国瑛

传真：027–88041402

长沙铁路广告装饰公司

地址：长沙市五一东路149号

邮编：410001

董事长总经理：高凡

广州铁路集团文化广告总公司

地址：广州市东山共和西路8号2楼

邮编：518000

董事长总经理：孙长松

传真：020–87770595

柳州铁路局广告公司

地址：柳州市柳南区南站路19号

邮编：545007

董事长总经理：张万生

联络人：崔四平

传真：0772–3614889

成都铁路广告公司

地址：成都市人民北路二段25号6楼

邮编：610081

董事长总经理：廖明杰

传真：028–3173187

昆明铁路客运广告公司

地址：昆明市火车站西侧昆明铁路局旅服公司

邮编：650011

董事长总经理：何国平

传真：0871–3512772

兰州铁路广告艺术总公司

地址：兰州市城关区火车站东街373号

邮编：730000

董事长总经理：费绍红

联络人：费绍红

传真：0931–8768516

公交类会员

北京公交广告有限责任公司

地址：北京市东城区大雅宝胡同1号

邮编：100730

董事长总经理：张家骥

联络人：刘玉民

传真：010–64058505

北京地下铁道广告公司

地址：北京市东城区苏州胡同61号

邮编：100005

董事长总经理：王凯

联络人：范建平

传真：010–65132199

北京通成推广公交广告有限公司

地址：北京市建国门外大街1号国贸大厦1座401室

邮编：100004

联络人：莫丽燕

传真：010–65057966

上海市公共交通广告公司

地址：上海市威海路48号民生银行大厦8楼B座

邮编：200003

董事长总经理：刘学坤

联络人：肖立人

传真：021–63598846

上海梅迪派勒广告有限公司

地址：上海市高安路8号

邮编：200030

董事长总经理：张家骐
联络人：旋燕
传真：021-64664821

天津市公交广告公司
地址：天津市河北区中山路290号万科中心大厦1901室
邮编：300141
董事长总经理：詹和魁
联络人：陈渤阳
电话：022-26269926
传真：022-26282828

石家庄市冀都公交广告有限公司
地址：石家庄建设南大街88号
邮编：050021
董事长总经理：王喜才
联络人：范艳红
传真：0311-6110366

长春市公交广告有限责任公司
地址：长春市朝阳区红旗街德昌路7号
邮编：130021
董事长总经理：吴凤祥
联络人：黄春艳
传真：0431-5910999

哈尔滨市公共汽车广告公司
地址：哈尔滨市南岗区国民街93号
邮编：150001
董事长总经理：司荣
传真：0451-53648344

济南公交广告公司
地址：济南市纬12路10号
邮编：250021
董事长总经理：宋溧婴
联络人：李江华
传真：0531-5962218

南京公共交通广告公司
地址：南京市新模范马路芦席营26号
邮编：210009
董事长总经理：徐国伟
联络人：梁红霞
传真：025-83244192

南京梅迪派勒公交广告有限公司
地址：南京市汉中路89号金鹰国际
商城23层
邮编：210001
董事长总经理：杜碧珊
电话：025-84711070
传真：84711070

南京国广联华东公交广告有限公司
地址：南京市石鼓路98号阳光大厦23层A座
邮编：210004
董事长总经理：康福林
联络人：赵莉莉
传真：025-84707286

合肥市公交广告公司
地址：合肥市铜陵路286号
邮编：230011
董事长总经理：胡军
联络人：胡军
传真：0551-4466168

杭州公交广告公司
地址：杭州市中山北路571号
邮编：310003
董事长总经理：李熙
联络人：党芬
传真：0571-85105982

武汉市公汽广告装璜公司

地址：武汉市桥口区桥口路160号
邮编：430030
董事长总经理：张铭

长沙市公交广告公司
地址：长沙市车站路26号
邮编：410001
董事长总经理：田长云
传真：0731-4110619

广州市电车广告公司
地址：广州市广园中路48号电车总站综合楼5楼
邮编：510405
董事长总经理：戴日炳
联络人：戴日炳
传真：86552442

成都市公共交通公司广告装饰分公司
地址：成都市顺城街262号市青少年宫内
邮编：610016
董事长总经理：孟荣光
联络人：吴红
传真：028-86780520

昆明公交汽车公司广告部
地址：昆明市人民西路28号
邮编：650031
董事长总经理：余庆荣
传真：0871-5314554

西安市振兴公交广告有限责任公司
地址：西安市莲湖路洒金桥91号
邮编：710003
董事长总经理：谢荣均
联络人：邱苇
传真：029-87342447

霓虹灯类会员

北京市京伦霓虹灯厂
地址：北京市海淀区西三环北路82号院5号楼一层
邮编：100037
董事长总经理：丁万立
联络人：张丽丽
传真：010-88452810

北京市朝阳区彩光霓虹灯厂
地址：北京市朝阳区来广营东路8号
邮编：100012
董事长总经理：曹希录
传真：010-84912747

北京中坤彩虹霓虹灯有限公司
地址：北京市亚运村安立路羊坊8号
邮编：100012
董事长总经理：曹丽君

北京科电高技术公司
地址：北京市中关村179号中科院电子所
邮编：100080
董事长总经理：向勇
传真：010-62562455

北京神意宇虹广告有限公司
地址：北京市朝阳区老虎庙西街原北京造纸厂一厂院内小白楼2层
邮编：100101
董事长总经理：陶永才
传真：010-64890166-813

上海新亚霓虹广告有限公司
地址：上海市徐家汇路436弄振颖苑5号101室
邮编：200025
董事长总经理：邵国平
联络人：罗瑛瑛

传真：021–34060480

上海美思广告装潢公司

地址：上海市佳木斯路265号

邮编：200433

董事长总经理：陆元彪

传真：021–65489870

上海唐润实业有限公司

地址：上海市浦东南汇县惠镇城南东路23号

邮编：201300

董事长总经理：陆润卿

联络人：唐德龙

传真：021–58021427

上海高美广告装潢公司

地址：上海市江苏路121号17A

邮编：200050

董事长总经理：倪美华

联络人：倪灿华

传真：021–62109505–802

上海七彩霓虹电器有限公司

地址：上海市南汇县三灶镇北首

邮编：200130

董事长总经理：张惠明

传真：021–32270027

上海霓虹电器厂卢湾分厂

地址：上海市龙华东路369号

邮编：200023

董事长总经理：曹家骥

联络人：褚玉鸣

传真：021–63019728

上海新城霓虹广告有限公司

地址：上海市浦东新区东方路2880弄

邮编：200125

董事长总经理：夏明华

联络人：翁凯云

传真：021–58891919

上海东湖霓虹灯厂

地址：上海市浦东浦三路732弄8号

邮编：200125

董事长总经理：陈观

联络人：张少平

传真：021–50777850–806

上海中亚霓虹科技有限公司

地址：上海市浦东新区张江益丰村伟益路218号

邮编：201203

董事长总经理：朱俊伟

联络人：陈士杰

传真：021–65131603、58951531

天津市麦特新技术实业有限公司

地址：天津市白堤路怀安环路1号

邮编：300193

董事长总经理：王振明

联络人：马小姐

传真：022–27416740

重庆亚光霓虹广告有限责任公司

地址：重庆市渝中区枇杷山正街233号

邮编：400014

董事长总经理：林永洁

联络人：石明慧

传真：023–63538362

重庆申光霓虹灯广告装饰有限公司

地址：重庆市江北区华新街北村桥88号B栋3楼

邮编：400020

董事长总经理：周旭

联络人：张晓宇

传真：023–67853482

重庆大海灯饰广告有限公司

地址：重庆市南坪东路19号

邮编：400060

董事长总经理：毛昶

传真：023—62803277

重庆中亚霓虹灯厂

地址：重庆市江北区建新西路29号—1号

邮编：400022

董事长总经理：陶友康

联络人：唐焰

传真：023—67771648

沧州市狮城霓虹广告有限公司

地址：沧州市解放中路328号清风楼西侧

邮编：061001

董事长总经理：朱桂廷

传真：0317—2083266

大连日兴霓虹灯装饰有限公司

地址：大连市西岗区黄河路75号

邮编：116011

董事长总经理：马富传

传真：0411—3637258

大连建峰展示设计制作有限公司

地址：大连市沙河口区东北路39—5号

邮编：116021

董事长总经理：李怀明

传真：0411—3628932

大连霓虹灯广告装饰公司

地址：大连市西岗区香二坊100号

邮编：116001

董事长总经理：宋增忠

联络人：单连秋

传真：0411—2645640

四平市南湖技术开发研究所

地址：四平市南湖小区704楼1—07号

邮编：136000

董事长总经理：韩起文

联络人：赵丽娟

传真：0434—3243624

青岛文必达霓虹灯有限公司

地址：青岛市四方区四流南路94—3

邮编：266042

董事长总经理：张永忠

联络人：张永中

传真：0532—4960539

南京中亚霓虹广告有限公司

地址：南京市鼓楼区古平岗18号405室

邮编：210013

董事长总经理：赵勇

联络人：孙南

传真：025—83725093

江阴华西霓虹广告装潢公司

地址：江阴市华士镇华西村

邮编：214420

董事长总经理：吴国庆

联络人：顾金东

传真：0510—6216006

郑州市霓虹灯电器厂

地址：郑州市解放路62号

邮编：450000

董事长总经理：姚文斌

传真：0371—6226678

深圳赛格电光实业有限公司

地址：深圳市华强北路赛格工业大厦B座楼东

邮编：518031

董事长总经理：李祥天
联络人：袁俊雄
传真：0755−83324929

广州市新广美霓虹灯广告有限公司
地址：广州市先烈南路25号之五3楼
邮编：510060
董事长总经理：蓝文彦
联络人：蓝文彦
传真：020−87783904

广州市汇贤广告有限公司
地址：广州市东风中路300号之一金安大厦17楼H
邮编：510030
董事长总经理：陈仪容
联络人：梁銮永
传真：020−83393995

交通部广州救捞局电子设备厂
地址：广州市怡乐路凤凰新村4号楼
邮编：510275
董事长总经理：吴宝明
联络人：陈彩芬
传真：020−34104933

广州星光霓虹灯有限公司
地址：佛山市南海区里水镇西线公路北沙村鹿眠工业区
邮编：528244
董事长总经理：周芝杰
联络人：钟筝
传真：0757−85634628

成都市霓虹灯广告公司
地址：成都市新鸿路146号成钢大厦7楼A座
邮编：610051
董事长总经理：王家诚
传真：028−4398853

四川工商制作广告有限公司
地址：成都市鼓楼北四街27号
邮编：650017
董事长总经理：林晓啸
传真：028−6915257

乌鲁木齐红企实业有限公司
地址：乌鲁木齐市经济技术开发区中亚大道68号
邮编：830026
董事长总经理：王卫红
联络人：程泰运
传真：0991−3710675

电力类会员

北京市光环广告公司
地址：北京市西城区三里河南三区甲32号
邮编：100045
董事长总经理：吴波
联络人：师岩
传真：010−62239290−4

北京国电广告有限公司
地址：北京市宣武区白广路二条一号
邮编：100761
董事长总经理：沈凤仪
联络人：方彬
传真：010−63415432

上海电力广告有限公司
地址：上海市徐家汇路430号611室
邮编：200025
董事长总经理：李维正
联络人：沈蕙
传真：64154303−21

天津市事达广告股份合作公司
地址：天津市河西区尖山路滦水道2号

邮编：300211
董事长总经理：王志华
联络人：赵国林
传真：022-23399988

沈阳路灯广告公司
地址：沈阳市铁西区北滑翔路6-7号
邮编：110021
董事长总经理：郑军
联络人：牛立新
传真：024-25898766

大连电业广告公司
地址：大连市中山区中山路102号
邮编：116001
董事长总经理：宋运平
联络人：李卉兰
传真：0411-2613112

济南鲁源电力广告有限公司
地址：济南市泺源大街238号
邮编：250012
董事长总经理：张树政
联络人：战礼勇
传真：0531-6042302

青岛恒源电力广告有限责任公司
地址：青岛市市北区贮水山路2号
邮编：266012
董事长总经理：辛伟
联络人：李红
传真：0532-2710780

临沂桃源广告有限公司
地址：临沂市金雀山路24--2
邮编：276000
董事长总经理：郭希军
联络人：姜伟
传真：0539-8107357

南京苏源实业总公司电艺广告装饰工程分公司
地址：南京市北门桥路8号
邮编：210008
董事长总经理：候永寿
联络人：李震
传真：025-84716017

连云港市齐天广告装饰有限公司
地址：连云港市新浦民主中路157号
邮编：222002
董事长总经理：马成钢
联络人：马成钢
传真：0518-5415316

杭州电力广告公司
地址：杭州市解放路觉苑寺巷4-2号
邮编：310003
董事长总经理：杨国昌
联络人：金美华
传真：87025830

嘉兴市电通广告策划有限责任公司
地址：浙江嘉兴市禾兴路440号
邮编：314000
董事长总经理：干昌祥
联络人：杜镜宣
传真：0573-2095111

宁波电力广告装潢有限公司
地址：宁波市江东区四眼街15弄3号彩虹新钻B楼102
邮编：315040
董事长总经理：徐光涛
联络人：王日午
传真：0574-87842361

慈溪市佳明电力广告装潢有限公司

地址：慈溪市浒山镇大发路168号
邮编：315300
董事长总经理：周科达
联络人：余金伟
传真：0574-63020889

宁海县雁苍山广告企划有限公司

地址：宁海县城关桃源中路86-88号
邮编：315600
董事长总经理：李俊良
联络人：陈萍
传真：0574-65580106

郑州祥和集团广告有限公司

地址：郑州市淮河路9号
邮编：450006
董事长总经理：何迁
联络人：岳建平
传真：0371-8807145

洛阳市电力广告有限公司

地址：洛阳市西工区健康西路5号
邮编：471000
董事长总经理：高树平
联络人：赵亚平
传真：0379-3396577

湖北东方广告信息公司

地址：武汉市武昌区中北路156号长源大厦1515室
邮编：430077
董事长总经理：欧阳明
联络人：范业工
传真：027-86564064

荆州电力局路灯管理分局广告部

地址：荆州市沙市区塔桥北路
邮编：434000
董事长总经理：余克秀
传真：0716-8512999

兰州金英电力广告有限公司

地址：兰州市城关区庆阳路1号
邮编：730030
董事长总经理：王强
联络人：古晓岩
传真：0931-461169

民航类会员

南京禄口国际机场广告有限公司

地址：南京市汉中路180号星汉大厦8楼D座
邮编：210029
董事长总经理：史金燕
联络人：冯学勤
传真：025-86500791

湖北航空港广告有限责任公司

地址：武汉市汉口常青路46号
邮编：430015
董事长总经理：陈鸿宾
联络人：陈鸿宾
传真：027-85780868

广州白云国际机场广告公司

地址：广州市白云国际机场行政楼二楼
邮编：510406
董事长总经理：王卫
联络人：金晓燕
传真：020-86121119

深圳机场广告有限公司

地址：深圳市深南中路1099号商业银行大厦20楼
邮编：518031
董事长总经理：夏良军
联络人：何沃培
传真：0755-25879619

民航兰州蓝天广告中心

地址：兰州市雁滩工业城北一区二号楼

邮编：730000

董事长总经理：余仙

联络人：左蓉

传真：0931–4613298

烟草类会员

中烟广告公司

地址：北京市宣武区虎坊路11号

邮编：100052

单位主管领导：韩旺生

传真：010–63516701

红河卷烟厂公关部

地址：云南省弥勒县桃园路50号

邮编:652300

单位主管领导：邱建国

广告部负责人：何黎明

传真：0873–6122732

户外类会员

北京歌华阳光广告有限公司

地址：北京市东城区贡院西街1号

邮编：100005

董事长总经理：郑谊军

联络人：贾瑞祯

传真：010–65277728

北京大禹伟业广告有限公司

地址：北京市朝阳区建国路88号SOHO现代城C座1710

邮编：100022

董事长总经理：周昌文

联络人：李继权

传真：010–85804088

北京唐码国际广告有限公司

地址：北京市东城区东长安街1号东方广场东方经贸城西三办公楼8层6室

邮编：100738

董事长总经理：林炳深

联络人：王立新

传真：010–85181222

北京市伊人广告公司

地址：北京市朝阳区麦子店街37号盛福大厦2050室

邮编：100026

董事长总经理：伊梦

联络人：张婷

传真：010–85275810

央视市场研究股份有限公司

地址：北京市西城区德外大街5号3层

邮编：100088

董事长总经理：陈若愚

传真：010–62363655

上海东湖广告装饰有限公司

地址：上海市东湖路70号4号楼

邮编：200031

董事长总经理：贾春林

联络人：胡文俊

传真：021–64156934

江苏大贺国际广告集团有限公司

地址：南京市王府大街139号

邮编：210004

董事长总经理：贺超兵

联络人：李慧珍

传真：025–84205059

深圳市千庭广告发展有限公司

地址：深圳市福田区岗厦工业区126栋三楼

邮编：518026
董事长总经理：曾香珍
联络人：林志成
传真：0755–82908671

昆明风驰传媒有限公司
地址：昆明市青年路鸿城大厦8楼
邮编：650021
董事长总经理：李践
联络人：杨振昆
传真：0871–3142204

西安沙龙广告装饰有限公司
地址：西安市长安北路34号高尔夫花园6–9–2
邮编：710061
董事长总经理：李大卫
联络人：任育鹏
电话：029–85262588
传真：029–85262281

宁波市友谊广告发展有限公司
地址：宁波市中山西路138号天宁大厦9楼
邮编：315000
董事长总经理：陆有勇
联络人：沈洁
传真：0574–87270618

厦门市路桥广告公司
地址：厦门市仙岳路456号海联中心11层
邮编：361012
董事长总经理：杨允红
联络人：陈琼
传真：0592–5116468

南京市广告公司
地址：南京市洪武北路116号
邮编：210018
董事长总经理：潘祥生
联络人：蒋明
传真：025–86641741

四川西南国际广告公司
地址：成都市太升北路58号江信大厦24层
邮编：610017
董事长总经理：萧景勋
联络人：黄艳红
传真：028–86911588

江西方圆广告有限公司
地址：南昌市省府大院西二路监察大楼九楼
邮编：330046
董事长总经理：杭云龙
传真：0791–6258289

广告主类会员

宝洁（中国）有限公司
地址:北京市海淀区双清路学研大厦A座四层
邮编:100084
广告部门负责人:张永清
传真:010–62770443

爱芬食品(北京)有限公司
地址:北京市怀柔雁栖工业开发区
邮编:101407
董事长总经理:司徒克林
广告部门负责人:陈　环
传真:010–61667416

上海家化联合股份有限公司
地址:上海市保定路527号
邮编:200080
董事长总经理:葛文耀
广告部门负责人:刘玉亮
传真:021–65458990

中美天津史克制药有限公司

地址:天津市东丽区程林庄道澄州路口

邮编:300163

董事长总经理:黄少芳

广告部门负责人:高景泰

传真:022-24700396

天津灯塔涂料股份有限公司

地址:天津市北辰区南仓道

邮编:300400

董事长总经理:熊必琪

传真:022-26340776

广东太阳神集团有限公司

地址:广州市天河区南二路26-28号星辰大厦二楼

邮编:510620

董事长总经理:骆辉

广告部门负责人:汤慧涛

传真:020-87506333

雅芳(中国)有限公司市场部

地址:广州市天河北路28号时代广场8楼西座

邮编:510620

董事长总经理:高寿康

广告部门负责人:孔淳

传真:020-38820594

箭牌口香糖有限公司

地址:广州市经济技术开发区友谊路111号

邮编:510730

传真:020-82215784 82215107

椰树集团

地址:海口市龙华路41号

邮编:570102

董事长总经理:王光兴

广告部门负责人:黄熊姿

传真:0898-6773891

四川长虹电器股份有限公司

地址:绵羊市绵兴东路35号

邮编:621000

董事长总经理:倪润峰

广告部门负责人:刘海中

传真:0816-2417731

教学与研究类会员

人大新闻学院现代广告研究中心

地址:北京市海淀中国人民大学

邮编:100872

负责人:吴益他

传真:010-62559269

北京广播学院广告学系

地址:北京市东郊定福庄

邮编:100024

负责人:黄升民

传真:010-65779823

北服-莱佛士国际学院电脑绘画系

地址:北京市朝阳区惠新南里6号天建大厦12层

邮编:100029

负责人:杰夫·梅辛格

联络人:薄小姐

传真:010-64975702

厦门大学新闻传播系

地址:厦门市厦门大学

邮编:361005

负责人:郑松辊

湖南商学院艺术设计系

地址:长沙市岳麓区望城坡

邮编:410205

负责人:孙军建

联络人:程宇宁

河北科技大学艺术学院

地址：石家庄市东岗路116号76室

邮编：050031

负责人：候沿滨

联络人：段建坤

传真：0311-5894841

辽宁大学文化传播学院

地址：沈阳市皇姑区崇山中路66号

邮编：110036

负责人：高凯征

联络人：宋玉书

传真：024-86842852

中国广告协会第四届学术委员会常委名单

丁俊杰

职务：主任

工作单位及职务：北京广播学院新闻传播学院院长

姜弘

职务：副主任

工作单位及职务：北京大诚广告有限公司董事长

唐仁承

职务：副主任

工作单位及职务：香港天厨有限公司董事总经理、上海实业投资有限公司副董事长、副总裁

董立津

职务：副主任

工作单位及职务：炎黄机构董事副总经理兼北京炎黄艺术国际推广有限公司副总经理

关瑞鸿

工作单位及职务：中国广告协会学术培训部

马谋超

职务：常委

工作单位及职务：中国科学院心理研究所研究员

朱月昌

职务：常委

工作单位及职务：厦门大学新闻传播系教授

黄升民

职务：常委

工作单位及职务：北京广播学院广告学院院长

卢勇

职务：常委

工作单位及职务：中国太平洋经济合作全国委员会粮农资源开发委员会副秘书长

何海明

职务：常委

工作单位及职务：中央电视台广告部客户总监

徐智明

职务：常委

工作单位及职务：北京龙之媒广告文化书店总经理

吴德江

职务：常委

工作单位及职务：上海德江策略设计有限公司总经理、设计总监

李谋

职务：常委

工作单位及职务：广东金长城国际广告有限公司总经理

丁邦清

职务：常委

工作单位及职务：广东省广告公司副总经理兼执行创意总监

乔均

职务：常委

工作单位及职务：南京财经大学营销与广告学系主任、教授

张农

职务：常委

工作单位及职务：中央人民广播电台广告部副主任

刘瑞武

职务：常委

工作单位及职务：人民日报广告部编审、诺贝广告有限公司（上海）总经理、北京诺贝广告公司总经理

程庄庄

职务：常委

工作单位及职务：中国广告协会学术培训部副主任

吴晓波

职务：常委

工作单位及职务：平成广告公司董事长、总经理

中国广告协会电视委员会第六届委员名单

（排名不分先后）

王惠跃

职务：山西电视台副台长兼广告部主任

高桂琴

职务：天津电视台副台长兼广告部主任

邹晓利

职务：安徽电视台副台长兼广告中心主任

韩民强

职务：内蒙古电视台副台长

罗伟雄

职务：湖南电广传媒副总经理

仇绍强

职务：广东省广播电视局广告管理中心主任

白方芹

职务：贵州电视台副台长

李双义

职务：吉林电视台广告部主任

吴志明

职务：福建电视台广告部主任

张晓

职务：陕西电视台广告中心主任

彭焕国

职务：云南电视台广告部主任

李箭

职务：深圳电视广告公司总经理

孙剑涛

职务：广西电视台广告部主任

刘兴平

职务：甘肃电视台广告部主任

王志新

职务：福建东南卫视广告部主任

赵辉文

职务：新疆电视台广告部主任

李文明

职务：江苏电视台广告部主任

乐和建

浙江电视台广告部主任

赵颖

职务：辽宁电视台广告中心主任

郭列亚

职务：重庆电视台广告中心主任

仝华

职务：宁夏电视台广告部主任

叶年莲

职务：福州电视台广告部主任

李日伟

职务：大连电视台（天歌传媒）总经理

谢莉

职务：南京广电集团传媒公司总经理

许英伟

职务：厦门电视台副台长

任元君

职务：宁波广播电视局广告中心主任

万志安

职务：洛阳电视台广告部主任

何维钦

职务：汕头广播电视台经营办主任

王军

职务：广东惠州电视台广告部主任

杨军

职务：齐齐哈尔电视台广告部主任

高萍

职务：郑州电视台广告部主任

陈学建

职务：杭州电视台广告部主任

中国广告协会电视委员会第六届常委名单

罗明

职务：主任

工作单位及职务：中央电视台副台长

袁正明

职务：副主任

工作单位及职务：中央电视台广告经济中心主任

金国强

职务：副主任兼秘书长

工作单位及职务：陕西电视台咨询决策委员会副主任

刘凤岐

职务：副秘书长

工作单位及职务：辽宁电视台副台长

郭振玺

职务：副秘书长

工作单位及职务：中央电视台广告部主任

华悟

职务：副秘书长

工作单位及职务：苏州电视台副总监

罗影

职务：常委

工作单位及职务：北京电视台广告部主任

罗贵生

职务：常委

工作单位及职务：四川电视台广告部主任

梅利君

职务：常委

工作单位及职务：上海文广传媒广告经营中心主任

刘保合

职务：常委

工作单位及职务：河南电视台广告部主任

魏民

职务：常委

工作单位及职务：广电总局电影频道节目中心副主任

张晶辉

职务：常委

工作单位及职务：山东电视台广告部主任

徐启忠
职务：常委
工作单位及职务：成都电视台广告部主任

黄利强
职务：常委
工作单位及职务：保定电视台副台长

吴秀娥
职务：常委
工作单位及职务：沈阳电视台广告部主任

成珈乐
职务：常委
工作单位及职务：武汉市广电局广告部主任

曾武军
职务：常委
工作单位及职务：丹东电视台台长助理

马来顺
职务：常委
工作单位及职务：河北电视台副台长

张晓建
职务：常委
工作单位及职务：江西电视台副台长兼广告中心主任

韩任宏
职务：委员
工作单位及职务：黑龙江电视台广告部主任

中国广告协会广播委员会领导成员名单

安景林
职务：主任
工作单位及职务：原中央电台台长

尤世成
职务：常务副主任
工作单位及职务：北京电台副台长

刀承锦
职务：副主任
工作单位及职务：云南电台台长

周佩龙
职务：副主任
工作单位及职务：上海电台副台长

刘素琴
职务：副主任
工作单位及职务：天津电台副台长

陈大海
职务：副主任
工作单位及职务：广东电台副台长

楚天舒
职务：副主任

工作单位及职务：湖南电台副台长

权福臣
职务：副主任
工作单位及职务：山东电台副台长

贺春源
职务：副主任
工作单位及职务：四川电台副台长

刘卫星
职务：副主任
工作单位及职务：陕西电台副台长

史林杰
职务：副主任
工作单位及职务：新疆电台台长

张振生
职务：副主任
工作单位及职务：辽宁电台副台长

赵晓林
职务：副主任
工作单位及职务：中央电台广告部主任

吴江
职务：秘书长
工作单位及职务：中央电台华夏广告公司总经理

赵凯
职务：常务副秘书长
工作单位及职务：中广协广播委员会专职秘书长

迟明秀
职务：副秘书长
工作单位及职务：广州电台广告部主任

金少华
职务：副秘书长
工作单位及职务：浙江新闻台总监

中国广告协会铁路委员会常委名单

石希玉
职务：名誉主任
工作单位及职务：中国铁道企业管理协会会长

秦振东
职务：秘书长
工作单位及职务：专职

徐世良
职务：副秘书长
工作单位及职务：天列广告公司

秦振东
职务：常委

工作单位及职务：专职

徐世良

职务：常委

工作单位及职务：天列广告公司

杨新阳

职务：常委

工作单位及职务：时刻广告中心

赵建民

职务：常委

工作单位及职务：河北冀铁广告公司

陆永革

职务：常委

工作单位及职务：上海铁路局广告公司

陈漠武

职务：常委

工作单位及职务：福建铁路广告公司

张万生

职务：常委

工作单位及职务：柳州铁路局广告公司

费绍红

职务：常委

工作单位及职务：兰州铁路广告艺术总公司

戴文军

职务：常委

工作单位及职务：武汉铁路广告装饰艺术公司

孙跃进

职务：常委

工作单位及职务：青岛铁路分局广告公司

李春冀

职务：常委

工作单位及职务：人民铁道报

高凡

职务：常委

工作单位及职务：长沙铁路广告公司

廖名杰

职务：常委

工作单位及职务：成都铁路广告公司

任雁

职务：常委

工作单位及职务：辽宁铁道融信广告有限公司

孙长松

职务：常委

工作单位及职务：广铁集团文化广告总公司

由胜日

职务：常委

工作单位及职务：大连铁广传媒广告公司

吕长根

职务：常委

工作单位及职务：浙江万达铁路广告公司

中国广告协会法律咨询委员会部分委员名单

时学志

工作单位及职务：中国广告协会秘书长

罗东川

工作单位及职务：最高人民法院民事审判三庭（知识产权庭）副庭长

王清

工作单位及职务：全国人大法工委经济法室三处副处长

姜天波

工作单位及职务：国务院法制办工交司综合处处长

唐广良

工作单位及职务：中国社会科学院知识产权中心副研究员

程永顺

工作单位及职务：北京市高级人民法院知识产权庭副庭长

王晋杰

工作单位及职务：国家工商行政管理总局广告司副司长

孙英才

工作单位及职务：中国广告协会副秘书长

田云鹏

工作单位及职务：国家工商行政管理总局商标评审委员会副主任

梁艾福

工作单位及职务：国家工商行政管理总局法规司综合处处长

陶鑫良

工作单位及职务：上海大学知识产权学院副院长

史际春

工作单位及职务：中国人民大学法学院教授

刘金国

工作单位及职务：中国政法大学教授

张谷

工作单位及职务：北京大学法学院法学博士

朱军

工作单位及职务：北京市君宁律师事务所法学博士

李方午

工作单位及职务：中国广告协会咨询部主任

中国广告协会广告公司委员会常委名单

令狐完成
职务：主任
工作单位：（原）中国广告联合总公司

吴子华
职务：副主任
工作单位：中国国际广告公司

陈一枬
职务：副主任
工作单位：精信整合传播集团

郭丽娟
职务：副主任
工作单位：上海广告有限公司

高峻
职务：副主任
工作单位：上海梅高创意咨询有限公司

连达
职务：副主任
工作单位：广州市广告公司

李海林
职务：副主任
工作单位：上海伊斯顿广告传播

苏华
职务：秘书长
工作单位：中广协会员部

李沛钧
职务：副秘书长
工作单位：中国广告联合总公司

胡纪平
职务：常委
工作单位：北京广告公司

李西沙
职务：常委
工作单位：北京电通广告有限公司

萧景勋
职务：常委
工作单位：四川西南国际广告公司

徐建国
职务：常委
工作单位：安徽省金鹏国际广告有限公司

王建萍
职务：常委
工作单位：上海广告装潢有限公司

孟建中
职务：常委
工作单位：四川省巴蜀新形象广告传媒股份有限公司

王奇
职务：常委
工作单位：中体广告公司

潘祥生
职务：常委
工作单位：南京市广告公司

温卫生
职务：常委
工作单位：广东省广告有限公司

鄢刚
职务：常委
工作单位：北京国安广告总公司

张若苏
职务：常委
工作单位：天津广告有限公司

陆瑞君
职务：常委
工作单位：麦肯·光明广告有限公司

王濂洪
职务：常委
工作单位：上海美术设计公司

吴晓波
职务：常委
工作单位：广东平成广告有限公司

张宇
职务：常委
工作单位：盛世长城国际广告有限公司

周焰
职务：常委
工作单位：深圳市力创广告有限公司

关于表彰 2003年度全国先进广告协会和协会优秀工作者的决定

中国广告协会

各省、自治区、直辖市广告协会：

为了促进各级广告协会的工作，更好地发挥广告协会"指导、协调、服务、监督"的职能，充分发挥广告协会工作人员的积极性、创造性、中国广告协会从2003年起，开展评选"全国先进广告协会和协会优秀工作者"活动。

经各地广告协会自我申报、省、自治区、直辖市广告协会推荐，中国广告协会研究决定，并报国家工商总局领导批准，现将获得2003年度"全国先进广告协会"和"全国协会优秀工作者"的名单公布如下：

一、全国先进广告协会名单

福建省广告协会
福州市广告协会
上海市静安区广告协会
上海市卢湾区广告协会
重庆市广告协会
永川市广告协会

重庆市渝北区广告协会
广东省广告协会
广州市广告协会
深圳市广告协会
珠海市广告协会
江门市广告协会
内蒙古自治区广告协会
新疆维吾尔自治区广告协会
乌鲁木齐市广告协会
湖北省广告协会
咸宁市广告协会
宜昌市广告协会
宝鸡市广告协会
陕西省广告协会
漳州市广告协会
上海市广告协会
山东省广告协会
东营市广告协会
淄博市广告协会
济南市广告协会
石家庄市广告协会
保定市广告协会
吉林省广告协会
长春市广告协会
北京市广告协会
杭州市广告协会
宁波市广告协会
淮北市广告协会
江西省广告协会
南昌市广告协会
徐州市广告协会
无锡市广告协会
苏州市广告协会
天津市广告协会

黄应寿　福建省广告协会会长
黄贵有　福建省广告协会副主任
王金龙　开封市广告协会秘书长
刘洪海　广东省广告协会副会长
林兆经　广州市广告协会副科级
陈洪达　珠海市广告协会秘书长
唐月绥　内蒙古自治区广告协会秘书长
郝凤英　包头市广告协会主任科员
苗贵云　新疆自治区广告协会副秘书长
张迪新　伊犁州广告协会秘书长
李发庆　湖北省广告协会主任
严克友　襄樊市广告协会秘书长
张　琼　荆州市广告协会副秘书长
杨　莉　陕西省广告协会秘主任
宋学军　江西省广告协会副会长
周国群　南昌市广告协会秘书长
刘章荣　徐州市广告协会秘书长
华英杰　无锡市广告协会副会长兼秘书长
王德书　山东省广告协会科长
李振芳　济南市广告协会主任
桑胜利　泰安市广告协会秘书长
赵　健　德州市广告协会会长
叶兆儿　三明市广告协会秘书长
张大镇　上海市广告协会秘书长
李　林　重庆市渝北区广告协会秘书长
姬　青　石家庄市广告协会科员
牛永林　保定市广告协会秘书长
郭友霞　长春市广告协会副秘书长
冯长春　吉林省广告协会秘书长
胡关荣　绍兴市广告协会秘书长
黄伟国　舟山市广告协会秘书长
张昌源　安徽省广告协会副秘书长
杨　桦　镇江市广告协会秘书长
汪言福　南京市广告协会副秘书长
宁树梅　天津市广告协会塘沽区工作指导小组干部

二、全国广告协会优秀工作者名单

"全国广告行业文明单位"名单

中国广告协会公告

中国广告协会和广告业认真学习全面贯彻党的十六大会议精神，与时俱进，努力实践"三个代表"重要思想，在全行业持续开展"争创广告行业精神文明先进单位"活动。此项活动得到了政府有关部门的支持，得到了全行业的积极响应。通过广告经营单位自我申报，在各省、自治区、直辖市广告协会推荐的基础上，中国广告协会研究决定：命名以下271家单位为"全国广告行业文明单位"。

人民日报社广告部
经济日报社广告部
光明日报社广告部
中央电视台广告部
中央人民广播电台广告部
北京电视台广告部
北京人民广播电台广告部
北京歌华阳光广告有限公司
北京始创国际企划公司
北京未来广告公司
北京桑夏广告有限公司
《时尚》杂志社广告部
中国计算机世界出版服务公司
北京地下铁道广告公司
盛世长城国际广告有限公司
中国轻工业出版社广告部
北京格威特广告公司
北京市通州区广播电视中心广告部
中国汽车报社广告部
经济参考报社广告部
北京英事达文化传播有限公司
中国税务报社广告部
北京晚报广告部
北京青年报社广告处
北京路路明广告有限公司
中国电力信息中心广告服务部
中国机电广告公司
中国质量报社广告部
北京伊人广告有限公司
北京新浪网信息技术有限公司
广电总局电影卫星频道节目制作中心广告部
北京国联视讯广告有限公司
中国教育报刊社广告部
中国计算机报社广告部
北京市平谷金鼎广告公司
中国信息报社广告部
北京华康广告公司
北京国安广告总公司
北京房地产广告有限公司
北京国电广告有限公司
中航公关广告公司
上海东湖广告装饰有限公司
上海西南广告有限公司
上海东艺广告公司
上海国际机场股份有限公司广告分公司
上海影视广告有限公司
上海邮政广告有限公司

上海新亚霓虹灯广告有限公司
上海强生广告有限公司
上海大众广告公司
上海圣峰广告有限公司
上海中艺美术合作公司
上海申浦广告装潢有限公司
上海光明广告有限公司
上海东亚广告装潢有限公司
上海白丽广告影视有限公司
上海中视新思维传播有限公司
解放日报报业集团广告中心
上海文广新闻传媒集团广告经营中心
上海旭通广告有限公司
上海广告有限公司
上海美术设计公司
上海影城公关广告部
上海巍珂庆余广告有限公司
上海广播电视报业经营有限公司
上海中润广告有限公司
上海资深国际广告有限公司
上海伊斯顿广告有限公司
上海创想企业发展有限公司
上海影剧人传播有限公司
天津广告有限公司
天津日报社广告处
天津市天野广告企划有限公司
天津市盛世文化广告有限公司
天津开发区世纪座标广告有限公司
天津市盛华国际广告发展公司
天津市北岛广告发展有限公司
今晚报社广告部
天津电视台广告部
天津市双木广告策划传播有限公司
重庆日报社广告部
万州日报广告经营管理中心
《客车技术与研究》编辑部
重庆电视台广告部
重庆正宗广告有限公司
重庆写真广告有限公司
重庆金朝广告有限公司
重庆正点广告有限公司
河北电视台广告信息中心
保定电视台广告经济信息中心
石家庄市冀都公交广告有限公司
沧州市狮城霓虹广告有限公司
唐山市国际广告公司
石家庄电视台广告信息中心
山西日报社广告处
太原日报社广告管理中心
山西电视台广告部
太原好运达国际广告有限公司
内蒙古自治区电话号簿公司
辽宁日报社广告部
沈阳电视台广告部
沈阳创源广告有限公司
锦州人民广播电台广告部
辽宁鑫光光明传媒产业有限公司
大连铁广传媒广告有限公司
大连报业广告中心
丹东电视台广告传播中心
鞍山市金虎广告有限公司
辽宁铁道融信广告有限公司
长春日报广告交易中心
长春电视台广告信息中心
吉林市电视台广告部
吉林省天成龙行广告有限公司
吉林省大禹广告有限责任公司
吉林省龙风文化艺术有限公司
吉林省长城广告有限公司
黑龙江日报社广告部
哈尔滨海润国际广告传播（集团）有限公司
哈尔滨电视台经济信息部

绥化日报社广告中心
鸡西日报社广告部
牡丹江新时代广告艺术有限公司
哈尔滨潜龙广告有限公司
青岛日报报业集团广告中心
烟台日报社广告部
临沂报业广告公司
泰安市报业广告实业总公司
牡丹晚报社广告部
胜利油田电视台广告经济部
淄博电视台广告中心
山东东方天健广告有限公司
山东省五洲广告有限公司
威海缘也广告有限责任公司
山东省国际广告公司
青岛天马广告有限公司
山东济南铁路天龙广告有限公司
江苏省广播电视总台电视广告中心
南京市广告公司
南京市银都广告商务有限责任公司
南京电视台广告中心
徐州华荧广告传播中心
盐阜大众报社广告部
苏州报业广告公司
无锡市巴士广告公司
镇江邮政开发总公司邮政广告分公司
常州三有广告有限公司
南京雷迪欧广告公司
南京大贺户外传媒股份有限公司
南京艾立珂广告公司
江苏华星广告有限公司
安徽日报社广告处
安徽人民广播电台广告部
安徽电视台广告中心
金鹃国际广告有限公司
安徽不夜城广告公司
安徽金太阳广告有限公司
钱江晚报社广告中心
杭州日报报业集团广告中心
宁波日报报业集团广告中心
温州都市报社广告部
绍兴日报社广告部
浙江电视台(卫星频道)广告部
浙江省国际广告有限责任公司
台州市汇宝广告装潢有限公司
杭州公交广告公司
宁波嘉和公交广告有限公司
江西日报社广告部
江西星际广告有限公司
江西铁龙广告装璜公司
江西益民广告有限公司
赣州华信广告有限公司
庐山东方艺术广告公司
厦门日报广告中心
福州广播电视集团广告中心
福建电广东南卫视广告有限公司
福建省广告公司
福建奥华广告有限公司
福建新恒基广告有限公司
厦门博美联合广告有限公司
福建指南针广告有限公司
福建省新动力广告有限公司
莆田市新思维营销企划有限公司
福建铁路广告公司
大河报社广告部
河南日报社广告部
河南人民广播电台广告部
河南天明广告有限公司
武汉晚报广告发展公司
湖北电视台广告部
湖北电视经济频道广告部
《知音》杂志广告部

武汉电视台广告部
武汉光明广告有限公司
湖北中兴广告装饰有限责任公司
荆视传媒有限公司
黄石金点广告装饰有限公司
襄樊金犁策划有限公司
湖南电广传媒股份有限公司
广东省广告有限公司
广州铁路集团文化广告总公司
广州白云国际广告有限公司
广东旭日东升广告传播有限公司
广州市新广美霓虹灯广告有限公司
广州日报社广告处
广州交易会广告有限公司
深圳市机场广告有限公司
深圳市蓝太阳广告有限公司
深圳报业集团广告中心
深圳市公交广告公司
珠海市北合广告制作有限公司
汕头市广播电视台广告部
江门市电视广告公司
湛江市广告装璜有限公司
茂名市正凌广告有限公司
顺德天行广告有限公司
汕尾市红蓝广告有限公司
东莞日报社广告部
广东艺精广告装饰工程有限公司
中山市红叶庆典广告有限公司
惠州市南粤广告装饰工程有限公司
梅县电视台广告部
潮州电视台广告部
韶关市凌翔广告策划有限公司
韶关市粤北广告策划有限公司
云浮日报社广告中心
揭阳市广告有限公司
河源日报社广告部
高要报社广告部
柳州电视台广告部
广西南宁金岛广告有限公司
桂林梅高广告策划有限责任公司
海南中视广告有限公司
海口晚报社广告部
四川西南国际广告公司
四川省巴蜀形象广告传媒股份有限公司
四川电视台广告部
四川西南航空广告策划有限公司
成都国际机场广告有限公司
成都市公共交通公司广告装饰分公司
宜宾雪松广告装饰有限公司
华西都市报广告部
成都商报广告部
昆明风驰传媒有限公司
云南白马广告有限公司
云南女性大世界杂志社
贵州日报社广告处
贵州人民广播电台广告部
贵州天马广告公司
贵阳金马广告艺术有限公司
西藏商报社广告部
渭南日报社广告部
陕西电视台广告中心
汉中电视台广告部
西安美灵广告有限责任公司
陕西理想艾科广告装饰有限责任公司
西安沙龙广告装饰有限公司
西安市振兴公交广告有限责任公司
《读者》杂志社广告经营部
甘肃日报社广告处
兰州邮政广告有限责任公司
甘肃人民广播电台广告部
宁夏日报社广告处
银川宏强广告有限公司

宁夏电视台广告部
青海电视台广告部
青海人民广播电台广告部
新疆日报广告处
新疆人民广播电台广告信息部
新疆航空广告公司
新疆普拉纳广告有限公司
新疆昌吉日报社广告部

"争创广告行业精神文明先进单位"活动的总结

中国广告协会会员管理部

从1997年开始，中国广告协会一直坚持在全国范围内开展"争创广告行业精神文明先进单位"的活动，在1997年、1999年和2001年评选出了几百家（次）广告行业文明单位，分别召开了两次总结表彰大会、一次书面表彰大会，并在全国性的报刊上公示了获得称号的单位名单。这项活动在社会上和行业内产生了很大影响，对广告行业的精神文明建设起了很大的推动作用。2003年中广协继续做了争创活动的工作安排，在各广告经营单位自查申报的基础上，各地广告协会进行了认真初审，向中广协推荐了276家广告经营单位，经全国六大区广告协会互查后，有271家被评为"全国广告行业文明单位"。在互查组所到之处我们看到，这些广告经营企业和部门坚持社会效益与经济效益的有机统一，在搞好广告业务的同时，积极参与政府、行业组织的各项公益活动和社会主义精神文明活动，在精神文明和物质文明建设两个方面获得了双丰收。他们的共同特点是：

1．严格遵守广告法及相关的法律法规。认真学习《广告法》、模范执行《广告法》，服从广告监管机关的管理，遵守广告行业自律规则，以诚信为本，规范广告经营行为已经成为广告行业文明单位的自觉行动。一些媒体的广告部门，虽然创收任务压力很重，但他们端正经营思想，坚持社会主义方向，坚持社会效益第一，严把广告播出关。为确保播出内容的健康合法，许多单位采取了三级甚至是四级广告审查制度，广告片要经业务经理初审、中心主管主任复审、编辑部门专职广告审查员核审等程序后才能串编，对于内容不实、含有不健康内容的广告片，不惜减少收入也要撤下来，有效地杜绝了违法、虚假广告。对于广告公司的经营者来说，更是将遵纪守法放在企业生存发展的第一位，为了遵守行业道德、诚信经营，在遇到分歧时反复与客户沟通，坚持不做虚假广告。我们看到，广大的广告经营者已经充分认识到，行业的规范有很多是靠法律法规来规范的，但也有许多是依靠行业自律来推动和保证的。

2．坚持文明建设，坚持两个文明一手抓。许多经营单位时刻坚持与党中央保持一致，在落实"三个代表"重要思想的实践中，努力做到五个有利于：即广告要有利于引导消费者健康消费，反对奢靡；有利于弘扬中华民族精神和民族文化，增强民族自信心和自豪感；有利于普及推广科学知识，破除和反对封建迷信和伪科学；有利于促进国家各项建设事业的健康发展；有利于国家统一和各民族的团结和睦。他们积极参加政府和行业组织号召的各种公益活动，自觉开展社会公益活动。例如2002年，中广协电视委员会、报纸委员会、广播委员会为配合中国儿童少年基金会做"儿童慈善日"活动，动员了上百家会员在电视、报纸和广播等大众媒体上做宣传，收到了极好的效果，使该项活动获得了成功。可以说每一个城市的"亮起来"工程，每一个地方的大型公众活动，都有广告人的智慧和辛劳，广告行业为社会主义精神文明建设作出了很大贡献已经为社会所公认，行业的形象正日益提高。

3．重视科学管理，不断增强企业竞争力。许多企业都在不断完善自己的服务架构和功能，在管理流程和资源配置上建立相应的机制，以保障最大限度的发挥企业优势。他们在经营中强调制度化、法制化、规范化，有的单位还重金引进广告管理系统软件使广告业务从承揽、制作到发布整个操作过程不出现任何问题。

4．高度重视人才培养，积极引进先进技术和经验。广告行业是知识密集、技术密集、人才密集型行业，广告经营单位在参与激烈的市场竞争时，人才、技术是体现企业综合实力的重要标志。有的广告公司设有培训中心，由副总裁专门负责培训工作，采取"请进来、走出去、互教学"的模式，请社会上知名的、有特点有成就的专家学者来公司授课；组织员工到广告业发达的国家地区进行学习；聘请专家为公司顾问；员工间经常开展相互间的交流和恳谈等。有的公司从学校开始培养人才，组织在校学生实习、出资帮助学生参加各种广告大赛，下大力气组织后备力量，为单位经营的持续发展储备了丰富的人才资源。

几年来的争创活动表明，广告行业在精神文明建设活动中不仅自身取得了极大发展，同时也为社会主义精神文明建设作出了应有的贡献。互查组在走访这些先进单位后，得出了两个结论：

一、广告在精神文明建设中起到了极大的作用

2003年，一场突如其来的非典型性肺炎使国人遭到肆虐，在此天灾面前，广告人挺身而出，他们通过做各种媒体广告和各种活动，宣传抗非知识、讴歌抗非英雄、鼓舞士气、稳定民心，在彻夜长明的公益广告牌中，闪烁的是中国人民不怕任何困难的决心，同时也鼓舞着亿万人民的信心，传递着爱心。为此，许多经营单位不仅放弃了部分商业利益，而且还投入了大量的人力物力，仅广州日报在抗非典期间的宣传费用就达500多万元。非典期间的公益广告凸现出广告人的快速反应和真情关爱，也是广告行业在践行"三个代表"重要思想的具体表现，许多广告经营单位被当地政府评为抗击非典先进单位。

几乎所有的"广告行业文明单位"都与公益广告结下了不解之缘，他们已经将制作、发布公益广告视为自身责任的一部分。有目共睹的是，公益广告的数量逐年增加，质量越来越好。许多媒体的公益广告数量远远超过了国家规定的数目或比例。如保定电视台2002年—2003年度就发布公益广告14000多条次，创作公益广告近40条。深圳公交车车体的公益广告比例有时能够占到广告总额的25%。在公益广告的内容上，涵盖了健康环保、禁毒防病、普法教育、扶贫助残、尊老爱幼、爱护公物、爱护公共卫生、下岗职工再就业、献血、生态建设、招聘青年志愿者等等方面，在倡导社会公德和文明风尚上起到了非常重要、无可替代的作用。这些都说明，我们的广告经营单位能坚持正确的舆论导向，时刻与党中央保持一致，坚决做精神文明的旗帜。可以说，在华夏大地上在任何一条高速公路、任何一个城市里都可以看到公益广告，在我们所有的电视广播频道，都可以看到听到公益广告。在做这次活动的总结时，原准备将公益广告的数量进行一个统计，以此对党和人民做一个交代，可是我们发现，公益广告涉及的面实在是太多了，不仅设计制作发布的单位数量多（全国数以万计的广告经营单位都做公益广告），而且形式多样，涵盖了所有媒体，很难用一个统一的计量单位进行统计。尽管没有具体的数据，我们也能说，在宣传党的路线方针政策、推进社会主义精神文明、提高全民素质方面，70多万广告从业人员对党和人民交的是一份合格的优秀的答卷！

二、在精神文明建设活动中广告行业也得到了成长

广大的广告经营者已经认识到，做公益广告是利国

利民的大事，做公益广告已经成为他们的自觉行动。而且在做公益事业奉献的同时，也提高了企业的知名度、美誉度，使社会公众对媒体和公司的广告经营活动更加认同。广告从业人员也对自身从事的事业有了进一步的认识。

媒体的广告部门已经从单纯的为媒体筹集经费做广告的阶段走出，他们能够严于自律、公平竞争，主动促进行业水平的整体提高。一些媒体的做法是将广告栏目或版面进行公开拍卖，公布买断标的，制定竞标程序。在纪检部门、节目制片人的共同监督下，宣读竞标公司的标书，完全以标的数额确定花落谁家，营造了一个公平竞争的环境，受到了广告公司的欢迎。一些媒体的做法是将折扣政策透明、推行一个折扣制，不论谁来、不管谁接，都是一样，使客户和广告公司受益匪浅；更为可喜的是，大力推行广告代理制已成为一些大型媒体的共识，一些报纸，除了招聘等广告以外，已经全部由广告公司做广告代理了。

广告公司不论从经营规模、人员素质和专业能力方面都有很大的提高，许多优秀的广告公司早已摆脱了"拉广告"的时期，他们与广告主的生产经营息息相关，与社会经济发展息息相关，他们有着强烈的社会责任感，公益广告的创作就表明了他们对社会问题的思考和关切，他们时时刻刻都在努力学习，提高自己，去做传播文明和爱心的合格使者。

各地区广告协会把"争创活动"作为加强行业自律、规范行业经营行为、提高行业自我教育自我约束的重要工作，他们常抓不懈、持之以恒，并贯穿到协会各项工作之中，许多协会做到了年初有布置，年中有检查，针对行业中存在的问题有的放矢，务求实效。在与经营单位不断的、经常的交流中，协会自身也得到了发展和进步，在他们更加了解经营单位，了解行业的同时，也增加了自己的影响力和凝聚力。

在互查过程中也发现了一些不足，如还有部分医疗广告有待于规范，一些广告创意还有待于提高等等，这也是整个行业需要规范和自律的。

我们相信，在党和政府的领导下，全体广告从业人员将进一步高举邓小平理论的伟大旗帜，认真学习党的十六大会议精神，全面落实"三个代表"重要思想，解放思想、实事求是、与时俱进、开拓创新，继续开展争创精神文明先进单位活动，我们的事业会越做越大，越来越好！

2004年全国省级电视台广告策略研讨暨广告推广会在郑州召开

中广协电视委员会

2003年10月17日，2004年度全国省级电视台广告策略研讨暨广告推广会在郑州隆重召开。在三天正式会议中，来自国家广电总局、国家药管局、中国广告协会、中央电视台、省级电视台协作会32家会员台负责人、媒介研究专家，以及来自全国的多家大型广告公司和知名电视广告客户代表共计1000余人，就2004年度全国广告经营形势及对策、全国省级卫视整合传播价值推广等议题展开了热烈讨论，并就加强省级电视台与广告客户、广告公司之间的紧密合作实现三方共赢达成共识。

随着现代传媒产业的飞速发展，各类媒体之间的纵向横向竞争日益加剧，作为媒体产业化的核心，媒体广告业之间的竞争也更加激烈。全国32家省级电视台作为一个特殊的媒体层面，一方面在全国特别是各省拥有较强的影响力和庞大的受众群体，另一方面又面临着来自报纸网络等横向媒体的竞争以及其他多种层次多种形式电视媒体的纵向冲击，各省级电视台的广告经营压力较大。特别是国家广电总局日前颁布并将于2004年元月一日执行的《广播电视广告播放管理暂行办法》以下简称《办法》，将对各省级电视台现有的广告经营理念、经营思路和经营模式产生可谓颠覆性的冲击。因此，省级电视台面临的广告经营形势十分复杂，如何加强合作、整合传播、优势互补、资源共享，进而实现互赢就成为各省级电视台的当务之急。这也成为本次会议的主要议题之一。

17日上午，大会首先举行了简短的开幕式。河南广播电影电视局党组书记、局长赵景春、中国广告协会秘书长时学志分别发表了热情洋溢的讲话，对大会的胜利召开表示了祝贺，并提出了恳切的希望。赵景春局长简要介绍了河南电视台的基本情况和广告经营情况，并祝大会开成一次认真学习《办法》、认真研究《办法》和认真执行《办法》的会议。他说，河南省广播电影电视局将聆听各兄弟省台的意见，借鉴先进经验，从而学到一些新的经营理念，力争使河南电视在培养高知名度、高美誉度和高忠诚度的同时，在电视广告经营方面跨上一个新的台阶。省级电视台协作会理事长、四川电视台广告部主任罗贵生发言表示，经过省级电视台协作委员会于16日召开的预备会的讨论，全国32家省级电视台一致表示，《广播电视广告管理暂行办法》首次以国家广电总局令的形式颁布，是中国广播电视广告发展史上具有重要意义的一笔。总局令的颁布，有利于规范广播电视广告市场；有利于促使各省级电视台及时调整广告经营理念、经营模式，积极优化节目；有利于控制广告总量，在一定程度上刺激观众收听收视兴趣；也有利于解决过去广告管理职责不明的问题，归口管理可以直接促进广播电视广告的播出规范化，从而促进广播电视广告市场和广播电视事业的健康发展。

17日中午，河南省广播电影电视局、河南电视台以本次会议承办方东道主的身份举行了欢迎宴会，河南省人民政府副省长贾连朝出席了欢迎宴会，并致了热情而又简洁的祝酒辞，河南省广播电影电视局党组书记、局长赵景春、河南电视台副台长王少春、王仁海等领导在座。

18日上午，大会举行2004年度全国省级卫视整合传播价值推广会，会上，陆地、周江等全国知名媒介专家分别就中国电视媒体产业化变革及省级卫视的前景、全国卫星电视频道覆盖状况及省级卫视组合覆盖优势分析、广告主的预算分配及全国性媒体的传播价值等问题展开阐述，为省级卫视明确自身定位、整合传播价值推广提供理论支持和数据支持。在18日、19日的两天时间里，参会的全国各省级电视台还分别举行了广告招商会。举行规模性的集中招商不仅有利于各电视台节约广告经营成本，而且有利于各电视台更便利地进行与广告商和广告公司的合作。

此次会议是中国广告协会电视委员会省级电视台协作会成立以来的第二届年会，同时也是本年度全国涉及面最广、规模最大的一次电视广告业盛会，参与的省级电视媒体、广告商和广告客户人数创造了历年来的最高纪录。这表明了时值《广播电视广告播放管理暂行办法》颁布，各省级电视台、广告公司和广告商对于国家广电总局令的极大关注，也表明了电视广告界应对国家广电总局令的积极姿态。本次盛会的召开，必将对2004年全国电视广告经营产生深刻的影响。

此次会议由中国广告协会电视委员会省级电视台协作会主办，河南电视台广告部承办，会议为期三天。

中国电视广告年会2003年省级电视台广告协作会在西宁召开

中广协电视委员会

由中国广告协会电视委员会全国省级电视台协作会主办、青海电视台承办、广东雅士利集团有限公司协办的"中国电视广告年会2003年省级电视台广告协作会"，于2003年8月18—19日在西宁市青海宾馆举行。出席会议的领导有：中共青海省委常委、宣传部部长曲青山，国家广电总局社管司副司长任谦，青海省人民政府副秘书长部风涛，青海省广播电视局副局长、青海电视台台长白居璧，青海省广播电视局副局长沃赛，中广协电视委员会副主任金国强。

来自全国30多家省级电视台的台长、副台长、广告部主任100多人参加了会议，北京广播学院等单位的专家及部分省级电视台的广告部主任就当前广电系统面临的新形势，以及省级电视台的发展等问题进行了专题演讲。

本次会议，是在"非典"之后第一次由中广协电视委员会全国省级电视台广告协作会召开的大型会议，也是青海电视台承办的一次高规格、大规模的会议。这次会议的主题是：与时俱进、思变求是、携手超越。

目前，全国广电系统正面临着新的发展机遇与挑战，这就必然要求电视台在保证喉舌作用的前提下，进一步深化体制机制改革，探索适应市场发展的经营模式。就全国省级电视台的现状来讲，广告经营仍然是省级电视台经营工作的主要和重要部分，它直接关系到省级电视台的生存与发展。本次会议的成功召开，对于省级电视台准确把握广电系统面临的新形势，推动广电事业的发展必将起到积极的作用。与会代表认为，电视媒体如何协调自身传输资源、内容资源、营销资源，以求得利益的最大化，这是一个非常重要的问题，我们必须站在全局的高度，以全新的视角研究这些问题，从而以更加积极而主动的态度去应对这些问题。

中国历届广告节概况

第一届全国广告、装潢设计展

时间：1982年2月21日至28日

地点：北京市

主要活动：广告、装潢设计展，广告文物及摄影作品展。

参展及获奖作品：本届作品展共评出79件优秀作品。

第二届全国广告优秀作品展

时间：1989年10月31日至11月9日
地点：杭州市
主要活动：优秀广告作品展，广告新技术、新媒体展，香港广告优秀作品展，企业广告工作汇报展，虚假广告典型案例展，名优产品展。
参展及获奖作品：本届作品展共评出217件优秀广告作品。

第三届全国广告优秀作品展
时间：1992年11月10日至19日
地点：南昌市
主要活动：优秀广告作品展，日本电通广告公司作品展，院校师生广告作品展，广告新技术、新媒体展，企业广告工作汇报展，名优产品展。
参展及获奖作品：本届作品展共展出优秀广告作品2000余件，其中307件获奖。

第四届全国广告优秀作品展
时间：1995年11月20日至26日
地点：广州市
主要活动：优秀广告作品展，广告新技术、新材料、新设备、新媒体展，国际影视广告展映、广告礼品、工艺品及印刷品，广告公司、媒介单位自身宣传展，广告创作专题讲座，产品演示会。
参展及获奖作品：本届作品展共展出广播、电视、杂志、路牌、车身、灯箱、霓虹灯、橱窗、招贴、企业形象（CI）、公益等11类广告优秀作品2086件。

第五届全国广告优秀作品展
时间：1997年8月26日至29日
地点：广州市
主要活动：优秀广告作品展，"跨世纪的中国广告业"专题讲座，广告业绩展，广告新技术、新材料、新设备、新媒体展，卫星电视媒介展，港、澳、台地区及新加坡优秀广告作品展。
参展及获奖作品：本届作品展共收到全国选送的1973件作品，评选出全场大奖、金奖、银奖、铜奖、入围奖、最佳公益广告奖、最佳广告语奖、评委推荐奖和最低成本制作奖（空缺）共441件。

第六届全国广告优秀作品展
时间：1999年10月20日至26日
地点：无锡市
主要活动：优秀广告作品展，首届全国广告摄影优秀作品展，中国广告协会首届学院奖获奖作品展，境外华文华语广告优秀作品展，广告专业讲座，建立广告人纪念墙。
参展及获奖作品：本届参展作品共2879件，其中：平面广告2024件，影视广告698件，广播广告157件。共评出全场大奖1件，金奖1件，银奖40件，铜奖84件，评委推荐奖12件，入围奖651件。上海市、西安市、武汉市、云南省、厦门市、山东省、广州市、新疆维吾尔自治区、北京市、天津市、河北省、江苏省、安徽省、四川省、贵州省、甘肃省、哈尔滨市、南京市、无锡市广告协会荣获了组织奖。

第七届全国广告节
（自本届开始，"全国广告优秀作品展"经国家工商行政管理总局批准正式更名为"中国广告节"）
时间：2000年10月18日至22日
地点：无锡市
主要活动：优秀广告作品展，青年设计大赛，第二届全国广告摄影优秀广告作品展，境外华语优秀广告作品展，广告主、广告公司、广告媒介形象展，广告书籍交流展，广告研讨会，国际广告作品赏析，2000年峰会，建立广告人大道。
参展及获奖作品：本届参展作品共1760件（总计2378幅）作品。其中，平面广告1160件，影视广告468件，广播广告126件。这些作品经15名评委评选产生出入围奖538件，等级奖在广告节前夕进行评选，获奖情况于颁奖晚会上现场公布。部分省、市广告协会荣获了组织获。

第八届中国广告节

时间：2001年10月16日至20日

地点：厦门市

主要活动：新世纪中国媒介大汇展、中国广告技术设备展、中国驰名著名品牌展、优秀广告品展，与会和参观人员约万余人。

参展及获奖作品：参展的平面广告、影视与广播广告等各类广告作品共2548件，获奖作品中金奖24件、银奖59件、铜奖121件。

第九届中国广告节

时间：2002年10月23日

地点：大连市

主要活动：以"交流、竞合、超越"为主题，突出专业性、前瞻性和互动性；首次推出艾菲实效广告奖、网络广告展；27家户外广告公司召开座谈会，探讨了户外广告的发展状况；立了中国广告协会户外广告专业委员会筹备小组。

参展及获奖作品：共报送作品2768件，评选出全场大奖1件、金奖9件、银奖51件、铜奖131件，比上届增加30%，公益类广告增长达到36%，虽然大多作品仍集中在沿海发达城市，但西部地区的广告作品数量也较往年增多，其中西藏的广告作品报送实现了零的突破。

第十届中国广告节

时间：2003年10月23日至25日

地点：南京市

主要活动：本届首次增设了户外媒体展、国际广告媒体展和企业品牌展，展出的户外媒体共160个，其中包括全国知名户外广告公司16家。此外，本届是首次采用市场化运作方式的国内广告节。

参展及获奖作品：共报送作品3516件（5188幅／条），评选出全场大奖1件、金奖14件、银奖46件、铜奖196件，另有432件作品获得了入围奖。

'2004中国广告年鉴

China Advertising Yearbook

12th Edition

北 京 市

著名广告经营单位介绍专栏

北京市广告业发展概况

2003年，北京市广告监督管理部门认真落实国家工商总局和市政府的工作部署，强化改革、创新意识，坚持突出重点、标本兼治的方针，围绕“降低广告违法率，实现标本兼治”的目标，开展了多项工作。

首先运用现代化的监管方法，不断提高监管效能，树立务实、高效的思想，进一步完善基础工作，提高工作质量标准。如海淀分局对自身工作提出高标准、严要求，主动申请开展广告管理系统ISO9001国际质量认证工作。按照国际标准推进行政管理工作的科学化、制度化、系统化、规范化建设，建立良好的内部管理秩序，提高行政执法效率。通过努力顺利通过审核，获得了ISO9001国际标准化质量管理体系认证证书，这对规范工商行政管理和执法工作，提高工商行政管理水平具有开创性的意义。

其次完善、创新广告监管制度，提高监管效能，随时掌握广告市场动态，对违法广告一查到底，加大打击力度。如针对“非典”期间有些口罩、消毒用品广告未标明主体名称，利用抗击“非典”内容进行产品广告宣传，保健食品广告虚假夸大问题，及时下发有关广告监管重点和广告宣传规范要求，有效地遏制此类违法广告上升的势头。

针对监管工作中显现的医疗广告违法问题严重，违法率居高不下，给消费者带来巨大人身、财产损害的问题，我们着重开展了对医疗广告的整顿工作。联合市委宣传部召开通报会，指出重点媒体代表着党和政府的形象，不得因广告经营方式的变化而放松对广告内容的审查和管理，并提出了具体要求。此次整顿工作对媒体单位的震动很大，会后，全市媒介单位加强了自身制度的管理和规范，调整了经营思路，修改和提高了广告审查标准，使全市医疗广告的发布秩序得到明显改观。广告违法率大幅降低，从最高时的72.9%降到目前的5.4%。全年全市共查处违法广告2196件，罚没款1664.72万元。

去年“非典”期间，在市局组织下，配合市政府抗击“非典”工作，全市共发布抗击“非典”户外公益广告2000块（条），其中“万众一心众志成城”“党和政府领导人民一定能打赢非典战役”的大型户外广告牌和大量的电视公益广告，对坚定首都人民战胜“非典”的决心，提高人民群众的社会公德意识，发挥了积极作用，受到社会好评。

截至2003年底，北京市广告经营单位共有9736户，其中：广告公司8228家；电视台24家；电台3家。广告从业人员86866人。年度广告经营额2053987.68万元，其中广告公司628088.54万元；电视台839546万元；电台18867万元；报社402050.81万元；杂志社105958.13万元。

Think of the
brands that mean
more than brands to you.
These can be products, musicians
sports teams, buildings, landscape
parks, pubs, countries, galleries
restaurants, artists, holida
destinations, opera companies
anything or anyone you can'
imagine the world without

Lovemarks are super-evolved brands that inspire loyalty beyond reas
Where brands are owned by corporations, people own Lovemar
People and Lovemarks come together in relationships. In yo
own life you'll have brands and you'll have Lovema
... and you'll know which ones are which. If y
are ready to take your brand to the next lev
give us a call. Charles Sampson: +86
6510 2255 (BJ), Peter Sc
+86 21 5466 9898 (S
Pully Chau: +86
3879 12
(G

想一想，

有哪些品牌对你来说

不仅仅是品牌。它们也许是

商品、乐队、足球队、建筑、**山水风景**、

公园、**酒吧**、国家、画廊、艺术家、

茶楼、假日胜地、戏剧团……**总之，世界**

没有这些人和事物，是无法想像的：

的标志是超级进化的品牌，它能激发出人们近乎疯狂的热

。品牌是属于企业的，爱的标志则是属于每个人的，是他

生命中不可替代的一部分。在你的生活中，有些品牌

是品牌而已，而有些，则是爱的标志……哪一个

哪一个，你心里有数。如果也打算让你的品

达到另一个高度，请拨个电话给我们。

尔斯：+86 10 6510 2255

北京） 苏秋平：+86 21

466 9898（上海）

佩莲：+86 20

879 1228

广州）

SAATCHI & SAATCHI CHINA

瑞丽

《瑞丽服饰美容》 提供全方位实用指导的服饰美容潮流专刊。面向时尚、靓丽、健康、自然的都市年轻女性。每月1日出版

《瑞丽伊人风尚》 指导都市白领女性美丽与生活的时尚杂志。面向职业、优雅、平和、愉悦的都市白领女性。每月11日出版

《瑞丽可爱先锋》 抢先推介前沿时尚的三百六十度流行风向标。面向都会、前沿、个性、激情的都市青春女性。每月21日出版

《瑞丽家居设计》 全方位提供装修装饰导购方案的实用时尚型家居专刊。面向注重生活品质与潮流的城市家庭。每月1日出版

北京《瑞丽》杂志社
http://www.rayli.com.cn

伴随女性生命的每
设计美丽设计生活。
实用时尚。

个阶段。

瑞丽家居设计
2004年6月1日出版 总第41期
DIY 装饰美家
http://www.rayli.com.cn
有闲阳台，有用阳台
瑞丽可爱先锋
2004年5月21日出版 总第141期
http://www.rayli.com.cn
曼秀雷敦·瑞丽 第2届封面女孩大赛 开始报名了！
亮风靡初夏
瑞丽服饰美容
2004年6月11日 出版总第143期
http://www.rayli.com.cn
用时髦先锋的建议补齐购衣清单
盛夏灼热单品 Fashion买手报告
闪眸、闪唇、闪亮肌肤 妆容闪起来77计
风度VS温度相对论 空调上装Office3原则
我们都为首饰狂
花裙花年华
Flower
Ray
十二星座的香水爱
Stop，办公室大话王
曼秀雷敦瑞丽 第2届封面女孩大赛 火热报名中
16种风情=4类花色裙装
12个上装技巧对付花色半截裙
连衣裙花女孩8度空间
4件裙装解决12场景
与身体和好 先和环境和好
夏天简单爱

誠信爲先　以人爲本

志在精品

天寅和創

经营项目：

专业牌匾制作

专业户外宝利布喷绘、

路牌、灯箱、大型楼顶广告牌钢结构、擎天柱

TianYin

北京天寅和创广告设计有限公司

地址：北京市西城区阜内大街 278 号

电话：010-66020772　86532544

传真：010-66026427

邮编：100034

■动静结合的创意之道
■互动——真正的品牌沟通
歌华阳光
BEIJING GEHUA SUNSHINE ADVERTISING CO.,LTD.
北京歌华阳光广告有限公司
BEIJING GEHUA SUNSHINE ADVERTISING CO., LTD
■打理CI，重塑形象
■和谐的城市景观环艺设计
■整合资源优势、构筑媒体平台
歌华阳光
BEIJING GEHUA SUNSHINE ADVERTISING CO.,LTD.
北京歌华阳光广告有限公司
地址：北京市东城区贡院西街1号
电话/传真：010-65277728 邮编：100005

北京未来广告公司是中央电视台所属的全资广告公司，独家经营中央电视台体育频道(CCTV-5)、电视剧频道(CCTV-8)、西部频道(CCTV-12)和《东方时空》、《今日说法》(CCTV-1)、《商界名家》、《健康之路》(CCTV-2)等栏目广告，是集媒体代理、广告策划、创意制作、市场调研于一体，以媒体广告经营为依托，其他媒体服务并举的全方位的媒体广告经营公司。

在《国际广告》杂志和国际广告研究所进行的“中国十大广告公司基本情况调查”中，北京未来广告公司的排名连年上升，营业额排名2002年位居国内广告公司第3位，连续第3年列本土广告公司第一。

连续6年被北京市工商局评为“重合同，守信用”单位。“未来”商标被北京市工商局认定为“北京市著名商标”。

让我们携手共创未来、共享未来，谱写未来辉煌乐章……

北京未来广告公司 地址：北京市复兴路乙11号梅地亚中心写字楼六层 电话：(010)68507145 63951536 68515258 68515259
中国国际电视总公司广告部 邮编：100038 传真：(010)68514364 网址：www.future-ad.com 电子信箱：mail@future-ad.com

搜狐
SOHU.com
生活从此精彩
搜狐
足及生活每一天
www.sohu.com

激情公社®
GGMM.SOHU.com

因为安全，所以尽兴

见面聊不如先用手机聊。搜狐激情公社，不公开手机号码，想怎么聊都行！即刻加入，与全国250万男孩女孩共享手机交友新乐趣吧！

加入激情公社办法：写短信“A（空格）个人昵称”发送到666608即可

资费说明：

激情公社资费标准为：月租费：5元/月

聊天信息费：每成功发送一条短消息，中国移动将对全球通、动感地带用户收取0.10元，神州行用户收取0.15元。

上述费用将随客户的每月移动电话话费扣取，由中国移动代收。

MOnternet 移动梦网 飞一般的我

搜狐 SOHU.com 生活从此精彩

6666
搜狐短信专用特服号

产品详情请登录：http://sms.sohu.com　客服电话：(010)87710088　最终解释权归搜狐公司所有

您想要哪一块？在北京繁华的天空下，我们拥有数量可观的各种类型户外广告媒体，地段优越、视野良好、大小适中、选择丰富。我们出卖的，绝对有您期望的。

除此之外，我们用十年的时间成长为一个以户外为主的专业广告公司。企划、开发、创意设计、服务各有所长，我们持续向上，时刻准备着为您打造一片未来的晴空。

北京市西城区文津街7号国家图书馆分馆临琼楼二层 Zip code:100802 www.yanhuangtimes.com
NO.7 Wenjin Street Xicheng District,Beijing Tel:(010)66533933 Fax:(010)66170596

北京炎黄時代廣告公司
BEIJING YANHUANG TIMES AD.CO,.

绿野浩渺

广告有限公司

北京绿野浩渺广告有限公司是北京市广告协会常务理事单位，是一家集创意、客服、策划与公关、广告媒介研究与购买为一体的综合性广告公司。

我们给您的只是一点点

几个观点：

诚为人之本，信为商之根

公关＝感情＋实力

广告只有创意和策划不能克隆

隆重推出贴会广告

北京绿野浩渺广告有限公司近来隆重推出一种全新的广告媒体 ———会议传媒。该会议传媒由绿野浩渺广告有限公司、各会议承办方、厂商三方合作，在会前参会者精神高度集中时段，利用会场前方大投影屏幕播放广告，亦称贴会广告。其特点是：1. 贴会广告受众层次高，均为中、高层决策者或主要执行者；2. 广告投放直击目标：是迄今为止投放广告极精准的媒体。可根据广告主的要求，任意选择播放时间、地区、行业、专业以及特定的受众群；3. 高渗透率：在受众注意力高度集中的时间段播放贴会广告“频道”，干扰率小，信息接收效果好；4. 是迄今能够评估广告效果的、成本极低的视听媒体。

地址：北京朝阳区小关北里45号世纪嘉园4号楼19G
电话：010-84897454　传真：010-84898722
www.greenmile.com.cn

电影＋广告

成就家庭消费品主投频道

电影频道，
以电影深厚的感染力娱乐全国3亿家庭；

电影频道，
以电影浓郁的生活气息赋予广告独特的活力；

电影频道，
以新一代传媒人的创想和包容，与您共创双赢！

相关链接：
覆盖全国7.15亿人口
中心城市入户率达90%以上
全年平均收视率和市场份额列全国第二
每天播出9部风格迥异的影片，满足不同观众的收视需求
以套播为主的广告经营模式，以最小的成本，成就客户的品牌传播……

国家广播电影电视总局电影卫星频道节目制作中心广告部
地址：北京市海淀区西土城路2号 邮编：100088
电话：(010) 82041803 82044735 82047230 82046622-3121/3120/3107/3106

电影频道
影响无处不在

财訊傳媒
SEEC MEDIA
财经 独立 独家 独到
證券市場週刊 关注资本 影响资本 创造资本
财经时报 领先的商业新闻
新地产 中国最具有影响力房地产杂志
成功营销 营销时代的财富智囊
地址：北京市朝阳门外大街22号泛利大厦10层 邮编：100020
传真：(010)65880076 广告热线：010-65885010 发行热线：(010)62371671
成功营销
国际买家采购中国
财经
王军解盘中信
基金黑幕
银广夏陷阱
證券市場周刊
深圳：重组拼图插入外资
财经时报
银监会15司方案上报 央行新副行长人选待定
债转股资产再做坏账处置
中国未来经济领袖
营业部衰竭
新地产
27人

EURO RSCG GROUP
解渴
创新的生意点子®
解感官之渴
一个思维观念上的小小改变，却能让您的品牌/产品有着截然不同的竞争力！Creative Business Ideas® – 创新的生意点子®，是跨越传统广告之前，将创意思路从营销策略开始，为您的生意提供突破性的改进方案。如果这还无法解您心灵之渴，请和我们联系：灵智整合行销集团 010-65975180 021-64675868 020-87521628

贴近实际 贴近生活
以我的平
扬您的品
饱览名牌风采 解读名牌经
服务名牌推进 诠释名牌文
www.mpsb.cn

名牌時報

SPOTLIGHT TIMES

《名牌时报》是经济日报报业集团主办的中央级经济综合类报纸，是当今国内外名牌领域的大型权威媒介。《名牌时报》每周6刊，对开彩印。国内统一刊号：CN11-0186，2004年起全面自办发行。

《名牌时报》以频道化服务为特色，新闻综合频道（周三）内容主要是：饱览名牌风采、 解读名牌经典、 服务名牌推进、 诠释名牌文化。

《名牌时报》以重大名牌事件新闻、独家视角的社会经济热点新闻为报道主线，注重时代性、研究性、实用性、服务性。

《名牌时报》2004年改版，设有：品牌要闻、品牌资讯、品牌消费、品牌聚焦、品牌营销、品牌设计、国际品牌等新闻版。主要栏目有：中国房产、名家论坛、要闻解读、市场调查、品牌人物、品牌管理、品牌诊所、品牌文化、中国名牌培育、MBA案例、品牌故事等。

并出版《北京楼市周刊》、《上海楼市周刊》、《超市周刊》、《旅游中国》等。

《名牌时报》在全国各省市派有驻地记者。报道迅速、及时，传播广泛。

广告部：68986392

www.hra.com.cn

把握成功的方向

14年广告业的拼搏，使海润独享无可比拟的媒体优势；业内资深专家的加盟，更令海润本土化与专业化组合达到最优配置！一汽捷达、奥妮、哈药六……客户的成功是我们最大的喜悦；"国内十大"、"央视十佳"……众多的荣誉更是我们努力的回报。海润，向您提供全套整合营销传播服务，在激烈的市场竞争中时刻为您指引方向，让您步入成功的捷径！

广告业务涉及：

◎ 市场调研、全案整合营销传播
◎ 广告创意、影视/平面/包装/CIS设计、展示设计、网络设计与维护
◎ 媒介策略计划实施及监测、广告效果评估
◎ 公关活动策划与实施、活动促销、品牌管理等全面服务领域

地址：北京市朝阳区安慧北里安园5号 海润国际大厦三层 100101 电话：86-10-64899933 传真：86-10-64932894

HRIS
海润国际广告有限公司

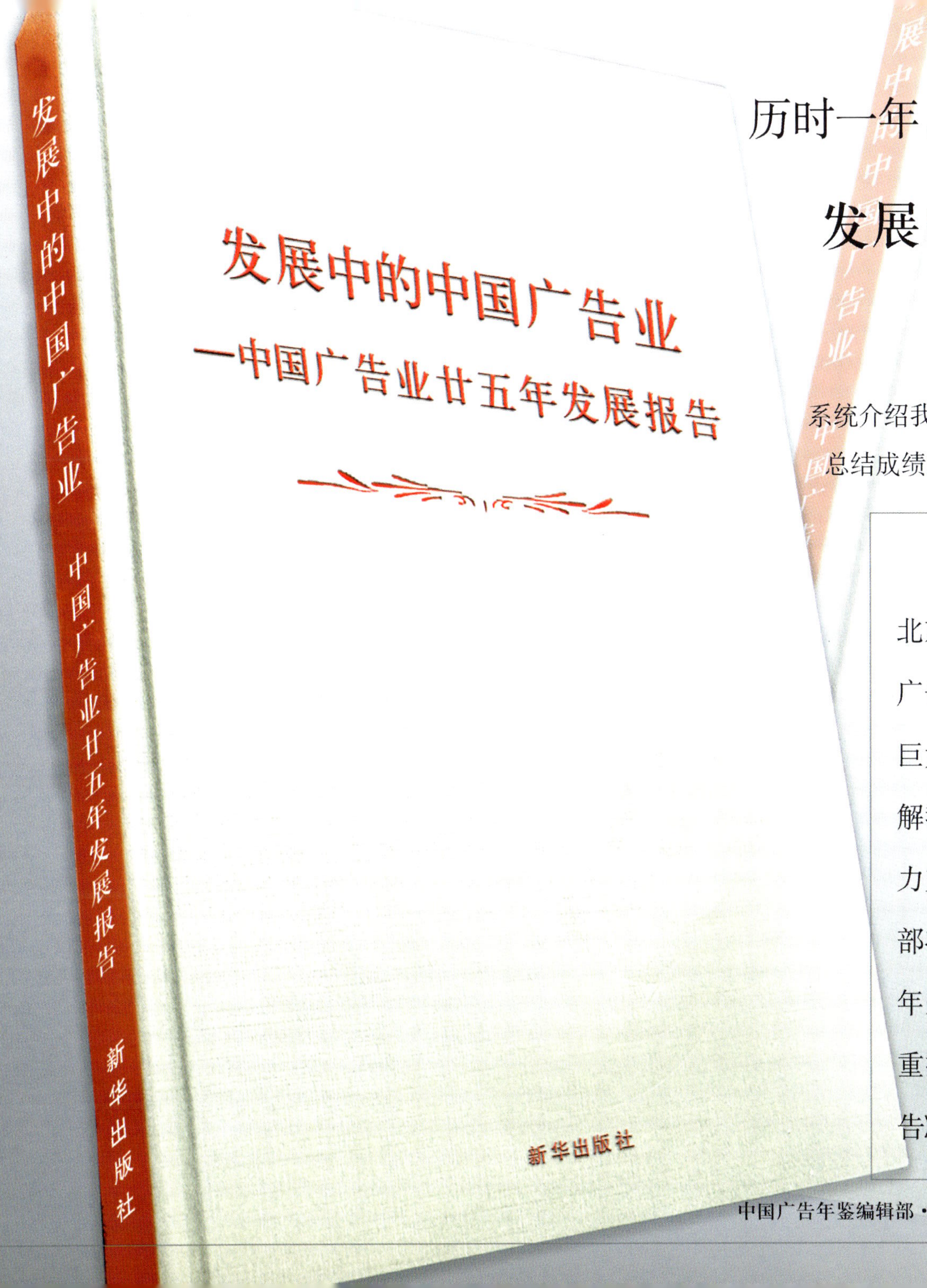

历时一年，**首度**推出

发展中的中国广告业

中国广告业廿五年发展报告

(1979－2003)

系统介绍我国广告行业25年的发展历程……

总结成绩的同时，也提出了广告业健康有序发展应关注的问题。

2004年9月，第39届世界广告大会将首次在我国首都北京召开，为迎接此次全球传媒业盛会，更好地向国内外广告界和企业界展示我国广告业恢复发展25年来所取得的巨大成就，让国内外广告界、企业界更加全面、系统地了解我国广告业的发展状况，在全中时代广告研究中心的大力支持下，《中国广告年鉴》（以下简称“年鉴”）编辑部将历年出版的《年鉴》及编辑部所保存的中国广告界25年来发展的各种统计数据和资料进行重新梳理、编辑，隆重推出《发展中的中国广告业—中国广告业廿五年发展报告》，以贡献第39届世界广告大会和广告界、企业界同仁。

新华出版社

中国广告年鉴编辑部・中国广告业廿五年发展报告编辑组・垂询电话：010－68628861　定价：280元

Combined Volume of 1988-2003 China Advertising Yearbooks

中国广告年鉴1988－2003合订本

《中国广告年鉴》（以下简称《年鉴》）是在国家工商行政管理总局指导下，由国家工商行政管理总局广告监管司、中国广告协会以及地方各级工商行政管理机关的广告监管机构、广告协会组织、全国广告界共同参与编辑的我国广告业最具权威性的大型文献和行业指导性资料工具书。

为迎接第39届世界广告大会在我国首都北京的胜利召开，在国家工商行政管理总局广告监管司的指导和广告界同仁的大力支持下，《年鉴》编辑部首次对1988年以来出版的十一卷《年鉴》重新编辑整理，制作了《年鉴（1988－2003年）》电子合订版光盘，以贡献本届世界广告大会及广告界同仁。

古老的中国

悠久的历史

灿烂的文化

发展的广告

十五载积淀　倾情奉献

展现中国广告发展史

中国广告年鉴编辑部垂询电话：010－68628860　68628861　定价：220元

'2004中国广告年鉴

China Advertising Yearbook

12th Edition

上 海 市

著名广告经营单位介绍专栏

● 上海市工商行政管理局

上海市广告业发展概况

2003年是广告业发展不平凡的一年，上海的广告业在遭受“非典”肆虐的影响下，克服了重重困难，继续呈稳步增长的态势，取得了一定的发展。

一、广告经营单位快速增长，广告经营额稳中有升

2003年上海广告业总体呈稳步发展态势。党的十六届三中全会为多种所有制经济带来了历史性的发展机遇，在以发展经济为首要任务，减少行政审批和降低市场准入门槛的原则指导下，上海广告经营单位户数和广告从业人员数量均有较大幅度的增长，达到历史最高点，全市广告经营额也保持了两位数的增长。截至2003年底的广告统计数据显示，全年的广告经营额达160.7亿元，同比增长10.4%；全市广告经营单位4151户，同比增长42.25%，户均广告经营额387.25万元；其中，全市广告公司3426户，同比增长47.4%，广告经营额达109.42亿元，同比增长7.8%。广告从业人员38329人，同比增长18.8%。全市广告经营额超过亿元的广告经营单位有26户。

二、地方政府领导重视，将广告业纳入地区经济发展规划

广告市场与经济运行息息相关，其他产业良好的发展势头是广告业发展的基本条件，随着地区经济的发展，地方政府意识到广告业作为市场经济的助推器，对地区经济发展起着举足轻重的作用，并把推进广告业的发展纳入政府重要议事日程。例如上海市卢湾区政府，拨出资金、场地，成立了广告湾俱乐部，专为广告业内人士提供交流场所；静安区政府以发展、壮大现代服务业为目标，提出“规划先行、错位经营、加强服务、做大做强静安广告业”的目标。由于领导重视，给广告业注入了活力，推动了广告市场的稳步发展。

三、广告媒体资源整合，广告发布形式、新媒体不断涌现

在媒体经营竞争激烈的形势下，各大媒体纷纷调整，打破条块、分散经营的格局；传统媒体纷纷变脸，引进资金人才，相继改版扩容。近年来，上海户外媒体的格局发生了很大的变化，户外媒体广告公司通过收购等方式对户外媒体进行了一定程度的整合，形成了具有一定规模的户外媒体网络。上海的白马、通成、媒体伯乐、美亚等户外媒体公司，由于形成网络，

视觉冲击力强，普遍得到广告客户的青睐。另外，公交车上的移动多媒体、办公楼宇的液晶屏幕、户外售报亭、多功能阅报栏等新媒体的开发，成为上海户外媒体新的亮点。

四、外商投资广告企业进一步发展

截至到2003年底，上海有外商投资广告企业66户，占广告公司总数的1.6%，广告经营额37.5亿元，占广告公司总经营额的23.3%，同比增长38.6%。2003年度广告经营额排名前10位的广告企业中，外商投资广告企业有8户，占80%。全市广告经营额在亿元以上的广告经营单位有26户，其中外商投资广告企业有12户，占46%。上海广告业的巨大市场和发展前景吸引了大量外资进军上海，市场竞争更为激烈。上海最具实力的本土广告企业——上海广告公司，将50%的股权转让给WPP和日本株式会社博报堂，从国有企业转制为中外合营广告企业；上海老牌国有广告企业上海广告装潢有限公司为走出困境，将50%的股权转让给日本株式会社旭通DK，转制为中外合营广告企业。外资以合资、参股、收购等方式介入上海广告业，加快了上海广告业的发展和与国际广告业接轨的步伐。

五、民营广告企业快速发展，成为广告行业的主力军

2003年上海的民营广告企业有2737户，比上年增长1153户，增幅达72.8%。2003年民营广告企业的广告经营额达47.2亿元，同比增长24.6%，民营广告企业吸引、吸纳各类从业人员28227人，为社会提供了更多的就业和人才引进的机会。

上海工商行政管理部门贯彻党的十六届三中全会和中央经济工作会议精神，放宽广告市场准入条件，降低广告门槛，促进了民营广告企业的快速发展，民营广告企业已占广告公司总数的80%，成为上海广告行业的主力军。

六、开拓进取，积极探索广告监管新模式

坚持以党的“十六大”精神为指针，以创新为主线，工商部门坚持“发展中求规范，规范中促发展”的指导思想，转变观念，将工作重心由注重广告审批转向大力加强广告监管。2003年全市共查处违法广告案件1339件，罚没款达879万元，其中查处虚假广告案件145件，占违法广告案件的11%。随着《行政许可法》的实施，取消了大量广告行政审批事项，工商部门正在积极探索和研究广告后续监管的有效机制，按照“确定距离、分类管理、强化效能”的原则，对广告经营单位实施分类管理和分类指导，通过建立和完善广告提示审查制度、信用监管制度、虚假广告信息披露制度，促进了社会诚信体系建设。通过集中力量加大对违法、虚假广告的查处力度，进一步规范了上海的广告经营秩序。

展望未来，广告业面临新的挑战和机遇，让我们在“三个代表”重要思想指导下，坚持与时俱进，开拓创新，为上海广告业发展作出更大的贡献。

STVN
NE
东方卫视
CHANNEL YOUNG 生活时尚频道
电视剧频道
第一财经 C B N
上海文广新闻
广告投播热线：8621 62588899 62565899转广告经营中心　传真：862

体育频道 幻京频道 文艺频道 戏剧频道 音乐频道 上海东方广播电台

团广告经营中心

022 62676855 地址：中国上海南京西路651号广电大厦11楼 邮编：200041

新眼界，新上海
新版《新民晚报》，与您一起用新眼光看新上海。
新民晚報
飞入寻常百姓家
XINMIN EVENING NEWS

DUMEX®

PANDA
熊猫手机

Electrolux
伊莱克斯
生活本来就是享受

Audi
一汽-大众

ICI Guardian
家丽安

Johnson & Johnson

Emirates
SkyCargo

中華
ZHONG HUA

Elizabeth Arden
伊莉沙伯雅顿

中国建设银行
China Construction Bank

Pt
国际铂金协会

NESTEA

有家就有联合利华
Unilever

Interbrew
The World's Local Brewer

BIRD

中国移动通信
CHINA MOBILE
移 动 通 信 专 家

VERTU

OMO
奥妙

中国平安
PING AN OF CHINA

露 华 浓
REVLON

这些领先品牌都有什么共同点???

LOWE

在每一个伟大的品牌背后有另一个伟大的品牌

想要使品牌闻名世界，请与伏虎或詹士联系

tiger.fu@loweworldwide.com
86 21 52921000 × 811

addison.james@loweworldwide.com
86 21 52921000 × 747

传承文化 创意生活
琉璃。
曾经是中国人智慧的结晶。
千年一瞬，现在依旧是流行全球的艺术。
上海广告有限公司 地址:上海市华山路868号 邮编:200050 电话:86-21-63668828 传真:86-21-63668318 网址:www.shanghai-adv.com

2004
新“美”猴，敬请注视
1956猴年诞生的上海美术设计公司，
48年来感同身受中国变化，
以务实的服务帮助众多品牌在市场内呼风唤雨。
2004本命年，“美”猴改制变身，
实力升级，锦绣前程，自然惹人注目！
上海美术设计公司
SHANGHAI ART-DESIGNING CORP.
地址：上海市漕溪路258弄23号 电话：0086-21-64836699 邮编：200235 网址：www.shad.cn
ADD:No.23,lane 258,Caoxi Road.Shanghai Tel:0086-21-64836699 PC:200235 Http://www.shad.cn

海派的，国际的……

植根本土文化，提升国际理念

上海市广告装潢公司与世界著名的广告集团日本株式会社旭通DK合资，成立了上海广告装潢有限公司。目前她是国际广告协会会员、中国广告协会会员、上海市广告协会副会长及常务理事单位。

上海广告装潢有限公司具有设计、制作、发布、代理国内外各类广告的资质和能力，公司在企业识别设计、品牌策划、户外广告、媒体代理、展览展示等方面具有相当的实力和优势。公司在上海浦东国际机场CI国际比稿中脱颖而出，一举中标；顺利承办了上海汽车销售总公司桑塔纳系列轿车全国巡回展，并成为平面媒体促销广告的总代理；成功完成了上海市城市规划馆航空港和上海市黄浦区城市规划馆的设计、制作和布展；承担设计了《上海市轨道交通识别系统手册》，该手册的设计内容规范了上海市轨道交通所有线路的识别色和导向系统；同年还在国家重点工程上海磁悬浮列车建设项目中，赢得了举世瞩目的磁悬浮交通视觉识别系统设计项目并圆满完成，在国内外同行中引起积极反响。目前还为许多日资企业提供综合代理和SP、PR服务，赢得外商广告主的广泛好评。

我们一直奉行“海派的，国际的”企业理念。以“植根本土文化，提升国际理念”为企业宗旨，整合资源，强调方法、崇尚团结、追求创新，以“为客户提供最完善的服务”为企业目标。如果说国际化是现代的，本土化是特色的，那么国际化和本土化的交融就应是具有现代特色的。这是我们对广告的要求，更是我们对广告的追求。

ADK

上海广告装潢有限公司

地址：上海市巨鹿路417号3楼　电话：62720973

SEI-KATSU-SHA
生　活　者

"生活者"是博报堂独到的概念，对我们来说，生活者不是一位接受我们居高临下、堂堂说教的听众，而是与我们平起平坐的谈话对象。

在过去很长的一段时间里，顾客仅仅被视为"消费者"，他们只不过是一个具有购买习惯的群体，然而，在博报堂的眼里，每一位顾客都是生活中独具个性的"生活者"，他们有着不同于他人的价值观，有自己的光荣与梦想，正是这一独到的广告宣传与营销宗旨，使我们能够深入了解每一位顾客的心理，令其他公司难以匹敌。

您正在寻求促销与广告资讯的途径吗？请您先找博报堂！

上海博报堂广告有限公司
上海市淮海中路300号香港新世界大厦15楼
邮编:200021
电话:021-63866776　传真:021-63860016

上海博报堂广告有限公司广州分公司
广州市天河区体育西路109号高盛大厦7C
邮编:510620
电话:020-38785393　传真:020-38785001

上海博报堂广告有限公司北京分公司
北京市朝阳门外大街19号华普大厦608室
邮编:100020
电话:010-65802280　传真:010-65802717

http://www.hakuhodo.com.cn

想进入消费者大脑？

来，先经过我们大脑。

在人类最神秘的大脑中，有95%的领域，尚未被开发。在中国，这个未来世上最大的市场中，仍有95%，等你开发。这一处充满新族群，新消费，新趋势的秘境，谁能与你共同探索？10年来，奥美在中国，致力于全球经验本土化，为联合利华、肯德基、柯达、IBM、摩托罗拉、白兰氏、青岛啤酒、中国网通、科龙等成功地稳据了中国的市场，印入了人们的脑海。如果你拥有自豪的产品，欢迎与奥美联系。我们会为你，在那95%里，先订个位子，当然是最好的。

• 奥美上海：(021)62183009 • 奥美北京：(010)85206688 • 奥美广州：(020)38771888 • 奥美福州：(0591)7581966

Ogilvy

可以这样看问题

这样可以看问题

看问题可以这样

TBWA\SHANGHAI

TEQUILA\CHINA

想颠覆看问题的角度

找到颠覆性的答案，请联络我们

Gavin Heron Ruth Ang Felix Wong

Tel:(8621) 6327 6018

问题可以这样看

让品牌走红的地方
上海旭通广告有限公司 上海市淮海中路887号永新大厦10楼 021-64674118 ADK

MPI 媒体伯乐

全覆盖 全网络

MPI 北京 Beijing

MPI 南京 Nanjing

MPI 成都 Chengdu

MPI 重庆 Chongqing

MPI 武汉 Wuhan

MPI 上海 Shanghai

MPI 广州 Guangzhou

MPI 深圳 Shenzhen

MPI 香港 HongKong

媒体类别	位置	广告位置数目
交通工具		
交通工具	中国内地	16,200
轨道交通	中国内地及香港	35,300
的士	香港	1,000
广告牌及街道设施		
广告牌及街道设施	中国内地及香港	3,120
总数		55,620

媒体伯乐集团有限公司是大中华地区处于领先地位的户外多种媒体管理商，拥有以公交与轨道媒体为核心的多元化户外广告设施。集团于二零零二年一月三十一日在香港联合交易所创业板成功上市。

一九九零年，本集团开始在香港从事户外广告业务。一九九四年起将业务拓展至内地。目前集团已经在中国内地7个最主要城市设立了12家分公司或合作公司，交通工具广告媒体网络已遍布中国六十九个城市。

媒体伯乐集团是晨兴集团的一份子，并为恒隆集团之陈氏家族所拥有。在过去的十二年中，凭借晨兴集团的坚强实力为后盾，媒体伯乐已巩固了其在香港户外广告市场中的领先地位，同时，在中国内地的业务拓展亦取得了令人瞩目的成绩。

媒体伯乐集团有限公司

Media Partners International Holdings Inc.

通达理

追求卓越　永续发展

多元化广告工厂

www.tunderlygroup.com

香港通达理上海企业以立足于中国的传统文化精髓为根本，把握国际广告产业发展之脉动，秉承"诚、信、精"的经营理念，为客户提供多元化的服务，项目不但涉及国内外各类媒体代理、品牌推广、形象设计及装潢装饰、数码灯片、室内外灯箱制作等各类广告范畴；而且是数码行业内率先通过ISO9001:2000质量管理体系认证的企业；其服务网络遍及中国各个省、市，并成为广告界中建立辐射服务网络的先导者。

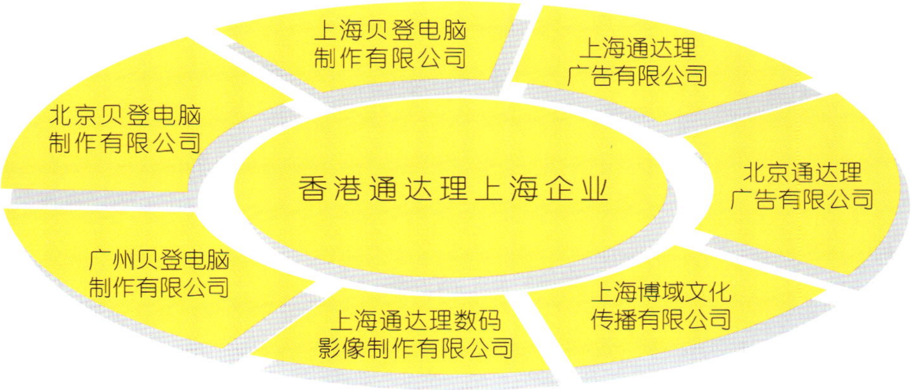

项目涵盖：

- 国内外各类媒体的广告代理及发布；
- 数码灯片、写真、喷绘加工输出及室内外灯箱、展架制作；
- 企业形象连锁店的设计装潢、各类展会及形象展示展览产品的设计与制作；
- 品牌形象策划，广告设计，各类公关推介项目的组织与实施。

上海市漕河泾开发区桂平路470号12号楼3层　电话：021-64959951　Email：tunderly@tunderlygroup.com

广州市中山五路193号百汇广场2117室　电话：020-83649187　Email：beideng@vip.163.com

北京市朝阳区朝外大街吉庆里9-10号蓝筹名座D座3单元602室　电话：010-65512571　Email：tunderly@263.net

ADSHEL

中国首屈一指的户外广告公司，

主要从事公共汽车候车亭广告业务

海南白马广告媒体投资有限公司

简 介

海南白马广告媒体投资有限公司是中国首屈一指的户外广告公司，主要从事公共汽车候车亭广告业务，并建立了一个覆盖全国29个城市的“风神榜"媒体网络。我们的控股公司于2001年12月19日在香港主板市场上市，是中国内地首家在香港成功上市的户外广告公司。

白马广告于1995年进入户外广告业，率先建立了由16个城市组成的候车亭广告网。为了进一步扩展业务，白马广告于1998年与Clear Channel合资成立海南白马广告媒体投资有限公司。借助于外方雄厚的资金，先进的管理经验和Clear Channel公司旗下知名的户外媒体品牌Adshel的品牌优势，海南白马推出中国候车亭广告网的强势品牌-风神榜(Adshel Network)。海南白马将风神榜公共汽车候车亭媒体网络作为主营业务，并积极开拓新的户外媒体产品及服务种类，先后在国内29个大中城市投资近十亿元人民币兴建候车亭、的士站、路名牌、大型广告看板等，在美化城市、改善市政交通设施方面起到重大作用。

发展到今天，风神榜已遍布全国29个重点城市，共有20,000多个灯箱，形成了全国性网络覆盖，为国际品牌的驻入和国内品牌的发布提供了完善的一站式户外广告服务，对促进各地经济发展起到了良好的作用，受到了各地政府的欢迎和大力支持。

海南白马的经营目标是成为中国最大的户外广告公司，并保持产品、服务及专业水平方面一贯良好的信誉。随着中国成功加入WTO，经济持续发展，城市建设速度的加快以及市场体制的逐步完善，海南白马将把握好中国户外广告业的无限商机，继续巩固保持市场竞争优势，进一步加大投资力度，扩大经营范围，坚持以政府市政规划为指导，积极参与配合各地的城市建设，为城市的建设、经济的发展做出最大努力。

总公司地址： 广州沿江中路298号江湾大酒店中区商业大厦4楼

上海分公司地址： 上海市黄陂北路227号中区广场2602-2604室

邮编： 200003

电话： 021-63758789

传真： 021-63758768

公司网站： www.whadshel.com

东方明珠移动电视

Pearl Mobile TV

DIGITAL **数字**传送新技术

TELEVISON **电视**媒体新模式

INFORMATION **信息**资讯新渠道

A.D. **广告**投放新热点

- **发起单位**：上海东方明珠移动多媒体有限公司由上海文化广播影视集团、上海东方明珠（集团）股份有限公司、上海文广新闻传媒集团、上海东方明珠传输有限公司、上海广播科学研究所等单位共同发起创建。
- **技术手段**：东方明珠移动电视采用当今世界最先进的数字电视技术，通过无线数字信号发射、地面接收的方法进行数字电视节目的广播，运用单频网技术在市区范围内进行发射信号布点，使市区的信号覆盖达到90%以上。
- **节目播出**：东方明珠移动电视每天早晨6点20分至晚间24点不间断播出新闻资讯各类节目，包括《上海早晨》、《新闻早八点》、《午间新闻》、《新闻报道》、《新闻联播》、《新闻晚报》、《新闻夜线》等。另有《荧屏七彩》、《娱乐放送》、《今日气象》、《动感瞬间》、《双喜幽默》等数十档根据移动人群特点设置的“短、频、快”特色栏目。
- **平台建设**：东方明珠移动电视已先后成功开发了上海市区130多条公交线路、出租车、轮渡码头、浦江游轮、快速客艇，以及部分三级甲等医院、东方绿舟青少年活动基地、上海浦东发展银行市内营业厅、可的便利店、肯德基快餐店和高档连锁餐厅等，年内总平台数可突破7000个。
- **主营业务**：东方明珠移动电视以其高覆盖、高频次的广告投放、时段资源的错位播出、兼具电视及户外媒体广告等的众多优势，正不断得到国际著名广告公司以及众多国内知名品牌的认可，已逐步成为了广告投放的新热点。2004年1－4月，东方明珠移动电视的广告收入突破1000万元人民币，预计年内收入近4000万元。受众的普遍欢迎和经营创收的稳步提升为东方明珠移动电视这个信息型移动户外数字电视综合传媒向更新、更高领域的发展打下了坚实的基础。

移动电视广告投放热线：021-63610622

地址：上海市南京东路627号6楼A座　**邮编**：200001

总机：021-63610077　**传真**：021-63610733

中国优势广告企业
One Of The Best Advertisement Companies
全国广告行业文明单位
National Advertisement Model Unit
上海市重信誉、创优质服务先进单位
Good Credit Standing,Good Quality Service Model Unit
上海市重合同、守信用单位
Good Credit Standing Unit
东湖广告
Donghu Advertising & Decoration Co.,Ltd
设计、
Design,
制作、
Make,
代理发布国内外广告
Take Agent For Issuing Domestic And Foreign Advertisement
SAMSUNG
三星笔记本电脑
上海东湖广告装饰有限公司
Shanghai Donghu Advertising & Decoration Co.,Ltd.
www.donghu-ad.com
地址:上海市东湖路70号(东湖宾馆)四号楼 电话:64737022 传真:64156934 邮编:200031 E-mail:donghuf@online.sh.cn
Add:Building 4,No.70 Donghu Rd,Donghu Hotel,shanghai Tel:021-64737022 Fax:021-64156934 Zip:200031 E-mail:Donghuf@online.sh.cn

由著名体育赛事推广人
郁 知 非
总经理率领的
在中国专业从事世界一级方程式大奖赛与赛车运动宣传推广及广告经营的专业公司
SHANGHAI CIRCUIT
CCTV
上海中山南路28号久事大厦29楼
电话：8621-63300182
传真：8621-63300422
网址：www.icsh.sh.cn
邮编：200010
上海国际赛车场广告经营有限公司
SHANGHAI INTERNATIONAL CIRCUIT ADVERTISING CO.,LTD.

与您齐心协力　　创造美好未来

上海飞帆广告有限公司
上海西南广告有限公司

Add：上海市中山南二路777弄东安花苑2号楼14楼　Tel：54252779　Fax：54248300
http：//www.sh-xifei.com.cn　E-mail：xifei@sh-xifei.com.cn

因为雅仕维
您将被认识得
更清晰 完美
户外媒体好搭档
雅仕维广告媒体有限公司 上海. 北京. 香港. 广州. 成都. 西安. 深圳
www.asiaray.com www.chinaairportad.com

超越极限——
与您共享广阔的空间
大众广告成立于1993年1月11日，于2003年4月改制为上海大众广告有限公司，注册资本800万元。是一家拥有独立媒体，集设计、制作、代理、发布国内外各类广告于一体的综合性广告公司。
公司致力于流动媒体的广告开发和运作，现共拥有13000多辆上海的公交车、出租车和物流货运车三大流动媒体以及部分户外公共设施媒体的广告网络优势。
公司的创意设计作品在上海和全国的商业和公益广告作品大赛中以及第四、第六、第八、第九、第十届中国广告节上连续多次获奖，有部分还被编入中国优秀广告作品集；在上海多项市政、公共设施设计项目的招投标中，公司的设计作品多次中标被采纳。
公司首家成功地开发了信息咨询类的平面媒体——《引领大众》广告期刊，在上海“大众”的出租汽车上定点派发、免费取阅；其强势的广告效应深受广大乘客欢迎。自1998年起已成为沪上广告业的“百强企业”之一；公司目前的总资产已过1800万元。
公司自1993年起连年荣获：上海市广告行业“重信誉、创优质服务”先进单位。
公司自1995年——2000年连年被评为：上海市广告行业“重合同、守信用”单位。
公司自1998年——2002年连年荣获：上海市城市交通管理局（原上海市公用事业管理局）局级文明单位。
公司自2000年——2003年连年荣获：全国广告业文明单位。
公司在2004年被认定为：中国一级广告企业。
上海大众广告有限公司
SHANGHAIDAZHONG ADVERTISING CO., LTD.
地址:中国上海市中山西路1515号(大众大厦)7F
电话:(021)64287280转 传真:(021)64286890 邮编:20023
E-mail:dzpta@sh163.net 网址:dzgg.96822.co

元太广告　以体育连接中国的领先市场

Yuantai(shanghai Beijing Guangdong) Link the leading market by sports

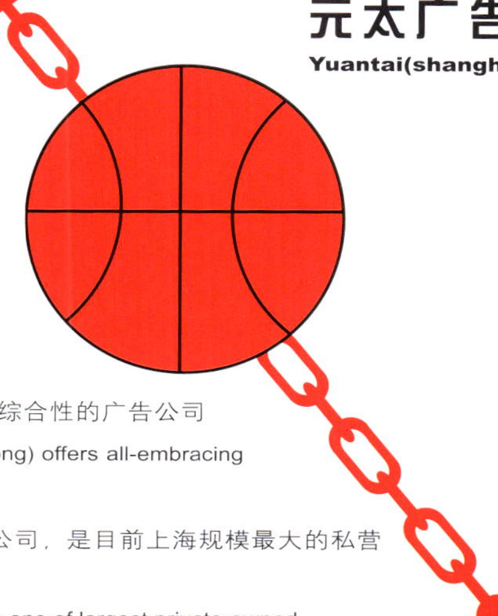

元太广告－－一家有全面代理国内、外客户能力的综合性的广告公司

Yuantai Advertising Co., Ltd. (shanghai Beijing Guangdong) offers all-embracing expertise to clients nationwide and worldwide.

元太广告－－全国广告行业排名100强中前20位的公司，是目前上海规模最大的私营广告公司之一

Ranked in top 20 of all agencies in the country, Yuantai is one of largest private-owned.

元太广告－－擅长媒体广告代理，尤其是体育媒体广告的销售，是国内销售规模最大的专业媒体广告购买公司之一

Also one of the largest media proxy in scope, Yuantai specialized in media selling, in particular sports. Rich experience and success built our reputation.

国际化的思考，本土化的行动，通向中国市场的成功之桥

－－元太广告

Yuantai believes in "Global thought, local action" and wishes to be bridge over Chinese market for all brands.

元太广告总代理

Yuantai, the exclusive advertising agency for

上海电视台体育频道
Shanghai TV Great Sports channel

北京电视台体育频道
Beijing TV Sports channel

广东电视台体育频道
Guangdong TV Sports channel

东方卫视中超联赛
Dragon TV CSL

《运动休闲》杂志
<Sports & Leisure>

《搏》杂志
<Bo sports magazine>

上海：021-32144518　北京：010-88091478　广州：020-38911198

投平面广告
要一出现就反应很大
中润广告全面代理上海重量级三报三刊 让你的广告有足够的威慑力
透过专业的品牌化管理和个性化经营，不仅成就了中润，也使《新闻晨报》、《申江服务导报》、《东方体育日报》、《旅行者》、《都市生活IFLAIR》、《支部生活》等报刊杂志日渐成熟，成为上海平面媒体中举足轻重的角色。找到中润，就找到了能影响上海的平面媒体。
旅行者 World Traveller
IFLAIR
支部生活
上海中润广告有限公司
广东路500号世界贸易大厦12楼/200001 电话/33044599 传真/63224877

地址：上海天目西路547号恒基不夜城广场逸升阁21层 电话：63538106 转各部 传真：63533161

把心交给读者

2003年12月，中共上海市委、市政府决定，以上海文艺出版社、上海书画出版社、上海人民美术出版社、上海画报出版社、百家出版社、上海文化出版社、上海音乐出版社、上海文艺音像出版社为基础，筹建新的上海文艺出版总社，进行专业出版集团和大社名社发展新路的探索，目标是建成以文学艺术出版物为主要特色的专业化、集团化、走内涵式发展道路的新型出版机构。2004年2月，新闻出版总署同意，在上述8家出版社基础上组建上海文艺出版总社。2004年6月，新的上海文艺出版总社完成筹备工作，全新亮相。上海文艺出版总社旗下8家出版社和29种报刊在文学艺术等出版领域具有雄厚的专业实力和广泛的社会影响，培育并造就了一批久负盛名的书刊品牌。50年前，“人民作家”巴金曾主持上海文艺出版社的前身之一上海文化生活出版社、平明出版社，在中国文学史和中国出版史上留下了光辉的一页。今天，上海文艺出版总社作为一个新崛起的专业出版集团，将秉承巴金精神，“把心交给读者”，不断提升文化创造力、文化影响力，为读者奉献更多、更好的精神产品。

2004年6月
全新亮相
上海文艺出版总社
一个新崛起的专业出版集团

上海文艺出版总社

SHANGHAILITERATURE&ARTPUBLISHINGGROUP

旗下29家报纸杂志暨
上海天下合力传媒发展有限公司
上海文艺广告传播中心
联名祝贺：

香港金日集团代表

The representative of Hong Kong Golden Sun Investment Holding Co.,

金日的业务刚开始交给焦点时只有平面设计，慢慢地他们介入了品牌管理，当第一个以吕良伟为形象代言人的广告推出后，金日品牌的知名度提升很快。焦点广告对市场和产品的了解有时超乎我们的预想，对市场的预测不是匆匆下结论，而是思考周密完整，很用心。我们后来开发了心源素，从命名、包装设计到品牌管理都交给了焦点，事实证明，他们是称职的广告代理商。

Since the Focus gradually entered the management of Brand, and then famous Movie Star Mr. Liu lang wei was chosen as the advertising image spokesman, Golden Sun's brand has been risen so fast. Focus's knowledge about the market and product often overstep our estimation. When we developed the Golden Sun Fountain of Heart Capsules, we entrusted them both naming the product and designing the package. It is proved that Focus is a competent agents.

青春宝集团代表

The Representative of Qing CHun Bao

刚接触焦点后，得知他们还有一个销售代理公司。焦点广告分析青春宝生意来源，说服我们拓展销售渠道，把青春宝从药店扩展到超市和大卖场销售。后来，他们对青春宝广告进行了全新策划和包装，第一年，上海的销售翻了一倍。我们发现，焦点广告很懂市场，也很实际，作为客户我们只相信销售数字的改变。

We knew that Focus still possessed a sales agent company. After analyzing the business of Qing Chun Bao, they give us an entirely new plan and package. Then the sales volume was doubled in Shanghai at the first year. We find that the Focus quite understands the market and it also has good ideas for promotion. Actually, to be act as a client, only the change of sales figure can make us conviction.

江中集团代表

The Representative of Jiang Zhong Corporation.

江中非常了解广告公司应该干什么？
我们选择广告公司主要看三点：
第一：他做过哪些客户？
第二：他们对产品有没有热情？
第三：他们有没有灵性？
我们选择焦点，主要是焦点人很有激情，创意非常有灵气。

Our standard for selecting advertising is mainly on these points:
the first: which clients they have served?
The second: are they full of enthusiasm for our products?
The third: if they have power of understanding.
Why we select Focus as our advertising agency? Because the Focusese are full of exciting and understanding.

中华多宝代表

The Representative of Zhong Hua Duo Bao Corporation.

焦点广告我们在1994年做保健品时就听别人介绍过，当时宁红减肥茶就是他们一手策划的，市场业绩很好，我们找广告公司最重要的是看他们懂不懂市场，广告人最容易误入一味追求获奖和空谈之中。我们幸运地发现焦点的策划班子很明白广告就是为了生意，企业只有活下来，才能谈品牌建设，所以我们把睡宝珍维胶囊全部交给了焦点。

Before me met Focus,we paid millions for the marketing already.Someone suggestted us to contact Focus, They did not talked more about advertisement but about how to increase the business. To try the second time, we felt so hard. when the third month coming, we felt so excited,the saleroom incrcased quickly.Now we truse Focus:they know not only the short but also the long strategy.Their Business faith is:help the customer to get profit first.

宁红代表

The Representative of Ning Hong Corporation

焦点广告与我们合作五年了，既做宁红广告又做宁红销售，一直把宁红当自己的品牌。宁红的预算每一年都不多，消费者却认为宁红广告量很大。这一点应归功于焦点，他们在媒体上有创意，常常能有出人意料的点子。

Focus has co-operated with us for five years. We don't pay a lot of advertising budget every year, but consumers consider the quantity of Ning Hong's advertising is so large. This is the contribution of Focus. They always give us some unexpected ideas on media. We pay less and get more because Focus keeps an attitude of careful calculation and strict budget for the clients.

丰韵丹代表

The Representative of Feng Yun Dan Corporation

丰韵丹以一句“没什么大不了”创造了高知名度，焦点来接洽比稿时，我们印象深刻，他们清晰地指出了丰韵丹的销售瓶颈和广告解决之道，就凭着焦点对市场的敏锐，我们把江、浙、沪的广告预算交给了焦点。果不其然，丰韵丹在上海一露面，焦点策划的　“丰韵丹邀你共度丰韵好时光”的女性活动专场，就获得空前响应，那一年，我们用200万赢得了1000万。我们认为焦点对市场很敏锐，有原创力。

Basing on Focus' distinct knowledge about the strategy of marketing and advertising, we entrust them the entire adverting budget including Jiangsu, Zhejiang and Shanghai. As soon as Feng Yun Dan entered into the market, the female Event that Focus planed "Feng Yun Dan Invites You to Share the Happy Time" won an unprecedented respond. We paid 2 million but earned 10 million that year. We consider Focus is full of keen sense of marketing and original creative power.

FOCUS

Focus Advertising Co.,Ltd.

上海焦点广告传播有限公司

上海徐家汇路550号29层
电话：[021]63055858 63050555 63050666 63056767
传真：[021]63052333
邮编：200025
电子邮件：joanab@focus007.com

一个产品每年都能持续以100%的势头攀升，背后的力量在哪里呢？

首先让我们告诉你，这个产品是青春宝抗衰老片，严格意义上讲，它已经是一个和人们生活紧密联系在一起的知名品牌了，是健康和青春的象征。当它1995年再次进入市场的时候，勿庸置疑，任何一个追求业绩的企业主都会对以下销售数据感兴趣的：1998年浙江5000万；1999年浙江7000万；2000年浙江1.5亿；2001年浙江3.2亿；2002年浙江4.5亿。

更不可思议的是：在青春宝年度庆功宴上，坐在青春宝集团总裁冯根生身边的就是我们焦点广告公司的执行总裁徐丽女士，席间冯总让大家全体起立，由衷的说道：让我们大家一起来感谢我们的外脑——上海焦点广告。

的确，上海焦点广告传播有限公司是目前上海卓为成功的全行销策略型综合广告代理公司，我们懂得广告的最终使命是“善卖产品”和“经营品牌”，在行业人的眼里，焦点广告颇为成功，一方面是客户较为稳定，合作关系都超过三年以上；另一方面，客户在目标市场取得的业绩都十分骄人，品牌力持续发展。

在焦点广告公司，你可以看到这背后的力量在哪里！

先看看焦点是如何定位什么是出色的广告人：首先必须是一个杰出的市场行销人员，懂得市场，有生意观念和销售直觉；其次更是一个能深入生活的“普通人”，熟知消费者的要求，了解他（她）目前的动态，能预知他（她）下一步的行动，甚至在他（她）行动之前。已经准备好他（她）需要的一切。因此在以人为本的基础上，焦点有自己年营业额超过亿元的销售代理公司，管理和规划通路的建设；有自己能独立进行市场调研和策略研究的机构，擅长策略分析和抉择；有一群工作8年以上深入探究和了解生活的广告策划创意人，正是他们让广告变成了魔术棒，让消费者兴奋、哭泣、欣喜、行动和满意。所以，客户往往会把产品概念的发想、取名、包装设计、价格策略、通路选择、直效行销及整合广告传播，每一环节都交给焦点，正如金日集团的董事长李仲树先生所说的那样：“焦点广告对市场和产品的了解超出了我们的预想，焦点对市场和产品的定位不是匆匆下结论，而是思考周密完整，很专业很用心。”

站在市场的最前沿，我们和消费者面对面接触，焦点广告让你的产品成为焦点。正因为如此，许多广告主不仅冲着焦点的广告策略和表现而来，甚至把销售管理都交给了焦点广告。

如果你想了解一个产品如何在正确的策略引导下，持续以100%的势头攀升，你不妨亲自来焦点看看，你就会知道这背后的力量是什么！

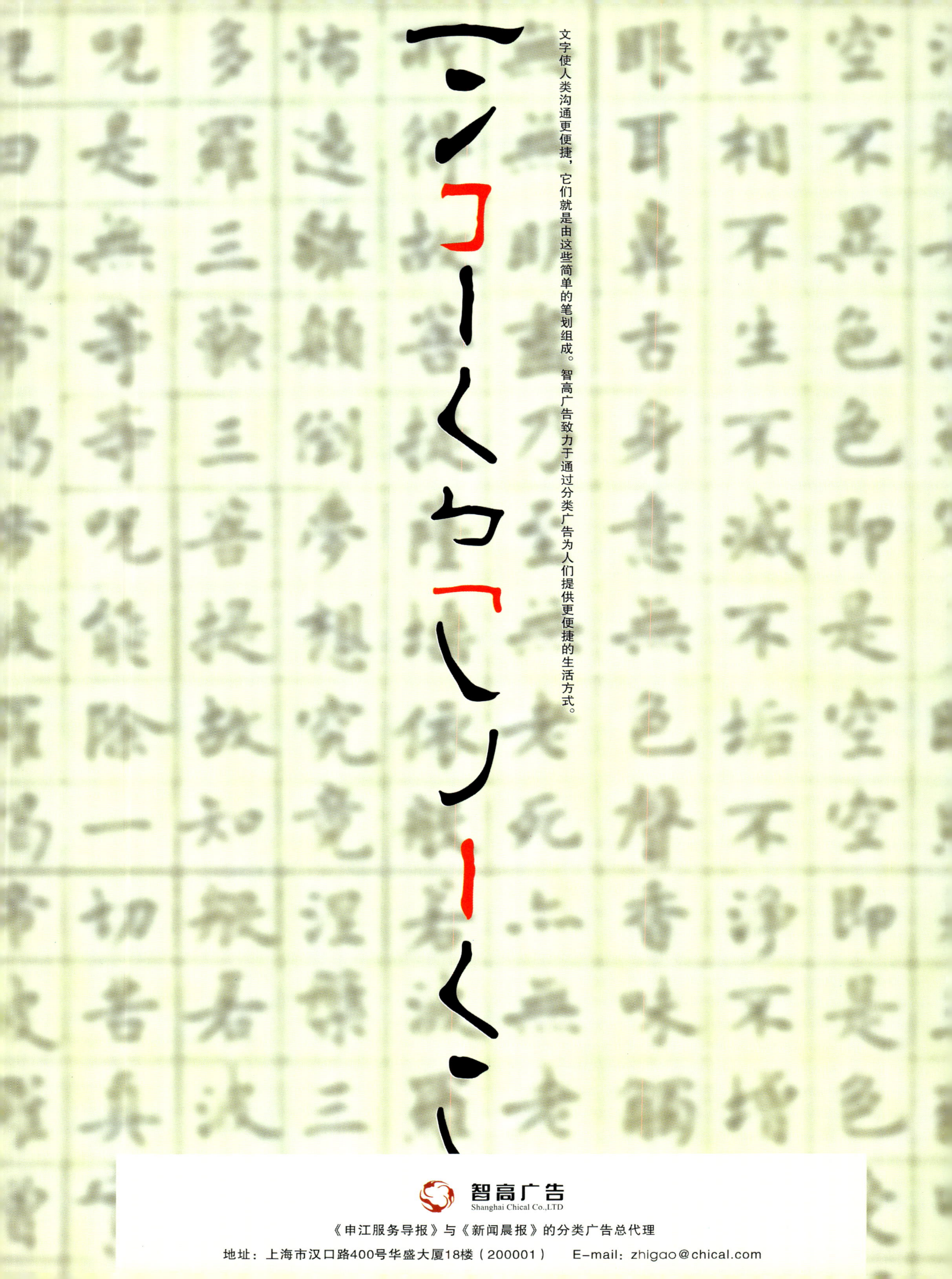
文字使人类沟通更便捷，它们就是由这些简单的笔划组成。智高广告致力于通过分类广告为人们提供更便捷的生活方式。
智高广告
Shanghai Chical Co.,LTD
《申江服务导报》与《新闻晨报》的分类广告总代理
地址：上海市汉口路400号华盛大厦18楼（200001） E-mail：zhigao@chical.com

若问十年叶落处
化作春泥更护树

上海运筹国际广告有限公司
SHANGHAI EXCEL INTERNATIONAL ADVERTISING CO.,LTD

地址：上海市零陵路800号东亚大厦16楼　电话：64266666x1600　64391381　传真：64390993　邮编：200030

SHANGHAI 淮海中路138号上海广场8楼805室 200021 Tel:86-21-53860088 Fax:86-21-64400506 RM 805 SHANGHAI SQUARE NO.138 MID. HUAIHAI ROAD
BEIJING 朝阳区朝外大街18号丰联广场810室 100020 Tel:86-10-65881406 Fax:86-10-65084808 RM 810 FULL LINK PLAZA NO.18 CHAOWAI STREET, CHAO YANG DISTRICT

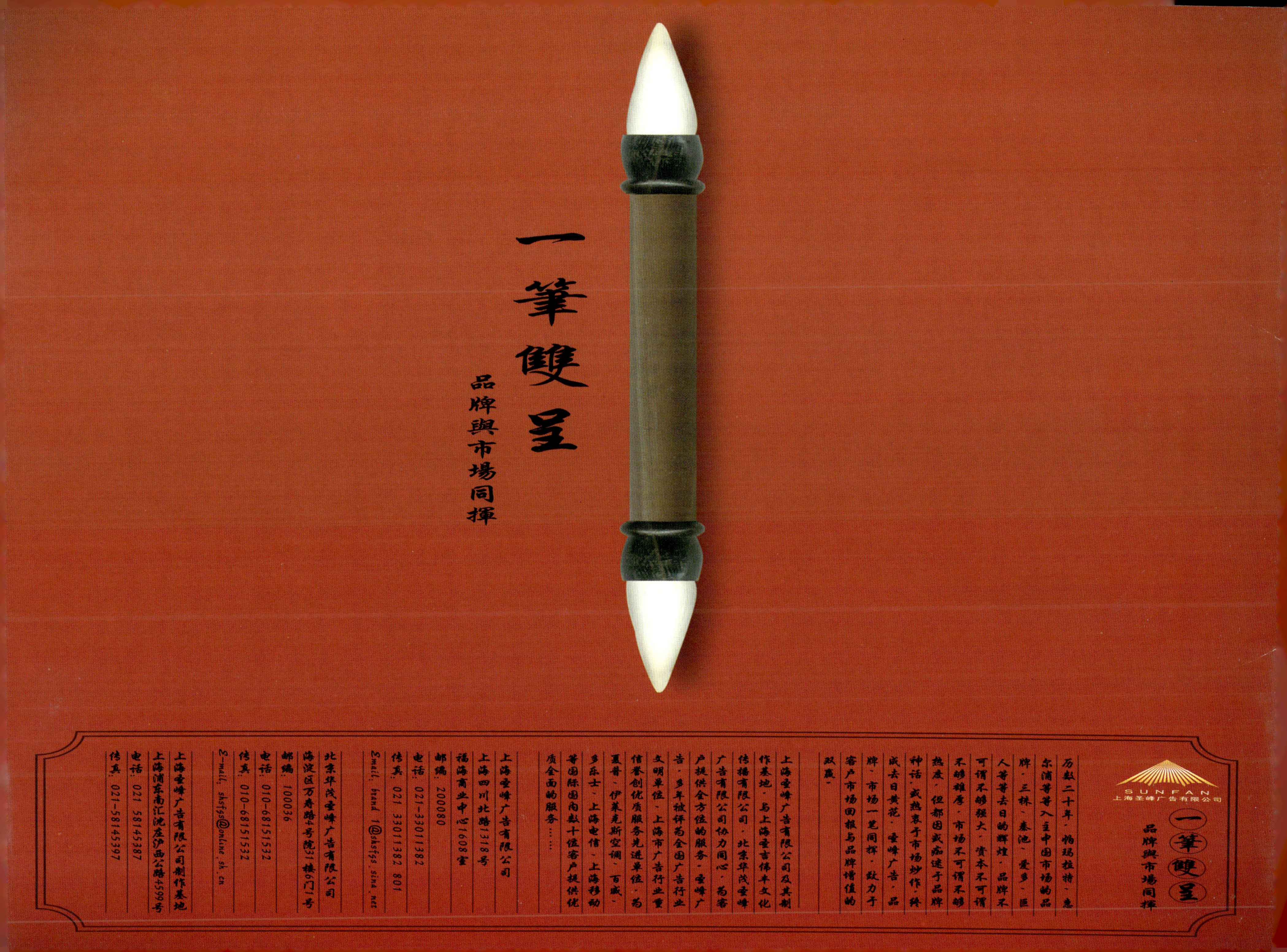
一筆雙呈
品牌與市場同揮
SUNFAN
上海圣峰广告有限公司
一筆雙呈
品牌與市場同揮
历数二十年，帕玛拉特、惠尔浦等等入主中国市场的品牌，三株、秦池、爱多、巨人等等去日的辉煌，品牌不可谓不够强大，资本不可谓不够雄厚，市场不可谓不够热度，但都因或痴迷于品牌神话，或热衷于市场炒作，终成去日黄花。圣峰广告，品牌、市场一笔同挥，致力于客户市场回报与品牌增值的双赢。
上海圣峰广告有限公司及其制作基地，与上海圣吉伟丰文化传播有限公司，北京华茂圣峰广告有限公司协力同心，为客户提供全方位的服务。圣峰广告，多年被评为全国广告行业文明单位、上海市广告行业重信誉创优质服务先进单位，为夏普、伊莱克斯空调、百威、多乐士、上海电信、上海移动等国际国内数十位客户提供优质全面的服务……
上海圣峰广告有限公司
上海四川北路1318号
福海商业中心1608室
邮编：200080
电话：021-33011382
传真：021 33011382 801
Email: brand 1@shsfgs.sina.net
北京华茂圣峰广告有限公司
海淀区万寿路4号院31楼6门1号
邮编：100036
电话：010-68151532
传真：010-68151532
E-mail: shsfgs@online.sh.cn
上海圣峰广告有限公司制作基地
上海浦东南汇沈庄沪西公路4599号
电话：021 58145387
传真：021-58145397

上海合力廣告有限公司
SHANGHAI CLIMB AD. COMPANY

公司简介

上海合力广告有限公司是一家具有广告设计、制作、代理、发布资质的综合性专业广告公司。公司成立于一九九七年。

公司秉承专业、诚信的服务宗旨，汇集了众多从事广告事业多年的专业技术人员，在我们周围更是聚集着一群被称为“广告发烧友”的精英人才！

公司拥有独立的媒介部（新世界广告交易中心入驻单位）和设施完备的制作工场，专业从事媒介代理、展览、展示、商场、户外广告设计制作，“动手能力”是公司的显著特长。

公司成员中从新闻行业“转业”的人员占有相当比例，信息、传媒的通路是我们的老本行！

公司最大的“产业”，是被称作现代城市衣衫、企业品牌“点睛之笔”的户外媒介的占有！

HELI Advertising (Shanghai) Co., Ltd., Founded in 1997, is a comprehensive AD company with legal qualifications for design, production, agency, and outdoors issuance.

With “Honesty and Creditability” as our service slogan, we have a strong team of professional, technical, and creative members with many years of experience in the field. The company also has engaged an inspired group of “AD Hi Fi” some real talents in the field in our work.

The company has an independent Media Division in the New Century AD Market as well as fully equipped independent manufacturing workshops, whose specialties are exhibition, booth decoration, outdoors Ad design and production. “Practical Efficiency” has always been our target and faith.

Since many members of our company had years of working experience in the fields of the press and the media, the company has an excellent PR capablity in the fields.

Outdoors advertising, being regarded as the fashion designing for modern cities and the “critical touch” for enterprise brand building activities, has always been our company's strength and the biggest revenue generator.

公司总部地址：

上海市江宁路495号（博鸿大厦）1908座 邮编：200041
电话：（8621） 62670340 62870354 62670839 62679567
传真：（8621） 62870353
Http:www.heli-sh.com

媒介部地址：

上海市延安中路839号1906座（新世纪广告交易中心） 邮编：200040
电话：（8621）62470957 62891146 传真：（8621）62891146

制作部地址：

上海市古浪路356弄168号 邮编：200331
电话：（8621） 62503016 62503013 62503012 62509039
传真：（8621） 62503012

媒體廣告

汤臣集团

汤臣集团

報紙廣告

万科地产

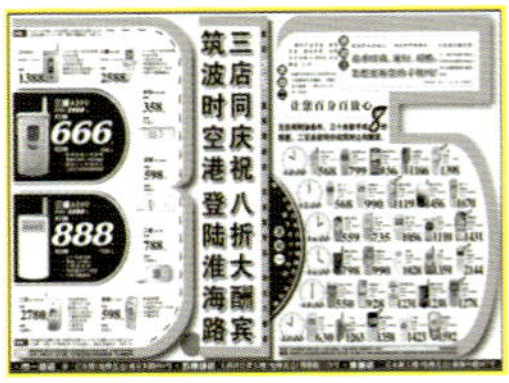
筑波通信

东源丽晶地产

整體策劃

洋山深水港现场实景图

洋山深水港项目效果图

协亨手机卖场设计制作

戶外製作

百安居商务楼顶广告

百事可乐售货亭

汤臣集团看板广告

展示設計

汤臣集团

菁诺地毯

能美西科姆消防

本公司年度经营额排名上海广告经营单位前50位

完美的合作伙伴
品牌管理/活动营销/媒介营销/直效行销/网络营销/视觉管理
網易 NETEASE www·163·com
NIPPON PAINT 立邦漆
ViewSonic
ANA
KIA 起亚汽車 KIA MOTORS
统一企业
Roche
福臨門
康乃馨 Carnation
OLYMPUS 奥林巴斯
Mrs. 威廉太太 Williams
娃哈哈
PARTWORKS 百特汇思
MEGA CHOICE
乔思广告
上海市打浦路1号金玉兰广场803室 电话:53960808 64661110 13501803800 www.megachoicead.com

FM94.7
好听的音乐调频
时刻调节你心情
东广经典音乐频率FM94.7 电话：021-62083813
虹桥路1376号广播大厦2102室 上海亦非广告有限公司广告总代理
ERS

动量传媒
Momentum Media

全国户外媒体投资运营商

机场

街区设施

大型阅报栏灯箱广告

上海动量广告传媒有限公司
地址：上海虹桥路1376号广播大厦2003、2005室
电话：62958099　传真：62958005
网址：http://www.momentummedia.com.cn

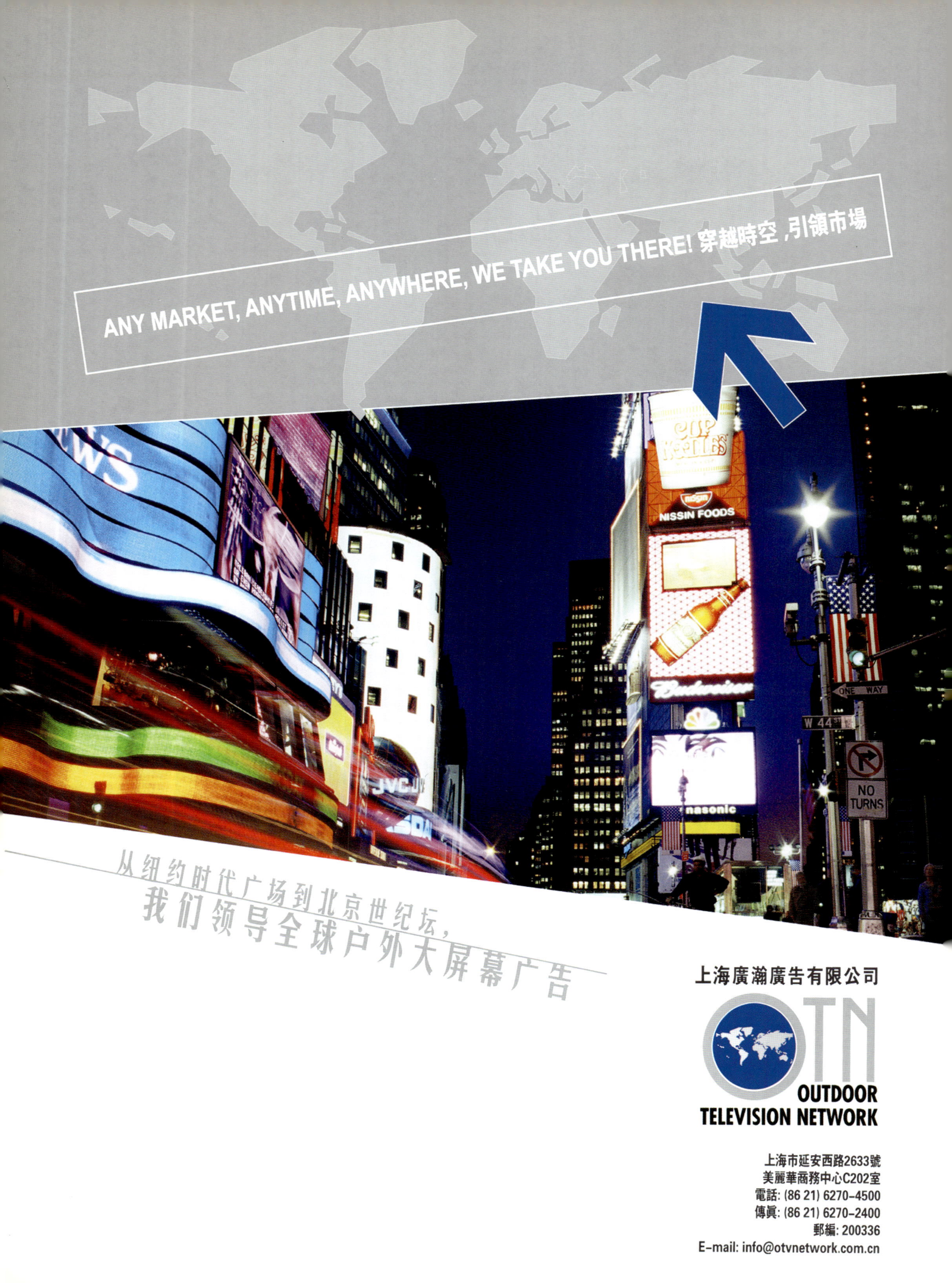
ANY MARKET, ANYTIME, ANYWHERE, WE TAKE YOU THERE! 穿越時空，引領市場
NISSIN FOODS
ONE WAY
NO TURNS
从纽约时代广场到北京世纪坛，
我们领导全球户外大屏幕广告
上海廣瀚廣告有限公司
OTN
OUTDOOR TELEVISION NETWORK
上海市延安西路2633號
美麗華商務中心C202室
電話: (86 21) 6270-4500
傳眞: (86 21) 6270-2400
郵編: 200336
E-mail: info@otvnetwork.com.cn

Express 地铁风 Shanghai

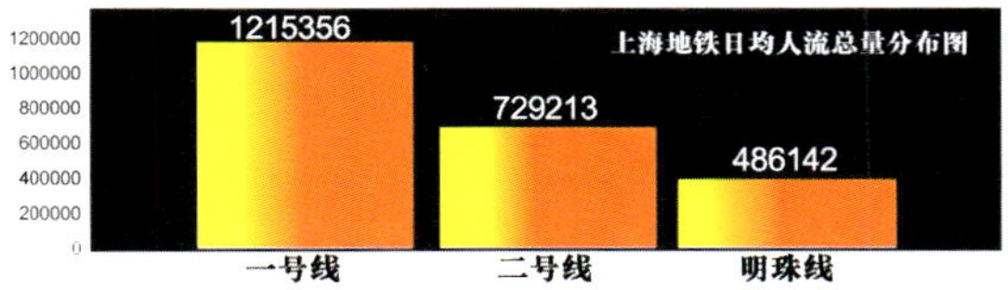

《地铁风》是以上海地铁一、二号线和明珠线48座车站为发布渠道的平面周刊，每周五免费发送。

广告热线 6427 0358、6227 3830、6474 7304、6427 0914

受众覆盖率 ■ **地铁交通动脉，蕴含无限商机** 上海地铁是城市公共交通的动脉，地铁一、二号线和轨道交通明珠线途经10区，设48站，辐射所有中心城区，途分布本市主要商务办公和娱乐购物密集区。快速、便捷的地铁交通，已成为众多市民、尤其是白领日常出行的优选。■ **开放式免费地铁媒体** 地铁风的主要行、发布渠道为设于三条地铁线上48个车站的100个报箱，报箱均放置于各站人流集中的站台或进出口。

有效阅读率 ■ **高品质受众群体** 作为上海地铁线上的领先媒体，地铁风拥有百万受众总体。受众以高学历、月收入1500-8000元、年龄20-49岁的读者为主；质优良的目标受众群，是地铁风广告实现高有效阅读率的坚实基础。■ **富有亲和力的媒体** 地铁风涵盖时尚、生活、家居等内容主题，向目标读者提供日常生、购物休闲和置业安家等方面的实用资讯。地铁风内容贴近目标读者的实际生活，版面设计突出视觉表现、推崇创意，并采用四色150线印刷。地铁风对受众亲和力，使受众对地铁风广告的抗拒心理相对较轻，而免费的地铁风对读者而言永远是超值的，因而地铁风广告具有更高的有效阅读率。

上海新文朋友广告有限公司主办 江宁路838号24F 电话：6227 3830 、6227 3935 淮海中路1298号（永隆商厦四楼）电话：6474 7304
上海博易广告有限公司设计制作 地址：凯旋路3500号 华苑大厦1号楼15F 传真：64391291

华基相信：在希望与成功之间总有道路可寻
土地评估/市场研展/企划推广/媒体整合/行销代
地址/上海市延安西路3058号2F 电话/021-54223088 传真/021-64013526 E-mail/huaji@online.sh.cn www.workinn.com
WORKINN华基

上海教育电视台
SHANGHAI EDUCATION TELEVISION STATION
台址：上海大连路1541号 邮编：200086
电话：（021） 65025106 传真：65834050 65150144
65834052 65934053 网址：www.setv.sh.cn
天天健康
Everyday Health
教育新闻
EDUCATION NEWS
绿叶新剧场
旅游纵横
绿叶精品剧场

解放日报报业集团

您最可信赖的朋友和合作伙伴

上海解放广告有限公司是解放日报报业集团下属全资子公司，主要负责《解放日报》、《报刊文摘》广告经营。每年，公司广告营收超过2亿元。

解放思想、开拓创新是解放广告不变的追求。自1993年成立以来，上海解放广告有限公司在集团和解放日报的领导下，经营业绩蒸蒸日上，发展速度长期位居上海媒体广告行业的前列。凭借资深的媒体经验和优秀的人才队伍，解放广告在IT、房产、汽车等行业不断打造出一个个响亮的广告品牌，市场占有率节节攀升。目前，上海解放广告有限公司正秉持与时俱进、开拓创新的经营理念，与沪上多家实力雄厚的广告公司强强联手，向全国一流的媒体购买公司的目标奋进。

解放广告，您最可信赖的朋友和合作伙伴。

解放广告，期待与您共进、共赢。

地址:上海市汉口路309号6楼 邮编:200001
电话:021-63521111转、021-63609610转

上海华人文化传媒有限公司

经营范围

为政府、媒体、企业等有关机构策划、承办各类大型活动；承接广告设计、制作；代理国内外广告业务，在《人民日报》华东分社及其它相关媒体设施上发布广告；室内装潢。

公司下设

影视部：63517342

资源战略部：63519288 转 80

广告部：63519288 转 81

医疗健康部：63519288 转 80

地址：汉口路 309 号 405,406 室　邮编：200001

公司总机：63519288　传真：63519889

电子信箱：huaren2004@vip.163.com

ADVERTISING SERVICE

- 客户服务／Account Service
- 媒体／Media
- 创意／Creative
- 促销／Sales Promotion
- 市场·调查／Marketing & Research
- 公关／Public Relations
- 活动／Event
- 网络传媒营销／Internet Marketing
- 杂志／Publishing Magazine

hsmc

上海经济社广告有限公司
SHANGHAI JINJI ADVERTISING CO., LTD.

上海市衡山路516号 富豪环球东亚酒店4楼E座
TEL:021-6473-4710　FAX:021-6473-4810

中国电信 CHINA TELECOM

演e网络魅力
诠释智慧精彩

OUR ADVANTAGE 我们的优势

我们依托上海电信强大的共享资源
我们拥有一支具国际广告公司水准的创意团队
我们具备传统与网络的互动技术优势
我们采用安全、可靠及公正的广告检测系统
我们服务于众多客户，具有丰富的经验....

COMPANY 公司简介 COMPANY INTRODUCTION

上海信息广告有限公司是中国电信旗下上海信息产业（集团）有限公司的子公司，是“上海热线”的广告经营商，是一家具有相当实力的综合性广告公司。主要为客户提供广告策划、广告创意、广告制作、广告投放、监播直至实施效果评估等系列专业支持；我们的宗旨是充分发挥网络广告与传统广告的特点及优势，为客户提供完善的专业服务。

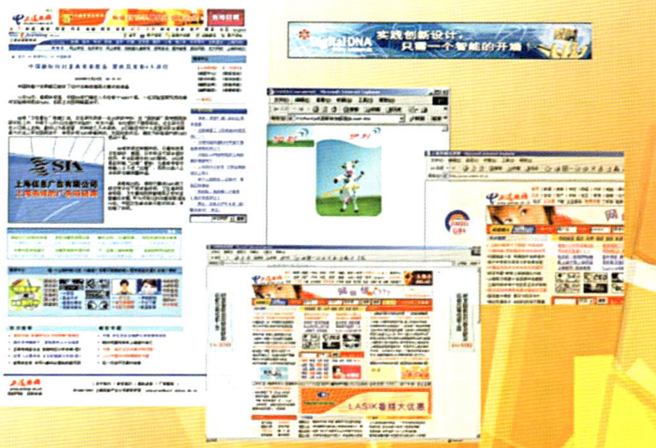

上海热线 www.online.sh.cn 上海热线II宽频网 www.online2.sh.cn

SIA 上海信息广告有限公司 Shanghai Information Advertising Co.,Ltd

上海浦东松林路357号25楼 电话：021-58351100-101 传真：021-68405513 客户服务信箱：ad@ad.siic.com.cn
邮编：200122 客户服务热线：021-58354123 8008202090

适合才有效率！

网络广告顾问团
Tel: 52921125,52921234-642099
642109,642046,642086
Fax:52920403
Email:eastdayad@eastday.com

EASTDAY.COM 东方网
上海威海路755号文新报业大厦42层东方网广告部

选择与企业经营策略相符的网站投放广告，带来的不仅是收益更有效率。

东方网拥有90%以上本地用户，真正的网上消费人群，强大的媒体优势以及专业细心的服务，众多可供选择的精彩频道，称得上是本地优秀的综合类门户网站。

www.eastday.com

东方网股东单位：解放日报报业集团、文汇新民联合报业集团、上海电视台、东方电视台、上海有线电视台、上海人民广播电台、东方广播电台、青年报社、劳动报社、上海教育电视台、上海东方明珠股份有限公司、上海市信息投资股份有限公司

新闻 | 上海 | 短信 | 财经 | 体育 | 娱乐 | 旅游 | 军事 | 男女 | 少年 | 游戏 | 健康 | 图片 | 多媒体 | 企事业 | 社区 | 信箱

锁定目标　方向最重要

东艺广告是上海都市股份控股的综合性专业广告公司。致力于广告专业设计、品牌策划、包装展览展示。业内历获上海市先进单位、全国广告行业文明单位，综合实力名列前茅。
多年来，敬业、精业的东艺人凭借完备的客户服务体系，先后服务于众多著名国内、国际品牌，赢得了广告界的肯定。30余名专业广告人会聚在此，使东艺成为一支综合素质高、极富有创造力的年轻团队。
新时代的东艺人在借鉴4A公司经验模式，倡导前瞻性广告思维的同时，更注重与本土特色的紧密结合，努力为每一位客户提供高效高品质的服务。

地址：上海市宝通路202号宝通大楼3FB座　Email：dongyad@sh163.net　电话：021-56973687　传真：021-56974620　邮编：200071

51job 前程无忧

化·人·力·为·资·本

“前程无忧”是国内第一个集多种媒介资源的专业人力资源服务系统。它集合了传统媒体、网络媒体及先进的信息技术，加上一支经验丰富的专业顾问队伍，提供招聘猎头、培训测评和人事外包在内的全方位的人力资源服务，现在北京、上海、广州、深圳、武汉、西安、杭州、成都、昆明、南京、济南、大连、沈阳、青岛、重庆、哈尔滨、长沙、合肥、宁波及香港设有服务机构，拥有企业客户17万家。

招聘猎头

“前程无忧”招聘猎头服务在国内首创了报纸+网站+猎头+软件+校园招聘的全方位招聘方案，拥有上千万的读者用户并为十余万家企业成功招募所需人才，帮助企业高效准确地锁定目标，用最短的时间找到最合适的人才。

- 前程招聘专版
- 校园招聘
- 无忧工作网
- 网才软件
- 无忧猎头

培训测评

“前程无忧”的专业培训测评顾问为企业量身定制各种公开课程、内部培训、实战模拟及专业测评方案，帮助员工迅速提高职业水平和综合素质，轻松面对工作挑战。

- 无忧培训
- MAST测评
- 人力资源论坛
- 《人力资本》杂志

人事外包

“前程无忧”为企业推出了一系列“人事外包服务”，提供从员工招聘到退工的一站式服务与咨询，帮助企业更好地管理人力资源，节约成本，让员工轻装上阵，全力以赴！

- 人事管理系统
- 薪酬调查报告
- HR事务外包

全国免费咨询电话：800 820 5100　　更多信息，欢迎访问 www.51job.com

北京·上海·广州·深圳·武汉·西安·杭州·成都·昆明·南京·济南·大连·沈阳·青岛·重庆·哈尔滨·长沙·合肥·宁波·香港

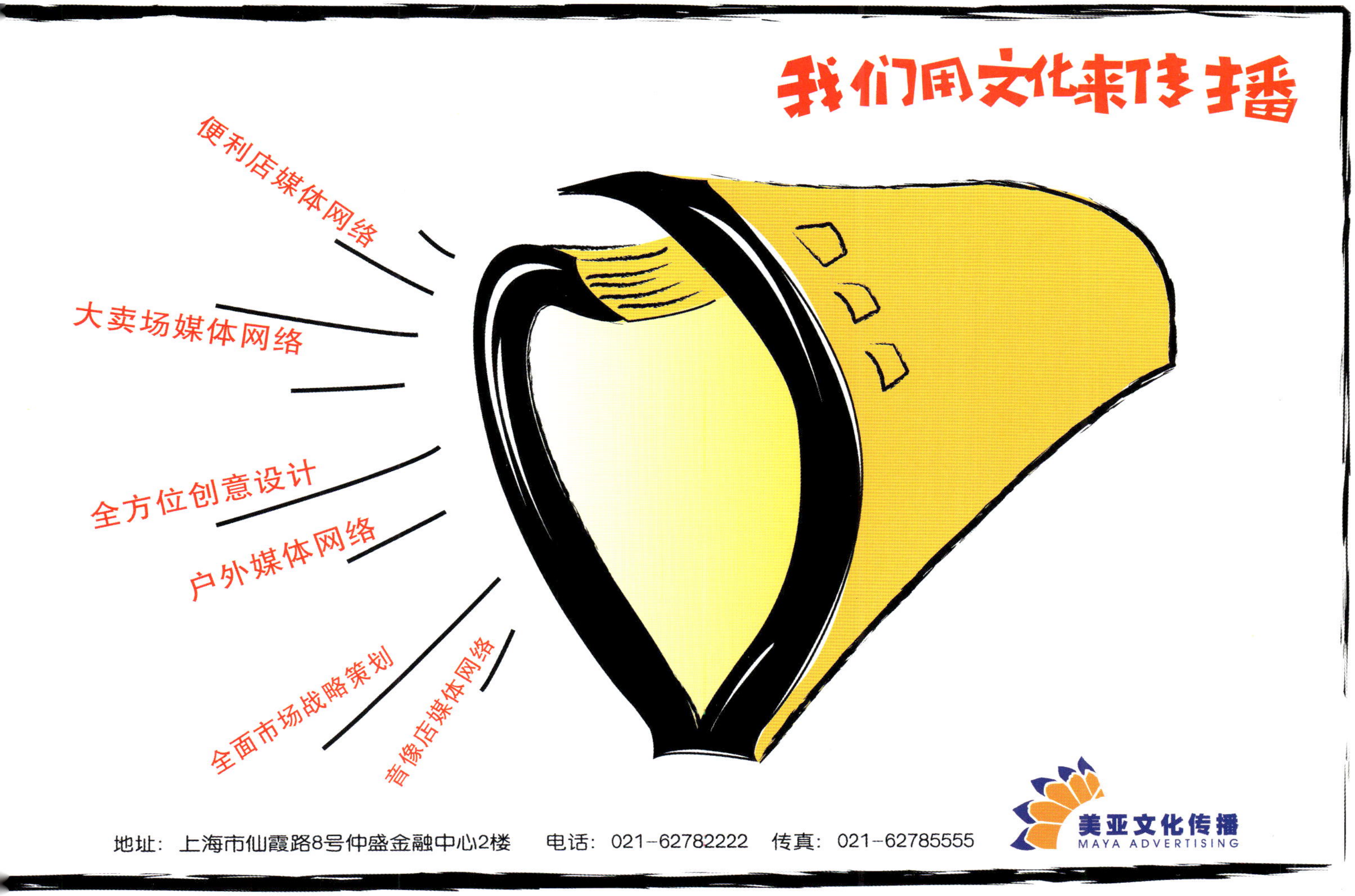
我们用文化来传播
便利店媒体网络
大卖场媒体网络
全方位创意设计
户外媒体网络
全面市场战略策划
音像店媒体网络
美亚文化传播
MAYA ADVERTISING
地址：上海市仙霞路8号仲盛金融中心2楼　电话：021-62782222　传真：021-62785555

专/业/的/品/牌/策/划/，/多/媒/体/影/视/制/作/，/公/关/、/展/览/的/创/意/执/行
唯有专业，方可打造经典
唯有执着，方能一飞冲天
唯有灵活，方显务实本色
共舞 · 10年
10年之前，我们抱着谦逊的态度试探这个市场；
10年之后，我们充满善意地洞察着消费者的心；
10年之间，几代电气广告人的汗水滋养着我们的成长，
几多客户的荣辱牵动着我们的表情肌。
我们行进在风起云涌的年代。
步伐，不断应和着最潮流的节拍——是脚步，也是舞步。
上海电气
SHANGHAI ELECTRIC
上海电气广告公司
Shanghai Electric Advertising Company
上海市雁荡路6号21室 电话02153836385 53839705 传真02153839641
上海市淮海中路398号中海大厦8楼D座 电话02163841389 63854566 传真02163875999

我们在勤恳劳作
我们为大众传播
我们以团队为荣

象征智慧的……

- 策划代理
- 展示设计制作及室内外装
- 印刷品广告
- 专业媒体
  - 《新民晚报》OTC专版
  - 《文汇报》健康生活专版

上海医药广告公司
SHANGHAI PHARMACEUTICAL ADVERTISING COMPANY
电话：62802592　地址：上海市华山路1399号

公司简介

上海高架道路经营开发有限公司是一家以上海高架道路为依托，对高架的空间和广告资源进行综合开发利用的经营公司。广告经营范围为：高架非交通设施的广告设计、发布；绿化地带的广告开发管理。目前广告发布面积已达一万八千多平方米。公司以“以路养绿”为宗旨，尝试探索一种市政基础设施经营管理的新模式。公司的理念是依托高架，发展高架，美化高架。使上海的高架道路成为城市的一条亮丽的风景线。

中山东二路8号金延大楼4楼
电话：(021)63301063 63305387
传真：(021)63308401
邮编：200002

No. 8, Zhong Shan Second Rd. (Eas
Tel: (021)63301063 63305387
Fax: (021)63308401
PostCode: 200002

Shanghai Viaduct Developing Co., Ltd.
上海高架道路经营开发有限公司

SIA 上海机场广告
www.adairport.com
招商热线: 021-68351984
021-68345062

机场广告
广告媒体

中国邮政 CHINA POST

找对方向 一击即中

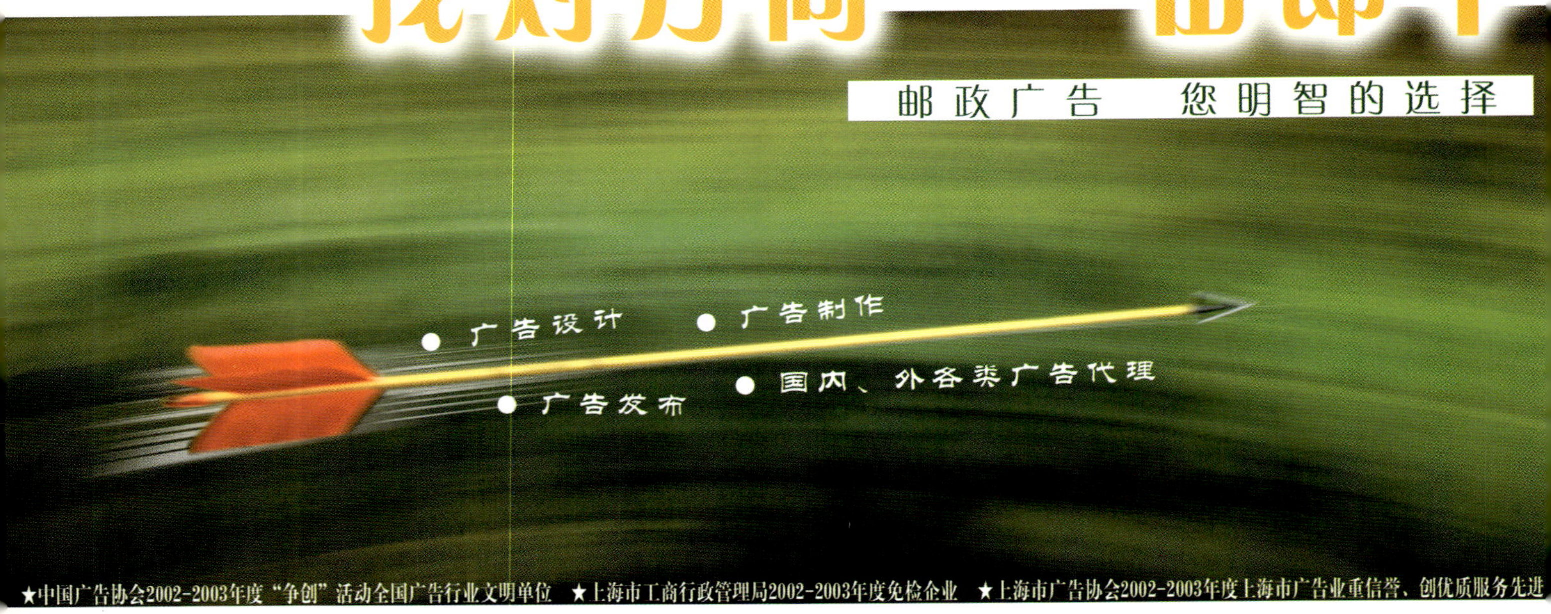

上海邮政广告有限公司

地址：武定路458号11楼 邮编：200041

电话：021-64336499 传真：021-64747153 网址：www.dm.com.cn

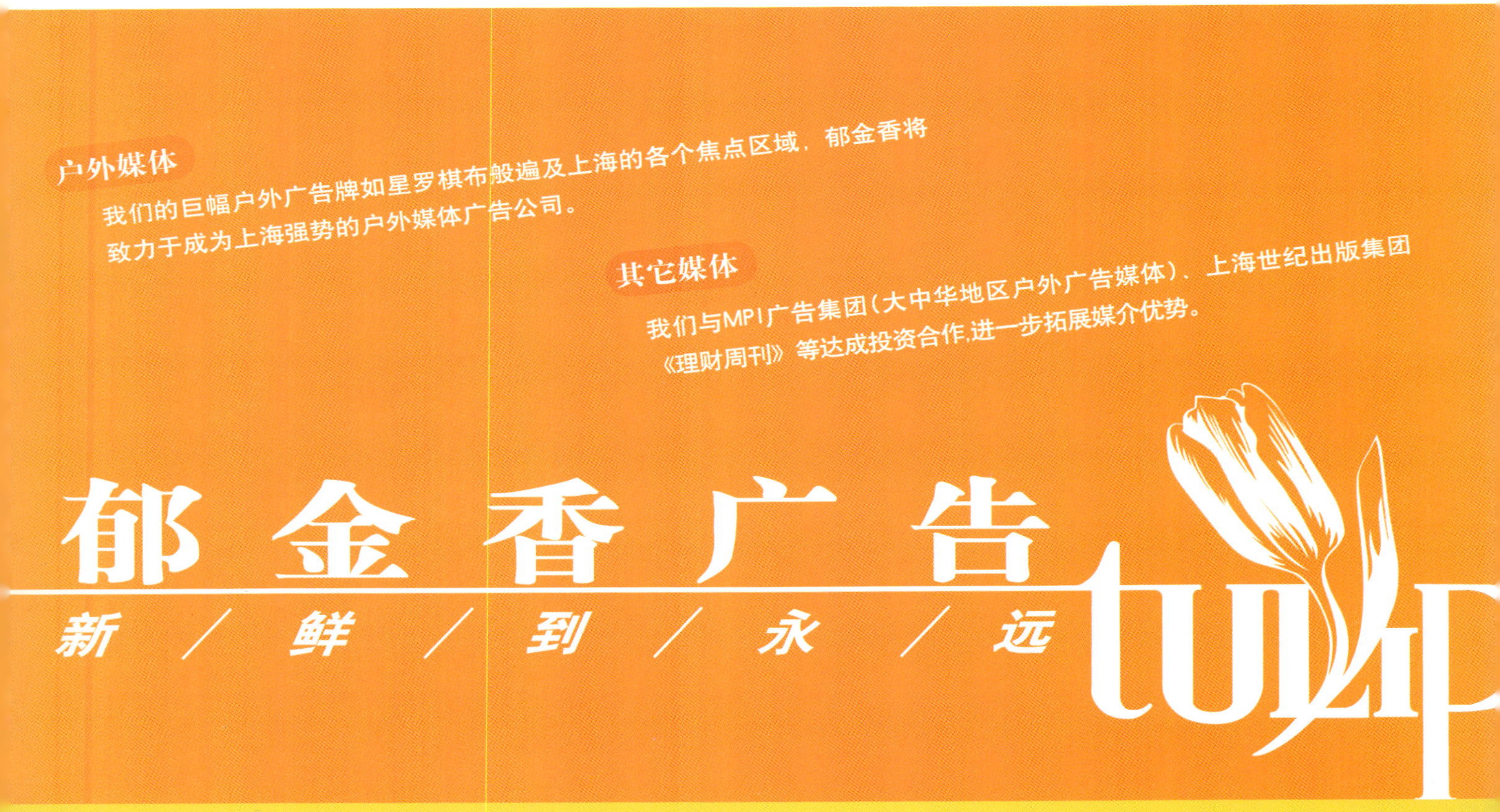

地址：上海市延安西路1088号长峰中心2901－2903 邮编：200052

Add:Suite2901－2903,Summit Centre,1088 West Yan An Road,Shanghai 200052 China

Tel:021－62512802 62512803 62512769 Fax:021－62512773 E－mail:atulip@atulip.com

不想被埋没，就要"标新立异"

申空广告帮你"出彩"

- 独家代理上视新闻综合频道，东视新闻娱乐频道气象栏目广告
- 发布制作户外广告
- 策划和承接大型庆典活动
- 遥控飞艇，庆典气球，热气球广告业务

上海申空广告有限公司是一家集代理，发布，策划，创意，设计制作于一体的综合性广告公司。公司独家代理上海上视新闻综合，东视新闻娱乐频道天气预报标版广告。申空广告有限公司系全国气象系统广告协作网理事单位。

上海申空广告有限公司连续多年获得上海市广告行业"重信誉，创优质服务"先进单位称号，并成为上海市1999~2000年度"重合同，守信誉"先进单位。公司凭借雄厚的人才技术优势，卓越的设计创作理念，科学合理的广告操作模式，优良的服务态度，在激烈的市场竞争中赢得了众多客户和媒体的厚爱与支持，与全国百多家省市级气象广告代理公司建立了良好的业务联系，形成了为客户提供全方位，多层次，高质量，高效益的广告促销体系。

地址：上海市蒲西路166号（上海市气象局）4号楼2楼 电话：64388672 传真：64389392 网址：www.sk92.com

新云广告
XINYUN ADVERTISING

上海新云广告，是一家多元化营的广告公司，为众多品牌提供业性的策略顾问和传播服务，在外传媒、车体广告、媒介代理、告创意、展示设计、营销策划等面都有出色表现。

凭借着对市场的独具慧眼，脚踏地、勇于创新的精神，多年来，成了新云独有的运作模式和管理系。并汇聚了一群高水准、富有干和创新思维的专业人才，更具场竞争力。

永远追求更好地创意，追求更完地流程，让我们的客户始终满意，我们的客户得到最好的回报，是们始终如一的追求。

我们坚信，我们的广告理念、创佳作、策略专长和媒介力量！

"集合众智、无往不利"。

传播美丽 • 传播信息

话：(021)50588282
真：(021)50586758
编：200122
址：www.xinyunad.com
址：上海福山路450号新天国际22楼

全覆盖

全网络

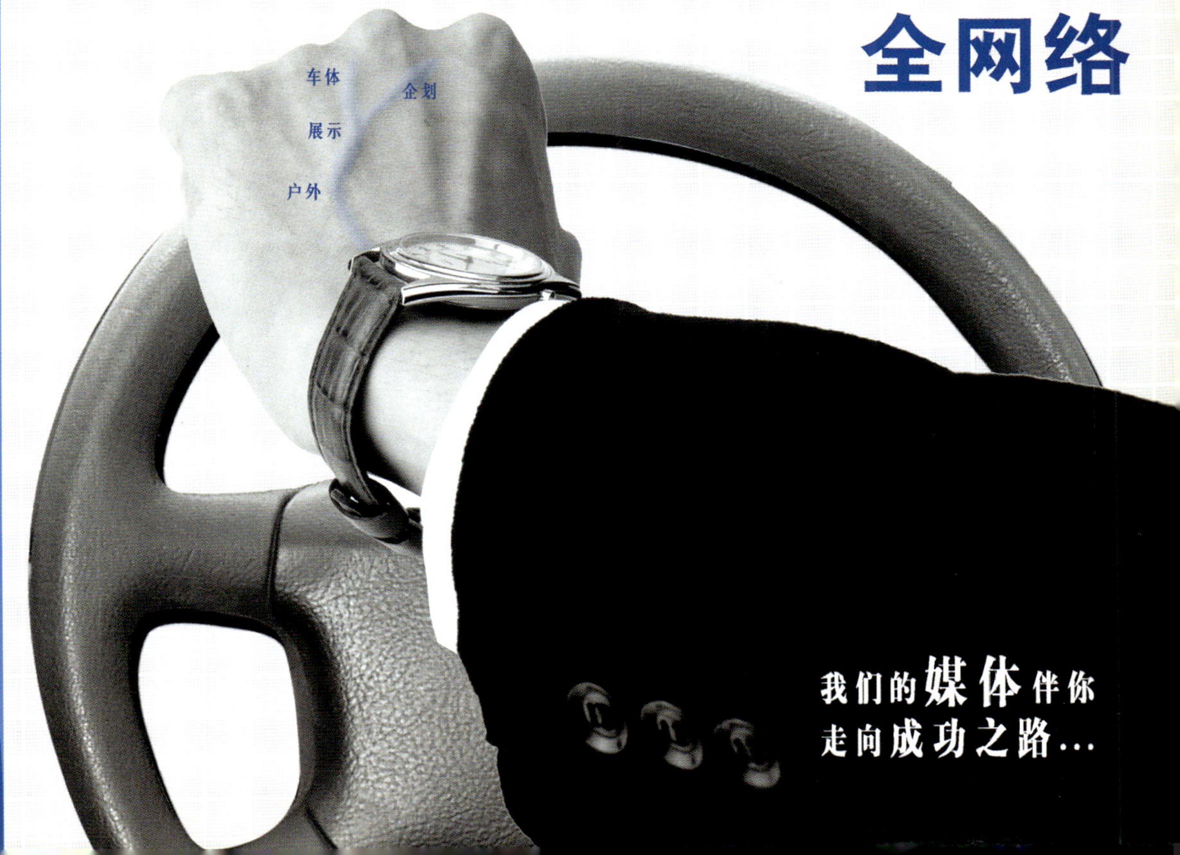

我们的媒体伴你
走向成功之路…

华伦媒体
heartland media

追求创新之道。
Innovative Outdoor Solutions.

如何帮助客户选择户外广告？除了考虑目标覆盖，更需要营造冲击力效果。专业评估，创新传达，创导中国户外媒体全方位策划投放的先河——华伦媒体。

http://www.heartland-cn.com/

上海华伦广告有限公司　上海 021 64672350　北京 010 85895375　广州 020 38202521　深圳 0755 83132630　香港 852 25120198

巴士股份

SHANGHAI YIQI GONGGONGJIAOTONG GUANGGAO YOUXIANGONGSI
上海一汽公共交通廣告有限公司

专业承办公交车辆、灯箱、客票等广告设计、制作、发布。

地址：中国上海市四平路827弄2号楼4A　传真：55570355　邮编：200092
电话：65026355　65023664　E-mail:bsyqgg@online.sh.cn

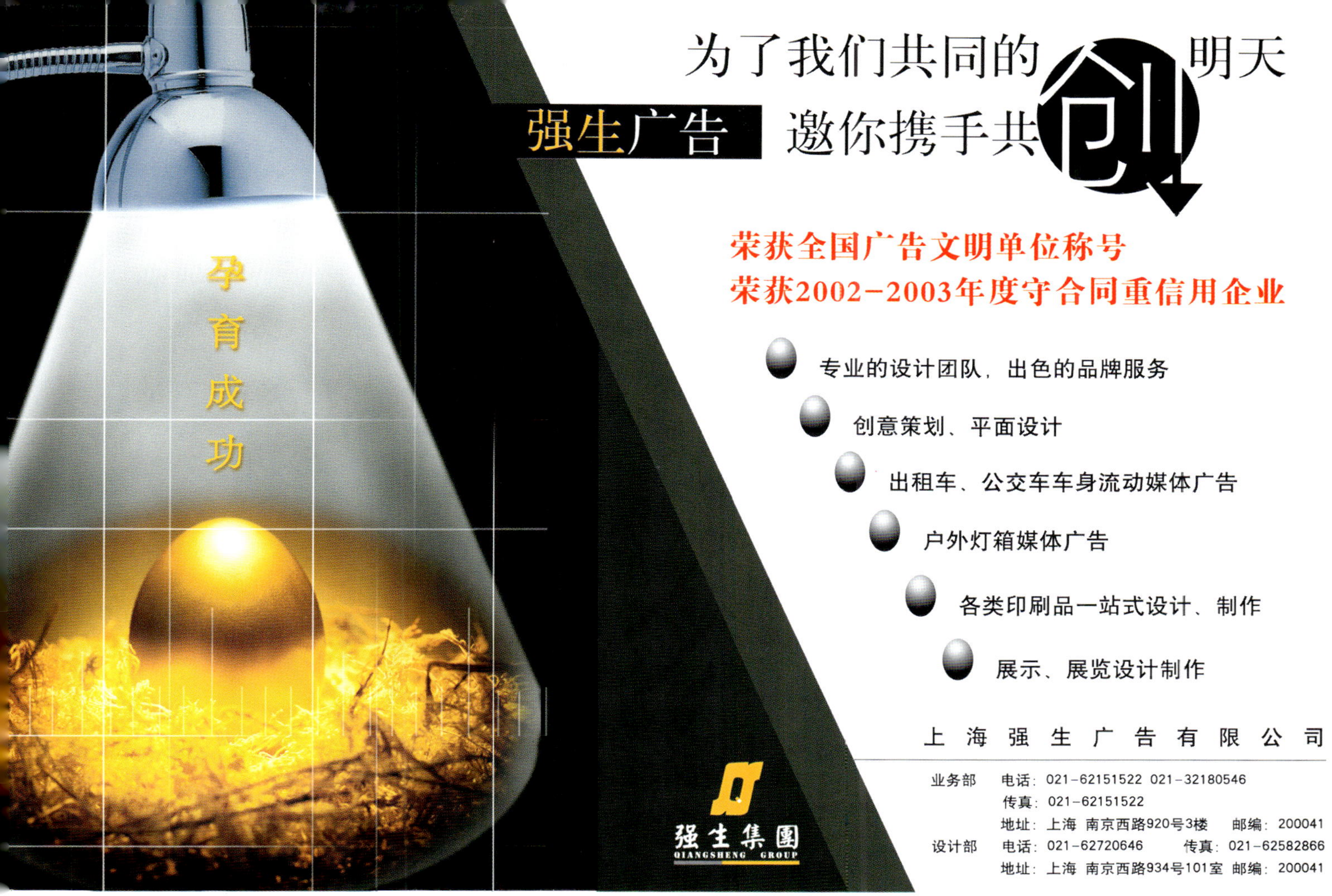
为了我们共同的创明天
强生广告 邀你携手共创
孕育成功
荣获全国广告文明单位称号
荣获2002-2003年度守合同重信用企业
专业的设计团队，出色的品牌服务
创意策划、平面设计
出租车、公交车车身流动媒体广告
户外灯箱媒体广告
各类印刷品一站式设计、制作
展示、展览设计制作
上海强生广告有限公司
强生集团
QIANGSHENG GROUP
业务部 电话：021-62151522 021-32180546
传真：021-62151522
地址：上海 南京西路920号3楼 邮编：200041
设计部 电话：021-62720646 传真：021-62582866
地址：上海 南京西路934号101室 邮编：200041

上海农工商众艺广告有限公司是上海市农工商出租汽车有限公司所属的唯一一家专业广告公司。独家拥有农工商4000余辆“兰天白云”出租车广告媒体，出租车流动性强，广告传播范围大，覆盖面广，而价格低廉、时效长，它的许多特点和优越性已被越来越多的广告客户所认可。
公司主营出租车广告，同时还为广大客户策划、设计、制作、代理、发布国内各类广告。本公司拥有广告策划、制作等专业人员。全体员工将以诚信、优质的服务理念为宗旨，竭诚为广大客户提供尽善尽美的服务。
热忱欢迎各界朋友前来本公司垂询、洽谈、合作。
流动的都市 流动的广告
ZHONG YI
ZHONG YI
Email:zhongyigg_1@hotmail.com
农工商
上海农工商众艺广告有限公司
上海农工商众艺广告有限公司
注册地址：上海市大连西路230弄14号2楼 联系电话：021-62146666 传真：021-62146666
联系地址：上海市江场西路200号2楼 邮政编码：200436
广告经营许可证号：3101091000114
沪D W6280

千万次的滚动……

——滚动的视角流动的风景

——公交车广告让城市更美丽

本公司隶属上海浦东冠忠公共交通有限公司，专业设计、制作、发布公交车辆广告。拥有上海浦东冠忠公共交通有限公司所辖线路及营运车辆媒体，发布范围遍布浦东新区并辐射全市各区。

上海冠忠广告有限公司

地址：浦东新区南码头路50号103室　邮编：20012

电话：58390191　58704068　传真：58390585

上海大众公交天姿广告有限公司

SHANGHAI DAZHONG TIANZI ADVERTISEMENT SPREADING CO.,LT

地址：斜土路1968号　电话：021－64041213（转接各部

用我们的媒体　广告您的产品

上海华兴广告有限公司

SHANGHAI HUAXING ADVERTISEMENT LIMITED CORPORATION

上海华兴广告有限公司是上海烟草（集团）公司下属子公司，位于上海市杨浦区许昌路1110号。公司配置了先进的苹果和 PC 电脑及MIMAKI写真设备。经营项目涉及广告创意设计；CI系列开发；灯箱灯片制作；电脑刻字、写真喷绘；横幅彩旗、铜字铜牌系列及各种画品，展览、展厅会务的布置。

华兴广告：

敬业 创新 合作

地　址：上海市许昌路1110号
传　真：(021)65591224
邮　编：200082
联系人：翁维民

联系电话：(021)65591224　(021)65418740 × 5097　(021)65418740 × 8682

上海巴士电车广告有限公司

上海巴士电车广告有限公司是集设计、制作、发布于一身的专业公司。承接本行业系统车辆和所属场地的国内广告发布。公司拥有车辆媒体汽车、电车2000余辆，其中新型豪华空调客车500余辆，所辖线路47条，营运辐射南京路、淮海路、徐家汇、四川路等市中心主要商业街，拥有固定站牌1800块，随车电脑报站器2000余台。

● 服务宗旨：诚信的服务　一流的质量
媒体特色：点多面广　流动分散　形式多样

地址：上海市东大名路1051号　电话(传真)：65416687　邮编：200082　E-mail：sherdian@online.sh.cn

天周刊
SKY WEEKLY
天知道，你也该知道 GOD KNOWS, YOU TOO
《都市文化报·天周刊》逢周二出版 各大报亭有售 售价壹元
SKY WEEKLY
上班是为了下班！
work hard,play hard
[一份享乐主义的白领纸媒]

品好茶，
就该有好的茶叶、好的茶具、好的茶技。。。
以从事平面广告设计、制作；展览、展示；活动策划、执行为主
加上一套专业的设备和广告技巧
以100℃的激情冲泡
只需要您的一点时间
我们就能奉上芳香四溢的效果

上海精域广告展示服务有限公司
Shanghai JingYu Advertising & Exhibition Service Co., Ltd.
地址：上海市长寿路569号沙田大厦1712室 电话：86-021-62892380 62793868 传真：62895172 邮编：2000

明星资讯　超hot超炫
完全娱乐　至in至霸

完全生活化的时尚周报
国际流行的前沿阵地
明星资讯的集装仓库
BOBO一族的聚会社区

新鲜的国际汽车资讯
全面的国内车市动态
专业的汽车消费参考
极具冲击力的名车视觉大餐

越　妖　越　精　彩

广告总代理 ››› 上海博洋广告有限公司 上海：021-62893744 北京：010-65610988

idea Comes On Needs

我　们　推　崇　创　意　务　实

icon COMMUNICATION 形上传播

上海淮海中路283号香港广场6楼 200021 电话:021-63906055 传真:021-63906442 6/F.283Huai Hai Zhong Road, HongKong Plaza, Shanghai 200021 Tel:8621-63906055 Fax:8621-63906442

CHARMING OUTDOOR freamework 创魅广告

上海创魅广告有限公司是一家专门从事代理发布户外广告的专业广告公
特别是拥有上海轻轨明珠线户外广告独家代理权。同时我公司还拥有一
资深的户外广告创意、设计及制作人员。不懈创新和凡事力求完美的精
是本公司不断的追求目标。愿与各新老客户竭诚合作！

地址：中国上海市延安西路1590号10楼G座　电话：62837178　传真：62830870 邮编：200052　电子信箱：charmingoutdoor@sina.co

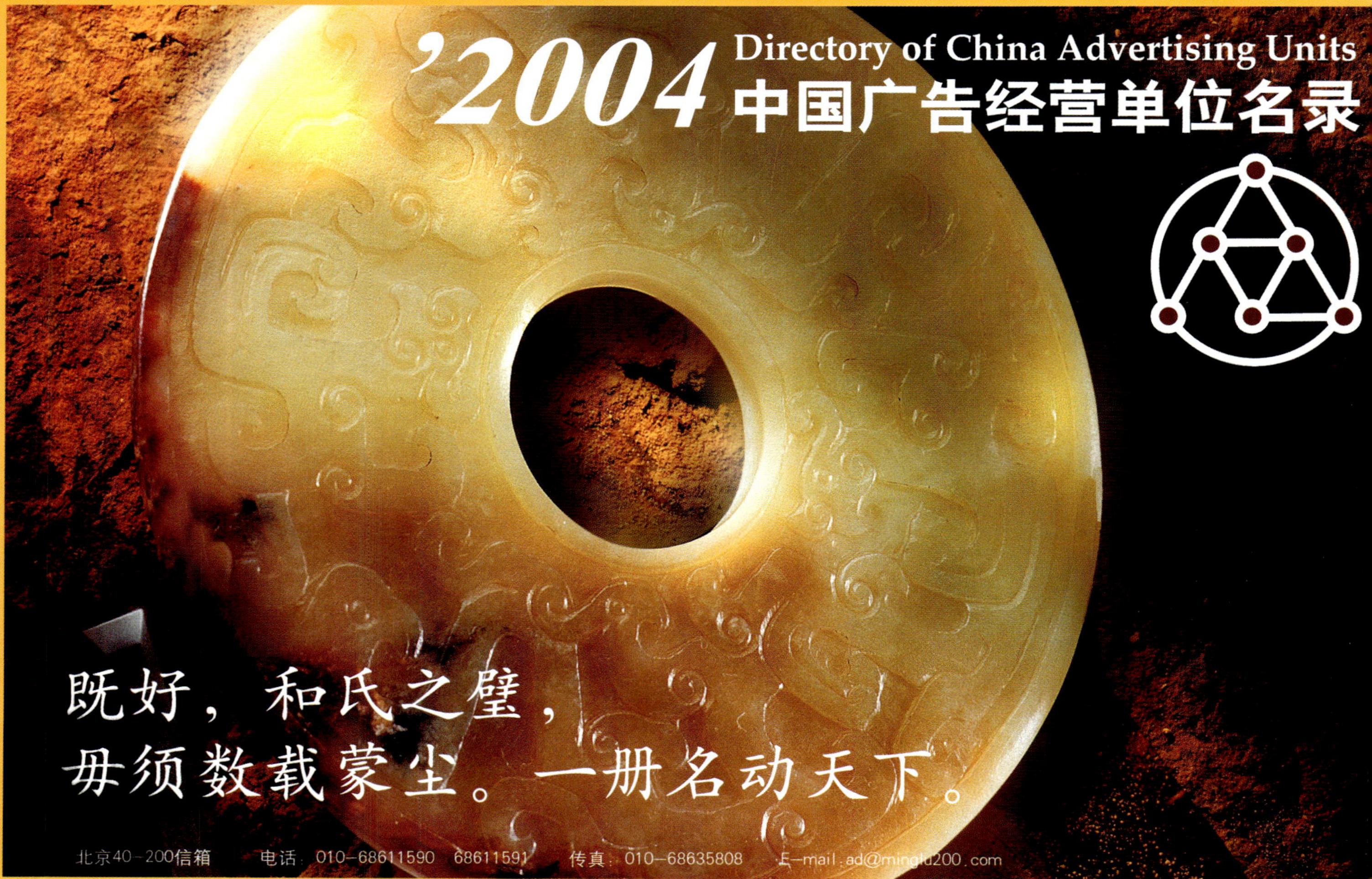

'2004中国广告年鉴

China Advertising Yearbook

12th Edition

河 北 省

著名广告经营单位介绍专栏

致力成为
中国优势媒体运营商
河北众美广告有限责任公司
Hebei Summit Advertisement Co., Ltd.
众美广告是集媒体运营、营销策划、广告发布、广告效果评估等多种服务于一体的大型广告公司，综合实力居河北省同行业之首。
众美网络
众美广告在北京、上海、广州、成都、西安等核心城市成功组建控股子公司，形成以河北众美为策略联盟基地，以子公司为策略拓展点的媒体运营网络。
众美运营
众美广告下设客服中心、企划中心（策划、影视制作、平面创意）、媒介运营中心（媒介分析、购买、发布、监测）等专业服务机构。成功运营河北电视台黄金栏目《激情九九》、《影视大世界》等等，服务于众多品牌企业。
众美媒体
众美广告拥有华北、东北高速网络媒体运营实力,区域广告点位累计100个；拥有河北省区30000余平米的户外广告位,占据省会户外媒体半壁江山。
独家买断河北一套19：55黄金时段、河北六套电视剧场。
成功运营河北十一地市电视广告发布、影视剧贴片服务网络,塑造了河北强势互补的媒体平台。
SUMMIT
地址：河北石家庄市东岗路75号世纪国际中心12层 电话：0311-5817553
传真：0311-5817197 邮编：050021 http://www.summitgroup.com.cn

天道酬勤—富丽华喷绘广告有限公司自成立伊始，就本着“以客户需求为己任，以市场方向为坐标”的经营宗旨，服务于广大客户，并以优质的产品品质与服务走在行业的前沿。业务范围遍布全国各大中城市。通过多年不懈努力，在双赢的基础上，成就了广大客户与富丽华共同的事业，也树立了富丽华在行业中的品牌优势。
随着市场规范化，企业集团化发展，富丽华人在积极开拓户外广告市场及提高行业技术含量的基础上，勇于向广告相关行业迈进，并以大手笔的形式进军媒体，与央视、省、市电视台等各大媒体合作、栏目的买断与代理等都增强了广告经营的灵活性与主动性，富丽华人的成长与广大客户的发展紧密联系在一起，在为广大客户及其品牌市场化、国际化的发展进程中，做出不懈努力并取得骄人的成绩。
目前，富丽华集媒体代理与发布、广告策划与设计、包装策划与设计、VI策划、以及品牌战略的其他相关策划与设计等于一身，全心打造跨世纪综合性广告实体。富丽华人满怀蓬勃的朝气与无比的智慧与您同心，共同勾画未来发展之蓝图。
富丽华
FLYHIGHER
整合強勢資源 演繹更多姿
把强势资源整合在一起
这就是我们的实力
媒体代理与发布
广告策划与设计
VI策划
包装策划与设计
胶、凹印制版与印刷
展示及店面设计施工
品牌战略的其他相关策划
地址：河北石家庄市东岗路75号世纪国际中心705室
电话：0311- 5823647 7231502 7231503
传真：0311-5804804
制作部：石家庄市和平东路193号（一印西临）
电话：0311-6217617 6216786
传真：0311-0311-6217319
Http://www.flyhigher.cn
石家庄富丽华喷绘广告有限公司 & 石家庄高登经纬广告有限公司

燕赵璟音 无限播扬

Hebei people's Broadcasting station

河北人民广播电台
广告信息中心简介

河北人民广播电台位于华北重镇石家庄市，是燕赵大地规模最大，实力最强，覆盖最广，具有深远、广泛影响力的广播广告媒体。

河北人民广播电台广告信息中心依托河北电台半个多世纪积淀的丰厚文化底蕴，借助强大的发射功率和覆盖，在听众中树立了权威、可信的媒体形象，我们以丰富多彩的节目源为信息载体，在传播商业信息，展示企业形象，宣传知名品牌，引导科学消费等方面具有卓越功能。

高素质的人力资源-----河北人民广播电台广告信息中心现有员工30名，全部具有大专以上学历。其中，研究生5名，本科学历18名，大专学历7名。具有中级以上职称的21名，其中主任编辑、播音员等副高级职称7名。

强大的发射功率和覆盖-----河北人民广播电台广告信息中心依托河北人民广播电台强大的发射功率，使信息可以有效覆盖河北、北京、天津全境及周边山西、内蒙古、河南、辽宁、山东等省份部分地区。而且信号稳定清晰。截至2003年5月，河北人民广播电台总发射功率已达580多千瓦。

较强的广告策划能力-----高素质的人力资源，丰富的广告策划和实施经验，为众多广告客户提供了深具市场效力的广告精品。

数字化的高科技制作系统-----河北人民广播电台广告信息中心引进和使用了全数字化的节目制作系统，可以为客户制作高质量的数字音频广告。

热情周到的服务-----河北人民广播电台广告信息中心以“优质服务”为理念，竭尽全力为广大广告客户提供服务。

以我之媒，传您美名。燕赵璟音，无限播扬。河北人民广播电台广告信息中心您可以信赖的、真诚的朋友。

地址：石家庄市裕华东路203号
联系电话：0311---6044143
传　　真：0311---6044143
邮　　编：050012

唐山电视台

TSTV

唐山市北依燕山南临渤海，位于北京东180公里，是河北省重要工业城市，年GDP值超千亿元。

唐山电视台以“深怀爱民之心、恪守为民之责、善谋富民之策、多办利民之事”为节目宗旨，经过20年风雨洗礼，与时俱进，开拓创新，围绕“频道专业化，节目对象化”的发展要求，开通了四个专业频道：唐山一套新闻综合频道；唐山二套生活服务频道；唐山三套影视频道；唐山四套公共频道。节目可覆盖京津部分郊区，秦皇岛、承德等部分地区，受众逾千万人，年广告创收近四千万元。

新闻综合频道坚持以新闻节目为龙头；社教专题、娱乐性节目为两翼；忠实地履行着党和政府喉舌的职能，创办了一批观众喜爱的名牌栏目。（广告业务电话：0315－2826375）

生活服务频道是一个以平和视角贴近百姓生活的全新频道，自办和引进节目围绕大众衣食住行，力求时尚、精彩，根据观众多样需求提供各类不同生活资讯和完美服务。（广告业务电话：0315－2843411）

影视频道是一个大时段、大容量播送国内外最优秀、最热门的电影、电视剧和各类引进的精彩专题片为主的专业频道。栏目化的播出，分餐式的编排，使观众各取所需，各得其乐！（广告业务电话：0315－2816747）

公共频道与全市县（市）区广播电视播出机构形成了资源共享的传输网络。频道以娱乐节目为主体，以市县新闻为旗帜，以互动为特色，在城乡均拥有稳固的收视群体。（广告业务电话：0315－2830074）

唐山电视台愿与社会各界携手，共创新世纪辉煌！

地址：唐山市路北区广达街1号
邮编：063000
电话：0315－2837081
传真：0315－2837081

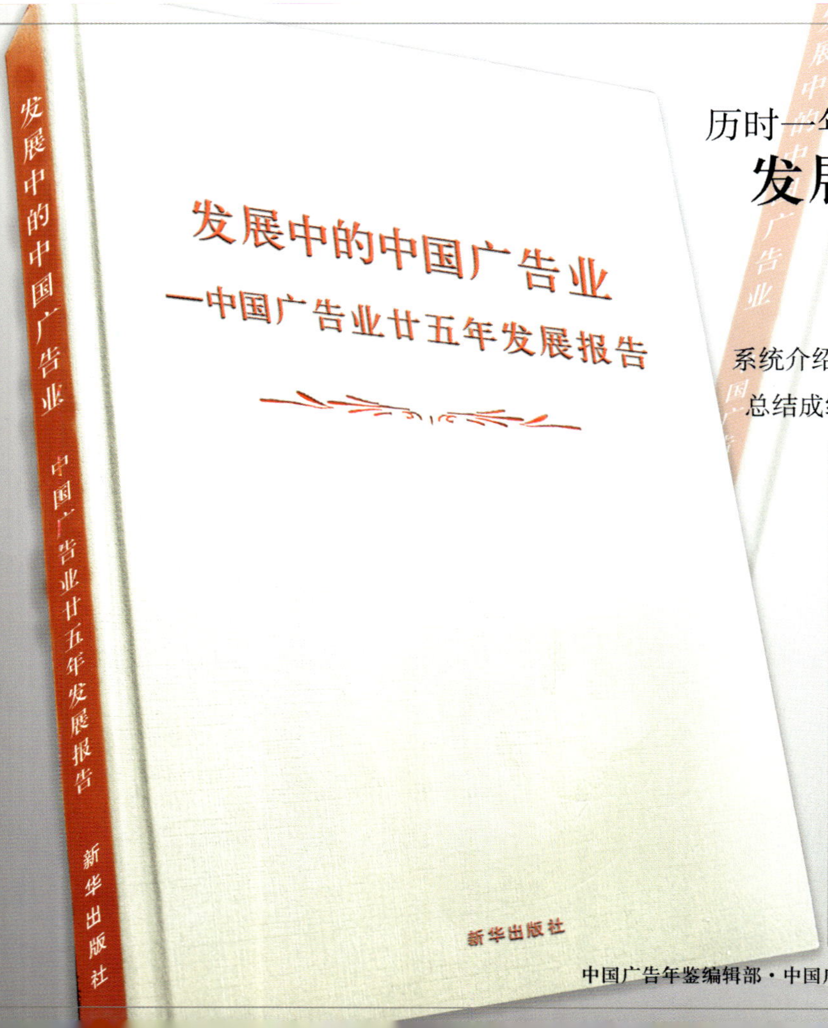

历时一年，**首度**推出

发展中的中国广告业

中国广告业廿五年发展报告（1979－2003）

系统介绍我国广告行业25年的发展历程……

总结成绩的同时，也提出了广告业健康有序发展应关注的问题。

2004年9月，第39届世界广告大会将首次在我国首都北京召开，为迎接此次全球传媒业盛会，更好地向国内外广告界和企业界展示我国广告业恢复发展25年来所取得的巨大成就，让国内外广告界、企业界更加全面、系统地了解我国广告业的发展状况，在全中时代广告研究中心的大力支持下，《中国广告年鉴》（以下简称“年鉴”）编辑部将历年出版的《年鉴》及编辑部所保存的中国广告界25年来发展的各种统计数据和资料进行重新梳理、编辑，隆重推出《发展中的中国广告业—中国广告业廿五年发展报告》，以贡献第39届世界广告大会和广告界、企业界同仁。

中国广告年鉴编辑部·中国广告业廿五年发展报告编辑组·垂询电话：010－68628861　定价：280元

'2004中国广告年鉴
China Advertising Yearbook
12th Edition

辽 宁 省

著名广告经营单位介绍专栏

权威打造辽沈报业第一品牌

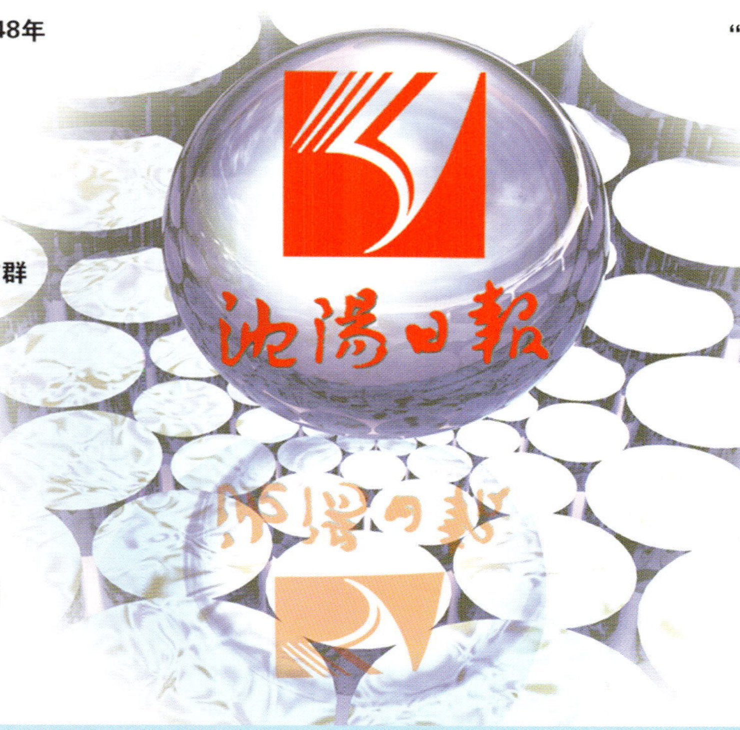

《沈阳日报》创刊于1948年
是沈阳日报报业集团的
旗舰报
现在每天出版
20—28版彩色报纸
发行38万份
读者覆盖沈阳市及周边城市群
全国其它省份订阅近万份
在全国多数城市都市报、
晚报盛行的大环境下
《沈阳日报》却以独有的
权威性和影响力
雄踞沈阳地区
强势媒体地位
报纸综合实力和广告经营额
连续多年问鼎
辽沈报业首位

《沈阳日报》始终坚持
“诚信合作，互利互赢”的经营理念
日报广告部作为广告经营的
执行部门更以
“通过创新服务
为客户创造价值”为原则
不断为客户提供
超值的专业服务
广告部目前下设
房地产业务部
汽车业务部
外埠业务部、客户服务部
出版部、设计制作部
统计部等10个部门
分别为各类客户提供
从咨询策划到设计制作的
各项服务
同时广告部还编辑出版
房地产、汽车金融
商业、健康等行业新闻周刊

地址：沈阳市沈河区北三经街67号　邮编：110014　咨询电话：22821115　22702541　22825728
E-mail:syggb@sina.con

广告就是要出彩

没有差别，广告投入就是一种浪费
对策略和市场的精准把握是让广告出彩的先决条件
策略出彩、创意出彩，带给您的更是品牌的脱颖而出
精准、鲜活、增色——广告就是要出彩

详情请登陆：http://www.dragoniad.c

龍邦國際 Dragon International Advertising　龍邦國際廣告有限公司 Dragon International Advertising,Inc.

沈阳市沈河区北三经街55号　Tel:86-24-22702209　Fax:86-24-22844851　P.C.:110014　E-mail:Office@Dragoniad.c

'2004中国广告年鉴

China Advertising Yearbook

12th Edition

浙 江 省

著名广告经营单位介绍专栏

公司成立于1993年，主要经营代理《绍兴日报》、《绍兴晚报》、《天天商报》广告业务，旨在为大众搭建一个提供优秀服务的平台，体现媒体广告的独特优势。

公司内部结构完善，设施齐全，拥有先进的电脑设备和优秀的企划创意、平面设计等各类广告专业人才，能够高水平高质量地制作、代理、发布各类广告。公司大专以上广告专业复合人才占80%。

绍興日報社 Shaoxing Ribao She

绍興日報 绍兴晚报 天天商报

地址:绍兴市胜利西路299号 邮编:312000 电话:0575/5118447 5208219 传真:0575/5133639 E-mail:sxbyad@tom.com 广告联系电话:《绍兴日报》、《天天商报》:0575/5134853 《绍兴晚报》:0575/5145531 分类广告:0575/513

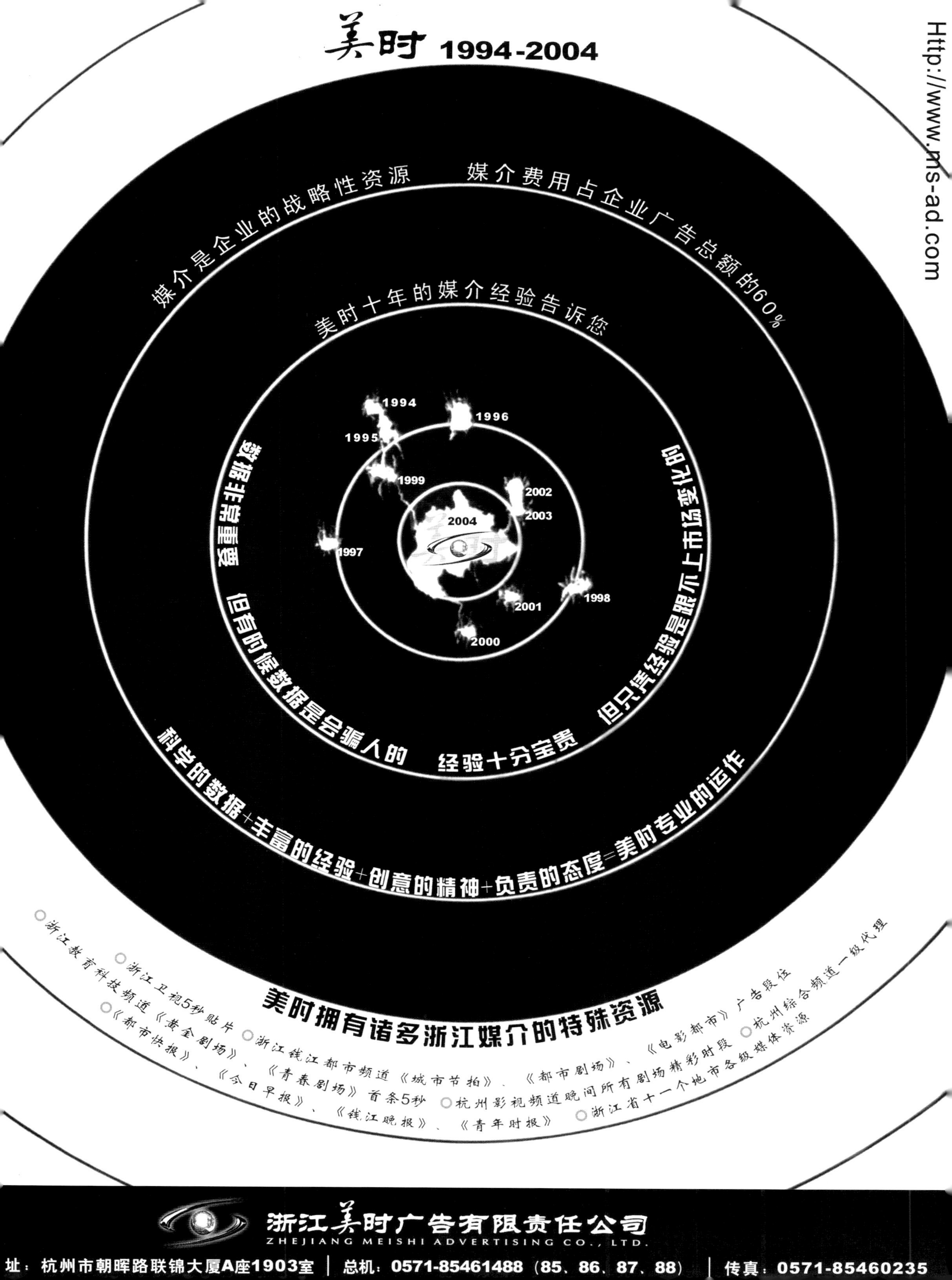

美时 1994-2004
媒介是企业的战略性资源　媒介费用占企业广告总额的60%
美时十年的媒介经验告诉您
数据非常重要
但有时候数据是会骗人的
经验十分宝贵
但只凭经验是跟不上市场变化的
1994
1995
1996
1999
2002
2003
2004
1997
1998
2001
2000
科学的数据+丰富的经验+创意的精神+负责的态度=美时专业的运作
美时拥有诸多浙江媒介的特殊资源
○浙江教育科技频道《黄金剧场》、《青春剧场》首条5秒 ○杭州影视频道晚间所有剧场精彩时段 ○杭州综合频道一级代理
○浙江卫视5秒贴片 ○浙江钱江都市频道《城市节拍》、《都市剧场》、《电影都市》广告段位
○《都市快报》、《今日早报》、《钱江晚报》、《青年时报》 ○浙江省十一个地市各级媒体资源
浙江美时广告有限责任公司
ZHEJIANG MEISHI ADVERTISING CO., LTD.
址：杭州市朝晖路联锦大厦A座1903室 | 总机：0571-85461488（85、86、87、88） | 传真：0571-85460235
Http://www.ms-ad.com

杭州公交广告公司
HangZhou Public Traffic Advertising Company

杭州公交广告公司在近二十年的磨砺中，励精图治。公司着眼于未来在奋斗中成就了自我，更在超越自我！我们以诚信为本，凭借优异的户外媒体，一流的制作水平，完善的售后服务为您创造颠峰之作！

公司地址：杭州市中山北路507号　推广热线：0571-85107537　85170088　www.hzgjgg.co

’2004中国广告年鉴
China Advertising Yearbook
12th Edition

福 建 省

著名广告经营单位介绍专栏

Effort Ogilvy

奥美有福

奥美于1948年由“现代广告之父”大卫·奥格威(David Ogilvy)在纽约始创。如今，奥美已成为一个全球性的国际集团，提供多方面的传播服务，如广告、顾客关系行销、公共关系、互动行销、促销和视觉管理等。

作为世界十大传播公司之首，奥美国际集团是全球最大的传播集团(WPP)成员之一，年营业额为83亿美金。在120多个国家开设了474个分公司，并拥有10,000多名富有才干和创新思想的专业人士。奥美将本地文化背景及其自身的国际网络有机结合起来，在帮助客户保持国际品牌一致性的同时，为其提

004.6.21奥华-奥美广告有限公司正式成立
美整合传播集团大中华区第6位成员诞生

供符合当地需求的传播策略。

奥美国际集团和福建最大广告企业、中国广告公司十强之一的福建奥华广告有限公司在福建合资创建奥华–奥美广告有限公司，这是奥美国际集团除广东、上海、北京之外在中国开设的首个合资机构 。该合资意向的签定被列为2003年中国广告业十件大事的第一件。合资公司将定位于服务本土品牌和企业，公司必将有力地推动福建当地企业品牌的国际化发展，帮助福建建立国家级乃至世界级品牌，推动海峡西岸经济区的发展。

福建东南卫视广告公司（福建东南电视台广告部）

福建东南卫视广告有限公司是福建东南电视台广告业务的唯一经营机构。
自东南电视台诞生起与之共成长，拥有长期共同开拓和经营代理的宝贵经验，
是媒体名副其实的“时段管家”。
20 位经验丰富的媒介行销人员，30 位专业媒体策划及服务人员、 第一时间提供
完善的品牌投放方案和媒介执行服务，致力于推动客户的成功。
2003年，广告经营收入居福建省所有媒体经营收入首位，进入全国100强媒体行列。

随时随地，我们都在您身边——业务热线：0591－3314480

海峡都市報
Strait News
阳光·空气·都市报
凌绝顶·览众山
只有在第一峰的峰顶·山景才能一览无余
只有与第一媒体携手·商机才能全面掌控
福建市场·风光无限·商机汹涌
福建第一报媒·海峡都市报
发行量福州第一，全省第一，广告千人成本最低
与我们携手·成功属于。

福建电视台公共频道是原国家广播电影电视部批准的全国首家采用全省各县市有线电视联网统一播出的专用频道。全天二十四小时播出，是集影视剧、旅游休闲、科技探索、文化娱乐、房产咨讯及社会新闻专题栏目等为一体的综合性频道。

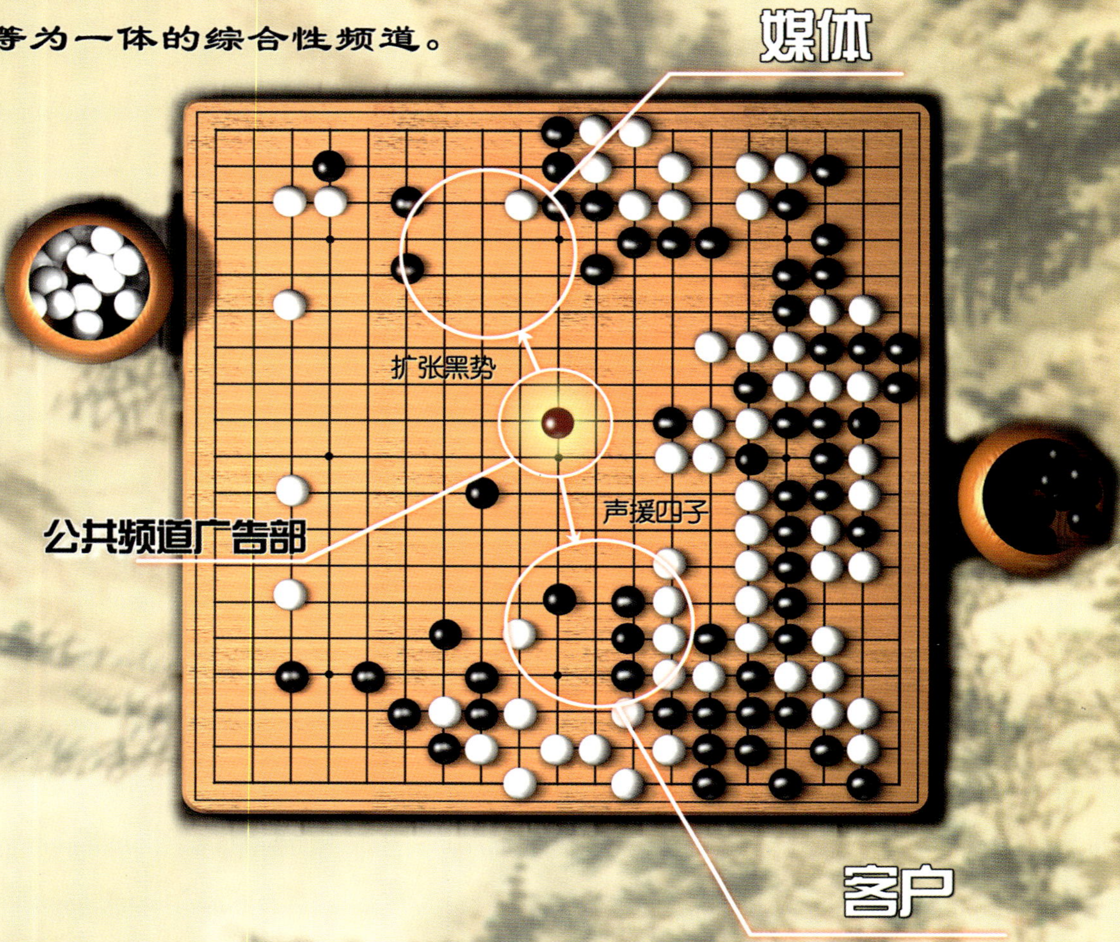

日本弘化三年，圍棋新秀桑原秀策在與棋界泰斗井上幻庵因碩的對局中弈出一記千古妙棋。此局弈至中盤，秀策以一記黑一百二十七手砰然落子，驚得幻庵兩耳俱赤，遂潰退千裡，投子告負。此手既可聲援中腹四子，又可擴張上邊黑勢，一子奠定勝局，史稱“耳赤之妙手”。

公共频道广告部以独特的创意、全新的视角，为客户和媒体打造飞天的翅膀，精诚合作，共创双赢。倾力演绎现代版——

“耳赤之妙手”

福建电视台公共频道
FUJIAN TV PUBLIC CHANNEL

地址：福州市道山路永祚社 8 号
电话：（0591）7568098、7555429
传真：（0591）7568098
邮编：350001
主页：HTTP：//www.fjtv.net

每周文摘

在每周的期待里享受精彩

信息新、文章短、题材广、内涵深，内容丰富，精品荟萃。

MEIZHOUWENZAI

- 介绍函件广告各项业务
- 报道国内外DM市场新闻
- 追踪DM市场风云
- 展示邮政媒体广告精品
- 查询全省各市函件广告客户中心业务种类和报价
- 商函名址库使用介绍
- 商家应用函件广告实例
- 举办函件广告营销知识讲座
- 链接国内主要DM网站
- 实现邮政商业广告与客户的互动

福建邮政广告信息网

欢迎点击 》》 **www.dmfj.com**

茫茫商海，有这样一位推销员，走遍全国和海外，帮助企业促销，成为连接企业产、销的纽带，她，就是邮政商业信函。

要了解邮政商业信函，请点击www.dmfj.com了解更多精彩资讯。

福建省邮政信函广告局

福建省邮政信息广告有限责任公司

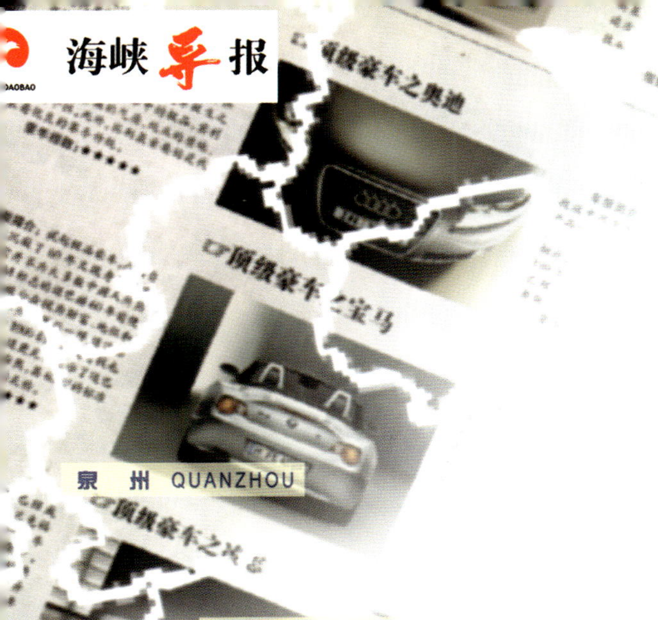

《海峡导报》创刊于1999年3月9日，是目前全国唯一以对台宣传为特色的综合类市民生活报。现为日报，每期4开40版（周六24版，周日32版），发行辐射厦漳泉金三角，日均发行量保持18万份，遥遥领先闽南地区报业同行。

导民生 报民情

闽南最强势
最具影响力的都市类报纸

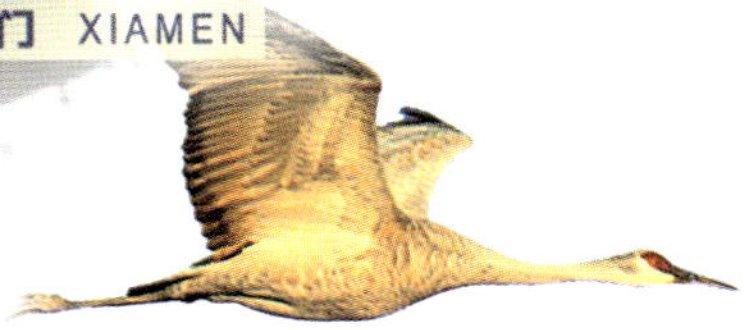

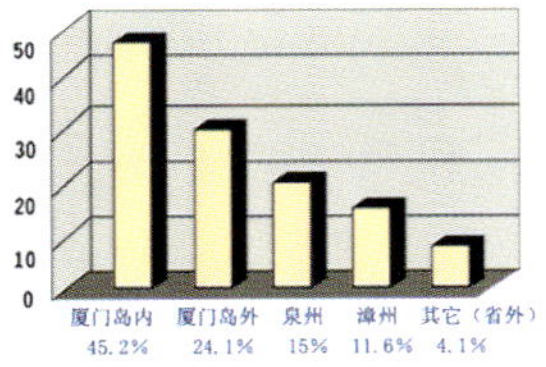

覆盖闽南金三角

《海峡导报》发行以厦门为重点，覆盖闽南金三角及省内外，日均发行量18万份以上。

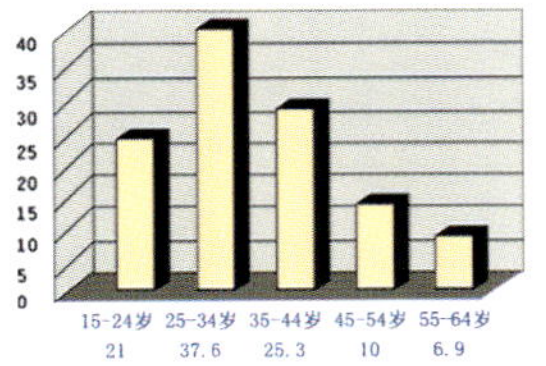

最佳目标消费群

《海峡导报》读者群中，年龄在25—44岁的读者比例最高，达62.9%，这正是一个年富力强的消费群体，充满活力，易于接受新事物，又趋于理性与成熟，消费能力强，正是广告主和广告公司青睐的目标消费者。

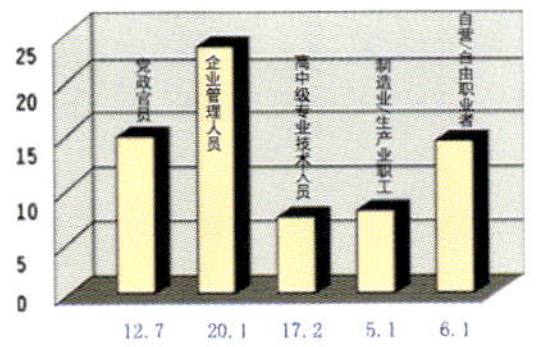

职业分布

《海峡导报》读者中近70%拥有固定工作，白领阶层达50%，其中党政官员、企业管理人员、高中级专业技术人员比例均高出厦门居民总体水平和其它报纸的白领读者群体比例。

新闻热线：0592-2961110
广告热线：0592-2961588
发行热线：0592-2962128
http://www.hxdb.com.cn

我们用心……

福州电视台

福州广播电视集团是以新闻宣传和媒体经营为主业的现代化传媒集团，作为省会城市福州市委、市政府的重要宣传阵地和喉舌。集团以新闻宣传为中心，以产业发展为基础，以电台、电视台、网络、文化生活报等四大媒体为主体，充分挖掘传媒潜力，积极拓展广电信息网络资源的开发项目，新世纪以来一直走在福州经济发展的前沿。

福州广电集团下属的福州电视台是福州地区最具影响力的强势媒体之一，成立于1983年，人才和技术力量雄厚，拥有新闻专业人才300多人，六讯道全数字电视转播车，大小规格的演播厅11个，现有新闻综合、影视、生活三个电视频道，《黄金剧场》、《强档剧场》等影视剧场的如虹收视和稳定表现，深受百姓喜爱和广告客户垂青，《新闻110》等名牌栏目均是福州地区具有权威影响力的电视节目。福州电视台还即将开通第四频道——少儿频道，相信会为福州青少年带去一片新的天地。

福州广电集团广告中心成立于2000年，是福州广电集团所属广告经营单位，主要负责福州广电集团下属福州电视台、福州广播电台、文化生活报三大主流媒体的广告经营。

广告中心以数据营销为基础，致力于最大化地将媒体收视优势转化为广告传播优势，同时不断丰满广告代理机制，规范广告营销市场，充分发展广告代理公司媒体营销能力和客户拓展能力；在客户服务领域，结合客户产品终端销售和地面推广状况，积极提供区域市场调研，同时整合媒体资源，搭建多元化合作平台，走多方合作的共赢之路，更好的实现客户忠诚度和满意度的提升。中心成立至今，始终保持飞速发展的良好势头，在福州广告从业者之中名列前茅。

作为福州地区的强势媒体，福州广电集团正加快改革步伐，向更高更新的目标迈进。

2004 爱 不 释 的 精 彩　福州广电集团广告中心

地址：福建省福州市广达路金源大广场西区29层　邮编：350005　电话：(0591) 3371888　Http://WWW.FZTV.TV

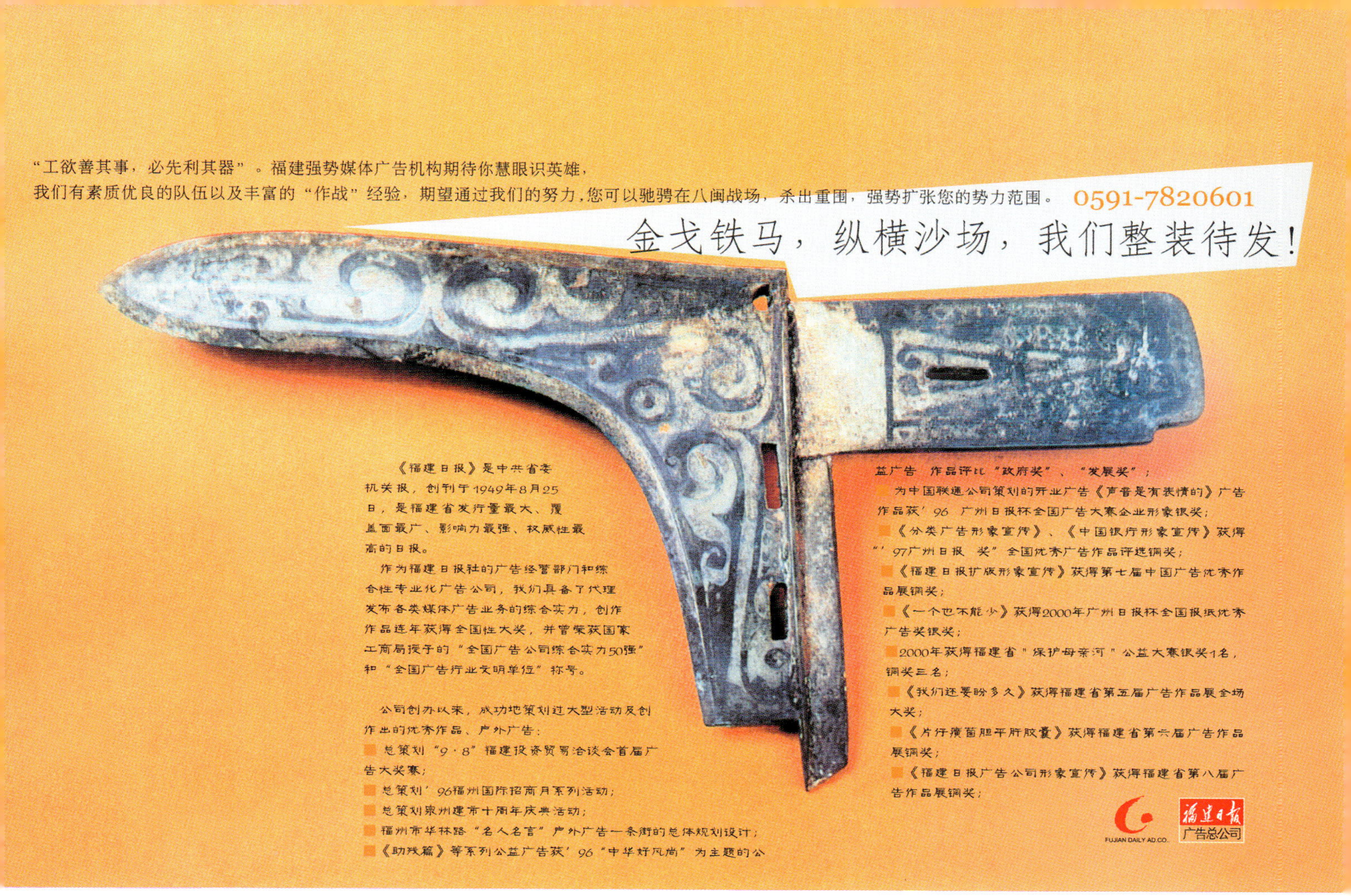

"工欲善其事，必先利其器"。福建强势媒体广告机构期待你慧眼识英雄，
我们有素质优良的队伍以及丰富的"作战"经验，期望通过我们的努力，您可以驰骋在八闽战场，杀出重围，强势扩张您的势力范围。
0591-7820601
金戈铁马，纵横沙场，我们整装待发！
《福建日报》是中共省委机关报，创刊于1949年8月25日，是福建省发行量最大、覆盖面最广、影响力最强、权威性最高的日报。
作为福建日报社的广告经营部门和综合性专业化广告公司，我们具备了代理发布各类媒体广告业务的综合实力，创作作品连年获得全国性大奖，并曾荣获国家工商局授予的"全国广告公司综合实力50强"和"全国广告行业文明单位"称号。
公司创办以来，成功地策划过大型活动及创作出的优秀作品、户外广告：
总策划"9·8"福建投资贸易洽谈会首届广告大奖赛；
总策划'96福州国际招商月系列活动；
总策划泉州建市十周年庆典活动；
福州市华林路"名人名言"户外广告一条街的总体规划设计；
《助残篇》等系列公益广告获'96"中华好风尚"为主题的公益广告 作品评比"政府奖"、"发展奖"；
为中国联通公司策划的开业广告《声音是有表情的》广告作品获'96 广州日报杯全国广告大赛企业形象银奖；
《分类广告形象宣传》、《中国银行形象宣传》获得"'97广州日报 奖"全国优秀广告作品评选铜奖；
《福建日报扩版形象宣传》获得第七届中国广告优秀作品展铜奖；
《一个也不能少》获得2000年广州日报杯全国报纸优秀广告奖银奖；
2000年获得福建省"保护母亲河"公益大赛银奖1名，铜奖三名；
《我们还要盼多久》获得福建省第五届广告作品展全场大奖；
《片仔癀茵胆平肝胶囊》获得福建省第六届广告作品展铜奖；
《福建日报广告公司形象宣传》获得福建省第八届广告作品展铜奖；
FUJIAN DAILY AD.CO.
福建日报
广告总公司

东南快报
每日所需，及时补充
每天早晨喝一杯清茶
在公共站亭边上买一份《东南快报》
然后奔跑着追赶公车
一些生活方式
日复一日
因为喜欢渐成习惯

泉州晚报 東南早報

《泉州晚报》系中共泉州市委机关报，1985年创刊，为泉州市第一大纸质媒体、泉州市惟一综合性大报、权威主流媒体。现为对开20版，天天彩报，发行数量达20万份。《泉州晚报》的主要读者为国家公务员、企业经营者、拥有稳定收入的市民等社会消费主体，其中个人订阅率达到80%；《泉州晚报》是综合性报纸，内容丰富多彩，具有权威性和时效性、可读性和实用性，晚报广告印刷精美、清晰，广告可信度高，视觉冲击力强、效果显著，一直是各地企业开拓泉州市场的首选媒介。

《泉州晚报》黑白普通整版（35厘米×48厘米）广告价格为88000元，彩色普通整版广告价格为132000元。

泉州晚报广告部主任：吴家阳

联系电话：0595—2500048

《东南早报》是由泉州晚报社主办的综合性市民生活报，泉州第二大纸质媒体、福建综合性日报之一。早报以反映社会、关注民生、服务百姓、满足需求为宗旨，以追求最具竞争力的新闻为理念。早报为日刊，4开40版彩报。早报创刊三年多来，影响日益扩大、发行量大，是泉州报业市场继《泉州晚报》之后的第2大纸质媒体，已经成为本省发行量第二大的都市生活报，现发行量已达18万份。早报读者总体偏向中青年，该群体也是购买力较强的消费群。

《东南早报》黑白普通整版（25厘米×33厘米）广告价格为33000元，彩色普通整版广告价格为47520元。

东南早报广告部主任：谢庭荣

联系电话：0595—2500050

地址：福建省泉州市刺桐路泉州晚报大厦一楼

邮编：362000

漳州市南风广告有限公司

地址：福建省漳州市延安北路鸿宝大厦2号店面　邮编：363000

电话：0596-2021188 2048578　传真：0596-2048578

E-mail:nanfeng@nanfeng-ad.com

南平电视台

NPTV STATION

强势传媒　金钻频道

南平电视台是福建省北部最具响力的传媒，两个频道——新闻合频道和公共(影视)频道，经过新整合,全新改版,精彩亮相。信覆盖十个县、市(区)及福州、三、宁德等部分地区，直接和间受众人数分别达300万和600万,盖率逾90%。

全台自办新闻节目有《南平新》、《今晚九点半》、《政府百姓》、《武夷方圆》、《延要闻》等。新闻、专题、广告目多次获国家、省级大奖。

交通枢纽　旅游胜地

南平市是福建省的交通枢纽,是通沿海和山区、本省和外省的喉；南平是全省重要工业基地,世界“双遗产地”武夷山为龙的北山南水生态旅游享誉全球,建设海峡两岸经济区最具发展力的城市之一。

【诚信服务　精彩共享】

南平电视台广告部荣获福建省广告先进单位称号，是中国广告协会会员；拥有一支专业的策划、编导、制作精英队伍，实时为广告客户提供翔实的收视率调查、播出证明、全程监播等专业服务，保证了高品质的广告效果，实现了双赢的目的。

【本土特色　金矿沉淀】

收看本土特色的电视节目，是南平市民最主要的文化娱乐休闲方式，南平电视台在所有频道中平均收视率达到13.3%，特别是19：30--22：00黄金时段最高收视率达25%以上；南平台是闽北最受欢迎的主流频道。

台　长：柯新宝
广告部主任：张敏
服务热线：（0599）8822800
广告热线：（0599）8822006
8820666
传　真：（0599）8834753
邮　编：353000
网　址：Http://www.nptv.com.cn

博美世纪传媒广告有限公司
BOMEI CENTURY MEDIA ADVERTISING.CO.,LTD.

厦门市湖滨北路59号中信惠扬大厦22层C-D
电话：(0592) 5205858　5206868
传真：(0592)5207878
网址：www.tomoutdoor.com
电邮：bomei-united@tomoutdoor.com

大户外 · 大网络 · 一站式

CHINA ADVERTISING YEARBOOK
中国广告年鉴

世界广告大会 纪念版

¥ 220.00

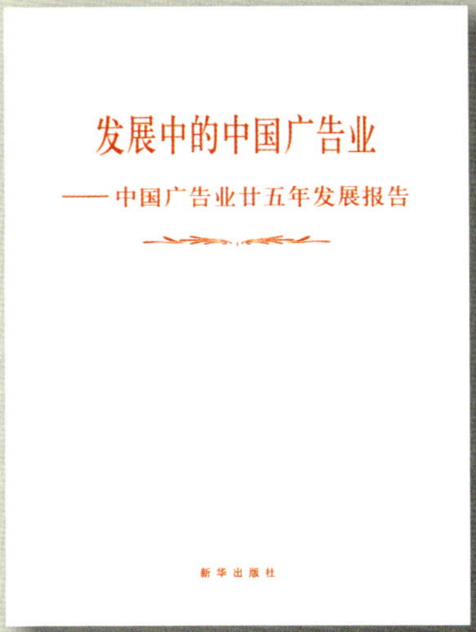

¥ 280.00

历时一年，首度推出…

25-Year Developmental Report of China's Advertising Industry
中国广告业廿五年发展报告

携手贡献中国广告界
贡献第39届世界广告大会

Directory of China Advertising Units
中国广告经营单位名录

收录了全国
近6万家广告经营单位
的企业基本信息

¥ 380.00

¥ 220.00

十五载积淀 倾情奉献
展现中国广告发展史

Combined Volume of 1988-2003 China Advertising Yearbooks
中国广告年鉴1988－2003合订本

垂询电话：010－68628860 68628861 68611590 68611591

'2004中国广告年鉴

China Advertising Yearbook

12th Edition

河南省

著名广告经营单位介绍专栏

● 河南省工商行政管理局

河南省广告业发展现状

河南省广告业自1978年恢复以来，经过二十多年持续稳步健康发展，已形成了门类较为齐全，有一定规模的新兴产业，截止2003年底，全省广告经营单位已达2598户，广告从业人员27538人，年度广告经营额达15.08亿元。我省广告业的蓬勃发展，推动了我省经济的发展，取得了令人瞩目的成就。

一、广告业蓬勃发展，形式多姿多彩，广告经营额剧增

统计资料显示，1991年全省有广告经营单位341家，从业人员600人，年经营额为200万元。经过十多年持续发展到2003年底，全省广告经营单位已达到2598户，从业人员达27538人。年度广告经营额达15.08亿元，比1991年增加75.4倍。目前，我省广告行业正以15%的年增长率成为河南省经济发展的一支不可忽视的重要力量。随着先进新型的广告媒体、材料的不断涌现，我省广告形式更加丰富多彩，除传统的报纸、期刊、杂志、广播电视等大众媒介外，电脑喷图，激光制版、空中媒体、电子广告显示屏、网络、移动通讯等广告媒体异军突起，在广告市场中所占份额不断增加。企业正是利用高质量、高科技的广告，运用广告策略去开拓、占领市场，导致广告投入成倍增长。近年来，我省涌现出一批如周口味精厂、漯河双汇集团、开封新飞集团等成功广告宣传企业。通过广告，促进产品打开市场，树立了企业良好形象，同时，对我省广告事业的蓬勃发展也起了积极的推动作用。目前，我省广告市场呈现广告公司、电视台、广播电台、报纸四足鼎立的局面。其广告收入占河南广告总收入的90%以上。传统的广播电台、电视台，通过品牌建设，设立专业频道，提高收视率，实现广告业务的迅速增长，2003年底广告收入达6.14亿元。河南日报报业集团的成立标志着传统媒介的整合进一步加强，各专业版面的开辟，进一步适应当前各类读者的要求，使广告投放选择

空间更大，广告收入也成倍增长。

二、广告从业人员综合素质明显提高

广告业是知识、技术、人才密集的高新技术产业，如何加强和提高从业人员的素质，规范其广告活动，促进其依法经营和繁荣发展，是各级监管部门的重要任务。为此，我省广告监管部门把广告人才培养和技术培训放在发展广告业的重要位置上。一是严把广告市场准入关，加强对广告从业人员的资格审查，要求每个广告经营单位广告从业人员不低于10人，大专以上学历应占从业人员的三分之二以上。目前，全省广告从业人员中大专以上学历者占90%以上。二是加强对广告从业人员的业务和岗位资格培训，为此，省工商局组织14期广告专业技术岗位资格和业务培训，有2000多人参加培训。三是加强法律法规宣传，采取纪念日、学法考试等不同形式宣传学习广告法规。四是促使广告经营单位通过培训建立审查员制度，严把广告发布关，杜绝违法广告的产生。五是积极组织广告经营者开展广告交流活动，学习和借鉴外地先进的广告设计、制作、管理和服务的方法和手段，以适应日益更新的时代需要，提高制作水平。通过一系列的培训和学习，使我省广告从业人员的整体素质得到明显提高。

三、注重公益广告对精神文明的促进作用

在我省各级工商部门的组织和指导下，在有关部门的大力协助下，广告主、广告经营者、广告发布者积极开展公益广告活动。2000—2003年，共发布公益广告3000余条幅。在2000—2001年、2001—2002年度全国优秀公益广告作品活动中，我省选送的广播类作品“一心不能二用”、“微笑”分别荣获金奖和铜奖，深化了社会各界对公益广告的认识，树立了广告业的良好形象。近年来，省工商局先后组织开展了“中华好风尚”，“自强创辉煌”主题公益广告月活动，充分发挥了公益广告对社会主义物质文明和精神文明建设的促进作用。

四、整顿和规范广告市场秩序，加强广告监管

为促进广告业健康发展，规范广告市场行为，开展有序市场竞争，近年来，我省各级广告监管部门依照发展和监管并举的原则，采取集中整治与广大群众切身利益相关的广告为中心，

规范发布行为，严厉打击损害人民群众生命财产、身体健康的虚假违法药品、医疗、保健食品、农资等广告。积极与新闻出版，广电、卫生、药监部门沟通，加大广告监管力度，加强市场广告巡查，定期不定期对各媒体进行广告监测，有力打击了广告违法活动。2001年，围绕“反误导、打虚假”广告市场治理专项行动，全省共查处违法案件2113起，罚没金额1433万元。2002年，以规范广告市场秩序为中心，严厉打击虚假违法广告活动，全省共查处广告案件2076件，罚没金额349.9万元。2003年，通过采取集中开展医疗广告市场治理、虚假广告行为专项整治、对有损国家尊严和形象违法广告进行严厉查处活动，共查处广告违法案件900余件，罚没金额329.8万元。

通过近几年的专项治理活动，有效地维护了广告市场秩序，大大净化了河南广告市场，树立了河南广告以诚信为本的新局面，为我省广告业创造了良好健康发展的好环境，为河南经济发展和社会发展增添了光辉。

日发 80 万份覆盖全省辐射全国
年广告收入3 亿元
品牌价值 7 亿人民币
中国 500 最具价值品牌——第 442 位
世界日报发行百强——第 64 位
中国都市类报纸竞争力 20 强——第 10 位
构筑巨型商桥 打造强势品牌
大河报
主流媒体打造强势品牌
高密度的网络覆盖 高质量的订户资源 高效率的网络传输 高素质的职工团队 高水准的管理运作

2426亿交易的背后

这里曾拥有世界上最繁华的 SHOPPING MALL，900年后的今天，这一地区——河南已成为一个超大潜力的消费市场，4566个消费品市场（超过上海、天津与北京之和）[1]，近一亿的消费人口（全国第一消费人口），年商品交易达2426亿元[2]。作为这一个庞大市场背后的媒体巨擎，河南电视台对这里的每一笔交易深具影响力，而这力量正来自它对河南每一个消费者的影响。

河南电视台卫星频道与都市频道，在全省城乡及郑州市等主要城市，占有最高收视份额，拥有最大规模的忠实观众群，覆盖80%以上的全省人口[3]。梨园春的曲风、武林风的拳路、都市报道的城中热点，这些都是当地市民广场与巴士上的热门话题。

不但是国内品牌，而且当前越来越多国际品牌投放河南电视台卫星频道与都市频道，深挖河南市场的庞大潜力。这样的市场开拓与媒体策略获取了巨大的广告回报。2003年，一全球著名生活用品品牌投放河南卫视与都市频道，在河南获得了在上海市场上2倍的收益，而广告投入仅是上海的1/2。另一国际饮料品牌2003年夏选用都市频道支持新产品在郑州上市，郑州即刻成为该产品在全国最成功的市场之一。如此之大的投资回报，源于这巨大市场潜力的释放，更源于大胆而明智的市场与媒体策略。

河南电视台广告部关心每个客户的每一笔广告投资，致力与客户一道挖掘河南市场潜力，获取最大回报，亦籍此推动这一市场在当代的发展与成熟。

河南电视台　快速启动枢纽市场　　创造最大投资回报

1.数据来源：中国商品交易市场统计年鉴2003　　2.数据来源：国家统计局2003年各地区统计公报　　3.数据来源：央视——索福瑞媒介研究2004

《河南日报》是中共河南省委机关报，彩色印刷，日发行量为38万份，波及全国，覆盖全省所有县市的每个角落。作为河南第一政经大报，《河南日报》以其权威性、指导性、服务性、可读性而成为党政干部、企事业领导决策指导工作的必读报纸，也是社会各界民众、成功人士了解新闻动态，交流各类信息，提高生活品位的重要平台。

广告垂寻电话：0371-5796126 5796127　地址：河南省郑州市农业路东28号

稳定的发行结构　固定的读者人群

商报对有思想、有地位、有财富、有发展的政府公务员、企业高层、商务人士、专家学者、白领阶层等具备较强消费能力和影响力的人群成功进行立体覆盖，形成了稳定的读者群。

固定订阅：固定订户成为最大的发行优势，除自办发行固定订户外，20万余份邮政订阅主要集中于政府机关，企事业单位和科研机构。覆盖了全省县级以上的政府机关和经济管理部门、企事业单位。

城市零售：主要是郑州、洛阳、焦作等经济发达地市，约5万份。读者对象为工商经营界人士。

优秀的品质吸引众多高层次的读者《河南商报》读者年龄集中在26–44岁，平均年龄35岁，这是一个年富力强的消费群体，充满活力，易于接受新生事物，又趋于理性与成熟，消费能力强，正是广告主和广告公司青睐的目标消费者。《河南商报》读者有稳定的较高收入来源，收入的稳定保证了他们具备相当的经济实力和购买力，这样的读者群是商品广告理想的诉求对象，是企业最应把握的消费群体。

《河南商报》是由新华社河南分社主管主办的都市类日报，对开12—20版，日发行量达40多万份，已成为河南省都市类日报中发行量稳居第二的新型大报。

办中原最有价值的新型大报是我们的目标，在向这一目标阔步迈进的过程中，我们追求发行量，注重新闻时效与品质，服务质量和社会声誉，力求达到新闻产品的运作与市场接轨。

《河南商报》在新闻上常以独家策划聚焦社会热点，引起社会轰动。在版面上保持大众新闻版块、领潮服务版块的同时，在同城媒体中以差异化专刊彰显新锐、年轻、时尚的风格。

《河南商报》风格现代，新闻快捷，报道权威，视角独特，内容生动，信息丰富，注重社会参与，赢得工商企业精英、白领、经营者、管理层、自由职业者等商务人士及广大政府机关、事业单位人士等高收入高知识群体的广泛喜爱。业已形成以河南省省会郑州为中心，并覆盖洛阳、开封、焦作、新乡、平顶山、漯河，许昌等中原城市群的主流读者群。

广　告　刊　例

单位：人民币元

版面 / 规格:单位厘米	1版	2–3版	4版（封底）	5–8版	9版以后	周六、日 1版	周六、 2版以
题花 2.5×4	800	600		500	400	600	400
报眼 7.7×8.5	10000					8000	
一栏 5×10.8（10×5.4）				1900	1800		1600
三栏 10×16	9000	6000		5800	5400	6000	4800
通栏 10×32.5	18000	12000	13600	11600	10800	12000	9600
1/4版 12.5×32.5（25×16）	22500	15000	17000	14500	13500	15000	12000
1/3版 17×32.5	30000	20000	22600	19000	18000	20000	16000
双通栏 20×32.5	36000	25000	27200	21600	21600	25000	19200
1/2版 25.5×32.5	48000	30000	34000	29000	27000	30000	24000
整版 51×32.5			68000	58000	54000		48000
通版 51×68.3				116000	108000		96000

注：1、套红加收20%，彩色加收30%；2、指定版面加收10%、3、异型版面加收20%；4、中缝3600元/条
5、文字广告标题10元/字，文字6元/字。6、四版规格为：50X32.5cm

广告垂询：0371–5582333　传真：0371–5582281　E-mail:hnsbgg@163.com
地址：郑州市花园路85号河南新闻大厦　开户行：省农直支花园路分理处　帐号：38100520104000208O

'2004中国广告年鉴
China Advertising Yearbook
12th Edition

湖 北 省

著名广告经营单位介绍专栏

湖北省广告业发展概况

随着社会主义市场经济的发展，广告在促进全省经济发展、精神文明建设和引导消费等方面发挥着重要的作用。近些年来，在各级政府、工商行政管理机关和其他相关部门的关心和支持下，我省广告业发展较快，已形成具有一定规模的新兴产业。广告已成为企业开拓市场、树立品牌和形象的重要营销手段，也成为人民群众生活消费的重要导向。

广告业作为湖北一个新兴产业，在二十几年内从无到有，从小到大，得到快速发展。1979年，我省只有一家广告公司，年营业额仅60万元。1992年至1997年，广告营业额年增长率达56%以上，特别是1993年高达137.17%。截至2003年，全省共有广告经营单位3626户，从业人员2.3万人，年度广告经营额19亿元，与《广告法》颁布前的1993年相比，户数由962户增加到3626户，增长276.9%；从业人员由 0.8万人增加到2.3万人，增长187.5%；广告经营额由2.9亿元增加到19亿元，增长555.2%。

一、全省广告宣传意识显著增强

随着社会主义市场经济的深入发展，我省广告主、广告经营单位与消费者的广告意识都发生了深刻改变，广告意识显著增强。企业那种“好酒不怕巷子深”、“皇帝女儿不愁嫁”的观念转变了，企业不仅要做广告，而且要做好广告，运用广告策略去开拓、占领市场。广大消费者也通过广告对商品进行比较挑选。近几年，我省出现了像“东风集团”、“红桃K”、“金龙泉集团”等成功运作广告，促进产品打开市场，树立企业良好形象的典型。

在我省各级工商部门的组织和指导下，广告主、广告经营者、广告发布者积极开展公益广告活动。2002年和2003年以来共发布公益广告2680幅，在倡导宣传社会新风尚、美化城市等方面也发挥了积极作用，取得了良好的社会效果，大大促进了社会精神文明建设的发展。

二、广告行业结构发生明显变化

广告行业中个体私营企业势头增长强劲。2003年个体私营广告企业2553户，从业人员达1.2万余人，广告经营额达5.6亿元。个体私营广告经营额占全省广告营业额的29.5%，已经成为我省广告业的重要组成部分。

报纸、电视、广播、期刊四大媒介广告仍保持主导地位，逐步拉开距离。2003年全省电视广告经营额6.8亿元，报纸广告经营额6亿元，广播和有线广播广告经营额0.4亿元，期刊广告经营额为0.9亿元，分别占全省广告经营额的35.8%、31.6%、2.1%和 4.7% 。

三、产业广告投入发生变化

2003年广告经营额投放量前5位的产业和服务类别是药品、医疗、房地产、医疗器械、家用电器。

药品广告、医疗服务广告经营额为8.6亿元，占全省广告经营额的45.3%，分别列第一、二位；房地产广告经营额投放量稳中有升，广告经营额为2.4亿元，比2002年的0.8亿元增加1.6亿元，占全省广告经营额的12.6%，从2002年的第五名，跃居第三；医疗器械广告经营额为1.1亿元，占全省广告经营额的5.8%；家电电器广告经营额为0.9亿元，占全省广告经营额4.7%。

四、广告制作水平、广告从业人员素质有了较大提高

近年来，我省广告监管部门把广告人才培养和技术培训放在发展广告业的重要位置，重点支持有条件的经济类院校和新闻院系开办广告专业，鼓励工艺、美术院校培养广告人才，建立广告人才培训中心，多渠道、多层次开展专业培训活动，武大、华工大、湖大、江大等高校陆续开办了广告专业，为广告经营单位培养和输送了一大批专业人才。目前，我省已形成了一支以高级人才为骨干、中级人才为主体、技术等级构成合理的广告专业技术队伍。

同时，全省各地积极开展广告交流活动，学习借鉴国际和国内发达地区在广告宣传、设计、制作、管理和服务等方面的先进经验和手段，提高了我省广告业水平，顺应知识经济和信息社会发展的需要。此外，大量新设备、新材料、新技术在我省广告行业中被广泛应用，广告制作水平不断提高。

五、广告业的管理逐步走向法制化、规范化

1993 年，省政府发布了《湖北省户外广告管理办法》(1999 年进行了修订)；1997 年，省人大发布了《湖北省实施〈中华人民共和国广告法〉办法》，为广告业的发展创造了良好的法律环境。工商行政管理机关作为负责广告监督管理工作的主要部门，加强监督管理，严把市场准入关，规范广告市场主体；建立广告监测机制，开展专项检查，加大广告监管力度；严厉查处虚假违法广告，有效维护了广告市场秩序。2003 年全省共查处广告违法案件 2628 件，罚没款 580.43 万元，分别比上年增长 40.5%和 33.3%。

与 您 携 手 共 创 辉 煌

襄樊电视台

襄樊电视台 继湖北电视台、武汉电视台之后的第三大台，自办新闻综合、经济生活、公共频道、图文信息共四套电视节目，有效覆盖人口达1200万。

襄樊电视台 鄂西北及鄂、豫、川、陕毗邻地区实力最强、影响最大的强势媒体。

襄樊电视台节目广告中心 一支锐意进取、开拓创新的广告策划制作队伍；一位诚信、得力、可靠的合作伙伴。

《襄樊广播电视报》 一份以影视信息为主，集知识性、趣味性、欣赏性于一体，深受群众喜爱的报纸。期发行量6万份以上。

地址：湖北省襄樊市襄城区檀溪路369号 电话：0710-3567986 传真：0710-3567323 网址：WWW.HBXFTV.COM

鄂州广播电视局

鄂州，位于长江中游，是湖北省地级中等城市之一。全市人口130万，其中城区人口40万。

1983年被国务院批准为省辖市，同年被湖北省定为改革开放试验区；1997年被评为湖北省小康城市。1997年建立的鄂州电视台，广播电视覆盖鄂州全境及周边地区，覆盖人口达2000万，有线电视宽带光纤信息网络贯通全市城乡，传输电视节目35套，现有网络用户15万余户，是广大客户传播商品信息的首选媒体。

鄂州广播电视局于2000年进行了内部机制改革，在全省率先实现了局台合一的新格局，成立了新闻中心、社教文艺中心、广告中心、网络中心、后勤中心、财务中心。各项收入每年以20%的速度递增，2004年重新选址，占地55亩，投资6000多万元，建成了32000多平方米的鄂州广播电视中心，为鄂州广播电视的快速发展打下了坚实的基础。

地址：湖北鄂州滨湖南路

电话：0711－3223627

0711－3201968

鄂州日报

《鄂州日报》是中共鄂州市委机关报，具有权威性、指导性、时效性和知识性，可读性强，覆盖面广，是一张面向城乡，贴近生活，版面图文并茂，富有地方特色的报纸，深受广大读者青睐。

《鄂州日报》是全市重要人才在政治、经济生活中进行决策的依据，其高品质的形象特征为高品味的专业人士所喜爱。精明商人的重大决策是和《鄂州日报》“商量”过的。

《鄂州日报》已成为干部爱读，各界皆宜，家庭必备的综合性日报。《鄂州日报》为对开四版，采用激光照排胶版印刷。全国发行，覆盖率高，是湖北省地方党报人均占有率较高的一家报纸。

《鄂州日报》广告部集广告策划、市场调查、形象设计、广告制作及媒介代理于一体，全方位服务于广告主，是您忠实可信的合作伙伴。各版辟有多种规格的广告刊位，欢迎来人来函刊登广告。

联系地址：湖北省鄂州市南塔街4号

广告部主任：秦昌林

联系电话：0711－3223533 13886304999

传　　真：0711－3223533

开户银行：中行吴都支行

帐　　号：02533808091001

户　　名：鄂州日报社

广告部邮编：436000

三峡晚报

错过的往往是最好的

她

取材客观事实 探求幕后真相

世事国事家事 纳百川而从容

关怀百姓之忧 笔伐不平之事

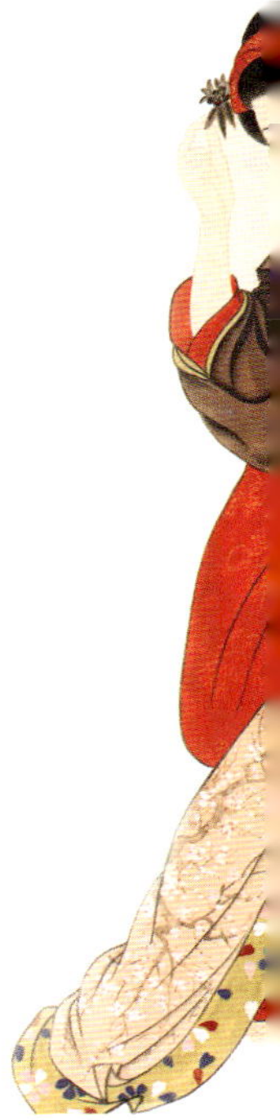

三峡晚报系湖北日报报业集团主管主办，具有50年办报历程，目前日出四开24-56版，是宜昌区域发行量最大、阅读率最高、覆盖面最广、影响力最强的惟一晚报。

：宜昌市胜利四路46社址：宜昌市胜利四路46号 邮编：443000 电话：6466709

●全市基层单位全覆盖●全市经营场所全覆盖●全市窗口行业全覆盖●全市70%以上有稳定收入的公职人员、90%以上干部家庭拥有《宜昌日报》

宜昌日报

强势媒体 先进群体 消费主体

投资2000亿元的全球一号工程——长江三峡工程的兴建，使湖北宜昌成为全世界瞩目的热点。

拥有400多万人口的宜昌市，每年仅国家投资三峡工程的资金就高达100多亿元，每年旅游人数达500多万人次，正在建成世界水电城、中国旅游城、长江流域经济强市。目前已是湖北省仅次于武汉市的第二大城市。

宜昌日报 是中共宜昌市委主办的综合性日报。1949年8月9日正式创刊，目前日出对开8－16版，邮发、自办发行、市场零售齐头并进，发行量在宜昌报业中独占鳌头。

宜昌日报 是全国性学会——中国地市报研究会的发起单位之一，是中国地市报研究会秘书处和《中国地市报人》杂志编辑部所在地。在为全国所有地市报提供服务的过程中，建立了完善的信息服务网络和崇高的威信。

宜昌日报 拥有一支素质高,拼抢力强的记者编辑队伍，十次摘取"中国新闻奖"、年年荣获"湖北新闻奖"，在全国同类报纸中实属罕见，被同行称为"宜昌日报现象"。

宜昌日报 是宜昌唯一的对开日报，宜昌日报以其快捷简练的报道风格，公正、强大的舆论力量和牵挂市民喜忧的无限真情,赢得市民的拥戴，一直是最受宜昌读者欢迎的报纸。

宜昌日报 作为三峡地区暨宜昌市发行量最大的日报，阅读率、覆盖率、影响力均雄居榜首，是全市传媒中的强势媒体。宜昌日报广告传媒效果好，渗透力强，辐射面广，是三峡及宜昌地区报纸广告首选媒体。

宜昌日报 广告经营额在宜昌市各媒体中一直领先，在湖北省地市级报纸中名列第一。

■广告部主任：熊 飞 ■电话：(0717) 6449702 6448108 ■传真：(0717) 6450179 ■地址：湖北省宜昌市东山大道119号 ■邮编：443000

《中国广告年鉴》（以下简称《年鉴》）是在国家工商行政管理总局指导下，由国家工商行政管理总局广告监管司、中国广告协会以及地方各级工商行政管理机关的广告监管机构、广告协会组织、全国广告界共同参与编辑的我国广告业最具权威性的大型文献和行业指导性资料工具书。

为迎接第39届世界广告大会在我国首都北京的胜利召开，在国家工商行政管理总局广告监管司的指导和广告界同仁的大力支持下，《年鉴》编辑部首次对1988年以来出版的十一卷《年鉴》重新编辑整理，制作了《年鉴（1988－2003年）》电子合订版光盘，以贡献本届世界广告大会及广告界同仁。

Combined Volume of 1988-2003 China Advertising Yearbooks
中国广告年鉴1988－2003合订本

古老的中国
悠久的历史
灿烂的文化
发展的广告

十五载积淀　倾情奉献
展现中国广告发展史

中国广告年鉴编辑部垂询电话：010－68628860　68628861　定价：220元

'2004中国广告年鉴

China Advertising Yearbook

12th Edition

广 东 省

著名广告经营单位介绍专栏

● 广东省工商行政管理局

广东省广告业发展概况

1979年恢复广告业以来，经过20多年改革开放的风风雨雨，我省广告业逐渐变为服务行业中脱颖而出的朝阳产业。其发展势头之猛，速度之快，远远超过了其他行业，超过了国民经济增长的速度。随着改革开放的不断深入，国家产业结构调整的初见成效，我省广告业在经历了改革开放初期井喷式的高速增长之后，近年来呈现出持续、平稳、健康发展的态势，由过去以追求数量为主的粗放型增长转变为注重质量提高的集约式发展。截止到2003年底，全省广告经营单位达10898户，广告从业人员92956人，广告营业额165.89亿元，同比分别增长了16.7%、20%、16%。蓬勃发展的我省广告业为我省全面建设小康社会，争创广东新优势，为我省社会主义精神文明和物质文明建设做出了突出贡献。纵观我省广告业的发展，主要呈现出以下几个特点：

一、广告行业逐步走向理性化的发展轨道，行业素质显著提高。

随着市场经济体系的不断成熟与完善，国民经济的平稳发展，国家宏观经济调控能力的增强，有力地促进了广告业的稳定健康发展，企业经营理念不断更新，广告经营活动逐步理性化，行业素质显著提高。由过去数量规模型逐渐向质量效能型转变，行业结构日趋合理，广告企业的综合素质不断提高。近年来，延续了90年代中期以来经营单位户数、从业人员的数量增长放缓的趋势，但同时经营业绩则却稳步增长，广告经营额年平均增长15%。我省广告行业已步入了提高质量和优化结构的发展轨道，为广告行业形成规模经营，完善广告经营机制，有效利用广告资源提供了有利条件。

二、珠江三角洲地区仍为全省广告业最发达的地区，但行业的地区间发展不平衡。

目前呈现出以珠江三角洲地区为中心，向粤北、粤东、粤西拓展，带动全省广告业发展的布局，珠江三角洲地区广告业的蓬勃发展，有力地推动了全省广告业的发展。据统计，其发展速度居全省首位，广告经营单位，广告从业人员、广告经营额的增长率分别为20%、18%、25%，广告营业额增长率大大高于全省增长率。至2003年底，珠江三角洲地区广告经营单位户数占全省70%，广告营业额为120亿多元，占全省广告营业额约70%，并持续保持了快速、稳定发展的态势，但是，粤北、粤东、粤西地区广告业增长速度也日益加快，与珠江三角洲地区的差距有所缩小。

三、专业广告公司有了突破性的长足发展，在行业中的地位和作用凸现，行业格局发生了深刻变化。

广告公司真正成为广告业的中坚力量，真正发挥了连结广告主和广告发布者的桥梁作用，过去强媒体，弱广告公司的局面有所改善。至2003年底，专业广告公司已达7024户，比上年末增加1349户，同比增长24%，营业额则达63亿元，占全行业营业额的39%。随着我省广告业的发展，广告公司整体素质及经营效益不断提高，逐步发展成为具备整体形象策划、市场调查、全面代理服务能力的现代意义广告公司，过去小作坊式的经营模式已一去不复返了。广告公司的长足发展为广告代理制的全面推行奠定了坚实的基础，去年全行业广告代理费为19亿元，年均增长22%。报刊、电台、电视台等主流媒体已经全面引入了广告代理机制，其中省、市一级的主要新闻媒介90%以上广告业务是广告公司代理的，广告代理越来越成为广告经营活动的一种通用运作机制。

四、传统大众媒介市场化趋势明显，在广告市场中仍处于强势地位。

随着媒体竞争的日趋激烈，电视、报纸、广播、杂志等主流传统大众传播媒介纷纷改革现有经营体制，改革版面、栏目，找准自身定位，增强市场意识、服务意识，更加贴近百姓生活，不断增加广告发布量和版面，扩大覆盖面，增强影响力，以求不断扩大广告容量，拓展广告业务。目前大众传媒在广告经营活动中仍然处在优势地位，其广告费为95亿多元，占全行业广告经营额的57%，仍然是第一大广告平台，稳居主导地位。

五、网络广告发展迅猛。

近年来互联网技术的飞跃发展，带动了网络广告业的发展，我省是2000年全国首批开展网络广告试点的省份，至今共有5家互联网信息服务公司经国家工商总局批准从事网络广告经营试点。去年上述企业广告营业额9亿元，比2002年翻了近一番，虽然占广告经营总额比重较小，但增长势头迅猛。互联网络无论其形式还是运作方式都有其自身特点，随着网络技术的日趋成熟以及上网人数的不断增加，网络广告覆盖面广、交互性和针对性强、广告的全球性、多媒体形式的生动多样性等传统媒体所无法比拟和替代的优势日益凸现，成为继我省电视、报纸、广播、杂志等传统大众媒体之后又一新兴的主流广告媒体。

六、广告行业开始进入多种经济成分平等竞争的时代，形成了多种所有制形式交织共存、共同发展，经济成分多元化的行业格局。

个体、私营经济成分在广告业中的比重持续大幅增加，成为广告业中一支不可忽视的举足轻重的力量。像广东省广告公司等原国有大型骨干广告企业，也纷纷改制，进行了股份制改造。私营广告企业在广告市场中所占份额不断加大。至2003年底，全省共有个体、私营广告企业7833家，比去年增长25%，目前我省广告业所有经济成分中，个体、私营广告企业经营增长最快，广告营业额达54亿元，占全行业经营总额的33%，年均增长35%，居各种经济成分之榜首，创历史新高。

七、IT、房地产、汽车、电信服务等新兴、朝阳产业的广告投入持续保持旺盛的增长势头，成为广告市场的重要支柱。

广告源于市场经济，作用于市场经济，服务于市场经济，是一个依附性较强的行业，上述新兴产业的高速发展，在拉动了消费增长的同时，有力地带动了广告行业。近年来，上述行业的广告投放量继续快速增长，平均增长率为41%，占广告经营总额的比重不断加大，上述行业全年广告费投入共50亿多元，占广告营业总额近30%，并有继续稳步增长之势 ，其中汽车、电信业广告费投入增长率最高，达60%。为推进经济增长起到了积极的作用。

八、整顿和规范市场经济秩序工作成效显著，

广告市场主体的广告行为日趋规范，广告诚信度不断上升。

去年我省各级工商行政管理部门以建立规范有序的广告市场秩序为目标，始终保持整顿和规范广告市场秩序的高压态势，标本兼治，重在治本，继续重点整治严重损害广大人民群众合法权益的医疗、药品、保健食品等虚假违法广告，全面清查各种以防治“非典”名义发布的虚假违法广告。据统计，全省共查处广告案件2541宗，罚没款694.63万元。开展广告市场专项整治3次，检查商场、药店、医疗机构等12235处，清查虚假违法印刷品广告窝点290处，收缴违法印刷品广告17万份，其中内容淫秽下流印刷品广告1.1万份。不断加强日常广告监督检查和巡查，逐步实现对广告发布活动全方位动态监控，逐步建立广告市场信用体系，不断为我省广告业的持续健康稳定发展，营造诚实守信的广告市场环境和公平竞争的平台。

广东电视台
GUANGDONG TELEVISION

广东，商家必争之地！
广东电视台作为广东省的权威媒介，努力开拓，不断创新。属下卫星频道、珠江频道、公共频道、体育频道相扶相依，共同构架优质的广东电视，精彩节目为广告客户带来无限商机。广东电视台广告部秉承“以诚为本、以客为天”的经营理念，为广大客户提供更多样化的媒介载具和专业化服务，我们期待与各商家携手合作，抢占市场先机，共创精彩业绩！

WWW.GZTV.COM

广州电视台广告部
提供高质素的电视广告服务

广州电视台于1988年1月10日开播，日平均播出17.5小时，收视人口超过三千万，覆盖广州、珠江三角洲及省内部分地区。1994年开始有线广播电视播出，至今拥有113万联网用户，受众遍布广州市各大城区及从化、增城等地，除观众熟悉的中央、本地以及卫星接收的多套电视节目外，更有六套各具特色的自办节目，分别是影视频道、经济频道、生活频道、新闻频道、竞赛频道、购物频道。

广州电视台广告部全权负责广州电视台全台广告业务。多年来，它努力在品牌、管理、服务上下功夫，能全方位、多角度、全过程地提供优质的电视广告服务。凭借创造双赢或多赢的经营理念，广州电视台广告部将在节目质量不断提高的基础上，进一步强化专业服务，尤其是针对大客户的度身服务，以令客户的广告讯息以最有效方式传达至目标消费者。

咨询、服务电话：(020)87320818

广告部地址：广州市先烈中路69号东山广场31层

传　真：(020)87320576　　邮　编：510095

GZTV

专业
实力
品味
创意
专业实力媒体
优质广告平台
《足球》报读者群以18-35岁年轻人为主，教育程度高，易于接受商品信息，收入水平远远高于全国水平，消费能力强，广告投放千人成本低。
● 32个分印点遍布全国，密集覆盖经济发达地区及沿海省市，最高发行量突破250万份，平均每期到达168万人（据CMMS）。
● 阅读率2.4%，在体育类媒体中名列第一，在全国30城市最具影响力报纸中名列第10位（据CMMS）。
● 逢周一、三、五推出《足球》报，逢周二、四、六推出《足球大赢家》，两份报纸每周推出版数高达72+80=152版!
● 品牌知名度高：获80%以上球迷认同!
● 劲球网（www.goalchina.net）、无限足球手机短信平台，为读者提供全方位的足球资讯来源。
足球
广告中心：电话：020-81330003 传真：020-81330011 E-mail:soccer-ggb@vip.sina.com
地址：广州市海珠中路97号 邮编：510120
北京办：电话：010-85804589 传真：010-85800460 地址：北京市朝阳区建国路88号SOHO现代城4栋807 邮编：100022
上海办：电话：021-62992485 传真：021-62992480 地址：上海市静安区西苏州路85弄22号803 邮编：200041
成都办：电话：028-86512662 传真：028-86510847 地址：成都市华兴正街5号王府井商务楼C座8F-B2 邮编：610016
昆明办：电话：0871-3628070 传真：0871-3628070 地址：昆明市富春街98号都市名园A座1901 邮编：650032
贵阳办：电话：0851-6991381 传真：0851-6991381 地址：贵阳市北京路208号6楼603室 邮编：550004

广州地铁永通广告有限公司
Guangzhou Yongtong Metro Ads Co.,Ltd

公司简介：

广州地铁永通广告有限公司是由广州市地下铁道总公司和香港媒体伯乐广告有限公司(MPI)于2000年6月共同组建的中外合作企业，系媒体伯乐广告集团成员之一，独家经营广州地铁一号线全线16个站闸口以内，站台、站厅、通道、梯顶的广告灯箱、广告牌以及一号线运行列车车厢内的广告牌和可供发布广告的车门、车窗的广告业务。广州地铁二号线开通以后，永通公司又受MPI集团的委托，代理经营其广州地铁二号线三元里往琶洲方向下行线单边站台灯箱广告媒体的广告发布业务。

媒体简介：

黄金商圈下的品牌展示廊

广州地铁一、二号线呈东接天河、北承广州交易会、南拓新会展中心的态势，连接广州六大购物商圈天河城广场、农林下路、中华广场、北京路、上下九及江南西，每天运送着近百万的商务购物人群，广告具有极佳的售前提示作用。

准确定位高端消费群的独特媒体

据央视市场研究CTR2003年广州地铁人流调查报告显示，地铁乘客具有年龄轻、学历高、收入高的特点，追求时尚且极具个性化，抓住了这群人，就等于抓住了市场的潮流。

强势的密集媒体

数量众多、规划有序的地铁广告构成一个巨大的媒体网络，广告投放既可以覆盖全线人流，又可以锁定某区域特定人群进行密集轰炸，灵活多样的投放形式必定有一种可以配合客户的广告宣传攻势。

全封闭的广告空间

洁净亮丽的地铁环境，不受外界噪音、废气、日晒雨淋等的干扰；全天亮灯的广告灯箱，画面鲜艳夺目，逼视性强，让消费者处于无法逃避的广告世界。

欲了解我司的最新媒体信息，欢迎致电020－83301300，或者登陆我司网站：www.gzyongtong.com

南方电视

成立于2001年的南方电视台是由普语、粤语并重的专业频道组合而成的新锐省级电视台，拥有丰富的频道资源和节目资源，旗下有经济频道、都市频道、综艺频道、影视频道、科教·生活频道和少儿·女性频道六个频道。三年来，南方电视台强势出击，收视率节节攀升，覆盖遍及全省，六大频道各具特色的节目以及南方台倾力推出的“南方”品牌战略效应，成为各行各业宣传推广所追崇的品牌媒体。依托强势的电视媒体，南方台广告经营也连创新高，2003年南方电视台广告经营比上一年增长58%，成为当年国内广告经营增长最快的省级电视媒体。

2004年度南方电视台一级广告代理公司：

广东南方电视传媒广告有限公司	电话：020-61292533
广州瑞龙世纪广告有限公司	电话：020-83311781
广州金创意广告文化传播有限公司	电话：020-87699893
广东金蒂文化传播有限公司	电话：020-83642681
广州凤凰传说广告有限公司	电话：020-87617710
广东晓升广告有限公司	电话：020-37617495
广东湛江电视发展总公司	电话：0759-2286339
广东山溪广告设计制作有限公司	电话：020-36236600-4886
广州泰峰广告有限公司	电话：020-34113197

Southern television Southern television Southern television Southern television Southern television Southe

Tvs-1 经济频道　Tvs-3 综艺频道　Tvs-5 科教·生活频道
Tvs-2 都市频道　Tvs-4 影视频道　Tvs-6 少儿·女性频道

南方电视台广告部地址：广东省广州市环市东路331号北座二楼
联系电话：020-83316688　传真电话：020-83595199
南方电视台广告部主任：王穗凤
南方电视台广告部副主任：杨德建　周建亮

TVS SOUTHERN TELEVISION

广州白云国际广告有限公司成立于2003年，是白云国际机场广告媒体唯一的经营管理公司。

主要业务范围：经营、管理广州白云国际机场候机楼室内外、停车场以及进场公路两旁的路牌、灯箱、霓虹灯、电子显示、旗帜、实物、宣传招贴等广告媒体；承办航空公司的登机牌、行李牌、航空旅游印刷品上的广告；承接白云国际机场航班时刻表广告；代理国内外广告业务；代理广东省、广州市主要报刊广告；代理全国各大机场的广告业务和民航媒体广告业务；代理网络广告业务；设计、制作、经营各类宣传品、纪念品；承接广告宣传、策划和企业形象设计；承接企事业单位网站设计建设业务。

广州白云国际广告有限公司是在1993年广州白云国际机场股份有限公司广告分公司和2001年广州白云国际机场广告有限公司的基础上创立的。经过多年的发展，公司已成为一个业务范围涉及全国30多个机场、年盈利达2000万元以上的综合性广告公司，并且有一大批自有媒体，有优秀的管理人员、设计策划人员、后勤辅助人员。公司连续九年被广州市工商局评为"重合同、守信用"单位；制作发布的广告多次在全国、广东省、广州市广告评比中获奖；公司为中国广告协会会员单位，公司主要负责人被选为广州市广告协会常务理事、中国民航协会广告专业委员会委员。

通过ISO9000质量管理体系的建立，公司的服务水平及服务质量均得到了进一步提升。

广州白云国际广告有限公司

www.baiyunad.com

地　　址：广州白云国际机场云港路白云国际大楼二楼
邮政编码：510405
电　　话：020-86132222
传　　真：020-86121119

'2004中国广告年鉴

China Advertising Yearbook

12th Edition

广西壮族自治区

著名广告经营单位介绍专栏

廣西日報
广西区党委机关报
主流媒体 权威报道
广西日报创刊于一九四九年十二月三日，系广西壮族自治区党委机关报。南国早报是广西日报社主办的第一张子报，一九九五年十月十九日创刊。当代生活报是第二张子报，一九九七年十二月二十五日创刊。二〇〇二年十二月十八日创刊的南国今报，是广西日报社的新锐，为广西工业重镇柳州市发行量最大的媒体。
廣西日報
南国早报
nan guo zao bao
当代生活报
南国今报
新桂网
地址：广西南宁市民主路 21 号 邮编：530026
总机：0771-5690000 http://www.newgx.com.cn

南宁电视台　南宁人自己的电视台

中国—东盟—南宁

2004年起，中国—东盟博览会将在南宁每年举办一次。作为中国—东盟自由贸易区的"桥头堡"--南宁，成为东盟产品进入中国的"黄金通道"。南宁电视台紧紧跟随中国—东盟自由贸易区的建设步伐，全力为万众瞩目的南博会打品牌、造声势、塑形象。在为中国与东盟各国互利共赢、合作发展助一臂之力的同时，也为广大合作伙伴打开了一扇充满机遇的南风窗。

把握商机　创造财富　尽在南宁电视台

南宁电视台的广告经营经过多年努力和探索已经走上了规范化、科学化、市场化的正轨，现拥有30多位素质高、能力强的广告营销专业人员。推出多种发布形式和品种，灵活根据市场变化和客户要求，配合广告创意目标，为各类品牌立足南宁市场推出各项服务。

严格规范的管理，保证履约质量、建立良好信誉。全面运用电脑管理系统进行管理，设置专门监察机构，全程监录所有播出信号，有效维护客户利益。

南宁电视台　南宁人自己的电视台

新闻综合频道—记录南宁真实、呈现南宁精彩

都市生活频道—捕捉都市时尚、突出地域特色

影视娱乐频道—充分照顾南宁人口味、为观众提供影视大餐

公共频道—传递百姓心声、方正世间法度

南宁电视台覆盖情况

从2003年9月10日起，南宁电视台传输信号覆盖大南宁，重组后的传播范围包括南宁市五城区，邕宁、武鸣、宾阳、横县、隆安、上林、马山七县城，收视受众增至635万人口，南宁电视台已成为首府南宁最具影响力的传媒。在大南宁形成后，南宁市土地面积为22627平方公里，人口由298万增加到634.4万，GDP由356亿增加到451.8亿，社会消费品零售总额由183.1亿增加到213.1亿，这意味着南宁的经济实力得到增强，市场潜力增大，对于投资者来说，这其中的商机和发展诱惑非同一般。如今，凭借覆盖大南宁优势的南宁电视台又处在了南博会宣传的最前沿，它既是展示中国、南宁风采的窗口，又是介绍东盟各国风貌的舞台。

南宁电视台以对社会的关注赢得观众，以真诚的态度服务客户。贴近生活，宣传南宁，办南宁人爱看的南宁电视，倾力打造邕城电视的灿烂明天。

南宁电视台广告部

主　任：李宏（副台长兼）

副主任：梁浩华、杜江

地　址：南宁市葛村路25号

邮　编：530022

电　话：0771-5655936

柳州电视台广告部

（一）柳州概况

柳州一俗称“龙城”，位于广西中部，建城已有2100多年，是广西第二大城市，下辖柳城、柳江、鹿寨、融安、融水、三江六个县和城中、柳北、柳南、鱼峰四个城区，总面积为18690平方公里，总人口352万人。

2003年，柳州市完成经济总量500.19亿元，全社会固定资产投资完成109.36亿元。社会消费品零售总额114.28亿元，城市居民人均可支配收入8370元。

柳州是中国西南地区的工业重镇，工业总产值占广西工业总量的四分之一强。全市现有工业企业1500多家，有4家进入全国500强大型工业企业行列，上汽通用五菱、东风汽车、柳工机械、两面针牙膏、金嗓子喉宝、花红药业等一批企业和产品享誉国内外。

柳州素有“桂中商埠”之称，是中国中西南地区的重要商品集散地，背靠大西南，面向东南亚和东部沿海地区的独特地理优势以及作为泛珠三角经济圈蓝图框架内的重要成员，让柳州成为中国--东盟自由贸易区的桥头堡和中转基地。按照规划，到2007年，柳州经济总量将超过1000亿，伴之产生的广阔、健康的市场也给各行业带来无限商机。

（二）柳州电视台

柳州电视台成立于1987年，目前拥有新闻综合、经济生活、影视公共和资讯科教四个频道，通过空中信号向广西中部的11个市（县）输送电视节目，传输受众超过800万人，城市有线网络接入户数22万户。

柳州电视台四个频道无线发射功率均为10千瓦，发射天线置于海拔532米的古亭山上，最远点可达160公里以上。单个频道每天向观众提供17小时的精彩节目，其中自办节目2小时以上。根据中国境内专业调查公司“央视·索福瑞媒介研究”提供的收视调查显示，柳州电视台的主要栏目《柳州新闻》、《新播报》、《关注》在2003年的平均收视率分别达到7.8%、12%和8.3%。其他一批自办栏目《今日红绿灯》、《娱乐在线》、《资讯·生活》、《楼市漫步》、《健康人生》、《警视风云》等形式多样，内容丰富，深受当地观众喜爱。此外，柳州电视台三大剧场中的《龙城剧场》黄金时段最高收视率曾达到33.5%，2003年，平均收视率为13.99%。《生活剧场》和《缤纷剧场》经过准确定位、精心包装，收视率也在节节攀升。2003年及2004年1至4月，调查显示柳州电视台当地收视市场占有份额达18.6%。

（三）柳州电视台广告部

作为广西境内收视份额大、广告竞争力强、影响力广的城市电视台，柳州电视台年广告收入超过3000万。广告部拥有一批充满活力、高素质的广告从业人员，努力为客户提供高质量、全过程、个性化的媒介增值服务。历年来，广告部多次荣获国家级、省级表彰，1999年，荣获中央精神文明指导委员会、国家工商局联合颁发的全国公益广告活动先进单位荣誉称号。2003年，荣获广西广告行业精神文明先进单位称号，同年，被中国广告协会命名为全国广告行业文明单位。

深谙市场，追求更高目标。柳州电视台广告部依托强势媒体的传播优势，致力于打造公平、公正、合理的竞争环境，为客户提供更专业、更优质的服务。

携手合作，迈向成功。电视台广告部全体同仁将尽己所能，竭诚帮助具有远见卓识的商家在柳州市场大展鸿图。

我们的团队：

广告部主任	杨　彤	13707728938
副主任	陈永忠	13707725758
副主任	谢　雄	13807728897
业务主管	谭嘉建	13607729758
业务主管	苏锦龙	13877266863
业务主管	石　溪	13977228609
《资讯生活》制片人	季　杰	13807727517
《楼市漫步》制片人	桂　敏	13978066879
《健康人生》制片人	尹继军	13807720866

地　　址：广西壮族自治区柳州市桂中大道1号

邮政编码：545006

联系电话：+86-0772-2695333　0772-2695177

传　　真：0772-2695123

网站地址：www.gxlztv.com

电子信箱：ggb@gxlztv.com

’2004中国广告年鉴
China Advertising Yearbook
12th Edition

四川省

著名广告经营单位介绍专栏

唯本质才识真假，独慧眼明鉴英雄
你的慧眼，必定钟情于我

根据央视市场调查公司的权威数据，成都地区2003年全年的广播收听率如下表：

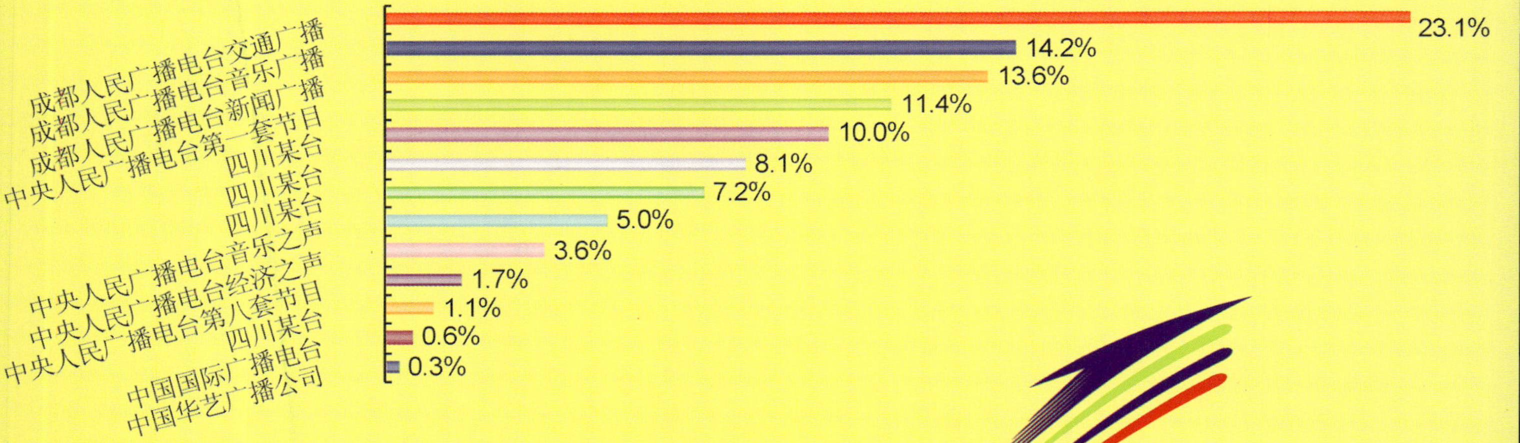

成都人民广播电台
Chengdu Broadcast Station

INTERNET国际收听域名
（网络监播网址）
Www.cdbs.com.cn

新闻广播 FM99.8、AM792
交通广播 FM91.4、AM1485
音乐广播 FM105.6

成都人民广播电台广告部广告投播热线：028-84336955、84396968、84341759（传真）张小姐。诚征全国各地区广告代理广告公司，联系电话：028-84336392。

四川电视台广告部

SCTV ADVERTISENT DEPARTNENT

1979年8月13日，四川电视台播出了建台近20年来的第一条商业广告，成为继上海、广东电视台后全国第三家开办广告业务的电视台。11月，设立“广告组”，正式对外开展广告业务，当年实现广告收入25万元。

随着我国商品经济的发展和社会主义市场经济的确立，四川电视台广告经营随之而快速发展，广告经营机构经历了广告组、广告服务部、对外经济部到广告部几个不同的发展阶段。特别是近年来，我台的广告经营步入了相对快速的发展时期，2001年广告收入达到3.1亿元，是1979年的1000多倍，列全国电视传媒界前茅，就广告收入而言，已使四川电视台成为名副其实的西部大台。

今日的四川电视台广告部，已发展成为在全国具有雄厚实力和相当知名度的广告经营单位，也是“全国广告行业文明单位”。

四川电视台作为西部的强势媒体之一，为适应当今经济全球化和信息多样化的时代特色，在本台广告部的基础上创办了四川神韵传播有限责任公司。

神韵传播公司主营策划、设计、制作、代理、发布国内外各类广告；制作、发行电视综艺、电视专题、电视动画节目；经营四川影视门户网站一神韵在线，开展电信与互联网信息服务。

神韵传播公司现有员工80人，90%具有大专以上学历，各类中高级人才占有50%；建立了完备的广告微机管理系统和广告监控系统；拥有先进的非线性编辑系统、数字摄录设备和3600多平方米的现代化办公场地；与全国各大报、刊、台建立了广告代理委托关系；独家制作播出《财经快讯》、《招生录取快讯》等节目并出版《四川电视广告资讯》；四川地区影视门户网站——神韵在线最高访问量近80万人次。

公司成功策划宣传了剑南春、全兴、蓝剑、希望集团、沱牌曲酒等省内外知名企业；多次获得国家广播电影电视总局、国家工商行政管理总局、中国广告协会、中国电视艺术家协会等单位颁发的印象奖、星光奖、金鹰奖、银屏导视奖、优秀作品奖、全国广告行业文明单位的荣誉。

四川省委宣传部常务副部长杜江视察公司并赠言：“出神入化，和韵生辉”。

地　址：中国.四川省成都市西安中路四十二号
咨询电话：+86-28-87785577
传　真：+86-28-87762121
邮　编：610072
网　址：HTTP://WWW.SCTV.COM

冰淇淋
你的广告到位了吗？
广告需要更专业化的服务
13年来，四川国广秉执整合行销传播理念，致力于国内外多家知名品牌在四川及西南地区的市场拓展，先后为摩托罗拉、宜宾制药、科龙集团、上海烟草集团、诺基亚提供专业的广告服务，让他们的心声，准确、准时、准点的到达消费者的脑海中。如果您希望您的品牌准确到位，欢迎与四川国广联系。
国际咨询
地址：成都市金丝街22号长房综合楼3楼 邮编：610017 电话：(028) 86942603 86933380 86938391 86934259 86948053 86958672 传真：(028) 86939107 Http://www.scica.com.cn E-mail:hkren@mail.sc.cninfo.

'2004 Directory of China Advertising Units
中国广告经营单位名录
既好，和氏之璧，
毋须数载蒙尘。一册名动天下。
北京40—200信箱 电话：010—68611590 68611591 传真：010—68635808 E—mail:ad@minglu200.com

’2004中国广告年鉴
China Advertising Yearbook
12th Edition

贵 州 省

著名广告经营单位介绍专栏

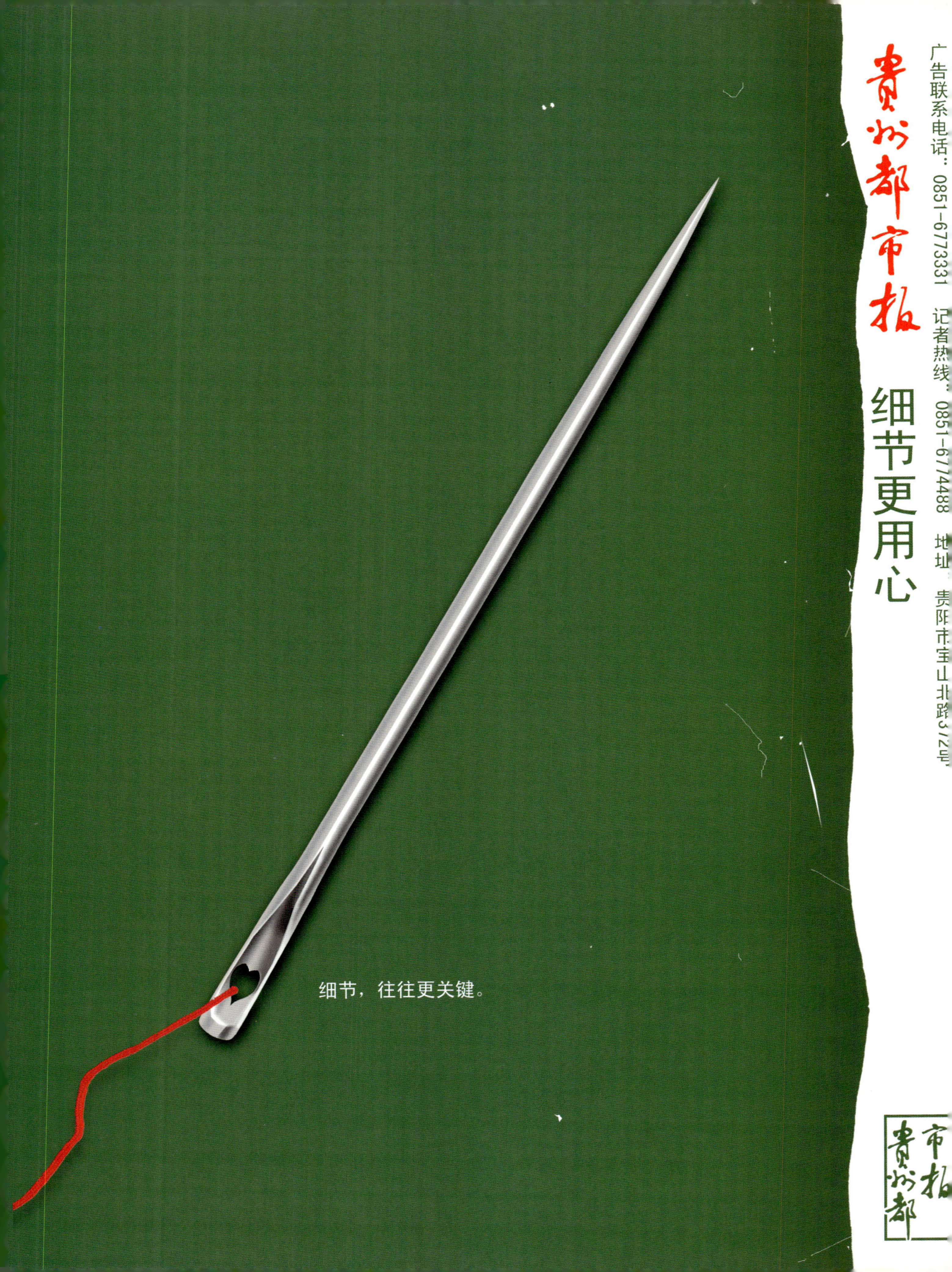
贵州都市报
细节更用心
广告联系电话：0851-6773331 记者热线：0851-6774488 地址：贵阳市宝山北路372号
细节，往往更关键。
贵州都市报

贵州省读者首选之强势媒体

好新闻真正最多　覆盖面真正最广

发行量真正最大　回报率真正最高

2003年广告收入突破亿元

贵阳晚报 简　介

《贵阳晚报》创刊于1980年，日报；现为4开32至48版。

《贵阳晚报》面向市场，面向市民，其形式与内容适合于各个层次读者之阅读心理和口味，是贵阳地区乃至贵州省目前日发行量最大和最具影响力的强势媒体，读者阅报之首选。

《贵阳晚报》双面彩色版。

贵阳晚报全省发行**48**万（订阅数**28**万，零售**20**万）

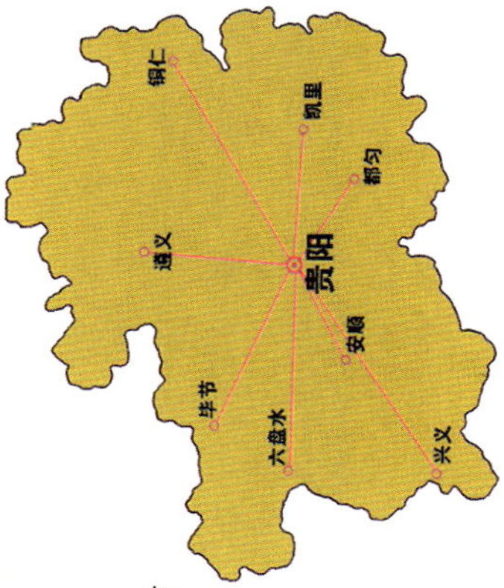

贵阳晚报覆盖区域

一级地区：贵阳市

二级地区：遵义、安顺、六盘水、铜仁、凯里、都匀、兴义、毕节

三级地区：各县城及部分经济发达乡镇

贵阳晚报版面设置

1版至10版　本地新闻、中国新闻、今日视点

11版至16版　国际新闻、体育新闻

17版　国际新闻或娱乐新闻

18版至20版　经济新闻、经济观察

21版至48版　报网新闻、百姓街区、特稿、证券、股市、楼市、汽车、通讯、家电等栏目滚动刊出

贵阳晚报读者受选率

据全省售报点抽样反映，贵阳晚报与其他报纸相比，读者受选率为10：7和10：3。

贵阳晚报传阅情况

传阅2–3人	传阅4–5人	传阅6–7人	传阅7人以上	其　他
49.1%	20.9%	5.7%	5.6%	15.7%

助您成功开拓贵阳市场

地　址：贵州省贵阳市中山东路54号（原169号）

传真电话：（0851）5860467 5842830　邮　编：550002　联 系 人：杨克林　陈勇

开 户 行：贵阳市农行南明支行　开户名称：贵阳晚报社

开户帐号：23–101001040000388

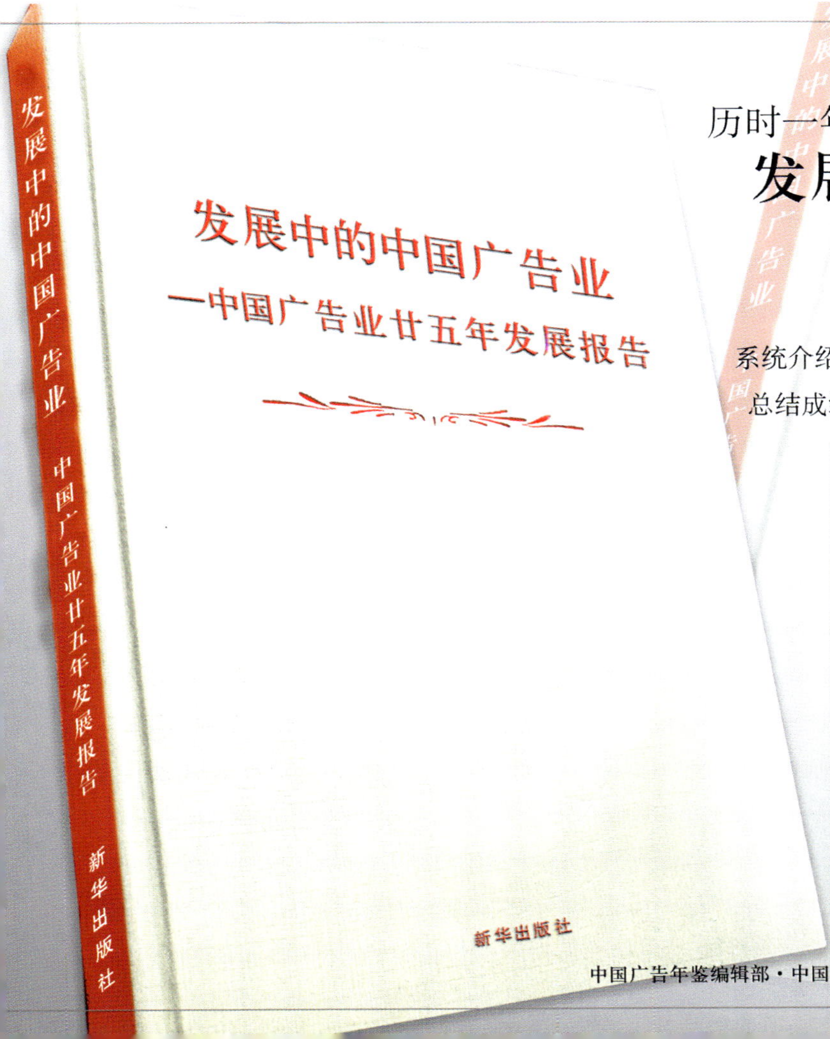

历时一年，**首度**推出

发展中的中国广告业

中国广告业廿五年发展报告

（1979－2003）

系统介绍我国广告行业25年的发展历程……

总结成绩的同时，也提出了广告业健康有序发展应关注的问题。

2004年9月，第39届世界广告大会将首次在我国首都北京召开，为迎接此次全球传媒业盛会，更好地向国内外广告界和企业界展示我国广告业恢复发展25年来所取得的巨大成就，让国内外广告界、企业界更加全面、系统地了解我国广告业的发展状况，在全中时代广告研究中心的大力支持下，《中国广告年鉴》（以下简称“年鉴”）编辑部将历年出版的《年鉴》及编辑部所保存的中国广告界25年来发展的各种统计数据和资料进行重新梳理、编辑，隆重推出《发展中的中国广告业—中国广告业廿五年发展报告》，以贡献第39届世界广告大会和广告界、企业界同仁。

中国广告年鉴编辑部·中国广告业廿五年发展报告编辑组·垂询电话：010－68628861　定价：280元

CHINA ADVERTISING YEARBOOK
中国广告年鉴

世界广告大会 纪念版

¥ 220.00

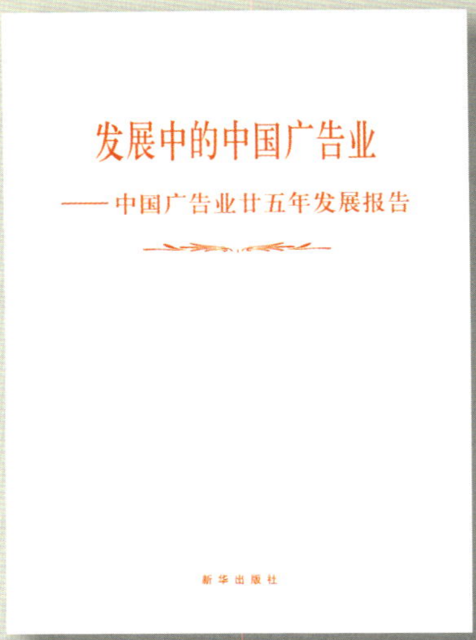

¥ 280.00

历时一年，首度推出…

25-Year Developmental Report of China's Advertising Industry
中国广告业廿五年发展报告

携手贡献中国广告界
贡献第39届世界广告大会

Directory of China Advertising Units
中国广告经营单位名录

收录了全国
近6万家广告经营单位
的企业基本信息

¥ 380.00

¥ 220.00

十五载积淀　倾情奉献
展现中国广告发展史

Combined Volume of 1988-2003 China Advertising Yearbooks
中国广告年鉴1988－2003合订本

垂询电话：010－68628860　68628861　68611590　68611591

’2004 中国广告年鉴

China Advertising Yearbook

12th Edition

甘肃省

著名广告经营单位介绍专栏

甘肃电视台

频道资源丰富凝练

甘肃电视台拥有甘肃卫视、甘肃文化和甘肃经济三个频道，根据目标观众市场细分，在节目编排上各具特色，相互补充，满足覆盖区内目标观众的收视需求，形成了稳定的收视群。

甘肃电视台卫视频道

于1998年12月18日开播，以甘肃新闻和综合节目为主，展示发展中甘肃的新风貌，促进省内外交流，推动甘肃经济和社会发展，同时转播中央电视台《新闻联播》等重要节目，每天播出19小时。通过亚太IAC波段2B转发器，覆盖全国、周边国家及东南亚地区，目前已在北京、上海、天津、重庆、河南、四川、新疆、宁夏、青海等主要中心城市和经济发达城市落地。

卫视频道汇集甘肃电视台各套节目之精华，是世界了解甘肃、甘肃走向世界的重要窗口。

甘肃电视台文化频道

是最早建立的省台一套节目，以宣传甘肃和西部的文化建设、文化生活为主。设有《甘肃新闻》、《今日聚焦》、《美丽甘肃》、《田野之光》、《经济报道》、《大开发》、《股市风云》、《交流》、《时尚旅游》、《生活广场》等二十多个自办栏目，充分展示甘肃丰厚的文化底蕴、现代科技以及西北商贸中心的发达与繁荣。

甘肃电视台文化频道同时使用微波和光缆网络传输信号。双路覆盖全省各地（州、市）县，有效覆盖率达90%以上，并且覆盖周边省份的部分地区，全年黄金时段收视率长期遥居本省各收视频道榜首。它融丝路文化，具西北特色，展陇原山川之奇美，览丝绸之路之神秘，丰富多彩、精彩纷呈，是甘肃最具特色和实力的电视频道。

甘肃电视台经济频道

是一个经济特色突出、都市风格鲜明的电视频道。节目编排节奏明快、风格鲜明、手法新颖、引领都市潮流，无线发射覆盖面两倍于兰州市所属区县面积，同时进入光缆干线网覆盖全省有线用户。

在甘肃省境内，文化频道、经济频道和卫视频道覆盖率及收视率独领鳌头，品牌力和影响力是其他媒体不可替代的。广大城乡群众都能清晰地看到甘肃电视台的精彩节目。

甘肃卫视频道，让甘肃走向世界，让世界了解甘肃！

甘肃文化频道，传播丝路悠久文化，展示现代陇原精神文化建设面貌。同时，为企业树立形象、开拓市场！

甘肃经济频道，体现都市风格，突出经济特色，引导都市消费潮流，使企业立足兰州面向全省，建立稳健的消费群体！

地址：甘肃省兰州市东岗西路226号
电话：0931－8262009
网址：WWW.GSTV.COM.CN
电子邮件：GANSUTV@163.COM

甘肃日報 报业集团

GANSU DAILY NEWSPAPER GROUP

《甘肃日报》是中共甘肃省委机关报，创刊1949年9月1日，对开八版，日发行量为18万份。

甘肃日报报业集团成立于2002年10月26日，是以党报为核心的企业化管理的事业单位，是西北传媒业中首家报业集团。

报业集团主报为《甘肃日报》，所属子报有：《甘肃农民报》、《少年文摘报》、《兰州晨报》、《西部商报》等13家报纸和《每日甘肃》网站。，有印务中心、广告中心、物业管理中心，新闻实业公司、新闻广告公司、新闻大厦等实体。印务中心日印刷能力达到250万对开张，并成功取得了ISO9000质量体系认证，使企业向科学化管理迈出坚实的步伐。

报业集团总资产5.4亿元（其中无形资产1.5亿元）。1984年起全额自收自支，自负盈亏。年总收入1.8亿元，年广告总收入突破亿元大关。

集团各报读者群函盖社会各阶层和各个行业，覆盖面广泛；以《甘肃日报》为主导形象，权威性高、信誉度高。在广告经营方面，坚持“受众本位”的经营思想，以客户服务为中心，以市场调研、形象策划、创意设计、全面代理为业务职能，及时、准确、高效地为广告客户服务。

甘肃日報

甘肃农民报

少年文摘报

蘭州晨報

西部商報

广告业务电话：甘肃日报（0931）8158717　甘肃农民报（0931）8159728　少年文摘报（0931）8155408

兰州晨报（0931）8158538　西部商报（0931）8159339

地　址：中国·兰州市白银路47号　网址：http://www.gansudaily.com.cn

兰州地区影响力最大的报纸

质量决定数量　数量凝聚力量

蘭州日報

主流声音　权威报道　关注民生　服务经济

《兰州日报》是中共兰州市委机关报，并兼有政府经济报的功能。为兰州市地方法规、政府公告的指定发布媒体，是兰州地区最具权威性和影响力的媒体之一。《兰州日报》创刊于1993年7月1日，对开12版并彩印。10年来，《兰州日报》始终坚持正确的舆论导向，充分发挥党委机关报之长，密切配合党和政府的中心工作，服务经济发展，促进物质文明、政治文明和精神文明建设，研究社会热点和难点问题，弘扬社会正气，为群众排忧解难，不断提高报纸的宣传水平和质量，增强新闻报道的针对性、时效性和吸引力、感染力。10年来，《兰州日报》学习先进经验，博采众长，不断进行报纸版面改革和内容整合，逐步建立了科学合理的报纸编采流程和质量管理体系，进一步树立权威性、突出新闻性、增强可读性，使党报和读者贴得更近，在群众中树立起良好形象。

目前《兰州日报》已成为兰州地区党报版面最多、信息量最大，同时又充满现代气息、具有鲜明时代特色的报纸。

蘭州晚報

主流媒体　权威报道　资讯超市　便民手册

《兰州晚报》在其24年的发展历程中，已成为西北地区享有盛名的报业品牌。近几年来，《兰州晚报》在激烈的报业竞争中，积极探索报业市场，力争使报纸内容符合现代都市人的阅读习惯。同时，千方百计优化编排结构，基本完成了对报纸结构的改造，使《兰州晚报》呈现出了新的形象，报纸品牌价值显著提升，进入了一个新的发展时期。日均发行、广告总量、社会影响力创办报以来的历史新高。

24年来，《兰州晚报》在甘肃读者心目中，已具有不可替代的地位。其读者资源、新闻价值，使其成为众多商家信息传播的首选媒体。目前，《兰州晚报》稳定的广告客户已过千家，其影响力已渗透到各行各业，在甘肃传媒领域保持着领先地位。《兰州晚报》已进入全国广告累计金额最大１００家报纸的行列，排名第33位。

追求“新晚报”是《兰州晚报》近年来的办报理念。它所倡导的新闻主导、板块整合、风格创新、地域亲合、人文关怀、超市加盛宴等办报理念，突出“新闻、有用、时尚”的特点。同时围绕“主流媒体、权威报道、资讯超市、便民手册”的市场定位，已在甘肃报界独树一帜。

利用知名媒体创造自己的品牌，正是时下众多企业、商家实施的经营策略，《兰州晚报》在推进广告经营市场化的道路上，进行品牌营销，所起到的作用远远大于简单的客户开发和维护。

《兰州晚报》24年来创造的品牌价值对广告经营起到了直接的促进作用，很多企业在实际的市场运作中，深深感受到了一张品牌报纸巨大的影响力，他们不断加大对《兰州晚报》广告的投放力度，使其经济效益通过传媒得以大幅提高。

兰州日报

总 编 室：0931-8438679
新闻热线：0931-8488400
广告热线：0931-8489236　8466618-3069
发行热线：0931-8467203　8466618-3285
国内刊号：CN62-0059
邮发代号：53-7
电子信箱：Rbggb@vip.163.com

兰州晚报

总 编 室：0931-8466606
新闻热线：0931-8403333
广告热线：外埠0931-8489243　8405931
8489248　8454330(传真)
本地0931-8489297　8467747
电子信箱：Wbgg_cn@163.net
发行热线：0931-8408777　8406777

地址：甘肃省兰州市张掖路246号　邮编：730030　网址：http://www.lzbs.com.cn　http://www.lzbs.cn　http://www.lzrb.com.cn

'2004中国广告年鉴
China Advertising Yearbook
12th Edition

广告专著与学术论文选登

当代中国广告业发展的主要趋势探析

陈　刚

十年来，中国的经济持续高速增长，而作为"经济的晴雨表"，的中国广告业也由此迈进了真正意义上的飞速发展时期。回顾近年来广告业的发展历程，结合对市场、传播等环境变化因素的分析，可以看出，当前中国广告业的发展主要呈现出以下四大趋势。

一、中国市场的总体特征正在从以渠道竞争为主逐渐向以推广竞争为主过渡

所谓"以渠道竞争为主"，指的是企业在目前的市场环境中主要采取4P，即产品(product)、价格(price)、渠道(place）和促销(promotion）这四种竞争手段，而其中又以铺设销售网络的渠道竞争最为重要。在上个世纪九十年代后期，这种以渠道竞争为主的竞争手段被证明是行之有效的。然而，随着市场经济的不断发展和完善，市场的空白点越来越少，靠跑马圈地终端致胜的机会已经减少。企业要在市场上成功，在各种营销推广要素的配置中，推广竞争将扮演更重要的角色。也就是说，当相互竞争的企业在产品、价格、渠道等方面都已经做的很完善的时候，企业的品牌推广将成为企业竞争的主要手段。中国的企业将真正进入品牌竞争的时代。

市场竞争手段的更新换代在市场上突出地表现为各个企业正在逐渐加大对广告、公关等的投放力度，并将这方面的费用看作是对企业品牌的长线投资。在这方面最具代表性的当属伴随中国市场化进程而不断发展壮大的宝洁公司。长期以来，业内人士对宝洁的广告投放策略一直存有疑惑：作为全世界最大的广告主宝洁，为何在中国广告投放十分谨慎，而且对一年一度的央视招标盛事反应冷淡？实际上，这种策略与这些跨国公司对中国市场的判断有关。如果仅靠控制渠道就可以控制市场的话，广告的作用还并不是非常重要的。但宝洁公司在最近几年的广告投放费用却逐年增加。据有关资料，2002年，宝洁在中央电视台的广告投入去年是前年的2倍，而今年又将是去年的2倍。以宝洁为代表的跨国公司在广告投放策略上的变化，正是中国市场的竞争手段由以渠道竞争为主过渡到以推广竞争为主的最佳写照。

二、企业与消费者的沟通模式正从以广告为主向广告、公关并重，综合运用多种推广形式的阶段过渡

长期以来，在中国市场的竞争中，企业习惯使用的推广方式，广告经常是首选的手段。这是因为，中国市场还没有真正进入品牌推广竞争的时代，在较为简单的竞争环境中，广告足够解决企业遇到的与消费者沟通的一般问题。随着市场竞争的加剧，企业在重视并更依赖营销推广方式的同时，越来越多地开始使用广告以外的公关以及其他推广方式。其中，公关的重要性被很多企业更加推崇。中国企业的公关意识有所增强，公关行业的发展势头非常迅猛。据统计，公关行业在2001年的营业额比2000年上升33%，2002年比2002年增加25%。

造成以上这种现象的原因是多方面的。首先，由于消费者的日益成熟以及广告与生俱来的销售特性，广告作为信息传播工具的公信力开始受到质疑。与广告相比，公关在商业信息的传达方式上具有一定的隐蔽性，能够降低消费者的心理警戒程度，因而具有相对较高的公信力。其次，传播环境竞争程度的加剧使然。中国的媒介从完全的事业属性到"事业单位、企业化管理"，再到近来针对"媒介产业化"提法的论争，其间历经风雨，其生态环境和竞争格局发生了翻天覆地的变化。发展至今，中国的媒介已经高度密集，而且新媒体不断涌现，讯息严重冗余。在信息泛滥的媒介环境中，相当一部分

广告讯息会遭到屏蔽或相互抵消，这就严重降低了广告的有效性。相比之下，公关以其独特的传播方式和作用模式，开辟出较为宽松的传播环境，绕开嘈杂的广告信息环境，因而能够创造更为有利的边际效益。再次，公关职能的突显还是企业信息透明化的必然要求。在媒介大发展的同时，媒介不但要向公众传达有价值信息，而且还须发挥社会监督的功能。这就要求企业有必要对其不涉及商业机密的信息予以对外公布，实行经营管理的透明化。在这一前提下，企业可以通过公关活动向外界详细地传达相关信息，树立自身形象，做好危机管理的准备措施。

尽管如此，我国公关行业的现实情况和企业营销传播的最终目的都决定了公关不会取代广告，而且也不会在短期内胜任企业营销传播中的主导性工作。目前，我国的公关行业尚处于起步阶段，非常不成熟。据不完全统计，2002年全国专业公关公司总数仅为1000家左右。而具有3个以上长期客户、员工人数超过20人的专业公关公司估计也就100多家。就其现阶段发展水平而言，公关远远尚未达到能够独当一面的程度，而广告仍将占据主导地位。此外，企业营销传播的最终目的无疑是为了达到信息传播效果的最大化，因而企业应该依据自身的各方面条件，寻求和利用尽可能多的推广形式，而不必拘泥于特定的一种或几种推广形式。

三、集团化和专业化是中国广告公司发展的主要趋势

伴随着世纪之交的报业集团化和广电产业集团化，中国的广告业发展至今也迫切需要实行集团化经营。这主要是因为：首先，除去中外合资的广告公司，中国本土广告公司力量分散，各自为战，彼此之间恶性竞争，整体研发能力比较弱，很难为企业提供稳定的高水平的服务，而集团化经营可以实现优势互补，降低运营成本，达到规模优势。集团化改革能够提升中国广告业的整体服务水平，正是解决以上问题的最佳捷径。其次，为应对传播环境和市场环境的变化，我国有必要组建广告集团，并利用广告业相对成熟的优势，主动出击，实施行业并购，在广告业的架构内培育扶植公关、促销、互动、直复行销等类型的企业，形成综合型的传播咨询集团，为企业提供全方位的传播沟通服务。再次，组建广告集团也是增强综合实力，直接参与国际化竞争的需要。根据WTO所制定的时间表，2003年12月10日以后，中国合资广告公司将允许外资控股，2005年12月10日以后将允许建立独资的外企广告公司。面对日益增强的来自国外广告集团的竞争压力，早日组建广告集团，尽早熟悉集团运营规则，无疑是我国广告业当前最好的解决之道。

但是，组建广告集团并不是将若干个广告公司简单地集合在一起，并不是纯粹的翻牌。一个运营有效、崇尚竞争力的广告集团应该注重吸取具有专业水平的广告公司的加盟，因此专业化实际上是集团化的前提和基础。广告公司的专业化指的是该公司至少要在广告作业的某个流程（如创意或制作）或某种媒介领域能够做到"术业有专攻"，其业务能力要远远优于其他公司。专业化是广告市场激烈竞争的必然结果，对于集团内外的广告公司都同样重要。对于集团内的广告公司，一定的专业化水平有助于维持自身在集团内的特殊地位，获得必要的相关资源，有利于提高集团整体的运营效率；而对于并不隶属于任何一个集团的广告公司而言，充分的专业化能够让它在大型广告公司或集团的挤压下以小搏大，靠专业取胜。

四、中国的媒介正在向建立市场规范、市场竞争机制方向发展

长期以来，中国的媒介，尤其是电视台和党报机关，充当"喉舌"的角色，其行政职能要远甚于市场职能。在这种意义上，我们可以说，中国的媒介始终没有参与真正的市场竞争。然而，近年来，在民营力量以及WTO近期、远期压力的冲击下，媒介森严的壁垒开始有所松动，其市场化进程也逐渐提速。在此过程中，一系列相配套的传媒政策或法规相继出台，其目的在于规范传媒市场，引导媒介环境朝着良性方向发展。今年新推出的几项规定和措施就充分证明了这一点。

首先是今年5月份，新闻出版总署副署长石峰指出应该尽快建立比较完善的报刊发行量核查体系，规范报刊市场秩序。他指出目前的当务之急是进行全面的统计调查和分析，杜绝虚报发行量的不正当竞争现象，让政府认定的有信誉的机构着手去建立完善的评估体系。

其次是继中宣部、新闻出版总署和国家邮政总局发出联合通知，要求今年报刊征订的时间由原来的6月份延至9月底之后，新闻出版总署又根据中办和国办《关于进一步治理党政部门报刊散滥和利用职权发行，减轻基层和农民负担的通知》精神制定《实施细则》。《实施细则》确定停办党政部门报刊的衡量标准，划定保留报刊的范围，坚决纠正利用职权等不正当手段摊派发行报刊等行为，基本完成中央、省、地、县四级党政机关报刊的治理、调整和压缩工作。

再次，今年9月24日，国家广播电影电视总局又颁发了《广播电视广告播放管理暂行办法》。这是广电总局第一次以总局令的形式对广播电视广告的内容、播放总量、广告插播、播放监管等进行全面的规范。同时，还明确要求各级广播电视播出机构及其管理部门都应建立社会监督机制，自觉接受社会监督。

在这短短四五个月内，新闻出版总署、广电总局等就已接连推出以上三项极具针对性的措施，由此可见国家为建立传媒市场规范的决心和精心准备。市场规范的逐步建立有助于形成公平有效的市场竞争机制，为媒介参与市场竞争营造良好的外部环境。同时，这些规定和措施也预示着中国长期以来媒介所享有的强势地位必将会有终结之日，而广告业也将迎来更为广阔的发展空间。

结语

综上所述，目前中国广告市场的总体特征是从以渠道竞争为主过渡到以推广竞争为主，而更依赖推广竞争的企业越来越多地采用广告、公关并重，综合运用多种推广手段的模式进行竞争。从广告公司的经营管理来看，国内外的市场环境决定了集团化和专业化必定是其未来发展的主要潮流，而媒介市场的日益规范以及公平竞争机制的形成将更有助于中国广告业在一个良性市场迅猛发展。由此可见，广告在市场竞争中将发挥更大的作用，中国的广告业正在进入一个新的发展高峰。

我国广告生存环境研究

首都经济贸易大学教授　　刘林清

20世纪60年代，气象学家洛仑兹提出了"复杂性问题"，他用数值方法模拟气象问题时，发现初始条件的微小改变会使整个气象系统的状态产生惊人的变化，犹如巴西的一只蝴蝶扇几下翅膀，可以导致美国纽约上空刮起龙卷风。这就是所谓"蝴蝶效应"。一事物生成的初始条件往往是很弱小的，任何外部的微弱的干扰将被按照指数放大，不确定性增加。无论是在自然科学领域还是在社会科学领域，此类事件俯拾皆是。例如在广告经营活动中一些看似无关而又司空见惯的现象的背后，存在着共同的生存环境，同时也受到这一生存环境的制约。这正是所谓"复杂性科学"所要解决的课题。经济学研究的成果大都是研究解决线性问题。如果遇到非线性问题，就将其近似地转化为线性问题予以处理。然而在现实中，自然界和社会界的事件大多数是非线性的、复杂的、不确定的，线性、简单和确定性一般都是事物真实面目的特例或简化。人们目前可以运用线性的方法认识经济发展的规律，那么今后还要运用非线性的方法认识到一个更加广泛的领域。对我国广告生存环境研究具有复杂性、不确定性和非线性的特点，就要运用非线性的方法认识其发生、发展和变化的规律。

一、形势虽好，却无免费的晚餐

广告业是经济发展状况的晴雨表。我国经济发展的良好状况必然带动和促使我国广告业的进一步发展。世界银行预测：2003 年全球经济将连续第三年以比较低的速度增长，今年预期增长速度为 2%，明年为 3%。中国的经济一枝独秀，今年经济增长率将达到 8.5%。世界银行年度经济前景预测报告高度评价了中国经济强劲的增长势头。2008 年的北京奥运会和 2010 年的上海世博会为我国经济发展注入新的活力。近日，奥运经济启动，全世界瞩目中国市场的商机。

在世界经济一体化的潮流中，我国入世的步伐也在加快。按照《服务贸易减让表》的内容规定，我国入世后的 2 年内，即 2003 年 11 月 11 日以前要允许设立外资控股的广告公司；入世后 4 年内，即 2005 年 11 月 11 日以前允许设立外资独资广告子公司。我国的广告行业已真真切切地履行着入世的进程。

目前，我国吸引的外商投资额已超过美国，居全世界第 1 位。我国居民拥有银行存款额已超过 10 万亿元，人口近 13 亿，是世界上最大和最具潜力的市场。商品进入、服务进入、资本进入，将极大地增加我国的广告经营额，扩大广告市场。无论是国外的商家，还是国内的企业，进入中国的市场都要以广告开道，以广告引导和刺激我国的消费者。世界上排名前 500 位的广告主，已有 4/5 进入了我国市场，并成为我国广告市场中的投资大户，如：佳能、可口可乐、柯达、爱立信、福特、德国大众、宝洁、联合利华、汉高，等等。今后他们还会进一步加大广告投入。21 年来我国广告营业额的年平均增长速度为 37%。由于总营业额的基数加大，增长速度会放缓，但可以肯定的是中国的广告经营额在近 10 年之内会以两位数的百分比持续增长。

有远见的广告人不会奢望免费的晚餐。他们明白机遇与挑战永远是并存的。就经济快速增长和入世步伐加快的大形势对我国广告市场和本土广告公司的影响而言，可以分为两个方面：其一，外国企业及其商品涌入我国市场促使我国广告市场规模进一步扩大，广告市场资源总量增加，为本土广告公司带来新的商机。其二，外国大型跨国广告公司和广告集团进入我国广告市场，带来强大的资金、科学的企业制度和先进的技术设备，挤压相对弱小的本土广告公司，抢占我国广告市场的主导权，本土广告公司面临严峻的挑战。面对前途，任何一位广告人都不能断言自己的公司是会跌入 " 地狱 "，还是将升上 " 天堂 "。应对策略得当者，定是春风得意；应对策略失误者，必是一败涂地。正如《孙子兵法》云：" 是故智者之虑必杂于利害。杂于利，而务可信也，杂于害，而患可解也。" 这就是说，任何事情都是一分为二的；注意利可以增强信心，注意危害，则可以避免损失，趋利避害。

二、重新洗牌，竞争加剧，中小广告公司将面对艰难的生存环境

广告行业是我国的新兴产业，广告公司是广告行业的主体。2002 年我国有广告公司 57434 家，营业额 395.65 亿元，占全国广告营业额的 43.81%.我国广告公司无论是公司数量的增长，还是营业额和从业人员的扩大，其增长速度都是可观的，但是与外国大型广告公司的年营业额数字相比，差距是极为巨大的。2002 年我国全部广告公司的年营业额尚不及一家世界排名第九位的广告公司年营业额。

市场经济是规模经济。在广告市场中，经营规模是经济效益的充分必要条件。大型广告公司就要比中小广告公司更具竞争实力，所承担的风险与竞争成本较低。我国的广告公司总数中 95% 以上是中小广告公司。2002 年我国广告公司的人均广告营业额仅为 7.79 万元，如果按照 15% 的行业增均利润率计算，仅为维持生存的水平。若减去大型广告公司的营业额，中小广告公司人均营业额会更低。面对作为强大对手的外资广告公司，我国中小广告公司的确到了背水一战的危急关头，面临更加艰难的生存环境。

国外广告公司决不会忽视我国生机勃勃却又是相对

稚弱的广告市场。2004年，外资控股的广告和外国独资广告公司将加快进军我国广告市场的步伐，争夺我国入世给他们带来的利益。外资广告公司不但具有了与我国本土广告公司平等竞争的地位，而且具备我们所不具备的广告人才优势，庞大的运作资本，先进的经营管理体制、丰富的广告策划经验。他们将以夺取中国广告市场主导权为战略方向，收购和兼并本土中小广告公司，变在特定地区的劣势为优势。本土中小广告公司为了自身的利益也会欣然接受外国和跨国广告公司的购并。这就会进一步加重本土中小广告公司的竞争压力和生存危机。

在强势的外资广告公司面前，我国长期存在的"强媒体，弱公司"的格局将会逐步改变。为了占有广告市场的最大份额，他们将采用媒介整合，集中购买的策略，凭借资金实力垄断广告客户资源，控制我国广告传媒。我国一些优秀的广告专业人才受高薪金、高待遇和发展机遇的诱惑，进入外资广告公司。由此，进一步挤压了本土中小广告公司的生存空间。

三、垄断将被打破，媒体加速市场化和产业化的进程

随着外国传媒在中国落地开花，我国现行的对于国内传媒保护的政治制度将受到挑战。我国广告市场中的广告发布者大多数是报社、电视台、广播电台等新闻媒体。与欧美的新闻管理体制不同，我国的广告媒介单位大多数是党和政府的新闻宣传机构，而欧美的广告媒体则是独立的经济实体。在这一方面显现我国的政治体制与市场经济体制的矛盾。以报社为例，我国报社经营广告业务基本上是政府行政管理模式。报社的经费主要由上级主管部门拨付，社长、总编、广告处(部)主任由上级机关任命；其广告收入报社不能随意支用，只有报请上级主管批准方可使用。这里出现了多重矛盾：是党政宣传机构，却又是广告市场中的经营者；是行政事业单位的模式，却进行着企业化的管理；已面对日趋激化的市场竞争，职工却是领取工资拿福利，单位经济效益与从业者利益无紧密联系；等等。只有推动我国媒体的市场化、产业化的进程，推动政治体制改革的进程，才能从根本上解决这一矛盾状况。

为了获取广告市场上的最大利润，外国广告公司、跨国公司、传媒集团将采用媒介整合、集中购买的战略，凭借资金实力和人员本土化的策略，控制我国的广告媒体业。国外传媒也将进入中国广告市场。中国的传媒业，这块唯一的无外资染指的市场也将发生质的变化。国外传媒集团的经营规模巨大。国外大型的传媒集团与我国媒介的差距之大如同跨国广告集团与我国大广告公司的差距。传媒行业是一种规模效益的行业。规模越大，竞争力越强；没有规模，就没有市场份额。国外传媒的市场化运作已有百年的历史，对广告运作有丰富的经验。他们采用"广告创意分散，媒体购买集中"的战略，形成广告媒体买断。他们以赢利为最高原则，哪里能赚钱触角就会伸到那里。这也是我国媒介所无法比拟的。我国的媒体不允许跨行业代理广告，媒体的行政隶属关系也制约着其媒体多元化经营。我国媒体审查管理机制面临挑战。媒体加速市场化、产业化进程已成为不可逆转的大势所趋。

媒体市场化、产业化进程是新闻体制改革的重要步骤。新闻体制的改革是政治体制改革的组成部分，事关安定团结的大局，一定要未雨绸缪，认真研究对策。媒介广告经营体制的改革是一个焦点，涉及了上层建筑与经济基础的关系，涉及政治与经济的关系，涉及对WTO规则的认同。

四、改进政府广告监管，适应行政体制改革要求

十届人大推选出的新一届政府是务实的政府。本届政府推行的行政体制改革、振兴东北老工业区、搞活国企的举措都是顺民心，合大势的战略方向。政府的行政体制改革既要适应市场经济的发展，又要推动市场经济的完善。我国成为世界贸易组织成员，标志着中国广告开始融入世界经济主流。前所未有的挑战是广告监督管理体制必须适应加入世贸的要求。我国广告监督管理机关是国家工商行政管理总局和地方各级工商行政管理

局。行政体制改革和入世对政府广告监管的冲击可以表现为以下三个方面：

1．对广告审批制度的冲击

行政审批是行政管理机关的职能，是政府管理广告的主要方式之一。在长期的广告监管工作中，广告监管机关对广告经营者的市场准入资格审批，对外商投资广告企业的审批，以及对企业广告经营行为的前置审批等，都发挥了重要的积极的作用。然而，它有消极的方面，其弊端表现为：第一，无所不包的政府审批愈来愈成为经济发展的障碍，企业不得不将时间和精力消耗在与审批部门打交道上，错失市场良机；第二，增加腐败机会，许多权钱交易行为发生在领导干部直接插手审批的过程中；第三，WTO 的原则要求政府行政执法和办事程序透明，降低贸易壁垒，政府继续进行旧的行政审批制度就意味着没有完全遵守市场准入原则，亦影响中国企业走向国际市场的战略。

广告监管机关要改变过多的行政审批制度。我国对广告经营者施行《广告经营许可证》管理制度，广告公司和广告兼营单位必须申请领取《广告经营许可证》。《广告经营许可证》分为三种：《中华人民共和国广告经营许可证》、《广告经营许可证》、《临时性广告经营许可证》；其中《临时性广告经营许可证》还分为全国性、地方性两种。又例如：国家工商行政管理总局发布《户外广告登记管理规定》第三条明确规定："县以上人民政府工商行政管理局是户外广告的登记管理机关"，这与《广告法》的精神是一致的。但是，一些地方政府成立临时性办公机构，称"户外办"，负责户外广告的审批，工商行政管理局变为协调机构之一，在原有审批层次上又多出数道审批层次。再例如现实存在的多种广告审批表制度。

2．对广告监管法律规范的冲击

按照WTO的基本原则我国的广告法律和规章有不完善、不适当和抵触条款，应予调整和清理。在广告监管法律和规章的调整中，首先要调整有关法律规定。面对 WTO 的基本原则，我国要调整广告市场准入制度，创立宽松、平等的准入环境，允许外资进入中国广告市场，对原有的准入条件和审批项目该取消的就要取消。保留的审批广告项目要能充分体现政府的服务职能。其次要依据我国宪法和国情，参照国际法和国际惯例，制定广告公平竞争的规则，提升广告监管的层次，研究行业垄断等不正当竞争行为在新形式下的特点；改变我国广告法律、法规中相互抵触的条款，减少法律竞合现象，使广告监管工作依法行政顺畅执行。

3．对广告监管模式的冲击

WTO 的原则主要限制的是政府对于经济的行政干预，而我国的广告监管恰恰是以此为重点的。所以现行的"重行政管理，轻司法管理和行业自律"的模式必须改变。强化广告行业组织行业自律不仅是入世的需要，也是我国行政体制改革的必然。广告行业组织属于类行政组织的范畴，可以成为政府广告监管职能弱化后的补充。"弱政府行政管理，强司法管理和行业自律"的模式是广告发达国家广告管理环境的构成模式，也是我国事业发展的必由之路。适应 WTO 的原则，政府不是放弃宏观调控经济的职能。广告监督管理机关要推动"弱行政管理，强司法管理和广告行业自律"模式的建立；完善和调整广告监测制度、广告巡查制度、广告发布登记制度以及依法审查制度等，以强化政府对虚假广告、无证照经营和超越经营范围的查处。入世，加大了广告监管机关的工作难度。不管，可以构成行政管理的不作为；管理不当，则与 WTO 的原则抵触。如何把握"度"这个质量的界线，无疑是很难的。

4．广告法律体系中的法律竞合现象

《广告法》、《广告管理条例》、《消费者权益保护法》、《产品质量法》和《反不正当竞争法》等法律和法规都涉及广告。不同的法律和法规从不同的角度对同一类行为作出规定，这种现象称之为法律竞合。法律竞合一方面可以强化法律规范，另一方面却造成多种处罚标准以及法律资源的浪费。在现实立法工作中，完全避免这种情况是不可能的，但是要尽量减少竞合现象。从法理上讲，在发生法律竞合现象时，凡法律明确规定适用某一法的，依规定优先适用；无明确规定的，选择其中之一适用。由于《广告法》是专门规范广告活动的部门行政法，因此，所有涉及到广告监督管理的事件，均应首先适用《广告法》。这是广告监督管理活动中应掌握的一个基本原则。

五、审时度势，对策研究

1. 广告公司的对策研究

策略之一，师外资广告公司之长，调整公司内部结构。竞争不是简单的抗衡，而要积极地学习。广告公司要注意学习外资广告公司的企业管理制度和人力资源管理制度。广告行业是人才密集、知识密集和技术密集的"三密集"产业。人才是广告公司的立身之本，其重要性是不言而喻的。给予广告人才的尽可能优厚的待遇，必要时赠予股份。用竞争上岗制代替国有企业遗存的责任制和私有企业的家族制、夫妻制，使广告公司的领导层永葆广告人的开拓精神，不断优化人才结构，逐步引入现代企业制度。

策略之二，明确自身市场定位，走专业化的道路。中小广告公司在广告策划时注重为广告客户进行市场定位，却往往忽视了给自身进行市场定位。其结果是大而全，小而全；面面俱到，面面不到；违背了市场经济分工与协作的规律。中小广告公司在明确自身市场定位的前提下才能扬长避短，充分发挥专业精熟的优势，强化竞争力。

策略之三，构建广告联合体，分工协作，相得益彰。中小广告公司习惯了各自为战，精熟"打一枪，换一个地方"的游击战略。在当前的大环境中，中小广告公司的当家人必须解放思想，转变观念，打破"小富即安"的小商品经济的思想，走团结一致向前看的道路，构建广告联合体。跨地区、跨省市的多家中小广告企业联合起来，就能发挥各个广告公司独到的优势，分工协作，相得益彰。中小广告公司各有专长，有的具有媒体优势，有的具备客户资源优势，有的具备地区优势。构建广告联合体则可以集众家之长，克敌之短，增强与外资广告公司抗衡的力量。中小广告公司联合，形成一条龙的服务，充分发挥经营灵活、代理费低、反映快、与自身利益密切相关的责任感强的优点，吸引广告主，吃掉大型广告公司所无瑕顾及的零散业务，拓展长线业务。规模较大的广告公司要做构建广告联合体的领头者。广告行业组织在构建广告联合体的进程中应责无旁贷地发挥协调、组织指导的作用，以避免将这种公司重组演化为新一轮的"无序竞争"和自相残杀。

策略之四，发扬中华民族文化精粹，突出人文地理优势。中华民族在漫长的历史发展中形成了独到的价值体系。其传统美德是中华民族大家庭共存共荣的基石。对传统美德的认同是继承和发扬中华民族文化的关键，也是广告公司广告创意的源头活水。本土广告作品不能兴崇洋媚外之风，而淡忘了自身的文化优势。中国历史源远流长，文化底蕴博大精深，风土人情丰富多彩。广告公司在经营中要强化对民族文化的理解深度和敏感性，用自己的文化优势与外资广告公司抗衡。

策略之五，树立和强化诚信意识。诚信是广告经营游戏规则的基础。严峻的竞争态势对中小广告公司的诚信度提出了更高的要求。诚信的缺失已使诸多的中小广告公司付出了沉重的代价，还会将其引入万劫不复的绝境。中小广告公司在拉广告业务中普遍流行的："回扣风"、"三无"广告公司、恶性的广告价格竞争、多种不正当竞争行为、虚假广告等等，都是饮鸩止渴。诚信原则有一个基本特点就是从众性，即当绝大多数经营者保持诚信之时，少数无诚信者就会自招其损，成为被孤立者；当绝大多数经营者缺乏诚信之时，少数保持诚信者就会单方受损。让诚信在广告界蔚然成风，中小广告公司要从我做起，莫以善小而不为，莫以恶小而为之。

策略之六，广告行业组织发挥作用。鸟无头不飞，人无头不行。众多的中小广告公司要发展，离不开行业组织的辅佐。WTO的原则规范和限制了政府的行政管理，却无对行业组织的限制性条款，我国的行政体制改革也为行业组织拓宽发展的空间。强化广告行业组织是我国广告市场与国际接轨的重要步骤。我国的广告行业组织要成为中小广告公司的"娘家人"，在与媒体的联络方面，在与广告主建立联络方面，在行业自律方面，在对外交流方面，在本行业联合方面，在促进东、西部广告公司交流等方面，在中小广告公司与大型公司交流方面，在诚信建设方面，在引入现代企业机制方面，在广告企业素质评定方面等等，都有大量的工作要做。责无旁贷，任重而道远。

策略之七，充分利用政策倾斜和扶持的空间，壮大自身力量。中小广告公司在强大的竞争对手面前，不要惊慌失措，妄自非薄。地方政府为了保护中小企业的利益，反对垄断，会在法律规定的范围内出台相应的行政规章。机不可失，时不再来。中小广告公司要吃透和用足这些规定，在有限的时间内壮大自身力量。

策略之八，建立多元化的广告客户关系，开发延伸业务资源。中小广告公司除了采用传统的方法建立良好的客户关系以外，还可以尝试参股、共同开发和延伸服务等方式维系长线广告客户。

2.广告媒体的对策研究

加速媒体产业化，鼓励跨媒体联合。媒体产业化是大势所趋，入世则加快了这一进程。我国新闻体制改革的重要标志之一就是组建媒介集团。组建媒介集团就要变过去的财政拨款和行政管理型的模式为市场经营型的模式。将领工资拿福利的广告管理职员推向市场，将媒介推向产业化。这一改革的步骤是巨大的，是政治体制改革的组成部分。媒介要面对双重的压力，第一重是来自市场的压力，只有强大的实力和规模才能参与瓜分市场份额；第二重是来自媒体内部的压力，如何调整广告运行机制，处理好与上级行政主管的关系。与国外媒体的广告运营接轨，可以使我国媒体行业加速发展，并逐渐形成国际性的媒体集团，从而具备与外国大广告公司和媒体集团抗衡的力量。

我国媒体不但要在同媒体业间形成联合，如组建报业集团；还要走跨媒体联合的道路，诸如，广播、电视、报纸业的横向联合。跨媒体横向联合的实体大大拓展了广告发布空间和广告复盖面，使得许多地区性的媒体上升为全国性的媒体，许多全国性的媒体尽快成为国际性的媒体。

媒体产业化，并进行跨行业联合的作用是显而易见的。首先，可以在强化媒体实力和规模方面与国外广告公司和媒体集团竞争。第二，促进我国广告代理制的全面推行，媒体多元化有助于提高媒介广告经营和制作水平。第三，有利于克服和限制目前广告市场存在的回扣风、恶性广告价格竞争；"三无"广告公司和街头小报将被逐出广告市场。

3.广告监管与行业管理的对策研究

对策一，明确广告协会的法律地位，充分发挥广告行业组织的作用。强化广告协会的地位和作用是我国广告事业发展的需要，也是我国行政体制改革的必然。WTO的原则限制了政府的行为，却无对行业组织的规范。从行政学的意义上讲，行业组织的管理属于类行政行为。WTO的原则对于类行政行为和类行政组织没有限制性条款，要充分发挥广告行业组织的作用，填补政府广告监管部门职能调整后留下的空缺。我国广告行业自律较弱。欧美等国家广告行业自律是非常发达的，广告行业组织行使着公共管理的职能。这是值得我国认真学习和借鉴的。强化广告行业自律是我国广告市场与国际市场接轨的重要方面。

广告自律的作用表现为：①广告行业自律是避免同业间纠纷的有效途径。广告行业组织要求参加组织的广告主、广告经营者和广告发布者学习有关法律，增强法制观念，熟悉《广告法》及有关法规。通过促使行业组织成员自律，有效和科学地运用广告竞争手段，杜绝不正当竞争行为，防患于未然。一旦行业纠纷发生，广告行业组织发挥协调功能。②广告行业自律是政府广告监管的重要补充。政府的宏观调整与广告行业自律是维护广告市场正常运行的两大支柱。在WTO基本原则限制政府干预经济的条件下，在我国精减政府机构的形势下，强化广告行业组织的作用是势在必行。广告行业自律与政府对广告的监督管理、消费者权益维护、广告监管法律与法规，共同构成我国广告市场的运行环境。③广告行业自律是我国广告事业健康发展的保障。我国广告事业要持续健康的发展，就必须不断提高广告从业人员素质，杜绝虚假广告和违法广告行为，维护消费者权益。广告行业组织通过培训、交流、舆论监督等多种手段达到自我净化的目的。

我国目前尚无有关广告行业组织地位和作用的立

法。为了强化广告行业自律的力度，必须确立广告协会和广告行业自律的法律地位，将广告行业自律纳入法制化的轨道。如同《消费者权益保护法》在第五章中明确消费者组织的性质、职能一样，《广告法》也要明确广告行业组织是有相对独立性和社会权威性的社团组织，实现广告行业依法自律。

对策二，建立广告行业资质认证机制。建立广告行业资质认证机制的目的，就是实现对广告经营者的信誉等级测评。信誉是广告之本，是广告经营行为游戏规则的基础。入世，对我国经济的信用度和广告业的信用度都提出了更高的要求。信用缺失已使我们广告人付出沉重的代价。建立标示广告业信誉的资质认证机制已是迫在眉睫，人心所向。中国自古就看重信用，有"宁失江山，不失信义"、"童叟无欺"、"人无信不立"的古训。然而，在我国市场经济不断完善的进程中，广告行业却出现了越来越严重的信用缺失现象。其中一个很重要的原因是缺乏对广告信誉的监督机制。许多虚假广告的责任者受到法律处罚，但他们仍有利可图，于是卷土重来，有恃无恐。建立广告行业资质认证机制使广告行业的信誉标准化、等级化和公开化，极大地制约了违背诚信原则的广告经营者。在信息不对称的条件下，信用是一种风险。建立广告行业资质认证机制会大大化解这种风险，提高广告行业的信誉度，成为我国广告事业在入世后持续健康发展的保障。而建立广告行业资质认证机制的重任非广告协会莫属。

中国广告协会正在主持建立广告行业资质认证机制，制定资质认定的等级和标准，并在各级广告协会的配合下核发资质等级证书。广告行业资质认证机制有自设的网络平台，建有各个广告经营者的信誉档案。优秀信誉者被评上不同的资质等级而网上有名，其业绩记录在案，以备各界网民浏览。广告行业资质认证机制具有权威性。体现了行业组织管理的公开、公正、透明的要求。若建立这样一个向全社会公示的广告行业资质认证机制，那些优秀的广告公司会得到广告媒体的信任，高资质的广告企业会得到广告主的青睐，整个广告行业都会大受裨益。

也谈中国广告业的生态环境与发展态势

海南大学旅游学院营销学教授　　宋顺清

分析研究我国广告业的生态环境，实际上就是对其赖以生存和发展的市场等生态资源状况进行调查分析，以研究其发展变化趋势，为我国广告业的持续发展寻求有效途径。

从市场经济理论角度看，经济组织的市场等生态资源中，最核心的资源是市场需求。广告业赖以生存和发展的基础生态资源是商品经济的发达和市场主体对广告的需求。谁是市场主体？如何确认广告业生态环境的影响因素？什么因素是广告业生态环境中起决定性作用的因素？这些问题是分析研究中国广告业发展走向的主要依据。而广告主、广告公司和广告媒体单位是三个广告业者，他们在一定生态环境下如何协同配合，有效利用宏观和微观的生态资源优势，则是我国广告业能否持续发展的关键。

一、确认市场主体，明确中国广告业生态资源环境的决定性因素

经济学认为，市场体系中，家庭和企业等经济组织是市场最基本的经济行为主体。

家庭随社会的改革与进步而不断提高收入水平，并

用其收入购买日益增多的、越来越现代化的商品、服务，或取得资产，这就意味着市场需求的增长，表现为需求差异与需求量的与日俱增。企业和其他经济组织竞相生产千差万别的商品，提供各种生产生活方式的技术和消费服务，从而使整个社会产生因需求拉动的效率和效益。市场主体生产、生活消费增长的这种协同效应，促进了整个社会经济的蓬勃发展，同时也促成了广告为满足千差万别需求所进行的促销，以及为人们选购商品或生产要素而开展的广告信息沟通服务。显然，快速增长的社会经济生态环境下，多样化的需求与多样化的商品生产与服务是广告业生存和发展的最好生态环境。因此，研究不同历史时期广告业的生态环境，必须从调查研究当时市场主体的广告需求入手。

那么什么是影响中国广告业生态环境的决定性因素呢？我认为起决定性作用的因素是当时的社会经济运行体制和改革开放的程度，这是宏观生态资源环境中最重要的资源。经济体制改革的深度与广度越符合客观经济发展的规律，广告业的宏观生态资源环境与微观生态资源环境就越好，这一点我们可以从改革开放20多年我国广告业发展的历程得到证实。

先看1979年至1983年，这五年我把它定为中国广告业的恢复期。当时我国社会经济还没有摆脱传统计划经济的束缚，经济改革尚处于给企业恢复经营自主权阶段，国民收入和消费水平还很低，社会经济仍处于资源经济型态，当时的广告业生态资源环境还相当尴尬。这一时期的全国广告营业额不过1至2亿元，平均年增长才0.4亿。那时的广告主出来做广告大都小打小闹。曾记否？当时一方面有媒体把某某企业因做广告而起死回生当新生事物报道；另方面，社会上姓"资"、姓"社"的争论和计划与市场如何匹配的顾虑也常在街谈巷议中流传。然而，毕竟改革已经起步，毕竟生态环境有所改观，这五年的广告业还是有所发展，但步子慢，起步艰难，当时的全国广告营业额与平均年增长率就说明了这一问题。

再看1984年至1993年，这段时间可称它为我国广告业的十年恢复发展期。这十年中，中国广告业的生态环境大有好转。当时改革的浪潮席卷全国城乡，整个社会经济在一片"放权松绑"的呼声中展开，某些行业甚至率先实行政企分开"放开搞活"，大力发展商品经济的同时，全国广告营业额从1984年的3.65亿元增长到1993年的134.09亿元，平均年增长13.175亿。这又一次证明，广告业生态资源环境的好坏，取决于改革中的经济运行体制。

还可以从1993年我国社会主义市场经济体制确立后的近十年看中国广告业的生态资源环境。这十年中尽管经历了来势凶猛的国际金融风暴、国内洪涝灾害的突然袭击，也有因香港、澳门回归和我国加入WTO带来的挑战与机遇，但市场经济体制与世贸组织的游戏规则是促使我国广告业生态资源环境大大改善的决定性因素。这十年中的头五年，全国广告营业额从1993年的134.09亿元增长到1997年的461.96亿元，平均年增长65.6亿元。而后五年的全国广告营业额则从1997年的461.96亿元增长到了2002年的903.1464亿元，平均年增长88.4372亿元。这再一次雄辩地说明，经济体制和改革开放的广度与深度是影响中国广告业生态资源环境的决定因素。

二、在一定宏观生态资源环境下，广告主、广告公司和广告媒体单位必须规范各自的经济行为，充分发挥其微观生态资源的优势

广告主、广告公司和广告媒体单位，与其说它们是广告市场的主体，还不如直截了当称之为三大业者，它们是决定中国广告业发展水平的中坚。在一定宏观生态资源环境下，如何各自发挥其微观生态资源优势，并规范其市场经济行为，是推动中国广告业健康有序发展的根本保证。就这一课题，本人谈两点不成熟建议。

1.看准服务方向，找准市场销售热点，竭诚为全面建设小康社会出力

市场经济体制确定后，我国广告业者经历了十年风雨和机制的磨合，走过了既有巨大业绩又存在这样那样问题的十年，时下面临的发展态势是：应为全面建设小

康社会加油、呐喊!

全面建设小康社会,意味着广告业者应调整服务方向,帮助社会搞市场新销售热点的广告促销和宣传。众所周知,小康社会意味着整个社会将迎来收入水平和消费水平的提高,社会将从一般物质文化生活消费的需求提高到对高水平的物质文明与精神文明的需求,这就是广告业者今后一个相当长时期的服务方向。

全面建设小康社会,国家将投入巨大的人力、物力和财力从事现代化的工农业与服务业以及公共福利事业的基础设施建设,更要在克服原先经济发展的地域差别上创造条件走向共同步入小康的平衡。这需要通过广告从中发挥商品物资、人才技术、科学文化知识交流,以及生产生活方式、消费观念与追求时尚的引导和指导作用。

全面建设小康社会,还意味着社会对环境与卫生、绿色产品、健康消费、高尚娱乐保健、旅游观光、餐饮、旅馆宾馆、家庭装饰美化、城镇居民小区建设、交通通讯设施建设,以及社会各阶层的职业化、品位化需求高潮的到来,这更需要广告行业通过信息传播来促成人们对美好事物的向往与追求。

可以说,全面建设小康社会带来的新的市场生态资源环境,正等待着我国广告业者去做大量推波助澜、锦上添花的信息传播和穿针引线工作。在今后一个相当长时期内,我国广告业生态资源环境将好于以往任何历史时期,广告业者将大有用武之地。

2.端正服务态度,突出各自的竞争优势,规范行业市场行为

广告主、广告公司和广告媒体单位作为广告业者,除了部分广告公司是专职的以外,其它都是兼职搞广告业务的。我之所以不同意将他们看成市场主体这就是理由之一。他们是市场的组成部分,主体还应当是广告业务所潜在的广大经济、服务单位或部门。另外,广告主、广告公司和广告媒体单位本来就相当于一条生产线上的三个车间,随着生产力水平的竞争,这条生产线可以有以下几种组合形式:

一是按部就班,由广告主提出广告要求,广告公司帮助创意并设计制作广告,双方对广告作品认同后,或由广告主去选择广告媒体,或由广告公司代理选择,最后由广告媒体发布广告。

二是广告主自己就有相当于广告公司方方面面的人才和设施设备,愿将前两个车间合并运作,(或自己的营销部就有全套熟悉广告业务的人马,或与广告公司签订长期合作服务合同,)在广告主直接参与下完成广告作品创意制作后,直接持广告作品去寻找广告媒体发布。

三是广告主直接找媒体单位的广告服务部门。这个部门是广告公司与媒体的组合,或者说,媒体单位本身也就是广告公司、广告作品在媒体单位设计制作出来后,经广告主认可直接发布。

搞这样三种组合需要人才流动,需要在设备技术资源方面优化组合与配置,要自愿形成,不搞拉郎配。三种形式只是长线与短线组合之不同,短线组合中间环节少,但业务技术水平及其集聚程度要求高。三种组合的形成都是各地广告业务水平竞争选择的结果,这符合市场经济理论的市场调节原则,是靠各自发挥其资源(包括广告客户资源、人才资源、技术资源、设备资源和财力资源)优势去赢得对方的互相青睐而结合的。这种组合需要一个过程,国家工商部门可以规定一个时间,让三方都有一个运作模式的选择酝酿期。其间,三方应根据其微观生态资源的实力和优势,果断决策(实际上,有些地方已经这么做了,只是在如何推行代理制问题上弄不清是非而装作不那么回事罢了)。组合完成后,不够条件形成组合的,也就是找不到对象的,应当停业淘汰出行业队伍,改行从事非广告事务。非专业从事广告业务的部门和单位,不可自行承揽广告业务。这样做,有利于纯洁广告从业队伍,确保广告市场行为的规范管理,既可以克服和防止行业中存在的"抢蛋糕","剽窃创意","鱼目混珠","挖墙脚","釜底抽薪","相互挤对、埋怨"等不良市场行为,也可以防止效率与公平原则被扭曲的职业道德问题,还有利于我国广告业在一定生态资源环境下健康有序、持续高效发展。

在我国全面建设小康社会的大好宏观生态环境下,广告主、广告公司和广告媒体单位等广告业者,必须认真分析各自的微观生态资源环境诸因素，充分发挥其竞争优势。任何时候，宏观环境因素既可以给广告业者带来机遇，也可给带来风险；而微观生态资源环境的任何因素发生变化，都会影响广告业者服务于广告客户或广告业务的能力。微观生态资源环境的因素，主要包括广告业务源，广告业者心态，广告业者的组织形式与业务技术水平，财务实力，设备设施现代化程度，与媒体单位的关系等等。

总之，我国广告业者的心态和职业操守是一定生态资源环境下能否确保广告业健康发展的重要条件；整顿广告队伍，完善广告业务部门的组织形式与内部组织机构，是确保我国广告业健康发展的组织保障；而规范广告业者的市场行为，看准服务方向、业务目标和合作伙伴，是促进我国广告业持续健康发展的有效途径。

参考文献：

1.1999年全国广告学术研讨会论文集萃。

2.中国广告业生态环境2002年全国广告学术研讨会论文集。

贵州广告公司生存模式及发展前景

中广协学术委员会委员　　王多明

贵州的广告公司虽然已经进入了21世纪，但总体上的发展水平仍处在上个世纪八九十年代。

生存模式的研究极其严峻地摆在有生存意识的广告公司面前。

贵州广告公司的发展前景仍然可以从曙光中走来，新一代的广告人正在发挥重要作用。

一

正当全国广告业在蓬勃发展的时候，贵州的广告业，贵州的广告公司们，却带着难以忘怀的夜郎恋情，在这块喀斯特发育良好的地貌上"小富即安"。我们耐心地剖析一下会发现，其生存的艰难，正在吞噬或磨砺一大批广告人的意志。

上个世纪80年代的我国广告市场带有发展期特点：低起点，高速度；广告公司众多而力量分散；媒体处于强势地位。

时代在前进，经济欠发达的贵州，要比全国广告业的发展滞后20年。

21世纪的贵州广告公司，起点极低，生、死速度快；量多而实力分散，且难以相互合作；在媒体制约下，难以按市场规律运作。这些现状构成了眼前贵州广告公司们的共同特点。

1.起点极低，生、死速度快

按广告业综合实力，贵州在全国的位置，总是在倒数一、二、三名间徘徊。

请看贵州广告业近年来发展情况基本数据：

	广告经营单位	广告从业人员	广　告营业额
1996	526户	4125人	1.1781元
1997	528户	3138人	1.1616元
1998	599户	8428人	2.8489元
1999	610户	5020人	2.8239元
2000	680户	5651人	3.2818元
2001	853户	6351人	4.7728元
2002			5.0094元

从以上数字中，可以计算出贵州广告经营单位平均员工数为：1999年8.2人，2000年8.3人，2001年7.4人。

广告公司的竞争优势，关键在于拥有传播和营销的能力；拥有广告服务核心技术和具有创造力的专门人才，广告公司以客户所不具备的知识、能力、技术和人才来服务于广告客户。

在贵州几百家广告公司中，真正能为客户提供知识、能力、技术和人才服务的不足百分之十。

每年有上百家新广告公司注册，每年又有近百家老广告公司不参加年审，出生最早也是当初最大的贵州省广告公司，在上世纪90年代末就听不见声音了。只有几家大众媒体的广告经营单位和屈指可数的几家广告公司生存期在十年以上。

2．量多而实力分散，且难以相互合作

贵州广告公司的总经理们多数来自大众传媒的记者、编辑或技术人员，他们占了先机，挖下了广告的第一桶金，也培养出一批新的广告公司总经理。在非大众媒体广告公司任总经理的三十出头的一大批人中，多数都有二三年的广告业务员经历。他们的知识、能力决定了他们将广告当成生意来做，只要能赚钱，违法广告也做，在大家都向广告蛋糕伸出刀叉时，他们是掘了第二桶金的人，然后将经营方向转向贸易、文化传播、房地产、开矿、造酒、种茶、装修等产业。

由于将广告当生意做，总把除自己以外的所有人都视为你死我活的"敌人"，吃客户、吃兄弟广告公司，最终只会得罪客户与消费者，其结果，生意做不大，自己也会在"四面楚歌"的生存环境中渐渐消亡。

3．在媒体经营的制约下，难以按市场规律运作

贵州部分有实力的广告公司，竞相建造户外媒体；购买户外媒体发布权；购买报纸、电视的部分代理权，而百分之九十五的广告公司没有这种实力。中小型广告公司为客户寻找大众传媒发布广告时，会发现客户自己找上传媒的门，刊价要比广告公司低。在当今广告刊价透明度极高的情况下，广告公司面临要么亏本做生意，要么放弃客户，由客户自己去与媒体谈低价发布费。广告媒体的垄断经营，制约了广告代理公司的竞争。广告业自律规则，在贵州较难施行。

我国广告活动进入20世纪90年代所发生的变化是：低起点，高速度向平稳过渡；众多而力量分散的广告公司向力量集中发展；强势的媒介开始了弱化的倾向，这些变化在贵州还未见端倪。

二

当全国广告学术界在深入研究广告业竞争力，研究广告业生态环境的时候，冷静地面对贵州广告业的生存模式，客观地分析，实事求是地寻找解决之道，或许是负责任的广告学者，励精图治的广告公司总经理们应该思考的问题。

面对贵州广告业现状，笔者提出如下思考题，以求教于贵州、全国的广告业界，使贵州的广告业能乘上西部大开发战略的快车，迅速缩短与全国广告业的差距。

1．广告业是什么产业，广告的本质是什么？

这是进入广告业的每一个人都应该十分清楚的问题，但在贵州几百家广告公司中能正确回答的并不多。他们的观点也许是，广告能赚钱就干，否则是扯蛋。

以2001年贵州广告业几个数据为分析基础，可以看出广告代理公司的生存模式多艰难。

853户广告经营单位，其中兼营广告的大众传媒不足50家，4.77亿元的广告营业额中大众传媒的广告营业额在3.5亿元以上。余下800户广告代理公司分切1.2亿元广告营业额蛋糕，每户年均营业额15万元，广告从业人员年均营业额2万元。

生存出现危机就牺牲生态环境求生存，生态环境恶化了，生存也更困难。贵州的广告业至今还没有走出恶性循环。在生存状态极其恶劣的情况下，广告代理公司总经理们哪里顾得上广告是什么产业？广告的本质是什么这样的理论问题。

2．广告业为谁服务，从哪里获得生存权？

这也是一个理智型广告人十分明白的问题，但贵州的多数广告代理公司总经理是懵的。

为赚钱而做广告是广告公司的生存之本，广告公司的合理利润也写进了《广告法》。中国古训有"君子爱财，取之有道"，大卫·奥格威告诫广告人："不要把客户的钱浪费在娱乐大众上面。我们做广告是为了销售产品——否则就不是做广告。"我们为广告客户把广告费花出去了，使广告客户能从销售收入中获利，广告人才能在广告客户的销售利润中分到一杯羹。

怎样赚钱，怎样才能赚钱，这是生意人千百年来一直在思考，也会一直思考下去的问题。

贵州广告代理公司的总经理们低三下四地宁愿做客户的店小二，帮客户吆喝卖假货，用夸大的辞语帮助客户蒙消费者。明知广告客户存在各种经营管理、产品质量、价格虚高等问题，不敢在客户面前大声说话，唯唯诺诺，投其所好。广告代理费是赚到手了，消费者不满意，当这种不满意足以使客户倒台时，客户树上的猢狲不散也得散。广告经营的短视既害了消费者，害了客户，最终也会夺去自己的生存权。

3．广告人应该具备哪些素质，他的骨子里应装些什么？

贵州许多广告公司每年都会在媒体中刊登招聘广告，文案中都明确地提出，要招聪明的人，敬业的人，有专业知识和能力的人。

在贵州广告界，策划人、创意人、文案人、市场调查人、客户服务人，一般在一家公司多数呆不到两年就跳槽了。广告公司人员集体"炒"总经理的事，也时有发生。第五届全国广告作品展的全场大奖获得者，以及广告作品的金奖获得者，在获奖后不到半年时间，一位奔上海，一位奔广东。

什么样的人才适合做广告？广告公司的生存发展需要什么样的人？

三

贵州的广告业一定会向前发展，这是毫无疑问的。问题是要加快发展步伐，尽快缩短东西部的差距。这就是本文着重讨论的问题。

1．找准定位，按广告传播的运作规律把广告进行到底

南京市卓越形象创意公司总经理兼执行创意总监贾丽军先生在《广告专业技术岗位基础知识》的序中，提出了"敬业、专业、正业"的观点。在"正业"这一问题上，他说："如果一个行业里的有钱人，透出殷实富足和气定神闲的大家风范，而非暴发的油脂味；如果这个行业不用靠'花酒文化'、私人感情、交际应酬来获取业务，我们可以肯定这个行业风气正直。"贵州广告业还没成熟到这个地步，"正业"就应该是一种追求。

贾先生在如何"正业"中，提出了"一切为了消费者"，"做有效广告"，"行业自律"，"责任感"几个问题。笔者完全赞同他的高见。

广告公司站在客户与消费者之间，对消费者负责，就把对客户负责放于其中了，排序应是"消费者第一"、"客户第二"。使用客户的广告费要"精打细算"，像用自己的钱一样，一分钱当两分钱用。广告公司策划的每一招，都要有传播效果，产生受众认同的心理反应，获得良好的社会支持，实现客户产品或服务的销售效果。在行业自律中，坚持"打铁需要本身硬"，摒弃不正当竞争，与同行是对手也是朋友。特别在大家实力都不甚强大的时候，联合起来才能为广告业争得应有的酬劳。竞相降价、相互拆台，不应该出现在广告这一高素质人群投身的行业中。做广告，应该具有责任感。广告一经发布，会对社会人群产生影响力，会为广告客户和受众产生影响。作为广告信息的中介，在编码过程中要有责任地组织好各个元素，使他们在受众译码时能产生良好影响的作用。

"正业"是广告公司的生存之本、发展之道。若把广告公司做成贸易公司，一切为牟利，极容易走上为不良客户"为虎作伥"的路子。

要"正业"，必须坚持广告人的专业性。已经进入广告业的人们，需要认真学习广告法规和广告基础理论；学习正在日新月异的广告创作经验成果；改变已经陈旧的思维方式；将知识结构搭建在现代社会、现代科技兴业的舞台上，不断创作新的耐看的"节目"，才能赢得广告客户，也才有机会把为客户做的广告有效地传播给受众。

要"正业"，广告公司需要一群有团队精神，同舟共济的敬业广告人。进入广告人队伍，每个人都有发挥自己天赋和后天积累才能的机会，也会在不断的广告创作中，发现自己的不足。永远上游一成不变的创意是不存在的，只有不断发现自己不足的广告人，才能在新的项目中有获胜的机会。

2．贵州广告代理公司生存模式现状及建议

鉴于贵州经济和社会发展的状况，强求广告公司完全走规范化道路，显然不切合实际。但是正确的生存之本，发展之道仍然是网开多面的。

①广告与文化传播相结合。贵州目前已经有多家成功的广告文化传播公司在运作中胜出了。他们将企业广告传播与文化活动结合起来，组织大中型演出，摄影展、灯谜、书法绘画展等，为企业客户进行形象或品牌宣传。

②广告与装饰设计相结合。这是贵州许多家广告公司轻车熟路的经营之道。一些较大的广告公司由装饰装潢、广告制作开始积累资金，以后进入纯广告业，当广告业务受阻时，又重操旧业。其实这种韬略在经济困难时期也是应该考虑的。

③广告与社区宣传相结合。这是目前贵州多家广告公司正在做前期准备的一种新模式。社区广告宣传空间很大，受众接触率高，传播信任度强。一些广告公司免费为社区做宣传栏，组织文化、文艺活动，让社区市民增加对某企业、某品牌的信任和情感，广告公司也相应获得酬劳。

④广告与房地产业相结合。早两三年前，贵州房地产商基本上不与广告公司为伍。现在不同了，有实力的房地产商都主动与广告公司联手，甚至将销售总代理交给广告公司；也有个别广告公司干脆将广告公司的名称改为房地产销售公司，为房地产商做销售策划，设计楼书，经营卖房，拜访业主等。

⑤广告与媒体相结合。有的广告公司总经理与媒体有着密切的联系，他们熟悉广告媒体的情况，先自筹资金或贷款，从电视媒体中购买播出时段，或从报纸中购买固定版面，再去组织客户，成为名副其实的媒体代理公司。这种广告公司从媒体购买与卖出差价中获得利润，投入就是前期对媒体购买的付出，产出一般比较可靠。

⑥广告与新媒体开发相结合。笔者认为广告发展史可以简化为广告媒体开发、应用的历史。广告业的每一次进步，总是同新媒体的应用相结合的。

一些广告公司着力于购买城市路牌媒体；一些广告公司着力开发新媒体，并独家获得此种媒体的使用权。在城市建设中，主要街道旧建筑拆除后，总要在建筑工地前立广告牌以遮"丑"。广告公司描准机会获得发布权，就可以做一两年广告发布的业务。有的广告公司引进新的三面翻、旋转三面体广告媒体，再寻找广告客户，从中获取差价，以求生存。

⑦广告与会议展览相结合。广告也是一种展示，广告人改行或将服务延伸到展览业，也是一种新的生存状态。能够涉足展览的广告公司或广告人不可能很多，但他们一旦进入，便容易做出成绩。

有能力组织展览的广告或传播公司，平时不会吸纳很多员工，只在某项展事活动时临时招聘人员，或与其他广告公司合作，共同开展活动，按获利分成，或按合同项目付酬。

⑧广告与印刷业务相结合。贵州的广告公司承担产品包装、楼书、画册、海报、产品目录印刷的也有不少。公司主要承担设计任务，印刷交给专业的印刷厂完成。印刷业务交给深圳的厂比在贵州印刷价格还低，质量还高，时间还快，这是由于计算机网络的应用，一些承担广告设计业务的广告公司，将设计已完成的内容通过计算机网络，发给深圳厂家，无需派人送稿。这就降低了印刷成本，也能增加广告公司的利润。

⑨广告与影视制作相结合。早些年，贵州就有广告公司投资拍电视剧，但基本没做成，也伤了广告公司的元气。近年来，又有广告公司期望从影视制作中走出新路。有家广告公司与影视制作协会密切合作，从搜集公

益电视广告创意入手，组织大量有家庭数码摄像机的人员进行拍摄，由企业给予相应经费支持，在电视台展播电视公益广告，发动观众评选，既传承了中华文明，又打破了群众不能参与影视制作的局限。广告公司在公益广告活动中会带来良好的社会效益，扩大影响后的广告公司，靠知名度和美誉度，为今后的发展创下牌子。

中国的广告业尚且年轻，贵州的广告业简直就是孩提时代，走得慢，摔跟斗，都正常。

贵州的广告业的生存和发展，不能囿于传统的做法，要在生存空间中创新、创意，寻找一条可行的、别人未走过的、自己又能走的新路。笔者坚信，将广告进行到底的贵州广告人，终能如生活在东海边的人们，感受到看见第一抹红日喷薄跃海时的兴奋和喜悦。

区域广告生态环境与区域广告状况

山东建筑工程学院工商管理系广告学专业客座教授　　王骞

2003年8月，我作为山东省第九届广告节的评委，参与了该广告节平面及影视作品的评选工作。从平面作品来看，部分作品水平有所提高，但使人眼前一亮并有可能在第十届中国广告节有所收获的作品，寥若晨星；从平面作品的整体水平看，显示出创意水平的徘徊和表现力低的现象。影视作品的情况更差，用曾担任中国广告节评委的山东工艺美院尚奎舜教授的话来说，是"近几年最差的一届"。我分析山东影视广告水平的下降，主要有以下几个原因：一是山东的几个专业影视广告制作机构，整体遇到了业务匮乏、专业人士缺乏和专业环境低劣的现实生存危机，因此这类公司大多或出走山东、或业务转型，根本没有作品送选；二是本次广告节影视作品的选送单位中，市、县级广播电视局占了很大比例，可以说是"业余"制作；三是山东的大品牌的影视广告制作，如同山东大品牌的广告服务一样，多落入广东、北京、上海的广告机构手中，因此选送上来的影视作品广告也多是小品牌、小投入、小制作；四是山东影视广告制作人员的水平没有提高，年轻人没有跟进，还是一批九十年代后期较活跃的"老广告人"在工作，没有鲜活的人才、意识、技术的补充，好像是一潭死水，缺乏生机。

从广告评奖可以看出山东广告业的现实情况，这也是中国区域广告市场的真实写照。从经济发展、市场成熟度、广告专业水平诸方面看，位居中游的山东广告业有显著的代表性，是中国广告业区域生态环境研究的重要个案。

广告业区域格局划分

中国广告业因为经济发展状况、市场成熟度、人文环境、媒体布局、广告教育、广告人才等诸方面因素影响，形成了明显的区域格局状况：

京、广、沪的第一阵营

京、广、沪以各自的显性特点，形成中国广告业的第一阵营。北京因其传媒业的发达、广告执行环境的健全、广告专业人才的丰富、广告教育的系统性等因素，成为中国广告业最重要的复合性发达区域；广东以本土广告公司的整体化水平、港台广告的可借鉴性、策略和执行能力的强大、经济环境的发达和秩序，成为中国广告业最具精彩的专业性发展区域；上海以国际大都市的胸怀风襟、文化品位、吸纳能力，成为国际4A特别看重的入主区域，并且是台湾广告人最习惯于生存发展的土壤，广告专业水平和潜力都十分巨大。从广告营业额来看，以上三地自2001年开始，不但居全国广告营业额的前三位，而且它们的营业额之和，已占到全国广告营业额的一半以上。

浙江、江苏、山东、天津、辽宁、福建、四川组成的第二阵营

以2001年的广告营业额为例，前10名的省份是上海、广东、北京、浙江、江苏、山东、天津、辽宁、福建、四川，前10名占全国营业额的73.74%，除去前三名的沪、广、京，后七名即广告第二阵营的营业额占全国的23%。第二阵营的省份基本具备经济较发达、市场成熟度较高、传播业发展良好、广告专业人才较丰富的特点，并且每个省市都有1－2家可跻身中国广告业强势企业的专业公司；但在广告整体水平、广告专业人才、广告发展的源动力等方面，又均有明显的不足。沪上广告人对浙江、江苏的服务"侵入"，京城广告人对山东、天津、辽宁的服务"进军"，都称得上"装备精良、人员整齐"。福建以广告教育胜，厦门大学成为其重要的人才发源地；四川略有"偏隅西南"的意味，本土广告业发展尚可。

其它区域组成的第三阵营

其它区域可以划为第三阵营，但其中不乏广告经营出色的媒体和公司。如安徽、湖南的电视媒体，广西、云南、新疆、陕西的个别广告公司，放到全国阵营里也属于佼佼者。

山东区域广告生态环境分析

我们从广告主、广告公司、广告人、广告教育诸方面，以山东为例，做一下生态环境分析，以便"窥一斑知全豹"，对国内的广告区域生态环境有所认识。

山东区域的广告主

山东区域的经济发展状况，使其在全国范畴中都有一批叫得响的品牌，这其中有一直走红的青啤、海尔、海信、双星、浪潮、新华制药、澳柯玛、得利斯，有近年崛起的皇明太阳能、力诺太阳能、鲁花花生油、新郎西服，有走向式微的小鸭、轻骑、孔府家酒、孔府宴酒、秦池，有再获新生的中国重汽"斯太尔"，有在不同行业内颇具实力和知名度的时风农用车、艳阳天复合肥、华泰纸业、九阳豆浆机。这上面提到的企业，几乎全都接受过省外广告公司或全面、或项目的广告服务，说明山东的知名企业在广告服务方面的意识是开放的，他们在心目中承认京、广、沪广告公司的实力，并在接受强势广告公司服务的同时提升了自己的意识。

以海信集团为例，在近几年品牌推广和市场营销活动中，海信集团及其海信电器（电视机）、海信空调、海信计算机、海信通信（CDMA手机）、海信冰箱等子公司，均以整体服务的方式接受过上海梅高、广东天艺、上海互通、广州唐都等广告公司的服务，前来参与服务竞标的还有博报堂、广东白杨、中广联、海润广告、广东省广、李奥·贝纳等。在山东，无论是一直走红的海尔，还是近年崛起的皇明、鲁花，目前的服务公司均是国际4A或本土京、广、沪强势广告公司。

广告服务的全国交融，给企业带来了更好、更出色的市场推广平台。但因为广告服务的"经营机密"色彩，使服务公司与企业的运营处于封闭中，山东的广告公司除了能够入围竞标者，还可以一窥对方的情形，大多广告公司乃至山东广告业，都很难从外省强势广告公司的介入中学习到什么东西；只有从广告主的口中和进入山东的省外广告公司人才的少许"流动"中，获得一些信息、见解和营养。

山东有出色的广告主，但缺乏出色的广告公司，形成了大品牌由省外广告公司服务的格局。甚至小品牌也不断得到省外广告人的"宠幸"，如淄博的一个小型乳品企业"得益"，其VI系统就是广东黑马操刀制作的；章丘市的一个小型服装厂，其CI导入却是台湾魏正先生领衔的。广告业的全国"互动"意味着进步和开放，但也更加衬托出山东省内的广告公司生长状态的苍凉与荒芜。

山东区域的广告公司

山东区域的广告公司，从经营规模和历史地位上来说，首推山东宏智广告公司，但近几年他们将发展重点移至北京，并在资本经营方面有所突破。同样突围到北京的还有山东太阳广告公司，即现在的北京太阳火广告

公司，它充分借助媒体，使其经营业绩颇佳，在全国格局中也有一席之地。以户外广告经营为主的齐鲁国际广告公司，也获得了香港资本的垂青。

青岛五洲、山东省广、青岛天马、青岛金桥在山东省2002年度广告经营额排序中列前四位，但在全国排序中鲜有地位。位列第五的山东红火广告公司，在自身形象迅速提升方面曾有过骄人之处，发展平稳；位居第六的青岛黑蚂蚁有来自深圳的"掌门人"，在平面设计方面有突出特点；位居第十的山东东方天健广告公司，注重执行力和作业模式向4A的借鉴，在与国际4A、本土强势公司的共同竞标中屡有斩获，以整体服务的方式先后与海信空调、海信通信、海信冰箱、小鸭洗衣机、小鸭热水器、中国网通山东公司"结盟"，在山东本土公司中算得上努力有加，近期被《现代广告》作为"有潜力的中等规模广告公司"进行了推介。

山东的广告公司位于山东特定的环境中，表现为自我生存的"自生性"、相互之间的"封闭性"、外部支持的"稀缺性"、广告客户的"外倾性"、后续人才的"匮乏性"。"自生性"表现为白手起家、点滴积累、自生自灭，目前数量上呈现负增长，没有可在全国"一呼天下应"的本省广告公司；"封闭性"表现为广告公司、广告人之间形同路人，没有组织，没有交流，没有联系；"稀缺性"表现为缺乏行业、协会的有效组织支持，广告从业人员在有些人看来依然是"拉广告的"；"外倾性"表现为省内广告公司只能为二流客户服务，经营业绩和广告水平很难提高；"匮乏性"表现为山东省内自己培养的第一批广告专业本科毕业生，到2004年夏天才能够毕业，而且多数准备考研或到媒体、学校工作，真正进入广告公司的微乎其微；广告设计专业的毕业生，一部分水平较高并有志于广告创作的，多选择了进北京、去上海、下广东，另一部分则希望进入院校、媒体、出版等事业型单位，广告公司处于人才吸纳的"真空"状态。

山东区域的广告人

山东区域的广告人，呈现出与山东中庸的文化生态环境相一致的特性：

"掌门人"多是九十年代初中期进入广告业的，大多有新闻、教育、艺术的职业背景，他们经历了九十年代后期的全身心投入，也获得了或大或小的"第一桶金"，但在专业水平要求更高、操作模式要求规范、盈利空间急遽下滑的新世纪，他们的空间视野、专业能力、身心状态都出现"亚健康"状态，面临着如同"第二次创业"般的困难和境地——更须说明的是，无论是作为广告人还是作为广告公司，他们并没有真正成长壮大起来，抵抗风雨的能力还十分脆弱。

"中坚力量"多是30岁左右的年轻人，但他们之中真正的"中坚"多北上北京、南下广州、远走上海；留守者是谓"坚而不尖"，本身并非特别突出的人才，能够统领军队的"掌门"接班人更是稀缺；而20余岁的大学毕业生，则表现为急功近利，好高骛远，既缺乏宽泛的知识、文化背景和积淀，又缺乏扎实的功力和动手能力；另有一些自组小公司的，在充满小鱼小虾的市场中漂泊，极易陷入唯利是图的境地。

除了专职的广告从业人员，还有一些广告人员，可称之为"泛广告人"。他们多是院校的老师，或国家广播电视机构的工作人员。这些非职业的、没有职业压力和职业精神的"泛广告人"，其个人化的广告操作是很不规范的，容易使客户对广告作业模式、评价标准、收费标准产生歧义，并与广告公司形成不平等竞争。山东广告人素质的低弱，与缺乏"职业广告人"有关，而职业广告人的缺乏便与"不以此为职业也可以干广告"的"泛广告人"有关。广东、北京、上海的许多广告人，从院校这个特殊的温暖的港湾中走出来，"专业"加"职业"缔造了个人和广告公司的辉煌，这在山东广告界实属罕见。许多广告设计专业老师不参加广告节作品送评的原因，是因为山东广告节获奖证书的印章为"广告协会"，这种证书在学校职称评比中因为没有加盖国家机关单位的公章便不能作为评定职称的业绩证明，这种纯功利的心态是十分不利于广告业发展的。

山东区域的广告教育

台湾广告人张百清先生指出，国内广告业急需几种人才：通晓国际广告运作经验并具有较强沟通能力的人；具有敏锐洞察力和市场驾驭能力的高层管理人才；能自己创意、设计的多元化人才；高层次的各类广告制作、尤其是影视广告制作的技能型人才。刚刚起步的山东广告教育，要承担这样的责任，委实有一段长长的路要走。

从广告设计类教育来说，山东的老牌三大院校是山东工艺美术学院、山东艺术学院、山东轻工业学院。但除了广告设计教育之外，学生们极少得到营销学、传播学、广告学的教育，使其广告设计成为无源之水、无本之木，难成大器。其他一批开设广告设计专业的各类公办和民办院校，学生从入学到毕业的能力提高甚微。山东开设广告学本科专业的院校依时间先后，分别是山东建筑工程学院、山东大学。以山东建筑工程学院为例，称得上"没有条件创造条件也要上"，经历了国内其他院校开设广告专业同样遇到的师资匮乏、缺少教材、专业课滞后等问题，走上正轨并真正培养出有内涵、有专业水平的学生，不是一朝之事。自2003年开始，我在山东建筑工程学院工商管理系广告学专业先后开设了《广告个案研究》、《影视广告制作》等课程，真心地希望在别的教师为学生"传道、授业"时，我来为学生"解惑"，使他们的感受、认识和技能掌握离广告专业和市场操作更近一点。

以上内容以山东广告市场、山东广告公司和广告人为例，反映了广告区域生态环境的情况，诸多分析是建立在身为山东广告人的感受上的。其间流露出的情绪，更是因为对山东、对中国的广告业有所期望。希望这种近似原生态的摹写，能让大家感受到区域广告的真实存在，引起反思，引起重视，考虑对策。

和一千个广告人谈话后的思考
——关于中国广告人力资源问题的探讨

金长城国际广告大中国区行政总裁　　李谋

研究广告业的生态问题离不开两个方面：一是广告业的外部生存环境，一是广告业的内部生存状态。

在内部生存状态中，我认为重点研究广告人的生存状态是十分必要的。按照政治经济学的观点，人是生产力诸要素中最活跃最具有决定性的因素，人的问题理顺了，这个企业也就进入了一个良好的生存状态。

那么，当前广告人是一种什么样的生存状态呢？

十多年来，为了给公司招揽人才，通过引荐、推荐、自荐、招聘等方式，我接触了少说也有一千多个广告人，为了"沙里淘金"，经常要拿出大量的时间和他们谈心，倾听他们的见解，了解他们的愿望，因此，对他们还是有所认识的。

广告人才资源主要来自三个渠道。一是刚入行的。他们来自各大中专学校广告系的毕业生。这个群体人数不少，而且源源不断。他们单纯、热情、充满活力，很少保守，富于创造性，是广告界的希望所在。二是改行的。这部分人人数不多，但成分复杂。有教师、有编辑、有文化干部、影艺人员，还有国家公务员。他们不满足原来的工作状态，希望换个环境，实现自身的价值。他们思想比较成熟，有一定社会经验。但他们年龄偏大，业务不专，有的角色转换比较快的也能成为一个好的管理人员。三是跳槽的，这是我在接谈中遇到最多的人。

他们来自其他广告公司，有的跳了一两家，有的跳了七八家，就像棋盘上的棋子，哪里有利就往哪里跳。据了解，从去年七月份到今年的六月份广州市最活跃的20家广告公司中，有一半的公司人员流动超过50%以上，最多的超过了85%。不难看出，流动的这些广告人，他们对广告业比较熟悉，业务精通或比较精通，适应能力强。但他们人际关系广，思想变化快，追求目标多，他们是广告界中最活跃也是最不稳定的因素。

这些择业的广告人目的各有不同，大概有这样几类：

1.急于就业者。以刚毕业的学生为主，他们背负着美好的希望，满怀激情地踏入社会，没有什么门路，也没有过高的要求，只希望找到一个暂时称心的"饭碗"，立住脚跟再谋划未来。因此，心情比较急切，条件容易满足。所以，一旦接纳他们，便是员工队伍中比较稳定的一个群体。

2.图名镀金者。他们热衷于到大公司或4A公司干，就像学生以考上清华、北大或出国留学一样以此为荣。有的人甚至规划了一个目标，要在一定的时间内，把这个城市有名的广告公司都周游一遍。他们之所以重视这种经历，是因为这一段红色坐标线可以作为"敲门砖"、"垫脚石"，提高自己的身价，达到自己的愿望。

3.频繁挑战者。一位应聘者对我说，他在原来那家公司做食品广告，做了一年多，单一、枯燥、乏味，看见那种食品就倒胃口，他想接触更多的东西，激发自己的创作潜能。这是一种有事业追求的人，对自己永不满足。因此，他们也不停地更换公司，其目的不是为了"镀金"，而是寻找新的学习兴奋点。他们对更现代的技术，更科学的流程，更先进的管理，抱有浓厚的学习兴趣。但是，他们频繁迎接挑战的行为也是公司员工队伍不稳定的因素之一。

4.待价而沽者。这部分人人数不少，他们在广告行业闯荡多年，有一定的业务基础和社会圈子，对自己自视甚高，对公司永不满意。他们在各公司跳来跳去，目的就是想得到一份较高的酬薪。有一次，一位女士前来自荐，说是原公司的美指，为了发挥自己的潜能，她可以来担任副总监，而且开出了让我好笑的高价。我说你是否能胜任这个职位我都不知道，我怎么能给你这个酬薪呢？事后我想，如果我满足了她的愿望，说不定她干了不久，又会到另一家公司去，会提出更高的要求了。

5.更换环境者。与应聘人谈话时，我常问一个问题：你为什么要离开原来的公司？其中一部分人回答是为了换个环境。他们中有的是在一个公司干的时间长了，缺乏新鲜感和激情；更多的是因为人际关系没处理好，或和领导关系紧张，或与同事关系不和，使他们缺乏安全感、和谐感。他们说与其在这种压抑的状态下工作，不如换个公司，重新编织一个融洽的人际关系网。

6.采集资料者。这种广告人不多，经常是到处搜集资料，占有他人成果，据为个人资本！我们碰到过两例。一个刚从大学毕业半年的学生，到我们公司来已经是第三家了。他任务不多，却经常晚上加班，后来我们发现，他把公司的资料偷偷下载，并刻成光盘。我们问他为什么这样做，他说是为了学习借鉴，他在前两家公司也是这么做的，说完就拿出几个光盘给我们看，我们简直惊呆了，还有这样收集资料的广告人！再一个例子就是刚进公司不到一个月的一位员工，又偷偷跑到另一家公司去应聘，负责招聘的总监看了他应聘的资料便问，这个策划方案是你做的吗？他点头说是的，总监一笑，说你回去听通知吧。原来这位总监曾在我们公司干过，该员工拿去应聘的策划方案稿正是这位总监做的。这种行为就不是收集，而是剽窃。这种广告人虽说不多，影响却很坏。

上面归纳的几种类型，并不能涵盖当前广告人全部状况，但我们不难从中看出，他们的思想行为，对广告人的生存状态起着至关重要的不良影响。

首先，是人才流动加速。广告公司成了旅舍，天天有人进，有人出，有的人连名字还没记清楚就走了，员工队伍十分不稳定。

其次是人才的有效使用期越来越短。过去，长的能干七八年，短的也有二三年；现在长则一二年，短则一二个月。

第三，招聘的门坎越来越低，价码却越来越高。公司业务等着人来做，于是便饥不择食，对他们提出的条件也只好应允，这样轻率迁就的结果，使得个别广告人有恃无恐。

第四，广告公司很难发现拔尖人才，很难使用有用人才，更难留住优秀人才。虽然广告从业人员每年都在增加，但广告公司仍处于"人才饥饿"状态。为什么会出现让广告企业这样尴尬的局面呢？我想，究其原因，一是广告从业人员心态浮躁。他们大多是20出头的年轻人，缺少社会阅历，很少经受挫折。市场经济的多元化，决定他们价值取向的多样化。他们内心总是活跃着各种愿望，去迎合五光十色的商品经济大潮对他们的诱惑。二是广告企业急功近利。在人才匮乏，求才若渴的情况下，或者降低门坎，觉得庸才总比蠢才强；或者许以高薪，以为重赏之下必有勇夫。这样做的结果，更加助长了人才的盲目流动。三是广告人才市场是一个无序的市场。没有规范市场行为的统一原则，没有人才合理流动的机制，没有行业自律的要求，我认为这才是最重要的原因。

要解决这些问题怎么办？我想，我们不能仅仅去责怪广告人心态浮躁，而要从改善广告人的生存环境去考虑。这个环境有两个方面，一个是大环境，一个是小环境。

大环境就是指整个广告界要建立有利于人才合理流动的市场机制。人才合理流动是社会经济的秩序的必然要求，要减少流动盲目性，剧烈性，不平衡性，伤害性，就必须对人才市场进行引导、协调、规范、制约。这个责任，无疑应该落在行业协会的肩上，怎么着手呢？我想应该从这样几点：

一，制定行业自律公约。这个公约至少应该包括这样一些内容：不互挖墙角；不在员工面前谈有损其他企业声誉的话；不用不切实际的条件招揽人才；不随意降低进人的标准；不收买其他企业员工为自己的"卧底"；不在用人问题上恶意制造广告效应。

二，建立相对统一的职务系列和工资标准。现有广告业的情况是，有职务，无系列；有工资，无标准。这也是一些员工盲目流动的原因之一。广告业工种并不复杂，可参考其他行业或外资广告公司的做法，制定出一个岗位等级制度。同时，根据岗位职务，参照行业惯例，订出一个略有浮动的工资标准，以适应不同广告公司的需要。这样规范以后，企业的人事管理便有章可循，员工们也心中有数，他们知道所有公司大概都是这个标准，也就不会产生更多奢望。当然，各公司还可辅以不同的奖励制度，来调动员工的积极性。

三，实行凭离岗证上岗的规定。即员工离岗时，公司要为他出具一份行业协会统一制定的离岗证，注明他在公司担任什么职务，工作业绩(优、良、差)，干了多长时间，离职的原因(合同期满、辞职、解聘)等等。他再到另一家公司谋职时，这家公司必须验看他的离岗证，没有离岗证者不予录用。实行这种规定的好处是，减缓人才流动的频率，了解人才的真实情况，避免用人上的错误。

四，不定期举办人才交流会。现在各城市都经常举办综合性的人才交流会，到那里去招聘广告人才，手续繁多，机率太低。可由有关部门牵头，将需要招聘员工的公司和需要谋职的广告人不定期地组织到一起，让他们当面沟通，双向选择。这种交流会也可以发布企业招聘信息和人才资源介绍，逐步建成一个人才市场。

改善大环境，关键是要请行业协会牵头，各广告公司积极配合，只要下决心，操作起来并不是太难。

小环境是指广告公司要建立吸纳、使用、留住人才的良好企业环境。对企业来说"人才是最重要的资本"；对人才来说，企业是大展才华的舞台。因此，企业必须为人才创造一个良好的环境，以便满足员工的各种需要。社会学家说，人的需要主要表现在四个方面：生理需要，安全需要，社交需要，自尊需要。这四种需要概括得很有道理。我们应该顺应这种需要，来改善企业的环境。从哪里着手呢？我考虑可以从三个方面来努力。

一是用良好的声誉吸引人。我们都知道，对一件有口皆碑的好产品，消费者会趋之若鹜。同样，一个声誉良好的企业，员工会以在此工作为荣。声誉好的企业应表现在：经营业绩良好，员工会感到心情愉快；领导能力良好，员工会感到有用武之地。好的企业声誉是吸引优秀人才的强大磁铁，人才会蜂拥而来，你就不会感叹"三军易得，一将难求"了。

二是用人性化的管理使用人。这是现代企业管理的成功经验。要做到这一点，领导必须有这样的品格：能尊重人，尊重员工的人格和创造，对待员工的不足之处在及时善意的指出后，仍然大胆使用；能亲近人，经常和员工谈心沟通，参与员工集体活动，成为他们中的一分子；能宽容人，员工有了过失要宽容他，宽容也是一种激励。广告人都很有个性，很自尊的。如果领导人具备了上面这些好品格，员工的自尊需要将得到很大满足。

三是用规章制度留住人。企业要留住人才，我的体会，关键是定好三个制度：合同制。大概每个公司都有这个制度，根据我们的经验，现在的主要问题是要改变"解约容易签约难"的状况。签约时，领导慎之又慎，不敢贸然行事；解约时，员工说走就走，毫不迟疑。其实，对提前解约合同中是有明确责任规定的，我们碍于情面没有认真履行，所以一定要加强解约条件的力度。另一个是岗前培训制。凡进来的新员工，先进行培训，让他们了解企业的创业经历、荣誉事迹、企业文化、规章制度，向他们灌输这些信息，就像一个新兵到了英雄连队一样，他们无形中就会增强一些荣誉感和责任感。再一个是考核制。一年一次，通过考核，晋升职务，满足优秀员工的成就感，激励平庸员工奋发向上。

四是严明奖惩制度管理人。奖勤罚懒，奖优罚劣。奖的时候要公开隆重，让大家都知道；罚的时候要准确得当，最好个别进行，留点自尊。只有奖惩分明，才能三军整肃，万众一心。

管理学家说："要成一流企业，必得一流人才"。这里强调人才对企业的重要性，我要补充的是：要得一流人才，必创一流企业。我在这里就人才问题抛出了一块"砖"，目的很明确，就是想引出一块玉来。共同营造好广告人才的生存环境，让我们的广告公司都成为一流企业。

以价值工程方法全面提升广告经营核心竞争力

暨南大学　傅汉章　杨建华

一、从广告陨落的危言引发的思考

去年，在美国先后出版了两本书，一是赖斯(AL RIES)与劳拉·赖斯(AL URA RIES)所著的《广告的陨落与公关的升起》，另一是齐尔曼(SERGIO ZYMAN)与布瑞特(ARMIN BROIT)所著的《如我们所知的广告业的终结》。两书面世，全球广告业界大为震动。其原因不仅是因为作者是当代具有重要影响的营销与广告理论大师，更为重要的是业界近年积聚日多而未有直白的疑虑，而今赤裸裸地撕开了。赖斯一书直言："广告的陨落已经是不争的真实。"两书用词不同，不管是"陨落"、"衰落"或是"终结"，其意是明白的，即"广告的寿命周期快结束了"。

笔者对两书所提出的一些观点有一些存疑与商榷之处，如广告与公关在市场营销中的功能区分，广告的职能是否只是一种大众传播手段；在品牌的关系上，是否公关起创牌作用，而广告则起保障和维持作用；在信息的形态和创作要求上，是否公关是严肃的、富于创造性的，而广告则是滑稽的、没有创造性的；在信息的传递方式上，是否公关是线性的、环环扣紧的，而广告则是立体的、轰动的、热闹过后很快使人遗忘的，……等等。问题的焦点在于：广告所存在的问题是先天性的、"基因性"的结果，还是后天性的、"社会性"的结果。如果是前者，那将是回天无力，只能拖延与等待；如果是后者，还能通过价值重组与功能调整来焕发青春。笔者愚见认为，应是后者而不是前者。

不管对两书所提出的观点与结论有什么不同看法，应该承认的是，该著作提出了一个广告业界必须认真对待的、非常现实的问题，这就是作者在分析广告衰落原因时提出，广告影响力、公信力的下降是重要的内因，而这一问题的解决又决不是通过广告量的增加和广告策略的改变等方式所能解决的。其实，两书所提出的问题是早已为广告界所关注的。在上世纪80年代末90年代初，西方国家已在哀叹"麦迪逊大街的衰败"，其主因是广告公信力的不断下滑。90年代中后期，美国广告业有所好转，按《今日美国报》2000年12月27日报道所说，广告收入上升到创纪录的水平，"麦迪逊大街的情绪欢快"，但该报又预测从2001年起，广告增长将会从缓慢到衰退，"麦迪逊大街的情绪转为忧虑。"类似警告已不是一家所言，2001年10月，现代世界营销之父菲利普·科特勒博士在应邀参加中国上海"新世纪新营销"演讲并接受记者采访时郑重指出："中国企业过分的依靠媒体和广告做市场营销工作，这是个非常大的错误"，"中国公司应该花更多的时间去研究和选择它的目标市场，然后为目标市场而更好地设计产品，……而不是企图将普通的产品通过大众传播和广告把产品推销出去"。

当然，科特勒所讲的"大错误"，广告主应负重要责任，但也不必讳言，广告界也在推波助澜，并有所"创新"。赖斯等人在著作中提到广告陨落的主因是广告功能特性的丧失，广告效果持续下降，"夸张的承诺和过度投放是广告效果下降的重要原因，但是，公信度的影响是最根本的原因。"美国著名消费心理与消费趋势预测专家费丝·波普康(FAITH POPCORN)在其《未来生活大趋势》一书中谈及广告时认为："60年代的广告是最有创意的，70年代、80年代的广告出现大量毫无意义的承诺，进入90年代后，消费者不再相信广告所说的任何承诺。"笔者1997年曾在《信息时报》连续发表了《四论广告商誉》等几篇小文，其中心思想是如不把广告商誉提到首位，让广告公信度再持续下滑，广告就是自取灭亡。在此时间内，笔者曾对广告效果作了一些社会调查，并结合北京、上海、广州等地的调查资料，发现一个很突出的问题就是广告的年营业额不断提升，而广告信誉度则不断下降，当时公众对广告的公信度约在30−35%之间，而公信度年均下降速度为三个百分点。如从赖斯著作所引用的调查资料来看，更使人吃惊，该著作引用了近期盖洛普公司对美国32项主要职位的公信度调查，其结果是："广告及广告人的公信度仅为10%"。这一调查信息如果是可信的话，那么，"广告陨落"的结论也就不足为奇了。

虽然在广告业中也不乏商誉高、创意好的广告，但在虚假承诺和内容失实严重存在情况下，公众对广告内容难以区分真伪好坏，其结果只能是"假作真时真亦假，无为有处有还无。"当前广告业中存在这种病态，虽然一个企业是难以扭转的，但不管如何，一个行业是由许多相关企业组成的，要纠正这种"行风"，也只能从企业入手。因此，本文提出运用价值工程理论与方法，全面提高广告经营的核心竞争力的观点，虽不是主治良药，但可起固本强基治疗之效。

二、广告经营的价值创新

价值工程是一门国际公认的新兴管理技术。1988年12月江泽民同志题词《价值工程常用常新》，亲自倡导价值工程的研究与运用。1996年美国克林顿总统亦曾亲自签署并经国会通过用法令形式在政府各部门推行价值工程。价值创新是在新的知识经济环境下对价值工程的创造性、拓展性的运用。对广告业来说，就是通过对广告产品的功能与成本的整合与优化，使之符合广告客户及消费者的显在需求与潜在需求，进而通过引导与刺激消费来提高产品的价值。具体包括以下几点：

1.价值创新的思维框架

广告也是一种产品，它具有价值。广告只有通过价值创新，才能适应新的需求，有所发展。广告价值如何创新，首先在思维框架上要明确以下几点：

(1)以消费者的需求为出发点，以面向市场、传递价值为使命，不再囿于"我的产品最完美"为直接推介目的，而是以重新定义广告产品的功能(至少是关键功能)

为首要任务。简单说，以消费者的价值需求为吸引，而不是以我有什么为卖点。

(2)更加重视功能载体的开发创新。广告与公关同样担负着产品宣传推介的任务，其区别主要在于广告是通过一定的媒体工具进行的。本来不同的媒体由于形式多样，贴近生活，更能引起受众的注意与认同，可惜的是，目前的功能载体过于集中，投放数量过大，使人心烦。前景应是跟随科技的进步，通过对功能载体的开发创新，使广告从强迫式接受转为自愿式、随意式接受，加强与科技发展的融合。

(3)将价值创新内容泛化。广告经营的价值创新，不仅表现在广告作品上，其活动领域应扩大到整个企业的经营活动范围，包括公司战略层次的创新和广告市场的创新。中央电视台广告经营进入全面营销时代就是一例，他们对广告的载体——电视节目实施"频道专业化、栏目个性化、节目精品化"的战略，这就使节目不断贴近收视市场。

(4)"价值"与"创新"并重，不能顾此失彼。它通过产品价值去"创造顾客"、"创造市场空间"，而又要从战略高度重新审视产品的价值，谋求增加市场机会和核心竞争力。切忌盲目"创新"，以致不知所云，甚至引入歧义，虚高承诺。

2．价值创新的战略定位

以竞争为核心的传统战略往往集中于如何击败竞争对手，而非关注对企业成长具有实质意义的创新。因而，企业会发现在付出重大代价之后所获得的不过是一种模仿性的市场改善。与传统战略竞争定位相比，价值创新理论则是将顾客价值置于战略思想的中心。它既不专注于击败竞争对手，也不精心于通过市场细分来满足某些顾客的差异化需求，而是集中力量向市场提供全新的、优越的顾客价值，并通过该价值的创新性飞跃和适当的价值策略创造新的大众市场，从而赢得顾客，实现可持续发展。

价值创新战略逻辑认为，以竞争为理念的利润模式尽管可以赢得较大的市场份额，但由于付出巨大的竞争成本，转移和浪费了企业的大量资源，因而难以实现其利润目标。通过价值创新的运用，则能在赢得顾客的同时避免了竞争成本的浪费，企业在提升顾客价值的同时，自身的经济效益也得到显著提高。

价值创新的关键在于顾客核心价值的创新。所谓顾客核心价值是指企业为顾客所提供的产品或服务中的关键性价值要素(如性能、款式、寿命、品位、服务等)，这类关键要素构成了顾客的核心价值或核心需求。这一创新战略要求生产企业和广告经营企业均应把重点放在识别和把握顾客核心价值上，而不要把资源浪费在模仿性竞争上。

3．价值创新的宣传推介

在广告经营价值创新的过程中，必须以产品或服务的关键要素作为研究对象，突出两个方面的问题：一是强调顾客价值的提升，通过认真分析哪些要素已大大被提升，哪些是从来没有提供过而现已增加的要素，进而说明该产品或服务为顾客创造了哪些新价值；二是通过认真分析把消费者认为并不重要的那些要素(即不必要功能或过剩功能)在广告中消除或减少，将消费者的功能要求与价值承受能力相联系，进而使消费者更明确地了解价值创新对其带来什么得益，这就有利于创造市场新空间和增强市场竞争力。

三、提升企业经营价值的基本途径

广告经营企业在考虑其经营价值时，总希望能用最少的代价实现最大的价值；广告主在决定其广告选择时，同样希望用最少的成本代价获得最大的价值总和。价值工程的目的就是通过改进产品或项目的设计，提高功能，降低成本，实现产品性价比的最大化。

1．提升企业经营价值的五种基本模式

提高企业经营价值一般都从两个方面入手：一是功能成本，二是现实成本。所谓功能成本是指为实现满足客户某种功能需要的最低成本；现实成本是指企业为满足客户某种需要所投入的实际成本。由此可见，价值工程的功能成本是指实现基本功能中的社会最低成本，而现实成本则是各个经营企业的实际成本，其差别是很大的。企业要实现经营价值的提高，关键在于处理好功

能与成本之间的动态相关关系。一般来说，提高企业经营价值的基本模式有以下五种：

(1)维持经营功能，降低经营成本；

(2)提高经营功能，经营成本不变；

(3)既提高经营功能，又降低经营成本；

(4)略为增加经营成本，换取经营功能的更大提升；

(5)略为降低经营功能，换取经营成本大幅度降低。

以上五种模式，不同的企业或项目可因具体情况不同采用不同的提高经营价值的战略考虑。

2. 如何创造消费者所喜欢的价值

要打造广告经营企业的核心竞争力，关键在于创造消费者所喜欢的价值，一切以人为本，即以顾客的价值获得为本，适应与引导消费者群进行需求选择。当前市场的竞争日趋激烈，人们为什么到你哪里去购买，为什么选择某种产品，必然会有其选择原因，研究与改善这些因素，也是价值工程所要求解决的问题。

顾客的选择决定主要包括以下图列各种因素：

由上图看出，顾客的选择决定是由多种因素比较而作出的。顾客所获得的4个方面的价值，不但注意到有形的产品、服务因素，也注意到社会价值与形象价值等无形因素，形象的深浅好坏，都是顾客所获得的价值的组成部分。人们在考虑获得什么的时候，必然会考虑我为此要付出什么，并对此加以比较决定行动。在付出的4种因素中，过去较多重视的货币成本，重视价格策略的运用，但当今影响购买的决定因素正在逐步转移，人们会更多地关心付出的时间、精力、心理承受等方面因素的影响，广告不从多角度、多方位去考虑，就难以适应顾客的价值需求。

3. 发挥整合营销优势，提升企业经营价值

广告经营企业在营销活动过程中存在多方面的相互关系，其中特别是内部营销、外部营销以及两者之间的相互作用营销更为突出，它关系到企业经营价值的实现与提升。三考的关系图示如下：

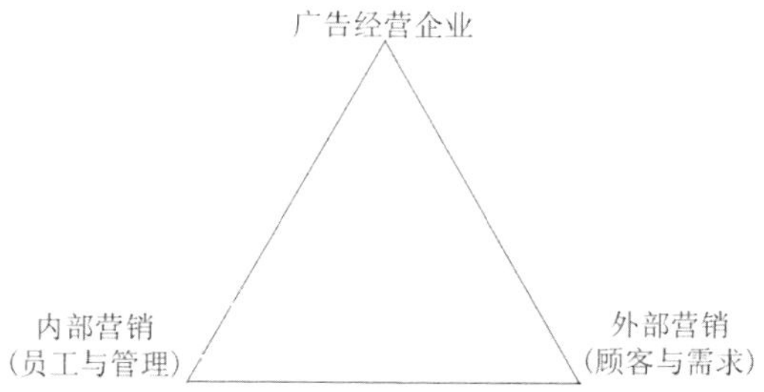

相互作用营销

内部营销—主要指企业员工素质及企业内部管理；外部营销—主要指企业直接与顾客相关的各种营销手段与方法；相互作用营销—主要是指内部营销与外部营销的结合，营销活动各要素的结合。内部营销与外部营销是三角形的两边，相互作用营销是三角形的底边，起到连结两边及稳定作用。

在整合营销优势中，创新是关键。随着科技的发展，产品性能与质量趋同化日益明显，而人们的消费观念、消费需求则在不断变化。为此，企业必须加大创新力度，构筑经营创新机制，以机制保证经营创新，那种简单仿效或"后发制人"做法，必然会导致经营失败。

所谓经营创新就是在市场营销中抓住商机，巧善机变。要有一套较为独特新颖的市场营销手段，不论是在为顾客创造价值或为顾客传递价值上，都应树立经营创新理念，彻底改革那种"坐店等客"、因循守旧之风。

经营定位是经营创新的重要内容之一。传统的观念认为，真正的广告公司是以创作为主的公司，是执行型企业，而管理咨询公司则是以向企业提供经营战略和改善运营效益的公司。这一经营定位，其结果是广告公司路子越走越窄。广告公司的经营创新，就是其经营服务方向，不仅具有创作功能，而且具有市场战略功能，以及在具体执行中相关部分的策划，这一转型其实是广告

公司营销职能的回归。目前国内外不少广告公司正向这一转型变化，也是广告业从衰落走向复兴的必由之路。

广告公司人力资源战略的焦点
——本土广告公司人力资源战略个案研究

中广协学术委员会委员　　李世丁　沙宗义

广告公司是知识密集型的服务公司，业内则自诩为＂头脑公司＂。人才或曰人力资源是广告公司所有资源中最为核心的资源。这已成为业界和学界的共识，无论在理论层面还是操作层面都进行了充分而有益的探究。因而，笔者不打算在重复性论证上耗费精力，而选择从个案入手，由具体到一般，并与国际上通行的做法进行分析、比较，以期得出有意义的结论。

笔者选择广东省广告有限公司(以下简称＂省广＂)作为个案研究对象。之所以选择省广为研究对象，理由是它具有典型性。省广的典型性表现在：第一，它具有23年的历史，这几乎就是新中国现代广告史的全程(一般认为1979年是新中国现代广告的＂元年＂)；第二，它经历了由国营到民营为主的改革全过程而且取得了成功，23年尤其是近10年的改革基本上聚焦在人才激励与约束的制度化安排上；第三，它是中国本土最大的广告公司之一，其行业影响力使它的作为无论成功还是缺失甚或失败，都备受业界的关注。

＂八字真言＂与＂1/4管理＂：激励与约束的平衡

激励与约束，是辩证统一体。没有约束的＂激励＂，无异于放纵，其弊端与＂没有约束的权力就等于腐败＂相仿佛；没有激励的＂约束＂，也一定是无效或者是低效的＂约束＂，这已为市场转型期中＂国企＂对人才流动的种种无效限制所证实。

省广的解决之道是，在激励与约束之间保持必要的张力。他们将之形象地概括为＂八字真言＂和＂1/4管理＂。

所谓＂八字真言＂，是对业绩卓著的人员，三室一厅的商品房一给；公司最高岗位工资一拿；企业特别贡献重奖一发；有出国学习机会一派；对才不称职者一下；违反规章者一罚；德不敬业者一走(劝其另谋高就)；玩忽职守者一炒(行政开除)。

所谓＂1/4管理＂，即每年有1/4员工调高工资，1/4调低，1/4不调，1/4下岗；下岗者之中，1/4待岗，1/4内部退休，1/4接受培训，1/4＂出局＂。岗位工资拉开档次，年收入最高者与最低者相差数十倍，策划创意总监、副总监工资最高与次高。

＂八字真言＂与＂1/4管理＂在薪酬、福利、公司规章、职业道德等方面对人才实施激励与约束，对当时尚属国企的省广来说改革力度不可谓不大，其间的矛盾、冲突也异常地激烈，但是，省广以＂铁腕扭乾坤＂的决心与气度，顶着压力，坚决贯彻，为省广日后的持续发展铺平了道路。

不过，若以严格意义上的现代企业制度的标准来衡量，＂八字真言＂与＂1/4管理＂无论在激励还是约束两个方面都还不够完善。首先，其激励与约束的内容、范围偏重于经济利益的＂硬＂约束，而对企业文化、权利地位、个人偏好等方面的＂软＂性激励与约束则体现不足；第二，其激励与约束仅限于内部，而只有内部的激励与约束是不够的，在市场经济发达国家企业对人才的激励与约束是内部与外部双管齐下的；第三，在市场经济发达国家企业对人才的激励与约束有较为成熟的体制与制度，而在激励与约束的制度化方面省广正在探索，尚未大功告成。诚然，这是囿于国营企业的内在制度逻辑所致，况且省广亦在后续的改革过程中将对激励与约束机制不断地进行调适。对此，我们不应求全责备。

"三三制"：权力的分享与掌控

权利与地位的激励与约束，是人才激励与约束的一个重要方面。在广告公司，人才，尤其是经营管理及策划、创意人才，一般具有较强的主观能动性，对自主权有较强的要求。其对权利与地位的满足，主要体现在两个方面：一是工作环境的宽松，能充分发挥其才干；二是有较宽的进升通道。解决这个问题的关键则是分享与掌控。

省广的解决之道是所谓"三三制"，即三级管理、三级策划、三级服务，三位一体。公司三级策划人员通过三级管理来实现，公司策划创意、设计、市场、媒介等业务局总监在公司总经理领导下授权开展各自业务管理工作，并对总经理负责；各业务局总监、策划指导、设计主任对公司相应的总监负责，各业务局策划人员、设计人员受所在业务局长管理，对其局长负责；各分管总监有决定业务局长的岗位工资、奖金分配，各业务局长有权对所属策划人员、设计人员以及员工的工作、工资、奖惩等项的决定权力，各局策划人员、设计人员以及员工必须对其局长负责，同时要接受公司策划总监在业务上指导以及工作上的指挥和协调。

省广把"三三制"视为制度创新，是根据国情及公司具体情况"摸着石头过河"所创造出来的行之有效的制度。省广改制之后，对"三三制"又作了调整和充实。公司推行前端和后端经营战略，要求后端在2001年的7.2亿元基础上增长10%，解决稳定发展的问题，而前端则要求在三年之内形成一个有影响、有创新的"新"广告公司。实践表明，"三三制"在权力的分享与掌控上，起到了良好的作用。

第一，"三三制"调动了各级人才的积极性，其主观能动性得到了很好的发挥。在公司推行新的经营战略的背景下，可能用不了三年时间，就可以实现"形成一个有影响、有创新的'新'广告公司"的目标。

第二，"三三制"的实施，为省广开拓新的利润增长点及在若干年内建成若干个相当于分公司的"业务局"的设想提供了可能性。规模的扩大，分支机构的增加，将为优秀人才的升迁提供较宽广的管道。近年来，省广有大量年轻人迅速成长起来，其中不少人成为业务骨干，他们能顺利地得到安置、升迁，一定程度上得益于"三三制"的实施。

第三，"三三制"较好地平衡了权力的分享与掌控。近年来，各级人才虽有流动，但是基本上没有发生带走客户或者项目的情况。由于公司掌控有力，能够及时发现、纠正一些不正常的情况，不至于造成损失。

软激励：公司文化的认同

企业文化的激励，是人才激励不可缺少的重要内容。企业文化是一种价值理念，是企业行为的方式。它的产生是因为单靠企业制度无法完全保证企业的快速发展。企业当然主要依靠制度，但是当制度失效之时，就必须依靠企业文化来调适。当公司全体人员认同公司文化并且以它为骄傲时，公司文化所激发的凝聚力、向心力，对公司的快速发展的意义是不可估量的。

省广的公司文化，可以从两个方面表述，即"军事化管理，战斗化作风，市场化运作和学习型公司"。

省广以"军事化管理"著称。军事化管理，自然包含战斗化作风，诸如纪律严明、快速反应等都是军事化管理的题中应有之义，但是，军事化管理的精髓则是"患难与共，生死相依"。《孙子兵法》所言"齐之以武，合之以文"，"上下同欲者胜"，也是这个意思。不过，省广的"军事化"是在"市场化运作"基础上的"军事化"，换句话说，是用军事化的精髓去淬炼"市场化运作"，锻造人的灵魂，造就人格健全的省广员工。

关于这一点，省广总经理温卫平对公司策划创意人员的要求中是这样表述的："策划人员的选择(包括市场策划、广告策划、媒介策划、客户服务人员)必须建立在扎扎实实地做人，认认真真地做事，勤勤恳恳地搞好本职工作的基础上。做人是根本，德才兼备之人能兴事；有德无才之人不坏事；有才无德之人会败事；德才均无之人不成事。广告行业是"食脑"的行业，用脑则用心，心到则事成，这种心要出自公心，这种公心就是：公司为我想到了一切，我要为公司做好一切。公司推行岗位责任制，就是要考核每一个员工的工作价值，让人感受岗位价值，体现人生价值，公司给个人提供一个发展空间，施展才华舞台，而个人则为公司积累资源，在这个舞台上演一幕幕有声有色的佳作，从而实现双赢。"

省广作为学习型公司，其最为显著的文化特征有两点，即有"海纳百川"的包容之心和肯为"学习"而投资。

省广的"学习"是制度化的"学习"：

第一有完备的培训制度。

公司制度规定，从领导到每一位员工都必须定期接受规定时间的培训，不同的是，按职务、业务性质的不同，培训时间的长短，培训内容、方式有所区别。

第二有明确的培训任务、目标。每次培训，都必须完成"功课"，并检验、评估效果。

第三有灵活多样的培训方式、方法。

"走出去，请进来"，是吸收外部知识，包括国外的、国内的、同行的、专家的、客户的；公司内部纵向、横向之间的相互学习，除了"制式化"的培训之外，尚有策划、创意大赛，策划论坛等多姿多彩的培训学习方式。最为人称道者，是对新员工的岗前"魔鬼式"培训；而新近定期开办的"咖啡心情"讲座，则是实战高手的"独门心法"大爆料，其"含金量"之高，格外为省广员工所重视。

因为有包容之心，所以省广能向外国学、向同业学、向专家学、向客户学、向同事学，向一切有所长的人学。所谓"有容乃大"，省广这些年的进境之快、之大，为业界所称道。因为肯为"学习"投资，所以回报就大。而各种回报之中最为可贵的回报，则是员工对公司向心力的加大、加强。

机会与挑战：从人力资源到人力资本

优越的企业法人治理结构是使企业始终处于激活状态的保障。过去，人们在讨论法人治理结构时，认为这主要就是一个界定清楚资产所有者和经营者的关系问题，并由此提出了一个以董事长和总经理分开为特征的治理模式—董事长对重大经营决策拍板，总经理对日常经营活动负责。现在，这种治理模式的内容在国际上已经过时，目前国际上讲治理结构主要是讲两种资本，即货币资本与人力资本的关系如何界定。换句话说，人力资本作为企业制度安排的要素，已经登上社会经济的历史舞台，而建立人力资本的激励与约束机制，则是这个舞台上的重头戏。著名经济学家魏杰认为，对治理结构的研究，应主要集中在对人力资本的激励机制和约束机制的研究上。以下是笔者对其研究的摘编。

（一）国际上对人力资本的激励，主要包括三个方面

第一，经济利益激励。包含五个方面的内容，即岗位工资、年终奖、期权、职务消费、福利补贴。其中，最重要的期权激励。人力资本既然是一种资本，那么他的收益就不只是工资，还应该包括产权(资本)的收益。人力资本的期权激励，打破了以往"谁出资谁拥有产权"经济学和法学原则。抽样调查显示：国际上人力资本在企业中所拥有的产权数量，已经达到了企业总产权数量的38%左右。

第二，权利与地位的激励。CEO的产生，是这种激励的极致。

第三，企业文化激励。国外企业文化的一个新特点，是在价值理念上认同人力资本，认同由于能力差异而形成的分工不同、收益不同及等级制度。西方企业文化往往强调，由于能力不同、分工不同、收益方式不同，人们的收益差距是很大的。亚洲国家企业中总体收益差距是100多倍，欧美国家的差距是200多倍。

（二）国际上对人力资本的约束机制，大体包括两个方面，即内部约束与外部约束

1.内部约束

第一，公司章程约束。公司章程是公司的"宪法"，

公司中的所有人都必须服务于、服从于公司章程。若违章行事，则按章处理；照章办事，则受公司保护。

第二，合同约束。合同对公司的商业机密、技术专利、竞争力的保护极为详尽，合同必须由法律认可的中介机构起草，而不得由双方当事人起草。

第三，偏好约束。例如，有人对给钱多少无所谓，而对实现自己的经营理念则耿耿于怀。公司就以是否授权来对之进行约束。

第四，在激励中体现约束。如期权，既是激励也是约束，人力资本只有在期权规定期限内让股票升值，他的期权才有意义。

第五，机构约束。即注重公司决策机构的完善，把人与人之间的矛盾转化为人与机构之间的矛盾。

2.外部约束

第一，法律约束。

第二，道德约束。国外企业的人力资本如果与企业闹翻了，就像国内有些人那样著文、写书，把原企业说得一团糟，而把自己说成一支花，那么，他将很难再就业。

第三，市场约束。人力资本的流动要通过人力资本市场。人力资本的市场准入，有很高的"门槛"，而不是像国内那样，一家小小的书店就可以大张旗鼓地干起"猎头"的勾当来。

第四，社会团体约束。建立人力资本的民间组织，发挥该组织沟通、服务、监督的功能。若有哪个人力资本干了故意损害原来企业利益的事，则给予通报，令其如过街老鼠。

2002年10月，省广实现了股份制改造，由国营改为以民营为主。省广有48人成为公司股东。这48人基本上是省广的精英，由他们组成的经营班子，体现了省广的实力。改制对省广来说是一次脱胎换骨，烈火中的重生。省广把改制当成第二次创业，在公司治理结构等方面做了一系列的改革，公司呈现出巨大的活力。但是，从省广现有的产权安排来看，仍属"谁出资谁拥有产权"的模式。其治理模式的焦点，仍是处理资产所有者与经营者的关系。不同之处是，省广的所有者和经营者是合而为一的。这里，没有人力资本的概念。48人拥有产权，是因为他们出了钱，而不是因为他们是人力资本。何以只有48人能拥有资产而不是更多的人？因为"公司法"规定股东不能超过50人。这种产权安排，就短期甚至中期来看，还不至于有大碍。但是，从长远来看，随着公司规模的不断扩大，就的确存在隐忧。

就中国本土广告公司而言，不仅是省广没有"人力资本"一说，其他广告公司也没有这一说。本土广告公司绝大部分是民营企业，老板之外都是打工者。打工者除了薪酬收益之外，产权收益免谈。即便有极个别的老板会给极个别特别优秀的员工股份，也不是制度化的行为。何以如此？国情使然。在长期的计划经济环境下，人力只是资源，根本不是也不允许是资本。人们天天说自己是企业的主人，其实不过是政治热情的表现。试问，没有资产，何以做主？

中国已是WTO的成员，正在学习经济全球化的游戏规则。建立对人力资本的激励与约束的机制，就是这样的"游戏规则"之一。有人说，中国加入WTO之后，跨国公司与中国本土公司展开的第一场战役，将是围绕人而不是围绕产品和市场而展开的，即对人力资本的争夺。此说对其他企业来说正确度有多高笔者不敢妄下断语，但是对广告公司来说，其正确度则是绝对的。这对省广，对所有本土广告公司都是一个严峻的挑战。不过，国际4A公司似乎比其他行业的跨国公司反映稍微迟钝了一些，对招募在他们旗下的中国本土人员，同工同酬尚且不能，遑论人力资本了。这对本土广告公司来说，又是一个机会。只要抓住机会，就会有未来。

主要参考文献：

1.魏杰，人力资本的激励与约束机制问题，《国有资产管理》，2001年第九期

2.李宝元，人力资本产权安排与国有企业制度改革，《财经问题研究》，2001年第八期

3.李世丁，《广告兵法》，南方日报出版社，2003年9月

企业广告投资效益探讨

厦门大学新闻传播系主任　　陈培爱

内容提要：

在中国营销市场竞争激烈的今天，当我们谈到广告主的广告意识时，我们考虑的已不再是"广告主需不需要做广告"这个原始的问题，而是"广告主怎样做广告，应该把广告放在什么位置"的更深层次的问题。广告投资是一种生产性投资，它需要研究如何降低成本，取得最大的经济效益。广告投资的效用实质上是总体的、系统的而不是局部的，它必须在企业整体营销计划指导下做出。企业广告投入应在保持营销各要素的整体优化组合基础上，寻求成本－效益的最佳平衡点，注意广告投资的长期效果和现实效果的平衡，制定以品牌为中心的组合策略，走长期发展的整合营销之路。

关键词：

广告投资　理念　回报率

企业广告投资中的问题

企业在市场竞争中必然要投入资金作广告，投入多少资金，怎样分配资金，要求达到什么效果，如何防止资金的不足或浪费等，问题很复杂。广告界曾有人说过：我们知道有一半的广告费是被浪费掉了，但不知道是哪一半？企业如何评价自己广告的投资回报率一直是困扰决策者的难题。找到那一半被浪费掉的广告费并将其尽可能地避免，成为众多广告主与广告工作者关心的焦点。

当前，国内市场疲软和买方市场的尽现，进一步加剧了营销领域的激烈竞争，这必然要求企业合理配置有限资源以获取最大的经济效益。广告的经济效益是指企业进行广告宣传后，其广告投入与效果之间的比例关系。广告的最终目的是为产品销售和企业利润服务的，企业家总是希望以最少的广告投入以实现既定的目标。由于广告投入是最大的一笔可灵活收缩的费用，因此我们就不难理解企业为何在决定投入时花费如此巨大的时间和精力。

企业在决定广告投入时至今还存在某些误区。第一，认为有了广告投入就会有收益，有了广告大投入就会有大收益。但事实已证明，像前些年那样通过大量投放广告即可获得巨额回报的好日子已经过去，企业不得不更加理性地盘算自己的广告支出。第二，认为广告投入会增加成本，不利于销售。第三，有较强的广告投入意识，但不知道钱该怎么花，造成广告费"浪费一半"的现象。

因此，探讨企业广告投资的最佳效益，是广告主与广告代理公司的共同追求。

企业广告投资的正确理念

一、企业广告投入与营销各要素的优化组合

90年代中后期，中国营销市场策略呈现多样化，企业间竞争已摆脱过去那种只注重价格和质量的竞争方法。以移动通信为例，从境外四大品牌摩托罗拉、爱立信、诺基亚和西门子到国产品牌TCL、波导、夏新等共同争夺中国市场的激烈程度，可以说是汇集当今最先进的技术和人才的跨国营销表演：产品更新换代迅速，广告促销手段新颖独特，售后服务保障全面，分销体系灵活多样，营销管理手段先进科学，这些销售因素又称"市场营销组合"。

在市场经济繁荣的今天，企业开展任何一项投入产出项目，都涉及到企业内部和外部的众多经营要素与经营管理活动。企业应针对不同的内外环境，运用系统的方法，把企业可以控制的各种市场营销手段进行综合运用，互相协调，形成最佳组合，从而发挥它对市场的整体作用。整合营销沟通(IMC)就是将营销沟通组合(即促销组合)的不同要素加以结合并形成一体化。广告只是营销沟通组合中的绝对必要的部分，但要成功则完全要依赖于营销组合中其它要素的配合。

然而，当今企业广告最致命的弱点就是把广告当作孤立的促销手段，认为"高投入必然高产出"，以大规模的广告费进行全方位的媒体轰炸。虽然在短期内可能获得较多的经营额，但其副作用不仅在于过度提高了消费者的期望值，意味着失败的风险也就越大，广告的刺激作用也可能逐渐减退；更重要在于因过度地开发了消费者而造成广告开支的上升。

为何以质量、服务、价格、促销等多重因素构成的竞争在某些企业身上会退化为单纯的广告竞争？标王的沉沦从一个侧面反映了某些企业不平衡的经营模式。如过于追求某些经营运作的专业化与系统化，缺乏营运的全面性、整合性。在这种不平衡状态下，企业不是处于"成长疲软"的困境，就是引发"发展失衡"的问题，出现短期内"冲顶"，超过一定的临界点后迅速回落。企业各种不平衡的矛盾迅速暴发，一下子将企业压跨。

有先例的是，广告投资决策上的失误是秦池酒厂面临困境的重要原因。骤然而来的成功使得秦池"酒不醉人人自醉"，没有以国家产业政策及市场需求为导向，过分依赖于广告的投入宣传，从而丧失了及时调整产品结构，进行生产规模的扩大和技术改造的机会。相比之下，海尔、长虹等有实力的家电集团更注重按照自身规律投入广告，强调广告组合策略。当时与秦池广告费用投入不相仲伯的宝洁公司及可口可乐公司，正是靠巧妙利用促销战略配合其强劲的营销网络，生动化的市场终端建设以及特有的技术创新为后盾，从而在全球营销竞争中立于不败之地。

一位经济学家解释过，企业的成功与失败70%由战略目标和营销策略决定，30%是由营销组合决定。企业要根据自己的实际情况以及市场运作规律，评估广告在企业的营销沟通组合及整个营销组合中所扮演的角色，制定营销及沟通计划；确定营销组合之间预算的分配以及广告经费与其它营销手段的配比关系；把广告投资纳入企业整体管理规划中，合理地进行广告投入，使企业有限的广告费用发挥更大的作用。

二、寻求成本与效益的最佳平衡

企业的广告决策，也就是将广告促销开支要么作为一种成本性变量进行决策，要么视其为投资性变量加以定夺。投资必然讲求回报，通过广告费用的投入，一方面直接或间接导致企业销售量的增加，在价格不变的情况下，提高了销售收入，有利于利润的改善；另一方面，销售量的增加，使生产部门可增加产量，从而形成规模经济批量，导致成本函数的变化，降低了单位产品所分摊的固定成本，使单位产品成本降低。在单价不变时，单位产品利润增加，从而使企业总利润增加。"随着广告的实施，带来的是节省的效果。在销售方面，它使资金周转加速，因而使零售价得以降低而不致影响零售商的利润"谁又能不承认大规模生产导致成本下降呢？"([美]大卫·奥格威著：《一个广告人的自白》，中国友谊出版公司，1991年)因此广告目标就是要紧紧围绕广告的投入与产出，为实现企业的经营目标，提高企业的经济效益来规划制定。

从某种意义上说，广告投入与广告效果及营销效果是成正比的，这可以从世界级的大企业的广告费支出情况以及由此带来的效果中看到。著名的宝洁公司，早在1913年就曾是美国最大的广告主，且从那时起，它的广告支出一直名列前茅。宝洁公司每出一个新产品都经过精心策划，周密的论证与试销。一旦试销成功，立即向全球推广，同时辅以强劲的广告。克莱斯特牙膏上市初期的广告支出是2900万美元，高点牌洗发香波的初期支出是2400万美元，潘斯波一次性纸尿布的首次广告费是1900万美元，这些品牌先后在市场上获得成功。宝洁主持广告事务前副总裁罗伯特·戈尔斯坦曾说过：广告是效率最高，影响最大的推销方法。而相对于大企业的销售利润，庞大的广告支出费用只是其中的一小部分。

在一般情况下，充足的广告费才能保证广告发挥必要的效果，但这两者的关系并非永远成正比。实际上，广告的成败并不是只由广告经费决定的。多次研究表明，平均广告弹性很低，即广告投入每增加一个百分点，销售额预计增长的百分数只有0.22%(当然这只是不同品牌的平均值，它忽略对消费者和行业的长期影响)。从原理上说，广告效果是随投入的增加而增加的，但必须注意两种特例：一是广告投入有个门槛值，低于这个门槛值可以认为广告产生不了明显效果；其次，广告投入到一定程度，其效果不再随投入的增加而显著增加，我们称之为投资回报的"递减效应"，这个时候如果继续投放，效益就会很低。最佳的投资回报介于上述两者之间，怎样得到这个最佳点，需要非常专业的知识和技术，涉及到对大量市场调研数据的分析、建模技术与运筹学的优化技术等。因此不可过高估计广告投入的作用，更重要的是看广告的策略、创意以及表现的策划是否成功，还得看能否正确运用媒体。广告大师大卫·奥格威曾说：你必须花钱保住钱。这个道理不言而喻，关键在于：以最小的投入获得最大的产出。确定广告预算，即广告主如何以尽可能少的费用达到最佳效果，也就是在既定规模资源下寻找最优的广告支出点，以获得成本效益的最佳平衡。那么投入多少广告费才能获得最大的经济效益？

对此美国的经济学家朗曼于1971年提出了一个广告投资模式，该模式以图解方式向人们提示出广告投入量的不同水平对促进产品销售产生的不同的经济效益。

当广告投资水平在A点以前，几乎不会导致产品销售额的增加，此时的产品销量不是由广告促销所致，而是由早期其他厂商经营竞争的作用所致；当广告投资超过临限，广告的规模经济性就会发生作用，同时由于前段时期重复广告产生的效益，产品销售额会加速度增长(此时广告的效果已十分明显，在不完整的广告计划期内，广告成本提前收了回来，广告主必须进行风险决策，以确定是否应该继续追加广告投资)；此后，随着广告重复的频率以及数量的增加，相应提高的销售额增长幅度会减弱，直至销售额接近最后的饱和状态。由此广告的边际效用也呈递减趋势，收益递减，说明广告经济规模费用在不断提高，如果继续向广告投资则会造成成本的增加。

虽然，朗曼的边际效益模式只适用于直销式产品广告，但其揭示的广告效益递减现象是客观存在的。从总体上看，我国正处于广告边际效用递增区域，是广告促销黄金时期，消费者对广告依赖性与信誉度处于较高水平，广告成为最为经济的促销手段。对于企业来讲关键是要掌握适当的力度，通过广告管理把广告投资控制在规模经济区域内。当广告产生的边际效益收入大于广告费投入时，企业可以考虑在某一品牌或某地区市场或某种媒体上追加广告预算；如果竞争者的大量投入而使企业促销投入作用减少，则企业要考虑减少预算。理论上这种分析方法还可应用于营销组合的其他方面，每种营销费用都会有一个最佳预算。预算要以各项营销手段的最后投入所产生的边际效益而定，如企业花在人员推销的一美元能产生二美元收益，而广告能产生三美元，则要考虑将营销预算投入花在广告上。

三、追求长期效果与短期效果的平衡

(一)长期效果与短期效果

朗曼的投资模式从另一方面表明广告占生产成本的百分比与产品销售额之间有一种规律性的联系。当广告占生产成本的百分比为一定数据时，销售额就会上升，超过或不到都会导致不好。当今企业广告投入一般占销售额的3%左右，相比之下，某些企业不顾自身条件、基础素质、品牌形象、外围环境等，盲目追求高利润高速度，这也反映出企业在投身市场上的短视性。

事实上多数企业都抱着一种投机心态，喜欢投资于见效快的促销行为，或只注重产品特点的介绍，而忽视品牌创造。因产品特点可以直接反应在销售的提升上，而品牌形象的提升对当前市场的作用还很小。这样实际上是损坏了品牌的长期发展。

现实情况中，由于资源有限，整合要素单一，同时随着许多产业开始步入成熟期，时间成为稀缺资源，企业要想快速创出品牌，必须在利润最高时抢夺市场份额，如此便有了大规模的广告投入和力求轰动的广告投资方式。它追求的是短期的销售效果，其对产品功效的介绍甚至超过了产品本身转化给消费者的利益，这种宣传不仅对品牌没有支撑，有时对产品市场的长久健康发展更是具有破坏性。加之企业不重视市场建设，以至于广告力度大销量就大，广告一停，销量就下降，为了保持销量，企业不得不加大广告投入而过入一种恶性循环。广告界人士曾深刻指出：无论做什么广告都不是一劳永逸的事，而是对品牌个性、形象的长期投资。

广告除了具有短期促进销售的作用外，还具有长期累积效应，其最终原因在于消费者的重复购买，而重复购买主要是由品牌的附加价值决定的。成功的广告可以增加消费者的数量和忠诚度，并有助于塑造消费者心目中的品牌形象，建立品牌长期的附加价值。广告的长期效应是由广告和品牌的附加价值共同作用的结果，而品牌的附加价值的获得和累积是一个长期的过程。

对于企业来说，广告费支出不仅会使同期收益增加，而且还会引起将来收益的增加；同时广告宣传会提高企业及品牌知名度，从而形成企业无形资产的累积和增值，而无形资产的高低往往决定企业超额利润的多少。因此，广告也会产生长期的投资效益即品牌效益，如商标价值有相当部分就是多年广告投入积累形成的。此外，品牌效益还表现在进入分销渠道、争取商店货架以及节省市场营销费用上。

(二)促销与长期效果

单从短期来说，如果一种品牌要很快占领大部分市场份额，最好的选择就是将广告与促销手段加以组合，通过降价、优惠等手段争取消费者。但是促销对于维持长期效果是否起作用?

1993年4月2日星期五，为了巩固占有率，抵抗低价香烟侵蚀市场，食品烟草业巨子菲力普·莫里斯公司宣布万宝路香烟降价。由于万宝路香烟的全球知名度以及良好的品牌形象，这项降价措施引起轩然大波，导致菲力普·莫里斯股价下跌。产业界也开始质疑万宝路品牌忠诚度的意义。这件事后来被称为"万宝路黑色星期五"。

一般说来，促销被人们认为是维持短期效果的一个辅助手段。但就长期来说，促销不是一种很好的方法，原因有二：

1.无限量的促销活动会导致消费者只对价格敏感而不再对品质敏感。

在促销的整个过程中，一般的做法是将焦点集中在价格上，这将引发一种情况：消费者只在促销活动期间购买产品，或根本就不想买，因为他们所听到的是"便宜的牛排"而不是"牛排便宜"。这种对于产品品质的忽略将最终导致对品牌的漠然。

2.大量的促销费用将大大影响对于品牌经营的投入。

如果增加促销费用，就很自然地使建立资产和品牌忠诚度的广告量下降了。大卫·奥格威曾说过："如果制造商宁愿花大量的经费在促销活动，而不是在建立品牌知名度的广告上，时间会发出警讯。"

(三)影响长期效果的因素

1.产品品质的因素

决定广告长期效果的是产品的功能特性。产品功能特性指产品的功能、特点、可信赖度、耐用度、服务水准及外观。如果一种品牌的空调返修率为30%，就算它的广告叫得再响，再标榜自己"省电、超静音"，在一段时期后，也不会有新的消费者光顾它的专卖店了。

几年前卖得很火的"中华鳖精"就是一个典型的例子。这种产品广告走的是明星路线，媒体策略是地区性的"信息轰炸"。从短期来看，广告效果是很好的。但是不到一年，人们在使用中发现，产品口感不令人满意，服用效果也不显著，进而怀疑到产品的品质。这时，厂家没有通过有效的公关策略来解决危机，而是继续盲目的加大广告投入，于是产品很快由成长期走到了衰退期。由此可见，产品是品牌的物质基础，只有杰出的产品才可能有杰出的品牌。成功的品牌是内涵和外表的协调统一体，其中，产品质量是最重要的。它是消费者购物时考虑的最主要因素，是决定市场份额和销售成果的关键，是广告宣传的基础。产品质量好，消费者自然买得高兴，用得放心，进一步印证强化了广告所宣传的产品形象，并带来重复购买，形成长期销售效果。

2.品牌内部动力的因素

所谓内部动力，指消费者使用品牌的经验以及先前广告所建立的附加价值所产生的共生力，这两种因素彼此会相互加强而产生共鸣的效果。不同的品牌带给消费者的附加价值是不同的。附加价值指的是消费者本身使用产品后，得到的心理层面的满足。根据马斯洛的需要层次理论，人的社会价值需要是一种高层次的需要。而经营得好的品牌能带给使用者一种高人一等、并得到社会承认的满足感。这种品牌经营者梦寐以求的、能带来长期销售效果的产品附加价值，正是由广告通过塑造品牌形象而形成的。

在品牌塑造的整个过程中，广告具有四大基础功能：品牌忠诚度、品牌知名度、品牌认知度、品牌联想。它们共同构成品牌资产、品牌价值。

广告对品牌忠诚的影响，目前的研究成果认为：广告不但能产生试用，而且会强化品牌忠诚度。对成功的品牌来说，由较高的广告量引起的销售量的增加中，只有30%来自于新的消费者，剩下的70%的销售量来自于现有消费者。这是由于广告使他门对品牌变得更加忠诚。既有的忠诚的使用者会对产品产生依赖感，他们重复购买、重复使用，而对别的品牌的类似产品表现出一定的不自觉的抵抗力。这样企业在品牌竞争中就有了更丰富、更自由的时间和空间的回旋余地，以加固、维持现有的忠诚者来回击竞争者。因此，现在比较公认的一种看法是：广告的一个重要而且是值得的目标是加强已经存在的消费者与品牌的联想，并使他们变得更加忠诚。对已经存在的品牌来说，大部分广告的目的是使已经存在的消费者更加忠诚，而不是说服非消费者从其他品牌转移过来。

成功的广告所塑造的形象，会给消费者带来一系列联想。比如一提起麦当劳，我们就可能立即联想到汉堡、麦当劳叔叔、干净、攻读生、奶昔、小孩子的天堂等。如果这些联想能人为地加以组合，就会形成一个品牌形象。比如对麦当劳的品牌印象是"最大、品质最好的国际性连锁食品公司"。在美国，有高达七成的青少年的追求便是拥有一双耐克鞋，他门都以穿戴耐克产品而感到荣耀。这并非是因为耐克产品具有明显高于阿迪达斯、彪马等产品的品质优势，而是因为耐克"离经叛道"的广告为其塑造的"体育先锋"的形象，深深根植于青少年消费者心中，使之成为他们的最爱。

一般来说，著名品牌的广告效应较小品牌大—由于消费者对著名品牌的忠诚度更高。有研究表明：广告对具有规模优势的品牌更有效。市场占有率很大的品牌非经常购买者的购买频率比小品牌的非经常购买者的购买频率要高。这意味着市场份额较大的品牌，它面临的对其购买者群体的竞争压力很小，因此，每增加一次广告展示，购买率增加的相对幅度更大。

经过广告反复宣传并最终形成的良好的品牌形象，是企业的一项无形资产。它将带来长期销售效果，即消费者的品牌忠诚度及重复购买。品牌形象的形成过程是一个缓慢、渐进的过程，而品牌形象的改变也应该是一个缓慢、渐进的过程。如果过于频繁的更换品牌个性或形象，其行为无异于自杀。当可口可乐改变可乐味道时，巨大的市场失误引起哗然，曾造成了企业的巨大损失。如果你改变了品牌或广告信息，就是有意告诉消费者你已经改变了他们所熟悉的那种产品，也改变了品牌的个性。就以一项广告而言，曾有人说："一个不断推出烂广告，但信息却一致的品牌，要比一个时常有好广告，但信息颠三倒四，错乱不已的广告成功机率大。"任何在一夜之间改变品牌信息或形象的尝试，都只能令人迷惑。品牌的个性应该随着时代进步而不断发展，但无论如何都将是一个缓慢的过程，否则将前功尽弃。

3.媒体连续性的因素

媒体连续性的组成因素有三个：

(1)广告媒体总预算要足够。

(2)特定媒体中，必须要有足够的经费购买集中的广告时段，以确保在目标市场中的大部分消费者至少能看到一次广告(至于要多少覆盖率才算是足够，则依不同品牌而有差异)。

(3)广告活动必须在一年中持续无间断地播出。

媒体连续性的配合会使该品牌的短期销售量不断增加。从长期来看，广告品牌的市场占有率不断扩大，在面对激烈市场竞争的压力下，仍能维持品牌现有的市场占有率。

如何评价企业广告投资回报率

有了正确的广告投资理念，还应有正确的广告投资回报率的评价。许多人都在探讨企业广告投资与回报之间的比例关系，希望能找到一种可操作的数学模式，但这是不可能的。传统的广告投资主要依赖于两点：一是某种固定的投资比率；二是对竞争对手的判断。可惜这两种方法都缺乏科学性。首先，经大量广告案例研究表明，广告投资与相对应的产品销售额或市场份额等并不存在一个固定的比例关系，它受到市场多种因素的影响。其次，竞争对手的广告费一般会存在一个过多或过少的问题，如果本企业盲目地根据竞争对手的广告投放比率来决定自己的广告投入，那就将自己放在一个非常被动的位置。

"投资回报率"英文为Return on Investment，缩写为ROI。广告的投资回报率指的是单位广告花费所得到的回报，简单来说就是广告中每一块钱的投入所取得的广告效果。广告的投放要讲究效果，广告的投资回报率也就是每单位广告投放额所取得的广告效果。因此，ROI的衡量，就是对企业的广告目标，也就是广告想达到的效果的衡量。如前所述，它可以是每单位广告成本的销售额或市场份额，也可能是每单位广告成本的知名度，当然还可能是每单位广告成本的股价上扬等。广告投资回报率的概念不仅可以整合原有的衡量指标，而且可以针对新的情况解决问题。广告活动的目标既定，就可以用经济学的理论和方法来制定最优的广告预算，使广告投资回报率最大化。

根据上述原理，对广告投资回报的评价应掌握以下几个原则：

一、改变陈旧的投资观念

凡是获得知名品牌的企业，无一不在品牌宣传上做大笔投资，通过广告的规模经济不断扩大市场占有率，以获得长期效益。这些能使品牌资产增值并使企业在较长期内的费用支出构成品牌投资，它与企业短期大规模的广告投入是不同的。如"可口可乐"、"万宝路"两家公司每年用于广告宣传的费用都数以亿计，就连快餐连锁之王的"麦当劳"每年广告费都达2亿多美元，分摊到全球50万个加盟连锁店，则每家达500多美元。据美国《广告时报》披露，"麦当劳"每花1美元广告费，就使所有加盟连锁店增加食品销售额6.85美元。

二、确立目标收益

前面曾提到企业短期力求轰动的广告投放方式的一个副作用就是过度开发了消费者，在某些场合会对特定群体外的消费者产生一定的反面宣传而不利于品牌形象的发展，同时也导致广告费用的膨胀。而品牌提升是以占有顾客为目的的，由于品牌拥有的知名度和消费者的忠诚度而获得较高的资产价值。如何确保品牌投资能被用于那些最为有利可图的客户或项目上?

首先是确定投资重点在于消费者与产品，而不是购买什么样的传播渠道。其次是确定目标消费者优先，通过确定该品牌的所有消费者以及客户所具有的当前及预期价值，就可以选定目标消费者，并一切以他们为优先。例如，一家大日用品企业最近在调查中得知，只有15%的家庭购买他们总共70种左右的产品。而且重要的是，其中5%的家庭产生了公司80%的利润，但该公司长期以来致力于使用大众传媒，向每一位"长了嘴的消费者"进行宣传，而且广告开支逐年上升。最后，确立投资收益目标：广告促销活动在每位目标消费者或每个消费团体上将投入多少钱，收益值是多少；在这些目标客户中存在的收入(或利润)增长的机会有多大，这些数字就能说明为什么某一投资水平要比其它水平更加适当。

三、广告投资的效用在产品或品牌生命周期发展的不同阶段有其不同的考察标准

如新品牌在市场上的失败率大约有80%。即使成功了，品牌也还需不断更新。如果广告投资小于一定的临

界点，投资效益就可能显示不出来；或者当一种品牌进行重新定位时，也需加大广告投入。对于已确立市场地位的品牌重新投入市场，其广告预算支出取决于品牌的广告弹性。由于心理上的原因，广告预算支出一般不会被削减。但追加的广告投入不应来自于销售额的增长，而应来自于净利润的增长。因为广告费用与利润均是剩余费用，在数量上大致相等，所以广告支出的大幅度提高将不可避免会使该品牌的近期利润减少。这直接说明销售收入的大幅增长还应需要别的方式来获得，如营销组合因素。

因此，广告投入要伴随产品或品牌销售的不同阶段，随时估价费用支出和投资效用的问题。

四、品牌形象广告的增强将有助于该品牌的资产价值

企业在产品广告和品牌形象广告之间，应在条件允许情况下，尽量地加强品牌形象广告投入，利用营销要素的整体优化组合来建立品牌信誉，使强大的品牌知名度向更综合的品牌化内涵方面联系，以增加广告投入的长期效果。许多世界知名品牌的大企业将更多的钱投放在产品信誉的广告中，一旦品牌拥有了很高的信誉度，它就具有了很强的甚至能持续数十年的竞争优势。一些几十年前实力最强的品牌今天仍有一部分是市场领导者，如柯达胶卷、润格利口香糖、象牙香皂、吉列剃须刀、纳贝斯克饼干和可口可乐等。

结论：找回那一半浪费掉的广告费

找回那一半浪费掉的广告费是一种相对意义上的说法，不是绝对的。企业的广告投入如果有一半花在零利润或低利润族群上，这就是一种浪费。因此，要以差异化行销理论为基础，借助资料库帮助，区分消费者中的零获利、低获利、中获利和高获利人群，在营销目标、媒介目标、促销手段等多种因素的比较中确定广告的投资，才有可能充分发挥广告投资的作用。

参考文献：

(1)《差异化行销》,(美)葛斯·哈伯著，黄复华等译，内蒙古人民出版社(1998)。

(2)《营销管理》,(美)菲利普·科特勒著，梅汝和等译，上海人民出版社(1990)。

(3)《一个广告人的自白》,(美)大卫·奥格威著，林桦译，中国友谊出版公司(1991)。

(4)《促销管理理论与实务》，刘美琪著，台北正中书局(1995)。

(5)《无形资产学》，蔡吉详著，深圳海天出版社(1999)。

(6)《蔚蓝智慧》，卢泰宏、何佳讯著，广东旅游出版社(2000)。

走向集团化
——中国广告业趋势研究

北京大学现代广告研究所所长　　陈刚

国际广告业的集团化现象

全球广告业经过100多年的发展，已成为一个巨大的产业。从欧美广告业的发展过程来看，大体上能够区分这样几个阶段：广告分离期、全面服务期、传播分离期、传播整合期。广告公司的集团化正是广告业为了适应传播整合期市场和传播环境变化所进行的调整的产物。这一过程始于20世纪80年代。这一现象的出现主要由于传播环境和市场环境的巨大变化。

传播环境的巨大变化：

20世纪80年代以后，大众传播的发展进入到了竞争白热化的阶段。媒体高度密集，各种新媒体形式不断出现，讯息冗余严重，这使得讯息的传播变得更加艰难。大众媒体广告曾经是企业与消费者沟通的最有效最主要的形式，而讯息冗余一方面导致了广告讯息的互相抵消，同时使消费者对讯息日益麻木。这就严重降低了广告的效果。同时，在这一阶段，消费者越来越成熟，对广告的信任度在降低。根据2002年AC NILSON在美国的调查，公众对广告的信任度只有10%。广告越来越失去以往所具有的影响力，仅成为一种信息告知的手段。

数字媒体的出现，对广告业又带来巨大的冲击。首先是对现有大众媒体时间的争夺。受众上网时间必然会争夺使用大众媒体尤其是电视媒体的时间。同时，数字媒体的互动性对大众媒体的单向性传播模式也是一个挑战。广告是典型的大众传播现象。如何适应新的传播模式，增强广告的传播效果，是广告业面临的一个严峻问题。更值得关注的是，以互联网为主的数字媒体的发展最终将整合现有的所有媒体。未来的传播是互动式的全新的传播平台。在这种新的传播环境中，广告到底还能扮演什么角色？发挥什么作用？这些都是需要业内人士认真思考的问题。

市场的巨大变化：

激烈竞争所带来的后果就是市场的高度细分，个性化消费正在取代大众消费成为市场的主流。面对高度分化的市场，对广告业来说，广告越来越难做了；而对企业而言，则是广告在企业与消费者沟通方面的作用降低了。2002年由美国广告联合会（AAF）对800家美国企业的调查表明，认为广告对企业成功重要的只占到10%，而认为公关重要的却占到16%。

同时，全球化的潮流极大地拓展了市场竞争的区域。广告业务只有国际化，才能满足企业的需要。对企业而言，单独只依赖某一个区域性的公司是不够的；而对广告公司而言，只有形成全球化的网络，才能适应市场全球化的变化。

综上所述，在这个阶段，一个广告企业要取得超额效益，获得成功，应该具备以下条件：高度专业化的广告服务，全方位与消费者沟通的服务，国际化的传播网络，抵御风险的综合实力。

由于欧美广告公司发展模式的限制，某一个公司在很短的时间内很难迅速完成这种转换，而且成本很高，最有利的方式就是通过资本运作，实行横向联合，整合资源，优势互补，降低成本，风险共担。

因此，1986年以来，Omnicom Group、WPP、Interpublic Group、Publicis等集团先后成立，并获得迅猛发展。

中国广告业集团化的背景

中国广告业经过20多年的发展，目前正处在一个关键的转折点。集团化是中国广告业应对挑战，把握机遇，持续发展的重要出路。

原因之一：中国广告业要迈上新的台阶，必需走规模经营，集团化发展之路

1979年以来，中国广告业一直飞速发展，在中国经济社会发展中扮演着越来越重要的角色。但是，中国广告业的发展主要以数量增长为主，并没有质的整体飞跃。2001年中国的广告经营单位有78339个，广告公司46935个。根据2002年的最新统计，中国的广告经营单位已达到89552个，其中广告公司57434个。平均每个公司的营业额由2001年的79万元下降到2002年的69万元。而如果把外商投资公司（2001年户均2342万、2002年户均1750万）刨除在外，那么2001年中国的本土广告公司平均每个公司的营业额只有63万元，2002年只有58.75万元以上均为人民币。力量分散，各自为战，彼此之间恶性竞争，整体研发能力比较弱，很难为企业提供稳定的高水平的服务。目前中国广告业还没有形成权威性的广告公司品牌。这对中国广告业未来的发展十分不利。

集团化是中国广告业进一步发展的必然选择。通过各种方式联合形成强有力的广告集团。通过规模化经

营，优势互补，降低经营成本，依托综合实力，在解决生存压力的同时注意研究、积累和提炼。这样有助于摆脱各个公司单独发展的重复和徘徊状态，从而提升广告业的整体服务水平。

原因之二：应对传播环境和市场环境的变化提供全方位的沟通服务

席卷全球的传播革命也影响到中国。由于政策原因，中国有世界上数量庞大的大众媒体系统。2001年统计，中国有2194个电视频道、2049份报纸、8149份杂志、3500个广播频道以及众多网络／亚媒体，在众多的媒体中，很多媒体都在以不规范的形式参与市场竞争，这是导致长期以来中国媒体恶性竞争的一个重要原因。

虽然中国的大众媒体还不是很发达，目前正处于市场化的前期，但新媒体的发展基本上是与世界同步的。截止2002年12月31日，中国大陆的上网人数已经达到5910万人。网民数量在世界排名第二（联合国贸易及开发会议的报告表明，到2002年年底全球网民约为6.55亿），仅次于美国。网民每周上网时间已稳定在9.8个小时左右。

这就使得中国的传播环境变得更加复杂。这种变化对大众媒体广告的效果已经产生了直接影响。根据2002年CSM对中国7个主要城市的调查，每周人均看电视的时间为194分钟，读报时间为39.5分钟，收听广播的时间为26.3分钟，而每周上网时间为22.1分钟。对电视受众时间消费最具影响的媒介是互联网。学历越高，人均收视时间越低，研究生以上学历受众人均每周上网时间已达到84分钟。

与此同时，中国的大众媒体正在逐渐向市场化运作过渡。近年来，中国的媒体正在尝试使用各种方式，突破现有的政策局限，营销观念增强，媒体之间的竞争日益激烈。媒体所发生的剧烈震荡使媒体的广告经营极不稳定，最近几年中国媒体广告营业额的增长幅度上下起伏很大。长期以来，中国的广告公司对媒体有极强的依赖，许多广告公司依托某一媒体，只能提供很简单的媒介代理服务。媒体的波动使中国广告公司的经营遭遇到了很大的风险。同时媒体的这种波动使得企业感觉传播环境混乱，影响了广告主对媒体广告效果的信任。这对中国广告业是一个考验。

由于市场竞争的激烈，实际上中国的企业比以往更需要与消费者密切的有效沟通。而由于传播环境混乱，企业无从选择，于是企业以广告作为惟一营销推广手段的模式发生变化，对广告以外的其他沟通推广方式越来越重视。2000年以来，企业的公关意识增强，中国的公关业发展迅猛，2001年的增长速度是33%。中国的公关市场有着极为诱人的前景，2002年世界公关公司的前20强有一半进入中国。与此同时，由于企业需要更高质量的营销服务，营销咨询公司的迅速兴起也已经对广告业产生冲击。因为广告业所承担的较为简单的营销策划服务咨询公司都能做，而咨询公司所能做的系统完善的企业营销管理体系广告公司却不能承担。2001年统计，中国已有20000家管理咨询公司，国际咨询公司前20强有一半落户中国，预计这个市场的营业额将以每年25%的速度持续增长。

这些变化给中国的广告业带来很大的压力。实行横向联合、组建大型广告集团有助于在目前剧烈的媒介动荡和市场变幻中增强抵御风险的能力，降低购买成本，并对媒介形成一定的制衡作用。

目前中国的公关、咨询等行业还处于萌芽状态。利用广告业相对成熟的优势主动出击，进行行业并购，在广告业的架构内培育扶植公关、促销、互动、直销营销等类型的企业，形成综合型的传播咨询集团，这样能够争取利润的最大化。同时，为企业提供全方位的传播沟通服务，以满足当代中国企业的实际需要。

原因之三：增强综合实力　直接参与国际化的竞争

加入世界贸易组织后，国际广告集团将长驱直入，加大在中国市场的竞争力度。英国WPP集团的CEO认为："中国广告市场的发展速度为世界之最。我们预计，在未来10年之内，中国势必将成为全世界三大市场之一。"虽然WPP集团的子公司奥美、智威汤逊等在中国都有合资公司，2002 年 11 月 3 日，WPP 集团宣布投资购买中国广告营业额排名第 10 的上海广告有限公司 25%的股权。另外一个合资方日本株式会社博报堂也将收购上广 25% 的股权。

根据时间表，2003 年 12 月 10 日以后，中国合资广告公司将允许外资控股，2005 年 12 月 10 日以后将允许建立独资的外企广告公司，这将使中国广告业的格局发生重大变化。应该清醒地意识到的是，中国本土广告公司所面临的对手并不是我们所熟悉的这些子公司，而是在这些公司背后的超大型跨国广告集团。如何应对这种新的国际化竞争是中国广告企业的又一大难题。

与这些国际广告巨头相比，中国广告业的整体实力是比较弱的。中国广告公司的总营业额只能排在四大国际广告集团之后。多年来始终名列前茅的中国最大的广告公司是Publicis集团下的盛世长城广告公司，2001 年营业额为 14 亿元人民币。而 2001 年中国本土广告营业额最多的未来广告公司仅为 9.08 亿元人民币。

在未来的发展中，实力是取胜的关键。可以预见的是，中国现有的广告公司要在这种激烈的国际竞争中生存和发展，只能有三条出路：第一，充分的专业化，以专业取胜，以小搏大；第二，自己组合成大型广告集团，提高综合竞争实力；第三，被国际广告集团所收购。但无论如何，规模经营、集团竞争将成为未来中国广告业发展的主流。

中国广告业集团化的主要模式

2000 年前后，中国的广告业已经开始出现集团化的萌芽。根据现在掌握的资料来看，目前中国的一些广告公司已经有了集团的雏形，还有一些公司正在逐步向集团化迈进。通过分析和总结，笔者认为中国广告业的集团化可以划分为五种模式。

模式之一：跑马圈地　抢占广告媒体

这种模式突出表现在户外广告领域。由于中国的广告一直以大众媒体广告为主，户外广告不是很发达。但是，在当代广告的发展中户外广告扮演着越来越重要的角色。于是一些有眼光的广告公司大量收购各地的户外广告经营单位，形成全国性的户外广告网络，对户外广告媒体进行垄断。比如广东白马集团（前身为白马广告公司）曾是中国最著名的创意公司，1995 年开始进入户外媒体。1999年与全球最大户外广告集团Clear Channel 合作，逐步建立候车亭广告网络 " 风神榜 " 品牌，并开发风盛榜、超视榜、擎天榜品牌。2001 年 12 月 19 日通过海外控股公司 " 白马户外媒体有限公司 " 成功地在香港主板上市，成为中国内地首家在香港成功上市的广告公司。2002 年初，白马户外广告在国内城市候车亭广告的市场占有率达 80%，沿海城市（包括北京）的市场占有率则达 70%。广东白马集团目前拥有多家子公司。

另一家有代表性的企业是著名的 TOM.COM。这家企业属于香港和记黄埔旗下。原来是网络公司，在网络泡沫破灭后逐渐改变经营策略，2000 年以后向传统媒体进军。而开发中国大陆的户外广告市场，是近年来这家公司的突出表现。依托资金实力，通过大规模并购，截止 2002 年 4 月，TOM. COM 已经收购了 12 家中国大陆的户外媒体子公司。TOM.COM 的户外媒体资产覆盖 6 个省份及 25 个主要城市，广告面积超过 19 万平方米。媒体资产包括大型广告牌、单立柱、单车棚灯箱、公共汽车候车亭灯箱及巴士车身广告等。TOM.COM 占到内地户外广告市场的 5%，成为中国最大的户外广告集团。TOM.COM 虽然是网络公司，超过 95% 的收入却来自传统印刷媒体和广告，网上收入只有 5%。这个公司的发展目标是：透过并购及内部增长，建立实力强大的媒体产业，致力在体育推广、户外媒体、印刷媒体及网上媒体成为行业的翘楚。

模式之二：自主经营　逐步扩张

这种模式是指广告公司不依托其他力量，以不断创新的理念完善公司机制，自身发展壮大，进行投资和资源整合，形成广告集团。

北京阳光加信广告公司是这类模式中比较有代表性的。该广告公司成立于 1992 年。2001 年广告营业额为 3 亿元人民币，2002 年为 5 亿元人民币左右。该公司是中国广告业成长非常迅速的一家公司，在电信行业广告方面十分出色，拥有信息产业领域多家同业客户。根据中国广告业的行业规则，广告公司不能代理同行业的多家客户，2002年该公司做出成立子公司对不同的客户分别代理的决定。同时，在辽宁、上海、四川等地有多家子公司，跨区域经营。由于中国的手机媒体广告目前还没有发展起来，该公司发挥其优势，与有关机构合作，成立专门的网络技术公司经营网络广告和手机广告；同时成立专门的直邮广告公司和PR部门进行新业务拓展。这种自然成长的模式有可能速度稍慢，但很稳健。

模式之三　：强势媒体　向广告延伸

媒体都有自己的广告业务。许多媒体有自己的广告公司。这种模式的广告集团一般是依托媒体优势，围绕自己的业务组合广告或其他传播公司。

根据中国广告业的规则，对媒体办广告公司十分敏感。一般的看法是，这类广告公司因为与媒体的特殊关系经常会导致行业的不公平竞争。所以，目前这种类型的广告集团并没有浮出水面。但是，一些媒体凭借自己的资金优势和媒体垄断优势，实际上已经形成这种集团化的多广告公司的架构。中央电视台就是一个有代表性的例子。

中央电视台是中国最大的广告媒介。2002年广告营业额约60亿元人民币，占中国广告总营业额的7%。在中央电视台的中国国际电视总公司旗下，现在拥有中国营业额最多的本土广告公司未来广告公司（2001年排名中国广告公司营业额第6位）、广而告之广告公司以及央视——索福瑞调查公司和央视市场研究中心等多家相关子公司。随着政策环境和市场环境的变化，在强势媒体周围形成广告集团的趋势将会越来越明朗化。实际上，像中央电视台这样的媒体现有的广告公司群距离组合成大型广告集团只有一步之遥。

模式之四：国际广告集团大举进攻

加入WTO后，国际广告集团根据自己的战略正在选择有特色的中国广告传播公司进行收购，以提高在中国市场的竞争力。这也是中国广告业集团化的一种重要模式。

2002年以来，WPP集团的动作是最引人注目的。以集团的名义直接入股上海广告公司是一个重要的信号。这个信号实际上标志着国际广告集团大举收购中国本土广告公司的序幕已经拉开。也就是说，在中国前景广阔的广告市场上，国际广告集团除了以其名声显赫的著名子公司参与竞争以外，在新的环境下将会有一批有实力的本土公司被收编到国际广告集团门下，回过头来争夺中国广告市场的份额。而且，除了广告业外，WPP集团向正在崛起的中国营销传播相关行业的渗透和并购也已经开始进入实质性的阶段。2002年6月，WPP的奥美公关集团与中国最大的公关公司西岸咨询策划公司共同投资的西岸奥美信息咨询服务有限公司正式成立。奥美和西岸在新成立的合资公司中分别占60%和40%的股份，原西岸的所有人员和业务全部转入合资公司，其管理团队保持不变，独立负责公司的运营。奥美公关和西岸奥美将保持独立运作。目前，WPP已经在中国织成了庞大的网络。

在最近的几年内，国外广告集团并购本土广告公司的速度将加快，会有一大批中国的本土公司成为国际广告集团的成员。这将彻底改变中国广告业的现有格局，中国广告业正不得不面对这种残酷的国际竞争。

模式之五：依托资金力量　大规模并购

以金融机构为中心，通过投资购买等方式组建广告集团。这种组建集团的模式，其目的主要是资本的回报。虽然这种集团化的模式目前还并不多，但将来会是一种很重要的方式。

问题和挑战

中国广告业集团化的过程刚刚开始，任重而道远。在这个发展过程中，必然还存在着许多问题和困难。

首先是中国广告业的总体发展模式问题。从国际广告的发展模式来看，欧美同日本的广告业模式有很大的不同。欧美主张严格的广告代理制，广告公司同广告主和媒体之间是完全中立的关系，而且企业推广各环节高度专业化，分别由不同类别的企业来承担。而日本广告业虽然也有广告代理制，但是广告公司同媒体和广告主之间有着千丝万缕的联系，而且推广各环节并非分成完全独立的不同公司，广告公司强调全方位信息交流。中国广告业希望遵循的是欧美模式的广告代理制，但在实际执行的时候出现了许多问题，怎样解决这些问题是中国广告业应该认真思考的。而中国广告业发展模式的问题直接影响到广告集团化的具体模式和进程。比如广告公司和媒体之间的关系以及广告公司同公关公司等相关行业的关系如何协调。所以，中国广告业的总体发展模式从宏观上对广告集团化的发展会产生一定的制约作用。目前这个总体模式并不成熟，必然对广告集团化的发展有很大的限制。

其次，中国广告业的专业化程度还不高，公关等其他相关行业更加稚嫩。也就是说，如果形成广告集团需要高度专业化的基础。而这个准备和积累目前整体上还不充分，这是中国广告业集团化面临的严峻问题。

同时，广告集团化的发展需要一定时间的酝酿和摸索。但是，留给中国广告业的时间已经不多了。根据加入WTO的时间表，2005年国际广告集团就允许独资全面进入。对本土广告公司来说，在两年的时间内完成集团化的进程是很难的，很可能还没有完全发展成有实力的集团就已经全军覆没，这种危险性是存在的。

总之，中国的广告业正在进入一个新的阶段，规模经营、集团竞争是这个阶段的大趋势。对集团化的问题中国广告界应该认真思考和研究，正视困难，寻找最好的解决方案，以推动中国广告业的不断发展。

原载《现代广告》2003年第六期

如何选择有效的电视广告投放时间

湘潭大学文学与新闻学院广告系　　唐晓玲

在所有媒体广告中，电视广告的费用是最为昂贵的。众多企业之所以不惜重金选择电视媒体做广告，无非是想追求广告效果的最大化。然而大量的研究显示电视广告效果并不令人满意。据统计，尽管目前我国电视广告每日播出时间量上已与发达国家相当，但发达国家的电视广告可吸引人每周观赏约2个半小时到3小时，当代中国电视广告的注意率每周却只能达到15-20分钟。换言之，当代中国电视广告大约只有1%最终进入观众的"视野"之中。导致这一局面的因素固然很多，但企业的电视广告投放时间选择不当是其中一个重要原因。基于此点，笔者撰写了此文，对在实际的电视广告运作中如何进行有效的广告投放时间选择进行了较为深入的探讨，希望能给业界一些有益的启示。

1．调查分析，找准本产品的广告黄金时段

通常，从19:00到21:00，是电视台一天之中收视率和覆盖率最高的时段，因而被电视工作者称之为"黄金时段"。许多广告主在投放电视广告时，十分迷信黄金时段的威力，一投广告就往黄金时段里挤。这实际上是一种误区。因为"黄金时段"虽然在覆盖率上非常广，但是覆盖的消费群体成分十分复杂，这就导致"黄金时段"有了"宽度"，没有"准度"，换言之，黄金时段的观众虽然多，却未必全都是某产品的目标消费者。对于一些目标市场特征比较明显的产品来说，选择收视率高但观众成分比较复杂且广告成本昂贵的黄金时段实在是一种浪费。举个例子，企业的产品假如是轿车的话，如果选择黄金时段投放广告，在覆盖10000人中，很可能

只有100人有能力购买你的产品，由于"黄金时段"是相当贵的，那么就等于你多付了9900人的宣传费，付出和达到相差太远，就不是实效。

只有当某个时间段的观众特征与本产品的目标消费者特征比较吻合时，企业的广告投放产生的效益才高，这个时段才是本产品的黄金时段。不同受众看电视的时间是不同的，企业在投放电视广告时，应仔细调查分析目标消费者、电视节目与本产品的相关性，找出目标消费者相对集中的时段来安排广告，才能达到预期的广告效果。例如，老年人有早睡早起的习惯，但白天老年人(特别是离退休者)多呆在家里没事，常常会看电视消磨时光，宣传老年用品的电视广告安排在白天就比较合适；4—14岁的儿童的收视时间集中于17:00—18:00之间，这段时间就是儿童产品广告的黄金时段；20:00—21:30是电视剧热播的时间段，其观众群主要以女性为主，因此这时是化妆品、女性卫生用品、日化用品等与女性相关的产品广告的黄金时段；22:00—23:00多是商务人员、公司白领下班或应酬回家看电视的时间，像电脑、汽车、高档通讯产品等品质高、科技含量丰富的产品选择此段时间投放广告则针对性较强。从中可以看出，不同的产品存在不同的广告黄金时段，找准本产品的广告黄金时段，不仅可以保证收视人群的有效性，还可有效避免大量广告费的虚掷。

2. 选择拥有意见领袖型观众的广告时间

有些观众由于职业、教育和兴趣的关系，不仅会主动收看电视节目或广告，还会在看后主动向其他人介绍节目或广告的内容，他们就是传播学上所说的"意见领袖"。对企业来说，这样的观众是免费而有效的广告载体，在拥有这种观众的时段播放广告，显然是物超所值。

什么样的人最有可能成为意见领袖呢?传播学的研究表明，那些比较关注或主动寻找新闻的人明显具有这种特征。另外，年龄大、教育程度和经济地位高的人也容易成为受其他人信赖的意见领袖。以CCTV－2的《经济半小时》、《对话》和CCTV－10的《探索·发现》为例，这些节目的收视率虽不太高，但调查表明，这些节目的观众多为国家干部、知识分子和公司的白领，他们身上"三高"特征明显——高收入、高学历、高影响力。这"三高"恰恰符合意见领袖的特征，因此比较而言，这些节目的观众在生活中常常扮演着意见领袖的角色。选择这样的节目时间做广告，相当于为企业免费请了一大批义务广告员，广告效益自然更高。一些高端产品（如电脑、汽车、高端通讯产品、高档家电等）的广告客户比较青睐于在CCTV－2和CCTV－10中投放广告，就是基于此点。

此处要特别强调一下高校的广告营销教师这一观众群，因为他们是最有价值的意见领袖。他们的职业要求他们频繁主动关注各种电视广告信息，以选取教学和科研所需的案例和资料。他们不仅最有兴趣看广告，还会在课堂上向学生介绍广告内容，其意见和观点不仅对特定的社会群体——大中专学生（也是未来最有潜力的消费者）产生巨大的影响，这种影响还可以通过学生传递到学生的家庭和亲朋好友。对于广告人来说，他们是最有效的广告载体，若能选择在他们喜欢的节目中投放广告，无疑会收到事半功倍的效果。

不过，意见领袖常常会根据自己的喜好对他所看到的广告进行"加工"，有可能进行不利于企业所希望的二次传播。因此企业应保证产品或服务质量好，广告好看，给这些观众留下好的印象，这样才能促使他们做有利于企业的免费广告。

3. 抓住社会热点事件时机投放广告

重大活动、比赛、事件由于具有重大新闻价值和社会影响而常常成为电视媒体报道的热点，围绕这些活动、事件制作的特别节目往往成为观众一时关注的焦点和热点，不仅极大地拉动了节目收视率的攀升，更为企业提供了巨大的创意性广告投放空间。企业可以冠名或赞助某一特别节目，也可以直接在节目中投放与活动相关的广告片。而不论是赞助、冠名或直接投放广告片都会借助节目的新闻效应而吸引公众的注意力，迅速提升品牌的知名度和好感度。台湾资深媒体专家刘国基博士把这种社会热点事件中所蕴涵的广告商机称作"关键时刻，关键广告"，认为它给企业带来的不仅是远远高于平常的收视率，更是亿万观众超乎想象的关注度。这种关注度无疑会大大提升广告效果。

奥美伦敦公司的一项研究报告指出，关注度较高的节目相对于一般节目，消费者收看广告的意愿平均提高了近50%，广告记忆度则提高30%。这种传播价值对企业来说往往是可遇不可求的。企业如果把握住这样的时机进行广告宣传，就将起到事半功倍的效果。比如在2001年，南孚电池为了完美演绎"坚持就是胜利"这一表现其产品功能的品牌内涵，全年广告投放主要选择了中央电视台对三个重大活动的直播报道：一是申奥直播，中国人从1908年首次提出申办奥运会到成功举办，用了整整100年；二是世界杯预选赛，中国进入世界杯决赛坚持了44年；三是入世直播，中国从改革开放之初提出一直到加入，坚持了大约20年。所有这些公众关注的焦点活动都显示了"坚持"的重要，将自己的品牌广告与这些事件相连，无疑使消费者能够更深入地接受南孚电池"坚持就是胜利"的品质内涵。再如统一润滑油原本是知名度并不高的专业产品，后来在美伊战争期间，凭借一篇放在央视《伊拉克战争报道》中的"多一些润滑，少一些摩擦"的电视广告，知名度和美誉度迅速上升，一跃成为中国车用润滑油销量第一品牌。蒙牛集团利用"神五飞天"这一举世注目的重大事件，适时推出中国宇航员专用牛奶特辑广告，并为该事件专门拍摄了广告片，内容与航空有关，给观众带来直接的冲击力和震撼感，在第一时间里引起了各种的广泛关注，大大提升了品牌的知名度和美誉度。

需要注意的是，利用社会热点事件时机投放广告，反应一定要快，力求节目制作与广告营销同时推进，并注意探索节目制作与广告共舞的契合点。

4.努力争取节目正一、倒一等广告位置

虽然人们对在各种电视节目中插播的广告十分反感，但是，每个广告段位的首条广告和末条广告都是人们不得不接受的。因为观众正在欣赏节目的时候，首条广告就突然间出现在他们的视野里，是强加给观众、使观众不得不接受的，也许只有这条广告才能够真正传达给所有欣赏节目的观众，一般5秒左右的时间内就会有观众换台。而末条广告是观众觉得这个广告时段的广告基本已播完或是马上播完、节目即将开始，为了不错过节目，他们往往会将就着把广告看完，末条广告正是基于这一点才有可能被大部分观众看到。而在这中间的广告被观看的几率就不是很高。所以就有" 金边银底"的说法。各大电视媒体对第一条和最后一条广告的价格也做了相应的规定，比如说，中央电视台2002年的广告报价说明中提到：各段广告中，正一和倒一加收20%，正二和倒二加收16%。由此可以看出，节目正一、倒一等广告位置的广告效果要优于其他位置。广告主在做广告的时候，应该努力争取节目的广告段位的第一条广告或最后一条，宁可多花点广告费。只有这样，才会取得较好的广告效果，避免大量广告费的浪费。换言之，你多花了20%的广告费，但可以达到95%的宣传效果；而选择其他广告位置虽然可以少花20%的广告费，但其广告的受众率还达不到一半，相比之下，选择正一或倒一等广告位置，还是划算的。

5. 选择目标受众关注度高的节目广告时间

通常除了社会热点事件能引起大多数消费者的普遍关注外，一般情况下的电视节目很难引起所有消费者的普遍关注，尤其在目前这样一个讲究个性消费的时代。消费者的性别、年龄、职业、教育、收入和兴趣爱好等方面的差异，会导致他们对电视的收视习惯不同，对电视节目的喜好不同，对专业频道的需求不同。换言之，每个电视节目都有不同层次的消费群众，有不同的渗透率。只有具体分析目标消费者的收视习惯和收视爱好，找出目标观众所关心及感兴趣的节目投放广告，才能收到较好的广告效果。原因前面已讲过，关注度较高的节目相对于一般节目，消费者收看广告的意愿平均提高了近50%，广告记忆度则提高30%。

例如，少年儿童对卡通动画节目和少儿娱乐节目的

关注程度，明显高于其他节目，针对他们的广告，插播在动画节目前后，则能取得较好的宣传效果；中青年男性喜欢新闻、体育、财经类节目，像汽车、高级打火机、剃须刀、电脑、手机、健身器材等男士喜好用品的广告就可以选择这些节目投放；而中青年女性常常是电视剧和时尚娱乐节目的热心观众，化妆品、日化用品厂家倾向于在这些节目中投放广告；老年观众往往是天气预报、健康养生和生活饮食类节目的忠诚观众，针对他们的药品和保健品广告选择这些节目投放，会有较好的效果。

6. 抓住假期收视效应

众多调查资料显示：节假日期间，多数电视观众的闲暇时间增多，花在电视机前的时间较平时要多，因此无论是白天还是晚上，节假日的收视量明显高于平日，而且由于观众身心放松，对电视广告也不像平日那样反感，甚至许多时候还会用欣赏的眼光认真观看一些广告，因此选择节假日时间投放广告，效果要优于平日。

每年的假期有短假（如双休日、元旦等）近100天，长假则有春节7天，"五一"7天和"十一"7天，另外还有教师和学生的寒暑假，随着假日经济的逐步升温，利用节假日投放广告也是十分有效的策略，特别是针对青少年观众和学生观众的产品，集中节假日时间投放，往往可以收到较好的效果。因为根据央视——索福瑞媒介研究有限公司和央视市场调查股份有限公司的调查表明，这两个电视观众群体在节假日，尤其是在暑假期间（7、8月间6个星期）和寒假期间（春节前后的4个星期）收视率都大大高于平日。这大概是由于青少年观众和学生观众由于平时学业较重，看电视的机会少，一旦放假有时间了，看电视是他们主要的消遣方式。因此可以说，寒暑假期间就是少儿产品和学生用品的电视广告黄金时段。

环境营销与绿色广告

辽宁大学文化传播学院广告系　　宋玉书

提要：环境营销战略已经在很多企业实施。在营销过程中，强调产品和工艺环保特性的绿色广告更为有效，按照营销纲领使用宣传用语能够减少风险。

环境营销，也被称为绿色营销。虽然至今对环境营销没有一个统一的定义，但是一般都认为这种营销战略与"社会营销"有所不同，它强调"把对环境的管理当作企业发展的义务以及企业增长的机会"，"把环境因素加入到经营决策的组合变量中去"。也就是说，环境营销超越了社会营销注重的企业形象建设活动，把企业对环境的关注与企业经营战略、政策及其实施手段统一起来。

实施环境营销，主要是因为人们对环境的关注已经成为影响企业营销的重要因素。公众——同时也是企业产品的消费者，环保意识越来越强，要求企业为环境危机承担责任，为改善环境做出努力。公众现在不仅关心企业向市场投放了哪些供他们消费的产品，而且关心生产这些产品对环境会有什么影响，甚至愿意为了保护环境改变自己的消费方式，宁愿多花一些钱购买环保型产品。一些国家的政府则通过立法、行政干预等手段管制、激励企业致力于环保。公众、政府给予的压力迫使企业不能不重视环境问题，不能不对此做出积极的反应，调整经营思想、营销战略，以减少产品和生产过程给环境带来的不良后果。企业中的有识之士同时也认识到消费者对"绿色产品"的选择，带来了一个新的机会、一个新的市场，企业应该抓住这个机会，进入绿色消费市场，通过绿色营销赢得超越对手的竞争优势。许多业界人士相信，在21世纪，如果企业希望成功地开展经营活动，就必须在所有活动中融入环保主义的思想。调查公司提供的市场绿色产品销售数量不断攀升的数据也证明了消费者对企业实施环境营销的支持。一方面迫于环境问题的压力，另一方面为了领先进入"绿色消费市场"，许多企业开始综合考虑环境和增长问题，将环境价值观融入企业价值体系，把环境营销当作企业重要的经营战略之一，着手进行绿色产品开发、原有产品绿色改造、回收包装、减少垃圾数量及改造工艺等项有利于环境的工作。这些努力有的已经见到效果，得到消费者和政府的赞许与支持。外国有些企业本来在环境责任方面社会争议较大，有的还面临着消费者的抵制活动，如宝洁、麦当劳等，但是它们没有与环保主义者对抗，而是把市场威胁转化为市场机遇，成为积极的环保先锋，采取措施尽力降低产品对环境的负面影响，使自己的企业朝着符合生态要求的方向发展。关心环境的企业定位以及在市场上的"绿色优势"也确实给它们带来了许多机遇。当然，有的企业只把"绿色"作为一种点缀，一种权宜之计，经营思想和经营战略并没有根本的改变。正如一位学者指出的：企业可以有两种方法进行绿色销售，一种是在营销活动中做些细枝末节的服务和绿色的点缀，所谓"涂上绿色，经营依旧"；另一种是超越短期的盈利目的，把环境因素纳入其战略计划中去。显然，企业应该弃前者而取后者，后者是真正的环境营销，是聪明之举、长远之计。

随着环境营销战略的实施和环保型产品在市场的份额逐渐增大，出现在大众媒介、户外广告和产品包装上的环保产品宣传也逐渐增多。这类也被称为"绿色广告"的环保产品宣传不同于公益广告中的环保广告，它们属于商业广告，目的在于树立企业的环保形象，向消费者推荐自己的"绿色"产品，利用消费者对环保的重视和对环保型产品的偏爱达到促销目的。

在这类绿色广告出现于媒介频率较高的时候，美国三位学者以18种大众杂志和环保杂志两年内刊出的100则广告为样本，对绿色广告进行了分类研究，以便弄清这类广告的宣传用语范围，帮助广告主解决产品的市场定位问题和消费者对环保宣传用语的困惑。他们将绿色广告分为四类：

1．产品导向类——强调产品或服务所具备的环境友好特性。

2．工艺过程导向类——指出企业的内部技术、生产技术或垃圾处理方法能给环境带来的好处。

3．企业形象导向类——把企业和公众广泛支持的某个环保事件或环保活动联系起来。

4．环保事实类——在广告词中单独陈述与环境或环境状况有关的事实。

这四类只是大体的分类，有的广告可同时属于上面分类中的几类。研究者对分类结果进行交叉分析后发现：企业形象导向类广告用语最多，占37%，环保事实类广告用语占28%，明显多于产品导向类和工艺过程导向类环保用语。企业在环保产品宣传中大多极力把自己说成是"环保良民"，或简单地报道一些人云亦云的环保事实，而不是强调自己的产品、生产工艺或垃圾处理工艺所具有的环保特性。

通过陈述一些环保事实或宣传本企业是环保良民来强化公司的"绿色形象"可能比较简便，但其效果不如其他两类广告。研究者提示企业经营者，想用这类环保宣传用语把自己和竞争对手区别开来未必容易，因为广告中提供的环境保护信息模糊不清，况且这类广告可能会铺天盖地。而产品或工艺的环保特性是让消费者既快又容易地把自己和竞争对手区别开来的比较点，产品导向和工艺导向类宣传用语最有可能帮助企业实现差别化策略，进行准确的市场定位。经营者应该在绿色广告中强调产品或工艺的环保特性，说明能够提供的环保利益，以此争取消费者对环保产品的支持，树立环保企业的积极形象。

这项研究虽然只是初步的工作，但是具有积极的意义。对于广告研究来说，它对绿色广告的内容做了一个概略性的描述，把环保广告的研究推进到一个更深入更细致的阶段；对于广告主来说，它的指导性很强，为他们拨开了一层迷雾，让他们认识到什么样的绿色广告更有效，应该用哪些与环保有关的信息去打动消费者而不至于使消费者对广告宣传困惑不解。其实，很多企业为保护生态环境做了一些值得肯定的工作，但是由于对该用什么样的宣传用语这一问题把握不准，在广告中只注重表现自己的环保意识而忽略说明自己的环保实际行动和成果，因而广告给人以"虚"的印象。消费者从这些环保广告用语中看不到这些企业在产品和工艺方面究竟做了哪些改进，也不知道产品能够提供什么样的环保利益，所以对这些企业产品的支持力不足。如果企业能够在宣传中清楚地说明产品或工艺的环保特性而不是简单地表白自己关心环境，那么这可能会对消费者的购买决策产生较大的影响。

有些绿色广告介绍了产品的环保特性，但是所使用的"可生物降解"、"可回收利用"、"用回收利用材料制成"、"臭氧友好型"、"可制成堆肥"等宣传用语却令消费者感到困惑费解。有调查显示，尽管85%的被调查者表示宁愿选择一些标有"可生物降解"的品牌，不过他们中接近三分之二的人并不清楚"可生物降解"等宣传用语的真实含义，对其他环保用语也不甚理解，因而对环保广告用语表示怀疑。这些术语的含义空泛不实、模糊抽象，不能给消费者提供足够的信息帮助他们对环保产品进行选择。有的绿色广告有欺诈性内容，广告所说的与企业实际所做的有差距，消费者在这些广告的导向下购买了产品，结果却没有得到环保利益。对这样"言行不一"的广告，消费者往往在抗议之外还会采取拒购等反击行为。浅薄的混乱的广告用语以及缺乏事实依据的广告出现于市，有的是企业故意而为，利用消费者的环保意识进行购买诱导，有的则是企业没有掌握环境营销宣传的要领，未能把握好宣传用语的分寸。这样的环保宣传用语可能会成为环境营销的一个陷阱。种种问题都说明，有必要制定一些规章制度或环保营销纲领，提出环保宣传要求，以便使企业知道什么是公众可接受的环境营销宣传，保证企业的环保宣传与其实际行动完全一致，既不至于误导消费者，也可以减少或避免绿色营销宣传的风险。否则，受怀疑的环保宣传用语越来越多，结果消费者可能会对所有的环境信息都置之不理。美国和澳大利亚在这些方面做了一些工作，出台了绿色环境营销纲领，提出了净化绿色营销宣传的行动清单。

早在1990年美国大法官协会（NAAG）就成立了一个环境营销任务小组，组织了一次环境营销论坛，公布了两个《绿色报告》。这两份涉及大量环境营销问题的报告对环保宣传提出了四条建议：

1．环保宣传内容应该尽可能地具体，不能笼统、模糊、不完整或夸张。

2．环保宣传应建立在目前的固体垃圾管理办法条件下。

3．环保宣传用语应该符合实际。

4．环保宣传内容应该有数据支持。

NAAG希望他们的建议能够成为企业的临时性环境营销纲领。1991年美国的国会议员向国会提出了一项名为"1991年环境营销宣传法案"的提案（EMCA），这项最终没有被美国国会通过的提案提出了"防止欺诈性的、虚伪性的和误导性的环境营销宣传"，"为消费者提供可靠的、一致性的法律武器，方便他们对不同环境营销宣传进行比较"等建议。

1992年美国联邦贸易委员会（FTC）制定了一套绿色环境营销纲领，纲领强调：

1．所有广告和公布的宣传内容"必须清楚且能明显地防止欺骗行为"。

2．必须区分产品的好处和包装的好处。

3．环保内容宣传不能夸大产品的环保利益或环保特性。

4．对比性的宣传内容要给出足够的信息供消费者进行对比。

5．使用"笼统的"环保宣传用语而不进行充分解释的行为属于欺骗行为。

6．下列术语只有在满足特定要求后才能使用：

可降解、可生物降解、可光学降解、可制成堆肥、可回收利用、含回收利用成分、节约能源、可多次填充、不会对臭氧层构成危害、臭氧层友好型。

FTC的这个纲领具有规范性，但它不是法律，因而没有强制性。任何一项环境营销纲领的实施都必须得到企业的支持，企业并没有完全接受NAAG、EMCA和FTC的建议与纲领，这和这些文件本身的不足有关，如规范性太强、太具体，不能普遍适用于企业。企业需要政府出台一些各个行业都能对照使用的指导性的规定。尽管如此，美国机构和组织的这些工作对于推进环保营销和保护公众利益还是有着积极的意义的。

澳大利亚在环保宣传方面也存在着和美国一样的问题。为此负责管理与竞争和消费者保护等有关事务的澳大利亚贸易管理委员会（TPC）于1992年出台了《环境营销宣传纲领》，该纲领包括8个行动清单。在纲领出台之前，TPC和许多利益集团交换了意见，企业提交了自己的看法，因此这份纲领综合了TPC草案和各团体建议。环境营销宣传行动清单提出了9个方面的内容：

1．准确描述或指出你的产品所具备的环保利益。

2．准确解释你的产品的哪一部分或环节具有环保利益。

3．解释你的产品所具有的环保利益是如何对环境产生影响的。

4．宣传内容要和你的产品有关。

5．确保所有宣传内容都能得到证实。

6．如果产品还存在对环境的负面影响，就不要笼统地用环保宣传用语概括产品的所有方面。

7．不要使用无确切含义的词语和图片。

8．解释产品所适用的环境标识或认证体系。

9．能够回答任何与你所做的环境营销宣传有关的问题。

这份清单的有些内容与美国FTC的纲领有相同的地方，不过它被认为更有普遍适用性，更适合用来作为行动清单付诸实行，而且各个要点是按照重要程度依次排列的。

研究环境营销的学者认为，企业若能按照清单行事，那么它们的绿色宣传内容就会真实，会更清晰，不至于误导消费者；消费者也能更正确地理解宣传内容的相关信息和意义，这样就会减少消费者和政府反击的风险，从而使绿色营销活动更有效。研究者还认为，书面列出的行动清单不仅简单易行，而且相对比较便宜。对照清单上所列事项进行计划不需要任何额外的支出，因为即使宣传内容被公众质疑，最终会被证实是合理的，可以避免诉讼案件的发生，不必为日后的诉讼案件支付费用，不会影响企业的发展。而且，像行动清单一样的严格自律体系将有助于企业面对今后可能出台的绿色营销法规。

美国、澳大利亚制定环境营销纲领，规范环保产品宣传用语，表现出政府对环境营销的重视，对消费者和企业的负责。政府既不允许消费者被误导，也不愿意企业因环保宣传用语不当而受到抵制和反击，当然更不希望因为这样的问题而影响到环境保护运动的推进。纲领的条款内容既是原则性的又比较实在，正像它们要求环保产品宣传用语要真实而准确一样。作为非法规性文件，虽然它们对企业没有强制性作用，但对企业的环境营销毕竟是一种富有积极意义的指导和规范，而企业实际也很需要这种指导和规范，犹如在赛场竞跑需要有跑道一样。环境营销纲领也可能会被认为是对环境营销的限制，但是这种限制却可以使企业避免落入陷阱，避免日后受到消费者的指责和法律的制裁。总之，不管它们是作为环境营销法规出台的先声，还是法律规章的配合和补充，它们对企业都是有益的，关键在于企业能否把它们不仅作为一份政府文件去看待而且作为一个自律体系去规范自己，能否按照行动清单去实行。明智的企业自觉地运用它们，就不会因为宣传用语而损毁自己的形象，不会惹上违反广告法的麻烦。

传统广告模式的没落

纵达品牌管理机构董事长　　吴海明

假如你什么都不懂，你去干广告吧！

假如你什么都懂，你去干广告吧！

广告，一个拥有全国上百万从业人员的行业被人如此界定，是悲哀还是亵渎？

"讨生活"的传统广告

目前广告公司业务获取的70%几乎都来自广告主的竞稿。而国内4A公司几年前"竞稿补偿费8000元"的游戏规则，早已被人置之脑后，毕竟有业务比"高风亮节"来得实在。开会、创意、提案成为行色匆匆广告人的"三道主食"。

其实，对无论是传统的广告公司还是广告主，都很看重创意这根"市场救命草"；然而偏偏有些广告业的"叛徒"，利用其恶性价格竞争，让广告人员服服帖帖地听命。加之有些位置高高在上的企业广告部经理，拿着手中羽毛当令箭，令穷怕了的广告人成了广告主的仆人，而惯坏了的广告主便唯我独尊。难怪广告症结如此之多！

创意还只是广告的开始！当拿下广告业务后广告人便开始了更为漫长的、如履薄冰的服务过程。由于在市场运作、实施指导等方面缺乏操作经验，致使众多的广告公司只能提供平面设计、物料制作等简单的服务。而在这一领域中价格又是最透明的，因此广告公司往往没有多少利润可言。这时，广告公司老总往往只能寄希望于其他服务板块的利润了。

媒体——这是北京广告公司聊以自慰，同时也让上海、广州广告公司眼馋的挣钱机器。由于中央电视台及其他国家级报刊在北京的优势，造就了北京的一批靠媒体吃饭的广告公司。他们手上均有部分买断的频道、时间或栏目，甚至靠这些媒体资源在全国范围内与其他媒体进行交换，以达到全国联播或同步播出的效果。但广州的同仁就常被此干扰，从而不得不经常北上寻求最优惠的媒体支持。在传统的广告日子里，竞争的核心淡化、公开公正的竞争匮乏，如果再没有媒体的支持，广告公司不知道要落到何种田地。

利润源——制作、媒体、实施这三块利润已经名存实亡。在圈外人的眼中，广告人是靠脑袋吃饭的，甚至视广告为花别人的钱还要别人付费的一份职业。其实，这其中的冷暖只有从业者自己知道。广告人，从诞生之日就被人误解的职业，也是从诞生之日起就被忽略掉资本存在的职业。只有美国总统罗斯福说过的那句"不做总统就做广告人"的名言还在为无数广告人打气。

由于传统的广告行业没有明确的专业界定，让很多不懂行业运作的人进入了这一行业：个体户、记者、教师、业务员等等。正是这些因素的存在，直接导致了广告公司服务重点及服务层面的参差不齐。在拥有正常的业务运作之时不会发生乱价等不良事情，一旦正常业务不饱和或受到了竞争时，不正当竞争就经常发生。例如，国际4A公司15%的代理佣金被国内一些公司免代理佣金抢走、5万元一条影视广告的毛利被1万元一条的个体户抢走、1000元一幅的平面设计被100元一幅的工作室所抢走——这些代表着传统广告行业的利润防线也就被冲垮。十几年的广告发展、十几年的大浪淘沙，目前残留下来的广告公司依然没有摆脱原有广告的经营模式，依然在苦苦寻觅"后广告主义"的标杆！

坍塌的"媒体保护伞"

几年前，广告公司老板牛气地说：我有媒体我怕谁？几年后，广告公司老板只能说：媒体让人欢喜让人忧。因为，几年后的广告公司，大部分都存在媒体投放的"三角债"，以前的媒体业务已经成了一块鸡肋，原因何在？

在北京传统广告公司的业务中，媒体经营的变化已悄然发生：节目供应商、栏目包销商正全面冲击着媒体产业。传统的媒体经营由简单的销售代理拆分成制作、销售、打包等细分业务，经营的层面也由最基层的销售代理转化、上升为媒体上游的制作、买断、打包甚至联合销售平台等。同时专业媒体的经营团队及经验也孕育了一批专门从事媒体经营的公司，这些公司也同时在运作上脱离传统的广告公司模式。诸如北京光线、北京唐龙、诚成文化等一批新型的媒体经营面孔浮出水面。这种类型的公司在媒体的上游，吃准了媒体产权本身和广告分销代理的广告公司。

媒体，已经不再是传统广告公司的救命草！在传媒日益发达的今天，媒体及媒体经营公司会形成独有的一大产业而有别于广告公司的范畴。同时，这一趋势会令众多的广告公司被迫转型甚至会被淹没。但在这种趋势下，更多的广告公司表现出来的是彷徨、无奈，只能在原有的业务方式中固守自己越来越小的地盘。

失语与魔剑

市场，对于广告公司来讲其实是一把十足的魔剑。广告公司运作得当可以给厂家带来销售增长，但是如果运作不当的话，会令厂家"雪上加霜"。前几年少有的几个广告成功案例让厂家对与广告公司的合作趋之若骛，然而当厂家发现广告公司对市场运作其实缺乏实战经验时已经追悔末及。其实市场营销的实施操作是目前广告公司的软肋，经不起大型企业市场运作的考验。因为广告公司目前还不具备大规模作战或实地征战的人才，他们的角色依然处于监督实施或单纯的策划上，这是市场跟广告公司相抵触的。这一矛盾的产生与广告公司人才结构状况密切相关。实战型人才目前在广告公司稀少，因此"英雄所见略同"的感慨并不多见。

品牌，对于广告公司这是另一把魔剑！多数广告公司都知道广告是为品牌服务的，但是很多广告公司只将品牌定义为一个符号、一个包装、一句广告语；对于品牌的文化、渠道定位、经销商定位、卖场终端定位、销售管理等实施操作上却显得非常吃力。这一环境下出来的广告案例就难免"叫好不叫座"了。反过来，如果在品牌的实施运作上能用实战性人才去实施操作再与传统广告所注重的平面相结合的话，效果就会大不一样。广州的中合品牌管理公司用专业、实效的操作购建新品牌的定位、开发、渠道招商、终端展示、促销导购等业务模式让很多厂家从中受益。同时他们还以自身拥有的经销商资源及操作队伍托管了一些品牌的区域市场，与厂家融为一体、共享荣辱。皮尔·卡丹、香港开心QQ瓜子、555电池等一批企业"黄金终端"的崛起，把广告公司利润源改写为：定位决策、市场托管、广告制作新三块。其总经理给"后广告主义"下的定义更是给广告行业转型许多警示：不浸淫市场、不介入广告、不懂实施操作、就决不能驾驭市场！

把眼光从这种新型的广告公司移开，我们真的还看见大量的厂家依然停留在不明晰市场问题的情况下大打广告，广告公司不懂市场依然为厂家谋划开销。例如2002年下半年的河南市场，一个品牌名叫"馨×"的广东化妆品厂家在河南省每月扔下300万元的广告费，而每月销售回款竟然不足30万元！其原因只有一个：代理商分销实力不足，货品能见度小，广告成了一个往代理商脸上贴金的奢侈品。聪明的厂家是先看清池塘里有多少鱼，然后再去抓；而糊涂的厂家常是没看清有没有鱼便下去抓了，能逮到一条算是走运。

托管经济给广告一个未来

行业的分工让投资银行、财务顾问、营销决策等新兴专业服务机构已经频现报端。这类新兴业务在国外其实统称为"托管经济"，在国内则大部分叫做咨询服务。其实国外的"托管经济"还包括：资产托管、品牌托管、人才托管等。不难发现的是在国内已有相当一部分的企业在尝试这种专业分工的方式，同时也有一部分企业在这种托管合作中受益匪浅。在十几年的广告发展过程中国外广告公司其实没有带给我们什么，反而有很多模式化的程序成了中国广告业的"党八股"，如CIS、IMC、CRM等。然而，在广告业中这一手法却被中国的广告大师们练得走火入魔、剑走偏锋，导致众多厂家被折腾得伤痕累累！

其实，当你与集贸市场、知名行业代理商、知名企业家交流过数次后就能发现摆在目前广告公司面前的一块肥肉竟然无人问津：托管市场或托管品牌。所谓托管市场，就是让出一块市场由广告公司自己运作，共同获利；而托管品牌，就是拿出一个品牌由厂家生产、广告公司全权销售、共同获利；无人问津的原因绝大部分当然是广告公司中气不足，对市场及网络吃不准。但是，目前已经有些广告公司积极尝试与厂家共同运作市场了，他们每月在市场上拿到的回报远比传统业务高得多。这就是新广告时代的托管经济，同时这一托管形式将会成为广告公司获取长期利益的关键。

目前的社会环境、市场环境已经让我们生活在"低门槛的经济圈"。因为当你深入去服务一个企业的时候，就会发现由于"通缩经济"的影响——社会资源的空置率太高。找一些供应商给你材料，生产商为你生产，零售商为你销售易如反掌。关键就是你有无销售管理的能力！假如您有100万元的投资，那么您可以在小家电、化妆品、服装、食品等任一个行业中进行OEM的生产，你就成了品牌运营商。抛开自己的投资，你一样可以成为品牌托管商，这也就是广告公司的机会所在。还不觉醒的广告公司，是不是在等待托管经济来唤醒你们呢？当然，没有代理商资源的支持，没有对市场渠道的认识，没有操控市场的经验就一切都免谈了。

沉重的十年思考

介入广告业十年，有太多感叹、有太多的无奈、太多的想法在其中，这或许就是职业的宿命吧。从广告诞生的那一天，广告人已经被社会及企业所曲解；而再当广告被人熟知时，广告人已经被社会及企业的竞争无序折磨得半死；即使在广告成熟的那一天，广告业却发现自己"曲高和寡"。

对于自身职业的思考，值得行业为之深思的是：当广告公司成长发展时如何与资本接轨？当广告公司面临"低门槛经济圈"时如何跳出广告做广告？当广告公司面临原有传统业务模式的没落时我们又该怎么办？

原载《广告大观》2003年第五期

看看差不多，其实不一样　奥普浴霸的防守反击战

杭州智盛广告创意总监　李皓华

源起：平静下的危机

1993年，奥普制造并销售了中国乃至全球的第一台浴霸。一个参照的数据也许可以说明这个产品在中国的市场潜力：在中国，家用抽油烟机一年的销售量大概是一千万台，一个家庭只有一个厨房，而随着人居条件的改善，拥有两卫的家庭数量在不断增加，即使摒除部分对浴霸需求较低的地域，浴霸的年销量也不应该低于这个数值。

于是，大量的市场跟从者开始集中涌现，他们在产品、包装、通路、广告等各个方面都以奥普为蓝本全面复制，甚至连品牌名称也试图和奥普牵扯上一点"血缘"关系，一时间"奥×"和"×普"充斥坊间。竞争者自知身单力薄，尚无力与奥普全面抗衡，比较安全的做法是各踞一方，维持住与奥普浴霸微妙的价格差，在赢得市场生存空间的同时，又可以背靠大树好乘凉。然而在稳定和持续增长的市场需求，以及丰厚的利润回报迷惑下，奥普显然忽视了这种平静下隐藏的危机，并没有及时地与对手划清界限，把销售业绩转化成品牌资产，反

而在当老大的良好感觉中扮演起了养虎遗患的角色。

发端：武汉市场上的坏消息

2000年10月，迎接奥普公司新任CEO的是一个坏消息：武汉市场上一个竞品以超出想象的低价进行倾销，奥普的销售急速下滑，几乎在零点冻结了！一种被挑战激怒的报复心理开始在奥普公司蔓延，降价回应是多数人的本能反应。然而降价势必导致原有的价格体系崩溃，由此引发的全国市场连锁反应给奥普带来的损失恐怕远比失去一个地方市场更大。抱着试试看的心理，奥普的决策层让我们立刻飞赴武汉实地考察，找到用价格以外的营销手段解决问题的办法。

在武汉的两天，我们马不停蹄地走访了各个主要的销售终端（专卖店、商场、超市和专业市场），情况比想象的还要糟糕：正是销售旺季，竞品选择了一款与奥普最畅销机型一模一样的产品（浴霸产品的同质化非常严重）进行特价销售，价格只是奥普的一半，而且铺货、广告都比较到位，显然是有备而来。我们看到，在一个大型超市里，短短一个小时内竞品售出了五台，而奥普连一台也没有卖。

然而一个细节值得注意，几乎所有的购机者，包括很多最终没有选择购买的潜在消费者都在奥普浴霸的专柜前停留，询问了相当长的时间，有的甚至来回比较了数次。虽然竞品的品质和奥普相比有一定的差距，但在竞品的低价诱惑以及把奥普的高价解释为暴利和过多的广告投入导致成本增加的导购说辞误导之下，消费者望奥普而却步是必然的。

如果我们降价，就等于认同了对手的说法，就算能够一定程度地改变销售上的被动局面，但对品牌的负面影响却是无法估量的。这个念头被更加坚定地否定了。"贪便宜"是消费行为中的一个基本心理，面对外观、功能近乎孪生的竞争产品，奥普的品牌影响力显然无法支撑一半的价差。但贵自然有贵的道理，扭转颓势的关键，就是为消费者多付钱购买奥普浴霸找一个理由。

这个理由毫无疑问应该来自奥普浴霸更高的产品品质。简单的分析就可以看得出来，奥普虽然在武汉市场具有很高的知名度（这可以解释为什么每一个消费者都要来奥普专柜的原因），但因为缺少系统有效的广告支持（奥普在武汉的少量广告投入都集中在户外和车体等品牌提示方面），使得奥普浴霸的产品认知度却非常低，消费者说不出来奥普浴霸好在什么地方。事实上绝大多数购机者的购买决定是在销售现场经过多次反复比较后做出的，说明他们并不了解判断浴霸优劣的标准。只要能将奥普浴霸品质上的优点有效地传递给消费者，消费心理自然会向"便宜没好货"的方向倾斜，对手也就不攻自破了。

我们的设想是这样的：

1.选择武汉地区的主流平面媒体《武汉晚报》和《楚天都市报》发布报纸广告系列。第一期就是把所有消费者在购买选择时的困惑提出来请大家思考：两台一模一样的浴霸（没有商标——"找找看，这两台浴霸有什么不同？"既然对手声称大家的产品都是一样的，我们就从这里入手让消费者看看到底有什么区别吧。第二天的广告在报纸的同一位置直接给出了答案：说实话，从外形上我们也看不出有什么不同，因为奥普浴霸自从诞生以来，就不断地被后来者一遍遍地模仿……但"好东西可以模仿，好品质无法克隆！"选购浴霸，更重要的是选品质，只有出色的品质才能提供给你更优异的性能、安全性和使用寿命……

接下来的几期再分别从品质的几个方面展开，进行有理有据的针对性诉求。

2.在终端鼓励消费者自己动手进行喷水试验，也就是用喷壶对着点亮的取暖泡喷水，检验取暖泡高温时遇水的抗爆裂性能。因为奥普浴霸的每一粒取暖泡在出厂前都经过苛刻的4℃冰水喷淋测试，有万无一失的安全性。由于国内还没有人采用这样的检测手段和质量标准，我们估计对手是不敢冒然应战自取其辱的。事实胜于雄辩，此消彼长，在消费者心里自然也就高下立分了。

3.适度加大促销力度，缩小与竞品之间的实际价差以求万无一失。

我们在这次为期两个月的广告活动设计的口号就叫

"看看差不多，其实不一样！"语句平凡却很有力度，不仅琅琅上口易于传播，而且直接把竞争的焦点从奥普的价格劣势转移到奥普的品质优势上来。前面我们要找的那个给消费者的理由，用消费者自己的话说就是——看看差不多，其实不一样。

事实上结果在活动开始后第三天就见分晓了，市场反应非常热烈！奥普浴霸的销量迅速止跌反弹，经销商开始担心断货的问题了。两个月内奥普浴霸在武汉市场销售了近12000台，而全年的销售指标也不过30000台左右。竞品自以为点中了奥普的软肋，却没想到奥普就势挺直了腰杆，不但收复了失地，更重要的是彻底占领了武汉浴霸市场的品牌至高点。

高潮：改造"阳光"，"精典"亮相

广告活动所取得的效果无疑使客户喜出望外，这也使得我们有机会和可能对奥普浴霸的品牌和广告进行一次全面的清理和整合。奥普一直引以为豪的品牌地位更多的是通过先入为主取得的，在浴霸市场长期鱼龙混杂、良莠难辨的状况下，这种影响力正在日渐式微。市场占有率的缓慢下滑，也从一个侧面反映了奥普领导者地位的岌岌可危。武汉暴露出来的问题其实是全国的一个缩影。值得庆幸的是，现在扎紧篱笆还来得及。

提高竞争力的最好办法就是建立起有效的品牌和产品区隔。调整产品策略是当务之急，奥普现有的产品（"阳光"系列）早就被对手在模仿中吃透了，这就是为什么对手敢说自己的产品和奥普不相上下的原因。只有积极引入工业设计，改变浴霸外观造型多年不变的现状，提升产品的技术含量，同时加快更新速度，才能让跟从者的脚步始终慢一拍，从而真正实现与对手产品的差异化。因此，"阳光"系列在加料的同时不加价，而是将原有产品线收缩，淘汰部分滞销机型，把价格降下来，变被动防御为主动出击，打压竞争者的生存空间。

一直以来，竞争对手总是在消费者面前竭力模糊甚至掩盖与奥普的差别，这种策略的破坏力决不可低估。通过广告拨乱反正已经迫在眉睫了，但如何找到一个核心诉求来整合奥普浴霸品质上的优势呢？

浴霸的核心技术是取暖泡，浴霸取暖泡在使用中一旦发生意外（爆裂或脱落），对于毫无保护的消费者，危险是不言而喻的。而奥普的核心优势恰恰体现在这一点上。于是我们决定把4℃冰水喷淋测试归纳成一个行业的最高标准提出来，叫做NBSS （New Bulb Safety Standard 新取暖泡安全标准），它代表三个全新的产品主张：新安全主张、新热度主张和新的舒适主张。NBSS的建立在奥普浴霸和竞品之间划了一道明确的界限，也使消费者关注的焦点集中到安全上来了。

相对应的，一个简单响亮的口号"因为专业，所以安全"取代了过去空洞无物、不知所云的广告语——"享受阳光每一天"。

选择合适的形式把NBSS最快速强势地传递出去也很关键，仅有报纸广告还不够。一条两分钟的广告长片开始在CCTV－1的《晚间新闻》后播出，采用专家解说的方式从设计、技术、生产和检测各个方面逐一详述NBSS取暖泡的优势所在。我们相信这次广告投放的效应是深远的。正是通过这一战略要点，奥普建立起了坚强的技术壁垒，消费者对奥普浴霸的认知也由模糊逐渐清晰。

配合NBSS的推出，喷水试验经过完善后成为一个常规的销售推广项目，旨在提高终端的活力和销售说服力。随着奥普视觉识别系统的修整完成，新的专柜形象在全国同步登场，我们针对性地设计了大量的终端生动化用品，并全新构思了一批单元化、标准化的促销活动，以标准化手册的形式下发到各个分公司。

2002年3月，奥普浴霸的新一代产品进入试生产阶段。区别于老产品"阳光"系列，这一组产品被命名为"精典"系列，用来填补价格调整后的高端市场。作为整个计划的最后一环，它的成败当然至关重要。

"精典"系列的显著特点就是彻底颠覆了浴霸的传统造型，在外观、色彩和材质上都有了令人眼花缭乱的新变化，大灯距概念的推出更是一次革命性的突破。当然，作为提高技术含量的手段，部分机型还增加了防水遥控器。有这么多具体实在的利益点，对于它的市场前景我们并不担心。但仅仅把产品卖出去，还远远不够。

产品的形象决定品牌的形象，我们通常所说的一个成熟的企业应该有跑量产品、获利产品和形象产品就是这个道理。通过前面的整合传播，奥普浴霸"专业、安全、高品质"的认知已经在消费者心目中树立起来了，"精典"的上市无疑是从"时尚"和"人性"的角度去提升奥普品牌调性的最佳时机。在一组同时出现于全国主要媒体上，分别以"外形"、"大灯距"和"防水遥控"为诉求点的平面广告上，女性柔美的曲线、光洁的肌肤是一个极富心理暗示色彩的视觉符号，引导阅读者产生由产品功能到生活感受的愉快联想。如果说前面我们做的广告是希望消费者做冷静的知性思考，那么这一次，我们要它感性一点。

"美丽"和"改变"是这次推广活动的两个关键词。经过精心的准备，以"美感巨变，奥普浴霸新一面"为口号的新形象广告在全国主要城市的终端、户外和车体上轰轰烈烈地铺开了。消费者对奥普浴霸的广告从冰冷的产品科学转向温暖的生活美学显然是乐于接受的。从各地反馈回来的销售数字反映了新品的市场欢迎程度，更可喜的是"阳光"系列的销售并没有受到太大的挤压，奥普浴霸的市场占有率在稳步攀升。

2003年3月，国家统计局中国行业信息发布中心根据2002年度最新统计调查结果宣布，奥普浴霸荣列2002年度全国市场同类产品销量第一名。

结局：摆脱纠缠大步领跑

经过一年多对产品、品牌、价格、广告、终端等全方位的系统整合，奥普在全方位整合中脱胎换骨，呈现出前所未有的崭新面貌。尽管作为行业的领导者，奥普还有很多地方需要完善，而且一些蠢蠢欲动的实力品牌的加入，也使浴霸行业的未来充满变数。但这次整合积累起来的资本，足以使奥普摆脱低级竞争的纠缠，大步领跑很长一段时间了。

原载《国际广告》2003年7月

航天精神激励海尔，航天科技回报人民
——记海尔航天展活动

海尔集团副总裁　　周云杰

2003年，是众志成城的一年，更是创造辉煌的一年。"神舟五号"成功遨游太空，在中华大地掀起了航天探索和科技创新的热潮。"载人航天"精神激励着国人奋发图强，全面建设小康。在这种背景下，作为中国著名的民族企业，海尔与航天结缘，在全国10个城市举办航天巡展，让更多的人近距离感受航天成果，意义深远。

学习航天精神

众所周知，海尔是个奇迹。1984年亏损147万元的小厂，经过19年的创业，发展到今天成为全球营业额806亿元的大企业，年增长率平均达到73.8%，而且继续保持着良好的发展势头，当然是一个奇迹。

海尔又是大海。海尔人的胸怀是海，他们从国家和世界的广度来确定自己的抱负和目标；海尔的经营是海，它多元化的经营和多样化的产品给人海的感觉；海尔的状态像海，它仿佛蕴藏着无穷的能量，又总是展现着层出不穷的创新。

海的特性是兼收并蓄，有容乃大。航天精神的精髓是"特别能吃苦、特别能战斗、特别能攻关、特别能奉献"。航天精神为发展中国先进文化做出了应有的贡献。海尔文化的理念是"敬业报国，追求卓越。"海尔文化与航天精神是相一致的，学习载人航天精神，将其融入海尔文化，做强做大海尔事业，是海尔的"航天情结"谜底之一。海尔旨在通过学习航天精神，造就一支过硬的队伍，通过科技创新、整合世界资源，创造出属于中国人的世界名牌，为人类做出更大的贡献。

航天精神的内涵十分丰富。与时俱进、勇于创新、知难而进、勇于攀登的进取精神；一丝不苟、精益求精的科学态度；确保"万无一失"，"让每项工作零缺陷，让每个部件零故障，让每个人心中零疑点"的高度负责精神；协同作战、将所有的资源都在一个规则严密的平台上协调进行的合作精神等等。

海尔，在基础管理层面，它有OEC－－日清日高，市场链；战略管理层面，它有名牌战略，多元化战略，国际化战略，以及相关的"吃休克鱼"战略，"先难后易"战略等等；企业理念层面，有对消费者"真诚到永远"，有海尔成功的九大秘诀等等。兼收并蓄载人航天精神，与时俱进，再创海尔辉煌，这无疑是海尔人的追求。

支持航天事业

作为一个家电企业，海尔的经营宗旨不仅仅是向社会奉献一流的产品、一流的服务，而是以提升人民生活质量、生活水平为已任。这与神舟探索服务于人类和平与进步的宗旨不谋而合。以实际行动赞助国家航天事业发展、普及航天科技知识，体现了海尔高度的社会责任感。

"神五"成功发射后，中国首次载人航天展在北京、香港等地陆续推出，所到之处盛况空前，激发了人们巨大的爱国热情。海尔选择在全国10个城市举行航天展及系列航天公益活动，让更多的人近距离地感受航天成果，呼吁更多的人关注和支持中国的航天事业。

同时，在航天展上将展出海尔各款高科技含量产品，邀请10岁以下小朋友对太空家电进行现场设计，泥捏设计、现场绘画、电脑设计等，借此从事市场调查、探索航天科技向民用转化途径的佐证。

携手航天科技

携手航天科技，推进航天科技在民用领域的使用与转化，研制开发出科技含量更高的海尔产品造福社会，是海尔情系航天的直接目的。

载人航天飞行的成功是我国航天技术实现了一次重大突破。它将带来信息技术、材料科学、生命科学、空间科学等新兴高科技的快速发展。鉴于海尔在家电信息化领域所做出的贡献及领先性，使得海尔与航天有关部门签订了技术合作协议，共享航天科技资源。这必将推进航天科技在民用领域的使用与转化，也将提升海尔家电的整体科技水平；同时使得海尔家电在参与航天领域的研发中取得先机。

跨越太空是一个新的实实在在的资源。它为人类提供了高度资源、微重力资源、超高真空资源、无限的能源和物质资源。据测算，在太空生产药物一个月的产量相当于地球上同样设备的20年的产量。今天，大量早期的空间科学与应用研究成果已经转化为产业。有消息称，美国空间计划获得的技术已经为美国经济增加了2万亿美元。到2010年，美国在空间的资产将达到5000—6000亿美元，大约相当于现在美国在欧洲的资产。统计表明，中国近年来开发使用的1100多种新材料中，八成是在空间技术的牵引下研制完成的，有1800多种空间技术成果已应用到国民经济各个部门。

事实上，海尔在利用空间技术等最先进的技术改造传统家电方面，已经迈出了一大步。海尔A＋网络家电就是海尔信息产品家电化、家电产品网络化、网络家电人性化的最好说明。

海尔从1999年就开始从事家电网络化技术的研究，搭建了以无线方式作为物理传输介质的家庭网络系统平台；在把握世界网络家电发展趋势的基础上，从用户的实际需求出发，提炼A＋网络家电的功能，使A＋网络家电系统达到了进入家庭实用化阶段。随后又开始着手研究基于蓝牙、电力线、802.11等的网络家电产品，一直保持着国际上的先进水平。

进入2003年海尔网络家电跨上了一个新的台阶，开发出了新一代的无线网络家电。随着网络家电产品的完善，相应配套服务的健全，网络家电将以其高度的信息化、智能化、数字化走进普通的家庭。海尔家庭网络产品涵盖了网络冰箱、网络空调、网络洗衣机、网络热水器、网络微波炉、网络洗碗机、网络电视等传统的家电，还集成了安防、远程抄表、紧急求助、可视对讲、灯光窗帘等智能设备。

与航天携手，为海尔共享航天信息技术资源，拓展社会合作领域，提供了平台和契机。

"神舟五号"成功遨游太空，既是综合国力的体现，也是全国尖端技术通力合作的结晶。载人航天工程的应用系统包含的6个子系统28个项目的共188套设备全部都要重新研制。整个载人航天工程涉及全国不下3000个单位。通过结缘航天这个平台，这些宝贵的资源无疑会为推进航天科技在民用领域的使用与转化，提升海尔家电的整体科技水平提供坚强后援。

活动策略

2003年11月28日，海尔航天展在青岛拉开序幕，途经济南、郑州、西安、武汉、长沙、厦门、杭州、南京、天津10个城市，历时50天，每到一个城市展出二到三天，展出的航天科技展品包括：神五试验舱一个、1:10火箭模型2个、1:35火箭模型8个、3.5平米发射场沙盘一个（具声光电效果）、航空食品（压缩饼干、罐装巧克力、水等）若干、航空搭载品（种子或照片）若干、神五飞船模型一个、火龙出水模型一个、资源一号卫星一个。现场还推出由海尔与中国科学院、中国科协联合制作的从古到今人类载人航天事业发展与成就图片展，共分四大部分：神舟之梦、圆梦之路、如梦奇功、梦无止境。同时，现场还展出海尔世界领先家电。邀请当地消费者现场感受参观，让更多的人近距离地感受航天成果，呼吁更多的人关注和支持中国的航天事业。同时，此次活动还配合公关活动和地面促销活动进行，在本次活动所使用的一些相关交流传播中，都很好地对本次活动形成了有利的支持，巩固了活动效果，扩大了本次活动的社会影响。

1．公关活动一：中国航天相关部门与海尔集团签订技术合作仪式

共享航天科技资源必将推进航天科技在民用领域的使用与转化，也将提升海尔家电的整体科技水平；同时使得海尔家电在参与航天领域的研发中取得先机。

2．公关活动二：支持航天盛事，献礼科技英雄

中国航天事业的发展离不开众多默默为航天事业奉献的单位和个人，海尔通过对航天事业做出突出贡献的单位和个人进行海尔产品捐赠，来改善他们的办公及生活条件，展现海尔支持航天事业的姿态，体现企业的社会公益形象。

3．促销活动：共享海尔健康家电，感受快乐航天生活

围绕活动主题，搭建卖场活动平台，以统一的集团形象与消费者进行沟通，吸引购买。促销活动结合元旦、春节期间家电销售的旺季，在活动的每一部分策划时都考虑如何更好地拉近海尔与消费者之间的关系，体现了"买到用户的心"的市场营销创新的本质，不仅要很好地借助社会焦点事件，还要更好地抓住消费者的心。

媒介策略

本次广告活动的费用支出为428.7万元（含租赁展品使用费用），却获得广告宣传价值超过了2400万元。这些获利主要来自海尔航天展抓住大资源，创新与媒体合作方式，所到城市展会全部由当地强势媒体主办，有效提升了媒体在当地的地位，如：青岛的《青岛晚报》、济南的《齐鲁晚报》、郑州的《大河报》等，全国共免费发布了新闻报广220个整版、电视电台新闻200次，配合海尔航天展品运输车体广告形成流动的户外广告，全国巡回展示，提高了航天展宣传，大大提升了海尔品牌形象，节省了广告宣传费用。

效果证明

本次活动中因为抓住"神五"热点，并且采用创新与媒体合作的形式，使参观海尔航天展的人数累计达62万人次，拉动巡展城市海尔产品销量增长35%以上。

解构日本广告

厦门大学新闻传播系主任　　陈培爱

日本出现广告公司，并正式开始广告活动始于1873年，距今已有100多年历史。1890年，大型广告公司"万年社"宣告成立。1895年，"博报堂"诞生。1901年，电通的前身"日本广告株式会社"正式成立。

至20世纪40年代时，日本广告业还很落后，停滞在报纸、杂志版面掮客阶段。二战后，日本广告随着日本经济的腾飞迅速发展。1997年，电通公司以1.5兆日元的营业额位居世界广告公司第一，"博报堂"则占据了第4把交椅。此外，旭通信社在世界排名22位，东急广告公司排名23位，大广广告公司排名24位。在世界前24名广告公司中，幅员窄小的日本居然独占5家，占到20%。

日本广告业能有今日成就，奥妙何在？本土广告公司向"规模化"经营发展

广告公司如果不能与广告客户发展同步，就有可能被淘汰出局。日本本土广告公司很早就意识到只有规模化经营才能闯出生路。

以电通公司为例，早在20世纪50年代，电通便以"公共关系"、"市场营运"、"利用市场调查而合理地开展广告"为努力方向，立志成为一个全方位的广告代理公司。他们以此为出发点，不断拓展出广阔的事业领域。从电视、报纸、广播、杂志、交通广告，到路牌、灯箱、海报、因特网广告；从开展市场促销活动到大型集中型活动；从各种映像（影视）信息技术系统的开发、设计、施工、制作，到各种建筑物的空间设计、企划、施工、管理；还有从平面印刷技术的进一步完善到电子数码技术软件的开发研制；从策划、制作DVD人物传记光盘到摄制电影等，电通以积极的经营姿态，极力向现代化全方位服务的综合广告公司发展。

善于借鉴跨国广告公司经验

"博报堂"与"麦肯"（Mc Can－Erickson）合营，"大广"也曾与"精信"（Grey）携手，借鉴美国先进的经营技术，这两家公司如今一跃成为世界知名广告公司。他们在经营中并没有单纯依赖他人，而是积极采取"拿来主义"。

日本善于利用法律保护本国广告业。日本广告业早期发展较为稚嫩，日本便利用"外资法"使得纯外国独资公司在日本难以立足。如1974年，J·Waiter Thompson、Ketchum、Leo－Burnett三家公司合计经营额仅能占全国广告额的0.92%，足见其艰难处境。外国广告公司只好与本地广告公司合营，后者以其为启蒙老师，迅速成长。

目前我国国内对跨国广告公司的进入忧心忡忡，视为洪水猛兽。其实认真分析一下，跨国公司服务的客户主要是外商独资或合资企业，纯国内客户代理较少，暂时不与本地广告公司争夺客户。而跨国广告公司在人才、经营理念、管理方式、公司氛围方面都有很多可资借鉴之处，对于提高我国广告业的整体水平不无裨益。

推行民主化管理

对于以"人"为本的广告公司，如果把美国和日本的广告公司作个对比，就发现美国公司的管理架构呈金字塔形，而日本电通广告公司则采取了一种平行式的组织架构。

平行式管理使管理层次少了，有利于直接面对面的沟通，使信息交流及时而准确，工作效率更高。在平行式模块中，每个人都有决策权及与最高领导人沟通的权力，可以很大地满足个人的尊重和自我实现需求，更利

于培养其责任感，加强公司内部的凝聚力。

顺应整合营销趋势

日本广告公司除了负责开展从四大媒体到SP为中心的销售宣传活动，还开辟了现场广告、空间广告等具有很大发展前景的新型事业领域。

诸如1998年的日本长野冬季奥运会、世界杯足球赛等世界性大型活动，以及每年举办的东京湾焰火晚会、京都庆祝游行会等，都属现场广告的服务范围。

空间广告更是充满活力和乐趣的新天地。日本广告公司将博物馆、美术馆、图书馆、科技馆等文化设施归入其"文化空间"广告中；将企业的展示馆、购物中心、饮食设施等商业场所归入其"商业空间"广告中；将运动会、博览会、主题公园、水族馆等列入其"公共空间"广告中；将展示会、体育现场活动、音乐会等划入其"催事举办活动的意思空间"广告内。他们把空间媒体作为与电视、广播、报纸、杂志四大媒体同样重要的媒体来开发、经营。

在目前整合营销时代，广告客户越来越要求享有"一站办妥"的服务，要求广告公司跳出纯广告宣传的狭窄圈子，帮广告主负担起整个营销功能，使企业宣传更为统一有力，日本广告公司的服务及时顺应了这一趋势。

分工更为细致

为了对广告客户提供优质服务，以细腻见长的日本广告公司将"客户服务部"分为市场营销部和营业部两部分。

市场营销部作为广告策划的"前哨兵"，负责为制作有说服力的广告计划提供理论性的科学依据，并收集、分析各种相关数据资料。如电通在采用专业信息公司提供的信息材料外，更加注意采取主动，在开展广告业务（如抽奖、集点数、大型宣传活动等）的同时，及时地收集、整理、分类消费者的各种信息（如性别、年龄、地址、职业、收入、电话、喜好、文化水平、家庭成员、购买习惯、接触的媒体、参加应征次数、希望得到的奖品等内容），并开发出专用数据软件，用于分析再利用，对广告客户进行新的提案，形成良性循环。

营业部负责制定广告策略及监控实施过程。

紧跟时代潮流积极应变

随着网络时代的来临，日本广告公司的高层管理也积极做出回应。在广告公司众多部门设置外，又增添了多媒体群商务中心、综合数据信息中心等部门。

此外，在营业部、创作部、媒介部、市场营销部这些常规部门外，日本一些广告公司还设置了一些独特的部门，如以下几个：

SP促销部：在利用大众媒体唤起消费者需求之后，SP促销部再进一步采取活动刺激受众，调动流通渠道及促销员的销售热情。

公共问题交流部：近年来企业面临的各种环境发生变化，CI问题、挖掘人才、资金调配、企业与住地居民关系问题等等，企业所面临的信息交流新课题层出不穷。该部的业务就是对应这类新课题。

体育活动营销部门：它担负着各类体育竞赛现场宣传活动的编导、策划和运作实施，是一个较新的业务领域。

日本广告公司部门设置灵活，更能适应多变的环境，而全面的部门设置使得广告的创意、信息实现更加一致，可以更有效地利用各类媒体，提高营销目标的正确性，增强运作的有效性，从而使广告主的市场推广目标及策略更统一、更全面，达到最佳的营销推广效果。

真善美成为创作主流

20世纪初，日本的广告艺术还是江户时代的浮世绘手法和欧洲装饰艺术的混合产物。30年代，日本广告受到西欧立体派、俄罗斯构成主义、德国包豪斯设计艺术等为代表的世界艺术运动的影响。至50年代，美国娱乐性很强的广告设计也传入了日本。由于借鉴了欧美的设计形式和理念，日本广告迅速产生了各种各样为广告目的服务的表现技巧。

日本广告学家柏木重秋认为，"真善美是广告必须具有的。因为现在生活中必须考虑广告的重要性，所以广告中不能有假的东西，这就是真。善，必须符合社会的公共道德。美，必须是真美才行。"日本广告的审美情趣中，首先让人感到具有某种温馨的形象力。许多广告没有太多眼花缭乱般的手段，一如生活琐事，让人觉得温馨独特，成为当今日本广告创作中的主流。许多广告以情为主，着力塑造商品形象，避免强加于人及生硬的感觉。如以化妆品而闻名全球的资生堂株式会社的广告作品，几乎全部是生活镜头的定格。

多元的审美情趣

与温馨的广告风格形成明显反差的是，日本的另一类广告却强调广告冲击力。这类广告画面切换快速，广告语总是先声夺人，语速快而且夸张，甚至给人喋喋不休的感觉，广告似乎成为这个沉默民族的惟一宣泄口。这类广告也博得相当部分观众的青睐，强化的冲击力加深了对产品的印象。由于日本处于地震多发地带，被形容为"生活在锅盖上"的民族，危机感造就了日本人强烈的竞争意识，而带有强烈冲击力的广告就是竞争意识的反映。

日本广告向来重视视觉语言的运用，尤其是平面类作品中，非常注意在色彩、形体与光三者的关系中寻求平衡。广告作品以日本传统的空灵虚无思想为根底，日本自古以来清愁冷艳的色调及汉字运用都相当普遍，体现出现代化与民族化相结合的特点。

从整体上看，日本广告艺术手法多样化，但有时还是缺乏幽默感，并不时带有一些迷信色彩。

电视广告尊重受众接受心理

日本所有民间电视台全都依赖广告费过日子，但他们在节目间隙插播的广告持续时间并不长，一般不超过3分钟，超过5分钟以上的极少，更不像我们国内有的电视台一次连续播放广告达5至10分钟，使观众产生逆反心理。

日本电视广告能理性地播出，与他们注重广告效果有很大关系。首先，在日本的电视广告中，产品从广告定位、广告策划、广告诉求及创意制作、音响效果等，都非常讲究独创性，力求给受众以深刻的印象。日本拥有许多国际品牌和一流的设计制作公司，特别在汽车、家用电器的品牌推广中积累了丰富的经验。其次，日本科技发达，许多电视广告作品的设计、制作水平一直处于发达国家领先地位。第三，日本的广告经营者、发布者能与广告主密切配合，在电视媒介传播策略上把握时机，适度掌握电视广告的播出量，使观众易于接受。这一点十分关键。

原载《现代广告》2003年第一期

韩国广告限制制度及广告审议机构的特征

韩国广告自律审议机构会长　　赵炳亮

在韩国，很多的广告专家把广告看成市场营销的工具，现在韩国广告正逐步变为一种品牌的管理主体，广告起到一种品牌管理、品牌经营的积极作用，但不能仅作为一种品牌管理主体，还应该作为一种品牌培育和市场营销的钥匙来对待。因为广告是社会制度当中非常重要的要素之一。广告不仅要对企业的市场营销有利，还要对消费者及整个消费制度负责。我要发表的主要内容就是广告作为一种社会制度，它应该怎样强调它的广告自由，并如何尽到它的广告责任。每个国家都有他们的广告限制制度和广告审查制度。我要跟大家介绍一下韩国的广告限制制度及法规，简单介绍韩国广告限制制度和审查制度的方法和内容。韩国广告限制制度和审查制度本身还存在弱点，韩国现在很多广告业界对韩国广告制度有不少不满情绪，但是反过来相对的团体和相关的社会团体指责广告限制制度和审查制度没有尽到应尽的责任。我的意思是说韩国的广告的审查制度和限制制度不是一个完美的制度，仅供大家参考。跟其他国家一样韩国也有自己关于广告限制审查的政府机构：如公正去来委员会，放送委员会，食品医药品安全厅，韩国消费者保护院，其他政府部门。而当中最具权威和限制审查范围最广的机关就是韩国公正去来委员会，它主要管制不正当的广告内容，比方说虚伪的、带欺骗性的及不正当的比较广告和诽谤广告。公正去来委员会的第一把手主要由政府委任的长官担任。除了政府审议机关，还有自律审议机关。在韩国管制范围最广，审查范围最多的是韩国自律审议机构。我现在担任韩国公正去来委员会的咨询委员长，同时担任韩国自律审议机构的会长。除了中央自律审议机构和韩国自律审议机构之外，各媒体自律审议机构，还有各行业自律审议机构，比方情报信息伦理委员会、影像物等级委员会、大韩化妆品工业协会、化妆品广告咨询委员会等。从世界各国的一些案例来看，说明了一些国家相对活动比较活跃的话，它的自律审议制度就越发达。除了以上这些审议机关以外，还有一些民间机构。比方说消费者团体、韩国消费者联盟、研究消费者的市民团体等。

一、韩国的广告限制制度及法规

在韩国跟广告相关的法规条款有200多项。其中有法律、施行令、实行规则、告示、指针等。几乎每种法律都有一两条关于广告的内容，以商业交易为代表的韩国法律都有关于广告审查的规定。在韩国总统大选的时候，在政治行政相关法规里也有对广告非常明确的规定，诸如此类的法规是很多的，我就主要法规和审查相关法规为准来发表我今天要讲的内容。前面所讲到的公正去来委员会，关于标识广告公正化的法律是一个比较重要的关于广告的法规。这个标识主要是商品的包装和商品的介绍，还有路牌、路标和包括介绍性、标志性的文字内容。在公正去来委员会的标识广告法规里，它主要规定不正当的广告内容，它包括四个内容：关于夸张广告、欺骗广告、比较广告、诽谤广告。在标识广告中有明确规定22个行业的广告规律，它分为三大部分，都说明了22个行业里面应加进去哪些内容，减去哪些内容，标识的目的都是非常明确的。这样的规律避免了由于广告里缺少了某些内容，广告信息传达时避免出现的危害。比方说有些广告由于危害性大而且造成无法挽救的危害，所以它规定了一些临时终止命令等一些强制性规定。它也包括关于广告实证的命名指针方面的内容，广告实证就是指对广告内容的一些根据进行证明的意思。还有一些误导消费者的一些广告内容法规，但是关于更正广告的命名指针只是一种文字的东西，还没有正式实施。更正广告在广告规定里面是制裁强度最大的广告法规，比方说一个广告误导了消费者，那么更正广告就要立即做到这个误导被消失，所以更正广告是强有力的政府法规。由于临时终止命令和更正广告的法规内容的强制性是可见的，所以它的实施是有一些难度的。跟更正广告和终止命令的法规相关的告示、公正出来的条款有好几十种，所以韩国公正去来委员会这个政府性、强制性的法规包括关于标识性广告公正化的法律相关告示、指针。除了政府性的公正去来委员会的规定以外，就是放送法里的规定，放送法里面规定把广告放送的时间限制在整个放送时间的10%，就是在电视或广告整个播放时间10%以内的才能做广告。这就强调韩国放送法规定将韩国放送广告进行事前审议，也就是说所有的广播电视和类似的广告应进行事前调查。韩国政府里面有一个叫放送委员会的机构，它一直担任韩国放送广告事前审查这个任务。放送广告委员会审查放送广告的时候韩国广告业界提出了抗议，他们说韩国放送委员会负责韩国放送广告的事前审议是一种事前策略性不合理、不符合时代标准的做法。考虑到韩国广告业界和其他业界的抗议，韩国政府在2001年修改了韩国放送法关于广告的一些内容，这个修改案规定，将放送广告事前审议业务委托给民间机构处理，即韩国放送广告审议机构全权负责所有放送广告的事前审查。我所说的放送广告也就是广播电视等广告是采取事前审议制度，同时包括了报纸、杂志等平面广告，也就是对印刷媒体广告也采取事前事后的限制制度。如果在平面媒体上发现了不正当的广告，韩国的政府机关，即公正去来委员会等各政府机关会进行限制。除了政府机关，还有自律机关即韩国自律审议机构，韩国审议委员会也进行一些整治。即使采取多方位的限制和审查制度，在韩国的平面广告里还是存在各种各样不正当的内容和侧面。一直到临审以前，在韩国报纸广告都一直看好，但从前几年开始，报纸广告逐步落后于电视广告，于是报纸广告的市场运营变得越来越难。由于韩国报纸广告的市场操作难度越来越大，所以韩国的好多报社、杂志社都明知刊登某类广告属于违法、不正当的，但又顾及到新闻社及杂志社的生存问题便不顾受到制裁去做这些不正当的广告。除了主要的报纸以外，其他的地方性报纸也有这种现象。

二、韩国放送媒体的广告限制

所有的放送广告有义务在播放之前接受有关审查，它的决定内容有三项："可以播放、可以有条件播放、不可以播放"。其中"可以有条件播放"的意思是通过修改一些有问题的广告词或广告画面之后才可以播放。与印刷媒体相反，韩国的放送广告是通过政府机关的强制性法律手段进行审查的。20世纪60年代开始到现在的韩国放送广告审查制度的变化过程是从自律审查开始的，通过自律审查逐渐强化为政府的限制及审查。还有一种变化是1987年韩国放送委员会通过韩国放送法从事事前审查以来，到2001年8月韩国放送委员会委托民间机构进行行政限制，好像这些限制让审查比较缓和了。放送委员会跟民间机构、韩国自律审查机构每三年制定一次协议，通过协议，民间机构、韩国广告审议机构来委托进行韩国放送广告的事前审查。2001年8月韩国放送委员会修改了放送法以后，他们跟韩国放送广告审议机构签了三年的合同，这个合同结束以后，今年又签了一年半的合同。韩国广告自律审议机构成立的目的之一就是为了确立广告伦理代表方面的内容；另外一个目的是尽广告人自律性的责任，增强广告的自律性和可信度。韩国广告自律审议机构是在1990年成立的，是从广告自律审议机构设立基础调查报告书的发行开始。发行这个报告书的时候，我作为研究的负责人，主持了发行工作。以这个报告书为基础，1991年3月27日联合了8个广告团体成立韩国广告自律审议机构。现在韩国广告自律审议机构包括17个顾问团体，韩国广告自律审议机构主要涉及内容包括对新闻、放送、杂志、户外广告等等进行审议；对审查机构认定的夸张、虚伪、不正当广告进行审议，协调由广告审议机构引起的有关当事人之间的分歧，决定对违反广告审查规定及审查细节的广告物制裁。韩国广告自律审议机构的一个网站在运行，另外近期正发行一个叫《广告自律审议》的期刊，通过这两个手段定期公开关于广告自律审议方面的一些制裁内容。每个月其广告自律审查结果都在网站及时地登出，然后根据这个调查结果发行月度、年度的评价报告书和相关资料。如果中国广告协会觉得这个资料有价值的话，我们可以定期提供给中广协。另外还有广告审议基准委员会，他们主要负责对提出投诉的广告进行审议，韩国广告审议基准委员会的成员由九人组成，其中第一广告审议委员会由七人组成，包括法律界、学术界、市民团体、广告界、言论界、文化界的各行各业的权威人士。第二广告审议委员会也是七人组成，主要业务范围是：有线电视、卫星放送、电子显示屏的放送。其中第一、第二广告审议委员会主要负责事前审查的业务，而第三审议委员会则担当事后审议。他们主要负责新闻、杂志等印刷媒体的平面广告。审议程序是这样的：第一是预备审议，由韩国事物处专门委员会进行预备审议，并商定案件，揭发有问题的广告，选出商定案件，三个审议委员会是按各媒体决定案件审议（初审）；以可以播放、可以有条件播放、不可以播放等做初审决定。而广告审议基准委员会主要负责对商定为再审议的案件决定审议或者是再审议，对再审案件承认初审的决定或推翻其决定。现在不管是在学校还是广告公司，他们主要注重的是如何把好的广告、有趣的广告记录下来。朴雨德总裁所在的WELCOME公司做的广告当中也有一些有问题的广告，当广告出现问题的时候，他们会来找我求情或是商谈一些内容，但是我只能按照韩国的一些法规来进行处理。因为在此之前我跟韩国很多广告公司的制作人关系很好，但自从我担任广告自律审议机构的会长以后，关系就尴尬了。韩国广告自律审议机构的事务处分为：企划室、审议室。企划室又分为：企划管理部、公关部。企划管理部主要负责：企划、预算、人事、总务、经理、审议等业务，公关部负责出版、调查、研究业务。审议室对印刷媒体广告、地上波放送广告、综合有线放送广告等进行审查、负责行政业务及其他的分歧事件。当我们审查比较专业性的内容时，比方说药品广告，我们就邀请那些专门研究药品药材的专家来参与我们的审查。我们的机构包括40个职员和30个审议委员，由70个广告人担任广告质量审议任务。这70个人中40个是专职人员，其他30个是兼职人员，他们有的是教授，有的是律师等各行各业的专家。作为审议对象的包括：有放送的广告物，通过调查等认知到的广告物，会员、广告主、广告制作公司检讨并依赖的广告物，社会团体或消费者等告发或申请审议的广告物，关于广告的分歧事宜，会长认为有必要议论的其他附加事宜。下面是放送广告审议程序：

地上波电视、广播的广告物——每周2次（星期二、星期五）进行事前审议（第一广告审议委员会）；

综合有线（有线）、卫星、电光板放送广告物——每周1次（星期三）进行事前审议（第二广告审议委员会）；审议决定（"可放送"、"可附条件放送"、"不可放送"）公告——举行会议的第二天（翌日）上午在网页上公开审议结果，之后交付"审议必证"。

如果一些平面广告被判断为有问题的广告，就会被广告审议机构以注意、警告、修正广告、广告终止等规定处理，但广告主也可以不遵守规定和结论。广告若没有通过审查的话则播不出去，所以广告主应遵守审查结果，但是平面广告作品已登出去了，所以他们可以遵守也可以不遵守审查的结论。但是韩国的报纸、杂志媒体90%以上都遵守我们机构做出的规定、修正和结论。我们简单的来看一下韩国自律审查机构的业绩，它是2000年8月受委托来审查韩国所有的放送广告和事后的平面广告，短短的几个月时间，就审查了将近21000多个广告作品，到2001年全年放送广告的事前审查就审查了52000多个广告作品，其中包括电视、广播、有线广播、电子屏等媒体广告。而2002年有所增加，共审议了73000多个广告作品。这7万件广告当中，有95%是由自律审议机构来处理的，剩下的2%－5%是由美国联邦教育委员会来处理。韩国放送广告审查的法律依据是韩国放送法第32条（放送的公正性及公共性审议）"对于放送广告，可在播放之前审议其内容，审议并表决其播送与否"，放送法第103条（权限的委任、委托）"放送委员会可根据第32条第2款的规定和总统的规定，将放送广告物的事前审议的相关业务委任给民间机构、团体"。

事前审查是根据放送委员会制定的放送规定来进行的，审议机构的放送审议规定内容分为55条加2条附则，所有的放送审议规定的内容被整理为一本书，书名叫《广告关联法规集》，这本书是和韩国消费者保护院的专家一起完成的。这个规定将儿童定位在未满13岁的人、青少年为未满19岁的人，这个规定在儿童及青少年相关的广告业方面也是非常苛刻的。

放送广告审议第10条规定：一些国家象征性的如国旗、国歌及国家重要的文化遗产不能受侮辱。2002年世界杯之前，在韩国广告上出现国旗的话是个严肃的问题，但2002年世界杯以后，大家在电视上可以看到韩国广大的公众利用国旗来装扮自己，它已经成为一种时尚。经过2002年世界杯以后，广告法对国旗的规定比较宽松了，韩国广告中也经常可以看到国旗的图案或工具。除此之外还有各种详细的规定，第21条是关于推荐和保证广告的，第22条是关于语言的。韩国对广告采用的语言要素进行详尽的规定，但最近在韩国广告作品中经常可以看到在广告上使用英文的现象，像三星电子和三星保险公司的广告语中也可以看见一些英文语言。第24条里专门对青少年和儿童广告作了规定，它的规定内容和强度都是比较有力的。第26–41条都是按照每个行业分类的，是对每个行业广告的制裁内容。韩国广告规定中对危害国民身体健康，或是容易对消费者造成财产损失的内容作了另外附加规定。在我担任韩国地上波广告审议委员会的第一委员会会长的时候，有7个人负责第一委员会的审查内容，除我以外还有语言专家、消费团体代表和各行业的代表。在正式审议的过程中，各个专家和代表都会因为意见的分歧而产生冲突，有时为一个广告要辩论半个小时以上。在韩国每个广告审查委员会都包括律师、语言专家、食品学专家、消费者团体代表，另外再加上广告理论专家等等。

三、放送广告的禁止内容

(1)法令禁止广告或法令禁止的内容；(2)放送广告禁止的商品及劳务；(3)KTV包房的营业及娱乐酒店业（歌舞厅）；(4)私设秘密调查业及私设侦探；(5)婚姻媒介、异性交际中介业；(6)占卜、心灵术等与迷信有关的内容；(7)武器、炸药类及与之很难识别的仿造品；(8)赌博、投机行为；(9)香烟及与吸烟有关的广告；(10)淫乱刊物、影像制作物、公演物及利用电气通讯的声音信息、影像信息、文字信息；(11)酒精浓度为17℃以上的酒类；(12)墓地业、葬仪业；(13)地上波电视的饮用矿泉水。

如果广告主和广告公司对审查结果有意见或者不同意审查结果，他们可以提出再审议；如果可以播放的广告违反了规定，放送委员会也可以将其附加为再审议；如果消费者或一个公司的竞争对手对一个产品提出再审议的话，广告机构的会长根据自己的判断，若妥当就接受要求，若不妥当就拒绝。如果对消费者或竞争对手所提出的所有审议要求都进行再审议的话就会落得一塌糊涂。这个再审议过程是由韩国广告审议基准委员会来进行的。韩国一些广告审议规定已逐步放宽，审议逐步放宽的项目有：属于广告性表现的内容、使用国旗等公共象征物、比较广告、广告语言。审议逐步加强的项目有：环境保护、儿童、青少年、食品、医药品、健康辅助器具、酒类广告。

下面我简单整理一下韩国最近广告审查的走向。放送广告在韩国是事前审查的，但是以广告主为代表的一些团体对放送广告的事前审查制度提出了异议。虽然韩国政府放宽了审查，但广告主团体对此不满还是越来越大。广告主方面要求事前审查为自律审查，事后再进行法律限制，实行先自律后负责的限制转换。除此对广告的虚伪、伦理、夸张等问题的不满也逐步加强。韩国的放送广告采取的是事前审查，所以放送广告中没有什么大的问题，但对事后审查的媒体来讲存在不少的问题，这种广告呈增加的趋势。所以对放送广告的限制要放宽，对平面广告、印刷广告的限制要增加的呼声越来越大。韩国广告审查制度的未来课题有两个：一是整顿放送广告的审查制度和审查规定，其二，落实实施符合国际标准的审查制度。

最后，简单的介绍一下韩国广告自律审议机构团体会员，我们的团体会员包括17个团体：

广告界

韩国广告主协会、韩国广告协会、韩国广告映像制作社协会、韩国电光放送广告协会、韩国广告事业协会、韩国广告写真家协会、韩国制药协会、大韩化妆品工业协会。

言论界

韩国放送协会、韩国新闻协会广告协议会、韩国有线电视放送协会、韩国杂志协会、韩国专门新闻协会。

学术界

韩国广告学会、韩国言论学会、韩国放送学会、韩国弘报（公共关系）学会。

除了这17个团体会员以外，目前还有3个团体正在申请成为我们机构的团体会员，对这3个团体，我们还在考虑当中。因为团体会员越多，选择会长的难度就越来越大，每年由17个团体各选出2名大议员，由34个大议员来讨论下期的会长。我被选为会长是经过3次大议员的会议，到了最后勉强当选为韩国审议机构会长。如果团体会员越多的话，大议员也就越多，被选为会长的机会也就越少。

’2004中国广告年鉴

China Advertising Yearbook

12th Edition

广告优秀作品评选

第十九届全国优秀广播广告作品评选评委会名单

主任　陈大海　　广东电台副台长
委员　赵　凯　　广播委员会副秘书长
委员　赵德全　　广电总局培训部主任
委员　郎佩英　　上海东方台副台长
委员　李忠诚　　湖北电台副台长
委员　权福臣　　山东电台副台长
委员　韩文根　　江苏电台广告部主任
委员　张荣贵　　重庆电台广告部主任
委员　李　苗　　暨南大学广告系副教授

第十九次全国优秀广播广告作品评选

商品类广告获奖名单

一等奖

商品广告名称：老村长酒
广告播出单位：吉林台

商品广告名称：金嗓子
广告播出单位：广东台

商品广告名称：蔡林记热干面
广告播出单位：湖北台

商品广告名称：行行行珠宝
广告播出单位：深圳台

商品广告名称：太太口服液
广告播出单位：陕西台

商品广告名称：华夏银行助学理财
广告播出单位：山西台

商品广告名称：北大荒酒
广告播出单位：江苏台

商品广告名称：山东黄页
广告播出单位：山东台

商品广告名称：动感地带
广告播出单位：佛山台

商品广告名称：向阳坊年糕
广告播出单位：厦门台

商品广告名称：罗莎月饼
广告播出单位：云南台

商品广告名称：黑妹牙膏
广告播出单位：中央台

二等奖

商品广告名称：中东医药城
广告播出单位：吉林台交通文艺频率

商品广告名称：鹏程美容医院牙科
广告播出单位：深圳台

商品广告名称：烧鹅仔
广告播出单位：青海台

商品广告名称：草珊瑚去痘博士
广告播出单位：江西台新闻综合频率

商品广告名称：红塔油漆
广告播出单位：云南台

商品广告名称：中国网通
广告播出单位：辽宁台

商品广告名称：哈飞赛马
广告播出单位：中山台

商品广告名称：邮政185
广告播出单位：东莞台

商品广告名称：文曲星
广告播出单位：中央台

商品广告名称：建设银行龙卡
广告播出单位：上海台

商品广告名称：统一绿茶
广告播出单位：湖北台

商品广告名称：联通彩铃（等待篇）
广告播出单位：河南台

商品广告名称：联通登绿卡—神话篇
广告播出单位：珠海台

商品广告名称：青啤·麦茶
广告播出单位青岛台新闻频率

商品广告名称：联通王牌套餐
广告播出单位：江苏台

商品广告名称：国际教育交流信息中心
广告播出单位：上海东方台

商品广告名称：红门鞋城
广告播出单位：北京台

商品广告名称：雨丁香脱毛膏
广告播出单位：天津台

商品广告名称：宝视通生日篇
广告播出单位：吉林市台大众生活频率

商品广告名称：天之美禄——香格里拉
广告播出单位：湖北台

商品广告名称：塞罕坝酒
广告播出单位：河北台

商品广告名称：泰康人寿
广告播出单位：辽宁台

商品广告名称：天成珠宝

广告播出单位：郑州台

三等奖

商品广告名称：历德雅舍
广告播出单位：羊城交通台

商品广告名称：乐天艺术幼儿园
广告播出单位：中山台

商品广告名称：湖景豪宅——都市华庭
广告播出单位：内蒙古台

商品广告名称：好乃乌生发（小草篇）
广告播出单位：成都台

商品广告名称：藏韵酒
广告播出单位：甘肃台

商品广告名称：马自达 —6
广告播出单位：广州台

商品广告名称：罗莎巧克力
广告播出单位：湖南台

商品广告名称：金色年华新龟兔赛跑篇
广告播出单位：湖南台

商品广告名称：鸡公山啤酒
广告播出单位：河南台

商品广告名称：学院国际写字楼
广告播出单位：北京台

商品广告名称："风神"篮鸟
广告播出单位：江西台生活经济频率

商品广告名称：残联医院让您轻松睡好觉
广告播出单位：山西台

商品广告名称：必胜客
广告播出单位：江西台文艺音乐频率

商品广告名称：中国移动网络
广告播出单位：重庆台

商品广告名称：银桥牛奶
广告播出单位：陕西台

商品广告名称：意大利娇雅咖啡酒吧
广告播出单位：江西台文艺音乐频率

商品广告名称：一品香
广告播出单位：湖北台

商品广告名称：大可以
广告播出单位：广东台

商品广告名称：真情干线
广告播出单位：青岛台经济频率

商品广告名称：圣兰德电子驱虫器
广告播出单位：天津台

商品广告名称：蓝莓野果汁
广告播出单位：呼伦贝尔台

商品广告名称：海尔家庭氧吧空调
广告播出单位：青岛台经济频率

商品广告名称：公牛啤酒
广告播出单位：天津台

商品广告名称:凤阳沙发
广告播出单位:淄博台

商品广告名称:风和日丽
广告播出单位:成都台

商品广告名称:短信图片下载
广告播出单位:青岛台文艺频率

商品广告名称:东华美钻
广告播出单位:上海台

商品广告名称:电脑体育彩票
广告播出单位:新疆台

商品广告名称:成吉思汗"御酒"
广告播出单位:呼伦贝尔台

商品广告名称:阿尔卡特 OT331
广告播出单位:远传国际广告公司

商品广告名称:高原之宝酸奶
广告播出单位:西藏台

第十九次全国优秀广播广告作品评选

公益类广告获奖名单

一等奖

商品广告名称:奥运家庭篇
广告播出单位:上海台

商品广告名称:高峡出平湖
广告播出单位:重庆台

商品广告名称:免费救治　农民放心
广告播出单位:吉林台

商品广告名称:珍惜生命　活出精彩
广告播出单位:河南台

商品广告名称:"非典"公益广告
广告播出单位:天津台

商品广告名称:广播体操系列广告之办公室篇
广告播出单位:河北台

商品广告名称:洁身自好　远离艾滋
广告播出单位:郑州台

商品广告名称:一个也不能少
广告播出单位:湖南台

二等奖

商品广告名称:环保地球之辞职篇
广告播出单位:辽宁台

商品广告名称:有一天，你也会老
广告播出单位:吉林市台

商品广告名称:下岗再就业工程
广告播出单位:呼伦贝尔台

商品广告名称:与您相伴
广告播出单位:北京台

商品广告名称:关爱外来工
广告播出单位:广东台

商品广告名称:水资源篇
广告播出单位:上海东方台

商品广告名称:预防艾滋病
广告播出单位:云南台

商品广告名称:请适时关机
广告播出单位:陕西台

商品广告名称:抗非典之旅途篇
广告播出单位:广东台

商品广告名称:倡导环保塑料袋
广告播出单位:常熟台

商品广告名称:交通安全之电话篇
广告播出单位:珠海台

商品广告名称:老师您好
广告播出单位:济南台

商品广告名称:奉献爱心　收获成长
广告播出单位:新疆台

三等奖

商品广告名称:新城市 新青岛 新家园
广告播出单位:青岛台文艺频率

商品广告名称:节目用水
广告播出单位:辽宁台

商品广告名称:超速驾驶祸在当前
广告播出单位:山西台

商品广告名称:爱在广东
广告播出单位:广东台

商品广告名称:适应变化
广告播出单位:中央台

商品广告名称:天天拥有好心情
广告播出单位:吉林市台大众生活频率

商品广告名称:酒后莫驾驶
广告播出单位:羊城交通台

商品广告名称:爱护绿色 爱护大自然
广告播出单位:廊坊台

商品广告名称:我们万众一心
广告播出单位:天津台

商品广告名称:广东第三大城市
广告播出单位:佛山台

商品广告名称:计划生育(起源篇)
广告播出单位:厦门台

商品广告名称:抗击非典的白衣天使
广告播出单位:天津台

商品广告名称:你可以小声点吗
广告播出单位:中山台

商品广告名称:考驾照
广告播出单位:江苏台

商品广告名称:十元钱
广告播出单位:湖北台

商品广告名称:讲究卫生从我做起
广告播出单位:甘肃台

第十届中国广告节广告大奖赛评委名单

（排名不分先后）

林俊明	徐　建	黎　音	贺超兵	丁俊杰	黄庆栓	林剑刚
高　峻	莫康孙	徐建国	窦仁安	吴　讯	劳双恩	赵海颖
高小龙	丁邦清	徐　岚	党启元	何　洁	高祖侃	傅文俊
谷文通	乔　均	李　明	陈正辉	苗登宇	潘　洋	

第十届中国广告节广告大奖赛获奖作品名单

第十届中国广告节于2003年10月23日至25日在南京举行。本届广告节共收到各地送展评的作品共3516件（5188幅／条）。此次送展评的作品当中，质量比往年显著提高，很多作品具有很好的创意和很高的艺术水准。9月8日至11日，组委会邀请了境内外27名专家本着公开、公平、公正的原则逐个进行评审。从中产生了1个全场大奖，14个金奖，46个银奖，196个铜奖，另有432件作品获得入围奖。

全场大奖

作品类型　影视广告家用电器类
作品名称：美的电饭煲"足球篇"
广告客户：广东美的生活电器制造有限公司
参赛单位：精信广告有限公司

平面广告　企业形象类

金奖

作品名称：龙玺户外广告奖
广告客户：龙玺户外广告奖
参赛单位：智威汤逊—中乔广告有限公司上海分公司

作品名称：北京青年报椅子篇／翘车篇／抬报篇／脚印篇
广告客户：北京青年报
参赛单位：盛世长城国际广告公司（北京）

作品名称：盲道篇
广告客户：佳通轮胎中国事业部
参赛单位：梅高·上海

银奖

作品名称：李小龙截拳道篇／女性魅力化妆篇／创造销售奇迹篇
广告客户：博雅书局

参赛单位:上海南舟广告有限公司

作品名称:国际先驱导报 · 电车篇
广告客户:国际际先驱导报
参赛单位:熊超

铜奖

作品名称:好球,无效
广告客户:江苏淮安市黑马广告有限公司
参赛单位:江苏淮安市黑马广告有限公司

作品名称:放光彩系列之地名篇/书名篇
广告客户:立邦涂料(中国)有限公司重庆分公司
参赛单位:重庆写真广告有限公司

作品名称:南航真情服务系列之精美刺绣篇/穿针引线篇
广告客户:中国南方航空股份有限公司
参赛单位:广州市蓝色火焰广告有限公司

作品名称:正宗广告企业形象广告——撞球篇/小鸡篇/存钱罐篇
广告客户:重庆正宗广告有限公司
参赛单位:重庆正宗广告有限公司

作品名称:修车篇/环卫篇/裁缝篇
广告客户:《龙吟榜》
参赛单位:麦肯 · 光明广告有限公司

作品名称:佰诚招聘系列之解放鞋篇/铝饭盒篇/粮票篇/电话篇/口怀篇/像章篇
广告客户:厦门市佰诚设计装饰有限公司
参赛单位:厦门市佰诚设计装饰有限公司

作品名称:绵羊换装篇
广告客户:新疆天山毛纺织股份有限公司
参赛单位:新疆普拉纳广告有限公司

作品名称:一日不做广告即觉手痒
广告客户:南京银都广告商务有限责任公司
参赛单位:南京银都广告商务有限责任公司

作品名称:都市报形象开始篇/后来篇/再后来篇 /今天篇
广告客户:贵州都市报
参赛单位:贵州都市报

作品名称:肯德基上海十三周年回报篇
广告客户:肯德基
参赛单位:奥美广告

平面广告　家用电器类

银奖

作品名称:《鲜氧多——动物系列》——大象篇/小鸟篇
广告客户:新飞电器有限公司
参赛单位:广州省广告有限公司

作品名称:飞利浦家庭视听娱乐产品系列——六环路篇/蚂蚁篇 /凉水篇
广告客户:飞利浦消费电子产品
参赛单位:北京恒美广告有限公司上海分公司

铜奖

作品名称:Sony DVD——飞碟篇
广告客户:Sony DVD
参赛单位:精信广告公司上海分公司

作品名称:站起来篇
广告客户:TCL DVD
参赛单位:广州先创广告有限公司

作品名称:心跳篇
广告客户:索尼笔记本电脑
参赛单位:电扬/伟门

作品名称:架势篇
广告客户:索尼数码摄像篇
参赛单位:电扬/伟门

作品名称:明星篇/乐队篇/歌星篇
广告客户:君豪电器
参赛单位:盛世长城国际广告有限公司广州分公司

平面广告 食品类

铜奖

作品名称:长期食用玉米更有助身体健康
广告客户:桂林西麦生物技术开发有限公司
参赛单位:桂林华顿广告策划公司

作品名称:哈根达斯月饼冰淇淋系列
广告客户:通用磨坊·中国/哈根达斯
参赛单位:上海TBWA

作品名称:冰锁系列——饺子篇
广告客户:五丰冷食
参赛单位:卓越形象品牌传播事业机构

作品名称:加油站篇/加油车篇/仓库篇
广告客户:Natural Touch Food Ltd
参赛单位:盛世长城国际广告有限公司广州分公司

平面广告 饮料类

银奖

作品名称:三坛印月/苏堤春晓
广告客户:西湖啤酒
参赛单位:梅高·上海

铜奖

作品名称:水井坊之根雕篇/金字塔篇
广告客户:水井坊
参赛单位:广东省广告有限公司

作品名称:人马银宝Long lsland强劲到底系列
——布篇/木篇/金属篇
广告客户:人头马寰盛贸易（中国）有限公司
参赛单位:北京恒美广告公司有限公司上海分公司

作品名称:纯中纯矿泉水隐形眼镜盒篇
广告客户:哈药集团制药六厂
参赛单位:哈尔滨海润国际广告传播集团

作品名称:啤酒肚篇
广告客户:哈尔滨啤酒
参赛单位:梅高·上海

作品名称:蒙牛牛奶之骨胳篇
广告客户:内蒙古蒙牛牛奶乳业股份有限公司
参赛单位:青岛黑蚂蚁广告有限公司

作品名称:白里透红
广告客户:南京卫岗乳业
参赛单位:江苏广播电视总台电视广告中心

作品名称:镜泊湖无醇啤
广告客户:镜泊湖啤酒
参赛单位:哈尔滨远洋广告有限公司

作品名称:"康师傅"绿茶
参赛单位:合肥市公交广告公司

平面广告　家庭用品类

银奖

作品名称:美涛嗜哩——巴黎铁塔篇
广告客户:美　涛
参赛单位:灵智大洋（广州）广告有限公司上海分公司

铜奖

作品名称:美涛嗜哩——国画山水篇
广告客户:美　涛
参赛单位:灵智大洋（广州）广告有限公司上海分公司

作品名称:龙虎牌清凉油车祸篇／议会篇
广告客户:上海中华制药厂
参赛单位:西安麦道广告公司

平面广告　个人用品类

银奖

作品名称:葡萄／叶子／玫瑰
广告客户:上海尤妮佳有限公司
参赛单位:智威汤逊—中乔广告有限公司上海分公司

作品名称:速度篇／稳定篇
广告客户:耐克（苏州）体育用品有限公司上海分公司
参赛单位:智威汤逊—中乔广告有限公司上海分公司

作品名称:影子
广告客户:耐克（苏州）体育用品有限公司上海分公司
参赛单位:智威汤逊—中乔广告有限公司上海分公司

作品名称:签名
广告客户:耐克（苏州）体育用品有限公司上海分公司
参赛单位:智威汤逊—中乔广告有限公司上海分公司

作品名称:李宁运动鞋篮球场篇／足球场篇
广告客户:李宁体育用品有限公司
参赛单位:蓝道广告福建公司

铜奖

作品名称:牛角篇
广告客户:黑妹牙膏
参赛单位:上海李奥贝纳广告公司广州分公司

作品名称:FIM 打火机办公桌篇／灭火器篇
广告客户:北京福瑞兹工程技术有限公司
参赛单位:山东潜意识广告有限公司

作品名称:想得到的吸引力——癞蛤蟆想吃天
　　　　鹅肉篇／窒息篇／手、眼球篇
广告客户:佐登妮丝国际美容机构
参赛单位:江苏天合

作品名称:女子运动
广告客户:耐克（苏州）体育用品有限公司上海分公司
参赛单位:智威汤逊—中乔广告有限公司上海分公司

平面广告　办公设备、通讯事务类

银奖

作品名称:本地网——同事篇／邻居篇／夫妻篇
广告客户:江西宜春市电信局
参赛单位:上海创翼企业形象设计公司

作品名称:犀牛篇
广告客户:上海移动
参赛单位:天联广告有限公司（上海）分公司

铜奖

作品名称:化石篇／秦俑篇
广告客户:广东省电信有限公司广州分公司
参赛单位:上海李奥贝纳广告有限公司广州分公司

作品名称:公共汽车篇／地铁篇／电梯篇
广告客户:中国移动通信
参赛单位:灵智大洋（广州）广告有限公司

作品名称:龙虾篇／劳斯莱斯篇／超值发型师篇
广告客户:中国移动通信
参赛单位:灵智大洋（广州）广告有限公司

作品名称:Dell 服务器系列——大桥篇／高山篇／长城篇／铜狮篇
广告客户:戴尔（中国）计算机公司
参赛单位:灵智大洋（广州）广告有限公司北京分公司

作品名称:广告打假包治百病篇／一粒见效篇／三天根治篇
参赛单位:哈尔滨海润国际广告传播集团

作品名称:联想 ET180 手机系列之音箱篇键盘篇／游戏手柄篇／DVD 篇
广告客户:联想
参赛单位:北京东方捷先广告传播有限公司

作品名称:明处、暗处／狭路相逢／御前侍卫
广告客户:大宇电子
参赛单位:威海缘也广告有限责任公司

作品名称:飞利浦手机促销系列——敬队礼篇/促销系列——五讲四美篇／促销系列——酷毙篇
广告客户:飞利浦消费通讯
参赛单位:北京恒美广告有限公司上海分公司

作品名称:手机资费，笔笔清楚
广告客户:江苏移动通信
参赛单位:南京银都广告商务有限责任公司

作品名称:记费准卡尺篇
广告客户:黑龙江移动通信公司
参赛单位:哈尔滨海润国际广告传播集团

作品名称:顾小明篇
广告客户:IBM
参赛单位:上海奥美广告有限公司北京分公司

作品名称:诺基亚 2100 轮船篇
广告客户:诺基亚中国投资有限公司
参赛单位:达彼思广告有限公司北京分公司

作品名称:诺基亚 2100 公车篇
广告客户:诺基亚中国投资有限公司
参赛单位:达彼思广告有限公司北京分公司

作品名称:中国联通金中华卡——冰桶篇
广告客户:中国联通
参赛单位:新疆普拉纳广告有限公司

作品名称:阴井篇

广告客户：上海移动
参赛单位：天联广告有限公司（上海）分公司

作品名称：恐龙蛋篇
广告客户：海信集团
参赛单位：梅高·上海

作品名称：电话升8位雨花石篇／茶篇
广告客户：南京电信
参赛单位：南京银都广告商务有限责任公司

平面广告　药品、保健品类

铜奖

作品名称：意可贴蛋糕篇／烤鸡篇／火腿篇
广告客户：深圳太太药业股份有限公司
参赛单位：宁云志、熊超

作品名称：力克胶囊警车篇／铅笔篇
广告客户：四川华联制药有限公司
参赛单位：深圳黑弧广告有限公司

作品名称：创可贴环保系列——鲨鱼／船／烟囱
广告客户：强生（中国）有限公司
参赛单位：麦肯·光明广告有限公司

作品名称：百消丹《动物篇》系列
广告客户：苏州长甲药业有限公司
参赛单位：上海灵诺策划传播机构

作品名称：树杈系列
广告客户：杜蕾斯
参赛单位：麦肯·光明广告有限公司

作品名称：金嗓子喉片（全场大讲篇）
广告客户：广西金嗓子有限责任公司
参赛单位：江西东方广告有限公司

平面广告　金融保险类

银奖

作品名称：砚台篇／剪纸篇
广告客户：张家港市农村商业银行
参赛单位：梅高·上海

作品名称：走到哪里提到哪里——手提箱篇
广告客户：中国电信盐城电信分公司
参赛单位：盐城市中原广告装璜有限公司

平面广告　房地产类

金奖

作品名称：寻找系列之收藏月光篇／听其自然篇
　　　　　／想入非非篇
广告客户：丽江花园
参赛单位：广东省广告有限公司

作品名称：生活本质系列——葫芦篇／鹅卵石篇
　　　　　／老树篇／路灯篇／邻居篇
广告客户：万科企业股份有限公司
参赛单位：精信广告公司上海分公司

银奖

作品名称：日丰管之飙车篇
广告客户：重庆金奥陶建材有限责任公司
参赛单位：重庆正宗广告有限公司

铜奖

作品名称：躺椅篇／酒招篇／茶壶篇
广告客户：重庆晋愉地产
参赛单位：唐都广告重庆公司

作品名称：钻戒篇
广告客户：光大花园
参赛单位：广东省广告有限公司

作品名称：星河湾气质系列之洋酒篇／名表篇／名车篇／钢琴篇
广告客户：星河湾
参赛单位：广州市蓝色创意广告有限公司

作品名称：自然系列稿之冥想室篇／视听室篇／收藏篇
广告客户：丽江花园
参赛单位：广东省广告有限公司

作品名称：皇庭世纪开盘形象报广
广告客户：深圳市恒浩投资发展公司
参赛单位：深圳黑弧广告有限公司

作品名称：圣象地板之公路篇／跑道篇／铁路篇
广告客户：圣象地板
参赛单位：济宁市卢强工作室

作品名称：城市别墅冯小刚系列报纸广告
广告客户：亚资置业
参赛单位：天津世纪座标广告公司

作品名称：长阳花园之都是阳光惹的祸篇
广告客户：南京仁裕达物业有限公司
参赛单位：江苏苏垦广告有限公司

作品名称：岭南家园系列——陶瓷篇／折扇篇／古琴篇
广告客户：广西华盈房地产开发有限公司
参赛单位：广西南宁金岛广告有限公司

平面广告　交通工具、交通器材类

金奖

作品名称：章鱼篇／鱼尾篇
广告客户：固特异轮胎
参赛单位：麦肯·光明广告有限公司

银奖

作品名称：划艇篇／楼梯篇
广告客户：一汽大众——奥迪
参赛单位：上海灵狮广告有限公司北京办事处

作品名称：路面篇系列
广告客户：普利司通轮胎
参赛单位：广东广旭广告有限公司

作品名称：佳通轮胎之军事篇
广告客户：佳通轮胎中国事业部
参赛单位：梅高·上海

铜奖

作品名称：佳通轮胎圆珠笔篇／相机篇
广告客户：佳通轮胎
参赛单位：梅高·北京

作品名称：MOLY 机油招商广告
广告客户：重庆鑫源摩托
参赛单位：重庆红石广告文化发展有限公司

作品名称:走钢丝篇
广告客户:比亚迪汽车有限公司
参赛单位:广州市蓝色火焰广告有限公司

作品名称:云中漫步篇
广告客户:锦湖轮胎
参赛单位:卓越形象广告传播有限公司

作品名称:粘贴篇
广告客户:佳通轮胎中国事业部
参赛单位:梅高·上海

平面广告　其它类

金奖

作品名称:中德建交（雨刷篇）
参赛单位:北京精信广告有限公司

银奖

作品名称:求职360　工具系列锯篇/景泰蓝篇/钢笔篇
广告客户:求职360　分类海报
参赛单位:北京恒美广告有限公司上海分公司

作品名称:水乡周庄——旅游招贴
广告客户:周庄镇旅游股份有限公司
参赛单位:江阴市金点子广告公司

铜奖

作品名称:EMBA系列——同学篇/老师篇/课程篇
广告客户:北京大学光华管理学院
参赛单位:灵智大洋（广州）广告有限公司北京分公司

作品名称:哈尔滨城市形象系列——冰淇淋篇/小提琴篇/糖葫芦篇/酒杯篇
广告客户:黑龙江省旅游局
参赛单位:哈尔滨海润国际广告传播集团

作品名称:新疆旅游——丝绸之路篇
广告客户:新疆旅游局
参赛单位:新疆普拉纳广告有限公司

作品名称:打货的
广告客户:苏州市运输管理处
参赛单位:苏州和氏设计营造工程有限公司

作品名称:西安音乐节——耳朵篇/钓钩篇/窈窕淑女篇
广告客户:西安音乐节组委会
参赛单位:西安美灵广告有限责任公司

平面广告　公益类

金奖

作品名称:保护野生动物篇系列
广告客户:北京MPI
参赛单位:上海TBWA

银奖

作品名称:保护环境之卫生纸篇
广告客户:赢周刊
参赛单位:广州天橙广告有限公司

作品名称:手
广告客户:红十字会
参赛单位:智威汤逊·中乔广告有限公司

作品名称:小康社会物质文明与精神文明齐建设之人民币系列
广告客户:赢周刊
参赛单位:广州天橙广告有限公司

作品名称:全民健身之口罩篇
广告客户:端木标志设计顾问有限公司
参赛单位:端木标志设计顾问有限公司

铜奖

作品名称:面对性骚扰，摆明你的态度之上衣篇／裙子篇
广告客户:中国妇女中心
参赛单位:南京银都广告商务有限责任公司

作品名称:权利岂能当筹码
参赛单位:南京邮政广告公司

作品名称:说实话，开短会
参赛单位:南京雷迪欧广告公司

作品名称:珍惜水资源公益广告——枯须篇／枯睫篇
参赛单位:南京品智广告有限公司

作品名称:关爱下岗职工系列公益海报——车座篇／车踏篇／车把篇／车撑篇
参赛单位:上海意通企业形象设计有限公司

作品名称:献血——迫在眉睫:白喜篇／白灯笼篇
广告客户:重庆市广告协会
参赛单位:重庆正宗广告有限公司

作品名称:克星
参赛单位:广东省广告有限公司

作品名称:核爆炸篇
广告客户:广州市蓝色火焰广告有限公司
参赛单位:广州市蓝色火焰广告有限公司

作品名称:自杀系列之鲸鱼篇／大猩猩篇／丹顶鹤篇
广告客户:广州4A
参赛单位:广东黑马广告有限公司

作品名称:外国中文告示系列
参赛单位:广东天艺广告有限公司

作品名称:打假——鳄鱼篇／花花公子篇／耐克篇
参赛单位:哈尔滨远洋广告有限公司

作品名称:世界无烟日之烟卷篇
参赛单位:哈尔滨海润国际广告传播集团

作品名称:儿童教育—毕加索篇／爱因斯坦篇／贝多芬篇
广告客户:启明星幼儿园
参赛单位:哈尔滨海润国际广告传播集团

作品名称:珍爱水资源——高山流水篇／二泉映月篇／雨打芭蕉篇
参赛单位:济南三石广告有限责任公司

作品名称:众志成城，抗击非典
参赛单位:盐城市艺华广告装潢有限公司

作品名称:油烟机篇
参赛单位:合肥嘉宝影视服务有限公司

作品名称:迷彩和平鸽
参赛单位:新疆普拉纳广告有限公司

作品名称：食谱篇／游乐场篇／客厅篇
广告客户：爱浪、微美科技
参赛单位：广州市白羊广告有限公司

作品名称：光明乳业形象盲文篇
广告客户：上海光明乳业有限公司
参赛单位：青岛黑蚂蚁广告有限公司

作品名称：向陋习宣战
参赛单位：南通德者行广告商务有限公司

作品名称：铜墙铁壁——口罩篇／洗手篇
广告客户：《新浪潮》编辑部
参赛单位：无锡市富润广告有限公司

作品名称：烟·牛奶／烟·啤酒
广告客户：梅高公司
参赛单位：梅高·上海

作品名称：保护藏羚羊系列
广告客户：ERICSSON
参赛单位：电扬·伟门

作品名称：珍惜时间时钟篇
参赛单位：卓越形象品牌传播事业机构

户外广告　路牌类

金奖

作品名称：伟海拉链系列
广告客户：伟海拉链
参赛单位：南京大贺户外传媒股份有限公司
　　　　　义乌鹏程户外传媒有限公司

银奖

作品名称：疾速效应
广告客户：上汽大众汽车销售有限公司 PoLo（两厢）
参赛单位：盛世长城国际广告·上海

铜奖

作品名称：享受未来——新别墅篇／跑车篇
广告客户：中国银行江苏分行
参赛单位：大贺国际广告集团

作品名称：海尔曼斯织冷暖
广告客户：江苏海尔曼斯集团
参赛单位：大贺国际广告集团

作品名称：车距公益广告
广告客户：昆明市公交公司
参赛单位：昆明风驰传媒有限公司

作品名称：泻立停
参赛单位：昆明风驰传媒有限公司

作品名称：统一鲜橙多
广告客户：成都统一食品有限公司
参赛单位：昆明风驰传媒有限公司

作品名称：旧元素新组合《战胜非典》之公益篇
参赛单位：上海美术设计公司

作品名称：旧元素新组合《前程无忧网》之投蓝篇
广告客户：前程无忧网
参赛单位：上海美术设计公司

户外广告　灯箱类

铜奖

作品名称：音乐轮胎系列
广告客户：锦湖轮胎
参赛单位：南京银都广告商务有限责任公司

作品名称：倾斜篇
广告客户：统一可护儿优酪乳
参赛单位：上海李奥贝纳广告有限公司广州分公司

作品名称：ThinkPad 系列
广告客户：IBM
参赛单位：上海奥美广告有限公司北京分公司

作品名称：巨无霸篇／苹果派篇／咖啡篇／鸡翅篇
广告客户：麦当劳中国有限公司
参赛单位：上海李奥贝纳广告有限公司

作品名称：新华企业形象系列——大海篇／山峰篇／森林篇
广告客户：新华人寿保险公司
参赛单位：北京凯普九歌广告公司

作品名称：女子运动系列
广告客户：耐克（苏州）体育用品有限公司上海分公司
参赛单位：智威汤逊—中乔广告有限公司上海分公司

作品名称：舞龙篇／心篇
广告客户：联合利华食品(中国)有限公司
参赛单位：智威汤逊—中乔广告有限公司上海分公司

作品名称："是盲道而不是赛道"——保持盲道畅通，请勿在盲道上停放自行车
参赛单位：上海飞帆广告有限公司

户外广告　霓虹灯类

铜奖

作品名称：美佳娜美容
广告客户：哈尔滨美佳娜女子美容会馆
参赛单位：哈尔滨潜龙广告有限公司

户外广告　车体类

铜奖

作品名称：守好你的门——警惕性病的肆掠
参赛单位：南京梅迪派勒公交广告有限公司

作品名称：贪怀效应
广告客户：重庆正宗广告有限公司
参赛单位：重庆正宗广告有限公司

作品名称：新鲜好味之虾篇／蟹篇
广告客户：苏州老东吴食府
参赛单位：苏州明日企业形象策划传播有限公司

作品名称：宽带上网　一口吃尽
广告客户：苏州电信
参赛单位：苏州明日企业形象策划传播有限公司

作品名称：夏季百日安全竞赛之板手篇／游标卡尺篇
广告客户：无锡市客运总公司
参赛单位：无锡市交运广告公司

户外广告　其它类

铜奖

作品名称：火炬篇／国际象棋篇
广告客户：麦当劳中国有限公司
参赛单位：上海李奥贝纳广告有限公司

作品名称：肯德基户外高墙——诱人篇
广告客户：肯德基
参赛单位：奥美广告

作品名称：杯垫篇
参赛单位：上海南舟广告有限公司

作品名称：公交车扶手
广告客户：南通人才交流中心《机会》刊物
参赛单位：南通骑士广告设计有限公司

影视广告　企业形象类

金奖

作品名称：农夫山泉之阳光工程篇
广告客户：农夫山泉股份有限公司
参赛单位：博采广告有限公司

铜奖

作品名称：外星人篇
广告客户：广东电信有限公司广州分公司
参赛单位：上海李奥贝纳广告有限公司广州分公司

作品名称：康师傅绿茶之世仇篇
广告客户：顶津食品有限公司
参赛单位：达彼思广告有限公司北京分公司

作品名称：风向标篇／罗盘篇／温度计篇
广告客户：浙江经济生活频道
参赛单位：杭州捷群广告有限公司

作品名称：康佳高清电视"点篇"
广告客户：康佳集团股份有限公司
参赛单位：广州市协作广告有限公司

影视广告　家用电器类

铜奖

作品名称：高度篇
广告客户：方太
参赛单位：上海南舟广告有限公司

作品名称：镜子
广告客户：TCL 王牌惠州有限公司
参赛单位：智威汤逊—中乔广告有限公司上海分公司

作品名称：跑步篇／攀岩篇
广告客户：金山工业集团 GP 超霸电池
参赛单位：上海广告有限公司

影视广告　食品类

金奖

作品名称：热心篇／豪爽篇／随和篇／调皮篇／浪漫篇
广告客户：麦当劳中国有限公司
参赛单位：上海李奥贝纳广告有限公司

银奖

作品名称：雀巢奇巧电视广告 20 秒——石膏靴篇／粘人洋娃娃篇／墙纸篇
广告客户：雀巢(中国)有限公司
参赛单位：智威汤逊—中乔广告有限公司

作品名称：开窍电视广告创意之敲击篇／商店篇／牙齿篇

广告客户：云南七彩核宝生物有限公司
参赛单位：昆明风驰传媒

作品名称：乐事无限——火车站篇
广告客户：百事（中国）投资有限公司
参赛单位：天联广告有限公司（上海）分公司

作品名称：肯德基川辣双层鸡腿堡大嘴篇
广告客户：肯德基
参赛单位：奥美广告

影视广告　饮料类

银奖

作品名称：康师傅绿茶世仇篇
广告客户：顶津食品有限公司
参赛单位：达彼思广告有限公司北京分公司

作品名称：力波啤酒主题篇——我爱上海
广告客户：上海亚太酿酒有限公司
参赛单位：达彼思（达华）广告公司上海分公司

作品名称：渴求篇
广告客户：可口可乐（中国）饮料有限公司
参赛单位：上海麦肯·光明广告有限公司

作品名称：爱情篇
广告客户：可口可乐（中国）饮料有限公司
参赛单位：上海麦肯·光明广告有限公司

作品名称：出击篇
广告客户：可口可乐（中国）饮料有限公司
参赛单位：上海麦肯·光明广告有限公司

作品名称：七喜——节日篇
广告客户：百事饮料有限公司
参赛单位：天联广告有限公司上海分公司

作品名称：七喜——银屏篇
广告客户：百事饮料有限公司
参赛单位：天联广告有限公司上海分公司

作品名称：七喜——气泡篇
广告客户：百事饮料有限公司
参赛单位：天联广告有限公司上海分公司

铜奖

作品名称：电杆篇／芭蕾篇／孕妇篇
广告客户：内蒙古伊利实业（集团）
参赛单位：上海奥美广告有限公司北京分公司

作品名称：雅乐多TVC系列——按摩篇／小孩子篇／大肚子篇
广告客户：养乐多食品（中国）有限公司
参赛单位：达彼思（达华）广告公司上海分公司

作品名称：PEPSICOLA——心灵感应
广告客户：百事可乐（中国）投资有限公司
参赛单位：天联广告有限公司上海分公司

作品名称：七喜——冷的发抖
广告客户：百事可乐（中国）投资有限公司
参赛单位：天联广告有限公司上海分公司

作品名称：芬达之杂耍篇
参赛单位：奥美广告

作品名称：伊利新高钙奶粉—单臂府卧撑篇
广告客户：伊利集团
参赛单位：叶茂中营销策划机构

作品名称:真牛真豆篇

广告客户:完达山乳业

参赛单位:北京凯普九歌广告公司

影视广告　家庭用品类

铜奖

作品名称:多喜爱床上用品电视广告——诱人入睡篇

广告客户:多喜爱家饰用品有限公司

参赛单位:广东英扬传奇广告有限公司

影视广告　个人用品类

金奖

作品名称:画廊篇

广告客户:宝洁公司

参赛单位:盛世长城国际广告有限公司广州分公司

银奖

作品名称:按摩篇

广告客户:宝洁公司

参赛单位:盛世长城国际广告有限公司广州分公司

铜奖

作品名称:Semir 休闲服之什么篇

广告客户 Semir 休闲服

参赛单位:奥美广告

作品名称:蚊子篇

广告客户:宝洁公司

参赛单位:盛世长城国际广告有限公司广州分公司

作品名称:选美篇

广告客户:宝洁公司

参赛单位:阳狮广州

作品名称:梦洁蚕丝被产品形象广告

广告客户:梦洁家纺有限公司

参赛单位:湖南博创广告有限公司

作品名称:一朵——翻过岁月痕迹

广告客户:上海启美化妆品公司

参赛单位:北京东方鼎盛广告公司

影视广告　办公设备、通讯事务类

银奖

作品名称:诺基亚 7250 ——慧眼篇

广告客户:诺基亚中国投资有限公司

参赛单位:达彼思广告有限公司北京分公司

作品名称:镜子篇 / 办公室篇 / 明星篇 / 拆墙篇 / 企鹅

广告客户:中国移动

参赛单位:上海奥美广告有限公司北京分公司

铜奖

作品名称:小灵通系列之唐僧篇 / 悟空篇 / 八戒篇 / 沙僧篇

广告客户:中国电信

参赛单位:广东省广告有限公司

作品名称:下载篇

广告客户:中国电信

参赛单位:麦肯 · 光明广告有限公司

作品名称:第二名篇／游泳篇30秒／结婚篇30秒
广告客户:浙江移动通信有限公司
参赛单位:上海李奥贝纳广告有限公司

作品名称:中国网通196方言篇(四川版)
广告客户:中国网通
参赛单位:深圳市高小龙影视广告制作有限公司

作品名称:诊所篇
广告客户:中国移动
参赛单位:上海奥美广告有限公司北京分公司

作品名称:师奶篇
广告客户:广东省移动通信大众卡
参赛单位:广东广旭广告有限公司

作品名称:脱衣篇
广告客户:上海西门子移动通信有限公司
参赛单位:智威汤逊—中乔广告有限公司上海分公司

影视广告　药品、保健品类

银奖

作品名称:撑秆跳
广告客户:深圳三九医药贸易有限公司
参赛单位:智威汤逊—中乔广告有限公司上海分公司

铜奖

作品名称:安神胶囊和尚篇
广告客户:吉林通化茂祥药业
参赛单位:哈尔滨海润国际广告传播集团

作品名称:养生堂——爸爸的故事
广告客户:海南养生堂药业有限公司
参赛单位:上海神兵影视广告有限公司

作品名称:丽珠得乐——花样年华篇
广告客户:健康药业（中国）有限公司
参赛单位:广东平成广告有限公司

作品名称:强生邦迪草木止痒凝露＂抓住露＂
广告客户:上海强生有限公司
参赛单位:上海麦肯·光明广告有限公司

作品名称:强生邦迪防水创可贴
广告客户:强生（中国）有限公司
参赛单位:上海麦肯·光明广告有限公司

影视广告　金融保险类

银奖

作品名称:平安保险海外急难救助TVC系列遇险篇／翻译篇／护照篇
广告客户:中国平安保险
参赛单位:上海麦肯·光明广告有限公司

作品名称:亚当篇／密码篇
广告客户:深圳发展银行
参赛单位:上海李奥贝纳广告有限公司广州分公司

影视广告　房地产类

银奖

作品名称:招商地产——童车篇
广告客户:深圳招商地产有限公司

参赛单位:深圳市高小龙影视广告制作有限公司

铜奖

作品名称:女娲补天/朝秦暮楚/大禹治水
广告客户:立邦涂料（广东）有限公司
参赛单位:上海李奥贝纳广告有限公司广州分公司

作品名称:高文安篇/刘太格篇/贝尔高林篇
广告客户:华发集团
参赛单位:灵智大洋（广州）广告有限公司

作品名称:跳水篇
广告客户:富力地产
参赛单位:广州市白羊广告有限公司

作品名称:圣象随心拼地板——武士篇
广告客户:圣象集团
参赛单位:叶茂中营销策划机构

影视广告　交通工具、交通器材类

银奖

作品名称:帕萨特——画廊篇
广告客户:上汽大众
参赛单位:精信广告公司上海分公司

作品名称:帕萨特——驾驭乐趣篇
广告客户:上汽大众
参赛单位:精信广告公司上海分公司

作品名称:帕萨特——大坝篇
广告客户:上汽大众
参赛单位:精信广告公司上海分公司

作品名称:时代长头工程车——移山篇
广告客户:北汽福田
参赛单位:北京太平盛世广告有限公司

铜奖

作品名称:太极
广告客户:上海上汽大众汽车销售有限公司
POLO 汽车（两厢）
参赛单位:盛世长城国际广告上海分公司

作品名称:福特翼虎电视广告瀑布篇 30 秒
广告客户:福特汽车（中国）有限公司
参赛单位:智威汤逊—中乔广告有限公司

作品名称:高尔夫上市广告片/婚礼车队篇/等待系列
广告客户:一汽大众
参赛单位:DMG 国际广告有限公司

作品名称:门声夺人篇
广告客户:一汽大众——奥迪
参赛单位:上海灵狮广告有限公司北京办事处

作品名称:驾驶乐趣篇
广告客户:一汽大众——奥迪
参赛单位:上海灵狮广告有限公司北京办事处

影视广告　其它类

银奖

作品名称:《非常周末》系列广告
广告客户:新疆电视台

参赛单位：新疆普拉纳广告有限公司

作品名称：百叶箱篇
广告客户：浙江经济生活频道
参赛单位：杭州捷群广告有限公司

铜奖

作品名称：世界杯宣传片——老太太篇
广告客户：中央电视台广告部
参赛单位：北京太平盛世广告有限公司

作品名称：深圳电视台影视频道形象片——清明上河图篇
广告客户：深圳电视台
参赛单位：上海开麦拉传媒投资有限责任公司

影视广告　公益类

金奖

作品名称：道德公益广告系列——闪闪红星／地道战／红色娘子军
广告客户：华娱卫视广州有线
参赛单位：上海灵狮广告有限公司

银奖

作品名称：《非常周末》系列广告
广告客户：新疆电视台
参赛单位：新疆普拉纳广告有限公司

作品名称：艺术家
广告客户：中央电视台
参赛单位：智威汤逊—中乔广告有限公司上海分公司

作品名称：一周天气
广告客户：中央电视台
参赛单位：智威汤逊—中乔广告有限公司上海分公司

铜奖

作品名称：爱护野生动物系列——食人篇
参赛单位：河南省鸿豫广告有限公司

作品名称：抗非典公益——小女孩篇／王志篇
广告客户：中央电视台
参赛单位：精信广告公司上海分公司

作品名称：常回家看看篇
广告客户：中央电视台
参赛单位：北京东方捷先广告传播有限公司

作品名称：寻物启事
广告客户：北京福利特家具建材城
参赛单位：北京中盛乐天广告有限公司

作品名称：节约每一滴水珍惜淡水资源
参赛单位：亳州市有线电视台

作品名称：规范行为——人与狗篇
参赛单位：金鹏国际广告公司

作品名称：反对公款吃喝
参赛单位：金鹏国际广告公司

作品名称：节约时间
广告客户：杭州电视台综合频道
参赛单位：杭州电视台技术中心

作品名称：中华美德系列

参赛单位：山东电视台

作品名称：无偿献血
参赛单位：太原电视台

作品名称：聋哑姑娘的舞蹈篇
参赛单位：天津市北岛广告发展有限公司

广播广告　商品类

银奖

作品名称：信号好——对讲机篇
广告客户：黑龙江移动通信公司
参赛单位：哈尔滨海润国际广告传播集团

作品名称：新疆电视台影视频道·广播形象系列广告
广告客户：新疆电视台影视频道
参赛单位：新疆普拉纳广告有限公司

铜奖

作品名称：不走后门30秒
广告客户：荣昌肛泰
参赛单位：南京银都广告商务有限责任公司

作品名称：宽带网30秒速度篇
广告客户：南京电信
参赛单位：南京博尚广告传播有限公司

作品名称：亲亲八宝粥
广告客户：亲亲集团
参赛单位：南京广电集团

作品名称：知青酒家
广告客户：裕华路知青酒家饭店
参赛单位：保定人民广播电台

作品名称：联通长途193广播广告之故事篇
广告客户：中国联通
参赛单位：广东省广告有限公司

作品名称：鹏城美容医院牙科
参赛单位：深圳广播电台

作品名称：通常汽渡广播广告
广告客户：通常汽渡有限公司
参赛单位：南通经济广告电台

广播广告　公益类

金奖

作品名称：保护儿童心灵健康——二奶篇
广告客户：中国儿童中心
参赛单位：南京银都广告商务有限责任公司

银奖

作品名称：说好普通话方便你我他
参赛单位：河南人民广播电台文艺台

铜奖

作品名称：预防艾滋病
参赛单位：云南人民广播电台

作品名称："6.26"国际禁毒日
参赛单位：三门峡人民广播电台

作品名称：童年篇

参赛单位：哈尔滨希望鸟文化传播有限责任公司

作品名称：水
参赛单位：湖北人民广播电台交通音乐台

作品名称：超速驾车
参赛单位：山西人民广播电台

作品名称：青藏铁路
参赛单位：西藏人民广播电台

’2004中国广告年鉴

China Advertising Yearbook

12th Edition

公益广告专栏

关于开展"国防教育神州行"公益广告宣传活动的通知

国动综办字[2003]第8号

各省（自治区、直辖市）国防动员委员会综合办公室、国防教育办公室、工商行政管理局：

为深入贯彻"三个代表"重要思想，认真落实党的十六大提出的"加强国防教育，增强全民国防观念"的要求，国家国防动员委员会综合办公室、国家国防教育办公室和国家工商行政管理总局共同组织开展"国防教育神州行"公益广告宣传活动。现将有关事项通知如下：

一、提高认识，切实加强领导。

组织开展"国防教育神州行"公益广告宣传活动，目的是在全社会营造浓厚的国防教育氛围，唤起人民群众的国防忧患意识，激发人民群众关心国防建设、支持国防建设、投身国防建设的积极性和责任感。各级国防动员委员会综合办公室、国防教育办公室和工商行政管理局要充分认识这一活动对于深入贯彻"三个代表"重要思想，加强和普及全民国防教育，推动公益广告活动健康发展具有重要意义，把它作为本系统、本部门的一项重要工作，指定专人负责，具体抓好落实。

二、广泛动员，深入宣传。

充分调动社会各界的积极性，尤其要动员广大广告主、广告经营者、广告发布者积极支持和参与国防教育公益广告宣传活动。要鼓励和利用广播、电视、报纸、期刊、互联网等媒体刊播国防教育公益广告。

三、要认真执行有关法律、规定。

"国防教育神州行"公益广告宣传活动要严格按照现行法律、法规关于国防教育、公益广告的规定办事，特别要深入落实《国防教育法》，认真贯彻中共中央宣传部、中央文明办、国家工商行政管理总局、国家广播电影电视总局、新闻出版总署《关于进一步做好公益广告宣传活动的通知》（工商广字[2002]第289号）精神，规范此项活动，保证活动正确实施。

四、要各负其责，密切配合，确保宣传效果。

国家国防动员委员会综合办公室和国家国防教育办公室负责确定宣传内容，统一印制国防教育公益广告，国家工商行政管理总局负责审核企业在公益广告中的商标和企业名称标注内容。各地国防动员委员会综合办公室和国防教育办公室负责广告发布和各项协调工作，各地工商行政管理局负责对公益广告的发布实施情况进行监督检查。

五、在城乡广泛设立"国防教育神州行"公益广告宣传牌。

国家国防动员委员会综合办公室、国家国防教育办公室委托北京东华紫照影视文化传播有限公司负责公益广告宣传牌设立工作的组织实施。

请各地将活动中的成功做法和实际问题及时上报国家国防动员委员会综合办公室和国家工商行政管理总局。

国家国防动员委员会综合办公室

国家国防教育办公室

国家工商行政管理总局

二〇〇三年八月十二日

’2004中国广告年鉴
China Advertising Yearbook
12th Edition

第39届世界广告大会专栏

国际广告协会简介

国际广告协会(IAA — THE INTERNATIONAL ADVERTISING ASSOCIATION）是集广告主、广告公司、媒体以及营销传播业的专业人员为一体的唯一全球广告行业组织。它诞生于1938年，最初叫"出口广告协会"，是美国人托马斯·阿斯威尔召集另外12名美国做出口广告的人发起成立的。托马斯·阿斯威尔担任了第一个也是唯一的名誉会长，第一任会长是包装电机出口公司的广告经理雪利·伍尔德。

雪利·伍尔德把这个新的协会描绘成是一个"为提高效率和扩大会员对外广告业务而交流计划和经验的组织"。他还将该组织设想成是一个三边锥体，广告主组成底边，广告公司是一边，媒介、出版者和他们的代理人组成第三边。

随着来自世界各国会员人数的增加和国际贸易的需要，1953年12月15日，"出口广告协会"改名为"国际广告协会"（IAA)，IAA秘书处设在美国纽约。

IAA是具有世界影响的广告组织，它在联合国教科文组织和其他机构中具有非政府组织的地位，并设有代表。

IAA的使命是：

宣传广告作为推动经济健康发展的主要动力和各种媒体创新及社会开放的重要作用和益处；

保护和促进商业言论自由和消费者选择自由；

鼓励对广告自律的广泛实施和认可；

通过对未来广告营销传播行业从业人员的教育和培训，引导行业向高水准方向发展；

提供论坛研讨不断出现的广告营销传播业的专业问题以及这些问题在飞速变化的世界环境中所引发的结果。

IAA的会员包括：

在95个国家有5400名会员，其中亚太区占20%；欧洲区占42%；拉美区占10%；中东、非洲区占17%；北美区占11%；97名公司会员；59名组织会员；1680名准会员；61个IAA分会(IAA中国分会现任会长为惠鲁生）；21个准会员分会。

IAA的运作方式为：

与国家及地区的三方（广告主、广告媒体和广告公司）广告组织协调工作；

负责各国国家政府和非政府组织之间的联络工作，反对对于广告的无根据的限制并为此申辩；

提倡国家广告自律体系，调解处理跨国广告纠纷；

通过广告活动、经济影响的研究、公益广告活动、教育项目以及IAA世界大会宣传广告在全球的重要性。

IAA每两年在不同国家和地区举行一次世界大会。大会的主要内容是结合世界经济的走势及科技的发展，请世界级有关专家研讨世界广告传播业的发展方向，提出相应的对策，同时也就广告传播业的学术课题进行讲座交流。

另外，IAA还在大会期间举行IAA理事会会议进行换届选举，选出新一届IAA领导人员。

IAA大会是全球广告界的盛会，来自世界各国的代表会聚一堂，进行相互间的学习、交流、探讨等既有收获又有意义的活动。

中国派代表团参加了自第29届以后的历届IAA世界广告大会。

国际广告协会公司会员名单

（按公司会员名称的拉丁字母顺序排列）

埃克森奇	美国
广告论坛	美国
《广告周刊》杂志	美国
阿拉伯广告组织	叙利亚
朝日新闻出版有限公司	日本
巴特尔·伯格·海加蒂公司	英国
博达公司	美国
布鲁姆伯格	美国
波音公司	美国
BAT—俄罗斯	俄罗斯
BPA 国际	美国
英美烟草有限公司	马来西亚
CNBC 欧洲	英国
柯林通讯	美国
DDB 环球通讯集团	美国
电通公司	日本
电通技术公司	日本
道·琼斯公司	美国
经济学家报业公司	英国
欧洲 RSCG 环球	美国
FCB 环球	英国
福布斯环球	美国
吉列公司	美国
格莱环球	英国
博报堂公司	日本
赫斯特杂志（国际）	美国
匈牙利电视公司	匈牙利
国际数字集团	美国
J·沃尔特·汤普森公司	美国
J·T·国际公司	瑞士
J·P·摩根·乔斯公司	美国
李奥·贝纳环球公司	美国
劳乌	美国
万事达信用卡	美国
麦肯—埃里克森国际集团	美国
国际音乐电视网络	美国
拉丁美洲音乐电视网络	美国
雀巢公司	瑞士
日本经济新闻出版公司	日本
奥格尔菲与马瑟环球公司	美国
海报宣传公司	美国
普鲁克特与甘布尔公司	美国
全球广告宣传	法国
壳牌公司	英国
索尼动画国际	美国
扬与鲁宾汉团队	阿联酋
时代与幸福	英国
特里格兰尼特发展公司	匈牙利
特纳国际广播系统	美国
环宇公司	荷兰
VISA 信用卡	美国
黄页媒体协会	美国
扬与鲁宾汉广告	美国

国际广告协会组织会员名单

（按组织会员名称的拉丁字母顺序排列）

美国服务贸易理事会	美国	直销协会	美国
广告和公共关系协会	格鲁吉亚	欧洲广告标准联盟	比利时
广告主协会	俄罗斯	户外广告联合会	瑞士
广告研究基金会	美国	GCC 广告协会	巴林
广告标准局	英国	加拿大广告研究所	加拿大
南非广告标准局	南非	广告业者研究所	英国
加拿大广告标准局	加拿大	国际通讯代理商网络	美国
美国广告学会	美国	国际期刊联合会	英国
美国广告联盟	美国	国际广告研究所	俄罗斯
美国广告代理商协会	美国	日本广告联盟	日本
阿根廷广告协会	阿根廷	通讯联盟	德国
亚洲广告联盟	马来西亚	杂志出版商协会	美国
萨尔瓦多广告协会	萨尔瓦多	广告协会	英国
通讯代理商协会	法国	泰国广告协会	泰国
马来西来广告代理商协会	马来西亚	孟买广告俱乐部	印度
南非广告代理商协会	南非	广告理事会	美国
全国广告主协会	美国	危地马拉广告联合会	危地马拉
广告标准理事会	巴西	世界广告主联盟	比利时
消费者健康保护协会	美国	全球合作伙伴	美国

国际广告协会(IAA)中国分会会员名录

惠鲁生

职　务:原国家工商总局副局长

地　址:北京市西城区三里河东路8号

邮　编:100820

杨培青

职　务:中国广告协会会长

地　址:北京市宣武区广安门外大街248号机械大厦11层

传　真:010-63317506

邮　编:100055

时学志

职　务:中国广告协会秘书长

地　址:北京市宣武区广安门外大街248号机械大厦11层

传　真:010-63317506

邮　编:100055

张泽满

职　务:国际广告协会中国分会秘书长

地　址:北京市宣武区广安门外大街248号机械大厦11层

传　真:010-63317506

邮　编:100055

刘超海

职　务:中国广告协会电视委员会办公室主任

地　址:北京市西城区月坛北街甲1号112中写

传　真:010-68020033

邮　编:100037

令狐完成

职　务:中国广告联合总公司原总经理

地　址:北京市西城区宣武门西大街甲97号

传　真:010-63074227

邮　编:100031

张锡坤

地　址:北京市朝阳区京通苑阳光华苑国际公寓28楼401号

传　真:010-65709667

邮　编:100025

吴　江

职　务:中央人民广播电台华夏之声广告公司总经理

地　址:北京市复兴门外大街12号

传　真:010-68045896

邮　编:100866

张家骥

职　务:北京市公交广告公司总经理

地　址:北京市东城区交道口东大街64号

传　真:010-64049428

邮　编:100007

杨旭霞

职　务:北京加信阳光广告有限公司总经理

地　址:北京市中关村南大街2号数码大厦A座9层

传　真:010-82511810

邮　编:100086

郭　宏

职　务：金道宏平广告公司总经理

地　址：北京市海淀区北洼路西里22号中海雅园雅士阁1B

传　真：010-88518111-111

邮　编：100089

韩怡冰

职　务：北京加信阳光广告有限公司副总经理

地　址：北京市中关村南大街2号数码大厦A座9层

传　真：010-82511810

邮　编：100086

郝亚宁

职　务：北京新世纪广告有限公司总经理

地　址：北京市朝阳区朝外大街22号泛利大厦5层

传　真：010-65883180

邮　编：100020

胡纪平

职　务：北京广告公司总经理

地　址：北京市朝阳区光华路1号北京嘉里中心

传　真：010-85298150

邮　编：100020

王欣

职　务：北京电扬广告公司总经理

地　址：北京市朝阳区建国路118号招商局大厦190A室

传　真：010-65660098

邮　编：100022

郭新光

职　务：北京市崇文区工商局局长

地　址：北京市崇文区法华南里1号

传　真：010-67135399

邮　编：100061

鄢　钢

职　务：北京国安广告总公司总裁

地　址：北京市朝阳区农光南里1号龙辉大厦1栋7层

传　真：010-87380015

邮　编：100021

刘　是

职　务：刘是影视工作室总经理

地　址：北京市朝阳区北曙光西里甲5号凤凰A2座3706室

传　真：010-84405074

邮　编：100028

刘瑞武

职　务：人民日报广告部诺贝广告有限公司董事长

地　址：北京市朝阳门外金台西路2号

传　真：010-65368755

邮　编：100733

应光荣

职　务：北京大道广告有限责任公司董事长

地　址：北京市东三环北路甲2号京信大厦西南配楼4218室

传　真：010-64453304

邮　编：100027

张玉华

职　务：北京大道广告有限责任公司总经理

地　址：北京市东三环北路甲2号京信大厦西南配楼4218室

传　真：010-64425541

邮　编：100027

徐　建

职　务：北京捷先广告公司总经理

地　址：北京市朝阳区裕民路12号华展国际公寓A座

传　真：010-82077215

邮　编:100029

陈美娜

职　务:北京名都园广告有限公司总经理

地　址:北京市朝阳区东三环南路17号京瑞大厦B座7F

传　真:010-67661199

邮　编:100021

张大镇

职　务:上海市广告协会秘书长

地　址:上海市长安路1001号长安大厦1号楼5楼512室

传　真:021-63177525

邮　编:200070

顾　成

职　务:上海金马广告有限公司总经理

地　址:上海市天匙桥路211号3楼

传　真:021-64384122

邮　编:200030

熊景华

职　务:上海广告公司顾问

地　址:上海市中山南路600号

传　真:021-63668318

邮　编:200010

王濂洪

职　务:上海美术设计公司总经理

地　址:上海市徐汇区漕溪路258弄23号

传　真:021-64849530

邮　编:200235

沈明昌

职　务:东方明珠移动多媒体有限公司总经理

地　址:上海市浦东世纪大道1号

传　真:021-58797905

邮　编:200120

张灿华

职　务:上海东方电视台广告部副主任

地　址:上海市定西路710弄16号12D鸿中大厦

传　真:021-62826618

邮　编:200052

陈　瑶

职　务:上海东视广告有限公司副总经理

地　址:上海市南京东路627号6楼

传　真:021-58818622

邮　编:200001

冯长明

职　务:上海中闻事业发展有限公司副总经理

地　址:上海市中山南路99号11楼111室

传　真:021-63114514

邮　编:200010

邵隆图

职　务:上海九木传盛广告策划公司总经理

地　址:上海市华法镇路555号西座7楼

传　真:021-62805577

邮　编:200052

高　峻

职　务:上海梅高创意咨询有限公司董事长

地　址:上海南京西路边515号上海嘉里中心2507室

传　真:021-52986633

邮　编:200040

朱升阳

地　址:上海市长宁路209弄33号502室

邮 编:200042

周英余

职 务:天津市广告协会会长

地 址:天津市和平区桂林路进德里 7 号

传 真:022-23311004

邮 编:300050

刘红春

职 务:天津电视台广告部主任

地 址:天津市和平区卫津路 143 号

传 真:022-23538066

邮 编:300070

王 克

职 务:天津今晚报广告处处长

地 址:天津市南开区南京路 358 号

传 真:022-27500175

邮 编:300100

陈树林

职 务:天津市双木广告传播有限公司总经理

地 址:天津市河西区马场道 188 号干部俱乐部内燕园别墅 1 号

传 真:022-28528204

邮 编:300074

王德荣

职 务:天津盛华国际广告发展公司总经理

地 址:天津市和平区卫津路与新兴路交汇处嘉利中心 11 层 A 座

传 真:022-27834777

邮 编:300052

李江红

职 务:天津盛世文化广告有限公司总经理

地 址:天津市河西区滨水道环渤海中心广场 B 座 603 室

传 真:022-28208807

邮 编:300060

熊 雄

职 务:重庆大地广告公司总经理

地 址:重庆市渝中区七星岗民安园 1 号 8-1、8-2

传 真:023-63503258

邮 编:400010

刘凤歧

职 务:辽宁省电视台副台长

地 址:沈阳市和平区文化路 79 号

传 真:024-23186312

邮 编:110003

戚小东

职 务:大连天歌传媒股份有限公司分公司

地 址:大连市东北路 99 号亿达广场七层

传 真:0411-4549987

邮 编:116021

张士南

职 务:家庭生活指南杂志社副总编

地 址:哈尔滨市中山路 204 号

传 真:0451-82648721

邮 编:150001

贾丽军

职 务:卓越形象创意 & 媒介传播公司总经理

地 址:南京市长江路 190 号苏美达商务中心 7 楼

传 真:025-4419299

邮 编:210029

惠祖生

职 务:无锡电视台经济信息部广告部主任

地　址：无锡市荷叶新村 75 号 201 室
传　真：0510—5887997
邮　编：214061

徐箴言
职　务：烟台天马广告有限公司总经理
地　址：烟台市胜利路 208 号汇丰广场 9F
传　真：0535—6206040
邮　编：264000

项建中
职　务：浙江华林广告有限公司总经理
地　址：杭州市文苑路沁雅花园 13 幢 2 单元 101 室
传　真：0571—8988774
邮　编：310002

沈庆中
职　务：江西省工商局副局长
地　址：南昌市北京西路省政府大院内
传　真：0791—6350274
邮　编：330046

张晓建
职　务：江西电视台台长助理
地　址：南昌市福州路 169 号青山湖宾馆 2 楼
传　真：0791—6287077
邮　编：330006

章肇益
职　务：厦门日报广告中心主任、厦门鹭江广告公司总经理
地　址：厦门市深田路 42 号
传　真：0592—2023436
邮　编：361003

陈茂盛
职　务：厦门博美广告有限公司总经理
地　址：厦门市湖滨北路中信惠扬大厦写字楼 22 层 C—D 座
传　真：0592—5207878
邮　编：361003

罗乐平
职　务：广州人民广播电台副台长
地　址：广州市环市中路 231 号广播大厦
传　真：020—83586888
邮　编：510010

胡惠民
职　务：广东华厦电视传播公司总经理
地　址：广州市天河北路 82 号光华大厦侨通楼 1108 室
传　真：020—87573599
邮　编：510620

彭曙曦
职　务：深圳市工商局副局长
地　址：深圳市福田区深南大道 7068 工商大厦
传　真：0755—83070135
邮　编：518001

董剑鸣
职　务：深圳商报广告处处长
地　址：深圳市福田区商报路
传　真：0755—83906159
邮　编：518034

孟兴中
职　务：四川巴蜀新形象广告策划公司总经理
地　址：成都市鼓楼南街 117 号世界贸易中心 A 座 20F
传　真：028—86758855
邮　编：610015

王世明

职　务：成都市美术广告有限公司总经理

地　址：成都市祠堂街54号

传　真：028－86120875

邮　编：610016

萧景勋

职　务：西南国际广告公司总经理

地　址：成都市太升北路58号三业江信大厦24楼F座

传　真：028－86911588

邮　编：610017

金国强

职　务：陕西电视台副台长

地　址：西安市建西街10号

传　真：029－87858135

邮　编：710054

历届世界广告大会（IAA Congress）一览表

届 次	年 代	国 家	城 市	备 注
1-13	1945-1961	美 国	纽 约	
14	1962	美 国	芝加哥	
15	1963	瑞 典	斯德哥尔摩	首次在欧洲举办
16	1964	美 国	纽 约	
17	1965	法 国	巴 黎	
18	1966	墨西哥	墨西哥城	首次在拉美举办
19	1967	英 国	伦 敦	
20	1968	德 国	柏 林	
21	1969	日 本	东 京	首次在亚洲举办
22	1971	葡萄牙	伊什图里尔	
23	1973	爱尔兰	都柏林	
24	1974	伊 朗	德黑兰	此后改为每两年举办一届
25	1976	阿根廷	布宜诺斯艾利斯	
26	1978	丹 麦	哥本哈根	
27	1980	南 非	德 班	首次在非洲举办
28	1982	巴 西	圣保罗	主题：广告——能为你做什么
29	1984	日 本	东 京	主题：广告——未来始于今天
30	1986	美 国	芝加哥	主题：竞争世界造就杰出——广告如何面对挑战
31	1988	澳大利亚	悉 尼	主题：想象
32	1990	德 国	汉 堡	主题：变革
33	1992	西班牙	巴塞罗那	主题：大论辩
34	1994	墨西哥	坎 昆	主题：思考——未来始于现在
35	1996	韩 国	汉 城	主题：展望——在多媒体世界中与消费者沟通
36	1998	埃 及	开 罗	主题：21 世纪的互动
37	2000	英 国	伦 敦	主题：传播的新动力
38	2002	黎巴嫩	贝鲁特	
39	2004	中 国	北 京	主题：突破——从现在到未来

'2004中国广告年鉴

China Advertising Yearbook

12th Edition

广告教育

我国高教广告专业在模式探索中出现的问题与对策

辽宁大学文化传播学院副教授　　魏炬

一、三代拓荒者的足迹

我国广告专业高等教育探索始发于厦门大学。厦门大学新闻学系于1984年创办了第一家广告专业。但当时国内经济体制计划经济仍占主体，因此，考生知之甚少，知名度不高。1988年深圳大学文化传播学院大众传播系创办了第二家广告专业。深圳大学广告专业的创建与深圳经济的发展和当时深圳大学的主导思想有极大的关系，即以促进经济发展为基础，以市场需求为向导的办学方针，促进了广告专业的诞生，这与当时及其后时间广东健力宝，广东太阳神，广东今日集团等企业通过广告运作成长为知名企业不无关系。1989年北京广播学院创办了第三家广告专业。北广广告专业的设立与电视台电视广告业务增长的岗位需求有直接的关系。至此，中国高等教育广告专业的第一批拓荒者梯队形成。

在此期间，中国广告协会以原民盟中央副主席、经济学家千家驹先生为院长创办了中国广告函授学院大专班，也为社会培养培训了大批人才，后来又有北京广播学院及北京商学院管理系的参与，为中国广告高等教育做了积淀。

由于1989年政治风波，中国经济改革观望了两年，直到1992年小平同志南巡讲话开始，中国又启动了新一轮向市场经济体制迈进的高潮，并最终确立了社会市场经济体制的社会运行机制经济发展随之升温，并于1993年达到经济发展近年来的高潮。在这种背景下，部分高校也围绕经济建设这个中心进行专业改造，创建新的专业。辽宁大学中文系也在原中文专业，新闻专业的基础上增建了广告专业，成为第二批拓荒者之一。从1996年开始全国陆续出现了第三批广告专业院校。至今，全国已有100余所高校成立了广告专业。

广告专业的探索已有近二十年，取得很大的成绩，但在高教新一轮改革浪潮中广告专业也面临着相当大的危机。

二、高教广告专业面临的危机

1．学术地位的危机

2000年前后，中国高等教育进入新一轮扩张期，并且随着高教"211工程"建设的开展及高等学校评估工作的推进，中国高等教育在规模扩张的同时，也引发了学科结构的调整。各高校为争夺重点学科、博士点，纷纷开始强调学术高地建设，综合性大学基本走向了规模大众化，学术精英化的路径。传统学科、传统专业又重新被重视，并且在人力、物力、财力等方面都给予了相当程度的倾斜，目的是争夺教育部国家级重点学科的命名及博士授权点。新兴学科和专业由于受积累时限所限缺少话语权，很难争夺国家级重点学科及博士点。因此，在这种背景下广告专业便面临学术地位的危机。

这种危机的后果直接影响到学科的建设，因为在各学校封闭系统内，新学科与重点学科已经不在同一个竞争的平台。新学科的创办价值也受到了置疑。而且按照目前高校的改革方向，新学科教师的学术生存条件也已变得岌岌可危。按照目前较为轰动的北京大学改革方针，广告专业的教师即很难达到合格，原因是广告学术刊物不够档次，且数量少得可怜。进而广告专业的学术地位即被贬低，新专业的探索价值荡然无存。在这种热潮下，广告专业的老师和学生的积极性就都出现问题。在综合性院校中，这种状况尤为突出。按照改革方案专业末位淘汰，老师科研末位淘汰的原则，广告专业的学术状态无疑出现发展危机。

2．学科建设的危机

广告专业探索至今，呈现百花齐放的局面。全国院校呈现三种格局。第一种是以综合性院校为主的广告学专业，第二种是以美术院校为主的平面广告设计专业，第三种是以广电院校为主的影视广告制作专业。其中，综合性院校广告专业又呈现出几种不同的探索样式。比如，全国100余所综合性高校的广告专业中有设在中文系的、有设在新闻系的、有设在管理系的、有设在营销系的、还有设在历史系的等等，这样几种样式的探索走到今天就面临着学科建设的危机。表现为一个是广告专业的学科理论归属问题，一个是独立发展的能力问题。

应该说几种样式的探索都有其初始的道理。比如中文系的探索，在广告活动中有大量广告口号行为、大量广告性文章被创作，尤其是在八十年代到九十年代初一段时间，而文字语言上的雕凿直接影响广告活动。因此，中文专业的文字语言运用能力优势与广告关联便显得比较密切，中文系自然认为可能创办广告专业。

再说新闻系，新闻系是为媒体产业培养人才的，而媒体的广告部当下已事关媒体存活。因此，新闻系与广告专业就有了血缘关系。

管理系主要是研究工商企业管理的，在市场机制下，大部分的企业都设立了广告管理部门、广告管理总监职位。奥运会的全球合作伙伴都设有这一管理岗位，广告管理自然是企业管理的一个重要分支。

营销系主要是研究企业市场运营的，广告是营销的重要手段，广告专业与营销专业是兄弟专业。因此，在营销系设立广告专业理由也十分充分。其他系设立广告专业由于广告的学科跨度宽泛也各有其道理，这样也就形成今天五花八门的样式，这是历史的合理性。但这种状态走到今天则有必要进行调整、整顿和提高，结束探索阶段，迈向规范制度时期。否则广告专业就会长期学理不明，独立生存本领衰弱，引发学科建设危机。

按照教育部目前的学科划分标准，广告专业学科归属于新闻传播类一级学科、传播类二级学科。这种划分方法受到厦门大学、北京广播学院等第一批拓荒院校以及人大、复旦等院校的影响，这种划分方法有其道理，但也存在问题。北京广播学院丁俊杰先生曾发文指出：广告有传播属性、但更有营销属性。这个意思就是说脱离了营销本质，广告专业的研究方向就会出现了无源之水、无本之木的问题，研究的深度实有缺陷，更主要的是随着中国市场化的深入，引发了学生的无措和市场需求的无措，并随即引发了下一个危机。

3．人才培养的危机

中文系广告专业培养广告写作人才是一种培养目标，但市场上企业很少有这种专职岗位，即使有的，也不是这种意义的。中小型广告公司只需要制作人才和客户业务员，大型广告公司才有专职的策划人才和创意人才，但这种人才又必须懂得企业经营才能给广告主企业做好市场运作参谋、做好创意。

新闻系广告专业培养广告管理人才也是一种培养目标，但媒体的广告部门实际工作技术含量很低、学理很少，更主要的是需求极少，因此学生很茫然，感觉不到自已有什么过人的本领，或者说没有核心竞争力。

管理类广告专业的培养目标是广告管理人才，但工商行政管理部门广告管理工作学理也较少，而且学生需求量也极少。而企业的广告管理工作在实践中要求广告人员具备较高的创意构思能力及市场判断能力。营销类广告专业的培养目标是广告运营人才，现实中的企业同样需要懂策划、会创意、能执行的人才。而管理、营销类学科构成中显然又欠缺培养艺术思维能力及创作能力的课程。

因此，总体看综合类院校广告专业的人才培养目标没有广电院校、美术院校那样易被企业识别。学生与用人企业的就业交易沟通成本极高。

而研究生培养在这个问题上的表现就更为突出，很少有企业知道传播学专业的研究生学习目标是什么，有什么本领。因此，研究生就更面临着走不出象牙塔的问题，当然这里面还有一个判断标准的问题。如果按照中央一切为经济建设主战场服务的大方向，广告专业就需要进行一定的调整，才能解决学科建设及人才高度问题，改变目前的被动局面。

2003年全国广告投资额度已达1000亿元人民币，占GDP比例达到了1%左右，CCTV的广告招标去年甚至被看做是国民经济走势分析和企业家信心指数测试的一个指标。据预测这种增长趋势在未来十年还将持续，到2010年，中国市场广告投资将达2000亿，因此需要大量的人才掌控、运作这种投资行为。中国有600余万家企业，其中30万家大中型企业、1000多家上市公司。在全球市场都进入买方市场的阶段，这些企业需要大量的、高水准的广告决策及运作人才。因此，中国高等教育广告专业应该通过资源重新整合适应这种市场发展的需要，同时也解决自身发展面临的危机问题，以实现高教广告专业的嬗变。

三、高等教育广告专业实现嬗变的对策

1．中国广告协会.教育部扮演催化剂的角色

根据全球知名竞争战略学者迈克尔·波特教授的观点，政府通常是产业政策的制定者，基础设施的建设者，人员培训教育的实施者，政府应认识制药公司发展的种种问题，并着手解决这些问题。很显然政府不应帮助哪家公司，这样会扭曲市场，但很显然政府无所为也是有害的。因此，政府可以扮演催化剂的角色，这是比较合适的。

按照这样一种竞争战略理论，中国广告协会、教育部有必要扮演催化剂的角色，规整高教广告专业的建设。这项工作只有这两个组织具有能力创造调整的平台，而靠参与主体各自的力量和意愿则无法做到，因为它面临着人力、物力、财力三方面的调整，按照各高校广告专业原有建设的路径所产生的依赖，会阻止这种调整的进行，其根本原因在于由于供求关系高等教育仍然是卖方市场并没有进入完全的市场化生存状态，这时政府和行业协会的判断通常是至关重要的，政府和行业协会有必要听取各方面的意见并有前瞻性的创造规范制度平台，以适应现在和未来的发展需求。

2． 规范制度调整的方向

调整的方向是调整到为企业培养人才的方向上来，按照这样一个方向，广告专业的学科归属更适合归属于营销管理学科，而不适合归属于新闻传播学科。

按照眼下教育部学科划分目录，管理学属于一级学科，会计学、企业管理学属于二级学科。这种划分方法也已不适应市场发展的需要。因为市场主体已越来越认识到管理和经营属于绝然不同的两个范畴，经营的难度远远大于管理。比如电视剧《刘老根（二)》，顾小红经理的台词阐述就讲明了这样一个理论。经营中需要的是思维创新。营销学就是经营学，广告学也属于经营学，因为它们都需要战略与策略的创新策划。因此，营销学和广告学有必要以营销广告学为一级学科，或者以经营学为一级学科，营销学和广告学各为二级学科。这样就可以解决广告学的学术地位和学科建设出现的危机。

3． 人才培养的目标和课程的建构

人才培养的目标即广告人才的最终本领问题和核心竞争力问题。广告人才的本领应由四种能力构成：具有参与企业经营决策的能力；具有独立完成市场运作策划的能力；具有独立完成广告活动策划和广告创意脚本阶段的能力；具有与广告制作公司合作执行广告创意的能力。

按照这四个能力培养目标，广告专业的课程构建应包括如下课程：

(1) 具有参与企业经营决策的能力，需要学习《宏观经济学》、《产业经济学》、《企业管理学》、《企业战略管理》、《广告经济学》、《广告促销与战略》等课程。不懂GDP、不懂CPI、不懂产业发展世界趋势、不懂国家产业政策，企业的发展决策必然失败，广告投资额度的制定必然缺乏合理科学的根据。

(2) 具有独立完成市场运作策划的能力，需要学习《消费者行为学》、《市场调查学》、《广告调查学》、《市场营销学》、《关系营销学》、《公共关系学》、《国际营销学》等课程。这些课程是进行产品策略、价格策略、渠道策略、促销策略决策的基础，也是进行广告活动策划和广告创意脚本的前提条件。

(3) 具有独立完成广告活动策划和广告创意脚本阶段的能力，需要学习《广告策划学》、《公关策划学》、《广告心理学》、《广告学基础通论》、《中外文学史》、《中外

文学名篇创作探源》、《文学剧本创作探析》、《广告创意初论》、《电视脚本绘制初阶》等课程。媒介的选用、广告的定位、广告目标的分析确定、广告策略的分析策划、广告活动的效果反馈，都需要上述课程做基础。广告表现环节与广告故事情节的构思、创意构思的分镜头脚本表达也需要上述课程做基础。

（4）具有与广告制作公司合作执行广告创意的能力，需要学习《平面设计通论》、《电视广告制作通论》、《高级广告摄影技术解析》、《Photoshop》《Illustrator》《Premiere》《CorelDraw》等课程。学习这些课程的目的不是成为制作人才，而是要学习用专业语言与制作公司对话，完成己方广告构思的标准。使广告投资达到全程质量标准控制。

高等教育广告专业如果能在前面十几年三代院校探索积淀的基础上实现嬗变，那么最大的受益者将是莘莘学子，将是中国的市场经济事业。

韩国四年制大学广告学科（本科）设置表

大学名	设立年度	系／专业名称	学生定员（名）	教授（名）
中央大学	1974/1989	社会科学系／广告传播学	50	5
汉阳大学	1989	广告传播系	80	7
光州大学	1989	言论广告系	100	5
韩神大学	1989	社会科学学院／广告传播学专业	50	4
庆州大学	1994	放送言论广告系／广告传播学专业	40	4
伽倻大学	1994	经营广告信息学／广告传播学专业	40	2
东国大学	1995	经营系／广告学科	50	4
牧园大学	1995	经营广告系／广告传播学专业	120	4
世明大学	1995	广告观光学系／广告传播学科	55	4
清州大学	1995	言论信息学系／广告传播学科	50	3
协成大学	1995	广告影视学系／广告传播学专业	40	4
南汉城大学	1996	／广告传播学科	130 昼夜间	5
中部大学	1996	经商学系／广告传播学专业	40	2
湖南大学	1996	传播学系／广告传播学专业	50	5
西原大学	1997	／广告传播学科	40	4
淑明女子大学	1996	言论信息学系／营销企划学科	60	2
新罗大学	1996	广告税务系／广告传播学专业	50	1
灵山大学	1998	大众媒体学系／广告传播学科	60	3
梨花女子大学	1996	言论传播影视学系／广告传播学专业	30	2
青云大学	1997	广告传播学科	50	3
翰林大学	1997	言论信息学系／广告传播学专业	40	1

国民大学	1998	言论信息学系／广告学专业	30	2
檀国大学	1997	言论影视学系／广告传播学专业	50	1
草堂大学	1997	广告传播学科	50	1
韩世大学	1997	媒体影视学系／广告传播学专业	40	1
弘益大学	1997	广告传播学系	120	4
启明大学	1999	广告传播学科	70	2
高神大学	1999	广告传播学科	40	2
东义大学	1999	言论广告学系／广告传播学专业	50	3
庆城大学	1999	传播学系／广告传播学专业	40	3
东西大学	2000	数码映像传媒学系／广告 PR 专业	40	2
崇实大学	2000	／言论传播学科	30	2
又石大学	2000	言论传播心理学系／广告传播学专业	50	2

韩国研究生院广告学专业设置表

区分	大学名	研究生院名	学科及专业	设立年度	教授人数	学位阶段
普通研究生院(白天授课)	弘益大学	研究生院	广告设计学科	1972		硕士
	汉阳大学	研究生院	广告传播学科	1997	7	硕士、博士
	中央大学	研究生院	广告传播学科	1998	5	硕士、博士
特殊研究生院(夜间授课)	中央大学	新闻放送研究生院	公关广告专业	1981		硕士
	梨花女子大学	设计研究生院	广告设计专业	1984		／／
	庆熙大学	言论情报研究生院	广告专业	1989		／／
	西江大学	言论研究生院	广告专业	1991		／／
	延世大学	言论传播研究生院	广告传播专业	1992		／／
	高丽大学	言论研究生院	广告传播专业	1993		／／
	韩国外国语大学	政策科学研究生院	广告传播专业	1993		／／
	东亚大学	言论传播研究生院	广告传播专业	1994		／／
	建国大学	言论传播研究生院	广告传播专业	1995		／／
	成均馆大学	言论情报研究生院	广告传播专业	1995		／／
	汉阳大学	言论情报研究生院	广告传播专业	1995		广告学硕士
	启明大学	产业设计研究生院	广告设计学科	1997		／／
	世宗大学	言论传播研究生院	广告传播专业	1997		／／
	弘益大学	广告传播研究生院	广告传播专业	1997		／／
	弘益大学	产业研究生院	广告设计专业	1997		／／

全国高等院校广告专业简介

中国人民大学

院系全称：新闻学院

专业全称：广告学

学　　制：本科 4 年　专科 3 年

地　　址：北京市海淀区海淀路 39 号

电　　话：(010)62554623

邮　　编：100872

北京大学

院系全称：新闻与传播学院广告学系

专业全称：广告学

专业设置年份：1993 年

学　　制：硕士 3 年　本科 4 年　专科 3 年

专业师资：教授 1 人　副教授 1 人　讲师 3 人

招生人数：硕士生 5 人　本科生 35 人
　　　　　专科生 100 人(2003 年)

招生对象：文／理科考生

招生范围：全国

录取分数：较高

地　　址：北京市北京大学新闻与传播学院广告学系

电　　话：(010)62761189

传　　真：(010)62761189

邮　　编：100871

联 系 人：陈　刚

清华大学

院系全称：美术学院装潢艺术设计系

专业全称：广告设计

地　　址：北京市海淀区清华园 1 号

电　　话：(010)62785001

邮　　编：100084

中央民族大学

院系全称：文学与新闻传播学院

专业全称：广告学

专业设置年份：2001 年

学　　制：本科 4 年

专业师资：副教授 2 人　讲师 3 人　助教 3 人

招生人数：本科生 30 人(2003 年)

招生对象：文／理科考生

招生范围：全国

录取分数：偏高

在校生人数：30 人

地　　址：北京市海淀区中关村南大街 27 号中央民族大学文传学院

电　　话：(010)68932911

传　　真：(010)68932911

邮　　编：100081

联 系 人：赵富芬

北京广播学院

院系全称：广告学院

专业全称：广告学　艺术设计

专业设置年份：1988 年　2000 年

学　　制：博士 2 年　硕士 3 年　本科 4 年
　　　　　函授 3 年

专业师资：教授 3 人　副教授 8 人　讲师 12 人

招生人数：博士生 2 人　硕士生 20 人
　　　　　本科生 92 人(2001 年)

招生对象：文／理科考生　艺术类考生

招生范围：全国

录取分数：较高

地　　址：北京市北京广播学院新闻传播学院

电　　话：(010)65779272　65779363

传　　真：(010)65779363

邮　　编：100024

联 系 人：汪　琴

北方工业大学

院系全称：艺术设计学院

专业全称：广告学

专业设置年份：2001 年

学　　制：本科 4 年

专业师资：副教授 2 人　讲师 3 人

招生人数：本科生 62 人(2002 年)

招生对象：文科考生

招生范围：全国

录取分数：中等

地　　址：北京市石景山区晋元庄路 5 号

电　　话：(010)68838909(H)

邮　　编：100041

联 系 人：史　建

北京电影学院

院系全称：美术系

专业全称：影视广告

地　　址：北京市海淀区西土城路 4 号

电　　话：(010)82045883

邮　　编：100088

北京林业大学

院系全称：工学院

专业全称：艺术设计

地　　址：北京市海淀区清华东路 35 号

电　　话：(010)62338216

邮　　编：100083

中央美术学院

院系全称：设计学院

专业全称：平面设计

地　　址：北京市朝阳区花家地南街 8 号

电　　话：(010)64771000

邮　　编：100102

北京工业大学

院系全称：人文社科学院广告系

专业全称：广告学

专业设置年份：2001 年

学　　制：本科 4 年

专业师资：副教授 2 人　讲师 3 人　助教 1 人

招生人数：本科生 71 人(2003 年)

招生对象：文／理科考生

招生范围：本市

录取分数：偏高

在校生人数：120 人

地　　址：北京市朝阳区平乐园 100 号

电　　话：(010)67391781

传　　真：(010)67391781

邮　　编：100022

联 系 人：付德根

北京工商大学

院系全称：传播与艺术学院广告学系

专业全称：广告学

专业设置年份：1993 年

学　　制：硕士 3 年　本科 4 年

专业师资：教授 1 人　副教授 4 人　讲师 3 人

招生人数：硕士生 3 人　本科生 120 人(2002 年)

招生对象：文／理科考生　艺术类考生

招生范围：全国

录取分数：偏高

地　　址：北京市海淀区阜成路 11 号北京工商大学传播与艺术学院
电　　话：(010)68905960　68905480
传　　真：(010)68905941
邮　　编：100037
联 系 人：张　翔

北京联合大学

院系全称：广告学院
专业全称：广告学
地　　址：北京市海淀区温泉镇东埠头路 1 号
电　　话：(010)62489663
邮　　编：100095

北京印刷学院

院系全称：出版传播与管理学院出版系
专业全称：广告学
专业设置年份：2000 年
学　　制：本科 4 年
专业师资：副教授 1 人　讲师 6 人
招生人数：本科生 70 人(2002 年)
招生对象：文科考生
招生范围：全国
录取分数：中等
地　　址：北京市大兴区兴华北路 25 号
电　　话：(010)61265661
传　　真：(010)61265661
邮　　编：102600
联 系 人：黄若涛

首都经贸大学

院系全称：公共管理系
专业全称：广告学
地　　址：北京市丰台区花乡张家路 0121 号(西校区)
电　　话：(010)83952258
邮　　编：100070

同济大学

院系全称：管理学院广告学系
专业全称：广告学
专业设置年份：1995 年
学　　制：硕士 3 年　本科 4 年
专业师资：教授 1 人　副教授 2 人　讲师 4 人
招生人数：硕士生 2 人　本科生 30 人(2001 年)
招生对象：理科考生
招生范围：全国
录取分数：较高
地　　址：上海市四平路 1239 号同济大学传播与艺术学院广告学系
电　　话：(021)65981779　65310705
邮　　编：200092
联 系 人：王肖生

复旦大学

院系全称：新闻学院广告学系
专业全称：广告学
专业设置年份：1994 年
学　　制：博士 3 年　硕士 3 年　本科 4 年　专科 2 年　函授 3 年
专业师资：教授 6 人　副教授 12 人　讲师 4 人
招生人数：博士生 7 人　硕士生 12 人　本科生 34 人　专科生 83 人　函授生 93 人(2001 年)
招生对象：文／理科考生
招生范围：全国
录取分数：较高
地　　址：上海市邯郸路 220 号
电　　话：(021)65642315
传　　真：(021)65644584
邮　　编：200433

联 系 人：程士安

华东师范大学

院系全称：人文学院传播学系

专业全称：广告学

地　　址：上海市中山北路3663号

电　　话：(021)62232312

邮　　编：200062

上海外国语大学

院系全称：新闻传播学院

专业全称：广告学

专业设置年份：1998年

学　　制：硕士3年　本科4年

专业师资：教授2人　副教授3人　讲师2人

招生人数：硕士生1人　本科生25人(2002年)

招生对象：文／理科考生

招生范围：全国

录取分数：较高

地　　址：上海市大连西路550号

电　　话：(021)65311900–2969

传　　真：(021)65311900–2943

邮　　编：200083

联 系 人：姜智彬

上海工程技术大学

院系全称：艺术设计学院广告系

专业全称：广告学

专业设置年份：1997年

学　　制：本科4年

专业师资：副教授2人　讲师4人

招生人数：本科生35人(2002年)

招生对象：文／理科考生

招生范围：上海市

录取分数：较高

地　　址：上海市仙霞路350号

电　　话：(021)62752832

传　　真：(021)62752832

邮　　编：200336

联 系 人：潘惠德

上海师范大学

院系全称：人文学院广告与网络传播系

专业全称：广告学

专业设置年份：1994年

学　　制：硕士3年　本科4年

专业师资：教授2人　副教授15人　讲师6人

招生人数：硕士生4人　本科生70人(2002年)

招生对象：文／理科考生

招生范围：附近省市

录取分数：偏高

地　　址：上海市桂林路100号

电　　话：(021)64321849

传　　真：(021)64321849

邮　　编：200234

联 系 人：聂老师

上海大学

院系全称：广告系

专业全称：广告学

地　　址：上海市宝山区上大路99号

电　　话：(021)66132815

邮　　编：200436

上海建桥学院

院系全称：广告艺术设计系

专业全称：广告学

地　　址：上海市唐桥路1500号

电　　话：(021)68130021

邮　　编：201319

天津师范大学

院系全称：文学院新闻传播系

专业全称：广告学　广告艺术设计

专业设置年份：1992 年

学　　制：硕士 3 年　本科 4 年　专科 2 年

专业师资：副教授 3 人　讲师 2 人

招生人数：硕士生 1 人　本科生 20 人
　　　　　专科生 310 人(2002 年)

招生对象：文科考生　艺术类考生

招生范围：全国

录取分数：偏高

地　　址：天津市卫津路六里台

电　　话：13001380628

传　　真：(022)23542622

邮　　编：300073

联 系 人：许　椿

天津工业大学

院系全称：艺术设计学院

专业全称：广告学

专业设置年份：2000 年

学　　制：本科 4 年

专业师资：教授 1 人　副教授 1 人　讲师 1 人
　　　　　助教 4 人

招生人数：本科生 43 人

招生对象：艺术类考生

招生范围：全国

录取分数：中等

在校生人数：42 人

地　　址：天津市河东区程林庄路 63 号

电　　话：(022)24528157

传　　真：(022)24528072

邮　　编：300160

联 系 人：宋魁友

天津理工学院

院系全称：艺术学院

专业全称：广告学　广告设计

设置年份：2001　1994 年

学　　制：本科 4 年

专业师资：教授 1 人　副教授 4 人　讲师 6 人

招生人数：本科生 20 人(2001 年)

招生对象：艺术类考生

招生范围：全国

录取分数：中等

地　　址：天津市南开区红旗南路 263 号

电　　话：(022)23679210

邮　　编：300191

联 系 人：苗延荣　赵　传

天津财经学院

院系全称：贸易经济系

专业全称：广告学

专业设置年份：2003 年

学　　制：本科 4 年

专业师资：教授 2 人　副教授 4 人　讲师 4 人

招生人数：本科生 40 人(2003 年)

招生对象：文科考生

招生范围：全国

录取分数：较高

在校生人数：40 人

地　　址：天津市河西区珠江道 25 号

电　　话：(022)28114323

传　　真：(022)28171306

邮　　编：300222

联 系 人：李树茂

四川美术学院

院系全称：设计艺术系

专业全称：艺术设计
专业设置年份：1958 年
学　　制：硕士 3 年　本科 4 年
专业师资：教授 3 人　副教授 3 人　讲师 7 人
招生人数：硕士生 6 人　本科生 120 人(2001 年)
招生对象：艺术类考生
招生范围：全国
录取分数：较高
地　　址：重庆市九龙坡区黄桷坪
电　　话：(023)68501650
传　　真：(023)68502497
邮　　编：400053
联 系 人：杨仁敏

重庆市渝西学院

院系全称：渝西学院美术系
专业全称：艺术设计
学　　制：本科 4 年　专科 3 年　函授 3 年
专业师资：教授 4 人　副教授 6 人　讲师 8 人
招生人数：本科生 40 人　专科生 150 人
　　　　　函授生 35 人(2001 年)
招生对象：艺术类考生
招生范围：本市
录取分数：中等
地　　址：重庆市永川渝西学院美术系
电　　话：(023)49815638
邮　　编：402168
联 系 人：薛效成

内蒙古科技大学

院系全称：文学院广告学系
专业全称：广告学
专业设置年份：2001 年
专业师资：教授 1 人　副教授 3 人　讲师 2 人
　　　　　助教 6 人
学　　制：本科 4 年　专科 2 年
招生人数：62 人(2003 年)
招生对象：文科考生
录取分数：中等
招生范围：全国
在校生人数：171 人
地　　址：内蒙古自治区包头市内蒙古科技大
　　　　　学（东校区）
电　　话：13171209153
传　　真：(0472)3993050
邮　　编：014030
联 系 人：袁川峰

山西大学

院系全称：文学院
专业全称：广告学
专业设置年份：1999 年
学　　制：本科 4 年
地　　址：太原市坞城路 36 号
传　　真：(0351)7010255
邮　　编：030006

山西财经大学

院系全称：文化传播系
专业全称：广告学
专业设置年份：2000 年
学　　制：本科 4 年
专业师资：教授 1 人　副教授 2 人　讲师 2 人
　　　　　助教 5 人
招生人数：本科生 48 人(2003 年)
招生对象：文科考生
招生范围：全国
录取分数：较高
在校生人数：318 人
地　　址：太原市坞城路 696 号

电　　话：(0351)7666701

邮　　编：030006

联 系 人：蔡勇

河北师范大学

院系全称：传播学院广告传播系

专业全称：广告学　广告设计

专业设置年份：1994年　1999年

学　　制：本科4年

专业师资：教授1人　副教授7人　讲师10人

招生人数：本科生70人(2002年)

招生对象：文／理科考生　艺术类考生

招生范围：本省

录取分数：偏高

地　　址：石家庄市桥西河北师大西校区(红旗大街495号)

电　　话：(0311)3834262-63666

邮　　编：050091

联 系 人：冯智敏

河北经贸大学

院系全称：人文学院

专业全称：广告学

专业设置年份：2001年

学　　制：本科4年

地　　址：石家庄市学府路47号河北经贸大学人文学院

电　　话：(0311)7655553

邮　　编：050091

石家庄经济学院

院系全称：人文与社科学院

专业全称：广告学

专业设置年份：2000年

学　　制：硕士3年　本科9年

专业师资：教授1人　副教授3人　讲师2人　助教6人

招生人数：本科生60人(2003年)

招生对象：文科考生

招生范围：全国

录取分数：偏高

在校生人数：270人

地　　址：石家庄市槐南路302号

电　　话：(0311)7207228

传　　真：(0311)5882562

邮　　编：050031

联 系 人：郭有献

河北大学

院系全称：新闻传播学院广告学系

专业全称：广告学

专业设置年份：1993年

学　　制：硕士3年　本科4年

专业师资：教授1人　副教授2人　讲师5人

招生人数：硕士生2人　本科生80人(2001年)

招生对象：文科考生

招生范围：全国

录取分数：较高

地　　址：保定市合作路1号

电　　话：(0312)5079310

传　　真：(0312)5079308

邮　　编：071002

联 系 人：丁晓正

辽宁大学

院系全称：文化传播学院

专业全称：广告学

专业设置年份：1994年

学　　制：硕士3年　本科4年

专业师资：教授2人　副教授4人　讲师1人

助教 3 人
招生人数：硕士生 9 人　本科生 96 人(2003 年)
招生对象：文科考生　艺术类考生
招生范围：全国
录取分数：较高
在校生人数：300 人
地　　址：沈阳市皇姑区崇山中路 66 号
电　　话：(024)62202473
邮　　编：110036
联 系 人：宋玉书

渤海大学

院系全称：文理学院新闻系
专业全称：广告学
专业设置年份：2000 年
学　　制：本科 4 年　专科 3 年
专业师资：副教授 3 人　讲师 5 人
招生人数：本科生 19 人(2001 年)
招生对象：文／理科考生
招生范围：附近省市
录取分数：中等
地　　址：锦州市渤海大学东校区文理学院新闻系
电　　话：(0416)2849323
邮　　编：121000
联 系 人：伍　旭

东北师范大学

院系全称：媒体科学学院广告学系
专业全称：广告学
专业设置年份：2000 年
学　　制：硕士 3 年　本科 4 年
专业师资：教授 4 人　副教授 8 人　讲师 4 人
　　　　　助教 5 人
招生人数：硕士生 5 人　本科生 60 人(2003 年)
招生对象：文／理科考生
招生范围：全国
录取分数：中等
在校生人数：240 人
地　　址：长春市东北师范大学净月校区媒体科学学院广告学系
电　　话：(0431)4531188
邮　　编：130117
联 系 人：徐跃权

吉林大学

院系全称：文学院广告学系
专业全称：广告学
专业设置年份：1994 年
学　　制：本科 4 年　专科 3 年
专业师资：教授 1 人　副教授 3 人　讲师 10 人
招生人数：本科生 30 人　专科生 48 人(2001 年)
招生对象：文科考生
招生范围：全国
录取分数：较高
地　　址：长春市朝阳区前卫路 10 号吉林大学文学院
电　　话：(0431)5166160
邮　　编：130012
联 系 人：姚　力

吉林艺术学院

院系全称：设计学院
专业全称：视觉传达系
专业设置年份：1993 年
专业师资：教授 5 人　副教授 12 人　讲师 15 人
　　　　　助教 16 人
地　　址：长春市红旗街 55 号
电　　话：(0431)5882579
传　　真：(0431)5882579

邮　　编：130012

联 系 人：吴　畏

长春理工大学

院系全称：文法学院广告学系

专业全称：广告学

专业设置年份：2000 年

学　　制：本科 4 年

专业师资：教授 1 人　副教授 3 人　讲师 4 人
　　　　　助教 3 人

招生人数：本科生 80 人(2003 年)

招生对象：文科考生

招生范围：全国

录取分数：偏高

在校生人数：260 人

地　　址：长春市卫星路 7949 号

电　　话：(0431)5385931-3039

传　　真：(0431)5384664

邮　　编：130022

联 系 人：马连湘

哈尔滨工业大学

院系全称：人文学院

专业全称：广告学

专业设置年份：2002 年

学　　制：硕士 2 年　本科 4 年

专业师资：教授 2 人　副教授 5 人　讲师 4 人

招生人数：本科生 28 人(2002 年)

招生对象：理科考生

招生范围：全国

录取分数：较高

地　　址：哈尔滨市西大直街 92 号

电　　话：(0451)6415515

传　　真：(0451)6414608

邮　　编：150001

联 系 人：高　驰

哈尔滨师范大学

院系全称：计算机系

专业全称：计算机广告

学　　制：本科 4 年

专业师资：教授 1 人　副教授 2 人　讲师 4 人

招生人数：本科生 64 人(2001 年)

招生对象：艺术类考生

招生范围：全国

录取分数：较高

地　　址：哈尔滨市南岗区和兴路 50 号

电　　话：(0451)6302915

传　　真：(0451)6302915

邮　　编：150080

联 系 人：贺　楠

南京林业大学

院系全称：人文社会科学学院广告学系

专业全称：广告学

专业设置年份：1996 年

学　　制：本科 4 年　专科 2 年

专业师资：教授 1 人　副教授 3 人　讲师 5 人　助教 1 人

招生人数：本科生 60 人　专科生 70 人(2003 年)

招生对象：文科考生

招生范围：全国

录取分数：偏高

在校生人数：420 人

地　　址：南京市龙蟠路新庄 9 号

电　　话：(025)85427309

传　　真：(025)85428232

邮　　编：210037

联 系 人：杨　杰

南京大学

院系全称：新闻传播学系

专业全称：广告学

专业设置年份：1993年

学　　制：硕士3年　本科4年

专业师资：教授2人　副教授4人　讲师5人

招生人数：硕士生5人　本科生33人(2002年)

招生对象：文／理科考生

招生范围：全国

录取分数：较高

地　　址：南京市汉口路22号南大新闻系

电　　话：(025)3686366

传　　真：(025)3593690

邮　　编：210093

联 系 人：胡翼青

南京师范大学

院系全称：新闻与传播学院广告学系

专业全称：广告学

专业设置年份：1999年

学　　制：硕士2年　本科4年

地　　址：南京市南京师范大学新闻与传播学院广告学系

电　　话：(025)85891680

邮　　编：210046

南京财经大学

院系全称：营销与广告学院

专业全称：广告学

专业设置年份：1993年

学　　制：本科4年

专业师资：教授3人　副教授12人　讲师21人

招生人数：本科生120人(2002年)

招生对象：文／理科考生

招生范围：全国

录取分数：偏高

地　　址：南京市鼓楼区铁路北街128号

电　　话：(025)3495921

传　　真：(025)3495919

邮　　编：210003

联 系 人：李　慧

江苏大学

院系全称：艺术学院艺术设计系

专业全称：艺术设计

专业设置年份：1991年

学　　制：本科4年　专科3年　函授3年

专业师资：教授1人　副教授6人　讲师15人

招生人数：本科生98人　函授生50人(2001年)

招生对象：文／理科考生　艺术类考生

招生范围：本省　附近省市

录取分数：较高

地　　址：镇江市学府路301号江苏大学艺术设计系

电　　话：(0511)8780182

传　　真：(0511)8791739

邮　　编：212013

联 系 人：王　平

江苏技术师范学院

院系全称：艺术设计系

专业全称：艺术设计

专业设置年份：1985年

学　　制：本科4年　专科3年　函授3年

专业师资：教授1人　副教授8人　讲师16人

招生人数：本科生160人　专科生30人　函授生40人(2002年)

招生对象：文／理科考生　艺术类考生

招生范围：本省　附近省市

录取分数：中等

地　　址：常州市育英路 2 号
电　　话：(0519)6965819−5080
传　　真：(0519)6961964
邮　　编：213001
联 系 人：薛生辉

江南大学

院系全称：设计学院
专业全称：广告学
专业设置年份：1998 年
学　　制：硕士 3 年　本科 4 年
专业师资：教授 1 人　副教授 2 人　讲师 2 人
招生人数：本科生 45 人(2001 年)
招生对象：艺术类考生
招生范围：全国
录取分数：较高
地　　址：无锡市线荣路 68 号江南大学设计学院
电　　话：(0510)5501491
传　　真：(0510)5501307
邮　　编：214064
联 系 人：虞海良

苏州大学

院系全称：苏州大学文学院广告系
专业全称：广告学
专业设置年份：1993 年
学　　制：硕士 3 年　本科 4 年　专科 2 年
专业师资：教授 1 人　副教授 3 人　讲师 3 人　助教 3 人
招生人数：硕士生 25 人　本科生 480 人　专科生 40 人(2003 年)
招生对象：文／理科考生
招生范围：本省
录取分数：偏高
在校生人数：320 人
地　　址：苏州大学东区 535 信箱
电　　话：(0512)67165747
邮　　编：215021
联 系 人：王伟明

苏州科技学院

院系全称：美术系
专业全称：艺术设计
专业设置年份：1994 年
学　　制：本科 4 年　专科 3 年
专业师资：教授 1 人　副教授 6 人　讲师 10 人
招生人数：本科生 130 人　专科生 25 人(2001 年)
招生对象：艺术类考生
招生范围：全国
录取分数：中等
地　　址：苏州市苏州科技学院石湖校区美术系
电　　话：(0512)68418422
邮　　编：215009
联 系 人：钱　罡

徐州师范大学

院系全称：商学院广告学系
专业全称：广告学
专业设置年份：1993 年
学　　制：本科 4 年　函授 3 年
专业师资：教授 1 人　副教授 3 人　讲师 4 人
招生人数：本科生 58 人(2002 年)
招生对象：文科考生
招生范围：本省
录取分数：中等
地　　址：徐州市和平路 57 号
电　　话：(0516)3867587
传　　真：(0516)3867586

邮　　编：221009

联 系 人：樊传果　薛　媛

安徽大学

院系全称：艺术系

专业全称：广告设计

地　　址：合肥市西路3号

电　　话：(0551)5106114

邮　　编：230039

安徽财贸学院

院系全称：市场营销系

专业全称：广告学

专业设置年份：2002年

学　　制：本科4年

专业师资：教授3人　副教授6人　讲师3人

招生人数：本科生100人(2002年)

招生对象：文／理科考生

招生范围：全国

录取分数：中等

地　　址：蚌埠市安徽财贸学院市场营销系

电　　话：(0552)3112132

邮　　编：233041

联 系 人：耿一兰

山东大学

院系全称：文学与新闻传播学院

专业全称：广告学

地　　址：济南市山东大学南路27号

电　　话：(0531)8361865

邮　　编：250100

山东科技大学

院系全称：文法学院广告学系

专业全称：广告学　广告设计

学　　制：本科4年

专业师资：教授1人　副教授3人　讲师3人
　　　　　助教3人

招生人数：本科生62人(2003年)

招生对象：文／理科考生　艺术类考生

招生范围：全国

录取分数：较高

在校生人数：147人

地　　址：青岛经济技术开发区前湾港路579号

电　　话：(0532)6057613

传　　真：(0532)6057613

邮　　编：266510

联 系 人：王书侠

山东工艺美术学院

院系全称：装潢艺术设计系

专业全称：广告学

专业设置年份：1998年

学　　制：本科4年　专科2年

专业师资：教授3人　副教授6人　讲师13人

招生人数：本科生53人　专科生28人(2001年)

招生对象：文科考生

招生范围：本省　附近省市

录取分数：偏高

地　　址：济南市千佛山东路23号

电　　话：(0531)2619417

传　　真：(0531)2619237

邮　　编：250014

联 系 人：高小燕

山东建筑工程学院

院系全称：工商管理系

专业全称：广告学

专业设置年份：1999年

学　　制：本科4年

专业师资：副教授 5 人　讲师 5 人
招生人数：本科生 68 人(2002 年)
招生对象：文／理科考生
招生范围：本省
录取分数：中等
地　　址：济南市和平路 47 号
电　　话：(0531)6417774
传　　真：(0531)6417775
邮　　编：250014
联 系 人：由磊明

山东理工大学

院系全称：文学与新闻传播学院广告学系
专业全称：广告学
专业设置年份：2000 年
学　　制：本科 4 年
专业师资：副教授 5 人　讲师 5 人　助教 1 人
招生人数：本科生 40 人(2003 年)
招生对象：文科考生
招生范围：本省
录取分数：中等
在校生人数：240 人
地　　址：山东省淄博市张周路
电　　话：(0533)2782260
邮　　编：255000
联 系 人：梁绪敏

青岛大学

院系全称：文学院新闻传播系
专业全称：广告学　广告艺术设计
专业设置年份：1992 年
学　　制：博士 3 年　硕士 3 年　本科 4 年
专业师资：教授 2 人　副教授 8 人　讲师 5 人
招生人数：博士生 2 人　硕士生 5 人
本科生 90 人(2002 年)
招生对象：文／理科考生　艺术类考生
招生范围：全国
录取分数：较高
地　　址：青岛市宁夏路 308 号青岛大学文学院
新闻传播系
电　　话：(0532)5951066
邮　　编：266071
联 系 人：徐照东

青岛科技大学

院系全称：文学与艺术学院
专业全称：广告学
专业设置年份：1997 年
学　　制：本科 4 年
专业师资：教授 1 人　副教授 6 人　讲师 7 人
助教 4 人
招生对象：文科考生　艺术类考生
招生范围：全国
录取分数：较高
地　　址：青岛高科园青岛科技大学 501 信箱
电　　话：(0532)8958981
传　　真：(0532)8958938
邮　　编：266061
联 系 人：杨明

曲阜师范大学

院系全称：电化教育系
专业全称：广告学
专业设置年份：2000 年
学　　制：本科 4 年
专业师资：教授 2 人　副教授 15 人　讲师 14 人
招生人数：本科生 48 人(2001 年)
招生对象：文科考生
招生范围：本省
录取分数：中等

地　　址：山东曲阜师范大学电教系
电　　话：(0537)4455475
邮　　编：273165
联 系 人：李兴保

浙江大学

院系全称：人文学院新闻传播系
专业全称：广告学
专业设置年份：1993 年
专业师资：副教授 4 人　讲师 5 人
学　　制：硕士 3 年　本科 4 年　函授 3 年
招生人数：硕士生 8 人　本科生 40 人(2003 年)
招生对象：文科考生
招生范围：全国
录取分数：较高
在校生人数：150 人左右
地　　址：杭州市天目山路 38 号浙江大学西溪校区
电　　话：(0571)88973989　88273646
邮　　编：310028
联 系 人：胡晓云

浙江工业大学

院系全称：人文学院新闻传播系
专业全称：广告学
专业设置年份：1999 年
学　　制：本科 4 年
地　　址：杭州市朝晖六区浙江工业大学人文学院
电　　话：(0571)88320356
邮　　编：310014

浙江工程学院

院系全称：服装与艺术设计学院
专业全称：广告学
专业设置年份：2001 年
学　　制：本科 4 年
专业师资：教授 3 人　副教授 6 人　讲师 7 人
招生人数：本科生 30 人(2001 年)
招生对象：艺术类考生
招生范围：全国
录取分数：中等
地　　址：杭州市文一路 118 号
电　　话：(0571)88495100
传　　真：(0571)88495098
邮　　编：310033
联 系 人：楼丽娜

浙江财经学院

院系全称：人文艺术学院
专业全称：广告学
地　　址：杭州市文华路 269 号
电　　话：(0571)88922827
邮　　编：310012

浙江传媒学院

院系全称：广告系
专业全称：影视广告
专业设置年份：1992 年
学　　制：本科 4 年　专科 3 年
专业师资：教授 1 人　副教授 6 人　讲师 6 人
招生人数：专科生 70 人(2002 年)
招生对象：艺术类考生
招生范围：全国
录取分数：中等
地　　址：杭州市舟山东路 65 号
电　　话：(0571)88024394　88024396
传　　真：(0571)88024394
邮　　编：310015
联 系 人：曹家俊

杭州商学院

院系全称：人文与公共管理学院

专业全称：广告学

专业设置年份：1999 年

学　　制：本科 4 年

专业师资：教授 1 人　副教授 4 人　讲师 4 人

招生人数：本科生 87 人(2001 年)

招生对象：文／理科考生

招生范围：全国

录取分数：中等

地　　址：杭州市教工路 149 号

电　　话：(0571)88071024

邮　　编：310012

联 系 人：程大荣

浙江林学院

院系全称：人文学院新闻传播系

专业全称：广告学

专业设置年份：2000 年

学　　制：本科 4 年　函授 3 年

专业师资：副教授 4 人　讲师 3 人　助教 4 人

招生人数：本科生 120 人　函授生 20 人(2003 年)

招生对象：文科考生

招生范围：附近省市

录取分数：偏高

在校生人数：440 人

地　　址：浙江省临安市环城北路 88 号浙江林学院人文学院

电　　话：(0571)63730922

传　　真：(0571)63732737

邮　　编：311300

联 系 人：钱杭园

宁波大学

院系全称：传播与艺术学院传播系

专业全称：广告学

专业设置年份：1995 年

学　　制：本科 4 年　专科 2 年　函授 2 年

专业师资：教授 2 人　副教授 4 人　讲师 6 人

招生人数：本科生 43 人　专科生 32 人
函授生 25 人(2002 年)

招生对象：文／理科考生

招生范围：全国

录取分数：偏高

地　　址：宁波市宁波大学传播与艺术学院

电　　话：(0574)87600448　66868158

传　　真：(0574)87608286

邮　　编：315211

联 系 人：贺雪飞

温州大学

院系全称：管理学院

专业全称：广告与广告管理

专业设置年份：1998 年

学　　制：硕士 3 年　本科 4 年

专业师资：副教授 2 人　讲师 3 人

招生人数：本科生 37 人(2002 年)

招生对象：文／理科考生

招生范围：本省

录取分数：偏低

地　　址：温州市学院路茶山校区

电　　话：(0577)86689070

传　　真：(0577)86689117

邮　　编：325035

联 系 人：叶柏霜

温州师范学院

院系全称：美术系

专业全称：平面设计

专业设置年份：1998 年

学　　制：本科 4 年
专业师资：副教授 2 人　讲师 4 人
招生人数：本科生 44 人　函授生 90 人(2001 年)
招生对象：艺术类考生
招生范围：本省
录取分数：中等
地　　址：温州市温州师范学院美术系
电　　话：(0577)86680929
邮　　编：325000
联 系 人：王薇

江西财经大学

院系全称：艺术与传播学院
专业全称：广告学
专业设置年份：1999 年
学　　制：本科 4 年
专业师资：教授 1 人　副教授 2 人　讲师 3 人
招生人数：本科生 46 人(2001 年)
招生对象：文／理科考生
招生范围：全国
录取分数：较高
地　　址：南昌市双港路江西财经大学艺术与传播学院
电　　话：(0791)3816915
邮　　编：330013
联 系 人：罗书俊

南昌大学

院系全称：新闻与传播学院
专业全称：广告学
专业设置年份：1993 年
学　　制：本科 4 年　专科 3 年
专业师资：教授 7 人　副教授 13 人　讲师 15 人
招生人数：本科生 50 人(2002 年)
招生对象：文／理科考生
招生范围：全国
录取分数：较高
地　　址：南昌市南京东路 235 号(南昌大学北区)
电　　话：(0791)8304524
邮　　编：330047
联 系 人：曾光

江西师范大学

院系全称：传播学院
专业全称：广告学
专业设置年份：1992 年
学　　制：硕士 3 年　本科 4 年　专科 3 年　函授 3 年
专业师资：教授 2 人　副教授 7 人　讲师 8 人
招生人数：硕士生 5 人　本科生 90 人　函授生 125 人(2002 年)
招生对象：文／理科考生
招生范围：全国
录取分数：较高
地　　址：南昌市北京西路 437 号江西师范大学传播学院
电　　话：(0791)8506485
传　　真：(0791)8511619
邮　　编：330027
联 系 人：邢若南

南方冶金学院

院系全称：文法学院
专业全称：广告学
专业设置年份：2003 年
学　　制：本科 4 年
专业师资：教授 1 人　副教授 3 人　助教 4 人
招生人数：本科生 69 人(2003 年)
招生对象：文科考生
招生范围：全国

录取分数：中等
地　　址：江西省赣州市南方冶金学院
电　　话：(0797)8312291
邮　　编：341000
联 系 人：刘祚时

赣南师范学院

院系全称：美术学院
专业全称：艺术设计专业(视觉传达方向)
　　　　　动画专业
专业设置年份：1993年
学　　制：本科4年
专业师资：教授2人　副教授3人　讲师5人
　　　　　助教6人
招生人数：本科生150人(2003年)
招生对象：艺术类考生
招生范围：全国
录取分数：中等
在校生人数：1100人
地　　址：江西赣州市章贡区红旗大道53号
电　　话：(0797)8267406
传　　真：(0797)8268080
邮　　编：341000
联 系 人：孙　胤

福建师范大学

院系全称：文学院
专业全称：广告学
专业设置年份：2002年
学　　制：本科4年
地　　址：福州市福建师范大学文学院
电　　话：(0591)3465202
邮　　编：350007

厦门大学

院系全称：人文学院新闻传播系
专业全称：广告学
专业设置年份：1983年
学　　制：硕士3年　本科4年　专科3年
　　　　　函授3年
专业师资：教授5人　副教授5人　讲师2人
招生人数：硕士生41人　本科生55人
　　　　　函授生100人(2003年)
招生对象：文／理科考生
招生范围：全国
录取分数：偏高
在校生人数：504人
地　　址：厦门市厦门大学新闻传播系
电　　话：(0592)2180475
传　　真：(0592)2186382
邮　　编：361005
联 系 人：郭婉玲

湖南大学

院系全称：新闻与传播学院
专业全称：广告学
专业设置年份：2003年
学　　制：硕士3年　本科4年
专业师资：教授3人　副教授3人　讲师4人
　　　　　助教2人
招生人数：硕士生5人　本科生40人(2003年)
招生对象：文／理科考生
招生范围：全国
录取分数：偏高
在校生人数：40人
地　　址：湖南省长沙市麓山路331号
电　　话：(0731)8821931
传　　真：(0731)8711515
邮　　编：410006
联 系 人：肖桂清

湖南商学院

院系全称：艺术设计系

专业全称：艺术设计　广告学

地　　址：长沙市岳麓大道湖南商学院97号信箱艺术设计系

电　　话：(0731)8686604

邮　　编：410205

湖南工程学院

院系全称：设计艺术系

专业全称：艺术设计

专业设置年份：1996年(专)　2002年(本)

学　　制：本科4年　专科3年

地　　址：湘潭市东湖路18号湖南工程学院设计艺术系

电　　话：(0732)8680041

邮　　编：411104

湖南师范大学

院系全称：新闻与传播学院

专业全称：广告学

专业设置年份：2003年

学　　制：博士1年　硕士3年　本科4年　函授3年

专业师资：教授1人　副教授3人　讲师2人　助教1人

招生人数：本科生30人　函授生30人(2003年)

招生对象：文／理科考生

招生范围：全国

录取分数：较高

在校生人数：31人

地　　址：长沙市麓山南路36号

电　　话：(0731)8872389

传　　真：(0731)8872929

邮　　编：410081

联 系 人：王　战

湘潭大学

院系全称：文学与新闻学院广告系

专业全称：广告学

专业设置年份：1997年

学　　制：本科4年

专业师资：教授3人　副教授5人　讲师6人　助教2人

招生人数：本科生75人(2003年)

招生对象：文科考生

招生范围：全国

录取分数：偏高

在校生人数：310人

地　　址：湘潭市西郊羊牯塘湘潭大学文学与新闻学院广告系

电　　话：(0732)8292597

传　　真：(0732)8292167

邮　　编：411105

联 系 人：唐晓玲

湘潭工学院

院系全称：广告学

专业设置年份：2000年

学　　制：本科4年

地　　址：湘潭市北郊

电　　话：(0732)8290011

邮　　编：411207

株洲工学院

院系全称：传播系

专业全称：广告学

专业设置年份：1999年

学　　制：本科4年

专业师资：教授1人　副教授2人　讲师6人

招生人数：本科生85人(2002年)

招生对象：文／理科考生

招生范围：全国

录取分数：中等

地　　址：株洲市株洲工学院传播系

电　　话：(0733)2622202

邮　　编：412008

联 系 人：刘　芳

湖南理工学院

院系全称：新闻传播学系

专业全称：广告学(本科)　广告艺术设计(专科)

专业设置年份：2001年

学　　制：本科4年　专科3年

专业师资：教授3人　副教授4人　讲师10人

招生人数：本科生60人　专科生30人(2002年)

招生对象：文科考生　艺术类考生

招生范围：全国

录取分数：中等

地　　址：岳阳市湖南理工学院新闻传播学系

电　　话：(0730)8640952

传　　真：(0730)8640000

邮　　编：414006

联 系 人：黎千驹

中南林学院

院系全称：环境艺术设计学院

专业全称：艺术设计

专业设置年份：1986年

学　　制：博士3年　硕士3年　本科4年
　　　　　专科3年

专业师资：教授3人　副教授6人　讲师8人

招生人数：硕士生13人　本科生35人(2001年)

招生对象：文／理科考生　艺术类考生

招生范围：全国

录取分数：中等

地　　址：株洲市田龙路

电　　话：(0733)8703488

传　　真：(0733)8703452

邮　　编：412006

联 系 人：陈　杰

湖北大学

院系全称：文学院新闻传播系

专业全称：广告学

专业设置年份：1994年9月

学　　制：本科4年

专业师资：教授2人　副教授2人　讲师5人
　　　　　助教1人

招生人数：本科生50人(2003年)

招生对象：文科考生

招生范围：本省　附近省市

录取分数：较高

地　　址：湖北武昌学院路11号

电　　话：(027)88661842

传　　真：(027)88662083

邮　　编：430062

联 系 人：胡远珍

湖北美术学院

院系全称：设计系

专业全称：视觉传达设计

专业设置年份：1985年

学　　制：本科4年

专业师资：教授18人　副教授50人
　　　　　讲师94人

招生人数：硕士生25人　本科生312人
　　　　　专科生175人　函授生196人(2001年)

招生对象：艺术类考生

招生范围：全国
录取分数：偏高
地　　址：武汉市武昌中山路374号
电　　话：(027)88877952
传　　真：(027)88862397
邮　　编：430060
联 系 人：范汉成

中南民族大学

院系全称：文学院广告学系
专业全称：广告学
专业设置年份：1996年
学　　制：本科4年
专业师资：教授1人　副教授2人　讲师7人
　　　　　助教2人
招生人数：本科生62人(2003年)
招生对象：文科考生
招生范围：全国
录取分数：较高
在校生人数：220人
地　　址：武汉市洪山区民院路5号
电　　话：(027)87532864
传　　真：(027)87532864—8001
邮　　编：430074
联 系 人：张贤平

武汉大学

院系全称：新闻与传播学院广告学系
专业全称：广告学
专业设置年份：1994年
学　　制：博士3年　硕士3年　本科4年
　　　　　专科2年
专业师资：教授2人　副教授4人　讲师4人
招生人数：硕士生37人　本科生35人
　　　　　专科生145人(2002年)
招生对象：文科考生
招生范围：全国
录取分数：较高
地　　址：武汉市武昌珞珈山武汉大学新闻与
　　　　　传播学院
电　　话：(027)87870969
传　　真：(027)87870969
邮　　编：430072
联 系 人：周丽玲

华中农业大学

院系全称：文法学院广告与传播学系
专业全称：广告学
专业设置年份：1999年
学　　制：硕士3年　本科4年　函授3年
专业师资：教授1人　副教授7人　讲师4人
　　　　　助教3人
招生人数：硕士生5人　本科生65人
　　　　　函授生30人(2003年)
招生对象：文科考生
招生范围：全国
录取分数：偏高
地　　址：武汉市洪山区狮子山街特1号
电　　话：(027)87282069
传　　真：(027)87280507
邮　　编：430070
联 系 人：吕尚彬

华中科技大学

院系全称：新闻与信息传播学院
专业全称：广告学
专业设置年份：2000年
学　　制：本科4年
地　　址：武汉市华中科技大学新闻与
　　　　　信息传播学院

电　　话：(027)87543520

邮　　编：430074

江汉大学

院系全称：人文学院新闻传播系

专业全称：广告学

地　　址：武汉市沌口经济开发区江汉大学人文学院

电　　话：(027)84226819

邮　　编：430056

武汉科技学院

院系全称：社会科学系

专业全称：广告学

专业设置年份：1999年

学　　制：本科4年

专业师资：教授4人　副教授8人　讲师12人

招生人数：本科生120人(2002年)

招生对象：文／理科考生

招生范围：全国

录取分数：中等

地　　址：武汉市鲁巷纺织路1号武汉科技学院社会科学系

电　　话：(027)87801395−371

邮　　编：430073

联 系 人：邹先玉

武汉理工大学

院系全称：人文学院

专业全称：广告学

专业设置年份：1995年

学　制：本科4年

地　　址：武汉市武昌珞狮路122号

电　　话：(027)87651131

邮　　编：430070

河南财经学院

院系全称：文化传播系

专业全称：广告学

专业设置年份：1997年

学　　制：本科4年

专业师资：教授1人　副教授5人　讲师9人

招生人数：本科生80人(2001年)

招生对象：文／理科考生

招生范围：本省

录取分数：偏高

地　　址：郑州市河南财经学院文化传播系

电　　话：(0371)3738983

邮　　编：450002

联 系 人：王鲁昌

郑州大学

院系全称：文化与传播学院广告系

专业全称：广告学

专业设置年份：1994年

学　　制：本科4年

专业师资：副教授1人　讲师4人

招生人数：本科生60人(2002年)

招生对象：文／理科考生

招生范围：全国

录取分数：偏高

地　　址：郑州市大学路75号

电　　话：(0371)7761556

邮　　编：450052

联 系 人：颜景毅

河南大学

院系全称：新闻与传播学院

专业全称：广告学

专业设置年份：1996年

学　　制：本科 4 年　专科 3 年　函授 3 年
专业师资：教授 1 人　副教授 1 人　讲师 8 人
招生人数：本科生 46 人　函授生 36 人(2002 年)
招生对象：文科考生
招生范围：全国
录取分数：较高
地　　址：开封市明伦街 85 号河南大学东二斋
电　　话：(0378)2859388
传　　真：(0378)2861029　2868822
邮　　编：475001
联 系 人：杨海军

暨南大学

院系全称：新闻与传播学院
专业全称：广告系
专业设置年份：1994 年
学　　制：硕士 3 年　本科 4 年
专业师资：教授 1 人　副教授 3 人　讲师 5 人
招生人数：硕士生 2 人　本科生 150 人(2002 年)
招生对象：文／理科考生
招生范围：全国
录取分数：偏高
地　　址：广州市暨南大学新闻与传播学院
电　　话：(020)85222397
传　　真：(020)85222862
邮　　编：510632
联 系 人：杨先顺　李　苗　王天权

广州大学

院系全称：艺术与设计学院
专业全称：商业美术设计
地　　址：广州市广州大学麓湖校区艺术与设计学院
电　　话：(020)86237571
邮　　编：510091

广州美术学院

院系全称：装潢艺术设计系
专业全称：艺术设计
地　　址：广州市海珠区昌岗东路 257 号
电　　话：(020)84017740
邮　　编：510260

广东商学院

院系全称：人文传播学院
专业全称：广告学
专业设置年份：2001 年
学　　制：本科 4 年
专业师资：教授 3 人　副教授 8 人　讲师 12 人
招生人数：本科生 60 人(2001 年)
招生对象：文／理科考生
招生范围：全国
录取分数：较高
地　　址：广州市广东商学院人文传播学院
电　　话：(020)84096903
邮　　编：510320
联 系 人：邱右先

汕头大学

院系全称：艺术学院艺术设计系
专业全称：艺术设计
专业设置年份：1988 年
学　　制：本科 4 年
专业师资：教授 2 人　副教授 4 人　讲师 8 人
招生人数：本科生 48 人(2001 年)
招生对象：艺术类考生
招生范围：本省
录取分数：较高
地　　址：汕头市汕头大学艺术学院
电　　话：(0754)2902845

传　　真：(0754)2902936

邮　　编：515063

联 系 人：韩然

深圳大学

院系全称：文学院传播系

专业全称：广告学

专业设置年份：1989年

学　　制：本科4年　专科3年　函授3年

专业师资：教授1人　副教授6人　讲师5人

1999年招生人数：本科生58人(2001年)

1999年招生对象：文／理科考生

1999年招生范围：本省

1999年录取分数：偏高

地　　址：深圳市深圳大学文学院传播系

电　　话：(0755)26536124　26535207

传　　真：(0755)26534442

邮　　编：518060

联 系 人：吴予敏

广西大学

院系全称：新闻系

专业全称：广告学

专业设置年份：1993年

学　　制：本科4年　专科3年

地　　址：南宁市西乡塘东路

电　　话：(0711)3833821

邮　　编：530004

广西艺术学院

院系全称：设计学院

专业全称：广告学

专业设置年份：1993年

学　　制：硕士2年　本科4年

专业师资：教授3人　副教授3人　讲师4人

　　　　　助教3人

招生人数：硕士生12人　本科生206人(2003年)招生

对象：艺术类考生

招生范围：附近省市

录取分数：中等

地　　址：广西艺术学院设计学院教育路7号

电　　话：(0771)5333347

传　　真：(0771)5319407

邮　　编：530022

联 系 人：汤晓山

广西商业高等专科学校

院系全称：贸易经济系

专业全称：广告学

地　　址：南宁市农院路8号

电　　话：(0771)3835102

邮　　编：530003

贵州民族学院

院系全称：中文系

专业全称：广告学

专业设置年份：1995年

学　　制：本科4年

专业师资：教授3人　副教授14人　讲师3人

招生人数：本科生40人(2002年)

招生对象：文科考生

招生范围：本省　附近省市

录取分数：中等

地　　址：贵阳市花溪区董家堰民族学院中文系

电　　话：(0851)3610255　3613465

邮　　编：550025

联 系 人：孟维佳

四川大学

院系全称：文学与新闻学院广告系

专业全称：广告学
专业设置年份：1993 年
学　　制：博士 3 年　硕士 3 年　本科 4 年
　　　　　专科 2 年
专业师资：教授 2 人　副教授 4 人　讲师 5 人
招生人数：硕士生 5 人　本科生 41 人(2001 年)
招生对象：文／理科考生
招生范围：全国
录取分数：较高
地　　址：成都市四川大学文学与新闻学院
电　　话：(028)85412532
邮　　编：610064
联 系 人：吴　建

四川外语学院

院系全称：英语语言文化系
专业全称：国际广告
专业设置年份：2003 年
学　　制：本科 4 年
专业师资：教授 3 人　副教授 3 人　讲师 6 人
　　　　　助教 1 人
招生人数：本科生 25 人(2003 年)
招生对象：文／理科考生
招生范围：全国
录取分数：偏高
在校生人数：25 人
地　　址：重庆市沙坪坝烈士墓四川外语学院
　　　　　英语语言文化系
电　　话：(023)65385216
传　　真：(023)65385263
邮　　编：400031
联 系 人：肖　肃

四川农业大学

院系全称：人文社科学院
专业全称：广告学
专业设置年份：2002 年
学　　制：本科 4 年
专业师资：教授 2 人　副教授 4 人　讲师 8 人
　　　　　助教 4 人
招生人数：本科生 90 人(2003 年)
招生对象：文／理科考生　艺术类考生
招生范围：全国
录取分数：偏低
在校生人数：160 人
地　　址：雅安市四川农业大学
电　　话：(0835)2882153
传　　真：(0835)2882345
邮　　编：625014
联 系 人：朱　冰

成都理工大学

院系全称：传播科学与艺术学院
专业全称：广告学
专业设置年份：2001 年
学　　制：本科 4 年
专业师资：教授 1 人　副教授 2 人　讲师 3 人
招生人数：本科生 79 人(2003 年)
招生对象：文／理科考生
招生范围：全国
录取分数：偏高
在校生人数：255 人
地　　址：成都市二仙桥东三路 1 号
电　　话：(028)84076718
邮　　编：610059
联 系 人：肖建春　陈　卓

云南大学

院系全称：国际现代设计艺术学院
　　　　　广告设计艺术系

专业全称：艺术设计
专业设置年份：1994 年
学　　制：本科 4 年
专业师资：副教授 3 人　讲师 6 人
招生人数：本科生 250 人(2002 年)
招生对象：艺术类考生
招生范围：全国
录取分数：中等
地　　址：昆明市滇池路云南大学海埂校区
电　　话：(0871)4315271
传　　真：(0871)4181956
邮　　编：650228
联 系 人：农　伟

云南师范大学

院系全称：艺术学院
专业全称：艺术设计
专业设置年份：1993 年
学　　制：本科 4 年　专科 3 年　函授 3 年
专业师资：教授 1 人　副教授 2 人　讲师 4 人
招生人数：本科生 45 人　函授生 30 人(2002 年)
招生对象：艺术类考生
招生范围：全国
录取分数：中等
地　　址：昆明市龙泉路
电　　话：(0871)5817296
传　　真：(0871)5817296
邮　　编：650222
联 系 人：施荣华

云南财贸学院

院系全称：新闻传播系
专业全称：广告学(整合营销传播方向)
专业设置年份：2001 年
学　　制：本科 4 年
专业师资：教授 1 人　副教授 7 人　讲师 6 人
　　　　　助教 3 人
招生人数：本科生 47 人(2003 年)
招生对象：文／理科考生
招生范围：全国
录取分数：中等
在校生人数：137 人
地　　址：昆明市龙泉路南段云南财贸学院
　　　　　新闻传播系
电　　话：(0871)5113220　5113227
传　　真：(0871)5113220
邮　　编：650221
联 系 人：朱老师

西北大学

院系全称：新闻传播学院广告系
专业全称：广告学
专业设置年份：1993 年
学　　制：本科 4 年
专业师资：教授 1 人　副教授 5 人　讲师 7 人
招生人数：本科生 60 人(2001 年)
招生对象：文科考生
招生范围：全国
录取分数：偏高
地　　址：西安市高新四路西北大学桃园校区
　　　　　新闻传播学院
电　　话：(029)8302525
邮　　编：710069
联 系 人：杨立川

西安美术学院

院系全称：设计系
专业全称：装潢设计　展示设计
地　　址：西安市含光南路 100 号
电　　话：(029)8222342

邮　　编：710065

西安工业学院

院系全称：人文学院

专业全称：广告学

专业设置年份：2002 年

学　　制：本科 4 年

专业师资：教授 1 人　讲师 3 人　助教 3 人

招生人数：本科生 68 人(2003 年)

招生对象：文科考生

招生范围：全国

录取分数：中等

在校生人数：133 人

地　　址：西安工业学院 78 号信箱

电　　话：(029)83208052

邮　　编：710032

联 系 人：白军芳

西安石油大学

院系全称：人文学院

专业全称：广告学

专业设置年份：2001 年

学　　制：本科 4 年

专业师资：教授 1 人　副教授 4 人　讲师 3 人
　　　　　助教 8 人

招生人数：本科生 96 人(2003 年)

招生对象：艺术类考生

招生范围：全国

录取分数：中等

在校生人数：206 人

地　　址：西安市含光南路 6 号

电　　话：(029)88382753

传　　真：(029)88382752

邮　　编：710065

联 系 人：朱　玮

长安大学

院系全称：人文社会科学学院广告学系

专业全称：广告学

专业设置年份：2001 年

学　　制：本科 4 年

专业师资：教授 1 人　副教授 3 人　讲师 3 人
　　　　　助教 3 人

招生人数：本科生 80 人(2003 年)

招生对象：理科考生

招生范围：全国

录取分数：较高

在校生人数：120 人

地　　址：西安市南二环路中段

电　　话：(029)82334306

传　　真：(029)82334302

邮　　编：710064

联 系 人：曹胜斌

宝鸡文理学院

院系全称：中文系

专业全称：广告学

专业设置年份：2001 年

学　　制：本科 4 年

专业师资：教授 1 人　副教授 3 人　讲师 2 人
　　　　　助教 3 人

招生人数：本科生 51 人(2003 年)

招生对象：文科考生

招生范围：全国

录取分数：中等

在校生人数：128 人

地　　址：宝鸡市宝光路 44 号宝鸡文理学院
　　　　　中文系

电　　话：(0917)3364296

邮　　编：721007

联 系 人：仵军智

兰州大学

院系全称：新闻与传播系

专业全称：广告学

地　　址：兰州市天水路216号

电　　话：(0931)8913404

邮　　编：730000

兰州铁道学院

院系全称：经济管理系

专业全称：广告学

专业设置年份：2001年

学　　制：本科4年

专业师资：教授1人　副教授2人　讲师7人

招生人数：本科生60人(2001年)

招生对象：文科考生

招生范围：全国

录取分数：较高

地　　址：兰州市安宁区西路22号

电　　话：(0931)4938997

邮　　编：730070

联 系 人：李　莹

宁夏大学

院系全称：人文学院新闻系

专业全称：广告创意与传播

专业设置年份：2000年

学　　制：专科3年

专业师资：副教授1人　讲师7人

招生人数：专科生45人(2001年)

招生对象：文科考生

招生范围：本省

录取分数：偏高

地　　址：银川市新市区宁夏大学人文学院新闻系

电　　话：(0951)2061116

传　　真：(0951)2061116

邮　　编：750021

联 系 人：薛金强

新疆大学

院系全称：人文学院新闻系

专业全称：广告学

地　　址：乌鲁木齐市新疆大学人文学院

电　　话：(0991)8582815

邮　　编：830046

’2004中国广告年鉴
China Advertising Yearbook
12th Edition

广告出版物简介

2003年广告类新书简介

书　　名：镜头里的商品

——中国优秀广告导演全记录

书　　号：ISBN 7-5012-1933-8

作　　者：郑新安

定　　价：58.00元

出版时间：2003年1月

出 版 社：世界知识出版社

书　　名：广告游戏

——第一本现代广告白皮书

书　　号：ISBN 7-8136-494-4

作　　者：（台）黄文博

定　　价：23.00元

出版时间：2003年1月

出 版 社：汕头大学出版社

书　　名：广告界无冕女王

书　　号：ISBN 7-111-11307-1

作　　者：（美）玛丽·韦尔斯·劳伦斯

定　　价：36.00元

出版时间：2003年1月

出 版 社：机械工业出版社

书　　名：广告文案传真

书　　号：ISBN 7-81036-495-2

作　　者：杨梨鹤

定　　价：18.00元

出版时间：2003年1月

出 版 社：汕头大学出版社

书　　名：震撼世界的20例广告
书　　号：ISBN　7-53223-206-9
作　　者：(美）詹姆斯·B·特威切尔
定　　价：33.00元
出版时间：2003年1月
出 版 社：上海人民美术出版社

书　　名：广告人 Must Read
　　　　——制作成功广告的最高指导原则
书　　号：ISBN 7-81036-511-8
作　　者：[美]贺许·高登·路易斯&卡洛·尼尔森
定　　价：25.00元
出版时间：2003年3月
出 版 社：汕头大学出版社

书　　名：孙大伟的异想世界
书　　号：ISBN 7-80155-535-X
作　　者：孙大伟
定　　价：38.00元
出版时间：2003年4月
出 版 社：中国物价出版社

书　　名：广告武林秘笈
书　　号：ISBN 7-80155-538-4
作　　者：张乐山
定　　价：38.00元
出版时间：2003年4月
出 版 社：中国物价出版社

书　　名：新广告观
书　　号：ISBN 7-80155-536-8
作　　者：黄升民
定　　价：48.00元
出版时间：2003年4月
出 版 社：中国物价出版社

书　　名：创意就是权力
书　　号：ISBN 7-111-11853-7
作　　者：叶茂中
定　　价：98.00元
出版时间：2003年6月
出 版 社：机械工业出版社

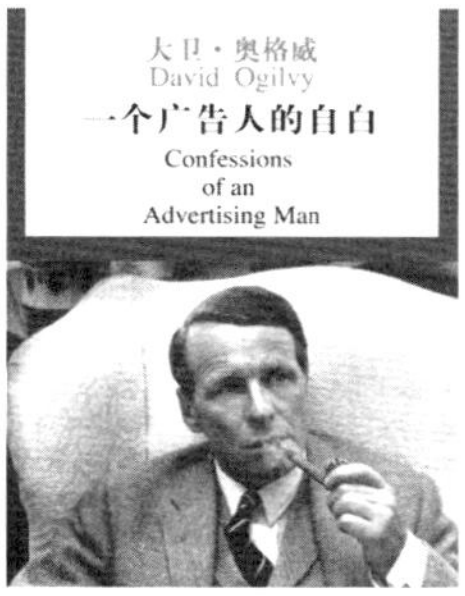

书　　名：一个广告人的自白
书　　号：ISBN 7-80155-539-2
作　　者：大卫·奥格威
定　　价：29.80元（平装）/50.00元（精装）
出版时间：2003年6月
出 版 社：中国物价出版社

书　　名：广告大师奥格威
　　　　——未公诸于世的选集
书　　号：ISBN 7-111-12489-8
作　　者：大卫·奥格威
定　　价：29.80元（平装）/48.00元（精装）
出版时间：2003年7月
出 版 社：机械工业出版社

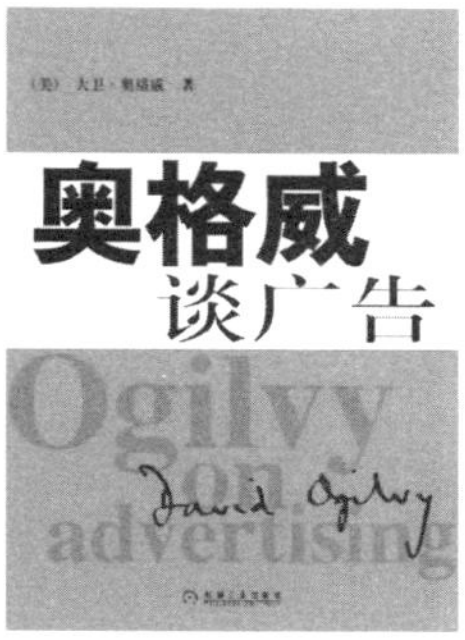

书　　名：奥格威谈广告
书　　号：ISBN 7-111-12002-7
作　　者：大卫·奥格威
定　　价：98.00元
出版时间：2003年7月
出 版 社：机械工业出版社

书　　名：丑小鸭——奥美的创意观点
书　　号：ISBN 7-80155-569-4
编　　者：奥美公司
定　　价：60.00元
出版时间：2003年7月
出 版 社：中国物价出版社

书　　名：奥美的观点Ⅲ
书　　号：ISBN 7-80155-532-5
编　　者：奥美公司
定　　价：49.00元
出版时间：2003年10月
出 版 社：中国物价出版社

书　　名：广告创意解码
书　　号：ISBN 7-80155-537-6
作　　者：贝纳德 · 格塞雷 · 罗伯 · 埃俾格
定　　价：60.00元
出版时间：2003年7月
出 版 社：中国物价出版社

书　　名：'2003中国广告年鉴
书　　号：ISBN 7-5011-6479-7
编　　者：中国广告年鉴编辑部
定　　价：220.00元（精装）
出版时间：2003年9月
出 版 社：新华出版社

书　　名：'2003中国广告经营单位名录
书　　号：ISBN 7-5011-6331-6
编　　者：中国广告经营单位名录编辑部
定　　价：380.00元（精装）
出版时间：2003年9月
出 版 社：新华出版社

全国部分广告类报刊名录

现代广告 /ModernAdvertising

主管单位：国家工商行政管理总局

主办单位：中国广告协会

编辑出版：《现代广告》杂志社

地　　址：北京市宣武区广安门外大街248号
机械大厦909、910室

邮　　编：100055

电　　话：(010) 63317525

传　　真：(010) 63317499

网　　址：www.cnad.com.cn

国内发行：北京市报刊发行局

国内发行代号：82-685

订　　阅：全国各地邮局

国内刊号：CN11-3168/F

国际刊号：ISSN1007-2888

开　　本：12开

出版周期：月刊

定　　价：¥12.80/期　¥153.60/年

广告经营许可证号：1000004000018

国际广告 /InternationalAdvertising

主管单位：中华人民共和国商务部

主办单位：中国对外贸易经济合作企业协会、中国对外经济贸易广告协会

编辑出版：《国际广告》杂志社

地　　址：北京市建国门外大街12号4层

邮　　编：100022

电　　话：(010) 65681637

传　　真：(010) 65681942

电子邮件：hhh@g999.com

国内发行：北京市报刊发行局

国内发行代号：82-705

订　　阅：全国各地邮局

国内刊号：CN11-2487/F

国际刊号：ISSN1000-4122

创刊年代：1985年

开　　本：大16开

出版周期：月刊

定价：¥12.00/期　¥144.00/年

广告经营许可证号：京朝工商广字第0088号

艺术与设计 /ARTANDDESIGN

主管单位：中华人民共和国新闻出版署

编辑出版：《艺术与设计》杂志社

地址：北京市西城区阜外大街34号干休所3号楼5层

邮　　编：100832

电　　话：(010) 68583578

传　　真：(010) 68570933

电子邮件：article@artdesign.com.cn

网　　址：www.artdesign.com.cn

国内发行代号：82-273

订　　阅：全国各地邮局

国内刊号：CN11-3909/J

国际刊号：ISSN1008-2832

开　　本：大16开

出版周期：双月刊

定　　价：¥25.00/期　¥150.00/年

媒介 /MEDIA

主管单位：中华人民共和国教育部

主办单位：北京广播学院新闻传播学院

编辑出版：《现代传播媒介》杂志社

地　　址：北京市东城区东交民巷28号红都商务会馆B座4层

邮　　编：100006

电　　话：(010) 85116563

传　　真：(010) 85116750

网　　址：www.teamworkmedia.com.cn

国内刊号：CN11-3614/G2

国际刊号：ISSN1002-7149

开　　本：16开

出版周期：月刊

定　　价：¥18.00/期　¥216.00/年

广告直通车 /ADExpress

主办单位：北京广告协会、北京市广告管理服务中心

出　　版：《中国营销导刊》杂志社

编　　辑：《广告直通车》编辑部

地　　址：北京市马甸七省大院仪征化纤宾馆613室

邮　　编：100088

电　　话：（010）82002326

传　　真：（010）82000350

电子邮件：ndragon@public.bta.net.cn

国际刊号：ISSN1608-9774

开　　本：大16开

出版周期：月刊

定　　价：￥12.00/期

广告经营许可证号：京工商广临字98019号

市场观察——广告主／MarketObserver

主管单位：国家经济贸易委员会

主办单位：中国企业家协会

编辑出版：《市场观察——广告主》编辑部

地　　址：北京市海淀区紫竹院南路17号

邮　　编：100044

电　　话：(010)68732257　68701296

电子邮件：ad100@ad100.sina.net

网　　址：www.cec-ceda.org.cn

国内发行代号：2-790

订　　阅：全国各地邮局

国内刊号：CN11-3281/F

国际刊号：ISSN1006-9089

开　　本：大16开

定　　价：￥12.00/期

广告经营许可证号：京海工商广字0151号

中国广告／CHINAADVERTISING

主管单位：中国出版集团

主办单位：东方出版中心／上海一百(集团)有限公司／上海市广告协会

编辑出版：《中国广告》杂志社

地　　址：上海市宁海东路200号申鑫大厦1805室

邮　　编：200021

电　　话：（021）63551958

传　　真：（021）63551811

电子邮件：China-ad@online.sh.cn

国内发行：上海市报刊发行局

国内发行代号：4-408

订　　阅：全国各地邮局

国内刊号：CN31-1174/F

国际刊号：ISSN1005-9156

创刊年代：1981年

开　　本：大16开

出版周期：月刊

定　　价：￥12.00/期　￥144.00/年

广告经营许可证号：3101014000003

广告大观／AdvertisingPanorama

主办单位：江苏省广播电视总台

编辑出版：《广告大观》编辑部

地址：南京市中山东路西祠堂巷8号

邮　　编：210087

电　　话：（025）4453228，4542229-801

传　　真：（025）4453228-808

电子邮件：adp@vip.163.com

网　　址：www.cnadp.com

国内发行：自办发行

国内刊号：CN32-1294/G2

国际刊号：ISSN1004-5171

开　　本：大16开

出版周期：月刊

定　　价：￥15.00/期　￥180.00/年

广告经营许可证号：宁工商广字261号

包装 & 设计／PACKAGEDESIGN

主办单位：中国包装进出口广东公司

编辑出版：《包装 & 设计》杂志社

地址：广州市侨光路 2 号 5 楼

邮　　编：510116

电　　话：(020) 83341674

传　　真：(020) 83341694

电子邮件：faxingbu@sohu.com

网　　址：www.package-design.net

国内发行：自办发行

国内刊号：CN44-1262/TB

国际刊号：ISSN1007-4759

开　　本：大 16 开

出版周期：双月刊

定　　价：￥25.00／期　￥150.00／年

广告经营许可证号：4400004000473

大市场 · 广告导报／MarketingMax · Advertising Pointer

主办单位：贵州人民出版社

编辑出版：《大市场》杂志社

地　　址：贵阳市中华北路 289 号

邮　　编：550004

电　　话：(0851) 6828370

电子邮件：ad@vip.sina.com

网　　址：www.newad.net

国内发行代号：66-61

订　　阅：全国各地邮局

国内刊号：CN52-1129/F

国际刊号：ISSN1671-7902

开　　本：大 16 开

出版周期：月刊

定　　价：￥15.00／期￥180.00／年

广告经营许可证号：黔工商广字 0015 号

全国部分广告专业书店名录

北京龙之媒广告文化书店

地址：北京市西城区太平仓胡同甲 16 号

邮编：100034

电话：(010)66111740

广州广告人书店北京分店

地址：北京市西城区西单灵镜胡同后达里 45 号

邮编：100032

电话：(010)66079877

上海龙之媒书店

地址：上海市淮海中路 381 号中环广场商场 307 室

邮编：200020

电话：(021)63916848

天津新思路工具书店

地址：天津市南开区复康路龙潭康乐园 302 室

邮编：300074

电话：(022)23524875

重庆广告人书店

地址：重庆市渝中区较场口85号大元广场12—2号

邮编：400010

电话：(023)63725730

重庆美好广告人书店

地址：重庆市渝中区两路口花园大厦一层

邮编：400014

电话：(023)63861112

沈阳美好广告人与设计书店

地址：沈阳市沈河区药王庙路5号

邮编：110014

电话：(024)22944099

大连广告人书店

地址：大连市沙河口区民政街419号科技广场大厦A座1206室

邮编：116021

电话：(0411)4519927

哈尔滨广告人书店

地址：哈尔滨市南港区西大直街40号黑龙江省国际博览中心263室

邮编：150001

电话：(0451)53660495

南京龙之媒书店

地址：南京市鼓楼区汉中路108号金轮大厦(副楼)汇贤楼204室

邮编：210029

电话：(025)84728505

济南市广告人书店

地址：济南市文化东路109号文东宾馆2楼206室

邮编：250014

电话：(0531)6415362

浙江亚博广告人书店

地址：杭州市文三路100号305室

邮编：310012

电话：(0571)88226411

长沙龙之媒书店

地址：长沙市五一西路189号锦绣中环大厦1602室

邮编：410005

电话：(0731)2324690

广州龙之媒书店

地址：广州市环市东路358号珠江大厦西塔1101室

邮编：510060

电话：(020)83856275

成都龙之媒书店

地址：成都市城守东大街59号蓝光大1610室

邮编：610016

电话：(028)66815866

西安龙之媒书店

地址：西安市长安中路100号西北文化艺术大厦1109室

邮编：710061

电话：(029)85360272

乌鲁木齐广告人书店

地址：乌鲁木齐市中山路116号国际合信大厦14楼E座

邮编：830002

电话：(0991)2826296

’2004中国广告年鉴
China Advertising Yearbook
12th Edition

广告经营单位介绍

北 京 市

公 司 类

盛世长城国际广告有限公司

地　　址：北京市建国门内大街7号光华长安大厦1219
邮　　编：100005
电　　话：(010)65102255
负 责 人：张新强
联 系 人：刘航

爱的标志是超级进化的品牌，它能激发出人们近乎疯狂的热爱。品牌是属于企业的，爱的标志则是属于每个人的，是他们生命中不可替代的一部份。在你的生活中，有些品牌只是品牌而已，而有些，则是爱的标志……哪一个是哪一个，你心里有数。如果也打算让你的品牌达到另一个高度，请拨个电话给我们。

博达大桥国际广告传媒有限公司

地　　址：北京市西长安街88号北京首都时代广场8层808室
邮　　编：100031
电　　话：(010)83915088
传　　真：(010)83915188
负 责 人：伍穗平

中视金桥国际广告有限公司

地　　址：北京市海淀区阜成路58号新洲商务大厦606
邮　　编：100036
电　　话：(010)88116820-602
负 责 人：刘金兰
联 系 人：宋一丹

我们拥有的，正是您所期待的！科学的管理体系；精良的团队合作；高效能的运营系统。

海润国际广告有限公司

地　　址：北京市朝阳区安慧北里安园5号海润大厦
邮　　编：100101
电　　话：(010)64899933-316
传　　真：(010)64932894
负 责 人：刘燕铭
联 系 人：覃航

15年广告业的拼搏，使海润独享无可比拟的媒体优势，业内资深专家的加盟，更令海润本土化与专业化组合达到最优配置！

廊坊美格广告有限公司北京分公司

地　　址：北京市朝阳区呼家楼京广中心商务楼808室
邮　　编：100020
电　　话：(010)65978768
传　　真：(010)65978782
负 责 人：黄清河
联 系 人：陈鼎强

美格广告，中国十年行。

灵智大洋广告有限公司

地　　址：北京市朝阳区东三环北路19号华鹏大厦南208室
邮　　编：100020
电　　话：(010)65975180
负 责 人：陈智豪
联 系 人：蔡云

只要一拍即合，做啥生意都能生出好创意。有种，就找灵智大洋广告集团，咱们轰轰烈烈地干，一起把品牌搞大！

北京通成推广公交广告有限公司

地　　址：北京市建国门外大街1号国贸大厦
邮　　编：100004
电　　话：(010)65081066
联 系 人：潘伟

作为中国大陆地区户外媒体的先行者、率先投资中国的公交媒体，最早进入中国市场并伴随这个市场成长壮大。并于2002年在香港上市，作为惟一获奖的户外广告公司，在香港获得了首届国际著名“卓越品牌”奖。2004年被中国广告协会评为中国一级广告企业。标志着通成在户外广告界的领先地位。

北京绿野浩渺广告有限公司

地　　址：北京市朝阳区小关北里45号世纪嘉园4号楼19G
邮　　编：100029
电　　话：(010)84897454
传　　真：(010)84898722

北京绿野浩渺广告有限公司是北京市广告协会常务理事单位，是一家集创意、客服、策划与公关、广告媒介研究与购买为一体的综合性广告公司。详细介绍请见北京专栏。

北京视澜广告有限公司

地　　址：北京市海淀区复兴路乙11号梅地亚中心写字楼560室
邮　　编：100038
电　　话：(010)68509958
传　　真：(010)68574212
负 责 人：王炎言
联 系 人：王蓓蓓

成立于1997年，是中央电视台与美国映佳国际传播公司的合资企业。公司经营领域涵盖广告设计、制作、发布和电视栏目广告代理。

北京天寅和创广告设计有限公司

地　　址：北京市西城区阜内大街278号
邮　　编：100034
电　　话：(010)66020772
传　　真：(010)66026427

经营项目：专业牌匾制作、专业户外宝利布喷绘、路牌、灯箱、大型楼顶广告牌钢结构、擎天柱。

达彼思(达华)广告有限公司北京分公司

地　　址：北京市呼家楼京广中心3208室
邮　　编：100020
电　　话：(010)65973999
传　　真：(010)65978559
负 责 人：梁桂泉
联 系 人：王秋泓

大广太平洋国际广告有限公司

地　　址：北京市朝阳区朝外大街22号泛利大厦407室
邮　　编：100020
电　　话：(010)64662711
传　　真：(010)84600568
负 责 人：久保正一
联 系 人：李通庄

精信广告有限公司

地　　址：北京市东城区东长安街1号东方广场东方经贸城W3座办公楼607室
邮　　编：100005
电　　话：(010)85181109
传　　真：(010)85185500
联 系 人：李建红

麦肯·光明广告有限公司

地　　址：北京市朝阳区建国门外南郎家园1号楼6层
邮　　编：100022
电　　话：(010)65683300－109
传　　真：(010)65687555
负 责 人：牛爱国
联 系 人：申红艺

天联广告有限公司

地　　址：北京市东城区新中街18号阳光都市4号楼1908号
邮　　编：100027
电　　话：(010)84473320
传　　真：(010)84473321
负 责 人：黄慧琼
联 系 人：蒋先生

卫星电视有限公司（天山企业北京代表处）

地　　址：北京市东城区东长安街1号东方广场东3办公楼908室
邮　　编：100738
电　　话：(010)85298666－7220
传　　真：(010)85298667
负 责 人：JamesMurdocn
联 系 人：张淼

智威汤逊－中乔广告有限公司

地　　址：北京市朝阳区光华路甲8号和乔大厦428房间
邮　　编：100026
电　　话：(010)65819995
传　　真：(010)65810070
法　　人：唐锐涛
负 责 人：唐锐涛

联 系 人：马艳静

中国对外翻译出版公司

地　　址：北京市西城区车公庄大街甲4号
邮　　编：100810
电　　话：(010)66179222
负 责 人：周轩进

中国国际广告公司

地　　址：北京市建国门外大街12号
邮　　编：100022
电　　话：(010)65685176
传　　真：(010)65683327
法　　人：王岩
负 责 人：王岩
联 系 人：王岩

中国机电广告公司

地　　址：北京市海淀区甘家口185号新新商务楼
邮　　编：100037
电　　话：(010)68361821
传　　真：(010)68326295
负 责 人：刘桂伟
联 系 人：高恒俊

中国邮政广告公司

地　　址：北京市西城区北礼士路甲8号
邮　　编：100044
电　　话：(010)88381361
传　　真：(010)88380915
联 系 人：徐民

中国邮政广告公司是国家邮政局的直属单位，以开发邮政广告媒体进行国内外广告业务经营活动为主。公司下设媒介部、市场经营部、创意设计部、综合办公室、计划财务室。

中国邮政广告公司充分利用邮政的网络优势，积极开发新的邮政广告媒体；推广和促进现有的邮政广告媒体的社会化（即邮资广告明信片、广告信函、户外广告、邮送广告），增强社会的认知度；研究和开发大客户市场，促进其健康发展，并搞好公司自身建设，加强与广告同行的交流与合作，迎接邮政广告业灿烂的明天。

中国友谊出版公司

地　　址：北京市朝阳区西坝河南里17号
邮　　编：100028
电　　话：(010)64601572
负 责 人：张纯

中烟广告公司

地　　址：北京市宣武区虎坊路11号
邮　　编：100052
电　　话：(010)83523383
传　　真：(010)63528547
负 责 人：韩旺生
联 系 人：关蕊

网之易信息技术（北京）有限公司

地　　址：北京市东城区东方广场东方经贸城东三办公楼1901室
邮　　编：100738
电　　话：(010)85180163-8310
传　　真：(010)85183598
负 责 人：孙德棣
联 系 人：江军俐

北京北奥广告有限公司

地　　址：北京市朝阳区东土城路8号林达大厦A座20层
邮　　编：100013
电　　话：(010)64294581
传　　真：(010)64294579
负 责 人：陈少云
联 系 人：王迎

北京财讯广告有限公司

地　　址：北京市朝阳门外大街22号泛利大厦10层
邮　　编：100020
电　　话：(010)65885010
传　　真：(010)65880076
联 系 人：于嘉

北京大禹伟业广告有限公司

地　　址：北京市朝阳区建国路88号SOHO现代城C座1710
邮　　编：100022
电　　话：(010)85801066
传　　真：(010)85804088
负 责 人：周昌文
联 系 人：李继权

北京电通广告有限公司

地　　址：北京市东城区长阳门北大街8号
邮　　编：100027
电　　话：(010)65545085
传　　真：(010)65542098
法　　人：井上佑介
负 责 人：井上佑介

北京东方德盛广告有限公司

地　　址：北京市安定门外大街甲88号中联大厦806
邮　　编：100011
电　　话：(010)64288800
传　　真：(010)64480088
法　　人：徐悦
负 责 人：徐悦
联 系 人：康颖

北京东方日海广告有限公司

地　　址：北京市光华路汉威大厦3A6
邮　　编：100004
电　　话：(010)65611918
传　　真：(010)65611920
法　　人：黄枫
负 责 人：董英杰
联 系 人：董英杰

北京泛太平洋国际广告公司

地　　址：北京市朝阳区北三环东路6号中国国际展览中心7号馆3层
邮　　编：100028
电　　话：(010)84600581
传　　真：(010)84600593
负 责 人：李跃义
联 系 人：李跃义

北京歌华阳光广告有限公司

地　　址：北京市东城区贡院西街1号
邮　　编：100005
电　　话：(010)65277728
传　　真：(010)65277728
法　　人：王建琪
负 责 人：金健
联 系 人：金健

北京公交广告有限责任公司

地　　址：北京市东城区交道口南大街16号
邮　　编：100007
电　　话：(010)64030529
传　　真：(010)84032092
法　　人：张家骥
负 责 人：朱建新

北京广告公司

地　　址：北京市朝阳区光华路1号北京嘉里中心南楼418室
邮　　编：100053
电　　话：(010)63043780
负 责 人：胡纪平

北京国安广告总公司

地　　址：北京市朝阳区关东店北街1号国安大厦4层
邮　　编：100020
电　　话：(010)87380118
传　　真：(010)87380015
法　　人：鄢钢
负 责 人：徐保元
联 系 人：范立华

北京国电广告有限公司

地　　址：北京市宣武区白广路二条一号
邮　　编：100761
电　　话：(010)63415498
传　　真：(010)63415432
负 责 人：沈凤仪
联 系 人：方彬

北京国风广告有限公司

地　　址：北京市朝阳区农展南路朝阳网球俱乐部3层
邮　　编：100026
电　　话：(010)65088900
传　　真：(010)65087300
负 责 人：欧阳旭
联 系 人：王会云

北京杰威广告公司

地　　址：北京市亚运村安慧里四区16楼11层

邮　　编：100723
电　　话：(010)84885183－25
传　　真：(010)84885033
负 责 人：贺玉强
联 系 人：文爱心

北京捷先广告公司

地　　址：北京市朝阳区马甸裕民东路12号华展国际公寓A 座604
邮　　编：100029
电　　话：(010)82077216
传　　真：(010)62073145－39
负 责 人：周明

北京凯普九歌广告有限公司

地　　址：北京市海淀区中关村南大街2号数码大厦A座2010室
邮　　编：100086
电　　话：(010)82514949
传　　真：(010)82513999
负 责 人：郭伟君
联 系 人：肖婷

北京灵智博洋广告有限公司

地　　址：北京市海淀区西外北下关娘娘庙84号北楼411号
邮　　编：100083
负 责 人：余朝霞

北京神意宇虹广告有限公司

地　　址：北京市朝阳区老虎庙西街原北京造纸厂一厂院内小白楼2层
邮　　编：100101
电　　话：(010)64890166
传　　真：(010)64890166－813
负 责 人：陶永才
联 系 人：李岩

北京市光环广告公司

地　　址：北京市西城区三里河南三区甲32号
邮　　编：100045
电　　话：(010)62239286
传　　真：(010)62239290－4
负 责 人：吴波
联 系 人：师岩

北京市万方广告影视公司

地　　址：北京市东城区王府井大街99号世纪大厦A806室
邮　　编：100006
电　　话：(010)65599230
传　　真：(010)65599228
法　　人：王荣波
负 责 人：王荣波
联 系 人：孟春华

北京太阳圣火广告有限公司

地　　址：北京市朝阳区建国路88号现代城SOHO－A座2307－2309室
邮　　编：100022
电　　话：(010)85800002/3
传　　真：(010)85800007
法　　人：童年
负 责 人：童年
联 系 人：张东强

北京唐码国际广告有限公司

地　　址：北京市东城区东长安街1号东方广场东方经贸城西三办公楼8层6室
邮　　编：100738
电　　话：(010)65268800－7108
传　　真：(010)85181222
负 责 人：林炳深
联 系 人：王立新

北京未来广告公司

地　　址：北京市海淀区复兴路乙11号梅地亚中心写字楼六层
邮　　编：100038
电　　话：(010)68507145
传　　真：(010)68514364
负 责 人：黄艳荣
联 系 人：张毛毛

北京晓伟佳业广告有限公司

地　　址：北京市朝阳区小营路10号阳明国际公寓A座14E室
邮　　编：100101
电　　话：(010)84635976
传　　真：(010)84635970

负 责 人：吴晓伟
联 系 人：吴晓伟

北京中谋智国广告有限公司

地　　址：北京市宣武门外大街88号长城大厦5楼
邮　　编：100052
电　　话：(010)63010406-13
传　　真：(010)63010411
负 责 人：王树民
联 系 人：王树民

北京中视新思维广告有限公司

地　　址：北京市朝阳区建外永安里东街甲25号建外写字楼
邮　　编：100022
电　　话：(010)13901016506
传　　真：(010)82645666
负 责 人：解玉珍
联 系 人：舒展福

广播电视类

中央人民广播电台

地　　址：北京市复兴门外大街2号
邮　　编：100866
电　　话：(010)86090077 86090088
传　　真：(010)68045707

中央人民广播电台（CHINA NATIONAL RADIO）是中华人民共和国国家广播电台，是中国 最重要的、最具有影响力的传媒之一。

中央人民广播电台，前身是于1940年12月30日在中国革命圣地延安诞生的第一座人民广播电台——延安新华广播电台。1949年3月25日延安新华广播电台（撤出延安以后，改名“陕北新华广播电台”）开始在北平播音，使用北平新华广播电台呼号，1949年12月5日，正式定名为中央人民广播电台。

中央电视台广告部

地　　址：北京市复兴路11号
邮　　编：100859
电　　话：(010)68514422-1036
传　　真：(010)68527717
负 责 人：郭振玺
联 系 人：刘芳

从无名品牌提升到驰名品牌，从地方品牌提升到全国品牌，从弱势品牌提升到强势品牌。无论您处于成长中的第一个阶段，无论您的广告预算是几十万还是几千万，中央电视台广告部都有训练有素的专业人员为您量身定做，妥贴安排。

中国国际广播电台广告部

地　　址：北京市石景山路甲16号
邮　　编：100040
电　　话：(010)68891606
传　　真：(010)68891582

国家广播电影电视总局电影卫星频道节目制作中心广告部

地　　址：北京市海淀区西土城路2号
邮　　编：100088
电　　话：(010)82047230
传　　真：(010)82047230
负 责 人：石丽萍
联 系 人：韩光林

中国农业电影电视中心

地　　址：北京市海淀区中关村南大街10号
邮　　编：100081
电　　话：(010)62150899
传　　真：(010)62150899
负 责 人：刘增胜
联 系 人：肖克昕

中央电视台第七套农业节目（CCTV-7）由农业部与中央电视台合办，中国农业电影电视中心负责制作。通过亚太1A卫星开路播出覆盖全国及周边国家和地区，每天播出近8个小时。该节目以"为农业、农村、农民服务"为宗旨，以提高农民文化素质、促进农业生产发展，繁荣农村经济，推动农村社会进步为目的，宣传党和国家有关的方针、政策、法规，反映农村改革和发展进程，普及推广农业科学技术，传递市场信息，开展农业知识教育，丰富农村文化生活，加强城乡间交流为主要内容。

北京电视台

地　　址：北京市海淀区西三环北路苏州街3号
邮　　编：100089
电　　话：(010)68428915
传　　真：(010)68429120
法　　人：刘敏

负 责 人：刘敏
联 系 人：罗影

北京人民广播电台

地　　址：北京市朝阳区建外大街14号
邮　　编：100022
电　　话：(010)65150033
传　　真：(010)65159720
法　　人：王良
负 责 人：王秋

新闻出版类

中国新闻出版报社

地　　址：北京市朝阳区东四环南路55号
邮　　编：100023
电　　话：(010)87329929
传　　真：(010)87329929
法　　人：张芬之
联 系 人：周锡培

《中国新闻出版报》是中华人民共和国新闻出版总署机关报。

2003年扩版增刊，先后推出《书情周刊》、《采编周刊》、《监管周刊》和《印务周刊》。

中国少年儿童新闻出版总社广告部

地　　址：北京市东城区东四十条94号万信商务大厦307室
邮　　编：100007
电　　话：(010)64053633
传　　真：(010)84028006
法　　人：海飞
负 责 人：张润凤

中国少年儿童新闻出版总社为全国首家跨行业多媒体新闻出版集团，是中国最大的少年儿童专业新闻出版集团和最具权威性的现代化少儿传媒基地。

广告部是中少总社惟一具备广告业务资质的专业部门，统一经营管理全社各报、刊广告业务，以往我们在广告业务方面得到国内各知名企业和广告公司的大力支持和帮助，在此谨向各界朋友和合作伙伴致以诚挚的感谢！我们将发挥中国最大的少年儿童传媒集团优势，为企业提供迅捷、全面、优质的服务，为亿万少年儿童的健康成长做出新的贡献。

中国证券报社

地　　址：北京市宣武门西大街甲97号
邮　　编：100031
电　　话：(010)63077309
负 责 人：陈乃进
联 系 人：陈雪良

同行天地间 信赖永相伴 中国证券报平均每期阅读率高居经济类报纸首位

中国城乡金融报

地　　址：北京市海淀区八宝庄32号
邮　　编：100036
电　　话：(010)88128430
传　　真：(010)88128430
负 责 人：贺家箴
联 系 人：陈威

由中国农业银行主办，创办于1987年。长期以来，本报坚持“立足金融，服务经济”的办报宗旨，通过大力宣传党的金融、经济方面的方针政策，宣传银行的业务，以及通过报纸提供有关信息和交流工作方面的经验，正确引导社会舆论，促进城乡经济、金融的发展。

本报为金融类报纸，对开四版，刊期为周五，每周一至周五出版，发行量为11万份。

北京晚报广告部

地　　址：北京市东城区东单三条8-16东方广场东配楼四层
邮　　编：100005
电　　话：(010)65595543
传　　真：(010)65594700
负 责 人：倪宝忠
联 系 人：欧阳玉双

平均每日发行量115万份，最高发行量突破120万份；平均每期阅读率56.3%；

瑞丽杂志社

地　　址：北京东长安街6号
邮　　编：100740
电　　话：(010)85119823
负 责 人：赵济清
联 系 人：王博

伴随女性生命的每个阶段；设计美丽、设计生活；实用时尚……，《瑞丽》杂志社。

名牌时报社

地　　址：北京市阜成路33号

邮　　编：100037
电　　话：(010)68981038
传　　真：(010)68981042
负 责 人：陈坚发
联 系 人：张志伟

《名牌时报》是经济日报报业集团主办的中央级经济综合类报纸，是当今国内外名牌领域的大型权威媒介。每周6刊，对开彩印。

《名牌时报》以频道化服务为特色，新闻综合频道（周三）内容主要是：饱览名牌风采、解读名牌经典、服务名牌推进、诠释名牌文化。

《名牌时报》以重大名牌事件新闻、独家视角的社会经济热点新闻为报道主线，注重时代性、研究性、实用性、服务性。

《名牌时报》2004改版，设有：品牌要闻、品牌资讯、品牌消费、品牌聚集、品牌营销、品牌设计、国际品牌等新闻版。主要栏目有：中国房产、名家论坛、要闻解读、市场调查、品牌人物、品牌管理、品牌诊所、品牌文化、中国名牌培育、MBA案例、品牌故事等。并出版《北京楼市周刊》、《上海楼市周刊》、《超市周刊》、《旅游中国》等。《名牌时报》在全国各省市派有驻地记者。报道迅速、及时，传播广泛。

《中国期刊年鉴》编辑部

地　　址：北京市阜成门北大街17号
邮　　编：100037
电　　话：(010)88390968
负 责 人：田胜立
联 系 人：劳雅路

21世纪报（英文）

地　　址：北京市朝阳区惠新东街15号
邮　　编：100029
电　　话：(010)64918763
传　　真：(010)64918252

IT经理世界杂志社

地　　址：北京市石景山区鲁谷路74号
邮　　编：100040
电　　话：(010)68626850
负 责 人：邵先华

办公自动化杂志社

地　　址：北京市朝阳区酒仙桥12号
邮　　编：100016
电　　话：(010)65019688
负 责 人：龙番如

半月谈杂志社

地　　址：北京市西城区宣武门西街57号
邮　　编：100803
电　　话：(010)63071864
负 责 人：来江铭

北京晨报社

地　　址：北京市东城区东中街东环广场A座3层
邮　　编：100027
传　　真：(010)64185015
联 系 人：左健

北京出版社

地　　址：北京市朝阳区北三环中路6号
邮　　编：100011
电　　话：(010)62013122
负 责 人：杨凯

北京大学学报

地　　址：北京大学校内
邮　　编：100871
电　　话：(010)62751216

北京电视电声杂志社

地　　址：北京市朝阳区东直门外酒仙桥北路2号
邮　　编：100015
电　　话：(010)64313648
负 责 人：姜有保

北京电影学院音像出版社

地　　址：北京市海淀区土城路4号
邮　　编：100088
电　　话：(010)62041238
负 责 人：褚岩

北京电子报

地　　址：北京市东城区史家胡同90号
邮　　编：100010
电　　话：(010)65255241
传　　真：(010)65251990

北京法制报社

地　　址：北京市东城区安定门内大街净土胡同15号
邮　　编：100009
电　　话：(010)64021265
负 责 人：魏建平

北京房地产杂志社

地　　址：北京市东城区南河沿大街南湾子11号
邮　　编：100006
电　　话：(010)65251471
负 责 人：张一元

北京观察杂志社

地　　址：北京市东城区建内大街13号
邮　　编：100005
电　　话：(010)65262668
负 责 人：李莹

北京广播电视报社

地　　址：北京市崇文区夕照寺街14号
邮　　编：100061
电　　话：(010)67134368
传　　真：(010)67162520

北京环球飞行杂志社

地　　址：北京市东城区亮果厂5号
邮　　编：100010
电　　话：(010)84038921

北京纪事杂志社

地　　址：北京市西城区西长安街7号
邮　　编：100031
电　　话：(010)66021533
负 责 人：宋国强

北京科技报社

地　　址：北京市海淀区北洼路43号
邮　　编：100036
电　　话：(010)68418036
负 责 人：吴冠明

北京劳动就业报

地　　址：北京市朝阳区惠新东街3号
邮　　编：100029
电　　话：(010)64917338
负 责 人：刘洋

北京旅行家杂志社

地　　址：北京市宣武区西便门西里18楼2层
邮　　编：100045
电　　话：(010)63185630
负 责 人：韩志宇

北京美术观察杂志社

地　　址：北京市西城区前海西街17号
邮　　编：100009
电　　话：(010)66181694
负 责 人：时雅莉

北京农业杂志社

地　　址：北京市西城区裕民中路6号
邮　　编：100029
电　　话：(010)62044255
负 责 人：吴健

北京汽车报社

地　　址：北京市宣武区南纬路31号
邮　　编：100050
电　　话：(010)63012655
负 责 人：张衡

北京青年报社

地　　址：北京市朝阳区白家庄东里23号院A栋
邮　　编：100026
电　　话：(010)65902200
传　　真：(010)65902115
联 系 人：朱洪辰

北京青年杂志社

地　　址：北京市东城区聚龙花园8号楼304号
邮　　编：100007
电　　话：(010)67164538
负 责 人：唐元弘

北京日报广告部

地　　址：北京市东城区东单三条8-16东方广场东配楼四层

邮　　编：100005
电　　话：(010)65592986
传　　真：(010)65593400
联 系 人：张辉

北京社会报社
地　　址：北京市朝阳区白家庄路6号
邮　　编：100020
电　　话：(010)65856976
负 责 人：马占魁

北京市场报社
地　　址：北京市东城区柏树胡同18号
邮　　编：100006
电　　话：(010)67796918
负 责 人：孙莉

北京市社会科学杂志
地　　址：北京市9724号信箱
邮　　编：100101
电　　话：(010)64870591

北京铁道报社
地　　址：北京市海淀区复兴路6号
邮　　编：100860
电　　话：(010)63216629
负 责 人：韩立伟

北京铁路年鉴社
地　　址：北京市海淀区复兴路6号
邮　　编：100038
电　　话：(010)63215635
负 责 人：王铁秋

北京文化艺术音像出版社
地　　址：北京市西城区西长安街7号
邮　　编：100031
电　　话：(010)66011109
负 责 人：张振华

北京文学月刊社
地　　址：北京市西城区前门西大街97号
邮　　编：100031
电　　话：(010)66031107

负 责 人：仲维萍

北京现代商报社
地　　址：北京市朝阳区和平里西街21号
邮　　编：100013
负 责 人：张树桐

北京月讯杂志社
地　　址：北京市体育馆路法华南里小区10号楼
邮　　编：100061
电　　话：(010)67157914

北京证券日报社
地　　址：北京市东城区王府井大街277号
邮　　编：100746
电　　话：(010)63583318
负 责 人：马立群

北京周报社
地　　址：北京市西城区阜外百万庄路24号
邮　　编：100037
电　　话：(010)68326072
负 责 人：李明

财经界杂志社
地　　址：北京市西城区三里河路58号
邮　　编：100045
电　　话：(010)68558622
负 责 人：王琪

财经时报
地　　址：北京市朝阳门外大街22号泛利大厦10层
邮　　编：100020
电　　话：(010)65888811−2821
传　　真：(010)65886010

财贸经济杂志
地　　址：北京市阜外月坛北小街2号
邮　　编：100836
电　　话：(010)68034659
传　　真：(010)68032440

参考消息报社广告部
地　　址：北京市宣武门西大街甲97号521室

邮　　编：100031
电　　话：(010)63073876
传　　真：(010)63073889
负 责 人：姜占国
联 系 人：李征

测绘出版社

地　　址：北京市西城区复兴门外三里河路50号
邮　　编：100045
电　　话：(010)68526568
负 责 人：丛树平

测控技术杂志

地　　址：北京市2351信箱
邮　　编：100022
电　　话：(010)65686291−8302
传　　真：(010)65670337

车友报社

地　　址：北京市东城区安外大街58号
邮　　编：100011
电　　话：(010)84271813
负 责 人：邵文龙

大众电影杂志社

地　　址：北京市朝阳区北三环东路22号
邮　　编：100038
电　　话：(010)68578431
负 责 人：侯立军

大众科技报社

地　　址：北京市海淀区学院南路86号
邮　　编：100081
电　　话：(010)62178877−3217
负 责 人：马武田

大众摄影杂志社

地　　址：北京市东单红星胡同61号
邮　　编：100005
电　　话：(010)65251453

当代电影杂志

地　　址：北京市小西天文慧园路3号
邮　　编：100088
电　　话：(010)62223193

当代家庭教育报

地　　址：北京市东城区台基厂3号
邮　　编：100743
电　　话：(010)65192624
负 责 人：温耀良

当代世界出版社

地　　址：北京市海淀区复兴路4号
邮　　编：100860
电　　话：(010)68512277
负 责 人：康帅

党建研究杂志社

地　　址：北京市西城区西单北大街110号
邮　　编：100815
电　　话：(010)66099935
负 责 人：齐玉

电脑商报社

地　　址：北京市石景山路23号
邮　　编：100043
电　　话：(010)88559966
负 责 人：郝莉楠

电脑商情报

地　　址：北京市海淀区中关村南大街28号6层
邮　　编：100081
电　　话：(010)62137788
传　　真：(010)62137522

电影艺术杂志

地　　址：北京市北三环东路22号
邮　　编：100013
电　　话：(010)64217845

电子工业出版社

地　　址：北京市海淀区万寿路173信箱
邮　　编：100036
电　　话：(010)68159590
负 责 人：刘娜

电子世界电子学报电子科技导报

地　　址：北京市海淀区玉渊潭南路普惠南里13号楼
邮　　编：100036
电　　话：(010)68278572
传　　真：(010)68278572
联 系 人：李琳

电子资讯时报社
地　　址：北京市朝阳区东土城路8号林达大厦A座22层
邮　　编：100013
电　　话：(010)65252116
负 责 人：董文

雕塑杂志社
地　　址：北京市朝阳区劲松72区711楼
邮　　编：100021
电　　话：(010)67749920
负 责 人：范海民

东方少年杂志社
地　　址：北京市西长安街七号
邮　　编：100031
电　　话：(010)66051774
负 责 人：杨玉祥

动画世界杂志社
地　　址：北京西城区后海北沿46号
邮　　编：100009
电　　话：(010)64039063
负 责 人：蒋跃成

法律出版社
地　　址：北京市海淀区西三环北路甲105号首都师范大学科源A座4层
邮　　编：100037
电　　话：(010)68710325
负 责 人：酥志毅

法庭内外杂志社
地　　址：北京市崇文区西河沿甲215号
邮　　编：100051
电　　话：(010)65290368
负 责 人：毕东丽

法学杂志社
地　　址：北京市西城区新街口外大街12号
邮　　编：100035
电　　话：(010)63406753
负 责 人：苏燕英

法制日报社
地　　址：北京市朝阳区花家地甲1号
邮　　编：100102
电　　话：(010)64381434
负 责 人：马宝善

法制文萃报
地　　址：北京市宣武区椿树园5门501室
邮　　编：100052
电　　话：(010)63102358
传　　真：(010)63102380

飞行员杂志社
地　　址：北京市东城区西大街155号
邮　　编：100710
电　　话：(010)64092119
负 责 人：魏红野

讽刺与幽默报社
地　　址：北京市朝阳区金台西路2号
邮　　编：100026
电　　话：(010)65092480
负 责 人：张大农

服务科技杂志社
地　　址：北京市西城区富国街2号
邮　　编：100034
电　　话：(010)66186104
负 责 人：郭晓林

服装设计师杂志社
地　　址：北京市东长安街12号
邮　　编：100742
电　　话：(010)85229525
负 责 人：德晓玲

服装时报社
地　　址：北京市东城区王府井大街277号

邮　　编：100006
电　　话：(010)83086769
负 责 人：王杰明

父母必读杂志社
地　　址：北京市北三环中路6号
邮　　编：100011
电　　话：(010)62012090

父母世界杂志社
地　　址：北京市官园中国儿童中心
邮　　编：100035
电　　话：(010)66160137

工人日报社广告部
地　　址：北京市东城安德路甲61号
邮　　编：100718
电　　话：(010)64254708
传　　真：(010)64219759
负 责 人：张玉玺
联 系 人：于飞

公路杂志社
地　　址：北京市东城区前炒面胡同33号
邮　　编：100010
电　　话：(010)65125565
负 责 人：谢跃庆

公益时报社
地　　址：北京市朝阳区白家庄路甲六号
邮　　编：100020
电　　话：(010)65950980
负 责 人：徐方

购物导报社
地　　址：北京市丰台区定安东里20号楼
邮　　编：100075
电　　话：(010)67678707
负 责 人：高波

管理现代化杂志社
地　　址：北京市朝阳区安华西里一区13号楼212室
邮　　编：100011
电　　话：(010)64213031－3029
负 责 人：杜越新

光明日报社
地　　址：北京市崇文区珠市口东大街5号
邮　　编：100050
电　　话：(010)63082569
负 责 人：左海

国际广告杂志社
地　　址：北京市建国门外大街12号4层
邮　　编：100022
电　　话：(010)65670741
传　　真：(010)65921942

国际航空杂志社
地　　址：北京市朝阳区安外小关东里14号
邮　　编：100029
电　　话：(010)64972132
负 责 人：王玉芳

国际经济合作杂志社
地　　址：北京市安外东后巷28号
邮　　编：110710
电　　话：(010)64211078

国际贸易问题杂志社
地　　址：北京市朝阳区惠新东街对外经济贸易大学校内
邮　　编：100029
电　　话：(010)64492401
负 责 人：张汉林

国际贸易杂志
地　　址：北京市安定门外东后巷28号
邮　　编：100710
电　　话：(010)64241423

国际商报社
地　　址：北京市丰台区方庄芳星园3区14楼
邮　　编：100078
电　　话：(010)67651301
负 责 人：何平

国际食品杂志社

地　　址：北京市建内大街8号中粮广场A座1113室
邮　　编：100005
电　　话：(010)65268888—1335

海外文摘杂志社

地　　址：北京市西城区西四北五条26号
邮　　编：100034
电　　话：(010)66185814
负 责 人：梁刚

海洋出版社

地　　址：北京市西城区复兴门外大街1号国家海洋局大楼8层805、805房
邮　　编：100860
电　　话：(010)62173322
负 责 人：李正楼

航空杂志社

地　　址：北京市海淀区复兴路14号
邮　　编：100843
电　　话：(010)66987921
负 责 人：李晋生

航空知识杂志社

地　　址：海淀区学院路37号
邮　　编：100083
电　　话：(010)82317056
负 责 人：袁曙江

华夏时报社

地　　址：北京市西城区月坛北街25号
邮　　编：100834
电　　话：(010)68391590
负 责 人：张宝林

环球时报社

地　　址：北京市朝阳区金台西路2号
邮　　编：100026
电　　话：(010)65091871
负 责 人：段静涛

环球市场信息导报杂志社

地　　址：北京市东城区建国门内大街5号
邮　　编：100005
电　　话：(010)65230096
负 责 人：刘明

环球杂志社

地　　址：北京市西城区宣武门西大街57号
邮　　编：100803
电　　话：(010)63073937
负 责 人：郝光标

黄埔杂志社

地　　址：北京市海淀区万寿寺甲4号
邮　　编：100081
电　　话：(010)68410678
负 责 人：李敏

婚姻与家庭杂志社

地　　址：北京市东城区建国门大街15号
邮　　编：100005
电　　话：(010)65266427
负 责 人：魏长存

计量学报

地　　址：北京市1413信箱
邮　　编：100013
电　　话：(010)64271480

家用电脑世界杂志社

地　　址：北京市石景山区鲁谷路35号
邮　　编：100040
电　　话：(010)68624772
负 责 人：李飒

家用电器杂志

地　　址：北京市月坛北小街6号
邮　　编：100037
电　　话：(010)68031220
传　　真：(010)68031220

检察日报社

地　　址：北京市石景山区鲁谷西路5号
邮　　编：100040
电　　话：(010)68630301
负 责 人：韩红

建设杂志社
地　　址：北京市海淀区三里河路9号
邮　　编：100037
电　　话：(010)68315217
负 责 人：欧阳东

建筑报社
地　　址：北京市海淀区增光路45号
邮　　编：100037
电　　话：(010)68716801
负 责 人：刘松

建筑技术杂志社
地　　址：北京市西城区南礼士路19号
邮　　编：100045
电　　话：(010)68033966
负 责 人：许庆相

建筑学报
地　　址：北京市西城区三里河路9号建设部内
邮　　编：100835
电　　话：(010)68311586
传　　真：(010)68393632

健康报社
地　　址：北京市西城区旧鼓楼大街双寺胡同11号
邮　　编：100009
电　　话：(010)64672427
负 责 人：郑经国

健康时报
地　　址：北京市金台路2号
邮　　编：100733
负 责 人：陈一心
联 系 人：蔡婷

健康指南杂志
地　　址：北京市海淀区学院路38号北京大学医学部病理楼251室
邮　　编：100083
电　　话：(010)62091682
传　　真：(010)62091682

健康咨询报
地　　址：北京市右安门外首都医科大学院内二教楼16层
邮　　编：100054
电　　话：(010)63051390
传　　真：(010)63292798

交通世界杂志
地　　址：北京市朝阳区惠新里240号
邮　　编：100029
电　　话：(010)64970313
传　　真：(010)64972152

教育文摘周报
地　　址：北京市北三环中路46号
邮　　编：100088
电　　话：(010)62076504
传　　真：(010)62046248

教育艺术杂志社
地　　址：北京市海淀区西三环北路105号
邮　　编：100037
电　　话：(010)68902427
负 责 人：安邦

解放军报社广告部
地　　址：北京市阜外大街34号1号楼
邮　　编：100832
电　　话：(010)68578248
传　　真：(010)68577796
负 责 人：戴云鹏
联 系 人：高东海

解放军画报社
地　　址：北京市西城区三里河路40号
邮　　编：100037
电　　话：(010)68327580
负 责 人：李靖

解放军文艺出版社
地　　址：北京市海淀区白石桥路42号
邮　　编：100081
电　　话：(010)668010009
负 责 人：郭米克

今日东方杂志社

地　　址：北京市东城区王府井大街 36 号
邮　　编：100006
电　　话：(010)65597708
负 责 人：席晓艳

今日印刷杂志

地　　址：北京市宣武区福长街头条甲 19 号
邮　　编：100050
电　　话：(010)63036668

金融会计杂志社

地　　址：北京市西城区西交民巷 22 号
邮　　编：100031
电　　话：(010)66067435
负 责 人：张铁锁

京华时报社

地　　址：北京市朝阳区左家庄前街 1 号
邮　　编：100028
电　　话：(010)62256780
负 责 人：武唏雯

京郊日报

地　　址：北京市建国门内大街 20 号
邮　　编：100734
电　　话：(010)65298533
传　　真：(010)65298535

经济参考报社

地　　址：北京市西城区宣武门西大街 57 号
邮　　编：100803
电　　话：(010)63073837
负 责 人：李良树

经济观察报

地　　址：北京市和平里化工大院兴化东里甲 7 号楼
邮　　编：100013
电　　话：(010)64217477

经济理论与经济管理杂志

地　　址：北京市中关村大街 31 号
邮　　编：100080
电　　话：(010)62511022

经济日报

地　　址：北京市宣武区白纸坊东街 2 号
邮　　编：100054
电　　话：(010)58392172
传　　真：(010)63539411

经济消息报社

地　　址：北京市东城区雍和宫大街戏楼胡同 1 号
邮　　编：100007
电　　话：(010)67744946
负 责 人：尹英希

精品购物指南报社

地　　址：北京市海淀区白石桥路 35 号
邮　　编：100036
电　　话：(010)88111310
负 责 人：乔福刚

军事学术杂志社

地　　址：北京市海淀区厢红旗东门外 1 号
邮　　编：100091
电　　话：(010)66762972
负 责 人：杜海强

科技日报杂志社

地　　址：北京市东城区东中街 30 号
邮　　编：100027
电　　话：(010)64163335 － 616
负 责 人：王飞

科学出版社

地　　址：北京市东城区东黄城根北街 16 号
邮　　编：100010
电　　话：(010)64010640
负 责 人：石树德

科学时报社

地　　址：北京市西城区三里河路 52 号
邮　　编：100864
电　　话：(010)82614586
负 责 人：丁继军

科学杂志

地　　址：北京市复兴路15号
邮　　编：100038
电　　话：(010)68515544-2927

科研管理杂志

地　　址：北京市中关村南四街甲1号8712信箱
邮　　编：100080
电　　话：(010)62555521

空军报社

地　　址：北京市海淀区复兴路14号26号楼
邮　　编：100843
电　　话：(010)66989224
负 责 人：王建云

劳动午报社

地　　址：北京市宣武区陶然亭路3号
邮　　编：100050
电　　话：(010)63587063
负 责 人：赵淑华

旅游杂志社

地　　址：北京市东城区霞公府街13号
邮　　编：100006
电　　话：(010)65134105
负 责 人：王桂林

绿化与生活编辑部

地　　址：北京市西城区德外北三环东路19号
邮　　编：100029
电　　话：(010)62041658
负 责 人：张云昌

漫画大王杂志社

地　　址：北京市东城区北总布胡同32号
邮　　编：100735
电　　话：(010)65122371

民族出版社

地　　址：北京市安外和平里北街14号
邮　　编：100013
电　　话：(010)64216857
负 责 人：全永范

民族画报社

地　　址：北京市东城区和平里北街14号
邮　　编：100013
电　　话：(010)64234411-6744
负 责 人：吕小中

民族团结杂志社

地　　址：北京市东城区和平里北街14号
邮　　编：100013
电　　话：(010)84256252
负 责 人：李辉

民族文学杂志社

地　　址：北京市西城区后海南沿大翔凤胡同3号
邮　　编：100009
电　　话：(010)66180356
负 责 人：关正文

摩托车杂志社

地　　址：北京市崇文区夕照寺街14号(A座)
邮　　编：100061
电　　话：(010)67129932
负 责 人：贾伟波

年鉴信息与研究杂志社

地　　址：北京市西城区复兴门内大街45号院综合楼417室
邮　　编：100031
电　　话：(010)62359687

农民日报社

地　　址：北京市朝阳区朝阳门外八里庄北里1号
邮　　编：100036
电　　话：(010)85815102
负 责 人：孙乃会

农业机械杂志社

地　　址：北京市德外北沙滩1号
邮　　编：100083
电　　话：(010)64882623
传　　真：(010)64882329

求是杂志社

地　　址：北京市东城区沙滩北街2号
邮　　编：100009
电　　话：(010)64054267
负 责 人：王涛

人民法院报社
地　　址：北京市东城区东交民巷27号
邮　　编：100006
电　　话：(010)65299053
负 责 人：张国栋

人民法院出版社
地　　址：北京市东城区东交民巷27号
邮　　编：100745
电　　话：(010)65299709
负 责 人：柳福华

人民公安报社
地　　址：北京市丰台区芳星园3区15号楼
邮　　编：100078
电　　话：(010)67620789
负 责 人：岑生挺

人民海军报社
地　　址：北京市海淀区西三环中路19号
邮　　编：100841
电　　话：(010)66960373
负 责 人：嵇振太

人民画报社
地　　址：北京市海淀区车公庄西路33号
邮　　编：100044
电　　话：(010)68412387
负 责 人：徐卫

人民教育杂志社
地　　址：北京市海淀区文慧园北路10号
邮　　编：100088
电　　话：(010)62236797
传　　真：(010)62242984

人民军医出版社
地　　址：北京市海淀区太平路22号B座
邮　　编：100036
电　　话：(010)66708846
负 责 人：成智颖

人民论坛杂志社
地　　址：北京市朝阳区金台西路2号
邮　　编：100026
电　　话：(010)65092850
负 责 人：陈华斌

人民日报海外版
地　　址：北京市朝阳区金台西路2号
邮　　编：100026
电　　话：(010)65092816
负 责 人：姚赣南

人民日报社广告部
地　　址：北京市朝阳区金台西路2号
邮　　编：100733
电　　话：(010)65368786
传　　真：(010)65368788
负 责 人：李宏伟

人民体育出版社
地　　址：北京市崇文区体育馆路8号
邮　　编：100061
电　　话：(010)67111386
负 责 人：周铁侠

人民铁道报社
地　　址：北京市海淀区复外北蜂窝3号
邮　　编：100038
电　　话：(010)63243544
负 责 人：李春冀

人民卫生出版社
地　　址：北京市崇文区天坛西里10号
邮　　编：100050
电　　话：(010)67605763
负 责 人：徐月朋

人民文学出版社
地　　址：北京市东城区朝内大街166号
邮　　编：100705
电　　话：(010)65138394

负 责 人：张福海

人民文学杂志社

地　　址：北京市朝阳区农展馆南里10号楼
邮　　编：100026
电　　话：(010)65003120
负 责 人：王勇军

人民武警报社

地　　址：北京海淀区西三环北路1号
邮　　编：100089
电　　话：(010)68794401
负 责 人：孙成义

人民音乐出版社

地　　址：北京市海淀区翠微路2号
邮　　编：100036
电　　话：(010)68219114
负 责 人：郭秀芳

人民邮电报社

地　　址：北京市朝阳区安苑路11号
邮　　编：100029
电　　话：(010)64962923
负 责 人：李学文

人民邮电出版社

地　　址：北京市崇文区夕照寺街14号南楼
邮　　编：100061
电　　话：(010)67686352
负 责 人：赵小方

人民政协报社

地　　址：北京市丰台区赵公口小区
邮　　编：100075
电　　话：(010)67260534
负 责 人：刘金良

人民中国杂志社

地　　址：北京市西城区车公庄大街3号
邮　　编：100044
电　　话：(010)68313992
负 责 人：沈文玉

人权杂志社

地　　址：北京市东城区东单北大街3号青年会大楼612室、405室
邮　　编：100005
电　　话：(010)65592625
负 责 人：吴雷芬

人生杂志社

地　　址：北京市朝阳区胜古北里1号
邮　　编：100029
电　　话：(010)62367547
负 责 人：张颖

人物杂志

地　　址：北京市朝内大街166号
邮　　编：100706
电　　话：(010)65132884

人像摄影杂志社

地　　址：北京市复兴门内大街45号
邮　　编：100801
电　　话：(010)66095549
负 责 人：冀运表

软件世界杂志社

地　　址：北京市昌平县七里渠乡豆各庄村南
邮　　编：102206
电　　话：(010)63955883
负 责 人：苏敏

商务印书馆

地　　址：北京市东城区王府井大街36号
邮　　编：100006
电　　话：(010)65255345
负 责 人：孟繁六

商业时代杂志社

地　　址：北京市海淀区复兴路46号
邮　　编：100039
电　　话：(010)88210118
负 责 人：刘耕耘

商业文化杂志社

地　　址：北京市海淀区阜成路33号

邮　　编：100037
电　　话：(010)68417832
负 责 人：李文启

生活时报
地　　址：北京市永安路106号
邮　　编：100050
电　　话：(010)63037516

石油化工杂志
地　　址：北京市北三环东路14号
邮　　编：100013
电　　话：(010)64295032
传　　真：(010)64295032

时代潮杂志
地　　址：北京市金台西路2号
邮　　编：100733
电　　话：(010)65369641

时尚杂志社
地　　址：北京市东城区建内大街8号中粮广场C座5层
邮　　编：100005
电　　话：(010)65272124
负 责 人：刘江

时装杂志社
地　　址：北京市东城区北河沿大街105号
邮　　编：100006
电　　话：(010)64183008
负 责 人：孙莉

世界经济杂志社
地　　址：北京市东城区建国门内大街5号十五层
邮　　编：100732
电　　话：(010)65126180
负 责 人：王德迅

世界文学杂志社
地　　址：北京市建内大街5号
邮　　编：100732
电　　话：(010)65125094

世界新闻报社
地　　址：北京市西城区复外大街2号
邮　　编：100866
电　　话：(010)66093557
负 责 人：安晓宇

首都经济杂志社
地　　址：北京市宣武区槐柏树街2号
邮　　编：100053
电　　话：(010)63041701
负 责 人：徐力生

体育快报
地　　址：北京市宣武门西大街57号
邮　　编：100803
电　　话：(010)63071270

铁道知识杂志社
地　　址：北京市海淀区北蜂窝路5号院100栋10号
邮　　编：100844
电　　话：(010)63247361
负 责 人：魏宗燕

为您服务报社
地　　址：北京市东城区朝阳门南大街14号
邮　　编：100020
电　　话：(010)65060944
负 责 人：马毅

文摘报
地　　址：北京市宣武区永安路106号
邮　　编：100050
电　　话：(010)63177386
传　　真：(010)63177386

新华每日电讯社
地　　址：北京市西城区宣武门西大街57号
邮　　编：100803
电　　话：(010)63071265
负 责 人：吴志强

印刷技术杂志
地　　址：北京市翠微路2号
邮　　编：100036

电　　话：(010)68161984

中国报道杂志社
地　　址：北京市西城区百万庄路 24 号
邮　　编：100037
电　　话：(010)68995942
负 责 人：孙国良

中国财经报社
地　　址：北京市丰台区广安路甲 54 号
邮　　编：100073
电　　话：(010)63813137
负 责 人：刘道福

中国财政杂志社
地　　址：北京市海淀区万寿路西街甲 11 号 3 号楼
邮　　编：100036
电　　话：(010)68222812
负 责 人：马殿军

中国出版年鉴社
地　　址：北京市东城区东四南大街 85 号
邮　　编：100010
电　　话：(010)65228632
负 责 人：刘菊兰

中国创业投资与高科技杂志社
地　　址：北京市西城区木樨地北里甲 11 号(国宏大厦)
邮　　编：100038
电　　话：(010)63908719
负 责 人：董津

中国大百科全书出版社
地　　址：北京市西城区阜成门北大街 17 号
邮　　编：100037
电　　话：(010)68341984
负 责 人：戴光伟

中国档案报社
地　　址：北京市西城区丰盛胡同 16 号
邮　　编：100032
电　　话：(010)66115375
负 责 人：黄浩民

中国档案出版社
地　　址：北京市西城区丰盛胡同 21 号
邮　　编：100032
电　　话：(010)66179821
负 责 人：周留树

中国档案杂志社
地　　址：北京市西城区丰盛胡同 21 号
邮　　编：100032
电　　话：(010)66176419
负 责 人：赵秀珍

中国道路运输杂志社
地　　址：北京市朝阳区安外安华西里 2 区甲 13 号
邮　　编：100011
电　　话：(010)64202440
负 责 人：王丽梅

中国电力报社
地　　址：北京市宣武区白广路 2 条 1 号
邮　　编：100053
电　　话：(010)63415499
负 责 人：赵文图

中国电力出版社
地　　址：北京市西城区三里河路 6 号
邮　　编：100044
电　　话：(010)68358031－356
负 责 人：黄庆贺

中国电力企业管理杂志社
地　　址：北京市宣武区白广路 2 条 1 号
邮　　编：100053
电　　话：(010)63414324
负 责 人：陈勇慧

中国电脑教育报社
地　　址：北京市昌平区沙河定泗路信苑
邮　　编：102200
电　　话：(010)63955780
负 责 人：徐晓兰

中国电视报

地　　址：北京市复兴路11号恩菲大厦530室中国电视报广告部
邮　　编：100859
电　　话：(010)68500741
传　　真：(010)63958206

中国电影报社

地　　址：北京市海淀区文慧园路3号
邮　　编：100088
电　　话：(010)62254422-2905

中国电影出版社

地　　址：北京市朝阳区北三环东路22号
邮　　编：100013
电　　话：(010)64219354
负 责 人：朱珠

中国电子报社

地　　址：北京市石景山区石景山路23号
邮　　编：100043
电　　话：(010)68861820
负 责 人：梁喜英

中国电子企业杂志社

地　　址：北京市海淀区复兴路49号
邮　　编：100036
电　　话：(010)68189711
负 责 人：董家耕

中国电子商务杂志社

地　　址：北京市海淀区复兴路49号
邮　　编：100036
电　　话：(010)68189711
负 责 人：陈露

中国对外经济贸易出版社

地　　址：北京市东城区安外大街东后巷28号
邮　　编：100710
电　　话：(010)64269733
负 责 人：严卫京

中国工商出版社

地　　址：北京市丰台区花乡纪家庙
邮　　编：100070
电　　话：(010)63731078
负 责 人：张宏民

中国化工报社

地　　址：北京市西城区六铺炕中街1号
邮　　编：100011
电　　话：(010)62014106
负 责 人：沈飞

中国青年报社广告部

地　　址：北京市东直门内海运仓2号
邮　　编：100702
电　　话：(010)64013619
传　　真：(010)64015018
负 责 人：徐祝庆
联 系 人：沈克

中国人口报社

地　　址：北京市海淀区北下关净土寺甲28号
邮　　编：100044
电　　话：(010)62255621
传　　真：(010)62255621

中国税务报社

地　　址：北京市宣武区槐柏树后街21号
邮　　编：100053
电　　话：(010)63187812
负 责 人：杜毅英

中国税务杂志社

地　　址：北京市宣武区枣林前街68号
邮　　编：100053
电　　话：(010)63584611
负 责 人：于重洋

中国司法杂志社

地　　址：北京市海淀区中国政法大学校内7号楼120号
邮　　编：100088
电　　话：(010)62253160
负 责 人：鲁嘉微

中国体育报

地　　址：北京市崇文区体育馆路8号

邮　　编：100061
电　　话：(010)67149836
负 责 人：刘焕琦

中国体育杂志社

地　　址：北京市崇文区体育馆路8号
邮　　编：100061
电　　话：(010)67131354
负 责 人：李鹏宽

中国铁道出版社

地　　址：北京市宣武区右安门西街8号
邮　　编：100054
电　　话：(010)63546661

中国消费者报社

地　　址：北京市海淀区阜成路北三街8号
邮　　编：100037
电　　话：(010)68463769
联 系 人：文瑛

中国音像杂志社

地　　址：北京市朝阳区德外丝竹园街1号
邮　　编：100101
电　　话：(010)64851406
负 责 人：张显康

中国印刷杂志

地　　址：北京市西城区车公庄大街乙5号
邮　　编：100044
电　　话：(010)68325176
传　　真：(010)68314302

中国邮政报社

地　　址：北京市宣武区西便门16号
邮　　编：100045

中国有色金属报社

地　　址：北京市海淀区复兴路乙12号
邮　　编：100814
电　　话：(010)63965383
负 责 人：张春甫

中国质量报社

地　　址：北京市朝阳区安外小关北里45号
邮　　编：100029
电　　话：(010)64918760
负 责 人：庄福友

中国质量技术监督杂志社

地　　址：北京市东城区和平里西街甲2号
邮　　编：100013
电　　话：(010)64960251
负 责 人：张俊林

中国质量万里行杂志社

地　　址：北京市朝阳区金台西路2号9号楼
邮　　编：100026
电　　话：(010)65091281
负 责 人：常复元

中华文艺音像联合出版社

地　　址：北京市东城区东四八条52号
邮　　编：100007
电　　话：(010)2171547－208
负 责 人：邢富源

中华新闻报社

地　　址：北京市西城区西交民巷50号
邮　　编：100031
电　　话：(010)66082203
负 责 人：武家奉

上 海 市

公 司 类

海南白马广告媒体投资有限公司上海分公司

地　　址：上海市黄陂北路227号2602–2604室
邮　　编：200003
电　　话：(021)63758789
负 责 人：王海生
联 系 人：徐晓春

海南白马广告媒体投资有限公司是中国首屈一指的户外广告公司，主要从事公共汽车候车亭广告业务，并建立了一个覆盖全国29个城市的“风神榜”媒体网络。我们的控股公司于2001年12月19日在香港主板市场上市，是中国内地首家在香港成功上市的户外广告公司。

经济社广告有限公司

地　　址：上海市衡山路516号4E
邮　　编：200030
电　　话：(021)64734710
负 责 人：黄京尧
联 系 人：肖文捷

立体三维全方位服务，与您携手共创明天。

上海奥美广告有限公司

地　　址：上海市南京西路1038号梅龙镇商厦31楼
邮　　编：200041
电　　话：(021)62183009
负 责 人：郭丽娟
联 系 人：屠玉华

在人类最神秘的大脑中，有95%的领域，尚未被开发。在中国，这个未来世界上最大的市场中，仍有95%，等你开发。这一处充满新族群，新消费，新趋势的秘境，谁能与你共同探索？10年来，奥美在中国，致力于全球经验本土化，如果你拥有自豪的产品，欢迎与奥美联系。我们会为你，在那95%里，先订个位子，当然是最好的。

上海巴士电车广告有限公司

地　　址：上海市东长治路1010号
邮　　编：200082
电　　话：(021)65416687
负 责 人：朱鸣
联 系 人：朱建龙

诚信的服务，一流的质量
点多面广
流动分散
您广告的首选。

上海博报堂广告有限公司

地　　址：上海市淮海中路300号香港新世界大厦15楼
邮　　编：200021
电　　话：(021)63866776
负 责 人：徐克宁
联 系 人：赵明

“生活者”是博报堂独到的概念，对我们来说，“生活者”不是一位接受我们居高临下，堂堂说教的听众，而是与我们平起平坐的谈话对象。

在过去很长的一段时间里，顾客仅仅被视为“消费者”，他们只不过是一个具有购买习惯的群体。然而，在博报堂的眼里，每一位顾客都是生活中独具个性的“生活者”。他们有着不同于他人的价值观，有自己的光荣与梦想，正是这一独到的广告宣传与营销宗旨，使我们能够深入了解每一位顾客的心理，令其他公司难以匹敌。

您正在寻求促销与广告资讯的途径吗？请您先找博报堂！

上海博洋广告有限公司

地　　址：上海市延安中路839号17楼
邮　　编：200040
电　　话：(021)62476909
联 系 人：施文卫

完全生活化的时尚周报；新鲜的国际汽车资讯；国际流行的前沿阵地；全面的国内车市动态；明星资讯的集装仓库；专业的汽车消费参考；BOBO一族的聚会社区；极具冲击力的名车视觉大餐……，博洋广告期待与您合作。

上海彩虹广告装潢有限公司

地　　址：上海市闸北区会文路50号18楼
邮　　编：200071
电　　话：(021)66531197
负 责 人：贾春林
联 系 人：陈莉萍

专业高速公路户外媒体广告公司。

上海创魅广告有限公司

地　　址：上海市延安西路1590号10楼G座
邮　　编：200052
电　　话：(021)62837178
负 责 人：邓晶玲
联 系 人：邱江

专门从事代理发布户外广告的专业广告公司，拥有上海轻轨明珠线户外广告独家代理权。愿与各界新老客户竭诚合作。

上海创亚广告有限公司

地　　址：上海市南京西路1266号恒隆广场12楼
邮　　编：200040
电　　话：(021)62891212
传　　真：(021)62790660
负 责 人：胡可双
联 系 人：陶传丽

变幻的市场、更为善变的消费者，已经让广告不能再抱着框框、捧着金科玉律进入新时代，创亚广告就是一家致力于打破框框的品牌策划广告公司。创亚广告由两位合共拥有40多年国际广告经验和20多年本土广告经验的广告人共同创立，并且是第一家独立的由本土广告人经营的香港4A广告公司。我们拥有一个整合的破框计划，包括："品牌基因专诊"从根本上分析品牌的状态；"破框120"以120种方法彻底打破广告创意的框架；"iPromo"以线上、线下、在线、无线整合的沟通方式将消费者与品牌形成有效的互动沟通；"cash影视制作"则让原创者

上海大广贸促广告有限公司

注册地址：上海市南京西路1515号1908室
地　　址：上海市南京西路1515号嘉里中心19－8
邮　　编：200040
电　　话：(021)52985050
传　　真：(021)52985151
负 责 人：安田政利
联 系 人：顾国庆

我们的使命——让Idea指向心间。
引导客户走向成功；
向消费者提供价值；
带给我们成功喜悦。

上海大众广告有限公司

地　　址：上海市中山西路1515号大众大厦7F
邮　　编：200235
电　　话：(021)64285636
负 责 人：谭游学
联 系 人：王允清

大众广告成立于1993年1月11日，于2003年4月改制为上海大众广告有限公司，注册资本800万元，是一家拥有独立媒体，集设计、制作、代理、发布国内外各类广告于一体的综合性广告公司。

上海电力广告有限公司

注册地址：上海市河南中路271弄1号4楼
地　　址：上海市徐家汇路430号上海电力大楼611室
邮　　编：200025
电　　话：(021)64154303
传　　真：(021)64152167
负 责 人：李维正
联 系 人：周宗耀

我们的媒体，我们的策划，规划你成功的轨迹。

我们是设计、发布、代理、制作的综合性广告公司。拥有2000多个户外广告媒体及辐射20多个城市的户外媒体网络，拥有一流的户外景观设计能力，高架等重要道路上的电杆广告旗为重大活动和商业推广进行宣传。

上海电气（集团）广告装潢公司

地　　址：上海市雁荡路6号21室
邮　　编：200020
电　　话：(021)53836385
负 责 人：吴玉珍
联 系 人：冯丽

唯有专业，方可打造经典；唯有执着，方能一飞冲天；唯有灵活，方显务实本色。

上海东方网股份有限公司

地　　址：上海市威海路755号文新大厦42楼
邮　　编：200041
电　　话：(021)52921125

负 责 人：吴谷平
联 系 人：凌秀雯
适合才有效率！

东方明珠移动多媒体有限公司

地　　址：上海市南京东路627号6楼A座
邮　　编：200001
电　　话：(021)63610077
联 系 人：朱岚

东方明珠以其高覆盖、高频次的广告投放、时段资源的错位播出、兼具电视及户外媒体广告等的众多优势，正不断得到国际著名广告公司以及众多国内知名品牌的认可，已逐步成为了广告投放的新热点。

上海东湖广告装饰有限公司

地　　址：上海市东湖路70号
邮　　编：200031
电　　话：(021)64156934
负 责 人：贾春林
联 系 人：杨志强

中国优势广告企业；全国广告行业文明单位；上海市重信誉、创优质服务先进单位；上海市重合同、守信用单位。

上海东艺广告有限公司

地　　址：上海宝通路202号
邮　　编：200071
电　　话：(021)56973687
负 责 人：汪培毅
联 系 人：黄红鸣

锁定目标，方向最重要。详细介绍，请见本书彩页。

上海动量广告传媒有限公司

地　　址：上海虹桥路1376号2003房
邮　　编：200051
电　　话：(021)62958099
负 责 人：陆海龙
联 系 人：胡洁

机场、街区设施、大型阅报栏灯箱广告，上海动量广告期待与您合作。

上海飞帆广告有限公司
上海西南广告有限公司

注册地址：上海市中山南二路777弄2号楼14楼F室
地　　址：上海市中山南二路777弄东安花苑2号楼14楼
邮　　编：200032
电　　话：(021)54252779
传　　真：(021)54248300
负 责 人：应曙光
联 系 人：张炳林

西南·飞帆广告是一家集代理、策划、设计发布制作于一体的综合型广告公司。在创意、媒体发布、整合营销企划、品牌规划、CIS形象策划等领域均有出色的成绩。

上海斐思态广告有限公司

地　　址：上海市淮海中路138号上海广场805室
邮　　编：200020
电　　话：(021)64400500－121
负 责 人：周屹
联 系 人：蔡馨

斐思态广告FIRSTELL，取FIRST和TELL之融合。意喻最先最早将讯息传播至目标群，使客户品牌更为领先，并成为消费者心中之最佳选择。

上海冠忠广告有限公司

地　　址：上海市南码头50号103室
邮　　编：200126
电　　话：(021)58390191
负 责 人：朱象发
联 系 人：陶雅敏

本公司隶属上海浦东冠忠公共交通有限公司，专业设计、制作、发布公交车辆广告。拥有上海浦东冠忠公共交通有限公司所辖线路及营运车辆媒体，发布范围遍布浦东新区并辐射全市各区。

上海广告有限公司

地　　址：上海市华山路868号
邮　　编：200050
电　　话：(021)63668828
负 责 人：郭丽娟
联 系 人：毕权军

琉璃。曾经是中国人智慧的结晶。千年一瞬，现在依旧是流行全球的艺术。上海广告·传承文化，创意生活。

上海广告装潢有限公司

地　　址：上海市巨鹿路417号
邮　　编：200020
电　　话：(021)62713667
负 责 人：长沼孝一郎
联 系 人：秦建东

上海市广告装潢公司与世界著名的广告集团日本株式会社旭通DK合资，成立了上海广告装潢有限公司。目前她是国际广告协会会员、中国广告协会会员、上海市广告协会副会长及常务理事单位。我们一直奉行“海派的，国际的”企业理念。以“植根本土文化，提升国际理念”为企业宗旨，整合资源，强调方法、崇尚团结、追求创新，以“为客户提供最完善的服务”为企业目标。

上海广瀚广告有限公司

地　　址：上海市延安西路2633号美丽华商务中心C栋202室
邮　　编：200336
电　　话：(021)54049806
负 责 人：施文洁
联 系 人：施文洁

从纽约时代广场到北京世纪坛，我们领导全球户外大屏幕广告。

上海高架道路经营开发有限公司

地　　址：上海中山东二路8号4楼
邮　　编：200002
电　　话：(021)63305387
负 责 人：姜国翔
联 系 人：李凯

上海高架道路经营开发有限公司是一家以上海高架道路为依托，对高架的空间和广告资源进行综合开发利用的经营公司。广告经营范围为：高架非交通设施的广告设计、发布；绿化地带的广告开发管理。目前广告发布面积已达一万八千多平方米。

上海国际机场股份有限公司广告分公司

地　　址：上海浦东机场启航路900号5004室
邮　　编：201202
电　　话：(021)68342220
负 责 人：吴念祖
联 系 人：陈磊

上海机场丰富广告资源，期待与您合作。

上海国际赛车场广告经营有限公司

地　　址：上海市中山南路28号29楼
邮　　编：200010
电　　话：(021)63300161
负 责 人：毛小涵
联 系 人：朱曙光

在中国专业从事世界一级方程式大奖赛与赛车运动宣传推广及广告经营的专业公司。

上海合力广告有限公司

地　　址：上海市江宁路495号(博鸿大厦)1908座
邮　　编：200040
电　　话：(021)62670340
负 责 人：路通
联 系 人：王家国

上海合力广告有限公司是一家具有广告设计、制作、代理、发布资质的综合性专业广告公司。公司成立于一九九七年。公司秉承专业、诚信的服务宗旨，汇集了众多从事广告事业多年的专业技术人员，在我们周围更是聚集着一群被称为“广告发烧友”的精英人才！上海合力广告，期待与您合作。

上海华基广告有限公司

地　　址：上海市延安西路3058号2楼
邮　　编：201103
电　　话：(021)54223088
负 责 人：赵萍
联 系 人：吴颖

华基相信：在希望与成功之间总有道路可寻。

上海华伦广告有限公司

地　　址：上海市卢湾区绍兴路23号广告湾3幢底层
邮　　编：200020
电　　话：(021)64672350
传　　真：(021)64672360
负 责 人：林建潮
联 系 人：郑获辉

如何帮助客户选择户外广告？除了考虑目标覆盖，更需要营造冲击力效果。科学评估，创机关报传达，创导中国户外媒体全方位策划投放的先河——华伦媒体。

上海华人广告发展有限公司

地　　址：上海汉口路309号405室
邮　　编：200001
电　　话：(021)63519288

负 责 人：韩国飚
联 系 人：顾根林

经营范围：为政府、媒体、企业等有关机构策划、承办各类大型活动；承接广告设计、制作；代理国内外广告业务，在《人民日报》华东分社及其它相关媒体设施上发布广告；室内装潢。

上海华兴广告有限公司

地　　址：上海市杨浦区许昌路1110号
邮　　编：200082
电　　话：(021)65591224
负 责 人：蔡文喜
联 系 人：姚伟德

敬业　创新　合作　上海华兴邀您携手。

上海焦点广告传播有限公司

地　　址：上海徐家汇路550号宝鼎大厦29层
邮　　编：200025
电　　话：(021)63055858-62
负 责 人：徐丽
联 系 人：杨良如

站在市场的最前沿，我们和消费者面对面接触，焦点广告让你的产品成为焦点。正因为如此，许多广告主不仅冲着焦点的广告策略和表现而来，甚至把销售管理都交给了焦点广告。如果你想了解一个产品如何在正确的策略引导下，持续以100%的势头攀升，你不妨亲自来焦点看看，你就会知道这背后的力量是什么！

上海捷森广告有限公司

注册地址：上海市斜土路2669号2505室
地　　址：上海市漕溪北路18号上实大厦18A
邮　　编：200030
电　　话：(021)64273633
传　　真：(021)64276288
负 责 人：范幼龙
联 系 人：范青

市场竞技，无进则退。所以您需要一位真正懂得将优势化为胜势的市场伙伴。捷森广告奠定您的优势。我们做一点，您赢多一点。

我们的优势服务：整合传播、互动行销、创意表现、媒介推广。

上海解放广告有限公司

地　　址：上海市汉口路309号
邮　　编：200001
电　　话：(021)63609610
负 责 人：黄京尧
联 系 人：成雅珍

上海解放广告有限公司是解放日报报业集团下属全资子公司，主要负责《解放日报》、《报刊文摘》广告经营。每年，公司广告营收超过2亿元。解放广告，您最可依赖的朋友和合作伙伴。解放广告，期待与您共进、共赢。

上海精域广告展示服务有限公司

地　　址：上海市长寿路569号沙田大厦1712室
邮　　编：200063
电　　话：(021)62892380
负 责 人：金志芬
联 系 人：徐蓉

品好茶，应该有好的茶叶，好的茶具、好的茶技……只需要您的一点时间，我们为您奉上芳香四溢的效果。

上海李岱艾广告有限公司

注册地址：上海市普陀区金沙江路1167号
地　　址：上海市南苏州路1259号3楼
邮　　编：200003
电　　话：(021)63276018
传　　真：(021)63276001
负 责 人：魏耿兴
联 系 人：阮立英

想颠覆看问题的角度，找到颠覆性的答案，请联络我们。

上海联美广告有限公司

注册地址：上海市北京西路1277号国旅大厦18楼
地　　址：上海市北京西路1277号国旅大厦18楼
邮　　编：200040
电　　话：(021)62898829
传　　真：(021)62898827
负 责 人：朱威廉
联 系 人：王继东

国际知识融合本土经验。

主营项目：市场促销、店内陈列、创意服务、直递／直效营销、客户关系管理、礼品设计。

上海灵狮广告有限公司

地　　址：上海市威海路755号文新大厦15楼

邮　　编：200041
电　　话：(021)52921000
负 责 人：沈赞臣
联 系 人：徐建成

在每一个伟大的品牌背后有另一个伟大的品牌

上海梅迪派勒广告有限公司

地　　址：上海市高安路8号
邮　　编：200030
电　　话：(021)34014533-2067
联 系 人：韩丽娜

MPI 媒体伯乐　全覆盖　全网络

媒体伯乐集团有限公司是大中华地区处于领先地位的户外多种媒体管理商，拥有以公交与轨道媒体为核心的多元化户外广告设施。集团于2002年1月31日在香港联合交易所创业板成功上市。

上海美景广告传播有限公司

注册地址：上海市南翔蓝天路138号
地　　址：上海市延安中路839号16楼
邮　　编：200040
电　　话：(021)62790638
传　　真：(021)62895172
负 责 人：朱剑
联 系 人：徐蓉

为各类客户提供全程策划、公共宣传、会展服务。

上海美术设计公司

地　　址：上海市漕溪路258弄23号
邮　　编：200235
电　　话：(021)64836488
负 责 人：王濂洪
联 系 人：黄悦

1956猴年诞生的上海美术设计公司，48年来感同身受中国变化，以务实的服务帮助众多品牌在市场内呼风唤雨。2004本命年，“美”猴改制变身，实力升级，锦绣前程，自然惹人注目！

上海美亚文化传播有限公司

地　　址：上海市仙霞路8号仲盛金融中心二楼
邮　　编：200336
电　　话：(021)62782222-323
负 责 人：胡家骏
联 系 人：汤艳婷

便利店媒体网络；大卖场媒体网络；全方位创意设计；户外媒体网络；全面市场战略策划；音像店媒体网络，我们用文化来传播。

上海农工商众艺广告有限公司

地　　址：上海市闸北区江场西路200号
邮　　编：200436
电　　话：(021)62146666
负 责 人：赵桂兰
联 系 人：谢民初

上海农工商众艺广告有限公司是上海市农工商出租车有限公司所属的惟一一家专业广告公司。独家拥有农工商4000余辆“兰天白云”出租车广告媒体，出租车流动性强，广告传播范围大，覆盖面广，而价格低廉、时效长，它的许多特点和优越性已被越来越多的广告客户所认可。

上海强生广告有限公司

地　　址：上海市南京西路934号101室
邮　　编：200041
电　　话：(021)32180546
负 责 人：张国权
联 系 人：陈庆芳

荣获全国广告文明单位称号

荣获2002-2003年度守合同重信用企业

强生广告邀你携手共创明天。

上海强势传媒广告有限公司

地　　址：上海市延安中路809号2楼A座
邮　　编：200040
电　　话：(021)62790709
传　　真：(021)62794749
负 责 人：陆天
联 系 人：严忠玲

相信专业，就是强势！

我们心潮澎湃，我们酝酿激情，我们是一群快乐的广告人！

上海乔思广告有限公司

地　　址：上海市打浦路1号金玉兰广场803室
邮　　编：200023
电　　话：(021)53960808
负 责 人：马勇
联 系 人：陈怡庆

乔思广告　您完美的合作伙伴。

上海求欣广告有限公司

地　　址：上海市半淞园路216号
邮　　编：200011
电　　话：(021)63144277
传　　真：(021)63145785
负 责 人：丁松林
联 系 人：邹凤霞

公司成立于2000年8月，与新黄浦区同步诞生，在众多同行中，公司致力于媒体开发，广告创意设计，充分发挥自己的优势，在楼顶广告、户外广告以及灯箱广告的发布中，开拓了自己的一片领域。

上海申空广告有限公司

地　　址：上海市蒲西路166号4号楼
邮　　编：200030
电　　话：(021)64811022
负 责 人：蒋国富
联 系 人：孔厉

独家代理上海上视新闻综合
东方新闻娱乐频道气象栏目广告
你不想被埋没，就有“标新立异”
申空广告帮你“出彩”

上海申浦广告装潢有限公司

地　　址：上海市汉口路515号汇金大厦1102室
邮　　编：200001
电　　话：(021)63611492
传　　真：(021)63611772
联 系 人：曹唯

专业从事户外媒体发布的广告公司，集策划创意、设计、制作、发布、代理于一体，在全国范围内承办各类国内外广告的发布和代理业务。

上海圣峰广告有限公司

地　　址：上海市四川北路1318号1608室
邮　　编：200080
电　　话：(021)33011382-821
负 责 人：朱骏
联 系 人：朱持英

上海泰埔广告有限公司

地　　址：上海市中山西路1265弄18号湘江大厦17H座
邮　　编：200051
电　　话：(021)62083370
传　　真：(021)64400003
负 责 人：朱惠强
联 系 人：苏丽

公司是一家集广告策划、设计、制作、代理和发布的综合性广告公司。泰埔深信优秀的创意离不开专业的服务。泰埔坚持全程、有效的服务理念。

上海唐神广告传播有限公司

地　　址：上海市天目西路547号B2106室
邮　　编：200070
电　　话：(021)63533155
负 责 人：沈刚
联 系 人：柴金荣

集媒介经营、广告代理、电视、平面内容生产制作和图书策划发行同心一体化发展的文化传媒企业。

上海腾隆广告有限公司

注册地址：上海市长宁区天山路1756号2幢201－206室
地　　址：上海市西康路1243号
邮　　编：200060
电　　话：(021)62768324
传　　真：(021)62768507-30
负 责 人：张界红
联 系 人：江建荣

国内广告代理、广告设计、制作的专业性公司。本公司以设计新颖、制作工艺精良而备受客户青睐。特别是大胆创新，采用国际先进的LED灯光管及压克力技术，打破传统的灯箱造型，根据不同的客户需要，度身定做了各类新异独特的广告灯箱和广告产品，备受广告客户的好评。

上海天姿广告传播有限公司

地　　址：上海市斜土路1968号
邮　　编：200032
电　　话：(021)64041213
负 责 人：陈茂华
联 系 人：王永强

用我们的媒体，广告您的产品。

上海通达理广告有限公司

地　　址：上海市桂平路470号12号楼三楼
邮　　编：200233
电　　话：(021)64959951

负 责 人：宋玉器
联 系 人：张今红

追求卓越，永续发展。香港通达理上海企业以立足于中国的传统文化精髓为根本，把握国际广告产业发展之脉动，秉承“诚、信、精”的经营理念，为客户提供多元化的服务，项目不但涉及国内外各类媒体代理、品牌推广、形象设计及装潢装饰、数码灯片、室内外灯箱制作等各类广告范畴；而且是数码行业内率先通过ISO9001:2000质量管理体系认证的企业；其服务网络遍及中国各个省、市，并成为广告界中建立辐射服务网络的先导者。

上海巍珂－庆余广告有限公司

地　　址：上海市南京西路128号永新广场17楼
邮　　编：200003
电　　话：(021)62897777
传　　真：(021)63593000
负 责 人：唐勇
联 系 人：黄彪

经过5年多来的市场运作，巍珂－庆余已经成为在中国上海最具规模的、知名的专业户外媒体公司之一，她不仅带来了源自于美国巍珂国际的优秀的管理模式，更为上海带来了先进的户外广告理念。

上海文广新闻传媒集团广告经营中心

地　　址：上海市南京西路651号广电大厦11楼
邮　　编：200041
电　　话：(021)62565899－2712
负 责 人：黎瑞刚
联 系 人：顾宇燕

让我们成为同路人。

上海西南广告有限公司

地　　址：上海市中山南二路777弄2号14楼C室
邮　　编：200032
电　　话：(021)54253029
负 责 人：王力平
联 系 人：张炳林

与您齐心协力　创造美好未来

上海新文朋友广告有限公司

地　　址：上海市江宁路838号24B
邮　　编：200041
电　　话：(021)62273830
负 责 人：顾薇

《地铁风》是以上海地铁一、二号线和明珠线48座车站为发布渠道的平面周刊，每周五免费发送。期待与您合作。

上海新云广告装潢有限公司

地　　址：上海市浦东福山路450号22楼A座
邮　　编：200122
电　　话：(021)50588282
负 责 人：王红国
联 系 人：黄毅明

全覆盖、全网络我们的媒体伴你走向成功之路……

上海信息广告有限公司

地　　址：上海市浦东松林路357号25楼
邮　　编：200122
电　　话：(021)58351100
负 责 人：马永平
联 系 人：王卫莉

上海信息广告有限公司是中国电信旗下上海信息产业（集团）有限公司的子公司，是“上海热线”的广告经营商，是一家具有相当实力的综合性广告公司。主要为客户提供广告策划、广告创意、广告制作、广告投放、监播直至实施效果评估等系列专业支持；我们的宗旨是充分发挥网络广告与传统广告的特点及优势，为客户提供完善的专业服务。

上海形上传播有限公司

地　　址：上海市淮海中路283号603－605室
邮　　编：200021
电　　话：(021)63906055
负 责 人：林梦雅
联 系 人：吴茜

我们推崇创意务实

上海旭通广告有限公司

地　　址：上海市淮海中路887号1005室
邮　　编：200020
电　　话：(021)64674118
负 责 人：稻垣正夫
联 系 人：陈慰慈

ONLY　ADK　让品牌走红的地方

上海雅仕维广告有限公司

地　　址：上海市长宁路1027号2104室

邮　　编：200050
电　　话：(021)64031999—225
负 责 人：林德兴
联 系 人：顾俊
因为雅仕维您将被认识得更清晰完美
雅仕维户外媒体好搭档

上海一汽公共交通广告有限公司

地　　址：上海市杨浦区四平路 1230 号
邮　　编：200092
电　　话：(021)65023664
负 责 人：张爱荣
联 系 人：裘伟福

专业承办公交车辆、灯箱、客票等广告设计、制作、发布。

上海医药广告公司

地　　址：上海市华山路 1399 号
邮　　编：200052
电　　话：(021)62813594
负 责 人：宋永兵
联 系 人：李智
我们在勤恳劳作
我们为大众传播
我们以团队为荣
象征智慧的……

上海怡翔广告服务公司

地　　址：上海市南京西路 934 号 11 楼
邮　　编：200041
电　　话：(021)62679955
传　　真：(021)62723074
负 责 人：李源
联 系 人：姚苡华

上海怡翔广告服务公司是隶属于上海移动通信有限责任公司的集体企业，公司承接各类广告设计制作（不含霓虹灯），在本系统范围内发布国内广告和外商来华广告，代理国内广告业务。公司拥有精良的广告设计制作人员，具备无可比拟的通信优势，完善的后备服务力量，开发的帐单广告业务在社会上已形成极大的影响。

上海亦非广告有限公司

地　　址：上海虹桥路 1376 号广播大厦 2102 室
邮　　编：200051
电　　话：(021)62083813
负 责 人：吕士英
联 系 人：吴整风
好听的音乐调频时刻调节你心情。

上海邮政广告有限公司

地　　址：上海市武定路 458 号 702 室
邮　　编：200041
联 系 人：邓震宇
找对方向一击即中
邮政广告　您明智的选择

上海郁金香广告有限公司

地　　址：上海延安西路 1088 号 2901 室
邮　　编：200052
电　　话：(021)62512802
负 责 人：王敏
联 系 人：陶淑茵
郁金香广告　新鲜到永远。

上海元太广告有限公司

地　　址：上海市南京西路 1168 号中信泰富 1403—1407
邮　　编：200041
电　　话：(021)32144518
负 责 人：孙晓刚
联 系 人：周佳
元太广告以体育连接中国的领先市场

上海运筹国际广告有限公司

地　　址：上海零陵路 800 号东亚大厦 1613—1621 室
邮　　编：200030
电　　话：(021)64397663
负 责 人：胡神奇
联 系 人：周奋
若问十年叶落处，化作春泥更护树。

上海智高广告有限公司

地　　址：上海市汉口路 400 号华盛大厦 18F
邮　　编：200001
电　　话：(021)63520099—8112
联 系 人：蒋婵

文字使人类沟通更便捷，智高广告致力于通过分类广告为人们提供更便捷的生活方式。

上海中润广告有限公司

地　　址：上海市广东路500号世界贸易大厦12楼
邮　　编：200001
电　　话：(021)33044599
联 系 人：蒋菁

投平面广告
要一出现就反应很大
中润广告全面代理上海重量级三报三刊
让你的广告有足够的威慑力

上海主力文化传媒有限公司

地　　址：上海市延安西路1289弄10号6楼
邮　　编：200050
负 责 人：任元

一份享乐主义的白领纸媒。

上海联想国际广告有限公司

地　　址：上海市西藏南路748号惠达大厦1208室
邮　　编：200011
电　　话：(021)63868131
传　　真：(021)63863979
负 责 人：舒缨
联 系 人：张怡

精准的定位、卓越的创意、完美的制作、全方位的服务。

前锦网络信息技术（上海）有限公司

地　　址：上海市浦东新区商城路660号乐凯大厦2307单元
邮　　编：200041
电　　话：(021)32014888-396
负 责 人：甄荣辉
联 系 人：吴伟民

“前程无忧”是国内第一个集多种媒介资源的专业人力资源服务系统，拥有企业客户17万家。前程无忧，期待与您合作。

北京恒美广告有限公司上海分公司

地　　址：上海市南京西路128号永新广场602室
邮　　编：200003
电　　话：(021)52984082
传　　真：(021)52984081
法　　人：包士元
负 责 人：包士元

廊坊美格广告有限公司上海分公司

地　　址：上海市卢湾区淮海中路381号2027室
邮　　编：200020
电　　话：(021)63916262
传　　真：(021)63915875
负 责 人：许明泉

上海白丽广告影视有视公司

地　　址：上海市打浦路90弄2号楼904室
邮　　编：200023
电　　话：(021)63041889
传　　真：(021)63058585
负 责 人：龚学梁
联 系 人：龚学梁

上海地铁广告有限公司

地　　址：上海市黄河路357号
邮　　编：200003
电　　话：(021)63583718
传　　真：(021)63581615
负 责 人：伏相华

上海地铁通成广告有限公司

地　　址：上海市南京西路1168号中信泰富广场3408-3410室
邮　　编：200041
电　　话：(021)52925533
传　　真：(021)52925779
负 责 人：郑逸鸣
联 系 人：夏军

上海第一企画互通广告有限公司

地　　址：上海市延安西路2200号2514室
邮　　编：200336
负 责 人：胡哲冰
联 系 人：胡哲冰

上海东部广告有限公司

地　　址：上海市延安中路839号新世纪广告交易中心1801室
邮　　编：200040
电　　话：(021)62894625
传　　真：(021)62894078
负 责 人：张海鸥

联 系 人：王豫

上海东派广告有限公司

地 址：上海市徐汇区漕溪北路18号32楼
邮 编：200030
电 话：(021)64272468
传 真：(021)64272467
法 人：黄枫
负 责 人：黄枫

上海东晟广告有限公司

注册地址：上海市普陀区光新路407号
地 址：上海市漕宝路1985号
邮 编：201101
负 责 人：盛军
联 系 人：盛军

上海东源广告有限公司

地 址：上海市冠生园路393号
邮 编：200233
电 话：(021)62347733−618
负 责 人：郑西海
联 系 人：杨泰俊

上海房产信息发展有限公司

地 址：上海市延安东路700号港泰广场23楼
邮 编：200001
电 话：(021)53850679
传 真：(021)53850678
法 人：徐树宝
负 责 人：徐林宝

上海观唐广告有限责任公司

地 址：上海市延平路121号7A
邮 编：200042
电 话：(021)62462000
传 真：(021)62462401
法 人：吴庆文
负 责 人：吴庆文

上海广播电视报业经营有限公司

地 址：上海市闸北区洛川东路487号
邮 编：200072
电 话：(021)56983414
负 责 人：陈海

上海华汉广告有限公司

地 址：上海市武夷路335号403室
邮 编：200050
负 责 人：迟晨曦
联 系 人：郁蓓青

上海华亭广告装潢合作公司

地 址：上海市澳门路288弄河滨围城10号102室
邮 编：200060
电 话：(021)62768824
传 真：(021)62767948
负 责 人：吴彩玉
联 系 人：凌峰

上海蓝梦广告有限责任公司

地 址：上海市大统路988号B座19楼
邮 编：200070
电 话：(021)56555666
法 人：徐子良
负 责 人：徐子良
联 系 人：徐子良

上海李奥贝纳广告有限公司

地 址：上海市延安东路222号外滩中心3201室
邮 编：200002
电 话：(021)63352338
传 真：(021)63352308
负 责 人：陈念端
联 系 人：季宏宏

上海立特广告有限公司

地 址：上海市南京西路768号19楼
邮 编：200041
电 话：(021)62875566
传 真：(021)62875858
负 责 人：洪晖
联 系 人：洪晖

上海联业广告有限公司

地 址：上海市武宁南路195弄8号206室
邮 编：200042
电 话：(021)62319238

传　　真：(021)62317573
法　　人：魏荣根
负 责 人：魏荣根

上海市广告装潢有限公司
地　　址：上海市巨鹿路417号3楼
邮　　编：200020
电　　话：(021)62713712
传　　真：(021)62713651
负 责 人：王建萍
联 系 人：秦建东

上海唐神文化传播事务所
地　　址：上海市天目西路547号B2106－B2107室
邮　　编：200070
电　　话：(021)63538106
传　　真：(021)63533161
法　　人：蒋秀慧
负 责 人：蒋秀慧

上海天波广告有限公司
地　　址：上海市定西路1016号C—D室
邮　　编：200050
电　　话：(021)62256843
负 责 人：陆云帆
联 系 人：杨亚蒙

上海天禾互动广告有限公司
地　　址：上海市建国西路91弄5号805室
邮　　编：200020
电　　话：(021)64452886
传　　真：(021)64150584
法　　人：王彬
负 责 人：王彬

上海天一营销策划广告公司
地　　址：上海市华山路1336号玉嘉大厦15楼G座
邮　　编：200052
电　　话：(021)62408680
传　　真：(021)62403036
负 责 人：任辉
联 系 人：邵春

上海文汇新民广告公司
地　　址：上海市延安中路839号
邮　　编：200040
电　　话：(021)62791234
传　　真：(021)62896957
法　　人：王健生

上海伊斯顿广告有限公司
地　　址：上海市虹桥路1440号8号楼
邮　　编：200336
电　　话：(021)62094271
传　　真：(021)62556615
法　　人：李雷
负 责 人：李雷

广播电视类

上海人民广播电台
地　　址：上海市虹桥路1376号
邮　　编：200051
电　　话：62788177
负 责 人：李尚智
联 系 人：李尚智

上海电视台
地　　址：上海市南京西路651号
邮　　编：200041
电　　话：62565899
负 责 人：朱咏雷
联 系 人：盛重庆

上海教育电视台
地　　址：上海大连路1541号
邮　　编：200086
电　　话：(021)65025105
负 责 人：张德明
联 系 人：邵蓓萍

丰富节目，为您呈献。精彩时段，期待与您合作。

上海东方广播电台
地　　址：上海市虹桥路1376号
邮　　编：200051
电　　话：62082779
负 责 人：陈乾年

联系人：陈圣来

上海东方电视台

地　　址：上海市浦东东方路2000号
邮　　编：200125
电　　话：58812000
负责人：穆端正
联系人：穆端正

上海有线电视台

地　　址：上海市南京西路651号
邮　　编：200040
电　　话：62154791
负责人：周澍钢
联系人：梅利君

宝山广播电视台

地　　址：上海市友谊路36号
邮　　编：201900
电　　话：56601122
负责人：龚寄托
联系人：俞德民

上海市嘉定区广播电视台

地　　址：上海市嘉定区嘉定镇塔城路565号
邮　　编：201800
电　　话：59529944
负责人：金仁兴
联系人：张君明

松江电视台

地　　址：上海市松江区乐都路275号
邮　　编：201600
电　　话：57813956
负责人：王一平
联系人：张建平

松江人民广播电台

地　　址：上海市松江区乐都路275号
邮　　编：201600
电　　话：57812266
负责人：王一平
联系人：王一凡

上海闵行区广播电视局

地　　址：上海市闵行区莘庄镇莘凌路198号
邮　　编：201100
电　　话：(021)54952022
负责人：金士华

新闻出版类

劳动报社

地　　址：上海昌平路700号
邮　　编：200040
电　　话：(021)62186600
负责人：吴由之
联系人：金建钢

您关注我十分钟
我关注你二十四小时
劳动报期待您的合作。

上海文汇新民联合报业集团广告中心

注册地址：上海市延安中路839号
地　　址：上海市延安中路839号
邮　　编：200040
电　　话：(021)62791234
传　　真：(021)62896957

成立于1998年7月25日的文汇新民联合报业集团，是上海第一家大型报业集团。由创刊60多年的《文汇报》和创刊70多年的《新民晚报》为主体，并吸纳和创办了《新民体育报》、《文汇读书周报》、《新民周刊》、《SHANGHAIDAILY》、《上海星期三》、《文学报》、《上海家庭报》、《行报》等多个报刊媒体，构筑成一艘装备精良、实力强劲的“媒体航母”。

目前，集团所属报刊媒体的日均发行量已达250万份，在全国名列前茅。

上海星期三报社

注册地址：上海市威海路755号
地　　址：上海市威海路755号3601室
邮　　编：200041
电　　话：(021)52921234
传　　真：(021)62724265
负责人：葛镇庆
联系人：王彤玉

《上海星期三》是一份由文汇新民联合报业集团主办的都市生活娱乐周报，4开48版，全彩色印刷，发行量30万份。以“提供娱乐时尚信息、服务都市生活、关注社会热点”为办报方针。设有娱乐热点新闻、娱乐专题报导、生活休闲指南、明星生活画刊等四大部分。

新民晚报社广告部

地　　址：上海市延安中路839号
邮　　编：200041
电　　话：(021)62793666
联 系 人：钱哉扬

新眼界，新上海，新版《新民晚报》，与您一起用新眼光看新上海。

上海文艺出版总社

地　　址：上海市绍兴路74号
邮　　编：200020
电　　话：(021)64372608
负 责 人：杨益洋
联 系 人：冯杰

上海文艺出版总社旗下8家出版社和29种报刊，在文学艺术等出版领域具有雄厚的专业实力和广泛的社会影响，培育并造就了一批久负盛名的书刊品牌。50年前，“人民作家”巴金曾主持上海文艺出版社的前身之一上海文化生活出版社、平明出版社，在中国文学史和中国出版史上留下了光辉的一页。今天，上海文艺出版总社作为一个新崛起的专业出版集团，将秉承巴金精神，“把心交给读者”、不断提升文化创造力、文化影响力，为读者奉献更多、更好的精神产品。

电信快报

地　　址：上海市平江路48号
邮　　编：200032
电　　话：(021)64030202

房地产报

地　　址：上海市茂名南路151号
邮　　编：200020
电　　话：(021)64379072
传　　真：(021)64379177

好儿童画报

地　　址：上海市长宁路491弄36号
邮　　编：200050
电　　话：(021)62525555-233
传　　真：(021)62111445
负 责 人：刘保法

解放日报报业集团广告中心

地　　址：上海市汉口路309号309室
邮　　编：200001
电　　话：(021)63605130
传　　真：(021)63609100
负 责 人：黄京芝
联 系 人：张耀伟

青年报

地　　址：上海市东湖路17号
邮　　编：200031
电　　话：(021)64745678
传　　真：(021)64745900

上海商报

地　　址：上海市淮海中路809号7楼
邮　　编：200020
电　　话：(021)64744782
传　　真：(021)64317894

中国广告杂志社经营活动部

地　　址：上海市宁海东路200号申鑫大厦1805室
邮　　编：200021
电　　话：(021)63230802
传　　真：(021)63294224
负 责 人：姚能珍
联 系 人：黄淘

天 津 市

公 司 类

天津民航广告有限责任公司
地　　址：天津市滨海国际机场内
邮　　编：300300
电　　话：(022)24902033
传　　真：(022)24902033
法　　人：王增义
负 责 人：路华
联 系 人：郎晓明

天津市津宝广播电视广告公司
地　　址：天津市宝坻区东城南路
邮　　编：301800
负 责 人：齐瑞芝

天津市事达广告股份合作公司
地　　址：天津市河西区尖山路滦水道2号
邮　　编：300211
电　　话：(022)23399988
传　　真：(022)23399988
负 责 人：王志华
联 系 人：赵国林

天津市天野广告企划有限公司
地　　址：天津市河东区六纬路万隆中心大厦
邮　　编：300012
电　　话：(022)24215518
传　　真：(022)24215209
负 责 人：张德新

天津市正良广告有限公司
地　　址：天津市开发区第四大街109号
邮　　编：300457
负 责 人：刘惠桃

天津市正陆凯伦广告有限公司
地　　址：天津市武清新世纪经济区商住楼18
邮　　编：301707
传　　真：(022)27462899
负 责 人：郑权

天津市正名广告装饰有限公司
地　　址：天津市河北区芳景里1－201号
邮　　编：300150
电　　话：(022)26452837
负 责 人：陈兆有

天津市正时广告有限公司
地　　址：天津市津南区咸水沽镇大件路同发楼
邮　　编：300350
电　　话：(022)28819001
负 责 人：戴美术

天津市正阳广告企划发展有限公司
地　　址：天津市和平区察哈尔路11号
邮　　编：300020
电　　话：(022)24459968
负 责 人：王贵棠

天津市正一广告有限公司
地　　址：天津市河北区建国道银丰公寓7－202
邮　　编：300010
电　　话：(022)27453930
负 责 人：巩卫东

天津市旨文广告有限公司
地　　址：天津市和平区岳阳道福泰公寓A301
邮　　编：300051
电　　话：(022)83850263
负 责 人：尹畅

天津市中立广告策划中心
地　　址：天津市河北区民主道步云里6门
邮　　编：300010
电　　话：(022)24455268
负 责 人：秦健

天津市众惠广告艺术公司
地　　址：天津市河西区大沽路351号
邮　　编：300202
电　　话：(022)23540110
负 责 人：陈景毅

天津市众闻广告有限公司
地　　址：天津市武清区泉州北路18－219号
邮　　编：301700
负 责 人：朱辉

天津市卓帮广告企划制作有限公司
地　　址：天津市河西区马场道335号
邮　　编：300074
负 责 人：王超

天津市紫光通达广告有限公司
地　　址：天津市南开区团结里1号B座1－402
邮　　编：300102
电　　话：(022)83612158
负 责 人：刘艳

天津市紫苑策划发展有限公司
地　　址：天津市开发区洞庭路25号
邮　　编：300457
电　　话：(022)62000781
负 责 人：李东良

天津市字幕影艺广告发展有限公司
地　　址：天津市静海县大邱庄
邮　　编：301600
电　　话：(022)28898889
负 责 人：刘永华

天津市自由空间广告传播有限公司
地　　址：天津市河东区长城公寓5－702
邮　　编：300171
负 责 人：王耀

天津市作家协会影视广告部
地　　址：天津市和平区新华路237号
邮　　编：300040
电　　话：(022)23115032
负 责 人：赵胜利

天津顺龙公交广告有限公司
地　　址：天津市河北区龙门大厦E区2楼
邮　　编：300010
电　　话：(022)24213651
负 责 人：孙乃健

天津思达广告策划有限公司
地　　址：天津市开发区第四大街109号
邮　　编：300457
电　　话：(022)23926740
负 责 人：陈明

天津思维形态广告有限公司
地　　址：天津市武清区泉州北路18－210号
邮　　编：301700
电　　话：(022)27278705
传　　真：(022)27278705
负 责 人：苏俐

天津天阳广告传播有限公司
地　　址：天津港保税区滨海八路88号
邮　　编：300456
负 责 人：孙超

天津铁路分局天列广告公司
地　　址：天津市河北区民生路19号
邮　　编：300010
电　　话：(022)24467287
负 责 人：寇士霖

天津网络广告有限公司
地　　址：天津市武清开发区泉州公路西侧
邮　　编：301700
电　　话：(022)27645685
传　　真：(022)27645685
负 责 人：项阳

天津维诺思企划发展有限公司
地　　址：天津市开发区第三大街31号3－2－501
邮　　编：300457
电　　话：(022)23529411
传　　真：(022)23529431
负 责 人：温宝印

天津新技术产业园区新基业广告发展有限公司

地　　址：天津市华苑产业区科馨公寓24–2–A10
邮　　编：300384
电　　话：(022)23379096
传　　真：(022)23379096
负 责 人：郑浩晟

天津艺丰广告有限公司

地　　址：天津市开发区第四大街109号
邮　　编：300457
电　　话：(022)27820359
负 责 人：赵连兴

广播电视类

天津人民广播电台

地　　址：天津市和平区卫津路143号
邮　　编：300070
电　　话：(022)23601127
传　　真：(022)23531130
负 责 人：马津力

天津电视台

地　　址：天津市和平区卫津路143号
邮　　编：300070
电　　话：(022)23344657
传　　真：(022)23344657
法　　人：万克
负 责 人：万克
联 系 人：高贵琴

天津港电视台

地　　址：天津市塘沽区新港二号路
邮　　编：300456
电　　话：(022)25706300
负 责 人：欧永林

天津开发区泰达有线电视台

地　　址：天津市开发区第一大街2号
邮　　编：300457
电　　话：(022)25204037
负 责 人：穆福田

天津市北辰区有线电视台

地　　址：天津市北辰区果园北道7号
邮　　编：300400
电　　话：(022)26394043
负 责 人：车玉萍

天津市大港区广播电视局广告部

地　　址：天津市大港区世纪大道187号
邮　　编：300270
电　　话：(022)63234658
传　　真：(022)63383030
负 责 人：张桂发

天津市东丽区广播电视局

地　　址：天津市东丽区跃进路
邮　　编：300300
电　　话：(022)24974567
传　　真：(022)24974567
负 责 人：韦九田

天津市河北区有线电视台

地　　址：天津市河北区昆纬路88号
邮　　编：300140
电　　话：(022)26361001
负 责 人：许树丰

天津市河西区有线电视台

地　　址：天津市河西区解放南路新城小区内
邮　　编：300210
电　　话：(022)28323045
负 责 人：陈庆祥

天津市津南区广播电视局

地　　址：天津市津南区咸水沽津沽大街35号
邮　　编：300350
电　　话：(022)28520482
负 责 人：黄俊杰

天津市有线电视台河东区分台

地　　址：天津市河东区十一经路70号
邮　　编：300171
电　　话：(022)24158859
负 责 人：王德顺

天津市远大广播电视广告服务中心

地　　址：天津市东丽区跃进路
邮　　编：300300
电　　话：(022)24974567
传　　真：(022)24974567
负 责 人：韦九田

新闻出版类

采风报

地　　址：天津市河西区大沽南路 873 号
邮　　编：300211
电　　话：(022)28201832
传　　真：(022)28201323

今晚报社

地　　址：天津市南开区南京路 385 号
邮　　编：300100
电　　话：(022)27500193
传　　真：(022)27500175
负 责 人：王全来
联 系 人：王全来

每日新报社

地　　址：天津市河西区大沽南路 873 号
邮　　编：300211
电　　话：(022)28201095

天津法制报

地　　址：天津市和平区常德道 119 号
邮　　编：300050
电　　话：(022)23304861
传　　真：(022)23304861
负 责 人：李万江

天津日报广告处

地　　址：天津市河西区大沽南路 873 号
邮　　编：300211
电　　话：(022)28201758
传　　真：(022)28201158
负 责 人：王敬
联 系 人：朱霖

重 庆 市

公 司 类

重庆大海灯饰广告有限公司

地　　址：重庆市南坪东路 19 号
邮　　编：400060
电　　话：(023)62946180
传　　真：(023)62803277
负 责 人：毛昶

重庆金朝广告有限公司

地　　址：重庆市渝州路 37 号东方电器大厦 4 楼
邮　　编：400042
电　　话：(023)68636863
法　　人：熊帆

重庆市潼南广播电视公司

地　　址：重庆市潼南县梓潼镇正兴街 27 号
邮　　编：402660
电　　话：(023)44560675
法　　人：万军

重庆天之冠广告有限公司

地　　址：重庆市渝中区中山三路山益村 7 号
邮　　编：400013
法　　人：王婷

重庆威腾广告策划有限公司

地　　址：重庆市凯旋路银行大厦 20−2 号
邮　　编：400010
电　　话：(023)63823239
法　　人：何远玲

重庆写真广告有限公司

地　　址：重庆市高新区南方花园 B 区银杉楼 2−2−1
邮　　编：400041
电　　话：(023)68637186
传　　真：(023)68621649
法　　人：彭建
负 责 人：彭建

重庆正点广告有限公司

地　　址：重庆市中山三路 157 号
邮　　编：400015
电　　话：(023)63876399
法　　人：江柯

广播电视类

重庆人民广播电台

地　　址：重庆市渝中区中山三路 159 号
邮　　编：400015
电　　话：(023)63851246
法　　人：尹长征

重庆电视台广告经营中心

地　　址：重庆市渝州路 68 号
邮　　编：400039
电　　话：(023)68880300
传　　真：(023)68885101
联 系 人：黄秀利

2004 年 4 月，通过历时 5 月余的三台四机构（重庆电视台、重庆有线电视台、重庆教育电视台和重庆公共频道）资源整合工作，重庆电视台如一艘全新的战船已打点好装备，收拾好行装，意欲立足重庆，行走天下。

重庆电视台以 100% 的直辖市整体覆盖率，91% 的直辖市整体入户率和最权威的媒体地位，拥有四岁以上的目标受众群，九个频道占有重庆电视收视 60% 左右的份额。在拥有广泛受众的同时，重庆电视台眼光独到，以不同的栏目吸引不同年龄阶段的受众，为客户集中锁定有效之受众族群，使客户之广告投入目标精确、有的放矢，更具传播性。

重庆电视台公共频道

地　　址：重庆市渝中区中山三路 159 号
邮　　编：400013
电　　话：(023)63617319

法　　人：江卫宁

重庆广电广告中心

地　　址：重庆市渝州路68号彩电中心广告楼
邮　　编：400039
电　　话：(023)68606332
法　　人：王渝生

重庆交通广播电台

地　　址：重庆市渝中区中山三路159号
邮　　编：400015
电　　话：(023)63859935
法　　人：聂小蓉

重庆教育广播电视台

地　　址：重庆市渝州路68号
邮　　编：400039
电　　话：(023)68603038
法　　人：李晓枫

重庆经济广播电台

地　　址：重庆市中山三路159号
邮　　编：400015
电　　话：(023)63852518
法　　人：詹卡

重庆音乐广播电台

地　　址：重庆市渝中区中山三路159号
邮　　编：400015
电　　话：(023)63853369
法　　人：王良炯

重庆有线电视台

地　　址：重庆市渝州路68号
邮　　编：400039
电　　话：(023)68634644
法　　人：张小川

新闻出版类

重庆晨报社

地　　址：重庆市渝中区解放西路66号
邮　　编：630012
电　　话：(023)63845089
传　　真：(023)63836473
法　　人：张福华

重庆新闻中心

地　　址：重庆市高新区渝州路126号3楼
邮　　编：400041
电　　话：(023)68600018
法　　人：吴绍阶

河 北 省

公 司 类

保定市广播电视广告信息公司

地　　址：保定市五四东路30号
邮　　编：071500
电　　话：(0312)5017287
传　　真：(0312)5017287
负 责 人：孙富江
联 系 人：李洁

优化环境　创造财富

保定人民广播电台同您一道腾飞

在改革开放不断深入的今天，保定人民广播电台正以其创新务实的精神和丰富多彩的节目，为广大听众创造着一个迷人的声乐世界。

保定位于河北省中部，地处京津保三角地带，辖22个县（市），总人口1030万，为全国第四大人口城市。保定人民广播电台现有新闻综合频道、时尚生活频道两套节目，通过4个频率发射，有效覆盖全区及周边部分地区。多年来，保定人民广播电台坚持"听众至上"的原则，竭诚为社会各界服务，已经拥有几百万人口的固定听众群。

保定人民广播电台下设保定市广播电视广告信息公司，全权代理保定电台的广告业务。广告公司以其现代化的管理、优质的服务，赢得了省内外广告客户的一致好评，经济效益连年提升。

公司总经理：孙富江。联系电话：0312—5017287。欢迎各界朋友和我们一道：优化环境，创造财富。

河北众美广告有限责任公司

地　　址：石家庄市东岗路75号世纪国际中心12层
邮　　编：050021
电　　话：(0311)5817193−8028
负 责 人：刘永凯
联 系 人：刘秀梅

众美广告是集媒体运营、营销策划、广告发布、广告效果评估等多种服务于一体的大型广告公司，综合实力居河北省同行业之首。

石家庄富丽华喷绘广告有限公司

地　　址：石家庄市和平东路193号
邮　　编：050000
电　　话：(0311)6217617
负 责 人：蒲新益
联 系 人：杨国清

整合强势资源　演绎更多姿彩

河北交运广告公司

地　　址：石家庄市车站街1号
邮　　编：050000
电　　话：(0311)7021983
负 责 人：邢振鸿

廊坊美格广告有限公司

地　　址：廊坊市爱民东道73号
邮　　编：102800
电　　话：(0316)2082290
传　　真：(0316)2082290
负 责 人：本杰明

石家庄市冀都公交广告有限公司

地　　址：石家庄建设南大街88号
邮　　编：50021
电　　话：(0311)6101318
传　　真：(0311)6110366
负 责 人：王喜才
联 系 人：范艳红

广播电视类

河北人民广播电台广告部

地　　址：石家庄市裕华东路203号
邮　　编：050012
电　　话：(0311)6044143
传　　真：(0311)6044143
负 责 人：武阳
联 系 人：张平

在本台发布各类国内、外广播广告。

河北电视台广告信息中心

地　　址：石家庄市建华南大街100号
邮　　编：050031
电　　话：(0311)5085191
传　　真：(0311)5083587
法　　人：杨国钧
负 责 人：肖钧
联 系 人：肖钧

河北经济电视制作中心

地　　址：石家庄市东大街46号
邮　　编：050011
电　　话：(0311)6684785
负 责 人：王金太

石家庄电视台

地　　址：石家庄市槐中路201号宾南花园B座3单元201室
邮　　编：050021
电　　话：(0311)5886677
传　　真：(0311)5886677

保定电视台广告经济信息中心

地　　址：保定市东风中路41号
邮　　编：071051
电　　话：(0312)3025710
负 责 人：黄利强
联 系 人：杨铁军

用我们智慧和资源
铸造您的成功
只有您的成功
才是我们的成功

邯郸人民广播电台

地　　址：邯郸市人民路246号
邮　　编：056002
电　　话：(0310)3090313
传　　真：(0310)3061778
负 责 人：郭晓东
联 系 人：李冬云

唐山电视台

地　　址：河北省唐山路北区广达街1号
邮　　编：063000
电　　话：(0315)2837081
负 责 人：李庆山
联 系 人：李小林

唐山市广播电视台

地　　址：唐山市文化路广达街1号
邮　　编：063000
电　　话：(0315)2826144
传　　真：(0315)2825988
负 责 人：郭晓燕

张家口电视台

地　　址：张家口市桥东区建国路17号
邮　　编：075000
电　　话：(0313)2081518
传　　真：(0313)2018305

新闻出版类

燕赵都市报广告管理中心

地　　址：石家庄市裕华东路210号
邮　　编：050031
电　　话：(0311)6059999
传　　真：(0311)8631255
联 系 人：张振民

《都市时讯》+《燕赵都市报·冀东版》哑铃型报纸烹饪地方广告盛宴。

保定晚报

地　　址：保定市东风中路45号
邮　　编：050000
电　　话：(0312)3024629
传　　真：(0312)3024531−8027

承德日报

地　　址：承德市南园路122号
邮　　编：067000
电　　话：(0314)2155130
传　　真：(0314)2155130

河北农业杂志社

地　　址：石家庄市裕华东路212号《河北农业》杂志社
邮　　编：050011

电　　话：(0311)6676326

衡水日报

地　　址：衡水市桃城区新华中路6号
邮　　编：053000
电　　话：(0318)2023128

廊坊日报

地　　址：廊坊市光明道18号
邮　　编：102849
电　　话：(0316)2013413

石家庄日报社广告部

地　　址：石家庄市中山东路313号
邮　　编：050011
电　　话：(0311)8629357
传　　真：(0311)8629358
联 系 人：李志峰

体育生活报

地　　址：石家庄市体育南大街8号
邮　　编：050011
电　　话：(0311)6043336

燕赵晚报

地　　址：石家庄市中山东路313号
邮　　编：050011
电　　话：(0311)6059347
传　　真：(0311)6041554

山 西 省

公 司 类

山西龙城广告有限公司

地　　址：太原市平阳路北园街7号
邮　　编：030012
电　　话：(0351)7234619
负 责 人：弋雪苗

山西牧童广告有限公司

地　　址：太原市马道坡8号
邮　　编：030013
电　　话：(0351)4421502
负 责 人：李建华

山西如海广告有限公司

地　　址：太原市迎泽区南内环东街甲字27号
邮　　编：030012
电　　话：(0351)8280001
负 责 人：宋如海

山西伸华广告有限公司

地　　址：太原市迎泽区西太堡2号
邮　　编：030001
电　　话：(0351)4195174
传　　真：(0351)4158356
负 责 人：李宇峰

山西省丹特森广告有限公司

地　　址：太原市双塔西街268号
邮　　编：030012
电　　话：(0351)7323378
负 责 人：郝文英

山西盛世通广告传播有限公司

地　　址：太原市柳南48号七层
邮　　编：030002
电　　话：(0351)4605113
负 责 人：王继成

山西太原旭辉广告商务有限公司

地　　址：太原市迎泽区桃园正街6号
邮　　编：030002
电　　话：(0351)4031458
负 责 人：王蓉辉

山西太原焱兴广告商务有限公司

地　　址：太原市府东街7号双龙大厦（四单元）18层
邮　　编：030013
电　　话：(0351)3371005
传　　真：(0351)3370955
负 责 人：黄凯

山西天成广告有限公司

地　　址：太原市前进路80号
邮　　编：030024
电　　话：(0351)6870044
传　　真：(0351)6870044
负 责 人：贾润喜

山西天路达广告商务有限公司

地　　址：太原市万柏林大王小区9号楼
邮　　编：030027
电　　话：(0351)4291958
负 责 人：董翠仙

山西通达车体广告有限公司

地　　址：太原市青年路新南4条44号
邮　　编：030001
电　　话：(0351)4174816
负 责 人：李福莲

太原好运达国际广告有限公司

地　　址：太原市水西关南街16号
邮　　编：030002
电　　话：(0351)4156585
传　　真：(0351)2026502
法　　人：王冀中

负 责 人：王冀中

广播电视类

山西人民广播电台
地　　址：太原市迎泽大街318号
邮　　编：030001
电　　话：(0351)4034031
负 责 人：张敬民

山西电视台
地　　址：太原市迎泽大街318号
邮　　编：030001
电　　话：(0351)4060918
传　　真：(0351)4049644
负 责 人：王惠跃
联 系 人：孟晓勇

山西电视台公共频道
地　　址：太原市迎泽大街318号
邮　　编：030001
电　　话：(0351)4042331－2445
负 责 人：刘忠珍

太原电视台
地　　址：太原市漪汾街2号
邮　　编：030024
电　　话：(0351)6160505
负 责 人：薛文池

太原人民广播电台
地　　址：太原市漪汾街2号
邮　　编：030024
电　　话：(0351)6161540
负 责 人：郭补楼

太原市广播电视广告艺术部
地　　址：太原市漪汾街2号
邮　　编：030024
电　　话：(0351)6162400
负 责 人：苗新春

新闻出版类

太原日报社
地　　址：太原市新建路214号太原日报社
邮　　编：030002
电　　话：(0351)8222003
传　　真：(0351)8222009
负 责 人：张纪敏
联 系 人：刘波

承办国内报纸广告业务，代理国内报纸广告业务。

科技消息报
地　　址：太原市新建路56号
邮　　编：030002
电　　话：(0351)2020239

人人健康杂志
地　　址：太原市迎泽大街318号
邮　　编：030001
电　　话：(0351)4042331－2155
负 责 人：白凡

山西广播电视报
地　　址：太原市迎泽大街318号
邮　　编：030001
电　　话：(0351)4036651
负 责 人：乔洪信
联 系 人：申毅

山西青年报社
地　　址：太原市青年路新南四条43号
邮　　编：030001
电　　话：(0351)4163155
负 责 人：丰小平

太原晚报社
地　　址：太原市桃园三巷113号
邮　　编：030002
电　　话：(0351)4227001
传　　真：(0351)4227001

运城日报
地　　址：运城市府东街126号
邮　　编：044000
电　　话：(0359)2233411

内蒙古自治区

公司类

东乌珠穆沁旗迅通广告信息中心

地　　址：锡盟东乌旗乌镇库伦北路
邮　　编：026300
电　　话：(0479)3228620
负 责 人：温瑟芳

西乌旗风华广告有限责任公司

地　　址：锡盟西乌旗工商住宅一楼
邮　　编：026200
电　　话：(0479)3528563
传　　真：(0479)3528563
负 责 人：赵顺

锡林浩特市金海广告有限责任公司

地　　址：锡林浩特市锡林影剧院
邮　　编：026000
电　　话：(0479)8215089
负 责 人：新吉勒夫

锡林浩特市名扬写作坊广告公司

地　　址：锡林浩特市锡盟二轻楼下
邮　　编：026000
电　　话：(0479)8219809

锡盟华云气象科技服务中心声像广告部

地　　址：锡林浩特市察哈尔大街39号
邮　　编：026000
电　　话：(0479)8221738
传　　真：(0479)8243317
负 责 人：贾克寒
联 系 人：贾克寒

锡盟威尼信息广告服务有限责任公司

地　　址：锡林浩特市额尔敦路
邮　　编：026000
电　　话：(0479)8249088
负 责 人：刘军
联 系 人：刘文

锡盟邮政局广告部

地　　址：锡林浩特市锡林大街26号
邮　　编：026000
电　　话：(0479)8235548
传　　真：(0479)8235548
负 责 人：佟锡林
联 系 人：祖杰

广播电视类

内蒙古人民广播电台广告信息部

地　　址：呼市新华大街19号
邮　　编：010058
电　　话：(0471)6962288–4305
法　　人：海青
负 责 人：沃野

内蒙古电视台广告部

地　　址：呼市新华大街19号
邮　　编：010058
电　　话：(0471)6962389
法　　人：刘瑞
负 责 人：韩明强

呼和浩特电视台

地　　址：呼和浩特市公园西路159号
邮　　编：010035
电　　话：(0471)6968371

呼伦贝尔电视台

地　　址：呼伦贝尔市胜利大街11号
邮　　编：021008
电　　话：(0470)8256111
法　　人：左刚
联 系 人：李虹

呼伦贝尔电视台始建于1973年11月20日，是我国少数民族地区成立较早的电视台之一。2001年，呼伦贝尔电视台与原海拉尔电视台、呼伦贝尔有线电视台合并后成为呼伦贝尔市惟一一家地区级电视台，也是呼伦贝尔市最大的电视传播机构。

二连浩特市广播电视台

地　　址：锡盟二连浩特市前进路南10号
邮　　编：011100
电　　话：(0479)7524819
负 责 人：任祯

呼伦贝尔盟广播电视台

地　　址：海拉尔市胜利大街11号
邮　　编：021008
电　　话：(0470)8256382
传　　真：(0470)8256382
负 责 人：付海波

霍林郭勒市广播电视台

地　　址：哲里木盟霍林郭勒市中心街中段
邮　　编：029200
电　　话：(0475)7922308

集宁市广播电视台

地　　址：乌兰察布盟集宁市五马路9号
邮　　编：012000
电　　话：(0474)8384929
负 责 人：赵亚铭

临河市广播电视台

地　　址：巴彦淖尔盟临河市胜利北路20号
邮　　编：015000
电　　话：(0478)8217435
负 责 人：杨继平

乌兰浩特市广播电视台

地　　址：兴安盟乌兰浩特市乌兰西街15号
邮　　编：137400
电　　话：(0482)8216903
负 责 人：高峻昆

新闻出版类

北方新报社

地　　址：呼和浩特市新城西街25号
邮　　编：010016
电　　话：(0471)6685417
传　　真：(0471)6930703
负 责 人：魏玉华
联 系 人：韩振富

《北方新报》是内蒙古日报社主办主管的内蒙都市报，是内蒙古的主流媒体，4开16版，彩色印刷，日报规格。

《北方新报》的理念：每天都是新的！我们欢迎区内外广告的客户与《北方新报》双赢！

《内蒙古日报》社广告部

地　　址：呼市新城西街
邮　　编：010016
电　　话：(0471)6964914
法　　人：张玉岭
负 责 人：王开

《内蒙古商报》编辑部广告部

地　　址：呼市乌兰察布西路内蒙文联南三楼
邮　　编：010010
电　　话：(0471)6863609
法　　人：李希晓
负 责 人：王桂桃

包头晚报

地　　址：包头市昆山区乌兰道20号
邮　　编：014026
电　　话：(0472)2514192
传　　真：(0472)2514192

赤峰日报

地　　址：赤峰市昭乌达路西二段10号
邮　　编：024001
电　　话：(0476)8334457

鄂尔多斯日报

地　　址：伊盟东胜市沂经霍洛东街9号
邮　　编：017004
电　　话：(0477)8324896

红山晚报

地　　址：赤峰市红山区新华路中段
邮　　编：024000

电　　话：(0476)8227743
传　　真：(0476)8227743
负 责 人：寇永贤

呼和浩特广播电视报

地　　址：呼和浩特市公园西路159号
邮　　编：010035
电　　话：(0471)6926583
传　　真：(0471)6924490

呼和浩特日报呼和浩特晚报

地　　址：呼和浩特市地质局南街8号
邮　　编：010020
电　　话：(0471)6284957

辽 宁 省

公 司 类

大连铁广文化传媒有限公司

地　　址：大连市中山区七七街10号
邮　　编：116001
电　　话：(0411)82833547—8007
负 责 人：由胜日
联 系 人：车文平

大连铁广文化传媒有限公司是一家综合性大型广告公司，为客户提供市场调查、形象设计、广告策划创意、影视制作、媒体代理、品牌推广等整合营销传播服务。

沈阳龙邦国际广告有限公司

地　　址：沈阳市沈河区北三经街58号
邮　　编：110014
电　　话：(024)22702209
负 责 人：李东
联 系 人：王建杰

没有差别，广告投入就是一种浪费

对策略和市场的精准把握是让广告出彩的先决条件

策略出彩、创意出彩、带给您的更是品牌的脱颖而出

精准、鲜活、增色　广告就是要出彩

沈阳推动广告有限公司

地　　址：沈阳市和平区南三经街20号嘉隆大厦B座17层
邮　　编：110003
电　　话：(024)23256715
传　　真：(024)83251013
负 责 人：聂德彬
联 系 人：刘畅

粮草未动，策略先行。

公司成立于1996年，是以营销策划为核心，影视广告片制作为特色的综合性广告公司。

公司凭借“专业分工与系统结构支掌的整合力”，真正实现了“为客户提供解决方案”的服务宗旨，其实战性的本土市场操作能力和实用性的综合服务能力在国内具有明显优势。

大连天歌传媒股份有限公司广告分公司

地　　址：大连市沙河口区东北路99号亿达广场七层
邮　　编：116021
电　　话：(0411)84549888
传　　真：(0411)84549987
负 责 人：李日伟
联 系 人：张晓雷

辽宁晨曦广告贸易公司

地　　址：沈阳市皇姑区松花江东街16号
邮　　编：110001
电　　话：(024)62259057
传　　真：(024)62259057
负 责 人：潘晓娥

辽宁诚智国际广告有限公司

地　　址：沈阳市于洪区沈辽路167号6门
邮　　编：110041
电　　话：(024)25280199
传　　真：(024)25281699
负 责 人：李雪

辽宁传捷广告策划有限公司

地　　址：沈阳市沈河区小西路76号甲
邮　　编：110000
负 责 人：刘颖

广播电视类

辽宁广播电视节目交流中心广告部

地　　址：沈阳市和平区光彩街12号
邮　　编：110003
电　　话：(024)23872103
传　　真：(024)23872103
负 责 人：赵庆田

辽宁电视台广告传播中心

地　　址：沈阳市和平区文化路79号
邮　　编：110004
电　　话：(024)23186666
传　　真：(024)23186018
法　　人：赵颖
负 责 人：赵颖

辽宁教育电视台

地　　址：沈阳市皇姑区黄河南大街85号
邮　　编：110031
电　　话：(024)86860288
传　　真：(024)86846613
负 责 人：王冠

沈阳人民广播电台
沈阳广播广告有限公司

地　　址：沈阳市和平区三好街89号
邮　　编：110004
电　　话：(024)83891402
传　　真：(024)83891302
负 责 人：范吉平
联 系 人：王莹

公司成立于1995年。8年来，我们不断的摸索和调整，努力追求双赢。沈阳人民广播电台现拥有五个系列台，8个播出频率。

沈阳电视台

地　　址：沈阳市和平区南三好大街89号
邮　　编：110003
电　　话：(024)23920861
传　　真：(024)83891302
负 责 人：董晓平
联 系 人：范吉平

大连电视台

地　　址：大连市沙河口区民权街162号
邮　　编：116022
法　　人：王忠玲

北票市广播电视台

地　　址：北票市青年路6号
邮　　编：122100
电　　话：(0421)5822418
负 责 人：孟宪海

锦州电视台

地　　址：锦州市中央大街三段3号
邮　　编：121000
电　　话：(0416)2135709
传　　真：(0416)2135709

开原市广播电视台

地　　址：铁岭开原市新华路88号
邮　　编：112300
电　　话：(0410)3616588
传　　真：(0410)3615891
负 责 人：刘德治

新闻出版类

大连日报报业广告中心

地　　址：大连市中山区民康街15号
邮　　编：116002
电　　话：(0411)82560591
负 责 人：王义奎
联 系 人：赵嫒嫒

新整合、新形象，完美组合为您在大连提供全程推广平台。

沈阳日报社

地　　址：沈阳市沈河区北三经街67号
邮　　编：110014
电　　话：(024)22821115
负 责 人：韩凤奎
联 系 人：陈震

《沈阳日报》创刊于1948年是沈阳日报报业集团的旗舰报

现在每天出版20—28版彩色报纸

发行38万份

读者覆盖沈阳市及周边城市群

鞍山报业集团广告中心

地　　址：鞍山市南胜利路48号
邮　　编：114002
电　　话：(0412)2223118
传　　真：(0412)2200202
负 责 人：屈海文

联 系 人：韩天师

强势打造鞍山主流平面媒体；

经济发展的黄金传媒平台；

报业集团广告中心用无穷的创意力量，赋予了品牌无限的升腾空间；

立足本土、放眼未来；

《鞍山日报》，权威更有力量；

《千山晚报》，一张老百姓的报纸。

大连日报社广告中心

地　　址：大连市中山区世纪街76号
邮　　编：116001
电　　话：(0411)2648909
传　　真：(0411)2824782
负 责 人：丁学忱
联 系 人：熊资佐

都市家庭报

地　　址：沈阳市和平区中山路229号
邮　　编：110001
电　　话：(024)22854406

钢都周报（鞍山广播电视报）

地　　址：鞍山市铁东区二一九路3号
邮　　编：114001
电　　话：(0412)2211184
传　　真：(0412)2211184

华商晨报

地　　址：沈阳市皇姑区崇山东路71号国实大厦6层华商晨报社
邮　　编：110033
电　　话：(024)86268948

锦州晚报

地　　址：锦州市南京路三段2号
邮　　编：121000
电　　话：(0416)3135605
传　　真：(0416)3135605

辽化报

地　　址：辽阳市宏伟区801楼
邮　　编：111003
电　　话：(0419)5156356

辽宁法制报

地　　址：沈阳市皇姑区松花江街10号
邮　　编：110032
电　　话：(024)86262683

辽宁经济报

地　　址：沈阳市沈河区小西路73号
邮　　编：110013
电　　话：(024)22953438
传　　真：(024)22953438

辽宁日报广告部

地　　址：沈阳市沈河区中山路339号
邮　　编：110014
电　　话：(024)22874750
传　　真：(024)22829872
负 责 人：徐少达
联 系 人：刘鹏鸣

千山晚报

地　　址：鞍山市铁东区南胜利路48号
邮　　编：114002
电　　话：(0412)22566075

球报

地　　址：沈阳市沈河区中山路339号
邮　　编：110014
电　　话：(024)22849116
传　　真：(024)22703649
负 责 人：吉明刚

沈阳广播电视报

地　　址：沈阳市沈河区北三经街29号
邮　　编：110014
电　　话：(024)22865558
传　　真：(024)22864448

沈阳晚报

地　　址：沈阳市沈河区北三经街67号
邮　　编：110014
电　　话：(024)22690554
传　　真：(024)22690554

吉 林 省

公 司 类

吉林报人广告有限责任公司

地　　址：长春市二道桃花苑小区15栋
邮　　编：130031
电　　话：(0431)4945999
负 责 人：刘云平

吉林都视广告有限公司

地　　址：长春市人民大街84号
邮　　编：130000
法　　人：周秀杰
负 责 人：周秀杰

吉林吉之视广告策划有限公司

地　　址：长春市朝阳区工农大路308
邮　　编：130021
电　　话：(0431)5636313
负 责 人：郜丽滨

吉林龙飞广告有限公司

地　　址：长春市同志街73号
邮　　编：130021
法　　人：刘勇
负 责 人：刘勇

吉林盘古广告有限公司

地　　址：长春市自由大路17号
邮　　编：130021
电　　话：(0431)5658754
法　　人：郑立国
负 责 人：郑立国

吉林鹏飞广告有限公司

地　　址：长春市东岭街18号
邮　　编：130022
负 责 人：于洋

吉林省大地广告有限责任公司

地　　址：长春市重庆路91−1号
邮　　编：130041
电　　话：(0431)8925272
负 责 人：许艳梅

吉林省大禹广告有限责任公司

地　　址：长春市同志街88号
邮　　编：130000
电　　话：(0431)5681973
法　　人：韩国光
负 责 人：韩国光

吉林省和顺广告有限公司

地　　址：长春市民康路11号
邮　　编：130000
电　　话：(0431)8912373
法　　人：张曙光
负 责 人：张曙光

吉林省吉信广告有限公司

地　　址：长春市同志街54号
邮　　编：130021
电　　话：(0431)5640018
负 责 人：何丽

广播电视类

吉林电视台广告中心

地　　址：长春市新民大街11号
邮　　编：130021
电　　话：(0431)5663414
传　　真：(0431)5655122
负 责 人：李双义
联 系 人：吴海东

市场是匹倔马，牵着不走打着倒退，逞强蛮干不得要领，何时才能得心应手、驾轻就熟，善借物者，方能制胜天下！

长春人民广播电台广告部

地　　址：长春市百草路3号
邮　　编：130061
电　　话：(0431)8929092
负 责 人：孙彦海

长春电视台

地　　址：长春市百草路3号
邮　　编：130061
电　　话：(0431)8929156
负 责 人：崔永泉

长春经济广播电台广告部

地　　址：长春市百草路3号
邮　　编：130061
电　　话：(0431)8925813
负 责 人：孙彦海

白城市广播电视台

地　　址：白城市洮安东路浴池胡同6号
邮　　编：137000
电　　话：(0436)3226158
传　　真：(0436)3223842
负 责 人：曲满江

白山市电视台

地　　址：白山市团结路128—1号
邮　　编：134300
电　　话：(0439)3237373
负 责 人：朱然

敦化市广播电视台

地　　址：敦化市翰章北大街69号
邮　　编：133700
电　　话：(0433)6222555
负 责 人：郝淑范

公主岭市广播电视台

地　　址：公主岭市东公主大街36号
邮　　编：136100
电　　话：(0434)6220884
负 责 人：杨晨光

吉林市电视台广告部

地　　址：吉林市重庆街28号
邮　　编：132001
电　　话：(0432)2498111
传　　真：(0432)2434921
负 责 人：刘晓柏
联 系 人：张红良

辽源市广播电视台

地　　址：辽源市河滨路15号
邮　　编：136200
电　　话：(0437)3225640

柳河县广播电视台

地　　址：通化市柳河县柳河镇柳河大街
邮　　编：135300
电　　话：(0435)5224964
负 责 人：何振海

龙井市广播电视台

地　　址：龙井市吉安街6号
邮　　编：133400
电　　话：(0433)3223016
负 责 人：许成哲

梅河口市广播电视台

地　　址：梅河口市南河路70号
邮　　编：135100
电　　话：(0448)3227513
负 责 人：钟华秀

磐石市广播电视台

地　　址：磐石市福安街宏声路17号
邮　　编：132300
电　　话：(0432)5229045
负 责 人：牟玉昌

前郭尔罗斯蒙古族自治县广播电视台

地　　址：松原市前郭尔罗斯蒙古族自治县前郭镇育才街清真胡同15号
邮　　编：138000
电　　话：(0438)2124718
负 责 人：何峰

乾安县广播电视台

地　　址：松原市乾安县乾安镇丹青街夜光路24号
邮　　编：131400

电　　话：(0438)8220446
传　　真：(0438)8222385
负 责 人：张晓光

舒兰市广播电视台
地　　址：舒兰市舒兰大街104号
邮　　编：132600
电　　话：(0432)8222854
传　　真：(0432)8223674
负 责 人：王建章

双辽市广播电视台
地　　址：双辽市广播电视中心
邮　　编：136400
电　　话：(0434)7223531－8314
传　　真：(0434)7222366
负 责 人：王肃成

松原市广播电视台
地　　址：松原市宁江区临江路71号
邮　　编：138001
电　　话：(0438)3130787
负 责 人：于文化

洮南市广播电视台
地　　址：洮南市古树南街29号
邮　　编：137100
电　　话：(0436)6222882
负 责 人：杜宪臣

通榆县广播电视台
地　　址：白城市通榆县开通镇城北
邮　　编：137200
电　　话：(0436)4224415
负 责 人：马晓秋

图们市广播电视台
地　　址：图们市迎春路
邮　　编：133100
电　　话：(0433)7223034
负 责 人：朴志远

汪清县广播电视台
地　　址：延边朝鲜族自治州汪清县汪清镇南山东路15号
邮　　编：133200
电　　话：(0433)8814963
负 责 人：金永德

延吉市广播电视台
地　　址：延吉市太平街204号
邮　　编：133000
电　　话：(0433)2516839
负 责 人：朴仁哲

伊通满族自治县广播电视台
地　　址：四平市伊通满族自治县伊通镇
邮　　编：130700
电　　话：(0434)4223469
负 责 人：施风新

永吉县广播电视台
地　　址：吉林市永吉县口前镇永吉大街17号
邮　　编：132200
电　　话：(0432)4223054
负 责 人：孙树波

新闻出版类

江城日报社
地　　址：吉林市松江路69号
邮　　编：132011
电　　话：(0432)2022523
传　　真：(0432)2082203
负 责 人：史丹旭
联 系 人：史丹旭

《江城日报》是中共吉林市委机关报，1956年11月1日创刊。现为4开8版，彩色印刷。

本报始终坚持团结、稳定、鼓劲、正面宣传为主的方针，牢牢把握正确的舆论导向，积极宣传党的路线、方针和政策，及时反映人民的呼声，记载吉林市的发展历程。

长春日报社广告部
地　　址：长春市新民大街10号
邮　　编：130021
电　　话：(0431)5649912
传　　真：(0431)5651076

城市晚报

地　　址：长春市人民大街68号
邮　　编：130051
电　　话：(0431)8930766
传　　真：(0431)8914153

大家健康报社

地　　址：长春市建政路27号大家健康报社
邮　　编：130061
电　　话：(0431)8961914

公主岭日报

地　　址：公主岭市东头道街47号
邮　　编：136100
电　　话：(0434)6214149

经贸时报

地　　址：延吉市河南街天池路63号
邮　　编：133000
电　　话：(0433)2854965
传　　真：(0433)2837559

农村经济信息报

地　　址：长春市西长春市大街132号
邮　　编：130041
电　　话：(0431)8957373

汽车工业研究杂志

地　　址：长春市创业大街35号
邮　　编：130011
电　　话：(0431)5978123—424

汽车技术杂志

地　　址：长春市创业大街35号
邮　　编：130011
电　　话：(0431)5978123—322
传　　真：(0431)7667341

松原日报

地　　址：松原市宁江区文化路3号
邮　　编：138001
电　　话：(0438)3137775
传　　真：(0438)3115866

新文化报

地　　址：长春市人民大街152—1号
邮　　编：130022
电　　话：(0431)5388822
传　　真：(0431)5374315

延边广播电视报

地　　址：延吉市局子街324号
邮　　编：133000
电　　话：(0433)2621683
传　　真：(0433)2621683

黑龙江省

公司类

哈尔滨市潜龙广告有限公司

地　　址：哈市香坊区赣水路218号
邮　　编：150036
电　　话：(0451)82310952
传　　真：(0451)82291879
负 责 人：吕兴乡
联 系 人：万媛

大形象自然在户外；致力于户外广告的全面代理服务。

哈尔滨市远洋广告有限公司

地　　址：哈市南岗区昆仑商城隆顺街18号
邮　　编：150090
电　　话：(0451)82343851
传　　真：(0451)82309773
联 系 人：周盟兴

立足优势媒体资源，专注于全案策划及整合推广。

不放弃任何市场机会，争取任何可以创造利润的可能。

哈尔滨海润国际广告有限公司

地　　址：哈尔滨市南岗区昆仑商城天顺街22号
邮　　编：150090
电　　话：(0451)82331776
传　　真：(0451)82342013
负 责 人：潘洋
联 系 人：樊金江

哈尔滨宋杨广告有限公司

地　　址：哈尔滨市道里区经纬二道街18号新阳名苑4-5层
邮　　编：150010
电　　话：(0451)84697058
传　　真：(0451)84697058-661
法　　人：宋琦明
负 责 人：宋杨
联 系 人：刘凡

黑龙江电视广告公司

地　　址：哈市南岗区中山路181号
邮　　编：150001
电　　话：(0451)82893185
负 责 人：韩任宏

黑龙江联合广告公司

地　　址：哈市南岗区中和街68号
邮　　编：150001
电　　话：(0451)82723319
负 责 人：林作泰

黑龙江龙塔广告公司

地　　址：哈市广播电视塔
邮　　编：150090
电　　话：(0451)82368859
负 责 人：丁石

黑龙江美术广告公司

地　　址：哈市道里区红霞街104号
邮　　编：150018
电　　话：(0451)84613409
负 责 人：张羽龙

黑龙江神州大地广告有限公司

地　　址：哈市南岗区西大直街387号仪兴小区2号栋四单元302室
邮　　编：150080
电　　话：(0451)86337228
负 责 人：刘亚光

黑龙江省天润广告公司

地　　址：哈市南岗区里治街23号
邮　　编：150001
电　　话：(0451)82352835
负 责 人：董淑清

黑龙江省天泽广告有限公司

地　　址：哈市南岗区宣化街85号
邮　　编：150008
电　　话：(0451)82667253
负 责 人：肖立国

黑龙江省五洲国示展览广告公司

地　　址：哈市昆仑商城美顺街35号
邮　　编：150090
电　　话：(0451)82340100
负 责 人：王琳

黑龙江双龙广告装饰公司

地　　址：哈市道外区南三道街74号
邮　　编：150003
电　　话：(0451)88388888
负 责 人：李志祥

黑龙江沃克广告有限公司

地　　址：哈市香坊区珠江小区3–3栋6号门市
邮　　编：150090
电　　话：(0451)82299199
负 责 人：王志强

黑龙新时代广告公司

地　　址：哈市道里区西十四道街50号
邮　　编：150010
电　　话：(0451)84611585
负 责 人：李红

广播电视类

黑龙江人民广播电台广告部

地　　址：哈市南岗区中山路181号
邮　　编：150001
电　　话：(0451)82893851
负 责 人：王春莉

黑龙江电视台广告部

地　　址：哈市巴陵街131号
邮　　编：150001
电　　话：(0451)82893800
传　　真：(0451)82629922
负 责 人：韩任宏
联 系 人：韩任宏

哈尔滨电视台

地　　址：哈尔滨市南岗区满洲里街33号
邮　　编：150001
电　　话：(0451)53638085
联 系 人：吴振宇

哈尔滨电视台目前已实现全面的频道资源整合，即新闻综合、影视、娱乐、生活频道和全新精彩推出的最具成长力的频道——都市资讯，是国内具有广泛影响力的副省级城市电视媒体，频道群有效覆盖哈尔滨市（周边十一市县）近一千万人口，是哈尔滨地区最强势的优质媒体。

哈尔滨经济广播电台

地　　址：哈市动力区文政街2号
邮　　编：150040
电　　话：(0451)82119133
负 责 人：史本国

哈尔滨人民广播电台经济信息部

地　　址：哈市南岗区满洲里街33号
邮　　编：150006
电　　话：(0451)82314245
负 责 人：赵淑荣

哈尔滨电视台经济信息部

地　　址：哈市南岗区满洲里街33号
邮　　编：150006
电　　话：(0451)53630070
负 责 人：王萍

哈尔滨电视台经济信息部拥有现代化的摄录设备、制作力量雄厚，创办了深受广大观众喜爱的《文体广告大观》栏目，每天以十六个段位播出广告节目。因注重信誉，被评为全国广告媒体重信誉、创优质服务先进单位。

真诚欢迎各界朋友合作。

哈尔滨有线电视影视信息广告部

地　　址：哈市南岗区北京街33号
邮　　编：150006
电　　话：(0451)82667153
负 责 人：工少杰

哈尔滨电视台有线频道广告部

地　　址：哈市南岗区松花江街99号
邮　　编：150006
电　　话：(0451)86202228
传　　真：(0451)86242410
负 责 人：王萍

覆盖着北国最具活力的地方。

海林市广播电视台

地　　址：海林市林海路73号
邮　　编：157100
电　　话：(0453)7222295
负 责 人：王宝贵

黑河广播电视广告中心

地　　址：黑河市官渡路71号
邮　　编：164300
电　　话：(0456)8222945
负 责 人：郁德宝

黑龙江东北网络台

地　　址：哈市道里区西十道街55号14层
邮　　编：150010
电　　话：(0451)84675551
负 责 人：彭大林

黑龙江卫视商务公司

地　　址：哈市南岗区鞍山街27号
邮　　编：150001
电　　话：(0451)53609509
负 责 人：张同

虎林市广播电视台

地　　址：虎林市虎林镇
邮　　编：158400
电　　话：(0467)5820666
传　　真：(0467)5820666
负 责 人：刘庆常

鸡西市广播电视台

地　　址：鸡西市电台路11号
邮　　编：158100
电　　话：(0467)2428154
负 责 人：迟原贵

密山市广播电视台

地　　址：密山市密山镇
邮　　编：158300
电　　话：(0467)5222518
传　　真：(0467)5222518
负 责 人：刘春成

穆棱市广播电视台

地　　址：穆棱市八面通镇新村街100号
邮　　编：157500
电　　话：(0453)3137157
负 责 人：曹永华

宁安市广播电视局

地　　址：宁安市宁安镇通江路7号
邮　　编：157400
电　　话：(0453)7611289
负 责 人：关治平

依兰县广播电视台

地　　址：哈尔滨市依兰县依兰镇通江路63号
邮　　编：154800
电　　话：(0451)57231339
负 责 人：白东星

肇源县广播电视台

地　　址：大庆市肇源县肇源镇建设路1号
邮　　编：166500
电　　话：(0459)8227853
负 责 人：于恩圣

肇州县广播电视台

地　　址：大庆市肇州县肇州镇
邮　　编：166400
电　　话：(0459)8515006
负 责 人：李春清

新闻出版类

哈尔滨日报报业集团

地　　址：哈尔滨道里区友谊路399号
邮　　编：150018
电　　话：(0451)84890008

负 责 人：程颖刚
联 系 人：单晓光

哈尔滨日报报业集团由原哈尔滨日报社转制组建而成。1999年12月，经中共中央宣传部同意，国家新闻出版总署批准，成为全国第一家具有企业法人身份的报业集团。

哈报集团组织构架为“一个核心板块，两个支柱体系”。即新闻出版板块、报业经济体系和实业开发体系。新闻出版板块指集团所属“五报一刊一社”：《哈尔滨日报》、《新晚报》、《都市资讯报》、《家报》、《科学发现报》、《写字楼》杂志和哈尔滨出版社。

黑龙江晨报社

地　　址：哈市开发区长江路101号
邮　　编：150090
电　　话：(0451)82294138
传　　真：(0451)82294139
负 责 人：刘帆
联 系 人：王红

高端读者，强力辐射；
事事新闻，篇篇可读。

《生活报》广告部

地　　址：哈市道里区地段街1号
邮　　编：150010
电　　话：(0451)84642377
传　　真：(0451)84691043
负 责 人：孙玺祥
联 系 人：吴径

哈尔滨高密度发行，黑龙江无盲点覆盖。

大庆油田报

地　　址：大庆市让胡路
邮　　编：163458
电　　话：(0459)5977361

鸡西日报

地　　址：鸡西市鸡冠区劳动路7号
邮　　编：158100
电　　话：(0467)2352390
传　　真：(0467)2352390

佳木斯广播电视报

地　　址：佳木斯市顺和街35号（广播电视局院内旧一楼）
邮　　编：154002
电　　话：(0454)8227540
传　　真：(0454)8227540

家庭文摘报

地　　址：大庆市东风新村经六街55号
邮　　编：163311
电　　话：(0459)6396726
传　　真：(0459)6395636

老年日报

地　　址：哈尔滨市道里区地段街1号
邮　　编：150010
电　　话：(0451)84697164
传　　真：(0451)84674572

牡丹江晨报

地　　址：牡丹江市平安街东二条路
邮　　编：157000
电　　话：(0453)6930572
传　　真：(0453)6930572

牡丹江日报

地　　址：牡丹江市平安街东二条路
邮　　编：157000
电　　话：(0453)6930572
传　　真：(0453)6930572

农场经济管理杂志社

地　　址：哈尔滨市香坊区公滨路441号
邮　　编：150036
电　　话：(0451)55663874
负 责 人：孟昭春

新都市报

地　　址：哈尔滨市道里区经纬街5号
邮　　编：150010
电　　话：(0451)84697079
传　　真：(0451)84636021

中国环境报

地　　址：哈尔滨市道里区通达街499号
邮　　编：150070
电　　话：(0451)84609098

江 苏 省

公 司 类

江苏大贺国际广告集团有限公司

地　　址：南京市新港开发区恒飞路 8 号
邮　　编：210038
电　　话：(025)85801288
传　　真：(025)85804848
法　　人：贺超兵
联 系 人：陈华

中广协户外广告委员会主任单位；

在全国 26 个城市拥有分支机构，近二十万平方米户外媒体；

曾荣获“中国之星”金奖，“世界之星”提名奖，第十届广告节平面金奖。

江苏华实广告有限公司

地　　址：常熟市城中商苑 3 层
邮　　编：215500
电　　话：(0512)52708888
传　　真：(0512)52707777
负 责 人：王怡
联 系 人：归璐

我们的优势在于让客户满意到笑。

常州三有广告有限公司

地　　址：常州市常面路 9 号
邮　　编：213001
电　　话：(0519)8103981
传　　真：(0519)8103982
负 责 人：吴萍
联 系 人：刘文英

江苏超新星文化广告传播有限公司

地　　址：南京市江浦县汤泉镇银泉路 16 号
邮　　编：211802
电　　话：(025)85437505
法　　人：朱家喜

江苏超越广告有限公司

地　　址：南京市鼓楼区钟阜路新门口 18 号
邮　　编：210003
电　　话：(025)83419038
法　　人：陈金章

江苏诚与信广告有限公司

地　　址：南京市汉中路 218 号金鹏大厦 C 座 1201 室
邮　　编：210029
电　　话：(025)83606492
法　　人：李栋宁

江苏创新医药广告有限公司

地　　址：南京市鼓楼区天津新村 31 幢 304 室
邮　　编：210013
电　　话：(025)84546482
法　　人：陈猷翔

江苏春秋广告有限公司

地　　址：南京市中央路 32 号 20 层
邮　　编：210008
电　　话：(025)88379999
法　　人：李晓枫

江苏春天广告文化传播有限公司

地　　址：南京市水西门大街 58 号
邮　　编：210004
电　　话：(025)84200217
法　　人：张宏

江苏大唐广告传播有限公司

地　　址：南京市溧水县永阳镇宝塔北路 8 号
邮　　编：211200
电　　话：(025)84713833

江苏大洋广告有限公司

地　　址：南京市玄武区龙蟠中路 81 号 11 楼 1416 号
邮　　编：210029
电　　话：(025)83379411

江苏恒润国际广告有限公司

地　　址：南京高淳县农业综合开发区服务区门面房
邮　　编：211300
电　　话：(025)84481999
法　　人：唐桂生

江苏华博广告有限责任公司

地　　址：南京市石鼓98号阳光大厦七楼C座
邮　　编：210004
电　　话：(025)84515690—8020
法　　人：周剑明

江苏华兴兰德广告有限公司

地　　址：南京市洪武路275号
邮　　编：210002
电　　话：(025)52333713
法　　人：李扬

江苏华星广告有限公司

地　　址：常熟市河东胜街42号
邮　　编：215500
电　　话：(0512)5271189
负 责 人：殷淑英

江苏华艺广告有限责任公司

地　　址：南京市中央路165号12楼
邮　　编：210009
电　　话：(025)83241249
法　　人：陈明生

江苏华友广告有限公司

地　　址：南京市中山东路534号
邮　　编：210016
电　　话：(025)84594336
法　　人：吴礼道

江苏金创意影视广告有限公司

地　　址：南京市汉中西路53号科技宫二楼
邮　　编：210029
电　　话：(025)86505366
法　　人：李进

江苏金达广告有限公司

地　　址：南京市中山东路3号沿街二楼
邮　　编：210005
电　　话：(025)84703009
法　　人：卢旭东

江苏金大陆广告传播有限公司

地　　址：南京市草场门石头城9号
邮　　编：210013
电　　话：(025)83702070
法　　人：南冲

江苏金鹰广告传播有限公司

地　　址：南京市五台山1—6号8幢
邮　　编：210029
电　　话：(025)86619634
法　　人：郑苏玲

江苏京沪广告有限公司

地　　址：南京市珠江路63号13层
邮　　编：210008
电　　话：(025)83194390
法　　人：王文锦

江苏经伟广告公司

地　　址：南京市汉中路282号
邮　　编：210029
电　　话：(025)86651991
法　　人：王苏玲

江苏举贤广告传播有限责任公司

地　　址：南京市广州路213号
邮　　编：210029
电　　话：(025)83238883
法　　人：张大勇

江苏巨龙广告传播有限公司

地　　址：南京市汉中路185号鸿运大厦528室
邮　　编：210029
电　　话：(025)52335189
法　　人：徐新勇

江苏科技广告公司

地　　址：南京市北京西路12—1号
邮　　编：210008
法　　人：周景山

江苏兰色飚风广告有限公司

地　　址：南京市中山路26号新晨国际大厦22层
邮　　编：210005
电　　话：(025)83241499
法　　人：黄波

江苏丽晶广告有限公司

地　　址：南京市北京西路8号02幢7楼D座
邮　　编：210008
电　　话：(025)83311200
法　　人：王庭海

江苏联广国际广告有限公司

地　　址：南京市汉中路2号金陵饭店世贸中心
邮　　编：210005
电　　话：(025)84711888-762
法　　人：冯士毫

江苏路迅通广告传媒有限公司

地　　址：南京市中央路258-27号1308房
邮　　编：210009
电　　话：(025)83618780
法　　人：陈燕芳

江苏绿色世界广告有限公司

地　　址：南京市洲城根43号办公楼四楼
邮　　编：210016
电　　话：(025)84218859
法　　人：颜飞

江苏绿叶广告有限责任公司

地　　址：南京市苜蓿园大街59号
邮　　编：210007
电　　话：(025)84871414
法　　人：李阳

南京梅迪派勒公交广告公司

地　　址：南京市汉中路89号金鹰国际商城23层
邮　　编：210001
电　　话：(025)84711070
法　　人：杜碧珊

南京市广告公司

地　　址：南京市洪武北路116号
邮　　编：210018
电　　话：(025)84419488
法　　人：潘祥生

广播电视类

江苏广播电视总台电视广告中心

地　　址：南京市中山路348号中信大厦26楼
邮　　编：210008
电　　话：(025)83195881
负 责 人：苏子龙
联 系 人：马嘉益

江苏电视台广告信息部

地　　址：南京市中山路348号中信大厦26楼
邮　　编：210008
电　　话：(025)83195881
传　　真：(025)57713203
负 责 人：苏子龙
联 系 人：马嘉益

南京电视台

地　　址：南京市白夏路358号广电大厦18楼
邮　　编：210001
电　　话：(025)84694994
负 责 人：周天江

南京经济广播电台

地　　址：南京市延龄巷50号
邮　　编：210002
电　　话：(025)84513300

南京广播电视集团广告部

地　　址：南京市白下路358号广电大厦18楼
邮　　编：210001
电　　话：(025)84694012
传　　真：(025)84694012
负 责 人：谢莉
联 系 人：杨颖

“以客户满意度为中心，与客户共同成长”，南京广播电视集团广告部已是成熟的品牌营销家，并愿意以自己的经验和真诚为广告客户提供全方位的服务。

无锡电视台

地　　址：无锡市湖滨路4号
邮　　编：214061
电　　话：(0510)5807818
传　　真：(0510)5885300
负 责 人：啃浩亮
联 系 人：啃浩亮

常熟电视台

地　　址：常熟市海虞北路29号
邮　　编：215500
电　　话：(0512)52812263
传　　真：(0512)52812807

常熟人民广播电台

地　　址：常熟市琴湖路86号
邮　　编：215500
电　　话：(0512)52725924

宝应县广播电视台

地　　址：扬州市宝应县城叶挺东路17号
邮　　编：225800
电　　话：(0514)8221039
负 责 人：周涛

大丰市广播电视台

地　　址：大丰市大刘路35号
邮　　编：224100
电　　话：(0515)3812929
负 责 人：葛忠银

丹徒县广播电视台

地　　址：镇江市中山路338号
邮　　编：212002
电　　话：(0511)5231864
传　　真：(0511)5222079
负 责 人：俞志荣

东海县广播电视台

地　　址：连云港市东海县牛山镇和平东路69号
邮　　编：222300
电　　话：(0518)7212186
传　　真：(0518)7212186
负 责 人：张耀桐

东台市广播电视台

地　　址：东台市新东西路37号
邮　　编：224200
电　　话：(0515)5215972
负 责 人：吴春霖

赣榆县广播电视台

地　　址：连云港市赣榆县青口镇环城北路广播电视局院内
邮　　编：222100
电　　话：(0518)6212670
传　　真：(0518)6211230
负 责 人：孟平

高淳县广播电视台

地　　址：南京市高淳县淳溪镇镇兴路161号
邮　　编：211300
电　　话：(025)57312450
传　　真：(025)57312450
负 责 人：沈永春

高邮市广播电视台

地　　址：高邮市文化宫路6号
邮　　编：225600
电　　话：(0514)4645292
传　　真：(0514)4645292
负 责 人：召笑明

海安县广播电视台

地　　址：南通市海安县海安镇海陵路18号
邮　　编：226600
电　　话：(0513)8835979
传　　真：(0513)8830516
负 责 人：孟乐芳

海门市广播电视台

地　　址：海门市海门镇解放东路602号
邮　　编：226100
电　　话：(0513)2212551
传　　真：(0513)2212950
负 责 人：吴忠耀

邗江区广播电视台

地　　址：扬州市史可法路24号
邮　　编：225002
电　　话：(0514)7347849
负 责 人：戴光明

江宁区广播电视台
地　　址：南京市江宁区东山镇文苑巷8号
邮　　编：211100
电　　话：(025)52181437
传　　真：(025)52281306
负 责 人：季源时

江浦县广播电视台
地　　址：南京市江浦县珠江镇北门大街13号
邮　　编：211800
电　　话：(025)58882741
传　　真：(025)58882741
负 责 人：陈有福

江苏省总工会电视制作中心
地　　址：南京市中山北路202号
邮　　编：210009
电　　话：(025)83425251
法　　人：邵玉清

江阴市广播电视台
地　　址：江阴市澄江镇寿山路95号
邮　　编：214400
电　　话：(0510)6895515

姜堰市广播电视台
地　　址：姜堰市姜堰镇西大街115号
邮　　编：225500
电　　话：(0523)8213450
负 责 人：王跃

新闻出版类

华人时报
地　　址：南京市珠江路683号5楼
邮　　编：210016
电　　话：(025)84823969

江南晚报
地　　址：无锡市学前东路1号新闻大楼
邮　　编：214002
电　　话：(0510)2725595
传　　真：(0510)2725595

江苏教育报
地　　址：南京市石头城9号
邮　　编：210013
电　　话：(025)83715847

江阴日报
地　　址：江阴市绮山路83号
邮　　编：214432
电　　话：(0510)6295801
传　　真：(0510)6282352
负 责 人：蔡意同

连云港广播电视报
地　　址：连云港市新浦解放西路6号
邮　　编：222003
电　　话：(0518)5470777
传　　真：(0518)5470777

南京日报
地　　址：南京市解放路53号
邮　　编：210016
电　　话：(025)84636478
传　　真：(025)84492494

彭城晚报
地　　址：徐州市中山南路166–1号
邮　　编：221002
电　　话：(0516)5692193

室内设计与装修
地　　址：南京市龙蟠路南京林业大学
邮　　编：210037
电　　话：(025)85427529
传　　真：(025)85428830

泰州日报
地　　址：泰州市翠微南路98号
邮　　编：225300
电　　话：(0523)6335703

传　　真：(0523)6337591
负 责 人：顾定俊

无锡日报广告部

地　　址：无锡市学前东路1号新闻大楼
邮　　编：214001
电　　话：(0510)2766698
传　　真：(0510)2721608
法　　人：杨逸萍
负 责 人：郑明亮

现代快报

地　　址：南京市正洪街18号东宇大厦22楼2215室
邮　　编：210005
电　　话：(025)84783580
传　　真：(025)84783580

新华日报社广告处

地　　址：南京市中山路55号
邮　　编：210005
电　　话：(025)84701598
法　　人：胡忠泽

徐州广播电视报

地　　址：徐州市和平路124号
邮　　编：221009
电　　话：(0516)3807777

扬子晚报

地　　址：南京市中山南路101号
邮　　编：210005
电　　话：(025)84529456
传　　真：(025)84528214

宜兴日报

地　　址：宜兴市宜城镇
邮　　编：214205
电　　话：(0510)7992289
传　　真：(0510)7981160

浙 江 省

公司类

杭州公交广告公司
地　　址：杭州市中山北路507号
邮　　编：310003
电　　话：(0571)85107537
传　　真：(0571)85105982
负 责 人：李熙
联 系 人：李熙

超越未来，成就世纪颠峰！

浙江美时广告有限责任公司
地　　址：杭州市朝晖路联锦大厦A座1903室
邮　　编：310014
电　　话：(0571)85460232
负 责 人：吕美时
联 系 人：叶婷婷

拥有诸多浙江媒介特殊资源的美时，期待与您合作。

浙江省绍兴市报业广告发展公司
地　　址：绍兴市胜利西路299号
邮　　编：312000
电　　话：(0575)5224044
负 责 人：陶卫祥
联 系 人：王颖

公司成立于1993年，主要经营代理《绍兴日报》、《绍兴晚报》、《天天商报》广告业务，旨在为大众搭建一个提供优秀服务的平台，体现媒体广告的独特优势。

浙江思美广告有限公司
地　　址：杭州市南山路148号
邮　　编：310002
电　　话：(0571)87917406
传　　真：(0571)87926126
负 责 人：朱明虬
联 系 人：陈明

我们眼里只看到大客户

浙江动脑广告策划有限公司
地　　址：杭州市体育场路刀茅巷216号晶晶大厦11楼A座
邮　　编：310004
电　　话：(0571)85281111
传　　真：(0571)85281111
负 责 人：刘更
联 系 人：刘更

浙江方圆广告有限公司
地　　址：杭州市中山北路598号栖霞苑2层
邮　　编：310014
电　　话：(0571)85304963
传　　真：(0571)85304963
负 责 人：施云飞
联 系 人：何红燕

浙江高登广告有限公司
地　　址：杭州市莫干山路108墅林苑7幢1单元102室
邮　　编：310011
电　　话：(0571)88829592
传　　真：(0571)88840444
负 责 人：齐毅
联 系 人：石继军

浙江广策直邮广告有限公司
地　　址：杭州市密渡桥路15号新世纪大厦8楼B座
邮　　编：310005
电　　话：(0571)85062718
传　　真：(0571)85062718
负 责 人：余文彦
联 系 人：李超芝

浙江海地广告有限公司
地　　址：杭州市莫干山路497号
邮　　编：310005
电　　话：(0571)88053816
传　　真：(0571)88069002

负 责 人：张立旦
联 系 人：潘永锋

浙江汉际广告有限公司
地　　址：杭州市朝晖路97号
邮　　编：310014
电　　话：(0571)87914392
传　　真：(0571)87914392
负 责 人：郑闯
联 系 人：郑闯

浙江航翔广告有限公司
地　　址：杭州市中河北路茂泰世纪大楼15楼
邮　　编：310003
电　　话：(0571)85779128
传　　真：(0571)85779298
负 责 人：张皑
联 系 人：张皑

浙江和合广告有限责任公司
地　　址：杭州市文三路199号7号楼5楼
邮　　编：310014
电　　话：(0571)87770580
传　　真：(0571)87770580
负 责 人：陆建初
联 系 人：陆建初

浙江今日科技广告有限公司
地　　址：杭州市环城西路33号
邮　　编：310007
传　　真：(0571)85214211
负 责 人：蒋汝忠
联 系 人：蒋汝忠

浙江金五月广告有限公司
地　　址：杭州市凯旋路226号
邮　　编：310020
电　　话：(0571)86961075
传　　真：(0571)86034693
负 责 人：江胜德
联 系 人：江胜德

广播电视类

浙江人民广播电台广告部
地　　址：杭州市莫干山路111号
邮　　编：310005
电　　话：(0571)88800155
传　　真：(0571)88800155
负 责 人：卞学全
联 系 人：谢作有

浙江电视台广告部
地　　址：杭州市莫干山路111号
邮　　编：310005
电　　话：(0571)85054135
传　　真：(0571)85054155
负 责 人：乐和建
联 系 人：乐和建

浙江电视台教育科技频道广告部
地　　址：杭州市莫干山路111号
邮　　编：310005
电　　话：(0571)85270786
传　　真：(0571)85270789
法　　人：马雨能
负 责 人：王俊
联 系 人：王俊

浙江电视台经济生活频道广告部
地　　址：杭州市莫干山路111号
邮　　编：310005
电　　话：(0571)85775646
传　　真：(0571)85775646
负 责 人：王红南
联 系 人：王红南

浙江电视台钱江都市频道广告部
地　　址：杭州市莫干山路111号
邮　　编：310005
电　　话：(0571)85171116
传　　真：(0571)85171116
负 责 人：许迅
联 系 人：钱芸菲

浙江电视台体育健康频道广告部
地　　址：杭州市莫干山路金江大厦1505室
邮　　编：310005

电　　话：(0571)88386897
传　　真：(0571)88390555
负 责 人：江溢
联 系 人：赖伟斐

浙江电视台影视文化频道广告部
地　　址：杭州市莫干山路111号
邮　　编：310005
电　　话：(0571)65298114
传　　真：(0571)88831921
负 责 人：王玉广
联 系 人：王玉广

浙江人民广播电台健康之声广告部
地　　址：杭州市莫干山路111号
邮　　编：310005
电　　话：(0571)88070325
传　　真：(0571)88070325
负 责 人：潘樟林
联 系 人：潘樟林

浙江省广播电视广告中心
地　　址：杭州市莫干山路111号
邮　　编：310005
电　　话：(0571)88807790
传　　真：(0571)88807790
负 责 人：周智敏
联 系 人：曹阳

浙江时空电视中心
地　　址：杭州市浣沙路36号
邮　　编：310006
电　　话：(0571)87081988
传　　真：(0571)87061265
负 责 人：李天行
联 系 人：李天行

杭州人民广播电台
地　　址：杭州市莫干山路86号
邮　　编：310005
电　　话：(0571)88087825
法　　人：杨志毅

杭州电视台
地　　址：杭州市环城北路31号
邮　　编：310004
传　　真：(0571)85190088
法　　人：徐佳伦

杭州经济广播电台
地　　址：杭州市庆春东路5号
邮　　编：310016
法　　人：董敏君

杭州有线电视台
地　　址：杭州市环城北路31号
邮　　编：310004
法　　人：於敏

温州电视台
地　　址：温州市新城广电中心
邮　　编：325000
电　　话：(0577)88928982
传　　真：(0577)88928980
法　　人：王晓峰
负 责 人：王晓峰
联 系 人：祝敏

余姚市电视台
地　　址：余姚市世南西路152号
邮　　编：315400
电　　话：(0574)62718180
传　　真：(0574)62703523

长兴县广播电视台
地　　址：湖州市长兴县雉城镇广场路11号
邮　　编：313100
电　　话：(0572)6025275
负 责 人：钱才珍

淳安县广播电视台
地　　址：杭州市淳安县千岛湖镇人民路2号
邮　　编：311700
电　　话：(0571)64812376
传　　真：(0571)64813176
负 责 人：袁楚明

慈溪市广播电视台

地　　址：慈溪市浒山镇峙山路173号
邮　　编：315300
电　　话：(0574)63813629
传　　真：(0574)63812831
负 责 人：张伯传

富阳市广播电视台
地　　址：富阳市富阳镇花坞南路4号
邮　　编：311400
电　　话：(0571)63325595
传　　真：(0571)63323080
负 责 人：叶继名

海盐县广播电视台
地　　址：嘉兴市海盐县武原镇海滨东路36号
邮　　编：314300
电　　话：(0573)6020196
传　　真：(0573)6020196
负 责 人：吴宗根

杭州京都广播电视广告制作部
地　　址：杭州市拱墅区莫干山路86号
邮　　编：310005
电　　话：(0571)88079632
法　　人：陈迅伟

杭州有线电视台影视频道
地　　址：杭州市环城北路31号
邮　　编：310004
法　　人：朱早

建德市广播电视台
地　　址：建德市新安江镇新安路28号
邮　　编：311600
电　　话：(0571)64722721
传　　真：(0571)64722721
负 责 人：王树根

乐清市广播电视台
地　　址：乐清市南大街30弄2号
邮　　编：325600
电　　话：(0577)2522886
传　　真：(0577)2523063
负 责 人：陈永铸

临安市广播电视台
地　　址：临安市锦城镇衣锦街446号
邮　　编：311300
电　　话：(0571)63726481
传　　真：(0571)63722927
负 责 人：谢生根

临海市广播电视台
地　　址：临海市城关临杭路广电中心
邮　　编：317000
电　　话：(0576)5224671
传　　真：(0576)5224671
负 责 人：项继联

新闻出版类

宁波日报报业集团
地　　址：宁波市灵桥路768号
邮　　编：315000
电　　话：(0574)87688768
传　　真：(0574)87682025
负 责 人：唐惠民
联 系 人：陈霞

宁波日报报业集团成立于2002年6月，以《宁波日报》为龙头。拥有《宁波晚报》、《东南商报》、《宁波侨讯》、中国宁波网、宁波出版社，并联办《文学港》、《宁波经济》，协办《新闻与传播》等4报3刊1社1网站，报纸日总发行量60余万份，成为覆盖宁波、面向全国、辐射海外，全面介绍宁波区域经济和社会发展的系列媒体的报业集团。

杭州广播电视报
地　　址：杭州市莫干山路86号
邮　　编：310005
电　　话：(0571)88085791
传　　真：(0571)88070776

杭州日报报业集团《每日商报》
地　　址：杭州市体育场路218号
邮　　编：310041
电　　话：(0571)85053786
传　　真：(0571)85053781
法　　人：李建国

负 责 人：方晨阳
联 系 人：方晨阳

湖州晚报

地　　址：湖州市湖东路28号
邮　　编：313000
电　　话：(0572)2074205
传　　真：(0572)2061035

金华晚报

地　　址：金华市双龙南街276号
邮　　编：321017
电　　话：(0579)2395959-602
传　　真：(0579)2381370

丽水广播电视报

地　　址：丽水市括苍路599号（丽水电视台大门口）
邮　　编：323000
电　　话：(0578)2137330
传　　真：(0578)2178033

宁波广播电视报社广告部

地　　址：宁波市开明街4号
邮　　编：315000
传　　真：(0574)87196635
负 责 人：陈文捷
联 系 人：谬晓春

宁波晚报社广告部

地　　址：宁波市永寿街8-1号
邮　　编：315010
电　　话：(0574)87243217
传　　真：(0574)87243217
负 责 人：张业文
联 系 人：张业文

钱江晚报社

地　　址：杭州市体育场路178号
邮　　编：310039
电　　话：(0571)85310647
负 责 人：刘建

浙江日报社广告中心

地　　址：杭州市体育场路178号
邮　　编：310039
电　　话：(0571)85310542
传　　真：(0571)85310542
负 责 人：季阳
联 系 人：常俊

安 徽 省

公 司 类

安徽省金鹏国际广告有限公司

地　　址：合肥市濉溪路 251 号
邮　　编：230041
电　　话：(0551)5611111
传　　真：(0551)5611100
负 责 人：汤达祥
联 系 人：王海芳

提升客户的销售业绩！提升客户的传播效能！提升客户的品版影响力！

金鹏国际广告有限公司，

以务实的精神扎根中国本土市场，

以开放的心态吸纳国际化广告运作菁华。

集十一年本土营销实战，方成就金鹏今日专业高度。

2004 年，金鹏国际广告公司，

荣膺首批“中国一级广告企业”称号。

安徽凹凸影视广告制作有限公司

地　　址：合肥市马鞍山路风和园 7 幢 201 室
邮　　编：230001
法　　人：陈其应
负 责 人：陈其应

安徽诚信商务广告有限责任公司

地　　址：合肥市翡翠园小区 1 幢 201 室
邮　　编：230001
负 责 人：黄学英

安徽大九华影业广告有限责任公司

地　　址：合肥市马鞍山路锦锈园 E－205
邮　　编：230001
电　　话：(0551)2921144
负 责 人：吴继承

安徽大明广告有限责任公司

地　　址：合肥市望江东路 83 号
邮　　编：230053
负 责 人：童宗联

安徽大众广告有限责任公司

地　　址：合肥市金寨路 128 号
邮　　编：230041
电　　话：(0551)5556259
负 责 人：史晓磊

安徽点石广告有限责任公司

地　　址：合肥市寿春路 95 号 5 楼 B 座
邮　　编：230001
电　　话：(0551)5154002
负 责 人：肖林

安徽金太阳广告有限公司

地　　址：宁国市津河东路 47 号
邮　　编：242300
电　　话：(0563)4022074
传　　真：(0563)4031488
负 责 人：胡是文

广播电视类

安徽人民广播电台

地　　址：合肥市桐城南路 355 号
邮　　编：230001
电　　话：(0551)4668398
负 责 人：李治宇

安徽电视台广告中心

地　　址：合肥市马鞍山路 38 号
邮　　编：230009
电　　话：(0551)4678888
传　　真：(0551)4678800
负 责 人：邹晓利
联 系 人：常青

全面负责安徽电视台各频道广告业务，安徽卫视目前已在全国 31 个省会城市及全国 80% 的地级城市落地，居省级卫视第一！

在节目中涌现了在全国知名的“一点”《超级大赢家》、“一竖”《周末大放送》、“一横”《黄金剧场》，据AC尼尔森权威认证：安徽卫视的“一点”、“一竖”、“一横”在全国10大城市收视份额居省级卫视第一！

新世纪、新面貌、全新安徽电视台，将抓住机遇、追求卓越，引领传媒新浪潮！

合肥人民广播电台

地　　址：合肥市阜阳路100号
邮　　编：230001
法　　人：陈强
负 责 人：陈强

合肥电视台广告部

地　　址：合肥市金寨路九州大厦381号
邮　　编：230061
电　　话：(0551)2652999
传　　真：(0551)2826579
负 责 人：左军

合肥有线电视台

地　　址：合肥市阜阳路172号
邮　　编：230001
电　　话：(0551)2678583
法　　人：吴怀然
负 责 人：吴怀然

滁州电视台

地　　址：滁州市天长路96号
邮　　编：239000
电　　话：(0550)3025369

滁州人民广播电台

地　　址：滁州市琅琊东路37号
邮　　编：239000
电　　话：(0550)3025369

砀山县广播电视台

地　　址：宿州市砀山县砀城东河南路7号
邮　　编：235300
电　　话：(0557)8022823
负 责 人：王元清

定远县广播电视台

地　　址：滁州市定远县定城镇人民路34号
邮　　编：233200
电　　话：(0550)4021349
负 责 人：李彬

东至县广播电视台

地　　址：池州市东至县木坑山
邮　　编：247200
电　　话：(0566)7011246
负 责 人：汪植桂

凤阳县广播电视台

地　　址：滁州市凤阳县府西街32号
邮　　编：233100
电　　话：(0550)6721786
负 责 人：戴宗汝

郎溪县广播电视台

地　　址：宣城市郎溪县中港路90号
邮　　编：242100
电　　话：(0563)7021386

临泉县广播电视台

地　　址：阜阳市临泉县城镇文化巷
邮　　编：236400
电　　话：(0558)6512228
负 责 人：马恩俊

明光市广播电视台

地　　址：明光市池河大道桃园巷19号
邮　　编：239400
电　　话：(0550)8022326
负 责 人：李诚

祁门县广播电视台

地　　址：黄山市祁门县祁山镇中心路10号
邮　　编：242700
电　　话：(0559)4512814

青阳县广播电视台

地　　址：池州市青阳县蓉城镇九华西路11号
邮　　编：242800
电　　话：(0566)5026407
负 责 人：高彩琴

石台县广播电视台

地　　址：池州市石台县城关人民路 34 号
邮　　编：245100
电　　话：(0566)6022265
负 责 人：贾祖诚

天长市广播电视台

地　　址：天长市千秋路 9 号
邮　　编：239300
电　　话：(0550)7022276
负 责 人：姜平

芜湖县广播电视台

地　　址：芜湖市芜湖县芜湖北路 16 号
邮　　编：241100
电　　话：(0553)8811279
负 责 人：蒋文方

新闻出版类

安徽教育报

地　　址：合肥市省人大 8 楼通联部
邮　　编：230022
电　　话：(0551)3608327

安徽邮电报

地　　址：合肥市长江中路 146 号
邮　　编：230061
电　　话：(0551)2617403
传　　真：(0551)2643064

供销合作商报

地　　址：合肥市庐江路 127 号
邮　　编：230061
电　　话：(0551)2641904

新安晚报社

地　　址：合肥市安庆路 82 号
邮　　编：230001
电　　话：(0551)2639271
传　　真：(0551)2639392
负 责 人：江海波

福 建 省

公 司 类

福建奥华广告

地　　址：福州市五四路158号环球广场19层
邮　　编：350003
电　　话：(0591)7851966
负 责 人：李国平
联 系 人：林秀萍

奥美国际集团和福建最大广告企业、中国广告公司十强之一的福建奥华广告有限公司在福建合资创建奥华—奥美广告有限公司，这是奥美国际集团除广东、上海、北京之外在中国开设的首个合资机构。

合资公司将定位于服务本土品牌和企业，公司必将有力地推动福建当地企业品牌的国际化发展，帮助福建建立国家级乃至世界级品牌，推动海峡西岸经济区的发展。

福建电广有线电视广告有限公司

地　　址：福州市广达路68号金源广场东区28F
邮　　编：350005
电　　话：(0591)3336208
传　　真：(0591)3316117
负 责 人：陈小良
联 系 人：黄洁

创立于1994年。全面独家代理福建电视台第五套电视剧频道、第六套文化生活频道、第七套经济生活频道广告运作。

十年一剑，锋芒毕露。

福建东南卫视广告有限公司

地　　址：福州市圣庙路1号五层
邮　　编：350001
电　　话：(0591)3329208
联 系 人：吴海岚

请相信，我们是真正能够和您一起走向未来的战略合作伙伴。

福建海峡传播总公司

地　　址：厦门市夏禾路帝豪大厦24楼海峡导报广告中心
邮　　编：361004
电　　话：(0592)2961588
负 责 人：鄢正平
联 系 人：刘 浪

导民生，报民情。闽南最强势最具影响力的都市类报纸之一。

福建日报广告总公司

地　　址：福州市华林路84号
邮　　编：350003
电　　话：(0591)7095932
负 责 人：陈兆伟
联 系 人：沙丽

《福建日报》是中共省委机关报，创刊于1949年8月25日，是福建省发行量最大、覆盖面最广、影响力最强、权威性最高的日报之一。

福建省龙岩市广播电视广告有限公司

地　　址：龙岩市中山西路4号楼303−304室
邮　　编：364000
电　　话：(0597)2103338
传　　真：(0597)2103331
负 责 人：林伟

公司下辖龙岩电视台新闻综合频道和公共频道的广告业务。

福建省邮政信息广告有限责任公司

地　　址：福建省福州市古田路101号2301
邮　　编：350005
电　　话：(0591)3368204
负 责 人：唐隆庆
联 系 人：邓传来

茫茫商海，有这样一位推销员，走遍全国和海外，帮助企业促销，成为连接企业产、销的纽带，她，就是邮政商业信函。

福建新奥光明传媒广告有限公司

地　　址：福州市鼓楼区五四路158号环球广场19层

邮　　编：350003
电　　话：(0591)7851966
传　　真：(0591)7800728
负 责 人：郭晓阳
联 系 人：严琴

新奥光明传媒广告有限公司是香港TOM.COM公司与福建奥华传媒集团在福建的合资公司，是一家在福建全省范围全面代理设计、制作、施工户外广告的专业户外广告公司。TOM户外传媒集团目前已发展成为中国大陆最大的户外集团公司之一，在北京、上海、广东、福建、山东、河南、四川、辽宁等经济发达省份，TOM拥有二十多万平方米的户外面积，其优势集中在城市在型立柱、看板和灯箱广告。目标在于为全国性客户提供全套户外专业服务方案。

福建新恒基广告有限公司

地　　址：福州市古田路56号名流大厦19层
邮　　编：350005
电　　话：(0591)3329516
传　　真：(0591)3329534

公司是国内集品牌策划、广告创意、设计制作、媒体代理于一体的综合性大型广告公司。

福建省福州市广告协会副会长单位。

福州鹏宏广告有限公司

地　　址：福州市五一北路171号新都会花园广场15D
邮　　编：350003
电　　话：(0591)3336101
传　　真：(0591)3322749

福州鹏宏广告有限公司成立于1997年，是一家集设计、制作、发布、代理、企划为一体的综合性广告公司，同时是拥有福州市一级户外媒体广告位最多的广告公司之一。

公司秉承国际的经营管理理念，本土化运作的方式和思路，数年来历经切实有效的行销实践经验，赢得客户一致信赖。

有效沟通、互动合作、携手并进、共创辉煌。

闽西广告公司

地　　址：龙岩市溪畔路溪南大厦二楼
邮　　编：364000
电　　话：(0597)2306998
传　　真：(0597)2321319
负 责 人：陈荣泽

闽西广告公司成立于1982年，自92年以来率先引进高新技术及设备，领先于广告行业新潮流。20年来，闽西广告公司锻造出一批博学多才的专业团队。为闽西的广告事业培养和输送不少广告人才。多年来，公司以热情、诚信的态度为客户提供专业有效的解决方案，赢得客户的信赖。

业务范围：国内广告代理、整体市场策划、企业形象设计、包装设计印刷、展示展览工程、市场营销活动。

厦门华盟广告有限公司

地　　址：厦门市湖滨北路59号中信惠扬大厦商务楼9楼
邮　　编：361012
电　　话：(0592)5082585
传　　真：(0592)5082685
负 责 人：郭红
联 系 人：郭红

华盟广告公司是以经营户外广告为主的综合性专业广告公司，多年的积累，已拥有从大型立柱到小小站牌等大批的户外广告媒体，是厦门市主要的户外广告公司之一。

厦门市佰诚设计装饰有限公司

地　　址：厦门市后江埭路皇达大厦19楼
邮　　编：361004
电　　话：(0592)5186880
传　　真：(0592)5186808

公司成立于1994年，是一家集广告、装饰于一体的大型综合性广告公司。

多年来，一直致力于管理、服务的规范化、科学化和智能化，打造出一支既有丰富经验及专业知识，又具有高度团队精神的队伍。公司擅长品牌形象规划、品牌传播、整合营销、创意设计。

厦门市博美世纪传媒广告有限公司

地　　址：湖滨北路59号中信惠扬大厦22层C、D座
邮　　编：361012
电　　话：(0592)5205858
负 责 人：陈茂强
联 系 人：陈慧颖

跳跃需要支点，博美世纪传媒广告期待与您合作。

智略联盟组合制胜，做全面有效的广告方案。

厦门市公交广告有限公司

地　　址：厦门市湖滨中路64号
邮　　编：361004
电　　话：(0592)5806046
传　　真：(0592)5808709

流动的广告，流动的风景线。

公司主要经营车身广告，车后玻璃广告，车厢内广告，候车亭广告和站牌广告及媒体开发。车身广告以独特的流动风景穿梭于繁华闹市和新辟生活区，格外醒目。广告制作采用电脑静电写真，一辆辆制作精美，色彩逼真的公交车和一座座造型新颖的候车亭，成为厦门一道道亮丽的城市风景线，为城市建设做出了突出项献。

厦门市路桥广告公司

地　　址：厦门市开元区仙岳路456号海联大厦11楼
邮　　编：361000
电　　话：(0592)5151919
传　　真：(0592)5151848
联 系 人：许黎明

厦门路桥广告不仅拥有高水准的广告专业服务团队和科学的经营管理机制，而且拥有厦门大桥、海沧大桥、厦漳高速公路厦门段、环岛路、莲前大道、石鼓山立交桥等交通要道的户外广告媒体开发经营权，目前，公司已在这些交通大动脉黄金地段开发了10000多平方米的优质媒体，得到众多广告主的青睐。

厦门市路桥广告公司，除从事户外广告媒体的开发、经营、设计、施工、维护外，还经营现代广告业所涉及的设计、制作、发布、代理国内外广告及承揽布展业等项目。

漳州市南风广告有限公司

地　　址：漳州市延安北路鸿宝大厦2号
邮　　编：363000
电　　话：(0596)2048578
负 责 人：朱解放

连接世界的桥梁，携手未来，共创海峡西岸辉煌明天……

中信广告（龙岩）有限公司

地　　址：龙岩市九一南路公交大厦5楼
邮　　编：364000
电　　话：(0597)2222223
传　　真：(0597)2215008
负 责 人：吴德添

福建电广广播广告有限公司

地　　址：福州市古田路2号
邮　　编：350001
电　　话：(0591)3319881
传　　真：(0591)3319881
负 责 人：张向荣
联 系 人：林文晖

福建广播电视传播总公司

地　　址：福州市五一中路32号元洪大厦29层
邮　　编：350005
电　　话：(0591)7807808
负 责 人：吕改秋

福建文生报业发展有限公司

地　　址：福州市八一七北路249号金晖大厦
邮　　编：350001
电　　话：(0591)7540552
负 责 人：刘怀

福州诚鑫广告有限公司

地　　址：福州市湖滨路66号中福西湖花园南福楼24F
邮　　编：350001
电　　话：(0591)7613908
负 责 人：潘哲生

福州大秦广告有限公司

地　　址：福州市湖东路通联大厦五层
邮　　编：350001
电　　话：(0591)7544803
负 责 人：张秦

福州恒动广告有限公司

地　　址：福州市塔头路东城公寓1号楼104
邮　　编：350010
电　　话：(0591)7334088
负 责 人：郑趋亮

厦门橙色企划有限公司

地　　址：厦门市开元区东方巴黎4—B幢S201
邮　　编：361000
电　　话：(0592)5080850

负 责 人：林肖

厦门国广广告有限公司
地　　址：厦门市开元区金榜路 65 号凯旋广场 9A
邮　　编：361000
电　　话：(0592)5826810
传　　真：(0592)5826810
负 责 人：邱佑敬

厦门国际航空港集团广告有限公司
地　　址：厦门机场航空港集团广告有限公司
邮　　编：361006
电　　话：(0592)6022936
传　　真：(0592)6028439
联 系 人：常向辉

厦门国旅广告有限公司
地　　址：厦门市大中路 43—45 号
邮　　编：361000
电　　话：(0592)2130634
负 责 人：郑琪

厦门季候风企划有限公司
地　　址：厦门市普利花园 12 楼
邮　　编：361000
负 责 人：李勋

厦门三色企划设计有限公司
地　　址：厦门市海沧海富路文轩花园第一幢四层 401、402
邮　　编：361000
电　　话：(0592)6059170
负 责 人：黄秀丽

厦门山河广告有限公司
地　　址：厦门市湖滨六里 96—97 号之 9—10 号
邮　　编：361000
电　　话：(0592)5098696
负 责 人：江铭川

厦门市传真广告有限公司
地　　址：厦门市开元区员当路 4 号 403 室
邮　　编：361000
电　　话：(0592)5311555
传　　真：(0592)5310999
负 责 人：陈建中

厦门市兴商业广告公司
地　　址：厦门市水仙路 33 号海光大厦公寓楼 28E
邮　　编：361001
电　　话：(0592)2026154
传　　真：(0592)2033803
负 责 人：黄启勇
联 系 人：郑清梅

新奥光明传媒广告有限公司
地　　址：福州市鼓楼区五四路 158 号环球广场 B 座 17 层
邮　　编：350003
电　　话：(0591)7851966
传　　真：(0591)7800728
负 责 人：郭晓阳
联 系 人：严琴

广播电视类

福建人民广播电台广告部
福建电广广播广告有限公司
地　　址：福州市古田路 7 号东升大楼 10 层
邮　　编：350005
电　　话：(0591)3353838
传　　真：(0591)3353168
负 责 人：吴志明
联 系 人：孙索格

福建电视台公共频道
地　　址：福州市 518 信箱
邮　　编：350001
电　　话：(0591)7568098
负 责 人：李怀峪
联 系 人：林力

公共频道广告部以独特的创意、全新的视角，为客户和媒体打造飞天的翅膀，精诚合作，共创双赢。倾力演绎现代版 ——“耳赤之妙手”

福建电视台新闻频道广告部
地　　址：福州市五一北路 171 号新都会花园广场 19 楼

邮　　编：350001
电　　话：(0591)7115588
传　　真：(0591)7112979
负 责 人：潘旭东
联 系 人：黄烨烽

先锋媒体，领跑资讯新时代。

用我们独具的媒体价值成就您的传播价值。

福建教育电视台

地　　址：福州市五四路217号
邮　　编：350003
电　　话：(0591)7832546
传　　真：(0591)7802248
负 责 人：孙捷敏
联 系 人：倪朝晖

福建教育电视台成立于1995年，是隶属于福建教育厅的省级专业电视台。它担负着宣传党和政府的教育方针政策及全省教育改革与发展部署，实施服务于各级各类教育和现代远程教育，普及科学文化知识的重任，是传播福建教育信息，反映福建教育改革发展的权威媒体。

福州广播电视集团

地　　址：福州广播电视集团福建省福州市广达路金源大广场西区29层
邮　　编：350005
电　　话：(0591)3371888
联 系 人：杨乐林

福州广播电视集团是以新闻宣传和媒体经营为主业的现代化传媒集团，作为省会城市福州市委、市政府的重要宣传阵地和喉舌。集团以新闻宣传为中心，以产业发展为基础，以电台、电视台、网络、文化生活报等四大媒体为主体，充分挖掘传媒潜力，积极拓展广电信息网络资源的开发项目，新世纪以来一直走在福州经济发展的前沿。

南平电视台

地　　址：南平市胜利街6号烟草大厦6层
邮　　编：353000
电　　话：(0599)8822006
负 责 人：柯新宝
联 系 人：柯仙炉

南平电视台是福建省北部最具影响力的传媒，两个频道——新闻综合频道和公共（影视）频道，经过重新整合，全新改版，精彩亮相。信号覆盖10个县、市（区）及福州、三明、宁德等部分地区，直接和间接受众人数分别达300万和600万，覆盖率逾90%。

南平电视台广告部全面承揽两个频道所有的广告业务，负责广告的制作、审核、编排和发布。广告部拥有一批高素质的制作和创意人才，熟练运用先进的设备和最前沿的策划理念为客户制作高质量的电视广告，是广大客户提升形象、宣传品牌的首选。

莆田电视台

地　　址：莆田市城厢区石室路40号
邮　　编：351100
电　　话：(0594)2294743
传　　真：(0594)2332919
负 责 人：戴建中

我们期待，用我们的智慧和热忱与您——精诚合作，共享成功！

长泰县广播电视台

地　　址：漳州市长泰县武安镇解放路县府后10号
邮　　编：363900
电　　话：(0596)8322300
负 责 人：郑必成

长汀县广播电视台

地　　址：龙岩市长汀县汀州镇营背街1幢6楼
邮　　编：366300
电　　话：(0597)6831051
传　　真：(0597)6835002
负 责 人：赖亮海

大田县广播电视台

地　　址：三明市大田县均溪文山路13号
邮　　编：366100
电　　话：(0598)7222190
传　　真：(0598)7232799
负 责 人：张勇

东山县广播电视台

地　　址：漳州市东山县西埔镇中兴街康福巷1094号
邮　　编：363400
电　　话：(0596)5853074
传　　真：(0596)5853074
负 责 人：林剑国

福鼎市广播电视台

地　　址：福鼎市城关
邮　　编：355200
电　　话：(0593)7815001
传　　真：(0593)7856717
负 责 人：池学童

福建经济广播电台

地　　址：福州市古田路2号广电大楼4层
邮　　编：350001
电　　话：(0591)3310841
传　　真：(0591)3310841

福清市广播电视台

地　　址：福清市融城一拂路114号
邮　　编：350300
电　　话：(0591)5224056
传　　真：(0591)5224056
负 责 人：游华冠

福州电视台广告部

地　　址：福州市广达路68号金源广场西区29层
邮　　编：350005
电　　话：(0591)3338818
传　　真：(0591)3371999
负 责 人：叶年莲

厦门电视台广告中心

地　　址：厦门市湖滨北路123号广电中心
邮　　编：361012
电　　话：(0592)5301998
传　　真：(0592)5301988
　　生动传播，全心服务。

厦门人民广播电台

地　　址：厦门市湖滨北路广电中心
邮　　编：361012

光泽县广播电视台

地　　址：南平市光泽县217路258号
邮　　编：354100
电　　话：(0599)7922873
传　　真：(0599)7922873
负 责 人：赵建东

华安县广播电视台

地　　址：漳州市华安县城关大同路41号
邮　　编：363800
电　　话：(0596)7365735
传　　真：(0596)7365735
负 责 人：林源土

惠安县广播电视台

地　　址：泉州市惠安县螺城镇文庙巷7号
邮　　编：362100
电　　话：(0595)7383285
传　　真：(0595)7398970
负 责 人：孙诗明

建宁县广播电视台

地　　址：三明市建宁县黄舟坊中路广播电视中心
邮　　编：354500
电　　话：(0598)3982987
传　　真：(0598)3981878
负 责 人：邱家飞

建瓯市广播电视台

地　　址：建瓯市城关中山路296号
邮　　编：353100
电　　话：(0599)3834103
传　　真：(0599)3854020
负 责 人：邓炳全

将乐县广播电视台

地　　址：三明市将乐县建新路4号
邮　　编：353306
电　　话：(0598)2322290
负 责 人：施晓琴

晋江市广播电视台

地　　址：晋江市青阳八角楼1号
邮　　编：362200
电　　话：(0595)5665316
传　　真：(0595)5692131
负 责 人：江鸿斌

连城县广播电视台

地　　址：龙岩市连城县城关北大街中路

邮　　编：366200
电　　话：(0597)6930563
传　　真：(0597)6922561
负 责 人：吴尧生

连江县广播电视台
地　　址：福州市连江县城关816中路63号
邮　　编：350500
电　　话：(0591)6232521
传　　真：(0591)6221104
负 责 人：易立群

龙岩电视台
地　　址：龙岩市和平路15号
邮　　编：364000
电　　话：(0597)2335008
传　　真：(0597)2333863

闽清县广播电视台
地　　址：福州市闽清县城关西门街42号
邮　　编：350800
负 责 人：刘贤锐

明溪县广播电视台
地　　址：三明市明溪县青年路5号
邮　　编：365200
电　　话：(0598)2812304
负 责 人：许柏林

南安市广播电视台
地　　址：南安市溪美镇长兴路138号
邮　　编：362300
电　　话：(0595)6383391
传　　真：(0595)6383391
负 责 人：黄衍池

宁化县广播电视台
地　　址：三明市宁化县城关角头街1号
邮　　编：365400
电　　话：(0598)6822082
负 责 人：罗世恒

三明电视台
地　　址：三明市电视台广告部
邮　　编：365000
电　　话：(0598)8241881
传　　真：(0598)8236677

沙县广播电视台
地　　址：三明市沙县新城北路3号
邮　　编：365500
电　　话：(0598)5823947
传　　真：(0598)5823947
负 责 人：陈光霖

上杭县广播电视台
地　　址：龙岩市上杭县临江镇北大路83号
邮　　编：364200
电　　话：(0597)3842915
传　　真：(0597)3842359
负 责 人：邱东靖

邵武市广播电视台
地　　址：邵武市华光路68号
邮　　编：354000
电　　话：(0599)6331388
传　　真：(0599)6331388
负 责 人：陈广淦

顺昌县广播电视台
地　　址：南平市顺昌县中山中路152号
邮　　编：353200
电　　话：(0599)7827577
传　　真：(0599)7822260
负 责 人：丁玮

泰宁县广播电视台
地　　址：三明市泰宁县和平中街36号
邮　　编：354400
电　　话：(0598)7832090
传　　真：(0598)7833170
负 责 人：张龙辉

武平县广播电视台
地　　址：龙岩市武平县平川镇政府路广电大楼
邮　　编：364300
电　　话：(0597)4822085
负 责 人：陈柏平

新华社福建分社电视新闻中心

地　　址：福州市鼓屏路116号

邮　　编：350003

电　　话：(0591)7802057

负 责 人：梅永存

联 系 人：邹国勇

永安市广播电视台

地　　址：永安市五四路47号

邮　　编：366000

电　　话：(0598)3633011

传　　真：(0598)3633011

负 责 人：刘水根

永春县广播电视台

地　　址：泉州市永春县城关考房口11号

邮　　编：362600

电　　话：(0595)3883451

传　　真：(0595)3894949

负 责 人：陈弘

永定县广播电视台

地　　址：龙岩市永定县凤城镇下坑

邮　　编：364100

电　　话：(0597)5833464

传　　真：(0597)5833987

负 责 人：吴建树

永泰县广播电视台

地　　址：福州市永泰县樟城镇上坪路38号

邮　　编：350700

电　　话：(0591)4832194

传　　真：(0591)4831144

负 责 人：宋木应

尤溪县广播电视台

地　　址：三明市尤溪县解放路9号

邮　　编：365100

电　　话：(0598)6323725

传　　真：(0598)6323725

负 责 人：张世端

漳平市广播电视台

地　　址：漳平市和平路23号

邮　　编：364400

电　　话：(0597)7532493

负 责 人：李科

漳浦县广播电视台

地　　址：漳州市章浦县绥安镇青年路24号

邮　　编：363200

电　　话：(0596)3221477

传　　真：(0596)3221477

负 责 人：刘钦赐

周宁县广播电视台

地　　址：宁德地区周宁县狮城城北一巷9号

邮　　编：355400

电　　话：(0593)5622135

负 责 人：肖少辉

新闻出版类

《故事林》杂志社

地　　址：福州市鼓楼区通湖路驿里直街8号通湖苑1座406室

邮　　编：350001

电　　话：(0591)7613908

联 系 人：潘敬华

名家精品光鲜亮相，新人佳作火爆登场！详情请看福建专栏彩页。

东南快报社

地　　址：福州市北环中路131号时代金典大厦四楼

邮　　编：350003

电　　话：(0591)7809407

负 责 人：陆永和

联 系 人：吕莺

每日所需，及时补充

福州日报广告部

地　　址：福州市鼓楼区小柳路85号

邮　　编：350025

电　　话：(0591)3799188

传　　真：(0591)3721974

负 责 人：林永金

联 系 人：王宁英

您关心天下大事吗？

这里，每天要闻、国际新闻和国内新闻以及本市新闻，让您尽览国内外风云！

福州晚报社广告部

地　　址：福州市鼓楼区小柳路85号
邮　　编：350025
电　　话：(0591)3770558
传　　真：(0591)3720224
负 责 人：郑觉华
联 系 人：张永东

创刊于1982年，是福州创刊最早、最具权威性和影响力的综合性都市生活大报之一。

海峡导报

地　　址：厦门市厦禾路820号帝豪大厦20层
邮　　编：361004
电　　话：(0592)2961588
传　　真：(0592)2960018
负 责 人：鄢正平
联 系 人：朱越

千锤百炼出极品。

覆盖闽南金三角：发行以厦门为重点，覆盖闽南金三角及省内外，总发行量近二十万份。

海峡都市报

地　　址：福州市华林路84号福建日报大楼一楼
邮　　编：350003
电　　话：(0591)7095559
联 系 人：杨晋辉

凌绝顶·览众山　与我们携手，成功属于您。

湄洲日报社广告部

地　　址：莆田市城厢区凤凰山筱塘南街139号
邮　　编：351100
电　　话：(0594)2691145
传　　真：(0594)2692575
负 责 人：黄金森
联 系 人：许晨聪

《湄洲日报》是福建省莆田市委机关报，是地市级党报，创刊近20年，拥有一批精锐的采编队伍和完整的发行网络，日发行量6万5千份，对开大报，每日8大版，覆盖莆田市一县五区300万人口，其中《湄洲日报·海外版》发行至东南亚、香港和台湾地区。

每周文摘报社

地　　址：福州市华林路84号
邮　　编：350003
电　　话：(0591)7095907
负 责 人：陈冬青
联 系 人：林舒容

在每周的期待里享受精彩。信息新、文章短、题材广、内涵深、内容丰富、精品荟萃。

闽西广播电视报广告部

地　　址：龙岩市政府院内广电综合楼
邮　　编：364000
电　　话：(0597)2317060

《闽西广播电视报》是我市唯一电视专业报，深入的新闻报道，精彩的影视动态，详尽的节目介绍，实用的生活手册，独特的版面，丰富的内容，高尚的品味，引人入注的栏目，深深吸引你、我、他……。

闽西日报社广告部

地　　址：龙岩市登高东路155号
邮　　编：364000
电　　话：(0597)2317060
传　　真：(0597)2317061
负 责 人：黄卷庄

《闽西日报》是中共福建省龙岩市委机关报。以“鲜明党性、闽西特色”为办报宗旨。立足闽西，面向全世界。坚持政治家办报，企业化管理，市场化经营，社会化服务的办报方针。采用激光照排，天天出彩报，期发行量居全省地市报前列。

泉州晚报社

地　　址：福建泉州刺桐路泉州晚报大厦泉州晚报社广告中心
邮　　编：362000
电　　话：(0595)2500208
负 责 人：施能泉
联 系 人：陈榆

《泉州晚报》系中共泉州市委机关报，1985年创刊，为泉州市第一大纸质媒体，泉州市惟一综合性大报，权威主流媒体，现为对开20版，天天彩报，发行数量达20万份。

《东南早报》是由泉州晚报社主办的综合性市民生活报，泉州第二大纸质媒体，福建综合性日报之一。早报以反映社会、关注民生、服务百姓、满足需求为宗旨，以追求最具竞争力的新闻为理念。

《福建电力与电工》编辑部
地　　址：福州市仓山区复园路48号
邮　　编：350007
电　　话：(0591)3042403
负 责 人：林韩

《福建法制报》社
地　　址：福州市西环中路268号
邮　　编：350002
电　　话：(0591)3718798
负 责 人：张丽玲

《福建画报》社
地　　址：福州市东水路76号出版中心12楼
邮　　编：350001
电　　话：(0591)7515944
负 责 人：叶恩忠

《福建金融》杂志社
地　　址：福州市五四路220号
邮　　编：350003
电　　话：(0591)7827764
负 责 人：晏露蓉

《福建经济》杂志社
地　　址：福州市鼓楼区湖东路78号省计委大楼
邮　　编：350003
电　　话：(0591)7063328
负 责 人：胡洪林

《福建经济管理干部学院学报》编辑部
地　　址：福州洪山桥经济管理干部学院
邮　　编：350002
电　　话：(0591)3741404
负 责 人：王兴喜

《福建经济快报》
地　　址：福州市鼓屏路192号山海大厦12层
邮　　编：350003
电　　话：(0591)7802480
负 责 人：张锦贵

《福建科技报》社
地　　址：福州市湖东路7号
邮　　编：350003
电　　话：(0591)7833041
负 责 人：王威

《福建老年报》社
地　　址：福州市五四路263号
邮　　编：350003
电　　话：(0591)7847181
负 责 人：薛来健

《福建林业科技》编辑部
地　　址：福州市新店上赤桥35号
邮　　编：350012
电　　话：(0591)7911427
负 责 人：万泉

《福建论坛》杂志社
地　　址：福州柳河路18号
邮　　编：350001
电　　话：(0591)3791487
负 责 人：林其屏

《福建煤炭报》社
地　　址：福州市东大路117号
邮　　编：350001
电　　话：(0591)7527034
负 责 人：林永森

《福建年鉴》社
地　　址：福州市古屏路192号山海大厦8层
邮　　编：350003
电　　话：(0591)7840407
负 责 人：陈杰明

《福建农机》编辑部
地　　址：福州市六一中路115号
邮　　编：350005
电　　话：(0591)3330949
负 责 人：张丽娟

《福建农业》杂志社
地　　址：福州市鼓屏路153号
邮　　编：350003

电　　话：(0591)7816834
负 责 人：薛建民

《福建农业科技》编辑部

地　　址：福州市五四路247号
邮　　编：350003
电　　话：(0591)7884435
负 责 人：王景辉

《福建青年》杂志社

地　　址：福州市金鸡山路23号
邮　　编：350011
电　　话：(0591)7336950
负 责 人：陈若晖
联 系 人：潘智贤

《福建轻纺》编辑部

地　　址：福州市白马中路53号
邮　　编：350005
电　　话：(0591)3338817
负 责 人：孙斌

《福建卫生报》社

地　　址：福州市华林路福寿巷3号
邮　　编：350003
电　　话：(0591)7804479
负 责 人：管亿惠

《福建畜牧兽医》编辑部

地　　址：福州市晋安区埔党省农科院畜牧兽医研究所
邮　　编：350013
电　　话：(0591)7572354
负 责 人：朱云林

《福建政报》编辑部

地　　址：福州市鼓楼区华林路76号省政府大楼
邮　　编：350003
电　　话：(0591)7802522
负 责 人：姜可杰
联 系 人：郑雄

《福建政法管理干部学院学报》编辑部

地　　址：福州市仓山区长安路60号
邮　　编：350007
电　　话：(0591)3441064
负 责 人：陈勇

《福建质量管理》杂志社

地　　址：福州市省府路1号
邮　　编：350001
电　　话：(0591)7842661
负 责 人：曹怀技

《管理与财富》报社

地　　址：福州市湖滨路110号湖滨大厦6层
邮　　编：350001
电　　话：(0591)7679639
负 责 人：陈用博

《海峡姐妹》杂志社

地　　址：福州市华林路163号
邮　　编：350003
电　　话：(0591)7843674
负 责 人：林呈生

《海峡经贸》杂志社

地　　址：福州市鼓楼区五凤街道忠铜路1号
邮　　编：350003
电　　话：(0591)7869151
负 责 人：周洪光

《海峡科技》杂志社

地　　址：福州市工业路荷花新村3号楼201号
邮　　编：350025
电　　话：(0591)3752771
负 责 人：王瑞清

《海峡摄影时报》编辑部

地　　址：福州市金鸡山路23号
邮　　编：350011
电　　话：(0591)7331238
负 责 人：潘朝阳

《海峡消费报》社广告中心

地　　址：福州市杨桥中闽大厦B座12层
邮　　编：350001
电　　话：(0591)7519998

负 责 人：林书荣

《海峡药学》编辑部

地　　址：福州市通湖路330号
邮　　编：350001
电　　话：(0591)7506946
负 责 人：王永铿

《海峡资源报》社

地　　址：福州市五四路285号
邮　　编：350003
电　　话：(0591)7721380
负 责 人：齐培松

《环境发展》报社

地　　址：福州市屏东环保路8号
邮　　编：350003
电　　话：(0591)7801020
负 责 人：林红森

《开放潮》杂志社

地　　址：福州市华林路76号
邮　　编：350003
电　　话：(0591)7804827
负 责 人：张一鸿

《科学与文化》编辑部

地　　址：福州市湖东路7号
邮　　编：350003
电　　话：(0591)7833041
负 责 人：王威

《生活创造》杂志社

地　　址：福州市琴亭路33号福建职工之家
邮　　编：350003
电　　话：(0591)7738475
负 责 人：蒋庆丰

《市场展望》杂志社

地　　址：福州市西湖宾馆7号楼
邮　　编：350003
电　　话：(0591)7875409
负 责 人：姜榕兴

《小学生周报》

地　　址：福州市梦山巷27号福建教育出版社
邮　　编：350003
电　　话：(0591)7872153
负 责 人：阙国虬

《中篇小说选刊》杂志社

地　　址：福州市得贵巷59号省出版中心8层
邮　　编：350001
电　　话：(0591)7557277
负 责 人：张继行

福建工商时报

地　　址：福州市中山路23号商业大厦7层
邮　　编：350003
电　　话：(0591)7835347
负 责 人：王发技
联 系 人：陈志业

福建广播电视报

地　　址：福州市白马北路253号省广电大院4层
邮　　编：350002
电　　话：(0591)7540046
传　　真：(0591)7505617

福建技术监督编辑部

地　　址：福州市华林路147号
邮　　编：350003
电　　话：(0591)7841034
负 责 人：吴纠

福建侨报

地　　址：福州市五四路155号丰华苑
邮　　编：350003
电　　话：(0591)7813894
负 责 人：黄金山

福建日报

地　　址：福州市华林路84号
邮　　编：350003
电　　话：(0591)7095951
传　　真：(0591)7095872

海峡纳税导报

地　　址：福州市华林路11号西湖宾馆7号楼
邮　　编：350003
电　　话：(0591)7850018
传　　真：(0591)7850018

海峡体育报

地　　址：福州市广达路68号金源广场东区15A
邮　　编：350005
电　　话：(0591)3331501
传　　真：(0591)3317184

家园杂志社

地　　址：福州市于山路9号于山白塔寺内
邮　　编：350001
电　　话：(0591)3310567
负 责 人：陈章汉

闽北日报

地　　址：南平市八一路350号（市政府斜对面）
邮　　编：353000
电　　话：(0599)8825527
传　　真：(0599)8840100

通信信息报

地　　址：福州市东街7号
邮　　编：350001
电　　话：(0591)3328817
负 责 人：赵锦安

厦门日报社广告科

地　　址：厦门市深田路46号
邮　　编：361000
电　　话：(0592)2071755
传　　真：(0592)2023436
负 责 人：陈逸心

新华社福建内参社

地　　址：福州市鼓屏路116号
邮　　编：350003
电　　话：(0591)7802057
负 责 人：邹云
联 系 人：邹国勇

江 西 省

公 司 类

江西海员广告装璜有限公司
地　　址：南昌市北京西路 188 号
邮　　编：330046
电　　话：(0791)8508953
负 责 人：吴海员

江西恒基设计广告有限公司
地　　址：南昌市象山北路 243 号
邮　　编：330008
电　　话：(0791)6773338－8037
负 责 人：苏少彬

江西红三环广告有限公司
地　　址：南昌市洪城二路国贸广场 B 幢 805 室
邮　　编：330002
电　　话：(0791)6493588
负 责 人：吴金素

江西宏发广告装璜工程有限公司
地　　址：南昌市洛阳东路东华苑小区临街栋 3 单元 201 室
邮　　编：330002
电　　话：(0791)8203388
负 责 人：林丽

江西泓泰国际广告有限公司
地　　址：南昌市丁公路 105 号 2 楼
邮　　编：330002
电　　话：(0791)6278889
负 责 人：余昌波

江西洪城大厦广告有限公司
地　　址：南昌市北京西路 156 号
邮　　编：330046
电　　话：(0791)6201122
负 责 人：周勤生

江西明华广告公司
地　　址：南昌市铁路七村
邮　　编：330002
电　　话：(0791)6106531
负 责 人：王黎明

江西益民广告有限公司
地　　址：南昌市建设路 61 号
邮　　编：330001
电　　话：(0791)5220901
传　　真：(0791)0791－5220901
负 责 人：王益民
联 系 人：胡美兰

广播电视类

江西电视台广告中心
地　　址：南昌市北京西路 88 号江信大厦 23 层
邮　　编：330046
电　　话：(0791)6301111－216
联 系 人：周微

双赢——我们的追求

江西人民广播电台经济信息部
地　　址：南昌市洪都中大道 207 号
邮　　编：330046
电　　话：(0791)8313750
负 责 人：杨玲玲
联 系 人：张小鹰

江西人民广播电台(中波 729.1350 千赫调频 104.4 兆赫)创办于 1949 年 5 月，1997 年 1 月上卫星，在江西的有效覆盖达 70% 以上。安徽、山东、福建、广东、江苏、湖南、湖北相邻地收听效果良好。全天播出 18 个小时。

南昌电视台

地　　址：南昌市民德路411号
邮　　编：330008
电　　话：(0791)6774081
传　　真：(0791)6784204

南昌人民广播电台

地　　址：南昌市民德路411号
邮　　编：330008
电　　话：(0791)6771009
传　　真：(0791)6784919
负 责 人：卢昌汉

安福县广播电视台

地　　址：吉安市安福县城武功山大道48号
邮　　编：343200
电　　话：(0796)7622275

波阳县广播电视台

地　　址：上饶市波阳县鄱阳镇建设路31号
邮　　编：333100
电　　话：(0793)6285233
负 责 人：彭小清

定南县广播电视台

地　　址：赣州市定南县政府大楼5楼
邮　　编：341900
电　　话：(0797)4291773
负 责 人：钟劭平

分宜县广播电视台

地　　址：新余市分宜县分宜镇府前路63号17栋
邮　　编：336600
电　　话：(0790)5881381
传　　真：(0790)5881689
负 责 人：丁丽华

赣县广播电视台

地　　址：赣州市赣县梅林大街13号
邮　　编：341100
电　　话：(0797)4441624
负 责 人：刘安化

赣州市有线电视台

地　　址：赣州市健康路111号
邮　　编：341000
电　　话：(0797)8278776
负 责 人：卢椿同

高安市广播电视台

地　　址：高安市碧落路23号
邮　　编：330800
电　　话：(0795)5217529
传　　真：(0795)5214098
负 责 人：宋发育

广丰县广播电视台

地　　址：上饶市广丰县永丰镇永丰大道
邮　　编：334600
电　　话：(0793)2652574
负 责 人：夏旭辉

横峰县广播电视台

地　　址：上饶市横峰县岑阳镇城隍弄3号
邮　　编：334300
电　　话：(0793)5782455
负 责 人：徐卓青

吉水县广播电视台

地　　址：吉安市吉水县政府院内
邮　　编：331600
电　　话：(0796)3522541
负 责 人：叶兴桂

进贤县广播电视台

地　　址：南昌市进贤县民和镇岚湖路37号
邮　　编：331700
电　　话：(0791)5663968
负 责 人：黄明军

靖安县广播电视台

地　　址：宜春市靖安双溪镇后港路30号
邮　　编：330600
电　　话：(0795)4662742

乐平市广播电视台

地　　址：乐平市乐平镇西大街92号
邮　　编：333300
电　　话：(0798)6833320

龙南县广播电视台

地　　址：赣州市龙南县文化街司马第157号
邮　　编：341700
电　　话：(0797)3512595
负 责 人：廖京振

萍乡市有线电视台

地　　址：萍乡市迎宾路2号
邮　　编：337055
电　　话：(0799)6818522
负 责 人：王保安

全南县广播电视台

地　　址：赣州市全南县城寿梅路50号
邮　　编：341800
电　　话：(0797)2633393
负 责 人：月永通

上饶县广播电视台

地　　址：上饶市上饶县旭日镇七六路3号
邮　　编：334100
电　　话：(0793)8442910
负 责 人：江晓春

石城县广播电视台

地　　址：赣州市石城县琴江镇
邮　　编：342700
电　　话：(0797)5713820
负 责 人：黄云南

遂川县广播电视台

地　　址：吉安市遂川县泉江镇工农兵大道13号
邮　　编：343900
电　　话：(0796)6322354
传　　真：(0796)6322481
负 责 人：黄小勋

泰和县广播电视台

地　　址：吉安市泰和县城澄江镇工农兵大道19号
邮　　编：343700
电　　话：(0796)5332302
负 责 人：黎明

万安县广播电视台

地　　址：吉安市万安县五云路
邮　　编：343800
电　　话：(0796)5701566
负 责 人：屈东华

婺源县广播电视台

地　　址：上饶市婺源县紫阳镇环城东路2号
邮　　编：333200
电　　话：(0793)7355847
负 责 人：江永红

新余电视台

地　　址：新余市仙来中大道8号
邮　　编：338000
电　　话：(0790)6411136
传　　真：(0790)6411033

信丰县广播电视台

地　　址：赣州市信丰县城解放路
邮　　编：341600
电　　话：(0797)3311372
负 责 人：叶光辉

弋阳县广播电视台

地　　址：上饶市弋阳县解放路11号
邮　　编：334400
电　　话：(0793)5883352
负 责 人：廖平地

余干县广播电视台

地　　址：上饶市余干县余干镇东山岭
邮　　编：335100
电　　话：(0793)3206894
负 责 人：崔永泉

樟树市广播电视台

地　　址：樟树市封溪街28号
邮　　编：331200
电　　话：(0795)7333574
负 责 人：李清平

新闻出版类

江西法制报

地　　址：南昌市洪都北大道350号
邮　　编：330039
电　　话：(0791)8628536
负 责 人：陈桃芳

江西工人报

地　　址：南昌市洪都北大道58号
邮　　编：330077
电　　话：(0791)6225757
负 责 人：曲清

江西画报社

地　　址：南昌市广场东路209号
邮　　编：330002
电　　话：(0791)6201086
负 责 人：郭佳胜

江西日报

地　　址：南昌市阳明路190号
邮　　编：330006
电　　话：(0791)6849125
负 责 人：黄庆来

江西商报社

地　　址：南昌市苏圃路
邮　　编：330046
电　　话：(0791)6395689
负 责 人：余欣永

江西邮电报社

地　　址：南昌市省府大院东二路2号
邮　　编：330046
电　　话：(0791)6295541
负 责 人：杨晓华

南昌晚报

地　　址：南昌市象山北路372号
邮　　编：330008
电　　话：(0791)6801128
传　　真：(0791)6823071

山 东 省

公 司 类

青岛金桥广告有限公司

地　　址：青岛市香港西路67号光大国际金融中心9层C−E室
邮　　编：266071
电　　话：(0532)3872541
传　　真：(0532)3877876
负 责 人：姜翠玉
联 系 人：王晓蓉

古人曰，地广者粟多，国大者人众，兵强则士勇。是以泰山不让土壤，故能成其大。河海不择细流，故能就其深。王者不却众庶，故能明其德。

在商言商，同其理。经商有术，更亦有道。从无到有，讲究以道、以礼、以仁、以智。从小到大，承诺有诚、有信、有义、有德。道即德，德乃道，道德也，商之本。信即是金。大即是美。九九尊乾，潜龙升天，是谓正道沧桑。

青岛天马广告有限公司

地　　址：青岛市东海中路2号环海大厦11层B区
邮　　编：266071
电　　话：(0532)5065100
传　　真：(0532)5067222
负 责 人：林剑刚
联 系 人：林剑刚

我们崇尚有价值的脑力劳动，全力推动行销进程。在供给与需求市场的非平等对话中，人，是赢家。他们以拒绝盲目消费的坚决对抗产品的声色诱惑而且似乎永不妥协。我们惟有全面洞察消费者，捕捉更为细腻的市场脉动与消费者思维细细沟通，方可解决行销难题。这一切，都仰仗于我们更为丰富活跃的脑力智慧。无论广告还是行销，我们崇尚动脑，做的更好。

济南公交广告公司

地　　址：济南市纬12路10号
邮　　编：250021
电　　话：(0531)5962218
传　　真：(0531)5962218
负 责 人：宋溧婴
联 系 人：李江华

济南鲁源电力广告有限公司

地　　址：济南市泺源大街238号
邮　　编：250012
电　　话：(0531)6042302
传　　真：(0531)6042302
负 责 人：张树政
联 系 人：战礼勇

齐鲁广告公司

地　　址：青岛市福州路10号爱尊客商务酒店7层
邮　　编：266071
电　　话：(0532)6018707
传　　真：(0532)6018084
负 责 人：张进

青岛恒源电力广告有限责任公司

地　　址：青岛市市北区贮水山路2号
邮　　编：266012
电　　话：(0532)2710780
传　　真：(0532)2710780
负 责 人：辛伟
联 系 人：李红

青岛五洲广告有限公司

地　　址：青岛市南区香港中路52号时代广场
邮　　编：266071
电　　话：(0532)5713949
传　　真：(0532)5765920
法　　人：徐辉
负 责 人：徐辉
联 系 人：徐辉

山东省国际传播集团

地　　址：济南市山大路4号

邮　　编：250013
电　　话：(0531)8775881
法　　人：吕桂珍

山东省国际广告公司

地　　址：济南市纬一路71号
邮　　编：250001
电　　话：(0531)6911157
传　　真：(0531)6911372
负 责 人：李国平

山东省年鉴广告信息中心

地　　址：济南市省府前街信息中心
邮　　编：250011
电　　话：(0531)6062883
法　　人：杨三军

山东省农业广告中心

地　　址：济南市闵子骞路21号
邮　　编：250100
电　　话：(0531)8930445
法　　人：杨理健

山东省三原色广告有限责任公司

地　　址：济南市文化东路79号
邮　　编：250014
电　　话：(0531)6980742
法　　人：李鲁黔

山东省山孚广告展览有限责任公司

地　　址：青岛市中山路70号
邮　　编：266001
电　　话：(0531)2896789
法　　人：张惠萍

山东省时代广告中心

地　　址：济南市华信路北首
邮　　编：250100
电　　话：(0531)6670171
法　　人：杨勇

山东省万众广告有限公司

地　　址：济南市花园路140—2号
邮　　编：250100
电　　话：(0531)8167531
法　　人：陈洪印

山东省新易广告传播有限公司

地　　址：济南市和平路34号
邮　　编：250101
电　　话：(0531)6468938
法　　人：耿忠儒

山东省中新广告公司

地　　址：济南市乐山小区庆祥街山东干部函授大学楼上
邮　　编：250002
电　　话：(0531)2763418
法　　人：袁义林

山东世华广告有限公司

地　　址：济南市山东师东路4号
邮　　编：250014
电　　话：(0531)6425653
法　　人：李世华

山东世嘉广告有限公司

地　　址：济南市舜井街8号
邮　　编：250011
电　　话：(0531)6128369
法　　人：李冲双

山东天慧广告艺术发展有限公司

地　　址：济南市剪子巷53号钱龙大厦
邮　　编：250012
电　　话：(0531)6817769
法　　人：巩文利

山东天一行广告有限公司

地　　址：济南市历下区千佛山西路2号
邮　　编：250014
电　　话：(0531)2927292
法　　人：任思荣

广播电视类

山东电视台广告信息部
地　　址：济南市经十路83号
邮　　编：250062
电　　话：(0531)2955008
传　　真：(0531)2951384
负 责 人：张晶辉
联 系 人：袁宗凯

山东鲁教卫视广告中心
地　　址：济南市千佛山西路38号
邮　　编：250014
电　　话：(0531)2600756
法　　人：赵维东

山东有线电视传播中心
地　　址：济南市民生大街45号
邮　　编：250001
法　　人：陈新民

安丘市广播电视台
地　　址：安丘市人民路183号
邮　　编：262100
电　　话：(0536)4221241
负 责 人：邹万秋

博兴县广播电视台
地　　址：滨州市博兴县博城五路315号
邮　　编：256500
电　　话：(0543)2321233
传　　真：(0543)2321321
负 责 人：李永宽

苍山县广播电视台
地　　址：临沂市苍山县城塔山路15号
邮　　编：277700
电　　话：(0539)5212358
负 责 人：杨焕贵

曹县广播电视台
地　　址：菏泽地区曹县盘石路68号
邮　　编：274400
电　　话：(0530)3215202
负 责 人：孙志强

昌乐县广播电视台
地　　址：潍坊市昌乐县城古城街13号
邮　　编：262400
电　　话：(0536)6231376
负 责 人：崔兴友

昌邑市广播电视台
地　　址：昌邑市石渠路12号
邮　　编：261300
电　　话：(0536)7212348
负 责 人：高寿明

长清县广播电视台
地　　址：济南市长清县城清河街
邮　　编：250300
电　　话：(0531)7221918
负 责 人：焦景勇

成武县广播电视台
地　　址：菏泽地区成武县仙乐大街中段317号
邮　　编：274200
电　　话：(0530)8622031
负 责 人：马祥存

茌平县广播电视台
地　　址：聊城市茌平县城北顺河街026号
邮　　编：252100
电　　话：(0635)4271588
负 责 人：杜长之

单县广播电视台
地　　址：菏泽地区单县文馆街23号
邮　　编：274300
电　　话：(0530)4669608
负 责 人：孟凡茂

定陶县广播电视台
地　　址：菏泽地区定陶县青年路北段

邮　　编：274100
电　　话：(0530)2212852
负 责 人：马春立

东阿县广播电视台

地　　址：聊城市东阿县环球商场西
邮　　编：252201
电　　话：(0635)3282485
负 责 人：孙长恩

东明县广播电视台

地　　址：菏泽地区东明县城曙光路东段
邮　　编：274500
电　　话：(0530)7212222
负 责 人：单鸣皋

东营电视台第二频道广告部

地　　址：东营市南一路1229号广电中心三楼
邮　　编：257091
电　　话：(0546)8318237
传　　真：(0546)8318237
法　　人：刘效良
负 责 人：耿佃祯
联 系 人：耿佃祯

肥城市广播电视台

地　　址：肥城市新城龙山路011号
邮　　编：271600
电　　话：(0538)3214254
负 责 人：王善江

费县广播电视台

地　　址：临沂市费县县城民主路东侧
邮　　编：273400
电　　话：(0539)5224843
负 责 人：周洪太

高密市广播电视台

地　　址：高密市青年路78号
邮　　编：261500
电　　话：(0536)2329006
负 责 人：尚希魁

高青县广播电视台

地　　址：淄博市高青县青城路14号
邮　　编：256300
电　　话：(0533)9661558
负 责 人：李新凯

高唐县广播电视台

地　　址：聊城市高唐县城金城路138号
邮　　编：252800
电　　话：(0635)3951187
负 责 人：王胜德

海阳市广播电视台

地　　址：海阳市海阳路12号
邮　　编：265100
电　　话：(0535)3222374
负 责 人：王胜才

菏泽电视台

地　　址：菏泽市中华东路28号
邮　　编：274033
电　　话：(0530)5316777
传　　真：(0530)5311912

桓台县广播电视台

地　　址：淄博市桓台县城兴桓路23号
邮　　编：256400
电　　话：(0533)8180168
传　　真：(0533)8187140
负 责 人：齐胜利

惠民县广播电视台

地　　址：滨州市惠民县惠民镇文庙街24号
邮　　编：251700
电　　话：(0543)5321890
负 责 人：陈玉尧

即墨市广播电视台

地　　址：即墨市新兴路18号
邮　　编：266200
电　　话：(0532)8512398

传　　真：(0532)8512709
负 责 人：傅瑞珉

济宁市广播电视台
地　　址：济宁市常青路
邮　　编：272000
电　　话：(0537)2221616
传　　真：(0537)2221616

济阳县广播电视台
地　　址：济南市济阳县经二路南首
邮　　编：251400
电　　话：(0531)4211684
负 责 人：王洪忠

嘉祥县广播电视台
地　　址：兖州市嘉祥县城中心街 30 号
邮　　编：272400
电　　话：(0537)6821118-8004
负 责 人：魏延光

莒南县广播电视台
地　　址：临沂市莒南县人民路 51 号
邮　　编：276600
电　　话：(0539)7212125
负 责 人：崔久席

莒县广播电视台
地　　址：日照市莒县城
邮　　编：276500
电　　话：(0633)6883989
负 责 人：陈涛

巨野县广播电视台
地　　址：菏泽地区巨野县巨野镇文庙街
邮　　编：274900
电　　话：(0530)8212802
负 责 人：曲祥学

鄄城县广播电视台
地　　址：菏泽地区鄄城县电视胡同 1 号
邮　　编：274600
电　　话：(0530)2422566
负 责 人：孙悦振

莱州市广播电视台
地　　址：莱州市莱州北路 571 号
邮　　编：261400
电　　话：(0535)2213012
传　　真：(0535)2213011
负 责 人：吕茂东

梁山县广播电视台
地　　址：兖州市梁山县城人民中路 35 号
邮　　编：272600
电　　话：(0537)7321263
负 责 人：张克文

聊城市广播电视台
地　　址：聊城市柳园北路 41 号
邮　　编：252000
电　　话：(0635)8322090-1012
负 责 人：李梦友

临朐县广播电视台
地　　址：潍坊市临朐县城民主路 104 号
邮　　编：262600
电　　话：(0536)3212173
负 责 人：张德印

临沭县广播电视台
地　　址：临沂市临沭县城夏庄东街 119 号
邮　　编：276701
电　　话：(0539)6212170
负 责 人：孙传康

临沂广播电视广告传播中心
地　　址：山东省临沂市金雀山路 33 号
邮　　编：276001
电　　话：(0539)8321214
传　　真：(0539)8321214

临邑县广播电视台
地　　址：德州市临邑县城北环四路

邮　　编：251500
电　　话：(0534)4226998
负 责 人：李保弟

陵县广播电视台

地　　址：德州市陵县县城唐城路 8 号
邮　　编：253500
电　　话：(0534)8263999
负 责 人：韩俊武

龙口市广播电视台

地　　址：龙口市黄城西环路
邮　　编：265701
电　　话：(0535)8517238
传　　真：(0535)8517238
负 责 人：张可志

蒙阴县广播电视台

地　　址：临沂市蒙阴县城蒙恬路 28 号
邮　　编：276200
电　　话：(0539)4271058
负 责 人：李作亮

宁津县广播电视台

地　　址：德州市宁津县广播电视局中心大街 201 号
邮　　编：253400
电　　话：(0534)5221231
负 责 人：马玉普

宁阳县广播电视台

地　　址：泰安市宁阳县广播电视局院内
邮　　编：271400
电　　话：(0538)5621103
负 责 人：桑传岭

蓬莱市广播电视台

地　　址：蓬莱市城区钟楼东路 1 号
邮　　编：265600
电　　话：(0535)5642564
传　　真：(0535)5648820
负 责 人：孙天进

平邑县广播电视台

地　　址：临沂市平邑县城北岭街
邮　　编：273300
电　　话：(0539)4211682
负 责 人：王伟

平阴县广播电视台

地　　址：济南市平阴县县城府前街 13 号
邮　　编：250400
电　　话：(0531)7872607
传　　真：(0531)7874707
负 责 人：高长太

栖霞市广播电视台

地　　址：栖霞市山城路 126 号
邮　　编：265300
电　　话：(0535)5214397
负 责 人：谢耀光

齐河县广播电视台

地　　址：德州市齐河县齐晏大街 104 号
邮　　编：251100
电　　话：(0534)5321427
传　　真：(0534)5322915
负 责 人：张万隆

青岛电视台广告信息部

地　　址：青岛市南区宁夏路 200 号
邮　　编：266071
电　　话：(0532)5701685
法　　人：鞠侃彬

青岛文艺广播电台

地　　址：青岛市宁夏路 200 号
邮　　编：266071
电　　话：(0532)5701596
传　　真：(0532)5701598

青州市广播电视台

地　　址：青州市范公亭西路 21 号
邮　　编：262500
电　　话：(0536)3222363

传　　真：(0536)5221809
负 责 人：王俊亭

曲阜市广播电视台
地　　址：曲阜市鼓楼北街4号
邮　　编：273100
电　　话：(0537)4414281
负 责 人：韩益

商河县广播电视台
地　　址：济南市商河县城兴隆街16号
邮　　编：251600
电　　话：(0531)4880122
负 责 人：李召新

胜利电视台广告部
地　　址：东营市影视街12号
邮　　编：257000
电　　话：(0546)8553730
传　　真：(0546)8223577
负 责 人：邵黄功
联 系 人：杨传成

寿光市广播电视台
地　　址：寿光市东环路13号
邮　　编：262700
电　　话：(0536)5222672
负 责 人：兀刚

泗水县广播电视台
地　　址：兖州市泗水县广播电视局
邮　　编：273200
电　　话：(0537)4222914
负 责 人：亓文胜

泰安电视台
地　　址：泰安市迎暄大街200号
邮　　编：271000
电　　话：(0538)6125288
传　　真：(0538)6125299

滕州市广播电视台
地　　址：滕州市龙山路60号
邮　　编：277500
电　　话：(0632)5527272
负 责 人：颜淑清

潍坊市坊子区广播电视台
地　　址：潍坊市坊子区西四马路3号
邮　　编：261200
电　　话：(0536)7660938
负 责 人：潘世文

汶上县广播电视台
地　　址：兖州市汶上县建设路22号
邮　　编：272500
电　　话：(0537)7212631
负 责 人：李同斌

无棣县广播电视台
地　　址：滨州市无棣县镇富路大街4号
邮　　编：251900
电　　话：(0543)6321909
负 责 人：韩建国

五莲县广播电视台
地　　址：日照市五莲县城工农路9号
邮　　编：262300
电　　话：(0633)5211465
负 责 人：于加秀

武城县广播电视台
地　　址：德州市武城县城顺河街
邮　　编：253300
电　　话：(0534)6311348
负 责 人：王宝庆

夏津县广播电视台
地　　址：德州市夏津县县城陵园街
邮　　编：253200
电　　话：(0534)3261077
负 责 人：吴风涛

莘县广播电视台

地　　址：聊城市莘县新华路43号
邮　　编：252400
电　　话：(0635)7320330
负 责 人：葛传宇

新泰市广播电视台
地　　址：新泰市环城南路73号
邮　　编：271200
电　　话：(0538)7222460
负 责 人：高杰

烟台电视台
地　　址：烟台市青年路50号
邮　　编：264000
电　　话：(0535)6252060
传　　真：(0535)6252060

烟台人民广播电台
地　　址：烟台市青年路50号
邮　　编：264000
电　　话：(0535)6244289
传　　真：(0535)6242289

兖州市广播电视台
地　　址：兖州市兖州镇息马地街27号
邮　　编：272000
电　　话：(0537)3411142
传　　真：(0537)3413354
负 责 人：熊继洪

阳谷县广播电视台
地　　址：聊城市阳谷县阳谷镇东
邮　　编：252300
电　　话：(0635)6261852
传　　真：(0635)6262852
负 责 人：韩跃录

阳信县广播电视台
地　　址：滨州市阳信县阳城四路2号
邮　　编：251800
电　　话：(0543)8230448
负 责 人：高培木

沂南县广播电视台
地　　址：临沂市沂南县城历山路35号
邮　　编：270000
电　　话：(0539)3221329
负 责 人：高季欣

沂水县广播电视台
地　　址：临沂市沂水县广播电视局
邮　　编：276400
电　　话：(0539)2251489
负 责 人：任树增

沂源县广播电视台
地　　址：淄博市沂源县军民路21号
邮　　编：256100
电　　话：(0533)3242034
负 责 人：刘伟东

鱼台县广播电视台
地　　址：兖州市鱼台县鱼新二路
邮　　编：272300
电　　话：(0537)6211638
负 责 人：史为田

禹城市广播电视台
地　　址：禹城市行政街东首
邮　　编：251200
电　　话：(0534)7421491
负 责 人：崔藏明

枣庄广播电视广告传播中心
地　　址：枣庄市龙庭路24号
邮　　编：277102
电　　话：(0632)3333888
传　　真：(0632)3333888

沾化县广播电视台
地　　址：滨州市沾化县富申路386号
邮　　编：256800
电　　话：(0543)8325072
负 责 人：张立云

章丘市广播电视台

地　　址：章丘市明水镇双山路中段

邮　　编：250200

电　　话：(0531)3313182

负 责 人：阎文禄

招远市广播电视台

地　　址：招远市迎宾路125号

邮　　编：265400

电　　话：(0535)8215364

负 责 人：杨绍辉

诸城市广播电视台

地　　址：诸城市和平街68号

邮　　编：262200

电　　话：(0536)6218711

传　　真：(0536)6218333

负 责 人：齐益福

邹城市广播电视台

地　　址：邹城市钢山路88号

邮　　编：273500

电　　话：(0537)5223408

负 责 人：高延金

邹平县广播电视台

地　　址：滨州市邹平县城陵园街16号

邮　　编：256200

电　　话：(0543)4322454

传　　真：(0543)4322454

负 责 人：王瑜

新闻出版类

菏泽日报社

地　　址：菏泽市永丰路南段21号

邮　　编：274008

电　　话：(0530)5969595

传　　真：(0530)5969586

负 责 人：赵锋利

联 系 人：汪亚辉

《菏泽日报》为中共菏泽市委机关报，是全市具有权威性、知识性、娱乐性、艺术性的对开大报。《菏泽日报》是山东省十佳报纸、全国报业经营先进单位，发行量12万，覆盖全市及周边地市。

鲁中晨报

地　　址：淄博市柳泉路252号

邮　　编：255000

电　　话：(0533)3587221

传　　真：(0533)3585070

负 责 人：韩日明

联 系 人：靳波

《鲁中晨报》是大众报业集团主办的一份面向城市居民的省级地域性生活类日报，1999年7月1日创刊。目前，《鲁中晨报》每日24版（四开双面套彩），周末32版，期发行量16.8万份，覆盖鲁中（淄博、东营、滨州、潍坊、莱芜），全国发行。2001年度被评为山东省优秀级（最高级别）报刊。

滨州广播电视报

地　　址：滨州市黄河四路518号

邮　　编：256618

电　　话：(0543)3881117

传　　真：(0543)3222243

大众日报

地　　址：济南市经十路46号

邮　　编：250014

电　　话：(0531)5196701

传　　真：(0531)2962400

德州日报

地　　址：德州市湖滨南路34号

邮　　编：253009

电　　话：(0534)2642905

东营广播电视报

地　　址：东营市东城南一路1299号

邮　　编：257091

电　　话：(0546)8318688

工程塑料应用杂志社

地　　址：济南市108信箱

邮　　编：250031

电　　话：(0531)5947355
传　　真：(0531)5947355

济南日报
地　　址：济南市经七纬一路复兴大街2号
邮　　编：250001
电　　话：(0531)2060202
传　　真：(0531)2060202

济宁日报
地　　址：济宁市红星东路15号
邮　　编：272117
电　　话：(0537)2340909
传　　真：(0537)2340909

胶州日报
地　　址：胶州市湖州路12号
邮　　编：266300
电　　话：(0532)7232221
负 责 人：赵德全

临沂日报
地　　址：临沂市金雀山路44号
邮　　编：276004
电　　话：(0539)8105613
传　　真：(0539)8316253

齐鲁晚报
地　　址：山东省济南市经十路46号
邮　　编：250014
电　　话：(0531)5196362
传　　真：(0531)2616676
法　　人：梁洪文
负 责 人：张瑞云
联 系 人：王家逢

青岛日报报业集团广告中心
地　　址：青岛市南区太平路33号
邮　　编：266001
电　　话：(0532)2933563
传　　真：(0532)2864907
法　　人：陶进

青岛晚报
地　　址：青岛市太平路33号
邮　　编：266001

青岛早报
地　　址：青岛市太平路33号
邮　　编：266001

山东广播电视报
地　　址：济南市青年东路11号
邮　　编：250011
电　　话：(0531)2956002-201

山东广播电视报日照版
地　　址：日照市日照北路120号
邮　　编：276800
电　　话：(0633)8233072
传　　真：(0633)8233852

山东科技信息报
地　　址：济南市经四路372号
邮　　编：250021
电　　话：(0531)7938222

山东侨报
地　　址：济南市泉城路226号
邮　　编：250011
电　　话：(0531)6917175
传　　真：(0531)6935553

山东青年报
地　　址：济南市经十一路45号
邮　　编：250002
电　　话：(0531)2055118
传　　真：(0531)2065060

生活日报
地　　址：济南市经十路46号
邮　　编：250014
电　　话：(0531)6970186

寿光日报

地　　址：寿光市银海路 199 号
邮　　编：262700
电　　话：(0536)5253203
传　　真：(0536)5253299
负 责 人：周杰三

泰安日报

地　　址：泰安市金山路 38 号
邮　　编：271000
电　　话：(0538)6225919
传　　真：(0538)6225919

威海日报

地　　址：威海市文化中路 68 号
邮　　编：264200
电　　话：(0631)5817710
传　　真：(0631)5817710

潍坊晚报

地　　址：潍坊市文化路 500 号报社新闻大楼 7 楼
邮　　编：261031
电　　话：(0536)8196000
传　　真：(0536)8231249

现代科学生活报

地　　址：烟台市北大街 54 号
邮　　编：264001
电　　话：(0535)6223479
传　　真：(0535)6631415
负 责 人：王怡

新航空杂志

地　　址：济南市经七路 223 号东方大厦 5 楼
邮　　编：250001
电　　话：(0531)6900018
传　　真：(0531)6900018

烟台日报

地　　址：烟台市北大街 54 号
邮　　编：264001
电　　话：(0535)6218908
传　　真：(0535)6612680

兖州日报

地　　址：兖州市城南环城路
邮　　编：272000
电　　话：(0537)3415867

沂蒙生活报

地　　址：临沂市八一路 298 号
邮　　编：276004
电　　话：(0539)8123308
传　　真：(0539)8123308

沂蒙晚报社

地　　址：临沂市金沙路 3 号
邮　　编：276000
电　　话：(0539)3038089
联 系 人：张生

枣庄广播电视报

地　　址：枣庄市新声路 6 号
邮　　编：277101
电　　话：(0632)3314759

淄博日报

地　　址：淄博市张店区柳泉路北首 212 号
邮　　编：255006
电　　话：(0533)3181090
传　　真：(0533)3181492

河南省

公司类

河南通汇广告装饰有限公司
地　　址：郑州市纬五路43号18号楼B座
邮　　编：450003
电　　话：(0371)5995248
法　　人：曲志起

河南万象广告有限公司
地　　址：郑州市金水路110号
邮　　编：450008
电　　话：(0371)5947960
法　　人：鲍向东

河南万有引力广告文化传播有限公司
地　　址：郑州市黄河路121号
邮　　编：450003
电　　话：(0371)5998082
法　　人：张京健

河南维思广告有限公司
地　　址：郑州市经三路28号
邮　　编：450003
电　　话：(0371)5786163
法　　人：田春

河南未来广告有限公司
地　　址：郑州市未来大道69号未来大厦
邮　　编：450008
电　　话：(0371)5610878
法　　人：王双成

河南文渊广告有限公司
地　　址：郑州市文化路白庙后街武警消防大院内
邮　　编：450002
电　　话：(0371)3575037
法　　人：阴亚莉

河南五月广告有限责任公司
地　　址：郑州市政六街17号5号楼2单元
邮　　编：450008
电　　话：(0371)5995016
法　　人：陈文

河南武林风广告文化传播有限公司
地　　址：郑州市中原西路220号国贸裕达
邮　　编：450007
电　　话：(0371)7939881
法　　人：刘一邦

河南新安广告装饰设计制作有限公司
地　　址：郑州市经七路绿州花园A201室
邮　　编：450002
电　　话：(0371)3582636
法　　人：朱奎

河南一帆广告有限公司
地　　址：郑州市花园路46号
邮　　编：450003
电　　话：(0371)5786801
法　　人：陈文成

河南英之杰广告有限公司
地　　址：郑州市未来大道69号1908室
邮　　编：450008
电　　话：(0371)5086882
法　　人：李全录

郑州市广告公司
地　　址：郑州市交通路73号
邮　　编：450052
电　　话：(0371)6990212
传　　真：(0371)6968188
负 责 人：景修凯
联 系 人：张慧敏

广播电视类

河南人民广播电台

地　　址：郑州市经五路2号
邮　　编：450002
电　　话：(0371)8266070
法　　人：赖谦进

河南电视台广告部

地　　址：郑州市郑花北路18号
邮　　编：450008
电　　话：(0371)5721308
传　　真：(0371)5725308

快速启动枢纽市场，创造最大投资回报。河南电视台广告部关心每个客户的每一笔广告投资，致力与客户一道挖掘河南市场潜力，获取最大回报，亦籍此推动这一市场在当代的发展与成熟。

河南经济广播电台

地　　址：郑州市经五路2号
邮　　编：450002
电　　话：(0371)8266418
法　　人：郭志东

河南信息广播电台

地　　址：郑州市经五路2号
邮　　编：450002
电　　话：(0371)5978518
法　　人：彭国选

长垣县广播电视台

地　　址：新乡市长垣县建设路北段
邮　　编：453400
电　　话：(0373)8893741－8003
负 责 人：杨北新

邓州市广播电视台

地　　址：邓州市新华中路78号
邮　　编：474150
电　　话：(0377)2124670
负 责 人：赵飞

方城县广播电视台

地　　址：南阳市方城县电视路16号
邮　　编：473200
电　　话：(0377)7233515
负 责 人：马俨鹏

封丘县广播电视台

地　　址：新乡市封丘县县城南街南段
邮　　编：453300
电　　话：(0373)8292266
负 责 人：王新义

辉县市广播电视台

地　　址：辉县市西大街25号
邮　　编：453600
电　　话：(0373)6292650
负 责 人：韩宁江

获嘉县广播电视台

地　　址：新乡市获嘉县城东洛封街
邮　　编：453800
电　　话：(0373)4593702
负 责 人：张森先

卢氏县广播电视台

地　　址：三门峡市卢氏县北大街
邮　　编：472200
电　　话：(0398)7872463
负 责 人：张书超

鹿邑县广播电视台

地　　址：周口地区鹿邑县城西大街东段39号
邮　　编：477200
电　　话：(0394)7224081
负 责 人：魏昭林

孟州市广播电视台

地　　址：孟州市河阳大街东段
邮　　编：454750
电　　话：(0391)8192773
负 责 人：刘荣德

泌阳县广播电视台

地　　址：驻马店市泌阳县新建路18号
邮　　编：463700
电　　话：(0396)7926041

负 责 人：娄颜顺

内乡县广播电视台

地　　址：南阳市内乡县城关镇西大街
邮　　编：474350
电　　话：(0377)5332331
负 责 人：周金岑

南阳电视台

地　　址：南阳市滨河路56号
邮　　编：473056
电　　话：(0377)3143888
传　　真：(0377)3137422

南召县广播电视台

地　　址：南阳市南召县城关镇中华路30号
邮　　编：474650
电　　话：(0377)6918033
负 责 人：陈滋竺

平舆县广播电视台

地　　址：驻马店地区平舆县城铁塔路中段
邮　　编：463400
电　　话：(0396)5024954
传　　真：(0396)5028697
负 责 人：田景清

濮阳电视台

地　　址：濮阳市中原路379号
邮　　编：457000
电　　话：(0393)4490072
传　　真：(0393)4496332

确山县广播电视台

地　　址：驻马店地区确山县盘龙镇
邮　　编：463200
电　　话：(0396)7022299
负 责 人：王成功

汝南县广播电视台

地　　址：驻马店地区汝南县新城区42号
邮　　编：463300
电　　话：(0396)8022978
负 责 人：朱和顺

陕县广播电视台

地　　址：三门峡市陕县县城
邮　　编：472000
电　　话：(0398)2858037
传　　真：(0398)2858040
负 责 人：王雷镇

商水县广播电视台

地　　址：周口地区商水县城关镇健康路中段185号
邮　　编：466100
电　　话：(0394)5445667
负 责 人：郭天星

上蔡县广播电视台

地　　址：驻马店地区上蔡县西环路南段
邮　　编：463800
电　　话：(0396)6922609
负 责 人：任富友

社旗县广播电视台

地　　址：南阳市社旗县社旗镇西山货街7号
邮　　编：473300
电　　话：(0377)7921685
负 责 人：周记成

渑池县广播电视台

地　　址：三门峡市渑池县仰韶大街5号
邮　　编：472400
电　　话：(0398)4812177
负 责 人：李迎春

遂平县广播电视台

地　　址：驻马店市遂平县建设路中段
邮　　编：463100
电　　话：(0396)4924038
负 责 人：马风山

唐河县广播电视台

地　　址：南阳市唐河县城关镇新春街1147号
邮　　编：473400
电　　话：(0377)8922150
负 责 人：崔松琴

卫辉市广播电视台
地　　址：卫辉市西门大街3号
邮　　编：453100
电　　话：(0373)4494163
负 责 人：王华林

温县广播电视台
地　　址：焦作市温县县城西环路南段
邮　　编：454850
电　　话：(0391)6192661
传　　真：(0391)6195502
负 责 人：李新元

武陟县广播电视台
地　　址：焦作市武陟县城南边沁河桥东头
邮　　编：454400
电　　话：(0391)7292027
负 责 人：陈健力

西平县广播电视台
地　　址：驻马店地区西平县东大街3号
邮　　编：462100
电　　话：(0396)6200278
负 责 人：于林清

西峡县广播电视台
地　　址：南阳市西峡县城建设路51号
邮　　编：474500
电　　话：(0377)4662140
负 责 人：安全斌

息县广播电视台
地　　址：信阳市息县城关樵楼街8号
邮　　编：464300
电　　话：(0376)5959006
负 责 人：谢文平

淅川县广播电视台
地　　址：南阳市淅川县广播电视局院内
邮　　编：474450
电　　话：(0377)4212675－8998
负 责 人：张全林

项城市广播电视台
地　　址：项城市文新路2号
邮　　编：466200
电　　话：(0394)4326733
负 责 人：张森

新蔡县广播电视台
地　　址：驻马店地区新蔡县人民路15号
邮　　编：463500
电　　话：(0396)5923639
负 责 人：李明

新乡电视台
地　　址：新乡市西大街西段
邮　　编：453000
电　　话：(0373)2023667
传　　真：(0373)2129511

新乡市北站有线电视站
地　　址：新乡市北站区
邮　　编：453011
电　　话：(0373)3095410
负 责 人：牛万新

新野县广播电视台
地　　址：南阳市新野县城关解放路北段
邮　　编：473500
电　　话：(0377)6221789
负 责 人：庄廷荣

信阳县广播电视台
地　　址：信阳市信阳县平桥镇邮电路
邮　　编：464100
电　　话：(0376)3771351
负 责 人：胡作贵

延津县广播电视台
地　　址：新乡市延津县建设路北端
邮　　编：453200
电　　话：(0373)7691843
负 责 人：李贵祥

义马市广播电视台
地　　址：义马市千秋路10号

邮　　编：472300
电　　话：(0398)5832464
负 责 人：荆拴民

原阳县广播电视台

地　　址：新乡市原阳县广播电视台
邮　　编：453500
电　　话：(0373)7293737
负 责 人：李修真

镇平县广播电视台

地　　址：南阳市镇平县城关镇新华路南段
邮　　编：474250
电　　话：(0377)5921675
负 责 人：邱荣军

正阳县广播电视台

地　　址：驻马店地区正阳县中心街8号
邮　　编：463600
电　　话：(0396)8922414
负 责 人：杨运兴

新闻出版类

大河报广告中心

地　　址：郑州市农业路东28号
邮　　编：450008
电　　话：(0371)5796166
负 责 人：路国贤
联 系 人：常红雷

构筑巨型商桥，打造强势品牌。

河南日报

地　　址：郑州市农业路东28号
邮　　编：450008
电　　话：(0371)5796126
负 责 人：路国贤

《河南日报》是中共河南省委机关报，彩色印刷，日发行量为38万份，波及全国，覆盖全省所有县市的每个角落。作为河南第一政经大报，《河南日报》以具权威性、指导性、服务性、可读性而成为党政干部、企事业领导决策指导工作的必读报纸，也是社会各界民众、成功人士了解新闻动态，交流各类信息，提高生活品位的重要平台。

河南商报

地　　址：郑州市花园路85号河南新闻大厦
邮　　编：450003
电　　话：(0371)5582333
传　　真：(0371)5582281

《河南商报》是由新华社河南分社主管主办的都市类日报，对开12—20版，日发行量达40多万份，已成为河南省都市类日报中发行量稳居第二的新型大报。

办中原最有价值的新型大报是我们的目标，在向这一目标阔步迈进的过程中，我们追求发行量，注重新闻时效与品质，服务质最和社会声誉，力求达到新闻产品的运作与市场接轨。

《河南电力报》社

地　　址：郑州市嵩山南路87号
邮　　编：450052
电　　话：(0371)7906061
法　　人：黄福安

《河南法制报》社

地　　址：郑州市经四路5号楼
邮　　编：450003
电　　话：(0371)5831129
法　　人：郑修鹤

《河南工人日报》社

地　　址：郑州市纬五路17号附1号院
邮　　编：450014
电　　话：(0371)5944091
法　　人：袁超

《河南广播电视报》

地　　址：郑州市经五路2号
邮　　编：450002
电　　话：(0371)5954616
法　　人：贾文皋

《河南国土资源》杂志社编辑部

地　　址：郑州市黄河路41号
邮　　编：450012
电　　话：(0371)5933327
法　　人：袁可林

《河南家庭医学》杂志

地　　址：郑州市金水大道 119 号
邮　　编：450015
电　　话：(0371)5454441
法　　人：张绍武

《河南建材》编辑部

地　　址：郑州市红旗路 25 号
邮　　编：450002
电　　话：(0371)3934961
法　　人：李广才

《河南经济》杂志社

地　　址：郑州市纬二路 23 号
邮　　编：450003
电　　话：(0371)5998564
法　　人：郑泰森

《河南科技》杂志社

地　　址：郑州市政六街 3 号
邮　　编：450008
电　　话：(0371)5800197
法　　人：张永超

《河南科技报》社

地　　址：郑州市花园路 54 号
邮　　编：450003
电　　话：(0371)5727497
法　　人：李宝红

《河南农业科学》编辑部

地　　址：郑州市农业路 1 号
邮　　编：450002
电　　话：(0371)5739041
法　　人：杨春英

《河南省政府公报》

地　　址：郑州市纬二路 10 号
邮　　编：450003
电　　话：(0371)5506738
法　　人：张显勇

《河南卫生报》

地　　址：郑州市纬五路东段
邮　　编：450003
电　　话：(0371)5950625
法　　人：韩长远

汴梁晚报社

地　　址：开封市劳动路北段
邮　　编：475002
电　　话：(0378)2953939
传　　真：(0378)2953838

河南电子音像出版社

地　　址：郑州市农业路 73 号
邮　　编：450002
电　　话：(0371)5733354
法　　人：高明星

河南农村报

地　　址：郑州市农业路东段 28 号
邮　　编：450008
电　　话：(0371)5796176
传　　真：(0371)5796176

河南文艺出版社

地　　址：郑州市农业路 73 号
邮　　编：450002
电　　话：(0371)5720440
法　　人：杨贵才

河南新闻出版报

地　　址：郑州市农业路 73 号
邮　　编：450002
电　　话：(0371)5721756—247

河南中医杂志

地　　址：郑州市金水路 1 号
邮　　编：450003
电　　话：(0371)5962973

教育时报

地　　址：郑州市顺河路 11 号
邮　　编：450004

电　　话：(0371)6761944
传　　真：(0371)6327883

京九晚报

地　　址：商丘市归德南路6号
邮　　编：476000
电　　话：(0370)2614268
传　　真：(0370)2614578

洛阳晚报社

地　　址：洛阳市定鼎南路22号
邮　　编：471000
电　　话：(0379)3256081
传　　真：(0379)3256577

南阳日报

地　　址：南阳市七一路183–1号
邮　　编：470314
电　　话：(0377)3137283
传　　真：(0377)3137283

平顶山日报

地　　址：平顶山市建设路西段268号
邮　　编：467002
电　　话：(0375)4946700
传　　真：(0375)4963338

平顶山晚报

地　　址：平顶山市建设路西段268号
邮　　编：467002
电　　话：(0375)4963338
传　　真：(0375)4930165

濮阳广播电视报

地　　址：濮阳市人民路市政府综合办公楼1楼北大厅
邮　　编：457000
电　　话：(0393)4412189
传　　真：(0393)4412189

天中日报

地　　址：驻马店市解放路西段
邮　　编：463000
电　　话：(0396)2881029
传　　真：(0396)2819029

天中晚报

地　　址：驻马店市解放路西段
邮　　编：463000
电　　话：(0396)2839370

新乡日报

地　　址：新乡市平原路339号
邮　　编：453003
电　　话：(0373)3052088

信阳晚报

地　　址：信阳市中山路
邮　　编：464000
电　　话：(0376)6227688

许昌日报社广告部

地　　址：许昌市八一路106号
邮　　编：461000
电　　话：(0374)4396825
传　　真：(0374)4396825
负 责 人：李季平
联 系 人：李季平

湖 北 省

公 司 类

湖北电视广告有限公司
地　　址：武汉市江汉区台北一路 19 号
邮　　编：430015
传　　真：(027)85740163
负 责 人：王强

湖北华艺广播电视传播有限公司
地　　址：武汉市武昌区紫沙路 28 号
邮　　编：430070
电　　话：(027)87255090
负 责 人：张军

湖北美猴王企业形象设计有限公司
地　　址：武汉市武昌水果湖东四路 8 号
邮　　编：430071
电　　话：(027)86773805
负 责 人：姚仁杰

湖北民信广告有限责任公司
地　　址：武汉市洪山科技大厦 11 楼
邮　　编：430071
电　　话：(027)87253187
负 责 人：熊强

湖北七彩广告公司
地　　址：武汉市洪山区东湖东路 3 号
邮　　编：430074
电　　话：(027)87404787
负 责 人：赵南平

湖北瑞华广告有限公司
地　　址：武汉市武昌水果湖北环路 92 号
邮　　编：430071
电　　话：(027)87363442
负 责 人：刘华

湖北神州广告公司
地　　址：武汉市武昌区黄鹂路 65 号
邮　　编：430077
电　　话：(027)86775585
负 责 人：张勤耘

湖北省广播电视广告公司
地　　址：武汉市汉口解放大道 563 号
邮　　编：430022
电　　话：(027)85775371
负 责 人：刘绍春

广播电视类

湖北人民广播电台
地　　址：武汉市解放大道 1237 号
邮　　编：430022
电　　话：(027)85790165
负 责 人：沈汉明
联 系 人：王芳
　　详细介绍请见本书彩页。

湖北电视台
地　　址：武汉市武昌区紫金村特 1 号
邮　　编：430071
电　　话：(027)87329406
负 责 人：唐源涛

湖北电视台经济频道
地　　址：武汉市武昌区中南路 84 号
邮　　编：430071
电　　话：(027)87321380
负 责 人：赵征

武汉电视台
地　　址：武汉市江岸区建设大道鄂城墩西区
邮　　编：430015
电　　话：(027)8577266
传　　真：(027)85800073
法　　人：赵致真

鄂州市广播电视局

地　　址：鄂州市滨湖南路
邮　　编：436000
电　　话：(0711)3201968
负 责 人：钟文华
联 系 人：王春雄（主任）

鄂州电视台1997年建立，广播电视覆盖鄂州全境及周边地区，覆盖人口达2000万，有线电视宽带光纤信息网络贯通全市城乡，传输电视节目35套，现有网络用户15万余户， 是广大客户传播商品信息的首选媒体。

襄樊电视台

地　　址：襄樊市襄城区檀淡路369号襄樊电视台广告中心
邮　　编：441021
电　　话：(0710)3567986
传　　真：(0710)3567323
负 责 人：胡继明

襄樊电视台是继湖北电视台、武汉电视台之后的第三大台，自办新闻综合、经济生活、公共频道、图文信息共四套电视节目，有效覆盖人口达1200万。拥有一支锐意进取、开拓创新的广告策划制作队伍；是您诚信、得力、可靠的合作伙伴。

安陆市广播电视台

地　　址：安陆市城关解放大道5号
邮　　编：432600
电　　话：(0712)5222823
负 责 人：潘水平

长江经济广播电台

地　　址：武汉市江岸区建设大道鄂城墩西区
邮　　编：430015
电　　话：(027)85778633
法　　人：陈荣路

丹江口市广播电视台

地　　址：丹江口市人民路4号
邮　　编：441900
电　　话：(0719)5225139
负 责 人：曾利平

广水市广播电视台

地　　址：广水市应山办事处广安路56号
邮　　编：432700
电　　话：(0722)6232482
负 责 人：陈丹

汉川市广播电视台

地　　址：汉川市城关和平大道
邮　　编：432300
电　　话：(0712)8282747
传　　真：(0712)8282143
负 责 人：黄建生

红安县广播电视台

地　　址：黄冈市红安县城关镇红坪新村1号
邮　　编：431500
电　　话：(0713)5245547
负 责 人：杨德忠

老河口市广播电视台

地　　址：老河口市学府路32号
邮　　编：441800
电　　话：(0710)8223933
负 责 人：杨万立

罗田县广播电视台

地　　址：黄冈市罗田县凤山镇皇庙岗巷2号
邮　　编：436600
电　　话：(0713)5052207
负 责 人：王福元

南漳县广播电视台

地　　址：襄樊市南漳县城关镇水镜路东
邮　　编：441500
电　　话：(0710)5231132
负 责 人：陈福林

蕲春县广播电视台

地　　址：黄冈市蕲春县漕河镇万丰路24号
邮　　编：436300
电　　话：(0713)7222256
负 责 人：韩进林

潜江市广播电视台
地　　址：潜江市园林办事处东风路76号
邮　　编：433100
电　　话：(0728)6242701
传　　真：(0728)6245837
负 责 人：熊子林

浠水县广播电视台
地　　址：黄冈市浠水县清泉镇十字横街75号
邮　　编：436200
电　　话：(0713)4233680
负 责 人：何国民

襄阳县广播电视台
地　　址：襄樊市襄阳县城关镇
邮　　编：441000
电　　话：(0710)3454873
负 责 人：杨继运

宜城市广播电视台
地　　址：宜城市城关交通路33号
邮　　编：441400
电　　话：(0710)4212385
负 责 人：汤茂荣

应城市广播电视台
地　　址：应城市蒲防大道130号
邮　　编：432400
电　　话：(0712)3222129
负 责 人：黄梅春

云梦县广播电视台
地　　址：孝感市云梦县城关城河大道43号
邮　　编：432500
电　　话：(0712)4322258
负 责 人：胡照发

枣阳市广播电视台
地　　址：枣阳市新华路53号
邮　　编：441200
电　　话：(0710)6314305
负 责 人：司道谦

竹溪县广播电视台
地　　址：十堰市竹溪县城关镇北大街77号
邮　　编：442300
电　　话：(0719)2726007
负 责 人：田魁章

新闻出版类

鄂州日报社广告部
地　　址：鄂州市南塔街4号
邮　　编：436000
电　　话：(0711)3223533
负 责 人：秦昌林
联 系 人：秦昌林

《鄂州日报》是中共鄂州市委机关报，具有权威性、指导性、时效性和知识性，可读性强，覆盖面广，是一张面向城乡，贴近生活，版面图文并茂，富有地方特色的报纸，深受广大读者青睐。

三峡晚报社
地　　址：宜昌市胜利四路46号
邮　　编：443000
电　　话：(0717)6466700
负 责 人：张泽勇
联 系 人：马志萍

取材客观事实，探求幕后真相；世事国事家事，纳百川而从容；必怀百姓之忧，笔伐不平之事。

宜昌日报社
地　　址：宜昌市东山大道119号
邮　　编：443000
电　　话：(0717)6449702
联 系 人：李玲

宜昌日报是中共宜昌市委主办的综合性日报。1949年8月9日正式创刊，目前日出对开8–16版，邮发、自办发行、市场零售齐头并进，发行量在宜昌报业中独占鳌头。

《长江日报》社
地　　址：武汉市江汉区长江日报路
邮　　编：430015
电　　话：(027)85771088
传　　真：(027)85762853
法　　人：任学清
负 责 人：李建华
联 系 人：李建华

《湖北党员生活》杂志社

地　　址：武汉市武昌区水果湖湖北省委大院
邮　　编：430071
电　　话：(027)87823759
法　　人：晏飞

《湖北广播电视报》

地　　址：武汉市汉口解放大道 563 号
邮　　编：430022
电　　话：(027)85795215
负 责 人：夏建华

《湖北科技报》社

地　　址：武汉市武昌区东一路高知公寓 4 － 2 － 2 号
邮　　编：430077
电　　话：(027)86782924
法　　人：彭明星

《湖北内参》编辑部

地　　址：武汉市武昌区徐东路 198 号
邮　　编：430077
电　　话：(027)86781300
法　　人：黄家仿

《湖北年鉴》社

地　　址：武汉市武昌区水果湖洪山路 89−5 号
邮　　编：430071
电　　话：(027)87312849
负 责 人：袁太平

《湖北社会科学》编辑部

地　　址：武汉市武昌区紫阳东路 45 号
邮　　编：430070
电　　话：(027)87895464
法　　人：陈昆满

《湖北审计》编辑部

地　　址：武汉市武昌区水果湖茶港东院
邮　　编：430071
电　　话：(027)87821064
法　　人：肖继时

《湖北宣传》编辑部

地　　址：武汉市武昌区水果湖
邮　　编：430071
电　　话：(027)87816013
法　　人：王天贵

《湖北邮电报》社

地　　址：武汉市江汉区金家墩邮电南楼
邮　　编：430023
电　　话：(027)85878764

《湖北政报》杂志社

地　　址：武汉市武昌区水果湖
邮　　编：430071
电　　话：(027)87822928
负 责 人：张维先

大家文摘报

地　　址：武汉市武昌黄鹏路 75 号
邮　　编：430077
电　　话：(027)86796468
传　　真：(027)86775529

地球科学杂志社

地　　址：武汉市武昌喻家山中国地质大学
邮　　编：430074
电　　话：(027)87436606

湖北法制报社

地　　址：武汉市武昌区水果湖侧路欧式街 B 区
邮　　编：430071
电　　话：(027)87122009
负 责 人：徐晓波

湖北画报社

地　　址：武汉市武昌区东湖路 417 号
邮　　编：430070
电　　话：(027)87711072
负 责 人：樊德寿

湖北教育报刊社

地　　址：武汉市洪山区桂元路 67 号
邮　　编：430079
电　　话：(027)87863329

负 责 人：肖道方

湖北青年报社

地　　址：武汉市武昌区水果湖东三路7号
邮　　编：430071
电　　话：(027)87231476
负 责 人：陈同亮

湖北日报报业集团

地　　址：武汉市武昌区黄鹂路65号
邮　　编：430077
电　　话：(027)86791876
传　　真：(027)86791716
法　　人：华志伦
负 责 人：朱林刚
联 系 人：张勤耘

华中师范大学学报

地　　址：武汉市武昌珞瑜路100号
邮　　编：420079
电　　话：(027)87673249

黄冈日报社

地　　址：黄冈市八一路7号
邮　　编：438000
电　　话：(0713)8351837
传　　真：(0713)8351837

黄州晚报

地　　址：黄冈市八一路9号
邮　　编：438000
电　　话：(0713)8385270
传　　真：(0713)8385270
负 责 人：张鹤侨

襄樊日报襄樊晚报

地　　址：襄樊市襄樊日报社
邮　　编：441021
电　　话：(0710)3541091
传　　真：(0710)3541091

湖南省

公司类

长沙图腾广告实业有限公司
地　　址：长沙市定王台文化广场16F座
邮　　编：410005
电　　话：(0731)4459953
传　　真：(0731)4450951
负 责 人：吴敏毅

湖南今日广告有限责任公司
地　　址：长沙市八一路297号
邮　　编：410004
电　　话：(0731)2688358
负 责 人：王伏虎

湖南金果广告有限公司
地　　址：长沙市劳动西路308号凯华大厦六楼
邮　　编：410015
电　　话：(0731)5159898−802
负 责 人：喻应龙
联 系 人：鲁治文

湖南金海天广告有限公司
地　　址：长沙市开福区芙蓉中路1号
邮　　编：410005
电　　话：(0731)2645053
负 责 人：孙建平

湖南凯信广告商贸有限公司
地　　址：长沙市黄兴南路167号
邮　　编：410002
电　　话：(0731)5120594
负 责 人：潘力

湖南蓝色快车广告有限公司
地　　址：长沙市东塘潇湘实业1楼
邮　　编：410007
电　　话：(0731)5555115

湖南桑瑞广告有限公司
地　　址：长沙市芙蓉北路384号
邮　　编：410008
电　　话：(0731)4316591
负 责 人：蒋崇杭

湖南省大楚九天广告有限公司
地　　址：长沙市燕子岭恩瑞公寓203房
邮　　编：410002
电　　话：(0731)5522583
负 责 人：陈峰

湖南省欧亚广告有限责任公司
地　　址：长沙市天心区城南路95号305室
邮　　编：410002
电　　话：(0731)5135132
负 责 人：喻亚龙

湖南省人民广告有限公司
地　　址：长沙市省委南院6栋302
邮　　编：410011
电　　话：(0731)4460001
负 责 人：吴兴华

湖南省赛尔科贸广告有限公司
地　　址：长沙市岳麓区望城坡开发区4片桐梓坡
邮　　编：410015
电　　话：(0731)8168655
负 责 人：张隐华

湖南省劭视广告有限公司
地　　址：长沙市芙蓉中路185号
邮　　编：410005
电　　话：(0731)4457676
负 责 人：邵波

湖南省体育广告中心
地　　址：长沙市体育馆路1号
邮　　编：410005

电　　话：(0731)4313486
负 责 人：程根增

湖南省拓通广告有限公司

地　　址：长沙市劳动西路386号佳程酒店15楼
邮　　编：410007
电　　话：(0731)2273222
负 责 人：黎壮宇

湖南盛世广告商贸公司

地　　址：长沙市五一中路21号得汛大厦B栋206室
邮　　编：410011
电　　话：(0731)4447376
负 责 人：任建军

湖南太平洋广告有限公司

地　　址：长沙市韶山路28号1417、1420室
邮　　编：410004
电　　话：(0731)4696029
负 责 人：高曦求

广播电视类

湖南人民广播电视台

地　　址：长沙市雨花路167号
邮　　编：410007
电　　话：(0731)5547207
负 责 人：王本锡

湖南电视台

地　　址：长沙市浏阳河大桥东省广电中心
邮　　编：410003
电　　话：(0731)4837024
传　　真：(0731)4801112
法　　人：欧阳常林
负 责 人：欧阳常林
联 系 人：樊旭文

湖南电视台生活频道

地　　址：长沙市浏阳河大桥东省广电中心
邮　　编：410003
负 责 人：刘沙白

湖南电视台体育频道

地　　址：长沙市金鹰影视文化城
邮　　编：410016
电　　话：(0731)4802501
负 责 人：贺华光

湖南教育电视台

地　　址：长沙市雨花亭新建西路13号
邮　　编：410003
电　　话：(0731)5555042
负 责 人：冯一粟

湖南经济电视台

地　　址：长沙市浏阳河大桥东省广电中心
邮　　编：410003
电　　话：(0731)4802995
负 责 人：欧阳常林

湖南经济广播电台

地　　址：长沙市雨花路167号
邮　　编：410007
电　　话：(0731)5547321
负 责 人：彭福元

湖南省有线广播电视台

地　　址：长沙市浏阳河大桥东省广电中心
邮　　编：410003
电　　话：(0731)4801677
负 责 人：金先贵

长沙电视台

地　　址：长沙市劳动路368号
邮　　编：410015
电　　话：(0731)5151997

长沙人民广播电台广告部

地　　址：长沙市劳动路368号长沙市广播电视中心2楼
邮　　编：410007
电　　话：(0731)4422135
传　　真：(0731)5142052
负 责 人：陈佑臻

安仁县广播电视台

地　　址：郴州市安仁县城关镇五一北路7号

邮　　编：423600
电　　话：(0735)5223234
负 责 人：张文新

安乡县广播电视台

地　　址：常德市安乡县城关镇
邮　　编：415600
电　　话：(0736)4312055
负 责 人：刘储仕

常德电视台

地　　址：常德市广播电视局
邮　　编：415000
电　　话：(0736)7225163
传　　真：(0736)7222617

慈利县广播电视台

地　　址：张家界市慈利县城雪阳东路
邮　　编：427200
电　　话：(0744)3223168
传　　真：(0744)3223168
负 责 人：于健雄

道县广播电视台

地　　址：永州市道县道江镇春陵街 62 号
邮　　编：425300
电　　话：(0746)5222529
负 责 人：肖诚保

东安县广播电视台

地　　址：永州市东安县白牙市镇生智路 11 号
邮　　编：425900
电　　话：(0746)4212429
负 责 人：唐庆林

洞口县广播电视台

地　　址：邵阳市洞口县洞口镇洞山路 8 号
邮　　编：422300
电　　话：(0739)7222451
负 责 人：唐坷

古丈县广播电视台

地　　址：湘西州古丈县古阳镇下溶湾 20 号
邮　　编：416300
电　　话：(0743)4723288
负 责 人：宋清富

桂东县广播电视台

地　　址：郴州市桂东县城关镇维夏路 12 号
邮　　编：423500
电　　话：(0735)8623491
负 责 人：黄锡家

桂阳县广播电视台

地　　址：郴州市桂阳县城关镇解放路 8 号
邮　　编：424400
电　　话：(0735)4421063
负 责 人：彭知佑

华容县广播电视台

地　　址：岳阳市华容县城关镇解放西路 57 号
邮　　编：414200
电　　话：(0730)4222691
负 责 人：黄希志

嘉禾县广播电视台

地　　址：郴州市嘉禾县城关镇人民路 23 号
邮　　编：424500
电　　话：(0735)6622070
负 责 人：胡金明

江华瑶族自治县广播电视台

地　　址：永州市江华县沱江镇阳华路 56 号
邮　　编：425500
电　　话：(0746)2322849

江永县广播电视台

地　　址：永州市江永县凤冠山
邮　　编：425400
电　　话：(0746)5723821
负 责 人：陈国森

津市市广播电视台

地　　址：津市市广播电视局
邮　　编：415400
电　　话：(0736)4223425
传　　真：(0736)4223425
负 责 人：聂义才

蓝山县广播电视台
地　　址：永州市蓝山县湘粤路广播局院内
邮　　编：425800
电　　话：(0746)2213483
负 责 人：李年解

耒阳市广播电视台
地　　址：耒阳市五一东路 49 号
邮　　编：421823
电　　话：(0734)4332457
负 责 人：蒋乃康

冷水江市广播电视台
地　　址：冷水江市政法路 6 号
邮　　编：417500
电　　话：(0738)5212422
负 责 人：李正华

醴陵市广播电视台
地　　址：醴陵市滨河路 9 号
邮　　编：412200
电　　话：(0733)3225361
传　　真：(0733)3232338
负 责 人：董鹏飞

临澧县广播电视台
地　　址：临澧县朝阳东街 16 号
邮　　编：415200
电　　话：(0736)5824134
负 责 人：刘正国

浏阳市广播电视局
地　　址：浏阳市北正北路 28 号
邮　　编：410300
电　　话：(0731)3611192
传　　真：(0731)3622726
负 责 人：鲜凯

隆回县广播电视台
地　　址：邵阳市隆回县桃洪镇交通街 151 号
邮　　编：422200
电　　话：(0739)8232126
负 责 人：郑昌蛟

娄底市电视台
地　　址：娄底市春园路月亮岛
邮　　编：417000
电　　话：(0738)8223372
传　　真：(0738)8223372

南县广播电视台
地　　址：益阳市南县南洲镇南洲中路 266 号
邮　　编：413200
电　　话：(0737)5221147
传　　真：(0737)5222277
负 责 人：温顺清

宁远县广播电视台
地　　址：永州市宁远县舜陵镇九嶷南路 147 号
邮　　编：425600
电　　话：(0746)7222401

祁阳县广播电视台
地　　址：永州市祁阳县浯溪镇龙山路 1 号
邮　　编：426100
电　　话：(0746)3223402
负 责 人：吴炜

汝城县广播电视台
地　　址：郴州市汝城县东正街 62 号
邮　　编：424100
电　　话：(0735)8223648
传　　真：(0735)8223463
负 责 人：陈德刚

桑植县广播电视台
地　　址：张家界市桑植县澧源镇和平街 57 号
邮　　编：427100
电　　话：(0744)6223788
负 责 人：钟佐文

石门县广播电视台
地　　址：常德市石门县楚江镇温阳西路 60 号
邮　　编：415300
电　　话：(0736)5322952
负 责 人：鲍传新

绥宁县广播电视台

地　　址：邵阳市绥宁县长铺镇
邮　　编：422600
电　　话：(0739)7611423
负 责 人：贺德生

武冈市广播电视台

地　　址：武冈市广播电视局
邮　　编：422400
电　　话：(0739)4229567
负 责 人：熊贤平

新邵县广播电视台

地　　址：邵阳市新邵县酿溪镇大新街50号
邮　　编：422900
电　　话：(0739)3661550
负 责 人：黄余良

宜章县广播电视台

地　　址：郴州市宜章县城关镇民主西路11号
邮　　编：424200
电　　话：(0735)3722533
负 责 人：汤启才

永顺县广播电视台

地　　址：湘西州永顺县灵溪镇
邮　　编：416700
电　　话：(0743)5223359
负 责 人：刘启宏

永兴县广播电视台

地　　址：郴州市永兴县城关镇大桥路16号
邮　　编：423300
电　　话：(0735)5522243
负 责 人：邝碧永

岳阳电视台

地　　址：岳阳市南湖大道
邮　　编：414000
电　　话：(0730)8216887
传　　真：(0730)8248248

新闻出版类

湖南日报社广告处

地　　址：长沙市芙蓉中路一段438号
邮　　编：410005
电　　话：(0731)4326024
传　　真：(0731)4329190
负 责 人：唐儒轸
联 系 人：李卫华

《湖南日报》，中共湖南省委机关报，三湘报业旗舰，是湖南省具权威、有影响、发行量大的主流媒体，日发行过30万份，发行量连续15年位居全国同类媒体前10名。广告的真实性、可信性、权威性、传播的广泛性在各级党政机关、人民团体、企事业单位、街道、学校和民营企业等读者中享有很高声誉。

长沙晚报

地　　址：长沙市芙蓉区晚报大道2号
邮　　编：410001
电　　话：(0731)2205856
传　　真：(0731)2205857

常德日报社

地　　址：常德市洞庭大道410号
邮　　编：415000
电　　话：(0736)7717503
传　　真：(0736)7715743

郴州日报

地　　址：郴州市苏仙北路24号
邮　　编：423000
电　　话：(0735)2882653
传　　真：(0735)2893888

东方新报

地　　址：长沙市芙蓉区晚报大道2号长沙报业中心15楼
邮　　编：410001
电　　话：(0731)2205811
传　　真：(0731)2205829

衡阳广播电视报

地　　址：衡阳市先锋路156号
邮　　编：421001
电　　话：(0734)8203981
传　　真：(0734)8226532

衡阳日报社
地　　址：衡阳市环城北路 3 号
邮　　编：421001
电　　话：(0734)8247333
传　　真：(0734)8247333

湖南工人报
地　　址：长沙市展览馆路 50 号
邮　　编：410005
电　　话：(0731)4426589

湖南广播电视报
地　　址：长沙市芙蓉中路平安大厦 10 楼
邮　　编：410005
电　　话：(0731)4435184
传　　真：(0731)4417105

湖南经济报
地　　址：长沙市湖南省政府大院
邮　　编：410011
电　　话：(0731)4457868

湖南老年杂志
地　　址：长沙市蓉园路 2 号
邮　　编：410001
电　　话：(0731)2296572
负 责 人：邓树森
联 系 人：王苑文

人民之友杂志
地　　址：长沙市韶山中路 146 号
邮　　编：410007
电　　话：(0731)5509264
传　　真：(0731)5509443

三湘风纪杂志
地　　址：长沙市韶山路 1 号
邮　　编：410011
电　　话：(0731)2216407
负 责 人：曾庆发
联 系 人：刘汉辉

株洲广播电视报
地　　址：株洲市天元区泰山路
邮　　编：412007
电　　话：(0733)8815700

广 东 省

公 司 类

博罗县新浪潮广告有限公司

地　　址：博罗县博罗大道29—31号
邮　　编：516211
电　　话：(0752)6739129
传　　真：(0752)6739129
负 责 人：黎明
联 系 人：黎明

目前惠州地区专做户外广告较有影响的广告公司之一。

广东国信广告有限公司

地　　址：广州市东风中路268号广州交易广场1001房
邮　　编：510030
电　　话：(020)83511213
传　　真：(020)83511345—211
负 责 人：祝国梁

品牌力量：一支综合优势突出，经验丰富的老牌劲旅，协同企业征战市场显现了神奇的力量，为一系列品牌的扩张提供了强劲动力之源，特别是8年的银行和摩托车专业服务经验，以超强的张力与持久的耐力展现出卓越独到的一流服务品质。

我们擅长做这些：市场调研营销诊断；品牌整合营销策划推广；CIS规划全程服务；产品包装系列；专卖店及展示设计制作；画册设计印刷；影视策划创意制作；媒介代理投放。

整合优势，精确运作。

广东平成广告有限公司

地　　址：广州市二沙岛花城苑海棠阁三座七层
邮　　编：510075
电　　话：(020)87351480
传　　真：(020)87352665
负 责 人：吴晓波
联 系 人：赖椰丽

梦想、思想与想象。三位一体，成就平成“品牌跳跃的中国之道”，激发无限品牌动力。

广州白云国际广告有限公司

地　　址：广州市白云国际机场云港路白云国际大楼2楼
邮　　编：510405
电　　话：(020)86132222
传　　真：(020)86121119
负 责 人：王卫
联 系 人：章穗英

主要业务范围：经营、管理广州白云国际机场候机楼室内外、停车场以及进场公路两旁的路牌、灯箱、霓虹灯、电子显示、旗帜、实物、宣传招贴等广告媒体；承办航空公司的登机牌、行李牌、航空旅游印刷品上的广告；承接白云国际机场航班时刻表广告；代理国内外广告业务；代理广东省、广州市主要报刊广告；代理全国各大机场的广告业务和民航媒体广告业务；代理网络广告业务；设计、制作、经营各类宣传品、纪念品；承接广告宣传、策划和企业形象设计；承接企事业单位网站设计建设业务。

广州地铁永通广告有限公司

地　　址：广州市西湖路12号广百大厦2910
邮　　编：510030
电　　话：(020)83301300
负 责 人：钟学军
联 系 人：蔡雅蓉

广州地铁永通广告有限公司是由广州市地下铁道总公司和香港媒体伯乐广告有限公司（MPI）于2000年6月共同组建的合作企业，系媒体伯乐广告集团成员之一。

广州市鼎盛广告有限公司

地　　址：广州市五羊新成寺右新马路南二街(广兴华花园)3巷3—4号广兴华花园二楼
邮　　编：510600
电　　话：(020)87365511
负 责 人：陈铨
联 系 人：陈佩心

专注户外媒体
追求完美主义

联 系 人：肖海兰

汕头经济特区悦信广告有限公司

地　　址：汕头市长江路信宝大厦二楼
邮　　编：515041
电　　话：(0754)8369556
传　　真：(0754)8264518
负 责 人：黄岚
联 系 人：黄岚

大至整体的构思策划，小至局部的细节操作，我们都小心落笔，不容有失。诚信、默契的合作，与企业在商潮起落中成为长期的伙伴，共创效益。

汕头中艺广告发展有限公司

地　　址：汕头市金环路6号中环大厦东门5楼
邮　　编：515041
电　　话：(0754)8521212
传　　真：(0754)8528262
负 责 人：刘俊毅
联 系 人：吴漳毅

公司坚持"广告先锋，信誉后卫"的宗旨，为客户提供广告发布、设计、制作、代理、销售等全方位优质服务。承办代理国内外各类广告业务。

深圳市机场广告有限公司

地　　址：深圳市深南中路1099号商业银行大厦20层
邮　　编：518031
电　　话：(0755)25878022
负 责 人：崔绍先
联 系 人：何沃培

深圳市机场广告有限公司是深圳机场集团属下，从事机场广告策划设计和发布的专业广告公司，经过十二年的快速发展已成为深圳市最具规模和影响力的综合广告公司之一。管理和经营深圳机场所有广告资源，其中有：户外路牌、立柱、龙门架、室内灯箱、实物展位、登机牌、手推车、闭路电视系统等。2003年度公司经营收入名列全国百家广告公司第43位，并连续多年荣获全国广告行业文明单位。

潮州市宏泽万晖广告策划有限公司

地　　址：潮州市潮州大道南段金湖办公楼C幢5楼
邮　　编：521000
电　　话：(0768)2399028
传　　真：(0768)2399029
负 责 人：杨丽虹

广东省白马广告有限公司

地　　址：广州市达道路12号金达大厦
邮　　编：510600
电　　话：(020)87768666--6827
法　　人：覃赛先
负 责 人：韩紫靛

灵智大洋（广州）广告有限公司

地　　址：广州市沙面南街28号
邮　　编：510130
电　　话：(020)87521628
传　　真：(020)81219096
法　　人：焦云超
负 责 人：焦云超

汕头市艺术广告公司

地　　址：汕头市大华路6号
邮　　编：515041
电　　话：(0754)8982595
传　　真：(0754)8982979
负 责 人：萧梅清

汕头市英信广告有限公司

地　　址：汕头市跃进路23号利鸿基大厦写字楼A栋24层
邮　　编：515031
电　　话：(0754)8979999
传　　真：(0754)8979998

深圳市之光广告发展有限公司

地　　址：深圳市南湖路国贸商大厦22A.H
邮　　编：518014
电　　话：(0755)82282638
传　　真：(0755)82223206

广播电视类

广东人民广播电台

地　　址：广州市人民北路686号
邮　　编：510012
电　　话：(020)36236295
传　　真：(020)36236295

法　　人：白玲
负 责 人：白玲
联 系 人：高原

广东电视台广告部

地　　址：广州市环市东路331号广东电视台广告部
邮　　编：510066
电　　话：(020)83313318—329
联 系 人：曹静

广东电视台作为广东省的权威媒介，努力开拓，不断创新。

广东南方广播电视广告传播中心

地　　址：广州市人民北路686号
邮　　编：510010
电　　话：(020)86506758
法　　人：徐鸣

广东南方电视台

地　　址：广州市环市东路331号北座
邮　　编：510066
电　　话：(020)83319233
负 责 人：曾广星
联 系 人：王穗凤

成立于2001年的南方电视台是由普语、粤语并重的专业频道组合而成的新锐省级电视台，拥有丰富的频道资源和节目资源，旗下有经济频道、都市频道、综艺频道、影视频道、科教·生活频道和少儿·女性频道六个频道。

广东商业电视台

地　　址：广州市人民北路686号
邮　　编：510012
电　　话：(020)86664233
法　　人：陈从国
负 责 人：汤霞

广东省广播电视国际信息中心

地　　址：广州市环市东路331号14楼
邮　　编：510060
电　　话：(020)83338897
法　　人：王乃斌
负 责 人：钟新宁

广东省气象影视中心

地　　址：广州市福今路6号大院省气象局办公大楼
邮　　编：510080
电　　话：(020)87777118
法　　人：吴晓毅

广州人民广播电台

地　　址：广州市环市中路231号
邮　　编：510010
电　　话：(020)86191001
法　　人：叶小帆
联 系 人：张莉莉

广州电台是我国首家全天24小时播音的省会城市调频立体声电台。

广州电台属下的天韵广告公司，以媒介服务为先导，为客户提供全方位的宣传策划服务。将客户的事业当作自己的事业，投注无限的热忱与关心。

与客户一起：时势造英雄、联手赴成功。

广州市电视台广告部

地　　址：广州先烈中路69号东山广场31层
邮　　编：510095
电　　话：(020)87320818
联 系 人：陆青

广州电视台广告部：提供高质素的电视广告服务

广州电视台参考五频道（凤凰卫视中文台）

地　　址：广州市环市中路233号广州市电视台有线大楼4楼
邮　　编：510010
电　　话：(020)86672571
传　　真：(020)86675575

佛山电视台

地　　址：佛山市卫国路5号
邮　　编：528000
电　　话：(0757)83359921
传　　真：(0757)83354488
负 责 人：罗乐生
联 系 人：任坡华

佛山电视台，具有较强经营和制作能力，广告客户遍布全国各地及港澳地区，以优质高效和优良服务承接广告业务，为客户达到最佳的宣传效果，开设多种类别、时段和价格不同的广告服务。同时，承办各种大型文艺活动，其中，1990年起创办的“佛山新年音乐会”，更成为电视台的品牌和佛山文化盛事，是全国第一个创办和连续举办“新年音乐会”的城市。

江门市广播电视广告中心

地　　址：江门市建设二路2号长怡商业中心四楼
邮　　编：529000
电　　话：(0750)3239333
传　　真：(0750)3230881
负 责 人：张建达
联 系 人：王哲明

江门广播电视广告中心由原江门市电视台广告部、原江门市电视广告公司、原江门市广播电视台广告公司、原江门市广电网络中心广告部和江门市广播电视报整合而成，是江门市广播电视局下属的独立法人单位，全面负责江门市广播电视广告业务经营。

江门广播电视广告中心与您演绎精彩，共享未来！

汕头市广播电视台

地　　址：汕头市潮汕路广播电视中心
邮　　编：515021
电　　话：(0754)8979989
传　　真：(0754)8216182
负 责 人：黄绍生
联 系 人：何维钦

我们的广告经营理念：以真诚服务客户靠信誉赢得客户用双赢回报客户。

湛江市电视台

地　　址：湛江市霞山区文明中路6号
邮　　编：524003
电　　话：(0759)2231598
传　　真：(0759)2222833
负 责 人：童小岭
联 系 人：沈育红

沟通、合作、发展。

湛江市电视台是由原湛江电视台与湛江有线电视台合并而成。经过资源整合后，频道资源更丰富，节目覆盖面更广。广告经营的主要频道是：湛江电视新闻综合频道(无线传输)，节目覆盖湛江、茂名、广西边邻地区；湛江电视公共频道(有线传输)、参考频道(有线传输)节目覆盖湛江市区五县四区乡镇城市。

我们竭诚携手合作，共创传媒新纪元。

大埔县广播电视台

地　　址：梅州市大埔县城文明路83号
邮　　编：514200
电　　话：(0753)5524129
负 责 人：陈祥香

德庆县广播电视台

地　　址：肇庆市德庆县德城镇朝阳路27号
邮　　编：526600
电　　话：(0758)7762660
负 责 人：谢标泉

电白县广播电视台

地　　址：茂名市电白县水东镇政法路3号
邮　　编：525400
电　　话：(0668)5524913
传　　真：(0668)5525884
负 责 人：潘北蕊

东莞电视台

地　　址：东莞市东城南路电视综合楼
邮　　编：523129
电　　话：(0769)2485919
传　　真：(0769)2485929

斗门区广播电视台

地　　址：珠海市斗门区井岸镇港澳路130号
邮　　编：519100
电　　话：(0756)5522153
传　　真：(0756)5532475
负 责 人：林成富

恩平市广播电视台

地　　址：恩平市恩新路40号
邮　　编：529400
电　　话：(0750)7722286
传　　真：(0750)7722286
负 责 人：甄平安

封开县广播电视台

地　　址：肇庆市封开县江口镇红卫路9号
邮　　编：526500
电　　话：(0758)6662239

传　　真：(0758)6660198
负 责 人：袁巧雄

高明市广播电视台

地　　址：高明市荷城区文汇路15号
邮　　编：528500
电　　话：(0757)88680339
传　　真：(0757)88881170
负 责 人：仇艳芳

鹤山市广播电视台

地　　址：鹤山市水平坪镇前进路市府大院侧
邮　　编：529700
电　　话：(0750)8888603
传　　真：(0750)8890328
负 责 人：朱伟雄

花都市广播电视台

地　　址：花都市秀全路6号
邮　　编：510800
电　　话：(020)86829284
传　　真：(020)86827600
负 责 人：温炳棠

化州市广播电视台

地　　址：化州市化州镇宝山路39号
邮　　编：525100
电　　话：(0668)7222683
传　　真：(0668)7222683
负 责 人：黄飞

怀集县广播电视台

地　　址：肇庆市怀集县怀城镇城中路3号
邮　　编：526400
电　　话：(0758)5523221-802
负 责 人：植中辉

惠来县广播电视台

地　　址：揭阳市惠来城南门大道西
邮　　编：515200
电　　话：(0663)6683118
传　　真：(0663)6683118
负 责 人：方汉平

揭东县广播电视台

地　　址：揭阳市揭东县城金新南路东侧
邮　　编：515500
电　　话：(0663)3263227
负 责 人：蔡少杰

揭西县广播电视台

地　　址：揭阳市揭西县城河山南路105号
邮　　编：515400
电　　话：(0663)5588286
传　　真：(0663)5583614
负 责 人：温海春

开平市广播电视台

地　　址：开平市长沙长国路3号
邮　　编：529300
电　　话：(0750)2325181
传　　真：(0750)2293268
负 责 人：何永乐

乐昌市广播电视台

地　　址：乐昌市桥南路
邮　　编：512219
电　　话：(0751)5503198
负 责 人：黄全亮

雷州市广播电视台

地　　址：雷州市雷州大道1号
邮　　编：524200
电　　话：(0759)8813482
传　　真：(0759)8803746
负 责 人：方宏

廉江市广播电视台

地　　址：廉江市城镇人民大道东52号
邮　　编：524400
电　　话：(0759)6623244
传　　真：(0759)6627883
负 责 人：温家茂

陆河县广播电视台

地　　址：汕尾市陆河县广电局大楼
邮　　编：516700
电　　话：(0660)5523621

负 责 人：张万新

罗定市广播电视台

地　　址：罗定市迎宾路广播电视局
邮　　编：527200
电　　话：(0766)3839509
传　　真：(0766)3839739
负 责 人：白健

茂名电视台

地　　址：茂名市高凉南路 13 号
邮　　编：525000
电　　话：(0668)2272358
传　　真：(0668)2287875

南方电视台

地　　址：广州市环市东路 331 号北座
邮　　编：510066
电　　话：(020)83316688
传　　真：(020)83595199
法　　人：曾广星
负 责 人：曾广星
联 系 人：周建亮

南海市广播电视台

地　　址：南海市桂城区南海大道
邮　　编：528200
电　　话：(0757)86332255
传　　真：(0757)86332903
负 责 人：辛永成

南雄市广播电视台

地　　址：南雄市雄州镇青云西路 41 号
邮　　编：512400
电　　话：(0751)3825120
传　　真：(0751)3827601
负 责 人：董书锋

普宁市广播电视台

地　　址：普宁市流沙镇流沙广场东南侧
邮　　编：515300
电　　话：(0663)2239713
传　　真：(0663)2239713
负 责 人：黄求清

饶平县广播电视台

地　　址：潮州市饶平县黄冈镇仙汾中 83 号
邮　　编：515700
电　　话：(0768)8882542
传　　真：(0768)8862097
负 责 人：陈小野

仁化县广播电视台

地　　址：韶关市仁化县新城路 2—3 号
邮　　编：512300
电　　话：(0751)6353170
传　　真：(0751)6353170
负 责 人：周里添

乳源瑶族自治县广播电视台

地　　址：韶关市乳源县乳城镇环城西路
邮　　编：512700
电　　话：(0751)5384389
传　　真：(0751)5383855
负 责 人：叶政辉

三水市广播电视台

地　　址：三水市西南镇新华北路广电中心
邮　　编：528100
电　　话：(0757)87733974
传　　真：(0757)87730259
负 责 人：胡银好

深圳电视台（广告部）

地　　址：深圳市华强北路圣廷苑酒店 B 座 8 楼
邮　　编：518028
电　　话：(0755)82076328
传　　真：(0755)83784188
法　　人：刘明
负 责 人：李箭
联 系 人：吴程

深圳广播电台（广告信息部）

地　　址：深圳市深南大道 6007 号创展中心 21 层
邮　　编：518040
电　　话：(0755)83867138
传　　真：(0755)83867138
法　　人：谢杰华

负 责 人：林小戈

深圳广播电台广告信息部

地　　址：深圳市深南大道6007号创展中心21层
邮　　编：518040
电　　话：(0755)83867138
传　　真：(0755)83867138
负 责 人：刘堤洪
联 系 人：林小戈

顺德市广播电视台

地　　址：顺德市大良镇沿江北路118号
邮　　编：528300
电　　话：(0765)22235836
传　　真：(0765)22235836
负 责 人：赖喜英

遂溪县广播电视台

地　　址：湛江市遂溪县遂海路61号
邮　　编：524300
电　　话：(0759)7765679
传　　真：(0759)7764657
负 责 人：吴定养

台山市广播电视台

地　　址：台山市台城双亭街19号
邮　　编：529200
电　　话：(0750)5511881－125
传　　真：(0750)5539812
负 责 人：任伟权

翁源县广播电视台

地　　址：韶关市翁源县龙仙镇建国路31号
邮　　编：512600
电　　话：(0751)2872428
传　　真：(0751)2872428
负 责 人：王召初

吴川市广播电视台

地　　址：吴川市人民中路广播电视局大院
邮　　编：524500
电　　话：(0759)5565463
传　　真：(0759)5545363
负 责 人：郭益昌

新会市广播电视台

地　　址：新会市会城知政南22号
邮　　编：529100
电　　话：(0750)6662427
传　　真：(0750)6617013
负 责 人：陆瑞全

新兴县广播电视台

地　　址：云浮市新兴县城南街209号
邮　　编：527400
电　　话：(0766)2883603
负 责 人：苏兴强

信宜市广播电视台

地　　址：信宜市人民北路45号
邮　　编：525300
电　　话：(0668)8884615
传　　真：(0668)8884615
负 责 人：梁有进

徐闻县广播电视台

地　　址：湛江市徐闻县徐城镇庆东路10号
邮　　编：524100
电　　话：(0759)4852240
传　　真：(0759)4852241
负 责 人：李良

郁南县广播电视台

地　　址：云浮市郁南县都城镇自由路28号
邮　　编：527100
电　　话：(0766)7333506
传　　真：(0766)7592619
负 责 人：梁振标

新闻出版类

韶关日报广告部

地　　址：韶关市熏风路11号韶关日报办公大楼三楼
邮　　编：512000
电　　话：(0751)8914921
传　　真：(0751)8916087
负 责 人：吴壁平
联 系 人：阙苏楣

《韶关日报》作为粤北地区集权威性、可读性和影响力大的综合性大型日报，一直竭诚为每一位广告客户量身订做，宣扬自己独特的个性品牌，帮助客户讯速打开粤北市场。面对竞争激烈的市场，我们将继续秉承客户效益至上的广告服务宗旨，一如既往地为广大客户创造更多的经济效益。

深圳报业集团

地　　址：深圳市深南大道6008号深圳特区报业大厦
邮　　编：518009
电　　话：(0755)83518852
传　　真：(0755)83515403
负 责 人：吴松营
联 系 人：李景云

中国目前规模最大、现代化水平最高的报业集团之一。经国家新闻出版总署批准，由深圳特区报业集团与深圳商报社合并组建深圳报业集团。这是深圳报业发展史上一件意义深远的大事，它标志着深圳报业的发展跃入一个崭新阶段。新组建的深圳报业集团旗下拥有资产近50亿元，员工总数5000余人，8报4刊：《深圳特区报》、《深圳商报》、《深圳晚报》、《晶报》、《香港商报》、ShenzhenDailycl英文《深圳日报》)、《深圳青少年报》、《深圳都市报》、《深圳周刊》、《汽车导报》、《游遍天下》、《焦点》。

足球报社

地　　址：广州市海珠中路97号
邮　　编：510120
电　　话：(020)81330003
负 责 人：谢奕
联 系 人：谭联英

《足球》报读者群以18—35岁年轻人为主，教育程度高，易于接受商品信息，收入水平远远高于全国水平，消费能力强，广告投放千人成本低。专业实力媒体，优质广告平台。

广州日报报业集团

地　　址：广州市人民中路同乐路10号
邮　　编：510121
电　　话：(020)81092539
联 系 人：王玫

追求最出色的新闻

《广州日报》社广告处公关部

地　　址：广州市人民中路同乐路10号
邮　　编：510121
电　　话：(020)81092322
传　　真：(020)81092539
负 责 人：巫穗生
联 系 人：陈琳

《广州早报》

地　　址：广州市人民中路同乐路10号
邮　　编：510121
电　　话：(020)81914927
法　　人：王放

21世纪经济报道

地　　址：广州市广州大道289号南方日报18楼
邮　　编：510610
电　　话：(020)87399753
传　　真：(020)87396070

佛山日报

地　　址：佛山市卫国路1号1楼
邮　　编：528000
电　　话：(0757)83330199
传　　真：(0757)83365366

广东电视周报

地　　址：广州市环市东路331号广东电视台电视周报
邮　　编：510066
电　　话：(020)83313988
传　　真：(020)83357693

广东电视周刊

地　　址：广州市环市东路331号广东电视台
邮　　编：510066
电　　话：(020)83313988
传　　真：(020)83357693

广东药学杂志

地　　址：广州市东山竹丝岗四马路2号
邮　　编：510080
电　　话：(020)87778092—8204

广州英文早报

地　　址：广州市人民中路同乐路10号广州日报东楼

2楼
邮　　编：510121
电　　话：(020)81914927
传　　真：(020)81914927

华商时报

地　　址：广州市龙临下路40号90楼
邮　　编：510080
电　　话：(020)87773767
传　　真：(020)87756931

晶报

地　　址：深圳市深南大道6008号
邮　　编：518009
电　　话：(0755)83518666
传　　真：(0755)83906904

南方都市报

地　　址：广州市广州大道中289号
邮　　编：510600
电　　话：(020)87386892
传　　真：(020)87374149

南方日报社

地　　址：广州市广州大道中289号
邮　　编：510601
电　　话：(020)87373998—8102
传　　真：(020)87375401
法　　人：范以锦
负 责 人：李孟昱
联 系 人：范以锦

南方声屏报

地　　址：广州市环市中路233号广州电视台综合大楼4楼
邮　　编：510770
电　　话：(020)86672571

南方声屏报（湛江）

地　　址：湛江市赤坎区跃进路93号
邮　　编：524038
电　　话：(0759)3325333
传　　真：(0759)3312512

南海日报

地　　址：南海市桂城区南桂西路
邮　　编：528200
电　　话：(0757)86227751
传　　真：(0757)86289551

汕头日报社广告部

地　　址：汕头市金新北路
邮　　编：515041
电　　话：(0754)8626274
传　　真：(0754)8635880
联 系 人：王永如

少先队员杂志社

地　　址：广州市东山区寺贝通津一号大院
邮　　编：510080
电　　话：(020)87185833
传　　真：(020)87185833
联 系 人：钟无云

摄影之友杂志社商业摄影编辑部

地　　址：广州市东山区新河浦四横路14号二楼
邮　　编：510080
电　　话：(020)87624036
传　　真：(020)87624189
联 系 人：赵卫民

深圳晚报

地　　址：深圳市福田区商报路2号商报大厦20楼
邮　　编：518034
电　　话：(0755)83903100
联 系 人：林航

台山报

地　　址：台山市台城中山路60号
邮　　编：529211
电　　话：(0750)5515678
传　　真：(0750)5528118

特区青年报

地　　址：汕头市海滨路市府院内5号楼
邮　　编：515036
电　　话：(0754)8287701

西江日报

地　　址：肇庆市洲墩路 10 号
邮　　编：526060
电　　话：(0758)2721330
传　　真：(0758)2741354

新快报

地　　址：广州市东风东路 733 号羊城晚报附楼
邮　　编：510085
电　　话：(020)87776211－2645
传　　真：(020)87623096

中山日报

地　　址：中山市岐关西路 14 号
邮　　编：528400
电　　话：(0760)8925627
传　　真：(0760)8925827

周末画报

地　　址：广州市天河体育西路 111 号建和中心 8 楼
邮　　编：510620
电　　话：(020)38791622
传　　真：(020)38791624

珠海特区报社

地　　址：珠海市香洲银桦路 566 号
邮　　编：519000
电　　话：(0756)2639889
传　　真：(0756)2639898
法　　人：张波
负 责 人：张波
联 系 人：王界民

珠江晚报

地　　址：珠海市新香洲银桦路 566 号报业大厦
邮　　编：519000
电　　话：(0756)2639888
传　　真：(0756)2639898

广西壮族自治区

公司类

广西红火广告有限责任公司
地　　址：南宁市建政路28号
邮　　编：530023
电　　话：(0771)5645703
负 责 人：蒋锡元

广西宏扬广告有限责任公司
地　　址：南宁市园湖南路36号
邮　　编：530022
电　　话：(0771)5842863
法　　人：梁逢宏

广西精点广告有限公司
地　　址：南宁市思贤路2–3号
邮　　编：530022
电　　话：(0771)5875566
法　　人：王新

广西力元广告策划有限责任公司
地　　址：南宁市民主路6号
邮　　编：530023
电　　话：(0771)5692726
法　　人：林辉

广西利是广告有限公司
地　　址：南宁市江南大道17号国际经贸大厦12层B座
邮　　编：530031
电　　话：(0771)4804909
法　　人：廖秀森

广西旅游广告发展公司
地　　址：南宁市新民路40号
邮　　编：530012
电　　话：(0771)2838703
法　　人：张福贵

广西绿日广告有限责任公司
地　　址：南宁市星湖路28号A座5楼
邮　　编：530022
电　　话：(0771)5707761
法　　人：霍德豪

柳州铁路局广告公司
地　　址：柳州市柳南区南站路19号
邮　　编：545007
电　　话：(0772)3614889
传　　真：(0772)3614889
负 责 人：张万生
联 系 人：崔四平

广播电视类

广西人民广播电台
地　　址：南宁市民族大道75号
邮　　编：530022
电　　话：(0771)5866075
法　　人：文衍修

广西对外广播电台
地　　址：南宁市民族大道75号
邮　　编：530022
电　　话：(0771)5854402
负 责 人：袁日钦

广西电视台广告中心
地　　址：南宁市民族大道73号
邮　　编：530022
电　　话：(0771)5851118
传　　真：(0771)5875471
法　　人：黄著诚
负 责 人：孙剑涛
联 系 人：袁建堃

桂林电视台
地　　址：桂林市安新洲广播电视大楼

邮　　编：541002
电　　话：(0773)3841135
传　　真：(0773)3840344

柳州电视台

地　　址：柳州市桂中大道 1 号广播电视中心
邮　　编：545006
电　　话：(0772)2695333
负 责 人：蒙卓毅
联 系 人：陈永忠

南宁电视台

地　　址：南宁市葛村路 25 号
邮　　编：530022
电　　话：(0771)5655936
负 责 人：李跃
联 系 人：梁素云

苍梧县广播电视台

地　　址：梧州市苍梧县龙圩镇峡顶街 70 号
邮　　编：543100
电　　话：(0774)2682518
传　　真：(0774)2682518
负 责 人：林伟生

灌阳县广播电视台

地　　址：桂林市灌阳县灌阳镇胜利路 5 号
邮　　编：541600
电　　话：(0773)4212078
传　　真：(0773)4212078
负 责 人：周明

荔浦县广播电视台

地　　址：桂林市荔浦县荔城镇荔柳路 52 号
邮　　编：546600
电　　话：(0773)7213661
传　　真：(0773)7212190
负 责 人：黄小光

龙胜各族自治县广播电视台

地　　址：桂林市龙胜县城东园路 4 号
邮　　编：541700
电　　话：(0773)7512872
传　　真：(0773)7512872
负 责 人：戴明琦

平乐县广播电视台

地　　址：桂林市平乐县平乐镇中华街 149 号
邮　　编：542400
电　　话：(0773)7883527
传　　真：(0773)7886895
负 责 人：黄绍华

凭祥市广播电视台

地　　址：凭祥市南大路 7 号政府院内
邮　　编：532600
电　　话：(0771)8521001
负 责 人：张杨

新闻出版类

广西日报社

地　　址：南宁市民主路 21 号
邮　　编：530026
电　　话：(0771)5690162
负 责 人：李启瑞
联 系 人：梁慧萍

主流媒体 权威报道 广西日报创刊于一九四九年十二月三日，系广西壮族自治区党委机关报。

八桂都市报

地　　址：南宁市嘉宾路 2 号新闻中心 1 楼
邮　　编：530028
电　　话：(0771)5530740
传　　真：(0771)5530573

百色市报

地　　址：百色市向阳路 19 号
邮　　编：533000
电　　话：(0776)2833979
传　　真：(0776)2823299

广西出版杂志社

地　　址：南宁市金湖路 53 号广西出版大厦 15 层
邮　　编：530021
电　　话：(0771)5516177
法　　人：邓锟

广西电力报
地　　址：南宁市民主路6号
邮　　编：530023
电　　话：(0771)5692725
负 责 人：胡天江

广西广播电视报广告部
地　　址：南宁市七星路123号
邮　　编：530022
电　　话：(0771)2809842
负 责 人：周文力

广西画报社广告部
地　　址：南宁市友爱南路41号
邮　　编：530001
电　　话：(0771)3119874
负 责 人：肖阳

广西教育学院杂志社
地　　址：南宁市建政路37号
邮　　编：530023
电　　话：(0771)5627693
负 责 人：蒙子良

广西金海湾电子音像出版社
地　　址：南宁市民族大道68号
邮　　编：530022
电　　话：(0771)5857002
法　　人：唐建设

广西科技报社
地　　址：南宁市古城路31号
邮　　编：530022
电　　话：(0771)2622004
负 责 人：朱东

广西老年报社
地　　址：南宁市星湖路35号二号楼
邮　　编：530022
电　　话：(0771)5880421
传　　真：(0771)5880421
负 责 人：杨毅

广西民族报社
地　　址：南宁市桂春路16号
邮　　编：530022
电　　话：(0771)5528142
负 责 人：蒙飞

广西年鉴社
地　　址：南宁市新竹路5号
邮　　编：530022
电　　话：(0771)5852006
负 责 人：黄瑞禄

桂林广播电视报
地　　址：桂林市安新洲广播电视大楼1楼
邮　　编：541002
电　　话：(0773)3840340

桂林日报
地　　址：桂林市榕湖北路1号
邮　　编：541001
电　　话：(0754)2824212
传　　真：(0754)2802843

桂林晚报
地　　址：桂林市榕湖北路1号
邮　　编：541001
电　　话：(0754)2802876

南方科技报
地　　址：南宁市古城路31号
邮　　编：530022
电　　话：(0771)2622004

南宁广播电视报
地　　址：南宁市葛村路25号
邮　　编：530022
电　　话：(0771)5622503
传　　真：(0771)5622499

南宁日报
地　　址：南宁市明秀东路38号
邮　　编：530002
电　　话：(0771)3106433
传　　真：(0771)3107085

南宁晚报

地　　址：南宁市嘉宾路 2 号
邮　　编：530028
电　　话：(0771)5530704
传　　真：(0771)5530573

体坛导报

地　　址：桂林市榕湖北路 1 号桂林日报社 3 楼
邮　　编：541001
电　　话：(0773)2832294
传　　真：(0773)2802740

玉林日报

地　　址：玉林市民主中路 6 号
邮　　编：537000
电　　话：(0775)2858672
传　　真：(0775)2817439

海 南 省

公 司 类

海南立大广告有限公司

地　　址：海口市海甸四西路 28 号 1D201 房
邮　　编：570206
负 责 人：宋文荣

海南立华广告有限公司

地　　址：海口市沿江二东路间匀新村 2-206 房
邮　　编：570206
负 责 人：胡远方

海南立特广告有限公司

地　　址：海口市南航西路 20 号 B 栋 C 综合楼 501 室
邮　　编：570206
负 责 人：翟宁

海南立扬广告有限公司

地　　址：海口市海秀路 19 号首力大厦 6C2
邮　　编：570206
负 责 人：杨忆莲

海南丽岛广告有限公司

地　　址：海口市机场路 90 号南景花园 B509 房
邮　　编：570206
负 责 人：陈远志

海南龙马广告有限公司

地　　址：海口市龙昆北路中航大厦 A 座 508 室
邮　　编：570206
负 责 人：丁家虎

海南龙腾虎跃广告有限公司

地　　址：海口市西沙路 23 号亚雯公司办公楼 205 房
邮　　编：570206
负 责 人：贺艳龙

海南绿岛广告有限公司

地　　址：海口市国贸大道国联大厦 A 单元 204
邮　　编：570206
负 责 人：罗文才

广播电视类

海南人民广播电台广告部

地　　址：海口市海秀路 1 号
邮　　编：570206
负 责 人：徐光梓

海南电视台广告部

地　　址：海口市海秀路 1 号
邮　　编：570206
电　　话：(0898)66772252
传　　真：(0898)66719072
负 责 人：王发禄
联 系 人：丘海明

海南广播电视大厦广告部

地　　址：海口市龙华二横路 11 号
邮　　编：570206
负 责 人：陈洪清

海南广播电视服务中心广告部

地　　址：海口市海秀路 1 号
邮　　编：570206
负 责 人：蔡亲蒂

海南广播电视台公共频道广告部

地　　址：海口市南沙路 61 号
邮　　编：570206
负 责 人：张锋

海南广播电视台广告部

地　　址：海口市南航西路 61 号
邮　　编：570206
负 责 人：丘海明

海口广播电视台
地　　址：海口市中沙路15号海口广电大厦
邮　　编：570216
电　　话：(0898)66800066
传　　真：(0898)66802229
负 责 人：火文
联 系 人：韩平

携八方之手、助四海之业，海口广播电视台广告信息中心竭诚与广告客户合作，共同描绘美好蓝图。

儋州市广播电视台广告部
地　　址：儋州市那大文化北路广播电视中心大楼
邮　　编：571700
电　　话：(0898)23881676
传　　真：(0898)23881676
法　　人：洪蔚兴
联 系 人：林学强

儋州市历史悠久，市场繁荣，经济发达，是海南省人口最多、土地面积最大、海岸线最长的市县，是岛西经济、文化中心。经济总量名列全省各市县前茅。

儋州市广播电视台是海南省建台最早、实力最雄厚的市县台之一。

儋州市广播电视台是海南省广播电视系统“先进单位”，1996年国家广电总局授予广播电视“先进市县”称号，1999年全市实现广播电视“村村通”。

当地人，看当地电视！听当地广播！

白沙黎族自治县广播电视台
地　　址：三亚市白沙县平叉镇桥北路2－43号
邮　　编：572800
电　　话：(0898)27723272
负 责 人：韩良元

保亭黎族苗族自治县广播电视台
地　　址：三亚市保亭县保城文明北路
邮　　编：572300
电　　话：(0898)83668888
负 责 人：李文进

昌江黎族自治县广播电视台
地　　址：三亚市昌江县石碌镇人民北路
邮　　编：572700
电　　话：(0898)26622451
负 责 人：苏朝贞

东方市广播电视台
地　　址：东方市东方大道
邮　　编：572600
电　　话：(0898)25528992
负 责 人：赵卫坚

临高县广播电视台
地　　址：三亚市临高县临城镇新镇街
邮　　编：571800
电　　话：(0898)28284253
负 责 人：陈仰新

琼山电视台
地　　址：琼山市中山北路
邮　　编：571100
电　　话：(0898)65898808

琼中黎族苗族自治县广播电视台
地　　址：三亚市琼中县营根镇虎岭
邮　　编：572900
电　　话：(0898)86222424
负 责 人：张昌柏

屯昌县广播电视台（有线）
地　　址：三亚市屯昌县城文化路
邮　　编：571600
电　　话：(0898)63222229

万宁市广播电视台
地　　址：万宁市万城镇文明街
邮　　编：571500
电　　话：(0898)62222396
负 责 人：吴明阳

新闻出版类

海南日报社广告部
地　　址：海口市金盘路30号
邮　　编：570216
电　　话：(0898)66810682
传　　真：(0898)66810111

只有新鲜的才是最好的，深得信赖的黄金广告媒体。

儋州报
地　　址：儋州市委大院
邮　　编：571700
电　　话：(0898)63313562
传　　真：(0898)63311490
负 责 人：王九龙

海风杂志社广告部
地　　址：海口市龙昆北路38号华银大厦917室
邮　　编：570206
负 责 人：陈水雄

海口晚报社广告部
地　　址：海口市南航西路69号晚报新大楼
邮　　编：570206
电　　话：(0898)66829881
负 责 人：彭铁林

海南东方女性杂志社广告部
地　　址：海口市海府路16号亚希大厦1007、1008室
邮　　编：570206
负 责 人：李溢

海南经济报社广告部
地　　址：海口市工业大道东18号永南苑
邮　　编：570206
负 责 人：秦金虎

海南农垦报社广告部
地　　址：海口市海秀路草坡海南农垦院内
邮　　编：570206
负 责 人：冯训强

海南侨报社广告部
地　　址：海口市大同路18号
邮　　编：570206
负 责 人：曾海声

海南声屏报
地　　址：海口市海秀路1号
邮　　编：570206
电　　话：(0898)66790776
传　　真：(0898)66774705

海南特区报社广告部
地　　址：海口市机场西路杭州大厦
邮　　编：570206
负 责 人：章群英

海南特区文摘报社广告部
地　　址：海口市金盘路30号
邮　　编：570206
负 责 人：郭泽福

海南天涯同舟杂志社广告部
地　　址：海口市海府路49号
邮　　编：570206
负 责 人：鲍锋

海南新闻报社
地　　址：海口市龙昆北路华银大厦20层A6
邮　　编：570206
负 责 人：攀雨田

海南医学杂志社广告部
地　　址：海口市海府大道42号
邮　　编：570206
负 责 人：唐彤

四 川 省

公 司 类

成都锐佳广告

地　　址：成都市鼓楼南街世界贸易中心B座504号
邮　　编：610016
电　　话：(028)86613285
传　　真：(028)86629364
负 责 人：田家琳
联 系 人：卿妍

成都锐佳广告有限责任公司成立于1995年，是成都市私营企业协会广告行业分会第一届理事会成员。是一家集广告策划、创意设计、媒介代理、市场营销为一体的综合性广告公司。

锐佳广告凭借一流的策划方案、敏锐的市场洞察和出色的整合营销，在近年来发展迅猛，特别是在药品、保健品行业策划、代理上享誉业界。连续多年被四川省数家媒体评为十佳广告公司。

公司现有员工30余人，人均年龄28岁，人员结构优化，大专学历占60%，本科占34%，硕士以上学历占6%。下设客户部、媒介部、策划部、设计部、营销部等骨干部门。办公环境优越，各类设备精良。

近年来，锐佳广告先后代理策划了三鞭宝胶囊、比你高鞋、曾氏化风丹、雄风胶囊、速立特、神迪鹿胎宝、哈慈多V氏谷精等众多医药保健品牌，并成为步步高、中国移动通信、金正、联想、德赛、好又多量贩、世界贸易中心等知名品牌的良好合作伙伴，深受好评。

四川神韵传播有限责任公司

地　　址：成都市西安中路42号
邮　　编：610072
电　　话：(028)87775967
传　　真：(028)87763131
负 责 人：罗贵生
联 系 人：马键

四川电视台作为西部的强势媒体之一，为适应当今经济全球化和信息多样化的时代特色，在本台广告部的基础上创办了四川神韵有限责任公司。

神韵传播公司主营策划、设计、制作、代理、发布国内外各类广告；制作、发行电视综艺、电视专题、电视动画节目；经营四川影视门户网站——神韵在线，开展电信与互联网信息服务。

四川省巴蜀新形象广告传媒股份有限公司

地　　址：成都市鼓楼南街117号世界贸易中心A座20F
邮　　编：610016
电　　话：(028)86782299
传　　真：(028)86758855
负 责 人：孟兴中
联 系 人：崔敬

十二年悉心砥砺　未来值得期待

四川省国际咨询广告公司

地　　址：成都市金丝街22号长房综合楼3楼
邮　　编：610017
电　　话：(028)86933380
负 责 人：任洪逵
联 系 人：周茂

你的广告到位了吗？如果您希望您的品牌准确到位，欢迎与四川国广联系。

四川天虹广告制作有限责任公司

地　　址：成都市人民南路二段80号
邮　　编：610012
电　　话：(028)85507105
传　　真：(028)85507105−8802
负 责 人：安源
联 系 人：郭晓佳

公司引进先进管理模式，秉承“以人为本”的企业精神，广泛吸纳本土优秀广告人才。时至今日，公司已经发展成为规模宏大、实力雄厚、享誉西南的知名企业。

本公司主要致力于广告设计、策划、制作，同时代理国内外各类品牌的广告发布工作。

我们始终奉守：对完美不懈的努力就是对客户最真挚的承诺！

四川西南航空广告策划有限公司

地　　址：成都人民南路四段领事馆路1号南宜大厦7楼
邮　　编：610041
电　　话：(028)85210995
负 责 人：陈波
联 系 人：秦君

西南航空广告策划有限公司是四川地区成立较早、实力较强的专业性广告公司，2002–2003年度全国广告行业文明单位，全权代理中国国际航空西南分公司、重庆分公司、贵州分公司、西藏分公司的航空广告媒体。

成都博瑞广告有限公司

地　　址：成都市西字宫南街3号
邮　　编：610016
电　　话：(028)86742343
传　　真：(028)86511802
法　　人：孙旭军
负 责 人：郑华
联 系 人：郑华

成都中艺传媒广告有限公司

地　　址：成都市红星中路二段新巷子金山大厦
邮　　编：610021
电　　话：(028)86758809
法　　人：赖洲根

成都中质广告有限责任公司

地　　址：成都市蜀汉路289号
邮　　编：610036
电　　话：(028)87710805
法　　人：余睿

四川佳楠广告有限责任公司

地　　址：成都市一环南三段11号
邮　　编：610000
负 责 人：刘幼楠

四川佳泰商务广告有限公司

地　　址：成都市茶店子横街39号
邮　　编：610036
法　　人：张蓉莉

四川嘉宇广告有限公司

地　　址：成都市金河街57号
邮　　编：610015
电　　话：(028)86272398
法　　人：王芳

四川今日广告传播有限责任公司

地　　址：成都市忠烈祠西街53号
邮　　编：610017
电　　话：(028)85599120
法　　人：罗名中

四川西南国际广告有限公司

地　　址：成都市太升北路58号江信大厦24楼
邮　　编：610017
电　　话：(028)86918618
传　　真：(028)86911588
负 责 人：萧景勋
联 系 人：黄艳红

四川亚美影视广告有限公司

地　　址：成都市平福街2号
邮　　编：610081
电　　话：(028)89963315
负 责 人：彭常安

广播电视类

四川人民广播电台

地　　址：成都市红星中路119号附1号
邮　　编：610017
电　　话：(028)86526629
负 责 人：吴高全

四川电视台

地　　址：成都市西安中路42号
邮　　编：610072
电　　话：(028)87787755
传　　真：(028)87763131
负 责 人：王均
联 系 人：罗贵生

四川教育电视台

地　　址：成都市学道街42号
邮　　编：610016

电　　话：(028)86604960
负 责 人：王及文

四川省有线广播电视台
地　　址：成都市金河街18号
邮　　编：610031
负 责 人：王潞明

四川西部电影电视制作中心
地　　址：成都市一环路南四段12号
邮　　编：610041
负 责 人：唐旭

成都人民广播电台
地　　址：成都市双林路99号
邮　　编：610021
电　　话：(028)84336955
负 责 人：严晓琴
联 系 人：张海涛

唯本质才识真假，独慧眼明鉴英雄。你的慧眼，必定钟情于我。

成都电视台广告部
地　　址：成都市成华区双林路99号
邮　　编：610021
电　　话：(028)86623056
负 责 人：严晓琴
联 系 人：徐启忠

成都交通广播电台
地　　址：成都市双林路99号
邮　　编：610051
电　　话：(028)84334177
传　　真：(028)84314634

成都有线电视台
地　　址：成都市双林路99号
邮　　编：610066
电　　话：(028)86613337
法　　人：蔡宏建

安县广播电视台
地　　址：绵阳市安县安县镇东风路北一巷47号
邮　　编：622650

电　　话：(0816)4223640
传　　真：(0816)4223640
负 责 人：伍炳泽

苍溪县广播电视台
地　　址：广元市苍溪县解放路上段18号
邮　　编：628400
电　　话：(0839)5222510
负 责 人：李云飞

崇州市广播电视台
地　　址：崇州市崇阳镇蜀州北路
邮　　编：611230
电　　话：(028)82273067
负 责 人：方齐忠

达县广播电视台
地　　址：达州市荷叶街158号
邮　　编：635000
电　　话：(0818)2122545
负 责 人：陈尚琼

大邑县广播电视台
地　　址：成都市大邑县广播电视局
邮　　编：611330
电　　话：(028)88222527
负 责 人：白晓天

德阳电视台
地　　址：德阳市泰山南路63号
邮　　编：618000
电　　话：(0838)2201205
传　　真：(0838)2203326

峨眉山市广播电视台
地　　址：峨眉山市名山东路35号
邮　　编：614200
电　　话：(0833)5522763
负 责 人：王世栋

金堂县广播电视台
地　　址：成都市金堂县赵镇三江路297号
邮　　编：610400
电　　话：(028)84983712

负 责 人：罗明寿

九寨沟县广播电视台

地　　址：阿坝藏族羌族自治州九寨沟县中街28号
邮　　编：623400
电　　话：(0837)232601
负 责 人：宋梦臣

马尔康县广播电视台

地　　址：阿坝藏族羌族自治州马尔康县阿底
邮　　编：624000
电　　话：(0837)2822790
负 责 人：扎西

米易县广播电视台

地　　址：攀枝花市米易县灵官山
邮　　编：617200
电　　话：(0812)8172979
负 责 人：余平金

南部县广播电视台

地　　址：南充市南部县隆镇文庙街8号
邮　　编：637300
电　　话：(0817)5523360
负 责 人：鲜碧昌

彭山县广播电视台

地　　址：眉山地区彭山县凤鸣镇环北路
邮　　编：612760
电　　话：(0833)7621184
负 责 人：常争荣

蓬溪县广播电视台

地　　址：遂宁市蓬溪县赤城镇北街44号
邮　　编：621900
电　　话：(0825)5425389
负 责 人：杨贵林

青川县广播电视台

地　　址：广元市青川县乔庄镇政府街
邮　　编：628100
电　　话：(0839)7202592
负 责 人：安仁富

邛崃市广播电视台

地　　址：邛崃市文庙街26号
邮　　编：611530
电　　话：(028)88764909
传　　真：(028)88791392
负 责 人：冯继军

渠县广播电视台

地　　址：达州市渠县渠江镇和平街2号
邮　　编：635200
电　　话：(0818)7322125
负 责 人：张光理

壤塘县广播电视台

地　　址：阿坝藏族羌族自治州壤塘县壤柯镇东街33号
邮　　编：624300
负 责 人：华永东

荣县广播电视台

地　　址：自贡市荣县旭阳镇健康路5号
邮　　编：643100
电　　话：(0813)6201226
负 责 人：曾自强

三台县广播电视台

地　　址：绵阳市三台县潼川镇解放下街20号
邮　　编：621100
电　　话：(0816)5222998
负 责 人：冉体大

射洪县广播电视台

地　　址：遂宁市射洪县太和镇文化路
邮　　编：629200
电　　话：(0825)6623033
负 责 人：王元成

新津县广播电视台

地　　址：成都市新津县武津东路257号
邮　　编：611430
电　　话：(028)82522005
传　　真：(028)82522005
负 责 人：王万涛

盐边县广播电视台
地　　址：攀枝花市盐边县新县城
邮　　编：617100
电　　话：(0812)8653079
负 责 人：李再尧

盐亭县广播电视台
地　　址：绵阳市盐亭县云溪镇新西街34号
邮　　编：621600
电　　话：(0816)7222825
负 责 人：马家舜

盐源县广播电视台
地　　址：凉山州盐源县盐井镇政府街13号
邮　　编：615700
电　　话：(0834)322371
负 责 人：马万龙

营山县广播电视台
地　　址：南充市营山县翠屏山
邮　　编：638150
电　　话：(0817)8221844
负 责 人：王勇

自贡电视广告中心
地　　址：自贡市汇东新区文化路广电大厦2楼广告中心
邮　　编：643000
电　　话：(0813)8109430
传　　真：(0813)8109400

新闻出版类

华西都市报
地　　址：成都市红星中路二段70号
邮　　编：610012
电　　话：(028)86969251

《华西都市报》创刊9年，广告收入突飞猛进，从1995年的1000万迅速攀升至2003年的4.3亿，被中国广告协会评为全国“百强媒体”，成为西部广告收入最大的媒体之一。

《中国输血杂志》编辑部
地　　址：成都市人民北路肖家村三巷
邮　　编：610081
电　　话：(028)83373857
负 责 人：王憬惺

《中国胸心血管外科临床杂志》编辑部
地　　址：成都市国学巷37号
邮　　编：610041
电　　话：(028)85422502
负 责 人：石应康

《中国沼气》编辑部
地　　址：成都市人民南路四段13号
邮　　编：610041
电　　话：(028)85230681
法　　人：赵跃新

《中华文化论坛》编辑部
地　　址：成都市一环路西一段155号省社科院内
邮　　编：610071
电　　话：(028)87010104
负 责 人：陈军民

《中华眼底病》杂志社
地　　址：成都市国学巷37号
邮　　编：610041
电　　话：(028)85422535
法　　人：江影

《中学生读写》编辑部
地　　址：成都市盐道街3号
邮　　编：610016
电　　话：(028)86665776
法　　人：李义兴

成都日报社
地　　址：成都市庆云南街19号
邮　　编：610021
电　　话：(028)86740211
法　　人：何华章

达州晚报
地　　址：达州市通川中路118号
邮　　编：635000
电　　话：(0818)2377187

传　　真：(0818)2377187

电子报

地　　址：成都市金河街75号
邮　　编：610015
电　　话：(028)86131921
传　　真：(028)86131921

电子文摘报

地　　址：成都市抚琴东南路10号
邮　　编：610015
电　　话：(028)87778793

广元日报

地　　址：广元市利州东路899号
邮　　编：628017
电　　话：(0839)3307336
传　　真：(0839)3301747

眉山日报

地　　址：眉山地区市中区
邮　　编：620020
电　　话：(0833)8813578
传　　真：(0833)8113186

绵阳广播电视报

地　　址：绵阳市解放街3号
邮　　编：621000
电　　话：(0816)2222047
传　　真：(0816)2222047

绵阳日报

地　　址：绵阳市建设街8号
邮　　编：621000
电　　话：(0816)2263777
传　　真：(0816)2265558

南充日报

地　　址：南充市文化路213号
邮　　编：637000
电　　话：(0817)2222014

商务早报

地　　址：成都市桂王桥西街25号瑞达电器商城4楼
邮　　编：610017
电　　话：(028)86780382
传　　真：(028)86622451

四川金融投资报

地　　址：成都市红星路二段70号
邮　　编：610012
电　　话：(028)86758900-4704
传　　真：(028)86625545

四川林业报

地　　址：成都市人民北路一段15号
邮　　编：610081
电　　话：(028)83222224

四川农村日报社

地　　址：成都市红星路二段70号
邮　　编：610012
电　　话：(028)86968406

四川日报社

地　　址：成都市红星路2段70号
邮　　编：610012
电　　话：(028)86968236
联 系 人：李兰

四川消防报

地　　址：成都市清江路
邮　　编：610041
电　　话：(028)86303744

晚霞报

地　　址：成都市新华大道通锦桥路89号
邮　　编：610031
电　　话：(028)86275743
传　　真：(028)86275362

文摘周报

地　　址：成都市红星路二段70号
邮　　编：610012
电　　话：(028)86968515
传　　真：(028)86968517

西南航空杂志

地　　址：成都市人民南路四段领事馆路2号南谊大厦7楼
邮　　编：610041
电　　话：(028)85210429

现代预防医学杂志社

地　　址：成都市人民南路三段17号
邮　　编：610041
电　　话：(028)85501291
负 责 人：张朝武

自贡日报

地　　址：自贡市自流井区檀木林街85号
邮　　编：643000
电　　话：(0813)2206401
传　　真：(0813)2207368

贵州省

公司类

贵阳百灵鸟广告有限公司
地　　址：贵阳市花果园后街115号
邮　　编：550001
电　　话：(0851)6509695
负 责 人：宋晓红

贵阳狄亚广告策划有限公司
地　　址：贵阳市瑞金南路755号
邮　　编：550002
电　　话：(0851)5665886
负 责 人：谭军

贵阳风雅广告有限公司
地　　址：贵阳市延安东路新编1号
邮　　编：550002
电　　话：(0851)5874110
负 责 人：李向阳

贵阳广元泰广告有限公司
地　　址：贵阳市小河中兴苑北苑三单元
邮　　编：550009
电　　话：(0851)3837999
负 责 人：谭元祥

贵阳红方广告有限公司
地　　址：贵阳市黔灵西路62号
邮　　编：550001
电　　话：(0851)6570316
负 责 人：吴耕

贵阳红马广告艺术有限公司
地　　址：贵阳市枣山路77号
邮　　编：550002
电　　话：(0851)6517098
负 责 人：李筑贵

贵州北斗星广告策划有限公司
地　　址：贵阳市富水南路89号
邮　　编：550002
电　　话：(0851)5876096
负 责 人：漆云庆

广播电视类

贵州人民广播电台广告部
地　　址：贵阳市青云路259号
邮　　编：550002
电　　话：(0851)5982308
传　　真：(0851)5984899
负 责 人：蒋经林

贵州电视台广告部
地　　址：贵阳市神奇路27号
邮　　编：550002
电　　话：(0851)5985108
传　　真：(0851)5981345
负 责 人：毛晓明
联 系 人：林琦

发现西部黄金卫视：贵州卫视，国内第一家定位为西部区域媒体的省级卫视，全面覆盖西部12省，将凭借西部的收视优势，全力协助客户开拓展西部市场。

贵阳电视台广告部
地　　址：贵阳市遵义路毕节地区广电大厦
邮　　编：550002
电　　话：(0851)5825951
负 责 人：刘宝静

贵阳有线广播电视台广告部
地　　址：贵阳市遵义路15号
邮　　编：550002
负 责 人：张立新

盘县广播电视台

地　　址：六盘水市盘县特区城关镇民主路
邮　　编：561600
电　　话：(0858)3223004
负 责 人：唐先林

清镇市广播电视台

地　　址：清镇市红枫镇青龙路 8 号
邮　　编：551400
电　　话：(0851)2521616
传　　真：(0851)2521616
负 责 人：刘虹

新闻出版类

贵阳晚报社

地　　址：贵阳市中山东路 54 号贵阳晚报广告部
邮　　编：550002
电　　话：(0851)5813858
联 系 人：陈勇

好新闻真正最多；覆盖面真正最广；发行量真正最大；回报率真正最高。

贵州日报社广告处

地　　址：贵阳市宝山北路 372 号
邮　　编：550001
电　　话：(0851)6776840
联 系 人：郑文灿

细节，往往更关键。

贵州广播电视报

地　　址：贵阳市青云路 271 号
邮　　编：550002
电　　话：(0851)5981626
传　　真：(0851)5981626

遵义晚报

地　　址：遵义市红花岗路 39 号
邮　　编：563000
电　　话：(0852)8227812
传　　真：(0852)8224385

云 南 省

公 司 类

昆明公交汽车公司广告部
地　　址：昆明市人民西路28号
邮　　编：650031
电　　话：(0871)5326585
传　　真：(0871)5314554
负 责 人：余庆荣

云南爱德华广告有限公司
地　　址：昆明市西园路云卢大厦4楼
邮　　编：650032
电　　话：(0871)4183881
法　　人：常茂

云南安博广告策划有限公司
地　　址：昆明市护国路22号省科协大楼11—10至11—16号
邮　　编：650021
电　　话：(0871)3138023
法　　人：孙祥兵

云南安宁润地广告有限责任公司
地　　址：安宁市中华路163号
邮　　编：650300
电　　话：(0871)8685165
负 责 人：赵永方

云南白马广告有限公司
地　　址：昆明市云瑞西路49号胜利堂院内
邮　　编：650021
电　　话：(0871)3647772
法　　人：丁辉

云南白马广告有限公司设计制作部
地　　址：昆明市云瑞西路49号胜利堂
邮　　编：650021
电　　话：(0871)3623255
法　　人：钟云峰

云南百胜广告策划有限公司
地　　址：昆明市丹霞路集成大厦11楼B座
邮　　编：650118
电　　话：(0871)5385131
法　　人：王丽蓉

云南百通广告有限公司
地　　址：昆明市西园路云卢大厦2楼
邮　　编：650043
电　　话：(0871)4183655
法　　人：杜朝奎

云南百洋广告有限公司
地　　址：昆明市双龙桥12号龙江苑9楼
邮　　编：650011
电　　话：(0871)3197872
法　　人：龚成昆

云南邦威广告有限公司
地　　址：昆明市人民中路32—34号如意大厦8楼B座
邮　　编：650034
电　　话：(0871)6710697
法　　人：温培胜

云南报业广告有限公司
地　　址：昆明市新闻路307号
邮　　编：650032
电　　话：(0871)4164515
法　　人：孙振华

云南本元广告有限公司
地　　址：昆明市人民西路315号
邮　　编：650118
电　　话：(0871)5353298
法　　人：朱佳佳

云南博一广告公司

地　　址：昆明市西昌路206号(成都军区大观干休所内)
邮　　编：650032
电　　话：(0871)5317743
法　　人：贺黎明

云南策众广告有限公司

地　　址：昆明市北京路445号德春电信城四楼
邮　　编：650011
电　　话：(0871)3175886
法　　人：唐秀聪

云南昌弘广告有限公司

地　　址：昆明市白云路555号金利园921栋2单元
邮　　编：650021
电　　话：(0871)5709351
法　　人：赵瑞俊

云南崇优广告有限公司

地　　址：昆明市环城西路42号208室
邮　　编：650031
电　　话：(0871)5311298
法　　人：张俊

云南楚天广告传播有限公司

地　　址：昆明市西坝路81号2楼
邮　　编：650032
电　　话：(0871)8255038
法　　人：胡宾

云南创彩广告信息有限公司

地　　址：昆明市凤煮街口金联大厦11楼D座
邮　　编：650031
电　　话：(0871)5350917
法　　人：徐洪

云南大藏广告有限公司

地　　址：昆明市北京路银海国际公寓C座1701–1702号
邮　　编：650200
电　　话：(0871)3176977
法　　人：罗利坚

云南大方广告策划公司

地　　址：昆明市西站省交通厅大门口侧
邮　　编：650031
电　　话：(0871)5321289
法　　人：张孝坤

云南电视发展公司

地　　址：昆明市人民西路51号
邮　　编：650031
电　　话：(0871)5319597
法　　人：王荐

云南东部广告有限公司

地　　址：昆明市环城西路1号
邮　　编：650031
电　　话：(0871)5314999
法　　人：孙永祥

云南东鑫广告策划有限公司

地　　址：昆明市北京路104号
邮　　编：650200
法　　人：杨文军

云南多维广告有限公司

地　　址：昆明市西园路云卢大厦616、617、618
邮　　编：650033
电　　话：(0871)4183517
法　　人：王青

云南方圆广告有限公司

地　　址：昆明市人民西路322号红联商业大厦4楼
邮　　编：650031
电　　话：(0871)5333034
法　　人：赵清

云南飞宇广告有限公司

地　　址：昆明市北京路延长线525号11–604号
邮　　编：650224
电　　话：(0871)5645777
法　　人：张涛

云南丰赢广告有限公司

地　　址：昆明市环城西路1号
邮　　编：650031
电　　话：(0871)5305701

法　　人：李杰

云南风范广告有限公司

地　　址：昆明市新闻路377号
邮　　编：650032
电　　话：(0871)4126072
法　　人：王天辅

云南风鸣广告艺术有限公司

地　　址：昆明市穿金路43号附1号
邮　　编：650224
电　　话：(0871)5707841
法　　人：赵建彪

云南风行广告有限公司

地　　址：昆明市白云路张官营雄风汽车工贸有限公司三楼
邮　　编：650231
电　　话：(0871)5705786
法　　人：安源钰

云南富瑞登广告有限公司

地　　址：昆明市新闻路云南日报大厦11楼
邮　　编：650032
电　　话：(0871)4143573
法　　人：刘刚

云南广告策划公司

地　　址：昆明市西麦路集成花园7栋101室
邮　　编：650031
电　　话：(0871)5379005
法　　人：赖翔

云南广告咨询服务公司

地　　址：昆明市新闻路226号
邮　　编：650032
电　　话：(0871)4161833
法　　人：胡杰

云南国邦广告有限马公司

地　　址：昆明市交林路春晖小区6栋2单元303室
邮　　编：650118
电　　话：(0871)6699515
法　　人：肖毅

云南海韵广告有限公司

地　　址：昆明市丹霞路集成大厦8楼B座
邮　　编：650118
电　　话：(0871)5373490
法　　人：田冀庄

云南航空广告公司

地　　址：昆明市民航机场
邮　　编：650200
电　　话：(0871)7113650
负 责 人：康建川

云南皓宇广告有限公司

地　　址：昆明市白塔路延长线278号
邮　　编：650051
电　　话：(0871)3187572
法　　人：吕云江

云南皓月广告有限公司

地　　址：昆明市穿金路麻线营小区农贸市场2—3号
邮　　编：650224
电　　话：(0871)5126656
法　　人：范云福

云南和乐广告有限公司

地　　址：昆明市世纪广场C区7楼D座
邮　　编：650021
电　　话：(0871)3637799
法　　人：杨远

云南鸿浩广告有限公司

地　　址：昆明市新迎路172号官房大酒店4F
邮　　编：650233
电　　话：(0871)3395664
法　　人：魏明全

云南华恒广告有限公司

地　　址：昆明市北京路花园13栋5—1号
邮　　编：650024
电　　话：(0871)5645888
法　　人：蒋重明

云南华麟广告有限公司

地　　址：昆明市白云路380号滇源大厦7楼701室
邮　　编：650224
电　　话：(0871)3193146
法　　人：马艺珂

云南华龙广告有限公司
地　　址：昆明市金星小区155幢1单元102号
邮　　编：650031
电　　话：(0871)3611175
法　　人：李淑媛

云南华年广告有限公司
地　　址：昆明市西园北路1号东路饭店10楼
邮　　编：650032
电　　话：(0871)4141560
法　　人：胡正琼

云南华视广告有限公司
地　　址：昆明市环城西路611号广东发展银行五楼
邮　　编：650034
电　　话：(0871)4107454
法　　人：保明华

云南辉煌广告有限公司
地　　址：昆明市丹霞路集成大厦9楼A座
邮　　编：650118
电　　话：(0871)5376805
法　　人：马林

云南集翔广告有限公司
地　　址：昆明市人民东路延长线大树营6号
邮　　编：650024
电　　话：(0871)3364218
法　　人：张凌

云南佳源广告有限公司
地　　址：昆明市关上银海花园北区八栋1单元1层E座
邮　　编：650051
电　　话：(0871)3177388
法　　人：范雁川

云南交通旅游广告有限公司
地　　址：昆明市西站16号省交通旅游总公司大厦11楼
邮　　编：650031
法　　人：周森

云南经济新闻广告公司
地　　址：昆明市东风东路209号
邮　　编：650041
电　　话：(0871)3385746
法　　人：杨春阳

云南经展广告有限公司
地　　址：昆明市东风东路延长线省经贸委大楼4楼
邮　　编：650041
电　　话：(0871)3325513
法　　人：陶文清

云南精诚广告有限公司
地　　址：昆明市棕树营四组团十四懂601号
邮　　编：650118
电　　话：(0871)5318219
法　　人：郭辉

云南九鼎广告公司
地　　址：昆明市东郊路63号东煌酒店301—310号
邮　　编：650041
电　　话：(0871)3322052
法　　人：陆刚

云南开疆广告有限公司
地　　址：昆明市白马小区城建组团6幢3单元
邮　　编：650118
电　　话：(0871)8216503
法　　人：赵剑锋

云南康博广告有限公司
地　　址：昆明市环城西路96号
邮　　编：650031
电　　话：(0871)5333414
法　　人：李德明

云南康道广告媒体有限公司
地　　址：昆明市关上北路宝海公寓A栋三单元501号
邮　　编：650200

电　　话：(0871)7180657
法　　人：王旭明

云南蓝马广告公司

地　　址：昆明市和平路24号
邮　　编：650041
电　　话：(0871)5399364
法　　人：罗江林

云南蓝鲨广告有限公司

地　　址：昆明市北京路延长线汇峰大厦A座603号
邮　　编：650051
法　　人：李明

云南联合利丰广告有限公司

地　　址：昆明市人民西路168号
邮　　编：650031
电　　话：(0871)5321760
法　　人：魏劲松

云南亮点广告有限公司

地　　址：昆明市恒信花园D栋406室
邮　　编：650034
电　　话：(0871)6793056
法　　人：陈晓芩

云南龙腾广告有限公司

地　　址：昆明市人民中路34-36号如意大厦17楼
邮　　编：650021
电　　话：(0871)3648095
法　　人：张济云

广播电视类

昆明人民广播电台

地　　址：昆明市丹霞路新闻中心12层
邮　　编：650118
电　　话：(0871)5392100

安宁市广播电视台

地　　址：安宁市会堂
邮　　编：650300
电　　话：(0871)8699242
传　　真：(0871)8682209
负 责 人：李荣富

保山市广播电视台

地　　址：保山市隆阳路口
邮　　编：678000
电　　话：(0875)2161114
传　　真：(0875)2162693

澄江县广播电视台

地　　址：玉溪市澄江县
邮　　编：650000
电　　话：(0877)9066847
负 责 人：陈云雪

大关县广播电视台

地　　址：昭通市大关县
邮　　编：657400
电　　话：(0870)5623747
负 责 人：刘雾

大姚县广播电视台

地　　址：楚雄州大姚县城向家巷
邮　　编：675400
电　　话：(0878)6222955
负 责 人：姜泽文

峨山彝族自治县广播电视台

地　　址：玉溪市峨山县
邮　　编：653200
电　　话：(0877)4011788
负 责 人：明映华

福贡县广播电视台

地　　址：怒江州福贡县
邮　　编：673400
电　　话：(0886)3411494
负 责 人：黄福生

富民县广播电视台

地　　址：昆明市富民县
邮　　编：650400
电　　话：(0871)8813456
负 责 人：吕自华

华宁县广播电视台

地　　址：玉溪市华宁县
邮　　编：652800
电　　话：(0877)5018344
负 责 人：桂家有

华坪县广播电视台

地　　址：丽江地区华坪县中心镇正东街119号
邮　　编：674800
电　　话：(0888)6121940
传　　真：(0888)6121451
负 责 人：陈德军

江川县广播电视台

地　　址：玉溪市江川县
邮　　编：652600
电　　话：(0877)8011180
负 责 人：杨生明

晋宁县广播电视台

地　　址：昆明市晋宁县
邮　　编：650600
电　　话：(0871)7892328
负 责 人：陈伟

景洪市广播电视台

地　　址：西双版纳州景洪市
邮　　编：666100
电　　话：(0691)2125413
负 责 人：唐燕飞

丽江纳西族自治县广播电视台

地　　址：丽江地区丽江县大研镇狮子山
邮　　编：674100
电　　话：(0888)5122386
传　　真：(0888)5122386
负 责 人：王华

鲁甸县广播电视台

地　　址：昭通市鲁甸县
邮　　编：657100
电　　话：(0870)8121275
负 责 人：马武军

绿春县广播电视台

地　　址：红河州绿春县
邮　　编：662500
电　　话：(0619)4221381
负 责 人：方三保

勐海县广播电视台

地　　址：西双版纳州勐海县
邮　　编：666200
电　　话：(0691)5124262
负 责 人：段金华

勐腊县广播电视台

地　　址：西双版纳州勐腊县
邮　　编：666300
电　　话：(0691)8122963
负 责 人：杨斌

蒙自县广播电视台

地　　址：红河州蒙自县
邮　　编：661100
电　　话：(0873)3643040
负 责 人：周光明

弥勒县广播电视台

地　　址：红河州弥勒县
邮　　编：652300
电　　话：(0873)6126091
负 责 人：岳玉宗

巧家县广播电视台

地　　址：昭通市巧家县
邮　　编：654600
电　　话：(0870)7122158
负 责 人：黄国祥

玉溪电视台

地　　址：玉溪市红塔路41号玉溪电视大楼6楼玉溪会堂右侧
邮　　编：653100
电　　话：(0877)2024549
传　　真：(0877)2038474

元阳县广播电视台

地　　址：红河州元阳县
邮　　编：662400
电　　话：(0873)5642300
负 责 人：罗丕戛

昭通电视台

地　　址：昭通市龙泉路68号广播电视局
邮　　编：657000
电　　话：(0870)2124973
传　　真：(0870)2121247

新闻出版类

云南日报报业集团广告处

地　　址：昆明市新闻路337号
邮　　编：650032
电　　话：(0871)4161161
传　　真：(0871)4141748
负 责 人：武焕群
联 系 人：刘运龙

云南日报报业集团是云南报业极具实力的龙头企业，现有《云南日报》、《春城晚报》、《滇池晨报》、《文摘周刊》、《大观周刊》、《大众消费报》、《民族时报》、《云南经济日报》、《云南科技报》和云南日报网络版等媒体。拥有450多名各类专业高级职称人才和先进的采编平台、卫星传版、激光照排、彩色印刷等设施，支持集团事业的快速发展。

诚信是我们合作的基础，发展是我们共同的愿望。

《生活新报》社

地　　址：昆明市新闻路129号金马源大厦5楼
邮　　编：650032
电　　话：(0871)4197442
传　　真：(0871)4158482
联 系 人：何幸梅

创刊于1999年，平均日出4开40版，15万份的日发量，60余万稳定的受众群体………

着眼云南＋看准生活。

奥秘杂志

地　　址：昆明市护国路28号
邮　　编：650021
电　　话：(0871)3186954
负 责 人：高崇华

红河日报社

地　　址：个旧市金湖东路
邮　　编：661000
电　　话：(0873)2122324

建材发展导向杂志

地　　址：昆明市龙泉路上马村云南省建材科研设计院内
邮　　编：650221
电　　话：(0871)5116489
传　　真：(0871)5148657

蜜蜂杂志

地　　址：昆明市江岸小区
邮　　编：650223
电　　话：(0871)5134014

女性大世界杂志社

地　　址：昆明市西坝路3号
邮　　编：650032
电　　话：(0871)4145494
传　　真：(0871)4109385
负 责 人：先燕云

云南交通报

地　　址：昆明市环城西路1号
邮　　编：650031
传　　真：(0871)5358204
负 责 人：张弼寻

云南民族报社

地　　址：昆明市新闻路125号
邮　　编：650032
传　　真：(0871)4108733

云南政协报

地　　址：昆明市翠湖南路94号
邮　　编：650031
电　　话：(0871)5160165

昭通报

地　　址：昭通市迎丰路49号
邮　　编：657000
电　　话：(0870)2158276

陕 西 省

公 司 类

西安咸阳国际机场广告有限责任公司

地　　址：西安市莲湖区沣镐路2号
邮　　编：710082
电　　话：(029)88701328
传　　真：(029)88700681
负 责 人：李永
联 系 人：韩飞

以我们的“知名”筑造您企业的品牌。

欢迎有诚意的广告公司和我们进行广泛而深入的合作，共创更加美好的未来。

延安华科广告有限公司

地　　址：延安市中心街新华楼六楼
邮　　编：716000
电　　话：(0911)2131203
传　　真：(0911)2128328
法　　人：郭占军
负 责 人：郭占军

专业的我们使你高瞻远瞩。

陕西巨象广告有限公司

地　　址：西安市南二环含光路十号
邮　　编：710065
电　　话：(029)88255555
传　　真：(029)88256666
法　　人：王辉
负 责 人：王辉
联 系 人：王伟

陕西泽盛广告有限公司

地　　址：西安市万国花园
邮　　编：710001
电　　话：(029)88271165
负 责 人：杨建军

陕西占子河广告公司

地　　址：西安市团结东路甲1号付22号
邮　　编：710082
电　　话：(029)88612894
负 责 人：何北京

陕西正方广告有限责任公司

地　　址：西安市长乐西路唐瓷北巷52号
邮　　编：710032
电　　话：(029)88547806
负 责 人：马黎清

陕西志成广告文化艺术有限责任公司

地　　址：西安市文艺北路98号
邮　　编：710054
负 责 人：吴正民

陕西智邦广告有限责任公司

地　　址：西安市友谊西路44号
邮　　编：710068
电　　话：(029)85382211
负 责 人：邢华莹

陕西智扬广告文化传播有限责任公司

地　　址：西安市含光路33号C座
邮　　编：710065
负 责 人：张华

陕西中策广告资讯有限责任公司

地　　址：西安市劳动南路19号
邮　　编：710068
负 责 人：沈萍

陕西中时联和报业广告有限公司

地　　址：西安市高新开发区糜家桥小区5号楼
邮　　编：710043
电　　话：(029)88242232
负 责 人：殷斌宁

西安麦道广告有限公司

地　　址：西安市西华门一号凯爱大厦B座8层

邮　　编：710003
电　　话：(029)87201978
负 责 人：范雨
联 系 人：王娜

西安美灵广告有限责任公司

地　　址：西安市雁塔路北段秋林大酒店626室
邮　　编：710004
电　　话：(029)88270032
传　　真：(029)87411048
负 责 人：杨超

西安元中广告有限公司

地　　址：西安市环城南路西段29号
邮　　编：710068
负 责 人：王威

广播电视类

陕西人民广播电台广告中心

地　　址：西安市长安南路76号
邮　　编：710061
电　　话：(029)85339378
传　　真：(029)85256790
负 责 人：刘卫星
联 系 人：杨利

陕西电视台广告中心

地　　址：西安市长安南路493号航天大厦2A层
邮　　编：710061
电　　话：(029)85269602
传　　真：(029)85220077
负 责 人：张晓
联 系 人：张昕

成功,实力很重要，捷径,让成功加速!

市场瞬息万变风云莫测，如何迅速提升品牌影响力?

选择媒体进行有效传播是关键!

8个频道的专业构架提供不同需求的服务。新闻综合频道、都市青春频道、经济资讯频道、影视娱乐频道、公共·政法频道、科教文频道、体育健康频道。

陕西电视节目交流中心

地　　址：西安市报恩寺街38号
邮　　编：710002
电　　话：(029)87619053
负 责 人：李蓁

西安电视台

地　　址：西安市大南门外振兴路付7号
邮　　编：710068
电　　话：(029)88402388
传　　真：(029)88403886

西安电视广告中心

地　　址：西安市长安北路39号开成大厦9楼
邮　　编：710061
电　　话：(029)85266085
传　　真：(029)85266988
法　　人：马俊杰
负 责 人：席正宙
联 系 人：席正宙

西安教育电视台

地　　址：西安市东大街菊花园36号11楼
邮　　编：710001
电　　话：(029)87211071
负 责 人：魏健

延安广播电视台广告经济部

地　　址：延安市东关街广电中心
邮　　编：716000
电　　话：(0911)2316091
传　　真：(0911)2316091
负 责 人：李志昌

延安市广播电视台是2001年7月，在原延安电视台、延安有线电视台、延安人民广播电台基础上改革重组而成的一个全新的圣地强势传媒，设置有新闻综合频道、经济生活服务频道、广播频道（频率）三个专业化频道。全天18个小时画面清晰、音质标准的电视和广播信号已传输到全市13个县（区），覆盖率分别为89.53%和91.55%。

定边县广播电视台

地　　址：榆林地区定边镇东正街1号
邮　　编：718600
电　　话：(0912)4224775
负 责 人：赵文斌

韩城市广播电视台
地　　址：韩城市新城区
邮　　编：715401
电　　话：(0913)5211342
传　　真：(0913)5216003
负 责 人：李娜

临潼区电视台
地　　址：西安市临潼区北大街103号
邮　　编：710600
电　　话：(029)83812783
负 责 人：宋光明

新闻出版类

《女友》杂志社
地　　址：西安市育才路57号
邮　　编：710054
电　　话：(029)85511695
传　　真：(029)85581940
负 责 人：张若一
联 系 人：蔡林

1988年女友杂志社成立，同时诞生了《女友》月刊。创刊伊始，《女友》即受到了青年读者朋友的喜爱。她坚持探索与追求，常变常新，风格独特。15年来，《女友》两次进入选“全国百种重点社科期刊”，两次进入“全国读者最喜爱的十家杂志”，荣膺中国期刊方阵最高层次“双高期刊”荣誉称号，并获得期刊最高奖项—“国家期刊奖”。她以鲜明的特色、较高的文化含量和文化品位，以信息、知识、思想和审美的高要求、高标准，精美的装帧设计和印刷，突出而成功的广告质量和效应，造就了自己的品牌优势。

《陕西金融》编辑部
地　　址：西安市解放路159号
邮　　编：710004
电　　话：(029)87423502
负 责 人：周锦如

《陕西农业科技》编辑部
地　　址：西安市杨凌示范区杨武路3号
邮　　编：712100
电　　话：(029)87098734
法　　人：雷瑞德

《陕西收藏》杂志社
地　　址：西安市西七路85号
邮　　编：710004
电　　话：(029)87269003
负 责 人：王菊莉

《陕西水利》编辑部
地　　址：西安市尚德路150号
邮　　编：710004
电　　话：(029)87446206
负 责 人：余东勤

《陕西中医》编辑部
地　　址：西安市西华门20号
邮　　编：710003
电　　话：(029)87257807
负 责 人：王建良

工商与市场杂志
地　　址：西安市东郊永乐路4号
邮　　编：710032
电　　话：(029)87218189
负 责 人：田中智
联 系 人：汪继军

汉中日报
地　　址：汉中市中山街41号
邮　　编：723000
电　　话：(0916)2513446
传　　真：(0916)2513446

华商报社
地　　址：西安市含光北路156号
邮　　编：710068
电　　话：(029)88429173
传　　真：(029)88429201
法　　人：张富汉
负 责 人：张富汉
联 系 人：相伟

陕西电话号码薄局
地　　址：西安市南郊吉祥路39号

邮　　编：710065
电　　话：(029)88223444
负 责 人：朱西京

陕西各界杂志社

地　　址：西安市建国路信义巷13号
邮　　编：710001
电　　话：(029)84248476
负 责 人：谷虹

陕西工人报

地　　址：西安市莲湖路143号
邮　　编：710003
电　　话：(029)87344613
传　　真：(029)87344613
负 责 人：段文哲

陕西广播电视报

地　　址：西安市太白南路181号西部电子信息产业城工业写字楼A座C区5层
邮　　编：710065
电　　话：(029)88237847
传　　真：(029)88230201

陕西建筑报社

地　　址：西安市北大街171号
邮　　编：710003
电　　话：(029)87215191－2382
负 责 人：李西敏

陕西健康导报社

地　　址：西安市太白小区甲15号楼
邮　　编：710068
电　　话：(029)88227207
负 责 人：彭红英

陕西教育报刊社

地　　址：西安市药品洞119号
邮　　编：710003
电　　话：(029)87316589
负 责 人：张楠

陕西科技报社

地　　址：西安市西药王洞119号
邮　　编：710003
电　　话：(029)87347875
负 责 人：赵兴堂

陕西旅游出版社

地　　址：西安市长安北路32号
邮　　编：710061
电　　话：(029)85252285
负 责 人：王巨川

陕西农民报

地　　址：西安市环城南路东段1号
邮　　编：710054
电　　话：(029)82214910
负 责 人：吴保恒

陕西人民美术出版社广告部

地　　址：西安市北大街131号
邮　　编：710003
电　　话：(029)87211086
负 责 人：田野

陕西日报广告处

地　　址：西安市东大街334号
邮　　编：710001
电　　话：(029)87255899
传　　真：(029)87215262
负 责 人：尹维祖
联 系 人：刘玉林

陕西医学检验杂志

地　　址：西安市友谊西路214号省医院内
邮　　编：710068
电　　话：(029)85216794
负 责 人：刘延龄

陕西邮电报社

地　　址：西安市朱雀大街185号
邮　　编：710061
电　　话：(029)85210546
负 责 人：党剑钊

陕西有线电视杂志社

地　　址：西安市咸宁西路28号

邮　　编：710048
电　　话：(029)82667927
负 责 人：王文生

商洛报（周末版）
地　　址：商州市北新街西段
邮　　编：726000
电　　话：(0914)2313480

西安日报社
地　　址：西安市太阳庙门街43号
邮　　编：710002
电　　话：(029)87618162
传　　真：(029)87618162
法　　人：陈浩
负 责 人：陈浩
联 系 人：张浩然

西安晚报社广告部
地　　址：西安市南四府街9号
邮　　编：710002
电　　话：(029)87620616
传　　真：(029)87620616
负 责 人：王长安
联 系 人：张浩然

西北信息报
地　　址：西安市陕西省人民政府院内
邮　　编：710004
电　　话：(029)87292915

延安日报
地　　址：延安市南关街84号
邮　　编：716000
电　　话：(0911)2113936
传　　真：(0911)2113936

甘 肃 省

公 司 类

甘肃尔雅广告文化有限公司

地　　址：兰州市城关区临夏路
邮　　编：730000
电　　话：(0931)8849963
负 责 人：朱涛
联 系 人：高燕文

甘肃凡之广告传播有限公司

地　　址：兰州市城关区鑫源大厦 701 室
邮　　编：730000
电　　话：(0931)3994330
负 责 人：孟凡芝
联 系 人：郑法

甘肃福宇广告有限公司

地　　址：兰州市城关区民主西路 98 号
邮　　编：730000
电　　话：(0931)8850714
传　　真：(0931)8850714
负 责 人：谢峰峪
联 系 人：谢峰峪

甘肃恒安广告有限公司

地　　址：兰州市城关区白银路 81 号
邮　　编：730000
电　　话：(0931)8861479
负 责 人：张丽英
联 系 人：张丽英

甘肃恒发之路广告有限公司

地　　址：兰州市城关区中街字 91 号
邮　　编：730000
电　　话：(0931)8467708
传　　真：(0931)8485638
负 责 人：常承宗
联 系 人：高亮

甘肃恒升创意广告有限公司

地　　址：兰州市城关区东郊巷 26 号
邮　　编：730000
电　　话：(0931)8727006
负 责 人：苏桂英
联 系 人：苏桂英

甘肃红富源广告策划有限公司

地　　址：兰州市城关区雁滩家俱市场
邮　　编：730000
电　　话：(0931)8513358
负 责 人：田力
联 系 人：田力

甘肃张洋广告装饰有限公司

地　　址：兰州市城关区永昌路 314 号
邮　　编：730000
负 责 人：张海龙
联 系 人：张海龙

甘肃振兴广告设计公司

地　　址：兰州市城关区民勤街 50 号
邮　　编：730000
电　　话：(0931)4640990
负 责 人：谢程
联 系 人：张平

甘肃知舟广告有限公司

地　　址：兰州市城关区东岗东路 1234 号
邮　　编：730000
负 责 人：杨广城
联 系 人：李健

甘肃智能广告策划有限公司

地　　址：兰州市城关区平凉路 286 号
邮　　编：730000
负 责 人：苗文莉
联 系 人：唐峻

广播电视类

甘肃电视台广告中心

地　　址：兰州市东岗西路226号
邮　　编：730000
电　　话：(0931)8262009
负 责 人：刘兴平
联 系 人：林琴

甘肃电视台都市频道

地　　址：兰州市城关区东岗西路226号
邮　　编：730000
电　　话：(0931)8274909
负 责 人：张建伟
联 系 人：徐晓敏

甘肃矿区电视台

地　　址：兰州市508信箱甲38号
邮　　编：732850
电　　话：(0931)6765688
传　　真：(0931)6766034
联 系 人：李川海

兰州人民广播电台

地　　址：兰州市城至区庆阳路54号
邮　　编：730030
电　　话：(0931)8883743
传　　真：(0931)8883730

兰州电视台

地　　址：兰州市城关区庆阳路54号
邮　　编：730000
电　　话：(0931)8824347
传　　真：(0931)8415252
负 责 人：何涛
联 系 人：张富祥

兰州广播电视传播中心

地　　址：兰州市城关区庆阳路54号
邮　　编：730000
电　　话：(0931)8411620
负 责 人：庄历
联 系 人：庄历

新闻出版类

甘肃日报社

地　　址：兰州市白银路47号
邮　　编：730030
电　　话：(0931)8159066
联 系 人：张宏伟

《甘肃日报》是中共甘肃省委机关报，创刊1949年9月1日，对开八版，日发行量为18万份。

甘肃日报报业集团成立于2002年10月26日，是以党报为核心的企业化管理的事业单位。集团各报读者群函盖社会各阶层和各个行业，覆盖面广泛。

读者杂志社

地　　址：兰州市中央广场邮局读者信箱
邮　　编：730030
电　　话：(0931)8773309

甘肃电力报

地　　址：兰州市西津东路708号
邮　　编：730050
电　　话：(0931)2952197

甘肃法制报

地　　址：兰州市城关区皋兰路经办2号楼
邮　　编：730000
电　　话：(0931)8830431
负 责 人：牛绵江
联 系 人：牛绵江

甘肃工人报社

地　　址：兰州市城关区东郊巷26号
邮　　编：730000
电　　话：(0931)8829658
负 责 人：文志祥
联 系 人：闫恒

甘肃工商报

地　　址：兰州市皋兰路120号24楼
邮　　编：730000
电　　话：(0931)8416415

甘肃广播电视报社

地　　址：兰州市城关区张苏滩451号

邮　　编：730000
电　　话：(0931)8555656
负 责 人：王惠民
联 系 人：祁玉兰

甘肃建筑广告社

地　　址：兰州市七里河区西津东路 247 号
邮　　编：730050
负 责 人：武志祥
联 系 人：黄惠萍

甘肃交通安全报

地　　址：兰州市武都路东段交警大厦 1 楼
邮　　编：730030
电　　话：(0931)8886990

甘肃科技报

地　　址：兰州市庆阳路 30 号
邮　　编：730030
电　　话：(0931)8823654

甘肃矿区报社

地　　址：兰州市 508 信箱甲 24 号
邮　　编：732850
电　　话：(0931)6763485
负 责 人：王思玉
联 系 人：王新华

甘肃人民出版社《读者》经营部

地　　址：兰州市城关区第一新村 123 号
邮　　编：730000
电　　话：(0931)8773309
传　　真：(0931)8773352
负 责 人：彭长城
联 系 人：杜孟英

兰州晨报社

地　　址：兰州市城关区白银路 47 号
邮　　编：730000
电　　话：(0931)8158538
负 责 人：马克利
联 系 人：张越

兰州日报兰州晚报社

地　　址：兰州市张掖路 246 号
邮　　编：730030
电　　话：(0931)8489243
联 系 人：谭敏

民主协商报

地　　址：兰州市统办 1 号楼
邮　　编：730000
电　　话：(0931)8960373

民族报

地　　址：临夏市红园路
邮　　编：731100
电　　话：(0930)6218686

中国西部发展报

地　　址：兰州市统办 1 号楼 12 楼
邮　　编：730000
电　　话：(0931)8960232

青 海 省

公 司 类

西宁多闻广告有限公司

地址：西宁市长江路4号
邮编：810000
电话：(0971)6116639
传真：(0971)6116639
法人：李舰

西宁芳安广告服务有限公司

地址：西宁市南川东路72号
邮编：810000
电话：(0971)8244015
传真：(0971)8244015
法人：贺安芳

西宁海润广告有限公司

地址：西宁市五四大街66号
邮编：810000
电话：(0971)6107116
传真：(0971)6107116
法人：林万里

西宁红衫树广告有限公司

地址：西宁市胜利路45号
邮编：810000
电话：(0971)6143385
传真：(0971)6143385
法人：刘士勇

西宁金华海广告文化传播公司

地址：西宁市东关大街234号
邮编：810000
电话：(0971)3881040
传真：(0971)3881040
法人：盖华海

西宁精雅广告有限公司

地址：西宁市小桥大街38号
邮编：810000
电话：(0971)65132111
传真：(0971)5132111
法人：吕添喜

广播电视类

青海电视台

地　址：西宁市青海宾馆2楼
邮　编：810001
电　话：(0971)6144181
传　真：(0971)6144323

果洛藏族自治州广播电视台

地　址：果洛藏族自治州玛沁县大武镇
邮　编：814000
电　话：(0975)8382116
负责人：李金有

海南藏族自治州广播电视台

地　址：海南藏族自治州共和县恰卜恰镇人民街
邮　编：813000
电　话：(0974)8513278
负责人：马同德

互助土族自治县广播电视台

地　址：海东地区互助县威远镇北街7号
邮　编：810500
电　话：(0972)8322953
负责人：解统恩

湟中县广播电视台

地　址：西宁市湟中县鲁沙尔镇和平路22号
邮　编：811600
电　话：(0971)2232410
负责人：夏连琪

尖扎县广播电视台

地　址：黄南州尖扎县马克唐镇

邮　　编：811200
负 责 人：王学礼

乐都县广播电视台

地　　址：海东地区乐都县古城大街东巷子 2 号
邮　　编：810700
电　　话：(0972)8623653
负 责 人：韩福存

新闻出版类

西宁晚报社广告部

地　　址：西宁市南关街 43 号
邮　　编：810000
电　　话：(0971)8248965
传　　真：(0971)8248965
法　　人：张富顺
联 系 人：许晓峰

《西宁晚报》是中共西宁市委机关报，也是青海省惟一的一张晚报，创刊于 1984 年 7 月 1 日，目前为 4 开 24 版日报，彩版印刷。

《西宁晚报》坚持“宣传党的主张，反映群众呼声，面向千家万户，传播知识信息”的办报宗旨，以鲜明的党性，浓郁的晚报风格和地方特色深受读者欢迎。在两个文明建设中，始终以“正确的舆论引导人”，既指导工作，又服务于生活，充分发挥党报的喉舌作用，努力体现晚报的服务功能，推进社会进步，营造良好的舆论环境。

青海广播电视报

地　　址：西宁市西大街 25 号
邮　　编：810000
电　　话：(0971)8237184

青海环境杂志

地　　址：西宁市为南山东路 116 号
邮　　编：810007
电　　话：(0971)8177746

青海科技报

地　　址：西宁市新宁路 22 号
邮　　编：810003
电　　话：(0971)6308470
传　　真：(0971)6302746

青海日报社广告经营中心

地　　址：西宁市长江路 5 号
邮　　编：810000
电　　话：(0971)8454358
传　　真：(0971)8454358
负 责 人：陈军
联 系 人：杨毅

公正、权威、极具服务性，发行量大、客户受益率高。

西海都市报

地　　址：西宁市长江路 6 号
邮　　编：810000
电　　话：(0971)6125601
传　　真：(0971)6125601

宁夏回族自治区

公 司 类

固原华乐广告有限责任公司
地　　址：固原市中草药南关街（市工商局对面）
邮　　编：756000
电　　话：(0954)2040695
负 责 人：丁建华

固原金利广告有限责任公司
地　　址：固原市原州区中山街
邮　　编：756000
电　　话：(0954)2036522
负 责 人：王利平

固原可视广告有限公司
地　　址：固原市固原晨光家私城
邮　　编：756000
电　　话：(0954)8763789
负 责 人：邓志虎

广州昊汉广告发展有限公司银川分公司
地　　址：银川市城区东环南路26号
邮　　编：750004
法　　人：李菊琴

内蒙古临河市今日影视广告有限公司
地　　址：银川市上海东路17号
邮　　编：750001
电　　话：(0951)6733179
法　　人：杨胜利

宁夏奥博商务广告有限公司
地　　址：银川市永康北巷80号
邮　　编：750004
法　　人：刘胜利

宁夏白马影视广告有限责任公司
地　　址：银川市鼓楼南街复兴桥商场四楼3号
邮　　编：750004
电　　话：(0951)6080000
法　　人：王晓南

宁夏大森林广告装饰设计有限公司
地　　址：银川市兴庆区民族南街42号
邮　　编：750000
电　　话：(0951)6018746
法　　人：王金瑞

宁夏德慧广告有限公司
地　　址：银川市永安巷永安花园牛街
邮　　编：750004
电　　话：(0951)4101902
负 责 人：张光磊

宁夏点金广告传播有限公司
地　　址：银川市解放西街315–505室
邮　　编：750001
电　　话：(0951)6080166
负 责 人：徐鹏飞

宁夏电话号薄公司
地　　址：银川市解放西街教育巷2号
邮　　编：750001
电　　话：(0951)6010260
负 责 人：宋宪玉

宁夏顶典广告有限公司
地　　址：银川市兴庆区民生巷35号
邮　　编：750004
电　　话：(0951)6027919
法　　人：王勇

宁夏鼎展广告有限公司
地　　址：银川市中山北街建材巷13号

邮　　编：750004
电　　话：(0951)6735887
负 责 人：乔海峰

广播电视类

宁夏人民广播电台
地　　址：银川市新华西街13号
邮　　编：750001
电　　话：(0951)6041323
负 责 人：宋扬

宁夏电视台
地　　址：银川市鼓楼北街39号
邮　　编：750004
电　　话：(0951)6011354
负 责 人：仝华

宁夏教育电视台
地　　址：银川市民族北街22号
邮　　编：750001
电　　话：(0951)6024197
负 责 人：李光宁

银川市广播电视集团
地　　址：银川市中山北街11号
邮　　编：750004
电　　话：(0951)6030162
法　　人：王杨宝

银川有线电视台
地　　址：银川市中山北街5
邮　　编：750004
电　　话：(0951)6023264
法　　人：杨松林

固原市广播电视局广告部
地　　址：固原市原州区广播电视局
邮　　编：756000
电　　话：(0954)2031671
负 责 人：何淑芳

隆德县广播电视局
地　　址：固原市隆德县广播电视局
邮　　编：756000
电　　话：(0954)6011715
负 责 人：关安社

彭阳县广播电视台
地　　址：固原市彭阳县育红巷2号
邮　　编：756500
电　　话：(0954)7013567
负 责 人：王克明

石嘴山电视台二部
地　　址：石嘴山市惠农区石大路135号
邮　　编：753200
电　　话：(0952)3321374
法　　人：陈国师

石嘴山电视台广告部
地　　址：石嘴山市大武口区游艺西街357号
邮　　编：753000
电　　话：(0952)2013337
法　　人：何建国

石嘴山人民广播电台
地　　址：石嘴山市大武口区游艺西街363号
邮　　编：753000
电　　话：(0952)2034431
法　　人：何建国

同心县广播电视局广告部
地　　址：吴忠市城东街
邮　　编：751100
负 责 人：杨小葆

吴忠市电视台
地　　址：吴忠市裕民东街54号
邮　　编：751100
电　　话：(0953)2011951
负 责 人：田间

吴忠市人民广播电视台

地　　址：吴忠市裕民东街54号
邮　　编：751100
电　　话：(0953)2011951
负 责 人：吴坚

永宁县文化广播电视局
地　　址：银川市永宁县城东环北路
邮　　编：750100
电　　话：(0951)8017165
法　　人：薛生金

新闻出版类

《共产党人》杂志社
地　　址：银川市新市区朔方路
邮　　编：750021
电　　话：(0951)2075650
负 责 人：段怀颖

《少年读者》杂志社
地　　址：银川市解放西街47号
邮　　编：750001
电　　话：(0951)5014064
负 责 人：薛晓红

《银川年鉴》
地　　址：银川市解放东街91号
邮　　编：750004
电　　话：(0951)6031572
法　　人：翟新军

《周末文汇》杂志社
地　　址：银川市解放西街199号
邮　　编：750001
电　　话：(0951)5042558
负 责 人：李正纲

道德生活杂志
地　　址：银川市中山南街109号
邮　　编：750004
电　　话：(0951)6030941

经济日报宁夏信息广告部
地　　址：银川市解放西街217号
邮　　编：750001
电　　话：(0951)5043846
法　　人：李水恬

宁夏法制报社
地　　址：银川市上海西路82号
邮　　编：750001
电　　话：(0951)5033724
负 责 人：顾仁泉

宁夏广播电视报
地　　址：银川市鼓楼北街33号
邮　　编：750004
电　　话：(0951)6010308
负 责 人：辛飞

宁夏教育杂志社
地　　址：银川市新华东街19号
邮　　编：750004
电　　话：(0951)6024676
负 责 人：高鹏飞

宁夏能源报社
地　　址：石嘴山市大武口区文明南路
邮　　编：753000
电　　话：(0952)2428428
法　　人：俞太银

宁夏日报社
地　　址：银川市中山南街109号
邮　　编：750004
电　　话：(0951)6093337
负 责 人：邓万

宁夏日报社若愚策划设计中心
地　　址：银川市中山南街94—9—10号
邮　　编：750004
电　　话：(0951)6033297
负 责 人：邓万

青年生活导报社

地　　址：银川市前进街164号
邮　　编：750001
电　　话：(0951)5057224
负 责 人：张莹

石嘴山日报社

地　　址：石嘴山市大武口区鸣沙路51号
邮　　编：753000
电　　话：(0952)2013137
法　　人：张勇

吴忠日报社

地　　址：吴忠市胜利西街168号
邮　　编：751100
电　　话：(0953)2014398
负 责 人：杨森翔

银川广播电视报

地　　址：银川市中山北街5号
邮　　编：750004
电　　话：(0951)6013944
传　　真：(0951)6092590

银川晚报社

地　　址：银川市中山南街9号
邮　　编：750004
电　　话：(0951)6029134
法　　人：于小龙

新疆维吾尔自治区

公 司 类

中国新疆国际博览中心广告公司

地　　址：乌市友好北路43号
邮　　编：830000
电　　话：(0991)4823341
传　　真：(0991)4841221
负 责 人：黄河

博览中心广告公司是一家集广告、展览为一体的A级广告企业，被新疆维吾尔自治区工商局授予“为自治区广告业做出重大贡献的广告公司”、公司拥有高级美术、摄影、展览设计、广告创意、策划、制作等专业人才，并备有与之相应的先进的设备和展示器材。公司全权代理历届乌洽会的会场广告，主要为客户提供电脑平面设计、国内外展览设计、摊位搭建、路牌、布标、灯箱设计制作、CI企业形象整体策划，各类广告媒体的广告代理、制作发布等。

今日传播广告有限公司

地　　址：乌市扬子江路16号红山金叶宾馆一楼、五楼
邮　　编：830000
电　　话：(0991)4504650
传　　真：(0991)4501677

演绎今日，传播未来。

乌鲁木齐市青广广告有限责任公司

地　　址：乌市光明路18号
邮　　编：830002
电　　话：(0991)8852343

以户外广告为龙头的综合性广告公司。

新疆航空广告公司

地　　址：乌市迎宾路46号
邮　　编：830016
电　　话：(0991)3804239
传　　真：(0991)3801081

新疆航空广告公司全体员工以“做不好自己的事，就做不好别人的事”的朴素理念，凭借追卓越品质的坚定信念，在新的世纪愿与您携手合作，实现双赢，共同成长！

新疆兰贝影视广告有限公司

地　　址：乌市东环路68号
邮　　编：830011
电　　话：(0991)5875322
传　　真：(0991)3664885
负 责 人：吴渝生

新疆绿洲广告公司

地　　址：乌市新民路89号
邮　　编：830002
电　　话：(0991)2613188
传　　真：(0991)2611587
负 责 人：王莉
联 系 人：姜书艺

新疆民航广告有限责任公司

地　　址：乌市迎宾路33号
邮　　编：830016
电　　话：(0991)3804418

新疆普拉纳广告有限公司

地　　址：乌市人民路139号附18号宏源证券大厦21层
邮　　编：830002
电　　话：(0991)2308289
负 责 人：谷文通
联 系 人：陈玉蓉

新疆新亚广告公司

地　　址：乌市西八家户路75号
邮　　编：830011
电　　话：(0991)4831498
负 责 人：森中华

新疆一禾国际广告有限公司

地　　址：乌市扬子江路32号

邮　　编：830000
电　　话：(0991)4501401
负 责 人：张强

新疆艺海广告信息产业有限责任公司

地　　址：乌市东后街8号
邮　　编：830002
电　　话：(0991)2623905
传　　真：(0991)2623905
负 责 人：吴松

新疆园真广告有限公司

地　　址：乌市扬子江路42号红十月花园
邮　　编：830000
电　　话：(0991)8968191
法　　人：穆斌祥
负 责 人：崔文辉

新疆兆月通广告有限公司

地　　址：乌市文艺路2号
邮　　编：830002
电　　话：(0991)2301196
负 责 人：张新辉

广播电视类

新疆人民广播电台

地　　址：乌市团结路8号
邮　　编：830044
电　　话：(0991)2577738
传　　真：(0991)2568020

天上有星、地下有网。

新疆人民广播电台音乐台

地　　址：乌市团结路84号
邮　　编：830044
电　　话：(0991)2571919
负 责 人：王志庆
联 系 人：张勇冰

新疆教育电视台广告部

地　　址：乌市光明路6号
邮　　编：830002
电　　话：(0991)8866547
负 责 人：李森云
联 系 人：王玉茹

新疆经济广播电台广告部

地　　址：乌市团结路84号
邮　　编：830044
电　　话：(0991)2562612
负 责 人：朱瑶
联 系 人：张勇冰

新疆生产建设兵团农九师广播电视台

地　　址：塔城地区额敏县朝阳新村军垦路机关大楼
邮　　编：834601
电　　话：(0901)3341401
传　　真：(0901)3341771
负 责 人：徐传海

乌鲁木齐人民广播电台

地　　址：乌市新民路28号
邮　　编：830002
电　　话：(0991)2643284
负 责 人：姚兰

1980年2月13日正式开播，是新疆维吾尔自治区的首府电视台，也是全国新闻界精神文明示范单位之一。

克拉玛依市广播电视台

地　　址：克拉玛依市天山路42号
邮　　编：834000
电　　话：(0990)6220835
传　　真：(0990)6223008
负 责 人：曹爱军

奎屯市广播电视台

地　　址：奎屯市喀什西路8号
邮　　编：833214
电　　话：(0992)3223583
负 责 人：鲁志明

莎车县广播电视台

地　　址：喀什地区莎车县光明路19号
邮　　编：844700
电　　话：(0998)8512009
负 责 人：程军

乌鲁木齐电视台广告部

地　　址：乌市红山路一巷28号
邮　　编：830002
电　　话：(0991)8860794
传　　真：(0991)8860794

乌石化总厂电视站

地　　址：乌鲁木齐市东山区
邮　　编：830019
电　　话：(0991)6892978
负 责 人：江海

新疆纺织工业公司有线广播电视站

地　　址：乌市温泉西路12号
邮　　编：830000
电　　话：(0991)4877256
传　　真：(0991)4877256
法　　人：宁君

新疆钢铁集团有线电视站广告部

地　　址：乌鲁木齐市头屯河八一路新钢电视台
邮　　编：830022
电　　话：(0991)3892624
传　　真：(0991)3891231
负 责 人：努尔曼

新疆航空公司电视中心广告部

地　　址：乌市迎宾路46号
邮　　编：830011
负 责 人：徐永强

新源县广播电视台

地　　址：伊犁州新源县城卡普河路6巷
邮　　编：835800
电　　话：(0999)5021348
负 责 人：陈继文

新闻出版类

兵团日报社广告部

地　　址：乌鲁木齐新民路89号
邮　　编：830002
电　　话：(0991)2645994
负 责 人：杨克勤

创刊50年的《兵团日报》是新疆生产建设兵团党委机关报，属省级党报，拥有260万读者，是指导兵团政治、经济工作的综合性日报。它不仅是兵团人的视觉焦点，而且是国内外了解兵团的权威媒体。

《兵团日报》为对开大报，分汉、维两种文字出版发行。本报采编内容丰富，版面鲜活明亮，是您发布广告、展现商品、宣传企业的最佳媒体之一。

昌吉日报社广告部

地　　址：昌吉市延安南路69号
邮　　编：831100
电　　话：(0994)2343036
传　　真：(0994)2336515
负 责 人：王丹梅
联 系 人：王丹梅

昌吉回族自治州党委机关报，昌吉州惟一一份综合性报纸。

库尔勒晚报广告传媒中心

地　　址：库尔勒市梨乡路6号晚报大厦
邮　　编：841000
电　　话：(0996)2211618
传　　真：(0996)2211518

倾力构建强势媒体，打造无限新闻时空。新理念、新精神、新文化。《库尔勒晚报》关注热点、关爱民生、荟萃资讯、服务大众。

伊犁日报广告信息部

地　　址：伊宁市阿合买提江街117号
邮　　编：835000
电　　话：(0999)8120945
传　　真：(0999)8120945
负 责 人：周献民

全国百家管理先进报社，连续三届自治区双十佳报纸。

《乌鲁木齐晚报》社广告中心

地　　址：乌市青年路20号
邮　　编：830002
电　　话：(0991)2617010
负 责 人：杨光
联 系 人：杨大明

知识盛宴，信息超市。

《新疆都市报》社广告部
地　　址：乌市扬子江路1号
邮　　编：830051
电　　话：(0991)5893586
传　　真：(0991)5848989
负 责 人：董建生
联 系 人：陈庆芬

放大生活、缩小世界。

《新疆都市报》是《新疆日报》的子报，是全疆省级综合市民报，以其质量高、政策性强、可读性广、注重现代报纸风格，强调视觉冲击和现代生活气息，在广大读者中建立起一流的读者亲和力和报纸信任度，并形成所有收入层面的读者平均阅读率高，每一个年龄阶层读者平均阅读率高的一流媒体。

《新疆财经》杂志编辑部广告部
地　　址：乌市北京北路15号
邮　　编：830012
电　　话：(0991)7842086
负 责 人：张丽
联 系 人：汪爱琴

《新疆党建》杂志社
地　　址：乌市健康路2号
邮　　编：830003
电　　话：(0991)2391337
负 责 人：严维新
联 系 人：胡玉林

《新疆地质》杂志社广告部
地　　址：乌市克西路2号
邮　　编：830000
法　　人：崔曦
负 责 人：崔曦

《新疆法制报》社广告部
地　　址：乌市文化巷6号
邮　　编：830002
负 责 人：张军戈
联 系 人：刘兴军

《新疆广播电视报》
地　　址：乌市团结路84号
邮　　编：830044
电　　话：(0991)2570047
传　　真：(0991)2569492
负 责 人：马进德
联 系 人：阿孜古丽

《新疆环境保护》编辑部广告部
地　　址：乌市北京南路38号
邮　　编：830011
电　　话：(0991)3845044
负 责 人：张万让

《新疆建设兵团年鉴》编辑部
地　　址：乌市光明路15号
邮　　编：830002
电　　话：(0991)2890105
传　　真：(0991)2890689
负 责 人：刘和鸣

《新疆教育报》社广告部
地　　址：乌市胜利路169号
邮　　编：830001
电　　话：(0991)2850804
负 责 人：韩彤
联 系 人：韩小兰

《新疆金融》编辑部广告部
地　　址：乌市人民路20号
邮　　编：830002
负 责 人：韩荣江

《新疆经济报》社广告部
地　　址：乌市齐解放北路128号
邮　　编：830002
电　　话：(0991)5823024
传　　真：(0991)2333272
负 责 人：邓光泽
联 系 人：王中华

《新疆科技报》社广告部
地　　址：乌市北京南路40号
邮　　编：830011
电　　话：(0991)3843464
传　　真：(0991)3843464
负 责 人：何红

联 系 人：邓勇生

《新疆民航报》社广告部
地　　址：乌市迎宾路46号
邮　　编：830016
电　　话：(0991)3801750
传　　真：(0991)3801750
负 责 人：刘风琴
联 系 人：颜富强

《新疆年鉴》社广告部
地　　址：乌市南湖路西一巷12号
邮　　编：830063
电　　话：(0991)4643538
负 责 人：武星斗

《新疆青年》杂志社
地　　址：乌市建设路9号
邮　　编：830002
电　　话：(0991)2337738
传　　真：(0991)2337738
负 责 人：艾祖鹏
联 系 人：邓小虎

《新疆人大》杂志广告部
地　　址：乌市昌友好北路45号
邮　　编：830002
电　　话：(0991)4828065
负 责 人：张永华
联 系 人：尹长妹

《新疆日报》社广告处
地　　址：乌市扬子江路1号
邮　　编：830051
电　　话：(0991)5850783
传　　真：(0991)5850783

《新疆日报》是中共新疆维吾尔自治区委员会机关报。维吾尔、汉、哈萨克、蒙古四种文版，一张机关报，四种文版，统一领导、各有特色。2003年维吾尔、汉文版同时扩版，汉文版天天彩报。

《新疆市场导报》社
地　　址：乌市中山路122号
邮　　编：830002
电　　话：(0991)2333935
传　　真：(0991)2333935
负 责 人：郑工
联 系 人：邓光辉

《新疆铁道报》广告部
地　　址：乌市新市区北一路
邮　　编：830011
电　　话：(0991)7922229
传　　真：(0991)7922229
负 责 人：吴立
联 系 人：史永红

《新疆统计年鉴》编辑部广告部
地　　址：乌市和平北路2号
邮　　编：830000
电　　话：(0991)2821940
负 责 人：王贵荣

《新疆新闻出版》杂志社
地　　址：乌市解放南路346号
邮　　编：830004
电　　话：(0991)2815747
负 责 人：杨亮

《新疆政报》广告部
地　　址：乌市中山路2号
邮　　编：830041
电　　话：(0991)2803234
传　　真：(0991)2803239
负 责 人：李玲
联 系 人：冯力

都市消费晨报
地　　址：乌鲁木齐市公园北街2号
邮　　编：830000
电　　话：(0991)5801439
传　　真：(0991)5801421

工人时报
地　　址：乌鲁木齐市体育馆路6号
邮　　编：830002
电　　话：(0991)2629514

青年快报

地　　址：乌鲁木齐市公园北街2号
邮　　编：830002
电　　话：(0991)5862808
传　　真：(0991)5801421

吐鲁番报

地　　址：吐鲁番市高昌路
邮　　编：838000
电　　话：(0995)8525440

新晨杂志

地　　址：乌鲁木齐市建设路8号
邮　　编：830002
电　　话：(0991)2817083

新疆电子出版社广告部

地　　址：乌市西虹路118号
邮　　编：830063
电　　话：(0991)4537253
传　　真：(0991)4537253
法　　人：于文胜

新疆农业科技维文杂志广告部

地　　址：乌市胜利路171号
邮　　编：830001
电　　话：(0991)2852143
负 责 人：巴图尔阿布都

西藏自治区

公 司 类

民航西藏广告公司

地　　址：拉萨市娘热路1号
邮　　编：850000
电　　话：(0891)6829832
传　　真：(0891)6835516
负 责 人：扎西达瓦

至高领域，精粹创意。

一家集设计、制作、发布、代理各种媒体广告为一体的专业广告公司，全权负责经营拉萨贡嘎机场的所有广告。

西藏南方广告有限公司

地　　址：拉萨市林廓北路13号
邮　　编：850000
电　　话：(0891)6325480
传　　真：(0891)6338250
负 责 人：余存才
联 系 人：李智

让更多人熟悉你们……

公司以企业广告策划、设计、代理发布、图形图像处理、室内外装修及大型不锈钢工程等业务为主。为西藏众多企事业单位设计制作广告并以优良的品质、精湛的工艺、新颖的设计赢得了社会的好评。

西藏起点文化传播广告有限公司

地　　址：拉萨市北京中路47号
邮　　编：850000
电　　话：(0891)6826135
传　　真：(0891)6826136
联 系 人：李莉

最高的地方当然要有最高明的广告。

经营项目：承办文化交流活动、筹划文娱演出活动、编辑书刊画册、代理媒介评估、广告策划及发布、市场调研、装修、设计、广告效果评估、雕塑设计制作、专题片拍摄制作、户外广告设计制作。

西藏天威广告有限公司

地　　址：拉萨市罗布林卡路10号
邮　　编：850000
电　　话：(0891)6819988
传　　真：(0891)6819988
负 责 人：孙波

公司竭诚为企业的发展推波助澜！公司热忱欢迎与各界真诚合作。

西藏雅雪广告装饰有限公司

地　　址：拉萨市林廓西路拉中东侧
邮　　编：850000
电　　话：(0891)6816315
负 责 人：陈虹

公司将以极大的热情与真诚，期待与更多客户的合作，同时，以专业的精神不断开拓进取，为促进西藏地区广告事业的发展进一份绵薄之力。

拉萨市彩云气象广告公司

地　　址：拉萨市林廓北路2号
邮　　编：850000
电　　话：(0891)6345260
负 责 人：次仁巴桑

拉萨市邮政局广告公司

地　　址：拉萨市北京中路64号
邮　　编：850000
电　　话：(0891)6241418
负 责 人：班丹

拉萨市正东广告有限公司

地　　址：拉萨市娘热路26号
邮　　编：850000
负 责 人：晋美

四川成都雪域广告有限公司西藏分公司

地　　址：拉萨市宇拓路17号
邮　　编：850000
负 责 人：高成英

西藏博雅广告有限责任公司

地　　址：拉萨市团结新村南一区2栋一单元
邮　　编：850000
负 责 人：罗桑旦增

西藏藏业广告有限责任公司

地　　址：拉萨市北京中路77号
邮　　编：850000
电　　话：(0891)6820611－5112
负 责 人：熊成关

西藏创迹文化传播广告有限公司

地　　址：拉萨市林廓北路中国银行对面
邮　　编：850000
电　　话：(0891)6830173
负 责 人：拉巴次仁

西藏电信国脉实业有限公司广告分公司

地　　址：拉萨市林廓东路一巷6号
邮　　编：850000
电　　话：(0891)6339888
负 责 人：扎西平措

西藏工商广告有限公司

地　　址：拉萨市宇拓路28号工商局院内工商广告
邮　　编：850000
电　　话：(0891)6362208
传　　真：(0891)6360953
负 责 人：陈跃东
联 系 人：刘根地

西藏零点广告有限责任公司

地　　址：拉萨市林廓西路32号
邮　　编：850000
电　　话：(0891)6817167
负 责 人：谭国明

西藏新望广告有限责任公司

地　　址：拉萨市北京西路246号
邮　　编：850000
电　　话：(0891)6331067
负 责 人：尉文渊

广播电视类

西藏人民广播电台广告经济信息部

地　　址：拉萨市北京中路146号
邮　　编：850000
电　　话：(0891)6835764
负 责 人：次仁玉珍

西藏电视台广告经济部

地　　址：拉萨市北京中路149号
邮　　编：850000
电　　话：(0891)6820827
传　　真：(0891)6834768

西藏电视台影视文化频道广告部

地　　址：拉萨市北京中路180号
邮　　编：850000
电　　话：(0891)6832363
负 责 人：王国柱

西藏音像影视广告部

地　　址：拉萨市北京中路180号
邮　　编：850000
电　　话：(0891)6832124
负 责 人：傅西红

西藏有线电视台广告部

地　　址：拉萨市北京中路180号
邮　　编：850000
电　　话：(0891)6820429
负 责 人：仁青次旺

拉萨电视台广告经济部

地　　址：拉萨市江苏东路38号
邮　　编：850000
电　　话：(0891)6350837
传　　真：(0891)6350837
负 责 人：晋美多吉

昌都电视台广告部

地　　址：昌都地区昌都南路81号
邮　　编：854000
电　　话：(0895)4825254
传　　真：(0895)4821748
负 责 人：黄飞

日喀则地区电视台广告部

地　　址：日喀则市北京北路
邮　　编：857000
电　　话：(0892)8822554
负 责 人：孙林海

新闻出版类

拉萨晚报社广告部

地　　址：拉萨市江苏路19号
邮　　编：850000
电　　话：(0891)6324946
传　　真：(0891)6339945
负 责 人：付友明

《拉萨晚报》是中共拉萨市委机关报，创刊于1985年7月1日，藏汉两种文字出版发行。汉文版面向全国；藏文版面向西藏农牧区和四川、云南、青海、甘肃等藏族聚居区。汉文为日报，4开16版。藏文报周四刊，4开4版。

《拉萨晚报》为您架起与雪域高原沟通的桥梁。

西藏日报社

地　　址：拉萨市朵森格路36号
邮　　编：850000
电　　话：(0891)6322866
传　　真：(0891)6322866
负 责 人：罗丹
联 系 人：龚琳

用我们的心“血”，创造您灿烂“明”天。

西藏商报广告发行部

地　　址：拉萨市朵森格路36号
邮　　编：850000
电　　话：(0891)6349996
联 系 人：强巴次仁

立足商业流通领域，求解报业最终本质。

《西藏教育》广告部

地　　址：拉萨市江苏路29号
邮　　编：850000
电　　话：(0891)6316603
负 责 人：张应李

日喀则地区报社广告部

地　　址：日喀则市珠峰东路
邮　　编：857000
电　　话：(0892)8822002
负 责 人：拉日

’2004中国广告年鉴

China Advertising Yearbook

12th Edition

索引

北京市

公司类

广播电视类

新闻出版类

上海市

公司类

广播电视类

新闻出版类

天津市

公司类

广播电视类

新闻出版类

重庆市

公司类

广播电视类

新闻出版类

河北省

公司类

广播电视类

新闻出版类

山西省

公司类

广播电视类

新闻出版类

内蒙古自治区

公司类

广播电视类

新闻出版类

辽宁省

公司类

广播电视类

新闻出版类

吉林省

公司类

广播电视类

新闻出版类

黑龙江省

公司类

广播电视类

新闻出版类

江苏省

公司类

广播电视类

新闻出版类

浙江省

公司类

广播电视类

新闻出版类

安徽省

公司类

广播电视类

新闻出版类

福建省

公司类

广播电视类

新闻出版类

江西省

公司类

广播电视类

新闻出版类

山东省

公司类

广播电视类

新闻出版类

河南省

公司类

广播电视类

新闻出版类

湖北省

公司类

广播电视类

新闻出版类

湖南省

公司类

广播电视类

新闻出版类

广东省

公司类

广播电视类

新闻出版类

广西壮族自治区

公司类

广播电视类

新闻出版类

海南省

公司类

广播电视类

新闻出版类

四川省

公司类

广播电视类

新闻出版类

贵州省

公司类

广播电视类

新闻出版类

云南省

公司类

广播电视类

新闻出版类

陕西省

公司类

广播电视类

新闻出版类

甘肃省

公司类

广播电视类

新闻出版类

青海省

公司类

广播电视类

新闻出版类

宁夏回族自治区

公司类

广播电视类

新闻出版类

新疆维吾尔自治区

公司类

广播电视类

新闻出版类

西藏自治区

公司类

广播电视类

新闻出版类

广告刊户索引

哈尔滨日报报业集团
江西电视台
中央电视台广告部
北京通成推广公交广告有限公司
博达大桥国际广告传媒有限公司
成都电视台
中国证券报社
盛世长城国际广告有限公司
成都电视台广告部
哈尔滨电视台
柳州电视台
四川省巴蜀新形象广告传媒股份有限公司
深圳市机场广告有限公司
大连铁广文化传媒有限公司
大连报业广告中心
广州市鼎盛广告有限公司
四川西南航空广告策划有限公司
华西都市报社
甘肃日报报业集团
保定电视台广告经济信息中心
盛世长城国际广告有限公司
北京《瑞丽》杂志社
北京天寅和创广告设计有限公司
北京歌华阳光广告有限公司
北京未来广告公司
搜狐爱特信信息技术(北京)有限公司
北京炎黄时代广告有限公司
北京绿野浩渺广告有限公司
国家广播电影电视总局电影卫星频道节目制作中心广告部
北京财讯广告有限公司
灵智大洋(广州)广告有限公司北京分公司
名牌时报社
海润国际广告有限公司
上海文广新闻传媒集团广告经营中心
新民晚报社
上海灵狮广告有限公司
上海广告有限公司
上海美术设计公司
上海广告装潢有限公司
上海博报堂广告有限公司
上海奥美广告有限公司
上海李岱艾广告有限公司
上海旭通广告有限公司
上海梅迪派勒广告有限公司
上海通达理广告有限公司
海南白马广告媒体投资有限公司上海分公司
上海东方明珠移动多媒体有限公司
上海东湖广告装饰有限公司
上海国际赛车场广告经营有限公司
上海西南广告有限公司
上海雅仕维广告有限公司
上海大众广告有限公司
上海元太广告有限公司
上海中润广告有限公司
上海唐神广告传播有限公司
上海文艺出版总社
上海焦点广告传播有限公司
上海智高广告有限公司
上海运筹国际广告有限公司
上海斐思态广告有限公司
上海圣峰广告有限公司
上海合力广告有限公司
上海乔思广告有限公司
上海亦非广告有限公司
上海动量广告传媒有限公司
上海广瀚广告有限公司
上海新文朋友广告有限公司
上海华基广告有限公司
上海教育电视台
劳动报社
上海解放广告有限公司
上海华人文化传播有限公司
上海经济社广告有限公司
上海信息广告有限公司
上海东方网股份有限公司
上海东艺广告有限公司
前锦网络信息技术(上海)有限公司

上海美亚文化传播有限公司
上海电气（集团）广告装潢公司
上海医药广告公司
上海高架道路经营开发有限公司
上海国际机场股份有限公司广告分公司
上海彩虹广告装潢有限公司
上海邮政广告有限公司
上海郁金香广告有限公司
上海申空广告有限公司
上海新云广告装潢有限公司
上海华伦广告有限公司
上海一汽公共交通广告有限责任公司
上海强生广告有限公司
上海农工商众艺广告有限公司
上海冠忠广告有限公司
上海天姿广告传播有限公司
上海华兴广告有限公司
上海巴士电车广告有限公司
上海主力文化传媒有限公司
上海精域广告展示服务有限公司
上海博洋广告有限公司
上海形上传播有限公司
上海创魅广告有限公司
河北众美广告有限责任公司
石家庄富丽华喷绘广告有限公司
河北人民广播电台广告信息中心
唐山电视台
沈阳日报社
沈阳龙邦国际广告有限公司
浙江省绍兴市报业广告发展公司
浙江美时广告有限责任公司
杭州公交广告公司
福建奥华—奥美广告有限公司
福建电广东南卫视广告有限公司
海峡都市报社
福建电视台公共频道
每周文摘报社
福建省邮政信息广告有限责任公司
海峡导报
福州电视台
福建日报广告总公司
东南快报社
泉州晚报社
漳州市南风广告有限公司
南平电视台
厦门市博美世纪传媒广告有限公司
大河报社广告中心
河南电视台
河南日报
河南商报
襄樊电视台
鄂州市广播电视广告中心
鄂州日报社广告部
三峡晚报社
宜昌日报社
湖北人民广播电台
广东电视台广告部
广州电视台
足球报社
广州地铁永通广告有限公司
广东南方电视台
广州白云国际广告有限公司
广西日报社
南宁电视台
柳州电视台
成都人民广播电台
四川电视台广告部
四川省国际咨询广告公司
贵州都市报
贵阳晚报社
甘肃电视台广告中心
甘肃日报报业集团
兰州日报兰州晚报社
中视金桥国际广告有限公司
中央电视台
广州日报

CHINA ADVERTISING YEARBOOK
中国广告年鉴

世界广告大会 纪念版

￥220.00

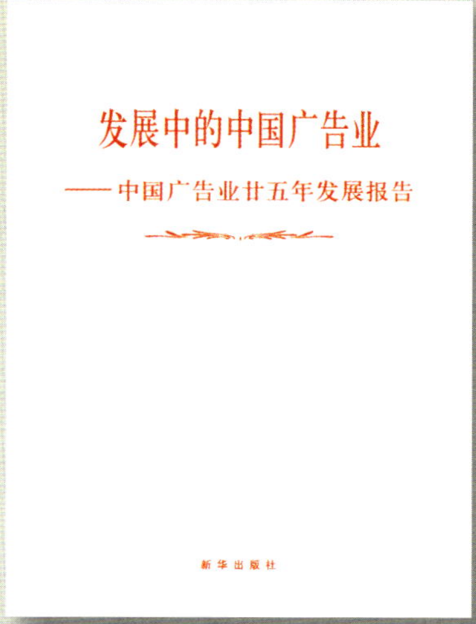

￥280.00

历时一年，首度推出...

25-Year Developmental Report of China's Advertising Industry
中国广告业廿五年发展报告

携手贡献中国广告界
贡献第39届世界广告大会

Directory of China Advertising Units
中国广告经营单位名录

收录了全国
近6万家广告经营单位
的企业基本信息

￥380.00

￥220.00

十五载积淀 倾情奉献
展现中国广告发展史

Combined Volume of 1988-2003 China Advertising Yearbooks
中国广告年鉴1988—2003合订本

垂询电话：010—68628860 68628861 68611590 68611591

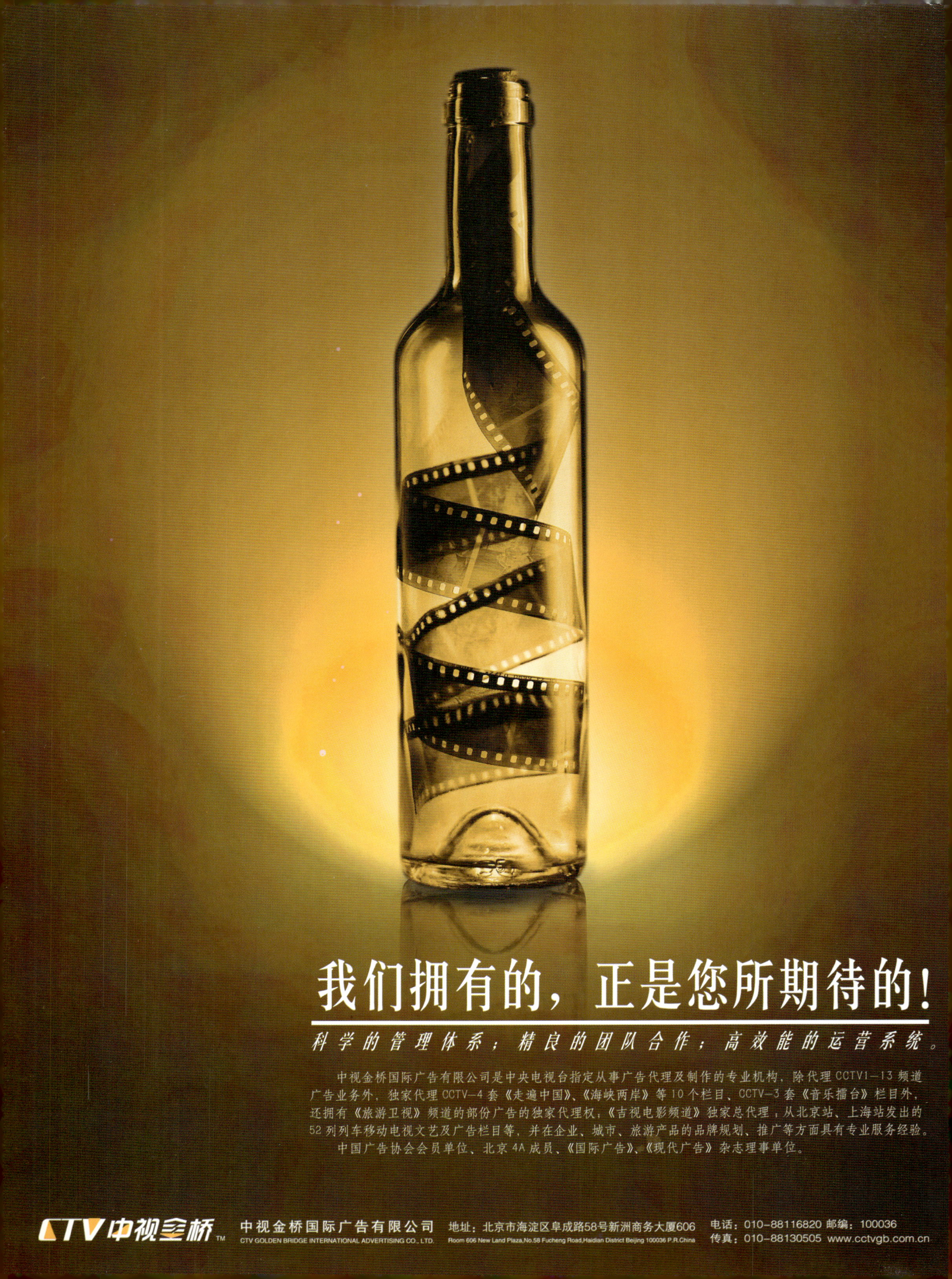
我们拥有的，正是您所期待的！
科学的管理体系；精良的团队合作；高效能的运营系统。
中视金桥国际广告有限公司是中央电视台指定从事广告代理及制作的专业机构，除代理 CCTV1—13 频道广告业务外，独家代理 CCTV—4 套《走遍中国》、《海峡两岸》等 10 个栏目、CCTV—3 套《音乐擂台》栏目外，还拥有《旅游卫视》频道的部份广告的独家代理权，《吉视电影频道》独家总代理；从北京站、上海站发出的 52 列列车移动电视文艺及广告栏目等，并在企业、城市、旅游产品的品牌规划、推广等方面具有专业服务经验。
中国广告协会会员单位、北京 4A 成员、《国际广告》、《现代广告》杂志理事单位。
CTV 中视金桥 TM
中视金桥国际广告有限公司
CTV GOLDEN BRIDGE INTERNATIONAL ADVERTISING CO., LTD.
地址：北京市海淀区阜成路58号新洲商务大厦606
Room 606 New Land Plaza,No.58 Fucheng Road,Haidian District Beijing 100036 P.R.China
电话：010-88116820 邮编：100036
传真：010-88130505 www.cctvgb.com.cn

从无名品牌提升到驰名品牌，从地方品牌提升到全国品牌，从弱势品牌提升到强势品牌，无论您处于成长中的哪一个阶段，
无论您的广告预算是几十万还是几千万，中央电视台广告部都有训练有素的专业人员为您量身定做，妥贴安排。

CCTV

'2004中国广告年鉴

China Advertising Yearbook

12th Edition